Lebensrad und Windpferd

Hermann Warth

Lebensrad
und Windpferd

Wege in Nepal

Für Erich Reismüller

Hermann Warth

Draupadi Verlag

Hermann Warth:
Lebensrad und Windpferd. Wege in Nepal

Heidelberg: Draupadi Verlag, 2015
Copyright ©: Draupadi Verlag

Draupadi Verlag
Dossenheimer Landstr. 103
69121 Heidelberg

info@draupadi-verlag.de
www.draupadi-verlag.de

ISBN 978-3-937603-86-5

Grafische Gesamtgestaltung:
Reinhard Sick, Heidelberg

Umschlag vorne: Im Aufstieg zum Mount Everest
Umschlag hinten: „Das Pferd und die leuchtende Sonne" von Thomas Wolsch. Er
nimmt regelmäßig an den Kunstprojekten der „Heide-Werkstätten e.V." für behinderte
Menschen teil. (www.insiderart.de)

Inhalt

Vorwort

Etwa 12.000 Kilometer hatten mich meine Beine auf Nepals Wegen in fast alle Teile des Landes getragen. Ich war unterwegs als Landesbeauftragter des Deutschen Entwicklungsdienstes (DED), als Gutachter und Tourist und war dankbar für jeden Meter, den ich auf Nepals Pfaden wandern durfte. Nach den ersten Touren war ich so begeistert, dass ich zu meiner Frau einmal sagte: „Ich möchte solange in Nepal wandern, bis ich in allen Teashops gerastet und mich an allen *chautaras* (Rastplätze unter Schatten spendenden Feigenbäumen) erholt habe." Dietlinde erging es nicht anders. Ihr Kommentar nach jedem Trek war: „Zu kurz!" Am Ende meiner Vertragszeit mit dem DED machte sie den Vorschlag, nun den längsten Trek in Nepal zu unternehmen. Ich hatte keine Vorstellung, welchen sie meinte. Sie ließ mich raten, bis sie sagte: „Durch ganz Nepal und zwar der Länge nach." Es wurde ein 111-tägiges Unternehmen mit ungefähr 2000 Kilometern, die wir zu Fuß bewältigten.[1] Meist fühlte ich mich wie ein Pilger, wenn ich auch kein guter war. Ein rechter Pilger misst zum Beispiel nicht die Länge der zurückgelegten Strecke, sondern die Fortschritte in seiner charakterlichen Besserung. Viele Stunden verbrachte ich auch auf den Straßen und im Flugzeug und mit der Lektüre von Aufsätzen und Büchern über das Land und seine Menschen. Ich war dabei so manchen Lebenssituationen und Lebenswegen begegnet und hatte guten und weniger guten Einfluss auf die Nepali genommen. Doch ganz sicher habe ich mehr von ihnen erhalten als sie von mir.

Es gibt so ein paar Schlüsselerfahrungen im Leben. Die Jahre in Nepal gehören dazu. Sie waren ein bedeutender Einschnitt. Ich habe sie dem Zusammenspiel von glücklichen Umständen zu danken: Vom DED wurde ich nach Nepal gesandt. So konnte ich durch meine Arbeit (als Landesbeauftragter 1975-78 und 1980-84 und danach als Gutachter für verschiedene Organisatio-

---

[1] Dietlinde schrieb darüber das Buch Der lange Abschied. 2000 Kilometer zu Fuß durch Nepal, Rosenheim 1987.

9

nen) der nepalischen Gesellschaft wohl näher kommen als wenn ich mich als Tourist nur kurz in dem Land aufgehalten hätte. Gleichzeitig befand ich mich im körperlich leistungsfähigsten Alter und konnte meinem Hobby, dem Genießen möglichst wilder Natur, nachgehen. Ich war privilegiert und bin dankbar, dass ich mit den Nepali unterwegs sein konnte. Was habe ich mit ihnen erlebt auf diesen Wegen, Umwegen, Irrwegen im „Lebensrad"? Zu welchen Zielen waren wir unterwegs? Welche hatten wir uns vorgenommen? Welche wären möglich gewesen, warum haben wir sie nicht verfolgt? Welche liegen vor uns? Millionen Gebetswimpel in ganz Nepal – viele tragen das Bild des geschmückten und von Gebetstexten umrahmten „Windpferds" – senden unablässig die Sehnsucht und das Streben der Menschen nach Besserung ihrer Lebensumstände hinauf in den Himmel über dem Himalaya … Wird uns das Windpferd aus dem scheinbar unendlichen Kreisen des Rades hinaustragen zu Leidlosigkeit, Frieden und Glück? Woher kommt das Windpferd? Ist es in uns selbst?

Die nachfolgenden Kapitel sind eine Sammlung einiger Erfahrungen und Einsichten, die ich während insgesamt zwölf Jahren als Arbeitender, Wanderer und Bergsteiger in diesem Land gewinnen konnte. Es sind Beispiele des Wegsuchens, des Irrens und Wegfindens. Ich war Zeuge des Lebens im Rad und Zeuge von Versuchen, es zu verlassen, um die begehrten Früchte Kraft, Erkenntnis und Glück zu erhalten. Einige dieser Erlebnisse möchte ich mit den Lesern teilen. Sie mögen selbst entscheiden, welche Kapitel und Abschnitte der Symbolik des Lebensrades und welche derjenigen des Windpferds zuzuordnen sind.

Die Auswahl ist höchst unvollständig. Millionen Nepali sind unterwegs, viele auf ganz unterschiedlichen Pfaden. Es ist naturgemäß unmöglich, sie angemessen zu beschreiben. Deshalb ist dieses Buch mit dem Lichtstrahl einer Taschenlampe zu vergleichen, der subjektiv gerichtet begrenzte Ausschnitte der nepalischen Wirklichkeit beleuchtet und Abschnitte der Wege in ihr. Der ländliche Raum steht dabei im Vordergrund, bedingt durch meine Arbeit und mein bevorzugtes Interesse an Lebensweisen außerhalb der Städte.

Die Beschreibungen sind außerdem oberflächlich, müssen es sein, da es unmöglich ist, ins Innere der Wandernden zu schauen. Als Nicht-Nepali blickt man von außen und mit „westlichen Augen" auf die Gesellschaft. Und auch wenn man viele Jahre in diesem Land verbringt, reicht das nicht aus, um es in seiner Vielfalt und Tiefe angemessen darzustellen. 47 Jahre lebte der amerikanische Historiker Ludwig F. Stiller in Nepal. Er sagte einmal: „Um Nepal wirklich zu erfassen, reicht ein Leben nicht." So können die nachfolgenden Beschreibungen nur als Annäherung verstanden werden, als mein Sichaufdenwegbegeben, um Wege in Nepal zu erkunden und zu verstehen.

Vielen Kapiteln ist eine Jahreszahl vorangestellt, die anzeigt, wann ich Wegsuchenden in Nepal begegnete bzw. wann ich selbst als solcher in dem

Land unterwegs war. Manche Kapitel mögen heutigen Nepalinteressierten und -reisenden nicht aktuell erscheinen und wie ein Abgesang auf eine vergangene Zeit wirken. „Doch das Vergangene ist nie tot, es ist nicht einmal vergangen." Diese Feststellung William Faulkners wird deutlich in den Kapiteln im zweiten und besonders im dritten Teil des Buches, wo beschrieben wird, wie geschichtliche Hypotheken der nepalischen Gesellschaft in die Gegenwart hineinwirken. Vom duldenden „stillen Schrei" in der Vergangenheit ist dort die Rede. Er hat sich zu lautem, teils gewalttätigem Aufbegehren in der Gegenwart gewandelt.

Die Veränderungen in Nepal scheinen immer schneller vonstatten zu gehen, verursacht durch Entwicklungszusammenarbeit mit westlichen Institutionen, durch temporäre Arbeitsaufenthalte Hunderttausender Nepali im Ausland, durch Tourismus, internationalen Handel, Elektrifizierung, Fernsehen, Internet und Straßenbau. In den Jahren 2006, 2007, 2009 und 2014 konnte ich als Tourist das Land wieder besuchen. Die Veränderungen sind offensichtlich. Doch sie beziehen sich vorrangig auf die Städte und die größeren Orte, die nun über Straßen erreichbar sind. Im Allgemeinen wird in den Dörfern abseits davon gearbeitet und gewirtschaftet, gefeiert und getrauert, soziale Nähe oder Distanz gepflegt wie zuvor. Wandel gibt es auch dort. Doch mit dem „Wirbelsturm" der Veränderungen in Kathmandu, Pokhara und in anderen großen Städten ist er noch nicht vergleichbar, noch nicht … Einige kleine, schlichte Erlebnisse verdeutlichen wohl besser als lange Erklärungen: Nach dem Essen in einem ländlichen Teashop im Westen Nepals bat ich den Wirt noch um heißes Wasser für meine Thermosflasche. Er füllte einen Topf, setzte ihn auf den Ofen und öffnete nochmals den Hahn der Gasflasche. Dann nannte er den Preis für das Essen. Ich bezahlte etwas mehr wegen der Zubereitung des heißen Wassers. Energisch lehnte er die zusätzlichen Rupien mit den Worten ab: „Nein, nein, wir sind hier nicht in Kathmandu!" Noch weiter westlich, am Ufer des Flusses Seti, traf ich mit meinen Begleitern auf einen Schnapsbrenner. Zum Kochen unseres Mittagessens überließ er uns einen Teil seiner Werkstatt, die Kochstelle und Brennholz und meinte: „Hier zu leben ist am besten. Man muss nicht für jeden kleinen Dienst zahlen und für einen Händler wie mich gibt es nicht so viele Vorschriften." Er hatte offensichtlich nicht so gute Erfahrungen in der neuen, veränderten Welt gemacht …

Jedenfalls, gleichgültig ob sich Wandel in Nepals Gesellschaft in verschiedenen Regionen rasch oder sehr langsam vollzieht, ist es wohl reizvoll, Vergleiche anzustellen zwischen „damals" und „heute", so wie es reizvoll ist, auf die Pfade anderer und die eigenen zu blicken.

Landsberg am Lech,
im Holz-Pferd-Jahr 2014/2015

Einleitung

Ein Kosmos voller Götter, Geister und Dämonen und zahllose Geschichten, die über sie immer wieder erzählt werden, Ursprungsmythen der verschiedenen Stämme, Legenden und Märchen, Riten und Gebräuche, Feste und Prozessionen, Tänze und Gesänge, Beschwörungen, Opfer und Gebete; Sadhus, Yogis und Schamanen, die großen Tempel und kleinen Steinskulpturen, Bildstöcke, Schreine, Butterlampen, Glöckchen und Bilder, die Gebetsfahnen, Manimauern und Chörten am Wege – Oberflächliche könnten meinen, die Nepali seien ein Volk von Träumern und Phantasten, das in einer Art Märchenwelt lebt. Doch man sollte sich nicht täuschen. Die allermeisten Nepali sind „stocknüchtern", pragmatisch und immun gegenüber Spekulationen, Traumtänzereien und Verrücktheiten, denen sich mit schrecklichen Folgen Utopisten, Magier, Ideologen und ihre großen Gefolgschaften vor allem in der westlichen Hemisphäre der Welt hingegeben haben.

Viele Missverständnisse, Kommunikationsprobleme, falsche Beurteilungen und Vorurteile, Enttäuschungen und Irrwege entspringen dem Zusammentreffen von Realismus und Illusion. Die schlimmsten aktuellen Wunschvorstellungen und Verirrungen müssen, wenigstens in sehr kurzer Form, erwähnt werden, auch um Auswirkungen der Globalisierung auf die nepalische Gesellschaft in Wirtschaft, Handel und Politik, im Tourismus und in der Entwicklungszusammenarbeit verstehen zu können. Westlicher ideologischer Imperialismus verschiedener Ausprägung machte vor Nepal nicht halt.

Da haben wir zum Beispiel die Vorstellung des französischen Philosophen der Aufklärung Marie Jean Condorcet, die Menschheitsgeschichte würde sich mithilfe der autonomen Vernunft der intellektuellen Elite auf einem Pfad des Fortschritts (*progrès*) zu einem Paradieszustand der Vervollkommnung von Industrie und allgemeiner Wohlfahrt hinbewegen und alle Gesellschaften würden der Zivilisation und Aufgeklärtheit Frankreichs und Anglo-Amerikas zustreben, vorneweg die Zivilisierten, dahinter die weniger Zivilisierten und Wilden und Letztere würden verschwinden. Das würde die unausweichliche Konsequenz des Fortschritts und freien Handels sein (Esquisse d'un Tableau Historique des Progrès de l'Esprit Humain, 1793). Wie euphorisiert begrüßt und beschreibt Condorcet die anbrechende neue Epoche der Menschheit auf ihrem Weg der Vervollkommnung und zählt Maßnahmen auf, um diese rasch zu verwirklichen. – So wird er mit seiner Vision der vereinheitlichten Menschheit gemäß französisch-angloamerikanischen Normen zu einem geistigen Wegbereiter der Zerstörung anderer Zivilisationen, die in seinem Verständnis allesamt rückständig sind: „Traditionelle" Gesellschaften haben der „Modernisierung" zu weichen.

Der französische Mathematiker und Soziologe Auguste Comte dachte sich als Ziel der Menschheitsentwicklung die glückliche industrielle Gesellschaft herbei unter der wissenschaftlichen Herrschaft von Intellektuellen, Finanzmagnaten und Industriekapitänen. Nach dem theologischen und metaphysischen Zeitalter der geistigen Menschheitsentwicklung sei jetzt das der positiven Wissenschaft angebrochen. Von Belang sei nur noch die Auseinandersetzung mit Sichtbar-Gegebenem, mit Mess- und Zählbarem (Positivismus). Die Beschäftigung mit dem Sinn des Lebens und der menschlichen Natur sei veraltet, überflüssig und nicht zulässig (Système Politique Positive, 1851-1854).[2] – Ausgegrenzt sind hiermit alle nicht-industriellen und nicht-materiellen Betätigungen und somit ein großer Teil der Menschheit, der sich mit ihnen befasst.

Der Beitrag deutscher Philosophen von Hegel über Marx, Nietzsche bis Heidegger war auch nicht geeignet, nüchtern auf Geschichte zu blicken als die Summe guter und schlechter Taten der Menschen. Er war nicht geeignet, Respekt vor anderen Kulturen zu erzeugen und ein allgemeines Bewusstsein vom Unrecht staatlich organisierten Mordens zum Zweck von nationaler Glorie, rassischer Reinheit und klassenloser Gesellschaftsordnung zu fördern. Er diente revolutionären Aktivisten als Rechtfertigung für ihr Tun.

Der christlichen Heilsgeschichte bis hin zu ihrem jenseitigen Ziel kann man sich nur im Glauben annähern ebenso wie dem Geheimnis der göttlichen Dreifaltigkeit. Das genügte Georg F. W. Hegel nicht. Er zwängte diese Glaubensinhalte in eine innerweltliche Geschichtskonstruktion, in der das jenseitige Göttliche, der „Geist", sich entwickelt, in dialektischen Schritten zum „Weltgeist" wird und im menschlichen „absoluten Wissen", d.h. im „reinen Fürsichsein des Selbstbewußtseins" des „reinen Ich" erkennbar wird und sich als „subjektiver Weltgeist" vollendet. Als „objektiver" vollendet er sich im „Staat". Besonders in den europäischen Imperien eines Caesar, Napoleon und Friedrich II. wird

---

[2] Eine ausführliche Auseinandersetzung mit dem Progressismus und Positivismus und ihren Ideologen findet sich bei Eric Voegelin, From Enlightenment to Revolution, Durham 1975.

das Walten des Weltgeists vorübergehend sichtbar. Um den dialektischen Vorgang zu unterstützen, empfiehlt Hegel den Regierungen, die Gesellschaft „von Zeit zu Zeit durch Kriege zu erschüttern", damit das „Ganze nicht auseinanderfalle und der Geist verfliege". Der „Endzweck" des Geschichtsprozesses ist erfüllt, wenn der Weltgeist vollendet und damit alle Abhängigkeit aufgehoben ist. Dann leben Mensch und Gesellschaft in „absoluter Freiheit", frei von allen bisherigen Bindungen durch Philosophie und Offenbarung. In der Vorrede zur Phänomenologie des Geistes von 1807 erklärt Hegel: „Daran mitzuarbeiten, dass die Philosophie der Form der Wissenschaft näher komme, – dem Ziele, ihren Namen der *Liebe zum Wissen* ablegen zu können und *wirkliches Wissen* zu sein, – ist es, was ich mir vorgesetzt." Offenbarung und Philosophie sind das „unentwickelte Einfache", Ausdruck des „rohen Bewusstseins". Jetzt, seit der Französischen Revolution und Hegel, „bilden sie die Schädelstätte des absoluten Geistes". Um seine Konstruktion nicht zu gefährden, scheute sich Hegel nicht, die Geschichte anderer Gesellschaften entweder zu ignorieren oder sie so der europäischen anzugliedern, dass dieser das Privileg erhalten bleibt, Höhepunkt der Entwicklung und Maßstab für außereuropäische Gesellschaften zu sein. – Welch eine Einladung zu Staatshörigkeit, Eurozentrismus und Egomanie! Und welch eine Abkehr eines Philosophen vom Wesen der Philosophie als offener, suchender Wissenschaft, die Hegel durch seine Gewissheit des Wissens und das „System der Wissenschaft" als das Ende und die Vollendung der Geschichte zu ersetzen versucht!

Karl Marx war wie seine Vorgänger und Zeitgenossen, die sog. Frühsozialisten Englands, Frankreichs und Deutschlands, erschüttert vom Arbeiterelend zur Zeit der beginnenden Industriellen Revolution. Er sah alle bisherige Geschichte als Geschichte des Klassenkampfes zwischen Ausbeutern und Ausgebeuteten und propagierte das klassenlose Reich absoluter Freiheit gegründet auf einer vom Menschen organisierten Welt des materiellen Überflusses, „wo jeder nicht einen ausschließlichen Kreis der Tätigkeit hat …, die Gesellschaft die allgemeine Produktion regelt und mir eben dadurch möglich macht, heute dies, morgen jenes zu tun, morgens zu jagen, nachmittags zu fischen, abends Viehzucht zu treiben, ohne je Jäger, Fischer oder Hirt … zu werden, wie ich gerade Lust habe". Nicht Hegels Weltgeist sondern die ständige Verbesserung der materiellen Produktionsverhältnisse bestimmt nun den Fortgang der Geschichte. Dafür ist „eine massenhafte Veränderung der Menschen nötig, die nur in einer praktischen Bewegung, in einer Revolution vor sich gehen kann …, die die Arbeit beseitigt und die Herrschaft aller Klassen und die Klassen selbst aufhebt". „Der Kommunismus schafft … die wirkliche Basis zur Unmöglichmachung alles von den Individuen unabhängig Bestehenden" und entwickelt sie zu „totalen Individuen". Dazu gehört auch und im Besonderen die Befreiung von Philosophie und Religion (Die Deutsche Ideologie, 1844; Manifest der kommunistischen Partei, 1848). – Auch hier: Aufruf zu Egomanie des absolut freien, totalen Individuums, das aber – ein riesiger Widerspruch bei Marx – völlig von der Gesellschaft abhängig ist, die ja die materielle Produktion so regelt, dass das Individuum jederzeit tun kann, wozu es gerade Lust hat. Und ferner: Diese intellektuelle Arroganz, welche wider besseres Wissen die ganze Geschichte auf eine Geschichte des Klassenkampfs verengt und Erlösung durch revolutionäre Veränderung des Menschen verspricht; diese Engstirnigkeit, die ausschließlich Stufen des materiellen Fortschritts als relevant ansieht und philosophische und religiöse Einsichten anderer Menschen ausblendet!

Sprachgewaltig verkündete Friedrich Nietzsche, dass Gott nun tot sei, ermordet durch den „Übermenschen", der sich an seine Stelle setzt. Er ist das Ziel der Menschheit und erscheint immer wieder in „höchsten Exemplaren" wie zum Beispiel als Caesar und Napoleon. Es ist ein Mensch zu entwickeln, der den Menschen, wie er nun mal ist, übertrifft (Die fröhliche Wissenschaft, 1882; Also sprach Zarathustra, 1883–85; Ecce homo, 1888). – Solche „Philosophie" ist nicht nur selbstverliebte Theatralik, grandiose Vermessenheit und Selbstüberhebung im schriftlichen Werk eines Denkers sondern sie bietet die willkommene Berufungsgrundlage für revolutionäre Praktiker, um den „alten" Menschen durch den „neuen" zu ersetzen. Mit Theatralik und Selbstüberhebung wurde in den Ersten Weltkrieg gezogen, buchhalterisch-industriell durchgeführte Menschenvernichtung folgte im Dritten Reich, um für die „arische Rasse" Raum zu schaffen.

Aus der Wiederkunft Christi, die nur dem Glauben zugänglich ist, wurde im Denksystem Martin Heideggers das innerweltliche Sein, das sich im Seienden zeigt und verwirklicht und zum „Anwesen" und „Dasein" im verstehenden Ich wird, auf das es gerichtet ist. Der Mensch ist der Sinn gebende Grund der Wirklichkeit. Glaube und Philosophie werden durch Wissen ersetzt. Dabei ist Heideggers Sein nicht das jenseitig Absolute, sondern die „Ur-Zeit", die „sich zeitigende Zeit: das sich je anders zuschickende Geschick". In diesen Prozess des schicksalhaften Entbergens, Erscheinens und der Ankunft hat sich der Mensch zu fügen und ist aufgerufen, ihn mitzugestalten (Sein und Zeit, 1927; Einführung in die Metaphysik, 1953). – Und Heidegger fügte sich und zwar auch dem nationalen Ausbruch der Rassenideologie als Seinserscheinung. Von 1933-1945 war er Mitglied der NSDAP. Er gehörte zu den Rednern und Unterzeichnern des Bekenntnisses der Professoren an den deutschen Universitäten und Hochschulen zu Adolf Hitler und dem nationalsozialistischen Staat. Der von Vielen zum Denker epochalen Formats emporgehobene Heidegger wirkte in Schrift und Rede mit am arischen „Tausendjährigen Reich".[3]

---

[3] Neuere Erkenntnisse über Heideggers Verhalten im Dritten Reich liefern seine aufge-

Manche der geschilderten Endzustände kämen von selbst durch Evolution im Ablauf der Zeit, andere würden erreicht durch revolutionäres Tun. Mittlerweile wissen wir: Die Rassenideologie führte geradewegs in die Konzentrationslager, den Orten der „Endlösung", die das deutsche Volk von allen Übeln befreien sollte; das erträumte Reich absoluter Freiheit endete im Gulag Stalins und auf Pol Pots Killing Fields und unter dem materiellen Fortschrittswahn leiden weltweit Mensch und Natur. Zu keiner Zeit wurde so viel wie im 20. Jahrhundert zerstört und gemordet. Auch das irrsinnigste Produkt technischen Fortschritts, die Bomben, die über Hiroshima und Nagasaki abgeworfen wurden und alles Leben bis zum letzten Baby auslöschten, stammte aus der westlichen Hemisphäre.

Spekulationen und Phantastereien über einen innerweltlichen Glückszustand der Menschheit als Ziel der Geschichte sind den meisten Nepali fremd. Damit befinden sich Hindus und Buddhisten in Gemeinschaft mit abendländischen Denkern, die sich ebenfalls gegen ideologische Verengungen verwahrt haben. Die Geschichte der westlichen Hemisphäre beinhaltet nicht nur geistige Verirrungen, Kriege, Mordorgien und Naturzerstörung sondern auch geistige Anstrengungen, welche die Grundlagen schufen für die Formulierung der Menschenrechte und für das Entstehen demokratisch verfasster Gesellschaften. Auch mit diesem Erbe ist die nepalische Gesellschaft in Kontakt, besonders nachdem 1951 die Grenzen für einreisende Ausländer und ausreisewillige nepalische Staatsbürger geöffnet wurden.

Für Platon und Aristoteles kann eine kranke Gesellschaft nur durch die Medizin der suchenden „Liebe zum Guten", von dem sie sich ordnen lassen muss, geheilt werden. Sie ist allumfassend und betrifft das Göttliche, das Ich und die Mitmenschen. Sie ist Voraussetzung für „politische Freundschaft", die den Bürgern „das Zuträgliche und Gerechte" zukommen lässt, und für „Eintracht im Gemeinwesen". Die Denker der klassischen Philosophie, Heraklit, Platon und Aristoteles, waren zudem gefeit vor realitätsfernen Geschichtsspekulationen. Sie verstanden es, die Balance zu halten zwischen den im ganzen Kosmos

---

tauchten Notizen, die er seit 1931 geschrieben hatte. Aus ihnen geht Heideggers Verachtung des Judentums hervor. Er macht es verantwortlich für die beklagenswerte seinsvergessene Weltlage. Die Deutschen seien dazu berufen, die globale Seinsvergessenheit zu überwinden. So schreibt er 1939: „Aus der vollen Einsicht in die frühe Täuschung über das Wesen des Nationalsozialismus ergibt sich erst die Notwendigkeit seiner Bejahung und zwar aus denkerischen Gründen." Und 1941: „Alles muss durch die völlige Verwüstung hindurch. Nur so ist das zweitausendjährige Gefüge der Metaphysik zu erschüttern." Heidegger, Martin, Gesamtausgabe, Bände 95-96: Schwarze Hefte 1931-1941, Frankfurt am Main, 2014. Seine im Zuge der Entnazifizierung entzogene Lehrerlaubnis kommentiert er im Schwarzen Heft von 1946 so: „Die Frage nach dem Recht zu solchem Vorgehen möchte ich nicht stellen – nur die nach dem Geschmack, das dieses Vorgehen verrät."

gültigen Gesetz, dass Entstandenes wieder zugrunde geht und neu entsteht auf der einen Seite und dass in jedem Organismus Kräfte liegen, die auf seine Entwicklung und Vollendung zielen, auf der anderen. Sie nannten diese treibenden Kräfte im Menschen Liebe, Hoffnung und Glaube. Die Balance verhindert sowohl romantisch-fatalistische Hingabe an den Lauf der Dinge als auch Weltflucht in paradiesische Endzustände (Heraklit, Fragmente; Platon, Politeia, Nomoi; Aristoteles, Nikomachische Ethik, Politik).

Polybios, der sich mit der Geschichte des griechisch-römischen Kulturkreises von 264-146 v. Chr. befasste, kam zu dem Schluss, dass „Vernunft", „Gerechtigkeit" und „das Vorherrschen des sittlich Guten" den positiven Zustand einer Gesellschaft hervorbringen, der sich ins Negative wendet, wenn unkontrollierte „Begierden" und „Hass" die Oberhand gewinnen. Um möglichst lange dem „inneren Verfall" einer Gesellschaft vorzubeugen, ist für Polybios Gewaltenteilung und die gegenseitige Kontrolle von Verfassungsorganen unabdingbar (Geschichte, Buch VI).

Niccolo Machiavelli schreibt 1531 in den Discorsi: „Denn die menschlichen Dinge sind immer in Bewegung, sie steigen oder fallen ... infolge des Wechsels der Sitten." „Wenn man den Schatten mehr als die Sonne liebt, ist das der Anfang des Verfalls." Sollen Gemeinschaften lange bestehen, müssen sie „sich häufig erneuern ..., Religion wie sie ihr Stifter gegründet hat und Gerechtigkeit erhalten und die guten Bürger achten und deren Tugenden".

Henri Bergson spricht von der „geschlossenen und offenen Seele" und entsprechend von „geschlossenen und offenen Gesellschaften". Erstere sind ausschließlich dem leiblichen Wohl zugewandt und deshalb steril, unfruchtbar und „gleichgültig", ja „aggressiv" gegenüber den Mitmenschen. Offene Seelen und Gesellschaften dagegen sind charakterisiert durch „Empfangen und Weitergeben von Liebe". Sie sind deshalb „in Bewegung", lebendig, schöpferisch und erfinderisch im Überwinden von Schwierigkeiten (Les deux sources de la Morale et de la Religion, 1932).

Für Eric Voegelin ist eine Gesellschaft in guter Verfassung, wenn die Einsicht in die allen Menschen gemeinsame Natur *(universal humanity)* weit verbreitet ist und die Gesellschaft danach handelt. *„Universal humanity"* ist charakterisiert durch die menschliche Teilhabe an der materiellen und nichtmateriellen Wirklichkeit bis hin zum Bereich des fragenden Strebens nach dem göttlichen Grund der Existenz, aus dem sie sich ordnen kann. Mit dieser ganzheitlichen Teilhabe sind Bedürfnisse verbunden. Eine Gesellschaft in gutem Zustand ermöglicht deren Befriedigung (Order and History, 1956-2000; besonders Band IV: The Ecumenic Age).

Nach umfangreichen empirischen Studien kam Arnold Toynbee zu dem Schluss, dass Zivilisationsgesellschaften wachsen gemäß ihrer Fähigkeit, auf eine Reihe von äußeren Herausforderungen erfolgreich zu antworten, indem Probleme nicht negiert werden sondern nach Lösungen gesucht wird. Das schließt ein, dass sich eine Gesellschaft selbst als Gegenstand der Herausforderung erfährt. Ohne die Fähigkeit zur Selbstkritik gibt es keine Kreativität, die den Herausforderungen erfolgreich begegnen könnte. Die wachsende Selbstfindung und Selbstbestimmung verlagert sich also vom „Makrokosmos" zum „Mikrokosmos" der Gesellschaft. Nicht abstrakte Ideen oder Gesetzmäßigkeiten sind nach Toynbee die entscheidenden Triebkräfte der Geschichte, sondern das Wirken konkreter Menschen: Deshalb sind für ihren Untergang Zivilisationen selbst verantwortlich. „Sie sterben durch Selbstmord, nicht durch Mord", wenn dem materiell-technischen Zuwachs nicht ein geistig-moralischer entspricht (A Study of History, 1934-1961). An anderer Stelle begründet Toynbee den Untergang einer Zivilisationsgesellschaft damit, dass sie übermäßig ins Militär investiert und erarbeiteten Wohlstand nicht gerecht verteilt (Mankind and Mother Earth, 1976).

Ganz im Sinne Toynbees schreibt der Nepali Dipak Gyawali: „Gesunde Veränderung bedeutet, dass die Gemeinschaft auf Änderungen natürlicher und menschlich verursachter Faktoren, wie Stress auslösend sie auch immer sein mögen, antworten kann ohne in Verzweiflung zu geraten. Fehlendes Zutrauen, solche Herausforderungen zu bewältigen, führt zu Reaktionen wie Rückzug in Fundamentalismus, ethnische Anpassung, Korruption und Fatalismus. Gesunde gesellschaftliche Systeme ziehen schmerzvolle Veränderungen freiwilligem Selbstmord vor, doch kranke, in ihrer törichten Angst vor der Zukunft, sind gelähmt und unfähig, Initiativen zu ergreifen. Das Ergebnis ist Verkümmerung und Verfall. Zu schnelle Veränderung verschlechtert oft die Situation" (Gyawali, Stress, Strain and Insults, 1992).

Das Geschichtsbild der Nepali gleicht den unzähligen Pfaden in ihrem gebirgigen Land. Es ist ein ständiges Auf und Ab, wobei das Aufwärts bestimmt ist durch tugendhaftes Verhalten und das Abwärts durch unkontrolliertes Ausleben der Leidenschaften. Man kann wohl von einer wellen- oder sinusförmigen Figur der Geschichte sprechen. Individuen, Familien, Sippen, Stämme und die ganze Gesellschaft sind dem ehernen Gesetz von Ursache und Wirkung (*karma*) unterworfen. Wenn die Mitglieder der Gesellschaft mehrheitlich Gutes tun, dann befindet sie sich in karmischem Aufstieg. Andere Mittel, die dem Menschen zuhanden wären, wie Abkürzungen zu Glück und Unsterblichkeit oder gar einen Automatismus, der zur Vervollkommnung führte, gibt es nicht.

Zwei Symbole stehen für das Geschichtebild des hinduistisch-buddhistischen Kulturkreises: Das „Lebensrad" (*samsara, bhavachakra*) – bedeutungsgleich mit „Rad des Werdens", „leidvoller Kreislauf der Wiedergeburt", „Leidensrad" – ist Sinnbild des Verharrens in Verblendung, Gier und Hass, wodurch der Mensch wie in einem Laufrad gefangen bleibt. Es ist auf unzähligen Darstellungen zu finden. Das Verlassen des Rades wird durch das Glück bringende „Windpferd" (*ashvavayu, rlung-rta*) symbolisiert, dessen Bild Millionen von Gebetsfahnen tragen. Das Windpferd steht für das menschliche Bestreben, die leidvolle Existenz zu verlassen, was nur durch rechtes Tun (*dharma*) möglich ist. Es steht aber auch für die Hoffnung und Zuversicht, dass es dafür Hilfe von „außen", überirdischen Beistand gibt.

Lebensrad

„Das Rad des Werdens ist ... eine Darstellung ... des leidhaften Wiedergeburtenkreislaufs (samsara), aus dem Befreiung zu finden jedermann bemüht sein sollte ... Der grimmige, scharfzähnige Dämon des Todes (mara) hält das Werdensrad in seinen Krallen. Außerhalb des Rades, frei von der Wiedergeburt, stehen der Buddha und der Transzendente Bodhisattva (Avalokiteśvara). Mit ausgestrecktem Arm weist der Buddha auf den vollen Mond, um so an die Vollmondnacht ... zu erinnern, in der ihm der Weg aus dem Samsara offenbar und er selbst zum 'Erwachten' (buddha) wurde. Das Mitleid des Bodhisattva Avalokiteśvara durchdringt alle Sechs Reiche, Welten oder Existenzformen der Wiedergeburt. Seine rechte Hand ist in der Gewährungsgeste nach unten ausgestreckt. Sinnfällig verkörpert durch Schwein, Schlange und Hahn jagen sich im Zentrum des Werdensrades die in die Wiedergeburt verstrickenden Leidenschaften Gier, Hass und Dummheit im Kreise. Der an das Zentrum angrenzende Ring deutet in der rechten Hälfte den karmischen Abstieg, in der linken den karmischen Aufstieg an: die beiden Möglichkeiten, zwischen denen jeder zu wählen hat. Die Sechs Reiche, Welten oder Existenzformen, in denen die Wesen je nach Taten und Tatabsichten wiedergeboren werden, sind in den sechs Sektoren des breiten Ringes dargestellt. In jeden der Sechs Reiche ist ... Avalokiteśvara bemüht, den Wesen dort Erleichterung ihres Loses ... zu bringen. Der Außenring symbolisiert ... die Stationen des konditionalen Entstehens ..."

Hans Wolfgang Schumann, Buddhistische Bilderwelt, 74-81

„Entsprechend karmischer Gesetzmäßigkeit geht keine unserer Handlungen und keiner unserer Gedanken verloren. Jeder hinterlässt einen Eindruck in unserem Charakter, und die Gesamtsumme der so geschaffenen Eindrücke oder psychischen Tendenzen unseres Lebens bildet die Basis für das nächste. Solange aber die Menschen sich nicht dieser Kontinuität bewusst sind, handeln sie nur unter dem Zwang ihrer augenblicklichen Bedürfnisse und Wünsche oder

21

entsprechend ihrer begrenzten Ziele, indem sie sich mit ihrer gegenwärtigen Persönlichkeit und Lebensspanne identifizieren. Auf diese Weise werden sie richtungslos von Existenz zu Existenz geworfen und finden nie eine Gelegenheit, die Kettenreaktion von Ursache und Wirkung zu durchbrechen."

Lama Anagarika Govinda, Der Weg der weissen Wolken, 184

Die bildliche Darstellung des Lebensrades leitet sich aus den Texten her, wie sie Hindus und Buddhisten geläufig sind:

„Wie er handelt, wie er wandelt, so kommt er nach dem Tode zur Entstehung. Einer der gut handelt, kommt als Guter zur Entstehung, einer der schlecht handelt, als ein Schlechter."

Upanishaden, BAU 4.4.6

„Die an Genuss und Herrschaft hängen ..., erlangen niemals die Weisheit der Entschlossenheit und kehren, o Arjuna, auf den Pfad des sterblichen Daseins zurück ..."

Bhagavadgita II, 44; IX, 3

„Durch das Nichtverstehen, Nichtdurchdringen von vier Wahrheiten, ihr Jünger, haben sowohl ich als auch ihr diese lange Zeit des Daseins durcheilt, das Dasein durchwandert. Von welchen vier Wahrheiten? Durch das Nichtverstehen, Nichtdurchdringen der edlen Wahrheit vom Leiden, von der Leidens-Entstehung, von der Leidens-Erlöschung und dem zur Leidens-Erlöschung führenden Pfad."
   „Von Gier, Hass und Verblendung getrieben, überwältigt und gefesselt wirkt man zum eigenen Schaden, zu des anderen Schaden, zu beiderseitigem Schaden ..."

Buddha, nach Nyanatiloka, Das Wort des Buddha, 15, 39

Windpferd

„Dieses Glückssymbol stellt das Windpferd ... mit dem flammenden Juwel ... dar, das alle Wünsche erfüllt. Die Verbreitung des Wunsches, der allen Wesen Glück bringen soll, wird durch mythologische Tiere betont, welche die Weltrichtungen anzeigen und deren Namen in den Ecken angegeben sind: Tiger, Löwe,

Urvogel und Drache. Die heiligen Formeln ... gelten der Invokation von Vajrapani, Manjushri und Avalokiteshvara für Kraft, Weisheit und Barmherzigkeit."

Blanche Christine Olschak / Geshé Thupten Wangyal,
Mystik und Kunst Alttibets, 5

„Das Pferd ist Symbol für Glück und Sieg. Es heißt, es könne in den endlosen Himmel fliegen ... Der Hengst symbolisiert die Bewegung von der unfreundlichen in die freundliche, von der schlechten zur guten Welt ..."

Gyonpo Tshering, An astrological Guidebook for everyday Life, 11, 76

Manchmal ist das Windpferd in blauer Farbe dargestellt.
„Seine blaue Farbe lässt es als eine Manifestation des Adi-Buddha erkennen, der das letztliche Wesen der Wirklichkeit repräsentiert – endlos und ohne Gestalt wie der weite Himmelsraum."

Bernbaum, Der Weg nach Shambhala, 188[4]

Die bildliche Darstellung des Windpferdes leitet sich aus den Texten her, wie sie Hindus und Buddhisten geläufig sind:

„Der höchste Urgeist wird erlangt durch Liebe, er, in dem alle Wesen sind, durch den die ganze Welt gemacht."
„Wer für mich wirkt, mich als sein Ziel betrachtet, mich verehrt, frei von Begierde und ohne Feindschaft gegen alle Geschöpfe ist, der gelangt zu mir."
„Die Weisen handeln sich mühend um der Menschheit Wohl."

Bhagavadgita, VIII, 22; XI, 55; III, 25

---

[4]   Die Expressionisten Franz Marc und Wassily Kandinsky nahmen die Symbolik wieder auf und verliehen ihr visuellen Ausdruck in ihrer Publikations- und Ausstellungstätigkeit unter dem Namen „Der Blaue Reiter". Zum Bild „Das Blaue Pferd I" von Franz Marc schreibt Helmut Friedel, Direktor der Städtischen Galerie im Lenbachhaus, München: „Die Rolle der blauen Farbe als Symbol des Geistigen, des Sieges über das Materielle, ist hier klar angesprochen ... In seiner Gestalt verbinden sich der Adel des seit jeher vom Menschen hochgeschätzten Pferdes mit dem Streben nach Geistigem." (www.deutschland.de/topic/leben/mobilitaet-reise/das-blaue-pferd) „Je tiefer das Blau wird, desto tiefer ruft es Menschen in das Unendliche, weckt in ihm die Sehnsucht nach Reinem und schließlich Übersinnlichem. Es ist die Farbe des Himmels." Wassily Kandinsky, Über das Geistige in der Kunst. Insbesondere in der Malerei, Bern 2004. Zufall oder nicht: Das blau-gesprenkelte Pferd des Künstlers Thomas Wolsch. Siehe hinterer Umschlag dieses Buches und www.insiderart.de.

„Sich dem sinnlichen Genuss … und sich der Selbstkasteiung hingeben, … diese beiden Extreme hat der Vollendete vermieden und den mittleren Pfad erkannt, der … zur Stillung, Durchschauung, Erleuchtung und zum Nirwahn führt. Was aber ist jener mittlere Pfad? Es ist jener edle Achtfache Pfad, nämlich rechte Erkenntnis, rechte Gesinnung, rechte Rede, rechtes Tun, rechter Lebensunterhalt, rechte Anstrengung, rechte Achtsamkeit, rechte Sammlung."

„Kein andrer Pfad wie dieser ist's,
Der zur Erkenntnisreinheit führt.
Drum wandelt diesen Pfad entlang,
Dann wird der Mahr geblendet sein.
Denn wenn ihr diesem Pfade folgt,
Macht ihr ein Ende allem Leid.
Gelehrt hab' ich den Pfad, erkannt
Wie man vom Stachel sich befreit.
Ihr selber müsst euch eifrig müh'n,
Die Buddhas zeigen bloß den Weg.
Wer diesem folget selbstvertieft,
Wird aus den Banden Mahrs erlöst."

Buddha, nach Nyanatiloka, Das Wort des Buddha, 42-44

(*Mahr* = Mörder, Tod, buddhistische Gestalt des Versuchers. Er hält das Lebensrad in seinen Krallen.)

Lebensrad und Windpferd – die Symbole aus dem hinduistisch-buddhistischen Kulturkreis sind Ausdruck zeitloser allgemeiner Erfahrung, wie auch die kurzen Ausführungen zu Platon, Aristoteles, Polybios, Machiavelli, Bergson und Toynbee zeigten. Zweieinhalbtausend Jahre nach Buddha schreibt der weit gereiste italienische Journalist und Schriftsteller Tiziano Terzani: „Ich bin zur einzigen Revolution übergegangen, die etwas bringt, nämlich die, die in einem selbst stattfindet. Wozu die anderen führen, siehst du ja. Alles wiederholt sich, immer wieder, denn ausschlaggebend ist letztlich die menschliche Natur. Und wenn der Mensch sich nicht ändert, wenn der Mensch keinen Qualitätssprung schafft, wenn er nicht auf Gewalt verzichtet, auf die Herrschaft über die Materie, auf den Profit, auf seinen Eigennutz, dann wiederholt sich alles bis in alle Ewigkeit."[5]

---

[5]   Das Ende ist mein Anfang. Ein Vater, ein Sohn und die große Reise des Lebens, 5. Aufl., München 2008, 209.

Wie sich Partner im Dialog beeinflussen, so auch Gesellschaften und Kulturen, wenn sie aufeinander treffen. Es ist ein Geben und Empfangen. Seit 1951 wurde Nepal besonders durch westliche Entwicklungshilfe und Tourismus rasch und tiefgreifend beeinflusst, so intensiv, dass nepalische Analytiker immer wieder eine Denkpause fordern. Sie sei zu nutzen, um sich klar zu werden, welcher Art die Beeinflussung von außen wäre und welche Auswirkungen sie auf die nepalische Gesellschaft habe: Will man im Westen entwickelte Ideologien mit ihren Folgen zum Vorbild nehmen oder sich an den Vertretern einer offenen und ganzheitlich orientierten Gesellschaft ausrichten? Nepals westliche Partner haben beides im Gepäck und Angebot. Die Denkpause sei des Weiteren zu nutzen, um sich der selbstverschuldeten Missstände in der Gesellschaft – wovon ausführlich die Rede sein wird – sowie der eigenen ethischen und kulturellen Quellen bewusst zu werden. Herauszufinden wäre, welche der eingeschlagenen und einzuschlagenden Wege dem *samsara* und welche dem *rlung-tra* zuzuordnen wären. – Nepal zwischen Lebensrad und Windpferd.

Teil 1

Ngawang Tenzing unterwegs

(1974, 1975, 1978, 1983)

„ ... bis wir gelernt haben, Leben und Tod mit jenem Mut zu begegnen, der einzig aus dem Mitgefühl für alle lebenden und leidenden Wesen und der tiefen Einsicht in die wahre Natur aller Erscheinungsformen entspringen kann. "

Lama Anagarika Govinda, Der Weg der weissen Wolken

Nur ein einziges Mal hatte ich bei Ngawang Tenzing eine menschliche Schwäche erlebt. Mit ihm, Norbu Sherpa und Thimphu Sherpa wanderten meine Frau und ich im Herbst 1975 durch das Khumbu-Gebiet zu Füßen des Everest. Unser erster Urlaub in Nepal. Wir hatten die größeren Sherpa-Orte besucht und zwei Fünftausender und zwei Sechstausender bestiegen. Ein wenig beherrschten wir schon das Nepali, aber die Unterhaltung unserer Begleiter fand in der Sprache der Sherpa statt. So erfuhren wir erst später, als Ngawang sich unter Tränen bei uns entschuldigte, was der Grund für seinen Wutausbruch war. Die drei hatten sich offensichtlich lange Zeit geneckt, bis aus Spiel Ernst wurde. Der kleine Ngawang riss plötzlich faustgroße Steine aus der Mauer, die einen Kartoffelacker umgab, und warf sie Norbu und Timphu hinterher. Er schimpfte lauthals und sie rannten davon, die Köpfe hinter Rucksack und Ausrüstungskorb eingezogen, hoffend, dass sie nicht getroffen würden. Ngawang traf niemanden. Doch er war außer sich und konnte sich nur durch die Entschuldigung und sein Weinen wieder beruhigen. – Einige Jahre später erlebte ich, diesmal am Everest selbst, wieder einen in Tränen aufgelösten Ngawang. Doch sie flossen aus anderem Grund. Es waren Tränen der Trauer und totalen Erschöpfung ...

Der Tibeter Ngawang Tenzing war, wie er sagte, von der „anderen Seite des Everest" über den eisbedeckten Nangpa Pass als Flüchtling nach Nepal gekommen und hatte sich in Namche Bazar niedergelassen. Er war beliebt bei den Sherpa wegen seiner Tüchtigkeit und seines Humors. Und er konnte mit Yaks, diesen schönen, nützlichen aber nie ganz ungefährlichen Tieren (s. Kap. „Dolpo – Vom ‚Yakland' nach Dagarjun"), umgehen wie kaum jemand sonst im Khumbu-Gebiet. Aber er war eben kein Sherpa. Auch anderswo dauert es seine Zeit bis Flüchtlinge ganz von der Gemeinschaft akzeptiert werden, oftmals besonders lange, wenn sie sehr tüchtig und erfolgreich sind. Vielleicht hatte der Streit mit Norbu und Timphu darin seine Ursache. Ngawangs Problem war, dass er nicht auffallen wollte, aber eben wegen seiner Tüchtigkeit doch auffiel. Und so wollte er 1974 mit Kurt Diemberger und mir nicht zum Gipfel des Shartse steigen, sondern in einem Hochlager auf dem scharfen Südgrat vier Tage lang auf wenigen ebenen Quadratmetern, umgeben vom Abgrund, auf unsere Rückkehr warten. Der mit der Erstbesteigung eines Siebentausenders verbundene Gipfelruhm erschien ihm gefährlich, das Klettern am gefährlichen Shartse dagegen ganz und gar nicht. Dasselbe wiederholte sich vier Jahre später. Ngawang war ganz offiziell bei der Regierung als Mitglied unserer Expedition registriert. Dennoch scheute er sich lange, mit Kurt Diemberger auf den Achttausender Makalu zu klettern. Er wollte sich auf keinen Fall exponieren und Neidgefühle aufkommen lassen.

Das Zelt unseres vierten Hochlagers am Shartse, diesem wilden östlichen Eckpfeiler des Everest-Lhotse-Massivs, stand unter einer riesigen, weit überhängenden Wechte, die uns vor dem so häufigen Weststurm mit seinen eisigen Schrotgeschossen schützte. Ich hatte dieser Wechte nicht getraut und deshalb vor einer Woche das Zelt etwas weiter oben auf einer blank gefegten, sicheren, doch dem Sturm ausgesetzten Stelle errichtet. Einem Kollegen war dieser Platz aber zu ungemütlich. Er trug das Zelt wieder hinunter und stellte es an die alte Stelle in den Schutz der weit überhängenden Schneemauer. Doch mein Instinkt sollte mir Recht geben. Einige Tage später brach die Wechte auf ihrer ganzen Länge ab und begrub alles unter sich. Der Druck des Eises hatte die Kochtöpfe zu Metallknäueln geformt. Zum Glück befand sich niemand im Lager, als es geschah.

Jetzt, noch vor dem Zusammenbruch des Wulstes, war ich mit Ngawang hier. Wir hatten wieder einmal das schwierigste Gratstück unter uns bewältigt. Hinter uns lagen die Passagen, die jedes Mal den Adrenalinspiegel hochjagten: der „schwarze Turm", ein fast senkrechter Grataufschwung, die „Klosterschwester", eine weit ausladende Eishaube, der „Götterquergang", eine schräg aufwärts verlaufende, sehr ausgesetzte Eispassage und der „Büßer", ein in demütiger Haltung verharrender Eisüberhang. Dank der Wechte, in deren „Schutz" nun das Hochlager stand, vernahmen wir vom Weststurm nur ein dumpfes Brausen, das sich mit dem einschläfernden Summen des Kochers mischte. Von der Welt um uns herum sahen wir nichts, denn in die große Mulde zwischen Shartse, Pethangtse und Makalu östlich von uns, legte der Sturm seine Fracht ab: Milliarden von Eiskristallen, welche die Leeseite des Grates in eine einzige milchige Wand verwandelten.

Es war warm und gemütlich im Zelt. Doch wir widerstanden der Versuchung, uns einen Nachmittagsschlaf zu genehmigen. Die bevorstehende elfstündige Nacht wollten wir nicht durch lange Wachphasen und ruheloses Wälzen in den Schlafsäcken noch unbequemer werden lassen. So war es uns recht, als wir auf ein Thema kamen, das uns beide interessierte, ja, das Ngawangs Hiersein erklärte: die Flucht vieler Tibeter nach Nepal und in andere Länder.

Ngawang wurde 1949, im Holz-Drachen-Jahr, geboren. 1950 fiel die chinesische Armee in Osttibet ein. Einige Monate später befanden sich bereits tausende Soldaten in Lhasa, der Hauptstadt Tibets. Den disziplinierten Soldaten dieser Wochen und Monate folgten Verwaltungsbeamte, Ingenieure, Naturwissenschaftler, Geologen, Anthropologen, Ärzte, Krankenschwestern. Sie bauten Straßen, Staudämme, Wasserwerke, Schulen und gut ausgestattete Krankenhäuser. Doch bald gingen diese Flitterwochen der chinesischen Besatzer mit Tibet zu Ende. Die Regierung wurde entmachtet, das tibetische Militär der chinesischen Armee einverleibt und in den Dörfern folgte der alten harten tibetischen Rechtsprechung die neue der Besatzer: Bessergestellte wurden öffentlich zu Selbstkritik und Selbstbeschuldigung gezwungen. Viele wurden durchs Dorf geschleift, gefoltert und getötet.

Als 1956 die stolzen Khampa Osttibets ihre Waffen abliefern sollten, kam es zum Aufstand. Die Chinesen bombardierten daraufhin Klöster, Dörfer, Bauernhöfe. Alte Leute, Männer und Frauen, Mönche und Nonnen hatten Unmenschliches zu erdulden. Auch die Khampa verübten Gräueltaten an Chinesen und tibetischen Sympathisanten der Besatzer.

1959 breitete sich in Lhasa das Gerücht aus, der junge Dalai Lama wäre von den Chinesen zu einer Theatervorführung eingeladen worden, um entführt zu werden. Zunächst akzeptierte der Dalai Lama die Einladung. Als er aber von den Bedingungen der Chinesen erfuhr, musste er annehmen, es handele sich um mehr als ein Gerücht. Er sollte nämlich ohne seine offizielle Begleitung erscheinen und der Besuch sollte absolut geheim stattfinden. Es kam zu Massendemonstrationen in Lhasa mit dem Ziel, das Oberhaupt der Tibeter zu schützen und seine Entführung unter allen Umständen zu verhindern. Für fast zwei Wochen blockierten tausende Tibeter den Weg zwischen Sommerpalast, in dem der Dalai Lama wohnte, und dem militärischen Hauptquartier der Chinesen, in das er zu der Theatervorführung eingeladen worden war. 5000 tibetische Soldaten legten ihre chinesischen Uniformen ab und brachten sich in Position, um den Sommerpalast zu schützen. Auch das chinesische Militär bereitete sich auf eine gewaltsame Auseinandersetzung vor und feuerte Warnschüsse in den Garten des Palasts. Im Schutze der Nacht und eines starken Sandsturms begann die Flucht des Dalai Lama. Drei Tage später beschossen die Chinesen den Sommerpalast. Es kam zum Aufstand in Lhasa. In drei blutigen Tagen waren 10.000 – 15.000 Tibeter getötet worden. Die Opferzahl auf chinesischer Seite ist nicht bekannt. Es folgte eine erste Massenflucht in den Süden, der noch von den Khampas kontrolliert wurde und über die Grenze nach Indien. Bis Mitte 1960 waren ca. 60.000 Tibeter nach Nepal und Indien geflohen. Während der folgenden Jahre, als die Zwangskollektivierung Hunger, Widerstand und Unterdrückung brachte, stieg die Zahl weiter an. Und Ungezählte starben in den Arbeitslagern.

1966 hetzte Mao seine Roten Garden in die Kulturrevolution. Die Vergangenheit sollte ausgelöscht werden durch die Zerstörung der alten Bräuche, Gewohnheiten und Denkweisen. Innerhalb von zehn Jahren wurden über 6000 Klöster zerstört, die heiligen Schriften verbrannt, Statuen verstümmelt bzw. nach China verschleppt; viele Mönche wurden umgebracht oder starben bei der Zwangsarbeit.[6]

1969 hielten sich ca. 10.000 Flüchtlinge in Nepal auf. Einer von ihnen war Ngawang. Sein Heimatdorf liegt nicht weit entfernt von der nepalischen Grenze, an der Nordseite des Everest. Ngawangs Eltern waren wohlhabend, sie besaßen über dreihundert Schafe und einige Yaks, die ihnen von den chinesischen Eroberern weggenommen worden waren. Der Vater wurde in einem Schauprozess als „Kapitalist" und „Ausbeuter" verurteilt und dann erschossen. Bald darauf starb die Mutter.

Zusammen mit seinem Bruder und zwei Freunden wagte der zwanzigjährige Ngawang den beschwerlichen Weg über den 5716 Meter hohen Nangpa La, einen vergletscherten Pass neben dem Achttausender Cho Oyu. Sie kamen mit ihren Rucksäcken auf der Südseite des Everest, in Namche Bazar an und wurden dort offiziell als Flüchtlinge registriert. Gemäß Verfassung konnten Flüchtlinge erst nach Beherrschen der nepalischen Sprache in Wort und Schrift und nach fünfzehn Jahren Aufenthalt in Nepal die Staatsbürgerschaft erhalten.

Ngawang heiratete die Tibeterin Samde und sie mieteten einen Raum im Erdgeschoß eines Sherpa-Hauses in Namche Bazar. Der Boden bestand aus gestampfter Erde. In der Mitte des Raumes ein Felsen, auf dem der zentrale Stützbalken des Hauses ruhte. In der Ecke ein Bett, in der anderen eine Holzkiste, ein Petroleumkocher und ein paar Blechtöpfe. An der Wand aus Feld-

---

[6] Ein detaillierter Bericht dazu findet sich in Karmay Samten G., The Arrow and the Spindle. Studies in History, Myths, Rituals and Beliefs in Tibet, Vol. II, 172-175. Der Dalai Lama (Das Buch der Freiheit. Die Autobiographie des Friedensnobelpreisträgers, 14. Aufl., Mönchengladbach 2004, 367) schreibt, dass „in den letzten drei Jahrzehnten fast einein-viertel Millionen Tibeter durch Hinrichtung, Folter, Verhungern oder Selbstmord ihr Leben verloren haben, während Zehntausende in Gefangenenlagern dahinvegetierten".

steinen hingen einige Kleidungsstücke. Darunter stand eine alte Nähmaschine. Das war alles. Die neue Heimat der Flüchtlinge. Im Allgemeinen werden im Erdgeschoß eines Sherpa-Hauses die Yaks untergebracht. Doch etwas Besseres konnten sich die beiden nicht leisten.

Ngawang zog aus der Deckeltasche seines Rucksacks die kleine rote „Mao-Bibel". Sie ist in tibetischer Sprache verfasst. Darin zu lesen sei gut für die Schulung des Denkens, meinte er. Die chinesisch-nepalische Freundschaft müsse man argwöhnisch beobachten; auch in Tibet hätten die Chinesen Brücken und Straßen gebaut, um sich beliebt zu machen; so wie sie das jetzt in Nepal tun, dennoch unterdrücken sie so sehr die tibetische Bevölkerung. Größte Wertschätzung brachte er Edmund Hillary entgegen, der im Sherpaland mithilfe des Himalayan Trust Hospitäler, Schulen und Trinkwasseranlagen baut ohne politische Absichten.

Ngawang begann mittellos und von ganz unten. Er scheute sich vor keiner Arbeit. Zerlegen eines geschlachteten Yaks ist nicht jedermanns Sache, doch Ngawang bot seine Dienste an. Das Schneiderhandwerk ist in Nepal nicht hoch angesehen. Bei den Hindus gehören Schneider zur untersten Kaste. Ngawang verdiente sich Geld, indem er reparierte und später sogar Daunenjacken fertigte und verkaufte. Dann gelang es ihm, Trekkinggruppen zu begleiten und schließlich für Expeditionen zu den Himalayariesen zu arbeiten. Samde knüpfte Teppiche, strickte und verkaufte an Markttagen *chhang* (lokales Bier) und *rakshi* (lokaler Schnaps). Dann kam das Töchterlein Rinzing zur Welt, ein süßer Treibauf.

Als wir unsere Expedition zum Makalu vorbereiteten, wohnte meine Frau für ein paar Tage bei Ngawang und Samde. Sie konnten sich inzwischen eine etwas geräumigere Wohnung leisten und einen kleinen Laden dazumieten, den sie zusammen mit Ngawangs Bruder betrieben. Dietlinde beschrieb ihr Erlebnis mit dem kleinen Schalk Rinzing so: „Sie legt den Kopf schief und schaut mich prüfend an, beschließt dann, ich sollte den Tee trinken, der vor mir steht. Sie rührt kräftig darin und schiebt mir den Löffel verkehrt herum in den Mund. – 'Komm her, du musst mal schnäuzen.' Rinzing ist in dem Alter, in dem man noch alle Sprachen versteht, knapp eineinhalb Jahre. Sie hält brav die Schnute hin, nimmt mir dann das Taschentuch aus der Hand, um es mir an die Nase zu drücken. Wir schnäuzen uns so lange gegenseitig, bis gewiss nichts mehr drin ist. – Rinzing will spazieren gehen, sie erwischt meinen Zeigefinger und zieht mich durchs Dorf. Unser Auftreten lenkt eine Kinderschar sogar von einer Bonbons verteilenden Trekkinggruppe ab. Die Kinder von Namche sind den Anblick von Ausländern zwar gewohnt, doch scheuen auch hier die Kleinen normalerweise vor den Gesichtern der Helläugigen zurück. 'Ihr habt keine Augen!' Oder 'Eure Augen haben keine Farbe!' sagen sie. Nicht so Rinzing. 'Das ist doch Nawang Tensings Tochter', wundern sich die Dörfler. Unverwechselbar: die wilden Locken, die kurze Nase, der Mund mit den großen Schneidezähnen und der übermütigen Oberlippe. – Auf dem Rückweg sitzt Rinzing auf meinem Arm und zaust meine Haare. Am Abend schreiben wir gemeinsam unsere Erlebnisse ins Tagebuch. 'Tütütü', singt Rinzing und malt Striche mit Fingerabdrücken.[7]

Rinzing, Samde, Ngawang – das Glück der kleinen Familie musste groß gewesen sein. Der Neubeginn in der neuen Heimat war gelungen.

Ngawang war wohl jedem, dem er begegnete, ein leuchtendes Vorbild: Absolute Zuverlässigkeit, unbändiger Einsatz, Genügsamkeit, Geschicklichkeit, Erfindungsgeist und Humor: Diese Tugenden bildeten seine Persönlichkeit. Ich möchte sie beschreiben. Ich bin es Ngawang schuldig. Um nicht Täuschungen der Erinnerung zu erliegen, die ja oftmals Vergangenes verklärt und in zu positivem Licht erscheinen lässt, greife ich dabei auf schriftliche Notizen zurück, die von mir und anderen kurz nach dem Zusammensein mit Ngawang niedergelegt worden waren.

1973 am Dhaulagiri

„Young und Lyman … hielten ein Seminar mit den Sherpa zum Thema Sicherheit auf Gletschern … Wir wollten wissen, welche Grundkenntnisse über den Gebrauch des Seils und über Spaltenbergung vorhanden sind. Wir wussten, dass die Sherpa darin Kenntnisse hatten und wollten herausfinden, welche wir von jedem von ihnen erfahren könnten. Und wir erfuhren. Als Young mühsam das Knüpfen eines Boulinknotens vorführte – ein nützlicher Knoten für Bergsteiger, der aber von Amerikanern nicht oft angewandt wird –, beobachtete Nang Tenzing den Vorgang mit einiger Verwirrung. Er versuchte, Youngs komplizierte Bewegungen zu wiederholen, aber vergebens. Er bat ihn, nochmals den Knoten zu zeigen und war wiederum verwirrt. Er gab kopfschüttelnd das Seil mit dem Knoten an Young zurück. Da leuchtete plötzlich sein Gesicht. Er nahm das Seil und knüpfte in einer einfachen Dreh- und Ruckbewegung denselben Knoten. 'O.K, Sahib?' fragte er. Young verbrachte den Rest des Tages mit dem Üben von Nang's Knoten."

Andrew Harvard und Todd Thompson, Mountain of Storms, 1974, 93

---

[7] Warth Hermann und Dietlinde, Makalu. Expedition in die Stille, 2. Aufl., St. Ottilien 1980, 25.

1974 am Shartse

„Meist bin ich mit ihm (Hermann) und dem unerschütterlichen, immer zu Späßen aufgelegten Nawang Tensing unterwegs, einem fröhlichen Krauskopf ... 'Very good shoes, very cold feet' (sehr gute Schuhe, sehr kalte Füße) ist eines seiner geflügelten Worte, ebenso wie 'many danger' (große Gefahr), wenn er in schwankender Lage im unter den Sturmböen knatternden Zelt Tee kocht ... oder 'today many' (heute viele), wenn es ihm darum geht, die Anzahl der Darmblähungen der Zeltgemeinschaft zu charakterisieren. Er ist ein goldiger Kerl, absolut zuverlässig, den man beruhigt mit dem Auftrag ins Fixseil hängen kann, irgendwo eine Stufenleiter ins steile Blankeis der Luvseite des Grates zu schlagen. Nawang wird, tausend Meter Abgrund unter sich, fröhlich eine ganze Theatertreppe herauspickeln, singen und hin und wieder auf den Shar-Gletscher in der Tiefe spucken."

Kurt Diemberger, Gipfel und Gefährten, 2001, 17

1974 am Shartse

„Die große Eiswechte, in deren Schutz das Lager IV am Shartse stand, war auf einer Länge von 50 Metern abgebrochen ... Wir hatten stundenlang nach Wertvollem gegraben, fanden immerhin das Zelt und meine kniehohen Rentierpelzstiefel – Nawang: 'Ah, Yeti!' –, aber auch Kochtöpfe, zu faustgroßen Knäueln gepresst ... Nawang hatte das Zelt wieder aufgerichtet (nach dem Wechtenbruch war der Platz jetzt absolut sicher). Er wollte nicht mit mir und Kurt (Diemberger) auf den Gipfel, sondern hier auf unsere Rückkehr warten, auf fünf Quadratmetern ebenen Schneebodens. Er wollte auch nicht an den Fixseilen hinunter. Angst vor Gipfelruhm und Treue zu uns beiden waren wohl die Gründe für seine Entscheidung (und vielleicht auch Sorge, sein Gipfelerfolg könnte den Neid seiner Mitmenschen im Khumbu wecken) ... (Kurt und ich schafften die Erstbesteigung des 7502 Meter hohen Shartse). Am fünften Tag nach unserer Trennung treffen wir wieder Nawang, der einsame Wacht gehalten hatte. Er hatte nur von einer Dose ein wenig gegessen, sich sonst von Tee ernährt! Alle anderen ihm zugeteilten Rationen waren unberührt. Er meinte: 'Ich hatte ja nichts zu tun, darum brauchte ich auch nicht essen, und außerdem weiß man nie, was im Gipfelbereich so alles passiert und in welcher Verfassung eine Gipfelmannschaft zurückkehrt.' Nawang ist durch sein Fasten so geschwächt, dass ich beim Abstieg meinen leichten gegen seinen schweren Rucksack tauschen musste."

Hermann Warth, Tiefe Überall, 1986, 29, 35

1975 im Khumbu

„Wir steuern einen unbenannten Gipfel an, den P 5687. Schönes, leichtes Klettergelände. Dazu ein strahlender, windstiller Tag. Man könnte in Hemdsärmeln gehen. Norbu und Nawang sind übermütig. Immer wieder schallen 'nepalische Jodler' zum Khumbu-Gletscher und zu den Trekkern hinunter. Auf dem flachen Felsgipfel genießen wir ein ausgiebiges Sonnenbad in unmittelbarer Nähe von Pumori, Everest und Lhotse. Norbu kocht auf der Gasflamme das Mittagessen, und Nawang, der im Rucksack einige Wacholderzweige heraufgebracht hat, entfacht ein kurzes Freudenfeuer. Oder ist es ein Dankesopfer an die Unsichtbaren, weil alles bisher so gut gegangen war? Plötzlich weckt er uns: 'Here Everest-View-Hotel, dinner is ready!' und serviert Norbus köstliche Erbsensuppe mit Luncheon Meat. Ja, das ist Leben!"

Hermann Warth, Tiefe Überall, 1986, 46

1978 im Anmarsch zum Makalu

„Nawang war vor mir mit einem Riesenwargel losgezogen. Jetzt kommt er bergab in der Spur zurückgesprungen, weicht aus und ertrinkt dabei fast im grundlosen Pulverschnee. Hat er etwas vergessen? Als ich den Platz erreicht habe, wo er seine Last abgestellt hat – jetzt sehe ich, dass es eigentlich zwei sind, also 60 kg – schnauft er mit einer Normallast von 30 kg daher. Nawang überholt, setzt ab und schickt sich an, zu dem Riesengepäck zurückzurennen. Er will doch wohl nicht allein 90 kg eine Tagesetappe weiter befördern? 'Nawang, was treibst du denn?' 'Ah, today three load!' Was Nawang sich in den Kopf gesetzt hat, tut er auch. (Er selbst wiegt 56 kg.)"

Hermann und Dietlinde Warth, Makalu, 1980, 45

1978 am Makalu zwischen 7500 und 7800 Metern Höhe

„Keuchend bleiben Nawang und Ang Chhopal am von Hans und Nga Temba vor einigen Tagen eingerichteten stattlichen Materialdepot stehen; der bisher so gut begehbare Firn geht über in lockeren, immer tiefer werdenden Triebschnee, der über die Westwand gejagt wurde und sich auf der ruhigeren Leeseite absetzte. Wir hocken uns auf unsere Rucksäcke, etwas Tsampa von der dicken Kugel, ein paar Schluck Tee. Dann gehe ich voraus, schräg aufwärts auf eine steile Schneerinne zwischen einem Felssporn und dem Eisbruch zuhaltend. Eine fürchterliche

Plackerei beginnt. Anfangs glaube ich immer, die Schneedecke hält, doch wenn ich mit dem vollen Körpergewicht den Fuß belaste, breche ich wieder ein, Schritt für Schritt, tiefe Löcher hinter mir lassend. 200 m mag ich so gespurt haben, da überholt mich bei einer der vielen Pausen Nawang, das kleine gedrungene Kraftbündel mit dem Kreuz wie ein Ringer. Na ja, Rotationssystem, ganz gut, denke ich. Doch ich täusche mich. Weder Ang Chhopal noch ich können Schritt halten mit der kleinen Maschine da vorne, die sich ohne Unterbrechung förmlich durch den Schnee frisst. Der Abstand zu uns wird immer größer. Ich stehe vor einem Rätsel. Woher hat der Kerl nur die Kraft, Energie, Kondition und Willensstärke? Auch Ang Chhopal schüttelt den Kopf. So ist er, der Nawang. Er weiß ganz genau, wenn eine ganze Expeditionsphase auf dem Spiel steht, die Versicherung eines wichtigen Abschnitts, der Aufbau eines Lagers oder gar der Gipfelversuch. Und er spürt auch, wenn andere einen Kräfteeinbruch erleiden, dann ist er da. Wie jetzt. Unerbittlich kämpft er sich höher, ohne umzuschauen. Schritt für Schritt. Jetzt nähert er sich dem markanten Felsen, und da erst macht er Rast, dreht sich nach uns um. Wohl um 300 m hat er uns abgehängt. Ich möchte jetzt die Führung in der Eisrinne übernehmen, ihn entlasten. Doch Nawang geht einige Sekunden vor mir los und wühlt sich hinauf, einen tiefen Graben reißend …"

Hermann und Dietlinde Warth, Makalu, 1979, 64

1978 am Makalu

„… in mir (Kurt Diemberger) schwebt die bange Frage, ob Nawang, den dieser überirdische Gipfelaufbau des MAKALU so sehr beeindruckt hatte, nicht doch im letzten Augenblick noch angesichts des Gipfels von seinen alten Zweifeln (es war lange Zeit schwer, ihm begreiflich zu machen, dass er auch als Nicht-Nepali vollwertiges Mitglied der 'Internationalen Makalu Expedition' war) befallen und nicht hinaufsteigen würde … Meine Sorge ist unbegründet: Nawang blickt zwar empor über die luftige, weiße Himmelsleiter, die über unermesslichen Tiefen zur höchsten Spitze des MAKALU hinaufführt, aber er zögert keinen Augenblick, und während er sich mit dem Pickel an der Schneewand sichert, denke ich: wie rasch er seine Schritte setzt! Aber dann folgt die wohl größte Überraschung dieses Tages, die mich mit Freude erfüllt, für die es keine Worte gibt: Nawang, der noch vor zwei Tagen zu mir gesagt hatte: 'If we get to the summit, you will be very happy – and I some' (falls wir den Gipfel erreichen, wirst du sehr glücklich sein, und ich ein wenig) umarmt mich auf dem schmalen Standplatz und sagt mir, wie glücklich er sei."

Kurt Diemberger, Gipfel und Geheimnisse, 1991, 272 f.

1979 am Everest

„Wir, schon im Lager 2, hörten diese Nachricht um 19 Uhr voll Freude: Alle Teilnehmer waren auf den Gipfel gelangt (d.h. auch die zweite Gruppe am 2.10.1979) ... Doch die Freude wich der Bangigkeit, je weiter die Zeit vorrückte, denn es waren noch nicht alle vom Gipfel zum Südsattel ins Lager 4 zurückgekehrt. Hannelore (Schmatz), Ray (Genet), Sundare und Ang Jambu Sherpa fehlten. Stündlicher Funkverkehr. Immer die gleiche Nachricht: Sie fehlten! Um 22 Uhr war einer zurück, Ang Jambu. Er berichtete vom Biwak der anderen drei in etwa 8500 Metern Höhe in einer ausgehobenen Schneehöhle ... Er hatte vergeblich versucht, Ray und Hannelore zu überzeugen, sich seiner Entscheidung zum Abstieg anzuschließen. Bevor er ging, hatte er noch zwei halbvolle Sauerstoff-Flaschen von dem Platz geholt, wo wir sie im Aufstieg deponiert hatten, und sie zu den dreien hinaufgetragen.

Über Funk baten wir drei Sherpa im Lager 3, früh am Morgen den Vermissten mit Sauerstoff-Flaschen entgegenzusteigen ... Bei Tagesanbruch sahen wir Nawang Tensing, den Stärksten der Expedition, der bereits viermal in den letzten Tagen mit Last, ohne künstlichen Sauerstoff zu benützen, den Südsattel (7986 m) erreicht hatte, und zwei Sherpa sich die Lhotseflanke hinaufarbeiten. Der Abstand zwischen Nawang und den beiden vergrößerte sich immer mehr. Nawang trug zwei Sauerstoff-Flaschen und musste zudem spuren. Die Sorge um die Verschollenen trieb ihn. In nur drei Stunden bewältigte er einen Anstieg, der sonst gut fünf Stunden dauert. Nach kurzer Rast auf dem Südsattel stieg er mit Til (Tilmann Fischbach) in den zum Südostgrat führenden Hang ein. Doch nach dem ersten Drittel kam ihnen Sundare entgegen, allein, schneeblind, verzweifelt: Ray ist oben im Biwak am frühen Morgen gestorben, Hannelore knapp unterhalb des Südgrates. Sundare war noch am Morgen, wie Ang Jambu am Tag zuvor, zu dem Depot mit den halbvollen Sauerstoff-Flaschen abgestiegen. Für Ray war seine aufopfernde Kraftanstrengung zu spät gekommen, doch Hannelore konnte er so den Südostgrat hinabführen bis zu der Stelle, wo der lange Steilhang zum Sattel hinunterleitete. Dort war dann Hannelores Flasche wieder leer. Nach der fürchterlichen Biwaknacht hatte sie keine Kraft mehr, die wenigen hundert Höhenmeter zum Sattel abzusteigen ...

Weinend und vor Erschöpfung torkelnd stürzte mir Nawang (nach seiner Rückkehr ins Lager 2) in die Arme. 'Um nur wenige Stunden habe ich die Memsahib verfehlt', schluchzte er und machte sich noch Vorwürfe, nicht noch schneller aufgestiegen zu sein!!"

Hermann Warth, Tiefe Überall, 1986, 104-110

1980 am Everest und Lhotse

„Wir (Ngawang und Kurt Diemberger) hatten gemeinsam am Shartse mit Wechten und Schlechtwetter gekämpft, gemeinsam waren wir auf dem Gipfel des Makalu gestanden; Nawang war immer fröhlich und gut aufgelegt, ging, ohne viel Umstände zu machen, direkt aufs Ziel los, und blieb dennoch vernünftig und vorsichtig. Er war religiös und warnte mich, ein zweites Mal den Gipfel des Everest zu besteigen – es sei schon genug, den Buddha einmal gestört zu haben. Sollte ich wirklich dort oben filmen, würde er am Vorgipfel bleiben ... Mitten in der Lhotseflanke, wo ich für meinen Filmauftrag zum Südsattel war, piepste plötzlich das Walkie-Talkie ... Teresa (Kurts Frau) ist am anderen Ende der Leitung. 'Kurt, brauchst du den Nawang Tenzing jetzt? Der Reinhold (Messner) möchte ihn für den Lhotse haben! Nur für ein paar Tage.' Natürlich bin ich völlig überrascht: Was ist geschehen? Aber Teresa erklärt mir den Sachverhalt und dass Reinhold derzeit ohne Sherpa ist ... mir ist klar, dass Nawang für Reinhold der beste Mann ist, und so stimme ich zu."

Kurt Diemberger, Der siebte Sinn, 2004, 289-292

1974 auf dem Pethangtse-Sattel, 6130 Meter

„Nawang Tenzings dunkle Augen unter dem widerspenstigen schwarzen Kraushaar blicken mit einem Ausdruck von nachdenklicher Wehmut auf die schneebedeckten Bergketten vor uns – irgendwo dort hinten ist er auf die Welt gekommen, liegt sein Heimattal ... auf der anderen Seite des Everest ... Nawang Tenzing ist Tibeter; als vor Jahren die Chinesen kamen und man die Yakherden seines Vaters forttrieb ... gelang es ihm, nach Nepal zu flüchten. Dank seines manuellen Geschicks konnte er sich zunächst als Schneider durchschlagen, doch mehr und mehr wurde er wegen seiner unglaublichen Energie, seiner Ausdauer auch noch in größter Höhe ... zum gesuchten und angesehenen 'Sherpa' für Himalajaexpeditionen. Ich schätze Nawang sehr für seine gerade und offene Art, ja, ich hatte den kleinen untersetzten Krauskopf aus Tibet, der immer guter Dinge war, bald ins Herz geschlossen! Seine unverwüstliche Fröhlichkeit – nach all dem Bitteren, was er erlebt hatte – beeindruckte mich sehr. Nur manchmal, wenn er von der grenzenlosen Weite seiner Heimat sprach, vom unermesslich sich dehnenden Hochland ... von wüstenartiger Einöde, von Flächen, die sich plötzlich mit Tausenden von Blumen bedeckten ..., dann nahm sein Gesicht diesen Ausdruck an wie jetzt, und seine Augen blickten durch alles hindurch ... Einige Male war er für kurze Zeit wieder nach Tibet gegangen, über die Berge."

Kurt Diemberger, Gipfel und Gefährten, 1990, 9

Ja, Ngawang ging auch nach unserer Expedition zum Kangchendzönga 1983 – er war natürlich Mitglied dieses Unternehmens durch die gewaltige Nordwand – wohl einige Male nach Tibet, doch schließlich zu seinem Verhängnis ... Wir trafen ihn nicht mehr. 1984 kehrten wir nach Deutschland zurück. 1986 führten wir mehrere Trekkingruppen des Deutschen Alpenvereins in Nepal. Dietlinde flog mit der letzten nach Hause. Ich blieb, um mit Ang Chhopal eine Wanderung ins winterliche Solu-Khumbu zu unternehmen (s. Kap. „Unterwegs mit Ang Chhopal"). Da erfuhr ich vom Tode Ngawangs: Er war im Frühjahr 1986 ermordet worden, als er abends in Boudhanath zu einer Apotheke ging, um für sein krankes Kind Medizin zu besorgen. Da wurde ihm aufgelauert und sein Leben auf schreckliche Weise beendet. Hintergrund, so hieß es, sei Eifersucht gewesen. Ngawang habe sich mit seiner Ehefrau nicht mehr verstanden und sei nach Tibet gegangen, um eine neue Partnerin zu finden. Das wollte aber ein Tibeter, der in die von Ngawang Erwählte verliebt war, auf keinen Fall zulassen. Ngawang starb mit 37 Jahren.

Ich konnte es nicht begreifen und kann es bis heute nicht verstehen, gemäß welcher Logik so ein Mensch, so ein Vorbild hinweggerafft wurde. Ngawang hatte trotz Chinas mörderischer Tibetpolitik überlebt und als Flüchtling in Nepal eine Familie gegründet und versorgt. Er hatte alle Fährnisse der Wildnis überstanden, die kaum irgendwo größer ist als im Himalaya. Ngawang, der hilfsbereit war bis zur völligen Erschöpfung, kam durch Gewalt ums Leben durch einen Menschen, der die Kontrolle über sich verloren hatte.

Dem Leben ist Ngawang mit jenem Mut begegnet, der einzig „aus dem Mitgefühl für alle lebenden und leidenden Wesen entspringen kann", wie Lama Anagarika Govinda schrieb. Ngawangs Begegnung mit dem Tod kam aber so plötzlich, dass er gar nicht die Zeit und Gelegenheit hatte, ihm mutig zu begegnen. Doch, ich bin mir sicher, hätte sich das Ende langsam in unheilbarer Krankheit angekündigt, dann hätte Ngawang Mut und Zuversicht besessen, ruhig zu gehen im Bewusstsein seiner ständig geleisteten Hilfe und seines Einsatzes für andere während des kurzen Lebens, das ihm vergönnt war. Er hatte sehr viel gutes *karma* angehäuft.

„He was not big but great", hatte ein amerikanischer Tourist über Ngawang Tenzing, seinem mehrwöchigen Trekkingbegleiter, geurteilt. Der kleine Ngawang war ein Großer.

Unterwegs mit Ang Chhopal

(1986)

„Die Wachenden haben die eine gemeinsame Welt."

Heraklit

Blutsbrüder

„Uhuuu – Uhuuu – Uhuuu –", klang es durch die Nacht. Wie das Bassfagott einen leeren Konzertsaal, so füllte die tiefe Stimme den im Schein der Vollmondnacht liegenden Raum. Der Vogel musste ganz nahe sein. Ang Chhopal und ich lagen auf dem Boden einer kleinen Hütte aus Bambus, Lehm und Stroh. An den Breitseiten hatte sie keine Wände. Sie diente wie viele ringsum als Verkaufsstand auf dem Khanibhanjyang, einem Pässlein zwischen Rumjatar und dem Dudh Koshi-Fluss in Ostnepal. Morgen würde hier *hatbazar*, Wochenmarkt, sein, würden Waren die Lehmböden bedecken, würden die Leute aus der Umgebung kaufen, verkaufen, tauschen, Pläne schmieden, Vereinbarungen treffen und erzählen, erzählen. „Uhuuu – Uhuuu –." Bedrohlich nahe war die Stimme. Kein Hund der verstreuten Gehöfte wagte es, sich aufzuregen. „Uhuuu – Uhuuu –", klang es jetzt von viel weiter her. Der Greif hatte seinen Standort gewechselt. – Stille.

„Schiaa hihii! Schiaa hihii!" Wieder wachten wir auf. Schakale schlichen um den Ort auf der Suche nach Fressbarem. Ein wütendes vielstimmiges Hundegebell aus Nah und Fern erhob sich. „Shiaa hihii! Shiaa hihii", verklangen die Stimmen. Es herrschte wieder Stille im Raum.

Ang Chhopal war in Rumjatar dem Flugzeug mit einem sehr handlichem Rucksack entstiegen, was mich zunächst neidisch machte, bis ich bemerkte, dass er zwei lange Unterhosen, eine Überhose und zwei Jacken übereinander angezogen hatte, um am Gewicht des aufgegebenen Gepäckstücks zu sparen. Hier im Mittelland war es jetzt im Dezember noch nicht kalt, und bei jeder

Rast wurde nun Ang Chhopals Rucksack größer. Die abgelegten Kleider ließen jetzt seinen hageren, katzenhaft elastischen Körper erkennen.

Wir wussten, wohin wir ungefähr wollten – zunächst nach Kharikhola, Ang Chhopals Heimatdorf zwischen dem Khumbu und dem Solu-Gebiet zu Füßen des Everest –, hatten aber nicht die Strecke in Tagesetappen unterteilt, sondern ließen uns unbekümmert in Zeit und Land fallen, ließen uns treiben, ohne uns Gedanken zu machen, wohin wir abends gelangen würden, und bewahrten uns dadurch die Freiheit, offen für Begegnungen aller Art an jedwedem Ort und zu jeder Zeit zu sein. Wir waren erfahren in Nepals Landschaft und bäuerlicher Gesellschaft und das verhalf zu diesem unbeschwerten Dahinwandern und außerdem die Tatsache, dass wir uns seit elf Jahren kannten und harmonierten bis in Kleinigkeiten hinein: gleiche Schuhgröße, gleiche Schrittlänge, gleiche Körpergröße, gleiches Lungenvolumen, was wir einmal durch das Aufblasen eines Luftballons herausgefunden hatten, gleiche Vorliebe für die Köstlichkeiten Kaffee und Kartoffeln, meist gleichzeitiges Bedürfnis nach Rasten und häufig gleiche Gedanken, die auszusprechen der eine dem anderen oft nur um Augenblicke zuvorkam. Auch die Anzahl unserer Geschwister war dieselbe. Jeder hatte sich in seiner Jugend mit sieben Geschwistern auseinanderzusetzen. Nur ein großer Unterschied bestand: Ang Chhopal war viel frömmer als ich. Sechs Jahre hatte er die Studien zum Lama betrieben, ich hatte mich nur acht Monate lang auf das Leben eines Benediktinermönches vorbereitet, um mich dann anderen Zielen zuzuwenden. Mein Freund war introvertiert und schweigsam. „Wenn es nicht notwendig ist, sollte man nicht reden", hatte er einmal gesagt. Es ging ihm wohl wie dem amerikanischen Dichter Henry David Thoreau, der Leute, die alles kommentieren und ständig ihre Gedanken mitteilen müssen, „eine Art geistige Tausendfüßler" nannte, „in deren Gesellschaft es einem überall zu jucken anfängt"[8].

Urkien Sherpa aus Khumjung, einer dieser legendären *sirdars* aus der Zeit, als noch nicht alle Achttausender bestiegen waren, hatte mit sicherem Auge Ang Chhopals Talente entdeckt und den Kontakt zu uns hergestellt. Und seinem Charakter entsprechend führte sich Ang Chhopal sanft bei uns ein: Er begleitete meine Frau, meine Mutter und mich auf einer Wanderung von Pokhara über Ghandrung, Tatopani, Beni nach Kusma. Seine körperliche Leistungsfähigkeit war weit unterfordert im leichten Gelände mit kurzen Tagesetappen, dafür zeigte er aber die Tugenden vieler Sherpa: Hilfsbereitschaft, Geduld und Rücksicht. Wie er meine Mutter an der Hand die vielen Steintreppen hinunter begleitete, wie er ihr bei den Mittags- und Abendrasten eine Sitzgelegenheit aus Stein oder Holz baute, wie er sorgfältig Diät-Essen für sie kochte und sich um einen besonders ebenen und sauberen Platz für ihr Zelt kümmerte. Er um-

---

8   Thoreau Henry David, Walden oder Leben in den Wäldern, Zürich 1971, 156.

sorgte sie besser als ihr Sohn. Diese gütige Umsicht ließ in Ang Chhopal nicht den harten Himalaya-Bergsteiger vermuten, der sich in jungen Jahren schon vielfach ausgezeichnet hatte an den Eisriesen des Himalaya, an Manaslu, Makalu, Yalungkang und Lhotse. Urkien als *sirdar* und Ang Chhopal als sein Stellvertreter hatten 1977 ganz wesentlich zu unserer zweiten Besteigung des Lhotse, des vierthöchsten Berges der Erde, beigetragen.

Diese glückliche Verbindung im Wesen Ang Chhopals veranlasste uns 1978, ihm das Amt des *sirdars* anzubieten für unsere geplante Expedition zum Makalu, jener dunklen, einsamen Pyramide in Ostnepal an der Grenze zu Tibet. Ein *sirdar* war zur Zeit der militärischen Einigung Nepals durch Prithvi Narayan Shah im 18. Jahrhundert ein hoher, der vierthöchste Amtsinhaber im politischen System: Staatssekretär und Kommandeur kleinerer Armeeeinheiten. Später wurden Personen so genannt, die befähigt sind, kleinere und größere Gruppen von Einheimischen zu führen, welche als Träger, Köche und Küchenhelfer für Touristen in den rauen Landschaften Nepals arbeiten. Um *sirdar* zu werden, muss man sich auf Trekking- und Bergtouren bewähren. Man muss auf mehreren Expeditionen seine Qualitäten bewiesen haben: Natürliche Autorität, Lesen, Schreiben und Rechnen (vor allem wichtig, um das beaufsichtigte Personal nach erbrachter Arbeit bezahlen zu können), körperliche Leistungsfähigkeit und bergsteigerisches Können. Diese Fähigkeiten werden durch Zeugnisse der Expeditionsleiter bestätigt. In einer Personalakte der Nepal Mountaineering Association (vergleichbar mit dem Alpenverein) werden die Leistungen festgehalten. Die Summe positiver Einträge ergibt dann die Qualifikation zum *sirdar*, dem stolzen Titel für ein begehrtes und verantwortungsvolles Amt.

Am kurzen Aufleuchten seiner Augen erkannte ich, wie erfreut Ang Chhopal über dieses Angebot war. Er warf sich mit allen seinen Fähigkeiten in die neue Aufgabe, brachte mit dreißig Trägern für das Makalu-Abenteuer vorgesehene Ausrüstung von der Lhotse-Expedition über drei hohe Pässe von Namche Bazar nach Khandbari, kaufte Nahrungsmittel in Kathmandu ein, suchte Koch und Küchenhelfer aus, beaufsichtigte die Kolonne von über hundert Anmarschträgern, die dann aufgrund der riesigen Schneemassen auf zwölf zusammenschrumpfte, war sich nicht zu gut, selbst Lasten zum Basislager zu schleppen und die Spur im knietiefen Schnee zu brechen und bestieg dann mit mir den stolzen Makalu, wobei er auf die Verwendung von künstlichem Sauerstoff verzichtete. Und alles erledigte er unauffällig. Es schien ihm leicht von der Hand zu gehen. Doch wie schwer fiel es ihm, mir gegenüber das *„sahib"* in der Anrede abzulegen. Alle Aufforderungen nutzen nichts, es blieb beim *„sahib"*. „Hermann *sahib"* war das Äußerste an Kühnheit, was sich Ang Chhopal gestattete. Doch dann, nach den vielen gemeinsamen Klettertagen und den Nächten in den Hochlagern und nach dem gemeinsamen Gipfelerlebnis kam es plötzlich aus ihm heraus: „Wir passen zusammen wie zwei Blutsbrüder", *mit* (ausgesprochen mit langem i). Er gebrauchte dabei die besonders freundliche und respektvolle Form, die als „ji" oder „ju" an das Wortende angefügt wird, also *mitju* (ausgesprochen: mitsu). Seither nannte er mich *dai*, älterer Bruder, und ich ihn nicht mehr Ang Chhopal sondern *bhai*, jüngerer Bruder.[9]

Mit-sein, *miteri*, das ist die höchste Stufe der Freundschaft, absolutes Vertrauen zueinander, Zusammenstehen auch wenn man hunderte und tausende von Kilometern getrennt ist. Diese „Verwandtschaft", verbreitet in Nepal, Sikkim, Bhutan und Tibet, ist unauflöslich wie die zwischen Blutsbrüdern, ja geht noch darüber hinaus: Sie wird auch Bestand haben im Jenseits, im *devachen*. Die jeweiligen Kinder der beiden können nicht heiraten. Nur Personen gleichen Geschlechts können *Mit*-Bindungen eingehen. Es gibt solche auch unter Frauen. Die *Mit*-Bindung ist stärker als jede andere. Sie wird in einem Ritual geschlossen, das im Hause eines der beiden Partner stattfindet. Der andere trägt zum Fest mit Bier und Schnaps bei. Zusammen mit einem Priester, Lama[10], werden von beiden die *deke*, weibliche Schutzgottheiten, um Glück, Gesundheit, Freundschaft und Frohsinn angerufen und um Schirmherrschaft gebeten. Dann tauschen die Partner die Gläser, aus denen sie getrunken hatten. Von diesem Moment an gelten die beiden als Verwandte. Die Zeremonie endet, selbstverständlich bei den Sherpa, mit einem großen Fest aller Anwesenden. Es wird gesungen, getanzt, gegessen und getrunken.

Die *Mit*-Verbindung hat einige praktische Vorteile: Sie wird nicht nur eingegangen, weil sich Personen gerne mögen, sondern dient auch dazu, einen schweren Streit ein für allemal zu beenden und die Versöhnung zu besiegeln. Da eine *Mit*-Verbindung auch zwischen Personen verschiedener Stämme geschlossen werden kann, bietet sie z.B. im Handel zwischen den Sherpa und den tiefer siedelnden Rai die Garantie fairer und verlässlicher Partnerschaft. *Miteri* gibt es auch mit den traditionellen Handelspartnern der Sherpa in Tibet. Hier ist absolute Verlässlichkeit von besonderer Bedeutung, denn die Geschäftspartner leben weit voneinander entfernt, getrennt durch Schluchten und hohe Pässe, die im Winter monatelang nicht begehbar sind. Außerdem ist hüben und drüben keine staatliche Autorität vorhanden, die man bei Übervorteilungen mit Aussicht auf Erfolg in Anspruch nehmen könnte. Besonders bei Krediten be-

---

[9] Vgl. Warth, Makalu; Warth, Tiefe Überall, 1986.

[10] „Im Wort 'Lama' bedeutet 'La' hoch, und 'ma' ist ein Negativum, das anzeigt, dass es nichts Höheres gibt. Er ist einer, der von der Sorge um sich selbst zur Fürsorge für andere fortgeschritten ist, der sich also von der niederen Sorge um den persönlichen Vorteil dem höheren Ziel, für andere das Beste zu erreichen, zugewandt hat." Dalai Lama, Logik der Liebe. Aus den Lehren des Tibetischen Buddhismus für den Westen, 3. Aufl., München 1993, 165.

steht die einzige Rückzahlungsgarantie in der durch *miteri* besiegelten Verbindung.[11] Über Ang Chhopals Angebot der Blutsbrüderschaft freute ich mich ebenso wie er damals über das meine, Expeditionssirdar zu werden. Ohne irgendeine Trübung bestand *miteri* seither zwischen uns beiden.

„Rückständige"

Bei dem Dörfchen Silaurighat hatten wir die Dudh Koshi in einem Einbaum überquert. „Dudh Koshi" heißt Milchfluss wegen der hellen, trüben Färbung des Wassers, das den Gletschern südlich des Cho Oyu, Everest und Lhotse entspringt. Bei einer Brahmanenfamilie baten wir um Essen. Das Gehöft machte einen wohlhabenden Eindruck: Büffel, Kühe, Hühner, Stallungen, großes Wohnhaus und Obstbäume davor. Wir freuten uns auf die gut einstündige Rast, die Zeit, die für das Zubereiten der Mahlzeit gewöhnlich benötigt wird. Doch zu unserer Überraschung wurde sofort serviert. Die Frau des Hauses hatte soeben das Essen für die Familie gekocht, das sie uns gab – Linsen mit Reis *(dalbhat)*, Gemüse und Buttermilch, von allem soviel wir wollten – und bereitete für die eigenen Leute nochmals zu. Unter keinen Umständen wollte sie Bezahlung entgegennehmen.

„Nein, nein, drängen Sie uns nicht!", sagte der Hausherr, „Ausüben von Gastfreundschaft ist gutes *karma*".

„Ja, aber ..."

„Lass sie, *dai*, das ist so", sagte Ang Chhopal.

Wir bedankten uns und begannen, so gestärkt, die 1600 Höhenmeter über dem östlichen Ufer der Dudh Koshi aufzusteigen. Ich achtete nicht auf die Steilheit des Pfades, mich beschäftigte das soeben Erlebte. Wie oft schon hatte ich auf meinen vielen Fußmärschen Ähnliches erfahren, als ich die Entwicklungshelfer des Deutschen Entwicklungsdienstes (DED) in weit entlegenen Orten des Landes an ihren Arbeitsplätzen besuchte. Natürlich kam ich unangemeldet abends in irgendeinem Dorf an. Ein Platz zum Übernachten und Essen wurden mir immer gerne gewährt, ohne Bezahlung einzufordern. Mir war das peinlich und oft hinterließ ich den Eltern für ihre Kinder ein paar Rupien, die nur zögernd angenommen wurden. Als Landesbeauftragter des DED war ich zwar deutscher „Chef" von jährlich ca. 20 Entwicklungshelfern und ihren mitausgereisten Angehörigen, aber genau besehen in verantwortungsvoller Dienst-

---

[11]   Dazu Oppitz Michael, Geschichte und Sozialordnung der Sherpa, Innsbruck-München 1968; Messerschmidt Donald, Miteri in Nepal: Fictive Ties that bind, in: Kailash. A Journal of Himalayan Studies, Vol. IX, Nr. 1, 1982, Kathmandu.

leistungsfunktion. Die Entwicklungshelfer arbeiteten ja gemäß den Grundsätzen des DED unter einheimischen Vorgesetzten. Meine Hauptaufgabe bestand darin, die Arbeitsbedingungen so günstig wie möglich zu gestalten. Dazu gehörte, die sprachliche und soziokulturelle Vorbereitung der Entwicklungshelfer zu organisieren, den Dialog mit ihren einheimischen Vorgesetzten zu pflegen, die Arbeit gemeinsam auszuwerten, und es gehörte dazu, im Rahmen meiner Fürsorgepflicht die Entwicklungshelfer an ihren Arbeitsplätzen in gewissen zeitlichen Abständen zu besuchen. Letzteres war, zugegeben, der angenehmste Teil, fielen doch Arbeit und Hobby zusammen: das Wandern in rauer Landschaft und das, wenn auch kurze, Zusammenleben mit nepalischen Familien. Straßen und Lodges gab es damals nur wenige, so war ich auf die Gastfreundschaft der Leute angewiesen. Oftmals servierten sie nach dem Essen noch Selbstgebrautes aus Reis *(chhang)* und Hirse *(tongba)* oder Selbstgebranntes aus Kartoffeln oder Mais *(rakshi)*. Mir erging es dann wie Edmund Hillary: „Ich schlief wie auf einer Wolke von Rakshi und voll Dankbarkeit gegenüber der selbstverständlichen Gastfreundschaft eines Volkes, dessen Freundschaft man höher zu schätzen lernt als die kühle Pracht der hohen Gipfel, zwischen denen es lebt."[12] Sie übten reichlich gutes *karma*.

Karma ist für Buddhisten und Hindus Dreh- und Angelpunkt der Existenz. Es meint absichtsvolles Handeln in guten oder schlechten Gedanken, Worten und Taten und die Wirkungen, die daraus entstehen. Buddha sagte: „Und wo immer die Wesen ins Dasein treten, dort werden ihre Taten zur Reife kommen. Und wo immer ihre Taten zur Reife kommen, dort werden sie die Früchte jener Taten ernten, sei es in diesem Leben oder im nächsten, oder in irgendeinem späteren Leben."[13] Die Überwindung von Gier, Hass und Verblendung bringt den karmischen Verlauf zu Ende, das Leid zum Erlöschen und den Zustand des *nirvana*. Im Gegensatz zu Calvins Lehre der elitären Vorherbestimmung für das Jenseits, die am Grad irdischen materiellen Wohlstands erkennbar ist, haben im Buddhismus „Reiche und Arme die gleiche Chance zu ethischem Verhalten, zum Erwerb von Verdiensten und zur Verbesserung ihrer charakterlichen Situation. Das System erweist sich als radikal egalitär und demokratisch. Es ist ein System der Chancengleichheit im Hinblick auf das Erreichen von Nirwahn. So sind die Reichen nicht automatisch in einer besseren religiösen Position als die Armen … Im Gegenteil, je mehr weltliche Güter man besitzt, desto mehr möchte man an ihnen festhalten und sie in unredlicher Art vermehren und so fort."[14]

---

[12] Hillary Edmund, Festlichkeiten, in: Kirch Joelle, Himalaya. Trekking-Erzählungen aus Tibet, Nepal und Ladakh, München 1986, 83.
[13] Nyanatiloka, Das Wort des Buddha. Eine systematische Übersicht der Lehre des Buddha in seinen eigenen Worten, 3. Aufl., Konstanz 1978, 35.
[14] Ortner Sherry B., Sherpas through their Rituals, New Delhi 1979, 111.

Im achtfachen Pfad zur Überwindung von Gier, Hass und Verblendung spielt *karuna,* der aktive Einsatz zur Linderung des Leids aller Wesen, eine herausragende Rolle. In der Sprache Buddhas: „Stock und Schwert verwerfend, ist er (der Jünger Buddhas) von Zartgefühl und Liebe erfüllt; zu allen Wesen und Geschöpfen empfindet er Güte und Wohlwollen"[15] –, denn wie könnte man selbst glücklich sein, wenn man vom Leid der anderen Geschöpfe umgeben ist? In „Logik der Liebe" formulierte der Dalai Lama so: „Wie man es auch betrachtet, sind wir alle in unserem Wunsch nach Glück und dem Wunsch, Leid zu vermeiden, gleich. Während man selbst jedoch nur einer ist, sind die anderen unzählig. Weil es also viel mehr Zufriedenheit gibt, wenn eine unendlich Zahl von Menschen glücklich ist, als wenn man nur selbst glücklich ist, sind die anderen wichtiger als man selbst … Darum ist es richtig, sich selbst für das Wohl anderer zur Verfügung zu stellen, und falsch, andere für eigene Zwecke zu missbrauchen ... Es gibt keinen Menschen, der heilende Hinwendung (Karuna) nicht hochschätzt."[16] Und an anderer Stelle: „Bei jeder nur möglichen Tätigkeit den intensiven Wunsch für das Wohl aller Wesen im Bewusstsein behalten!" – Welch ein Lebensmotto!

Abgelenkt durch diese Gedanken bewältigte ich, ohne es recht zu merken, den langen Aufstieg. Schweißnass traten wir in die Kühle des Waldes westlich von Aisyalkharka in etwa 2000 Metern Höhe.

„Von jetzt an wird es gut", meinte Ang Chhopal.

Als Angehöriger der Sherpa, die in höchsten Lebensräumen siedeln, liebt er mehr das Kühle, wie die Yaks, die es unter 3000 Metern Meereshöhe auf Dauer nicht lange aushalten. Es war nicht nur kühl, sondern kalt. Der Himmel hatte sich bezogen, ein scharfer Wind trieb uns eilig in einen Teashop. Er war übervoll. Der wöchentliche *hatbazar* war soeben zu Ende gegangen. Einige Schalen scharf gewürzter Nudelsuppe, *tukpa,* brachten Wärme in den Körper. Dann, eine Stunde weiter nördlich, gelangten wir in die erste Falle. Vom Markt zurückkommende Sherpini hatten sich auf einem Pässlein niedergelassen. Jeder musste an ihnen vorbei. Aus Plastikkanistern verkauften sie verschiedene Sorten Trinkbares. Eine gemischte Schar von Rai und Raini, Tamang und Tamangini war um sie, fröhlich plaudernd, lachend. Ätherische Düfte umhauchten den schönen, heiteren Ort. Die Kanister enthielten Schnaps, selbstgebrannten *rakshi.* Nun, denkt man, diesen „wegelagernden Weibern" ist zu entkommen, man kauft einfach nichts. Doch Ang Chhopal schwante Schlimmes.

„Jetzt geht's los", murmelte er schon weit vor der Anhöhe.

---

[15] Nyanatiloka, Das Wort des Buddha, 99.
[16] Dalai Lama, Logik der Liebe, 139, 186.

Er wurde sofort erkannt. Von links wurde ihm Schnaps gereicht, von rechts, von hinten weißer, von vorn gelber, von allen Seiten Schnaps! Ja, das ist die Bürde des Ruhmes: Makalu, Annapurna Fang, Putha Hiunchuli, Ganesh III, Manaslu – diese Gipfelerfolge eines der Ihren, noch dazu eines *sirdars*, sprechen sich sofort unter den Sherpa herum. Ang Chhopal trug es mit Gelassenheit. Er wehrte zwar ab, trank aber doch, denn er wusste, dass er keine Wahl hatte. Und mir als seinem Begleiter, den er regelmäßig vorstellte „das ist mein älterer Bruder Hermann, der in ganz Nepal herumgekommen ist, in Kathmandu ein Haus gebaut hat und mit mir auf dem Makalu war", erging es nicht besser. Schnapsumringt standen wir da:

„*She, she, she*, nehmen Sie, trinken Sie!"

Und wenn die Brüder abwehrten, wurden ihnen die Gläser und Metallbecher mit sanfter Gewalt und unwiderstehlichem Charme zum Munde geführt.

Mit weichen Muskeln und Knien bewältigten wir die letzte Wegstrecke bis Deorali. Der Wind hatte nachgelassen, es klarte auf, ringsum und allmählich wieder in unseren Köpfen dank der nächtlichen Kühle auf der Veranda eines einzeln stehenden Hauses, dessen Familie uns Platz angeboten hatte. Schnapsfalle und der Weg hierher lagen in verklärter Erinnerung.

Durch stark geschneitelte Eichenwälder – Eichenlaub ist hochwertiges Viehfutter – wanderten wir anderntags zum Sherpadörfchen Bagor. Der Rohbau eines mächtigen buddhistischen Tempels, *gomba* („religiöser Ort", „einsame Stelle"), bildete den unübersehbaren Mittelpunkt des Ortes.

„In dem Haus neben der *gomba* habe ich einen Monat lang gewohnt, als ich mich zum Lama ausbilden ließ", sagte Ang Chhopal.

„Wer bezahlt einen so großen Bau wie diesen?", fragte ich.

„Alle Dorfbewohner spenden je nach ihren Möglichkeiten, eine *gomba* gehört in jedes Dorf."

Unter dicken Regentropfen, halb Wasser, halb Schnee, liefen wir auf Weiden und abgeernteten Feldern hinüber nach Chupore, über uns der weiß bepuderte Wald. Im dichten Nebel ging es hinunter in eine Schlucht und dann steil hinauf zu den weit verstreuten Häusern von Chitre, wo uns eine alte Frau in einer kleinen *ghot*, einer Sommerhütte auf der Hochweide, ihre Feuerstelle lieh, neben der zwei Kälbchen den nasskalten Tag auf einer dicken Laubschütte verbrachten. Bambusmatten als Dachbedeckung hielten den Regen ab. Ang Chhopal kochte einen starken, gezuckerten Milchtee für die Frau und uns. Die Gastgeberin war mit Buttern beschäftigt. Der mächtige Hirtenhund in üppigem Pelz hatte sich vor der Hütte schlürfend und schmatzend einem großen Kessel Molke hingegeben. Zwei Hähne, respektvoll Abstand haltend, schauten ihm neidisch zu.

Es war nichts Besonderes hier. Wir genossen Gastfreundschaft an einem

Plätzchen am Ende des Seitentals des Dudh Koshi-Flusses. Es war anstrengend, in diesen stillen Ort zu gelangen, in dem eine kleine Gemeinschaft von Menschen zusammenlebt und wo das Leben gänzlich vom jahreszeitlichen Wandel der Natur bestimmt wird. Hier war nichts Aufregendes in unserem westlichen Sinn. Das Leben floss dahin in Selbstverständlichkeit. Keine Straße führte hierher, keine Strom-, keine Telefonleitung. Hier gab es keine Schule, sondern nur das Wissen der Menschen, wie man zusammenlebt und überlebt. Ist das nicht auch Bildung und Kultur? Dennoch werden diese Leute – und Millionen gibt es in Nepal – von manchen Politikern, Planern und Intellektuellen, die Ausbildung mit Bildung verwechseln und gleichsetzen, immer wieder als ungebildet, abergläubisch, rückständig und ohne fachliches Geschick bezeichnet. Ihr Respekt vor der beseelten Natur wird belächelt und ihre Genügsamkeit und Armut werden mit menschlicher Unterentwicklung gleichgesetzt. *Backward* und *ignorant*, *unskilled* und *uncivilised* rollt es im Englischen über die Zunge, und es wird meist noch hinzugefügt, ihre Wirtschaftsweise sei ineffizient und ihre Lebensräume wären *inaccessible* und *remote*, unzugänglich und abgelegen, nur weil man nicht mit dem Auto dorthin gelangen kann. Sie lägen an der Peripherie also, was andeutet, dass die oberflächlichen Kritiker meinen, sich selbst im Zentrum zu befinden und damit in erhobener Position.[17] Wo ist Peripherie auf einer Kugel, wo auf dem runden Globus? Und was zeichnet das angebliche „Zentrum" aus? Wieder kam ich beim weiteren Dahinwandern ins Sinnieren.

Ist es nicht so, dass im „Zentrum" und in der „ersten Welt", als die sich der westliche Teil der Erde immer noch sieht, viele der Menschheitsprobleme ihren Ursprung haben? In der Einleitung war bereits die Rede davon. Die naturwissenschaftlichen und mathematischen Erkenntnisse eines Kopernikus, Bacon, Galileo, Newton, Descartes und anderer übten eine so große Faszination aus, dass begonnen wurde, die umfassende Wirklichkeit zu verengen auf das, was mess- und quantifizierbar ist. Hunderttausende Studenten wurden und werden an den Hochschulen in den so genannten „exakten Wissenschaften" ausgebildet, ohne dass all die anderen Aspekte der Wirklichkeit wenigstens für berücksichtigenswert erachtet werden. „Als ob das letzte Wort der ('exakten') Wis-

---

[17] Einbildung und Verhalten solcher Art sind keineswegs nur neuzeitliche und aktuelle Phänomene, wenn sie heute auch schlimmere Auswirkungen haben als je zuvor. Schon Herodot (Forschungen, Limburg/Lahn o.J., I, 134), der „Vater der Geschichtsschreibung", beobachtete im 5. Jahrhundert v. Chr.: „Die Perser ehren aber vor allem die ihnen am nächsten Wohnenden, nach sich selbst natürlich, an zweiter Stelle die zweiten, danach ehren sie die andern … am wenigsten halten sie die am fernsten Wohnenden in Ehren, in der Überzeugung, sie selbst seien von den Menschen bei weitem in allem die besten, … die am weitesten von ihnen entfernt Wohnenden seien die schlechtesten."

senschaft auch das letzte Wort der Wahrheit wäre und als ob es keine andere Wirklichkeit gäbe als die der Wissenschaft!"[18] Ein *studium generale* gibt es schon lange nicht mehr. Das auf Messbares eingeengte Denken vernachlässigt ganze Realitäts- und Erkenntnisbereiche. „Was dem Maß von Berechenbarkeit und Nützlichkeit sich nicht fügen will, gilt … als verdächtig … Beharrt wird auf der Zerstörung von Göttern und Qualitäten … der ganze Anspruch auf Erkenntnis wird preisgegeben … die Furcht vor der unerfassten, drohenden Natur wurde zum animistischen Aberglauben herabgesetzt und die Beherrschung der Natur … zum absoluten Lebenszweck gemacht."[19] Und in Goethes Faust (II, 1) sagt Mephisto als Hofnarr:

„Daran erkenn ich den gelehrten Herrn!
Was ihr nicht tastet, steht auch meilenfern,
Was ihr nicht fasst, das fehlt euch ganz und gar,
Was ihr nicht rechnet, glaubt ihr, sei nicht wahr,
Was ihr nicht wägt, hat für euch kein Gewicht,
Was ihr nicht münzt, das meint ihr, gelte nicht!"

Die geistige Konzentration auf einen Teilaspekt der Wirklichkeit, seine Verabsolutierung und das Verschließen gegen Nichtsicht- und Nichtmessbares ist Ideologie, ja Idiotie ganz im Sinne Heraklits: „Die Wachenden haben die eine gemeinsame Welt (*kosmos*). Die Schlafenden verlassen sie und wenden sich ihren Privatwelten (*idios kosmos*) zu."[20] Gewinnen Goethes gelehrte Herrn und Heraklits Schlafwandler und Idioten (*idiotes*) gesellschaftliche Anerkennung und politische Macht, dann können sich ihre Privatwelten zu gefährlichen Bewegungen auswachsen. Die Menschheit hat schreckliche Erfahrungen mit dem Kommunismus und Nationalsozialismus gemacht, mit Ideologien, die eine „neue Welt", einen „neuen Menschen" und eine „neue Gesellschaft" jenseits der Gemeinsamkeit der Wachenden erschaffen wollen. Und große Teile der Menschheit leiden unter den Folgen einseitiger Ausrichtung auf materiellen Fortschritt und unter dem Machbarkeitsglauben.

Wir im „Zentrum" meinen, alles sei uns zuhanden, die Tiere, die Pflanzen, die Flüsse, die Wälder, die Böden, die wir ausbeuten, oft ohne Rücksicht auf die davon lebenden Menschen. Wir spielen Gott im Labor und sind dabei, in

---

[18] Lama Anagarika Govinda, Der Weg der weissen Wolken. Erlebnisse eines buddhistischen Pilgers in Tibet, 9. Aufl., Bern-München-Wien, 1985, 320.
[19] Horkheimer Max / Adorno Theodor, Dialektik der Aufklärung. Philosophische Fragmente, 17. Aufl., Frankfurt 2008, 12, 14, 33, 38; s. auch Horkheimer Max, Die Sehnsucht nach dem ganz Anderen. Ein Interview mit Kommentar von Helmut Gumnior, Hamburg 1971.
[20] Nach Diels Hermann, Die Fragmente der Vorsokratiker, Hamburg 1957, Fragment 89.

die innersten Zusammenhänge des Lebens einzudringen, um dann Leben als patentiertes Produkt zu vermarkten. Erwin Chargaff, einer der Väter der Gentechnologie, nannte Genmanipulation ein Verbrechen: Solche Jongleure „haben den Respekt verloren … niemand weiß, was das Leben ist, und niemand wird es je erklären können. Es ist ein ewiges Mysterium … Sie manipulieren ungestüm an den Genen herum, die in Milliarden von Jahren langsam entstanden sind … Dass der Mensch die Evolution in die eigene Hand nehmen will, das ist des Teufels."[21]

Bei uns im „Zentrum" fand die Prädestinationslehre Calvins und der Puritaner massenhaft Zulauf, die Max Weber wie folgt analysierte: Gott habe von Ewigkeit her die einen zur Seligkeit, die anderen zur Verdammnis bestimmt. Aus der Ungewissheit über die persönliche Bestimmung entstand Angst und aus ihr die Suche des Gläubigen nach Anzeichen, die hinweisen, dass man privilegiert sei, und er fand sie „einerseits in dem Bewusstsein, streng rechtlich und vernunftgemäß, unter Unterdrückung aller kreatürlichen Triebe zu handeln, andererseits darin, dass Gott seine Arbeit sichtbar segnete … Und da der Erfolg der Arbeit das sicherste Symptom der Gottwohlgefälligkeit ist, so ist der kapitalistische Gewinn einer der wichtigsten Erkenntnisgründe, dass der Segen Gottes auf dem Geschäftsbetrieb geruht hat." Diese „unheimliche Lehre des Calvinismus" veranlasste zu „sachlicher", „rationaler", „organisierter"," „kontrollierter", „planmäßiger", „reglementierter", „formalistisch-korrekter", „systematischer", „ehrbarer", „fleißiger", „sparsamer", „beherrschter" und „asketischer" Lebensführung, um aus dem Erfolg in Beruf und Wirtschaft auf die Erwählung zu jenseitigen Freuden schließen zu können, „während nach dem Inhalt des Glaubens niemand fragte. Eine derart machtvolle, unbewusst raffinierte Veranstaltung zur Züchtung kapitalistischer Individuen hat es in keiner anderen Kirche oder Religion gegeben." Der „Erwerbsmensch", der *homo oeconomicus*, der wirtschaftende und Geld anhäufende Mensch auf dem Weg zum Heil durch „aktiv asketische ‚Weltbearbeitung'" war zum gesellschaftlichen Leitbild erhoben. Und diese Lehre führte in ihrer Konsequenz und Weiterentwicklung zu schrecklichen gesellschaftlichen Spaltungen: Den Auserwählten und durch „geschäftliche Ehrbarkeit" „ethisch Qualifizierten" standen nun die Verworfenen, Erfolglosen, Armen gegenüber. Armut und die ungleiche Verteilung der Güter entspräche göttlicher Vorsehung und nur „wenn die Masse der Arbeiter und Handwerker" – so Calvin – „arm erhalten werde, würde sie Gott gehorsam bleiben".[22]

---

[21] Chargaff Erwin, „Die wollen ewiges Leben, die wollen den Tod besiegen – das ist teuflisch". Interview, in: STERN 15.11.2001.
[22] Weber Max, Die protestantische Ethik. Eine Aufsatzsammlung, Hamburg 1973.

Die Kolonialmächte der „ersten Welt" überzogen in „aktiv asketischer Weltbearbeitung" große Teile der Menschheit mit den Schrecken des Kolonialismus, unter dessen Folgen vielerorts noch heute physisch und psychisch gelitten wird. Die Brutalität des klassischen Kolonialismus wich dann feineren, dennoch wirksamen Methoden der Industriestaaten, die mithilfe der Weltbank, Welthandelsorganisation und anderer Institutionen weiterhin die „Peripherie" dominieren und übervorteilen. Bezeichnenderweise ist sie im allgemeinen Sprachgebrauch die „Dritte Welt" – ein verräterisches Wortsymbol.

In Tibet wurde das Konzept der „verborgenen Landschaft", *beyul*, entwickelt, das höchsten Respekt vor der Natur mit all ihren Kreaturen einfordert und gleichzeitig zur Reise ins eigene Innere mahnt (s. Kap. „Beyul – Kraft im Verborgenen"). In so manchen Tälern des Himalaya verzichten die Menschen deshalb auf die Jagd, auf das Fällen von Bäumen zu kommerziellen Zwecken und auf das Ausbeuten der Erde über das zum Überleben Notwendige hinaus. Sie fühlen sich in diesen Gebieten besonders zu gutem Tun und Demut verpflichtet und versuchen, ihre „innere" und die „äußere" Welt in Entsprechung und Balance zu erhalten. Die oft unverstandene und belächelte Selbstversorgungswirtschaft und Genügsamkeit vieler Menschen in den Tälern des Himalaya und anderswo hat eine ihrer Wurzeln in diesem ganzheitlichen Verständnis der „Welt", die eben nicht nur aus Sichtbarem, Messbarem und Zuhandenem besteht.

Der eigene Wanderrucksack gefüllt mit geistigen, wirtschaftlichen und politischen Verfehlungen – wie nur können sich da Europa und Nordamerika, die Quellgebiete so vieler Krisen, anderen Gesellschaften gegenüber überlegen fühlen?

Wir liefen durch einen großen Wald, der wie ein Mantel den Bergrücken bedeckte. Auf der schattigen Nordseite fiel der Weg steil ab in eine Mulde, die sich zu einer Schlucht verengte. Wir querten einige Male den Wildbach in ihrem Grund, dann drängte uns der Pfad vom Bach weg hinauf zu einem einsamen Gehöft. Es war dämmrig. Wir baten um Quartier. Ein Rai von kräftiger Statur bot uns den geräumigen, grasgedeckten Vorbau des Hauses an. Kaum hatten wir unsere Sachen ausgebreitet, reichte uns seine etwa 16-jährige Tochter eine Schüssel mit dampfenden *binalu*, einer Art Süßkartoffeln, und *iskus*, einem Gemüse, das wohl mit dem Zucchino verwandt ist. Wir schälten die Köstlichkeiten und blickten hinüber zum Bach, der sich nach einem tiefen Fall im Grün des Waldes verlor. Es wurde dunkel und kühl. Der Rai rief uns ans Feuer. Er war überrascht und erfreut, dass ich Namen und Bedeutung der aufrecht stehenden länglichen Steine zum Aufsetzen der Kochtöpfe kannte: der *pakalung*, der Gesundheit und gute Ernten bringt, der *makalung* und der *sombelung*, die Hunger, Katastrophen und Tod vertreiben.[23] Auf den Steinen ruhte ein großer Topf mit Maisbrei. Meine dürftigen Kenntnisse der Rai-Kultur öffneten rasch die Türe zur Unterhaltung: Neun Kinder hat er, sagte unser Gastgeber – sieben saßen etwas schüchtern, aber hellwach alles beobachtend, hinter ihm –, seine Frau war mit zwei Töchtern ins nächste Dorf gegangen, um Verwandte zu besuchen. Alle Kinder sind gesund. Er zählte sie immer wieder auf: *jethi, mahilo, sahili, kahilo, ... thahilo, kanchha*. Das sind nicht die Namen der Kinder, obwohl sie so gerufen werden, sondern Benennungen gemäß der Reihenfolge ihrer Geburt. So ist z.B. *jethi* die Älteste und *kanchha* der Jüngste.

„Gehen sie in die Schule?", fragte ich.

„Nein", antwortete er, „die Schule liegt eineinhalb Stunden von hier entfernt in Sotang jenseits der Hongu-Schlucht, aber die Kinder gehen nicht hin. Sie lernen dort nur Lesen und Schreiben, das sie später wieder vergessen. Aber hier in Rok lernen sie zu leben."[24]

Endloses, möglichst wortgetreues Nachreden dessen, was Lehrerin und Lehrer vorsagen, steht in den Grundschulen im Vordergrund, noch dazu mit Inhalten, die mit der Lebenswirklichkeit der Kinder und vor allem ihrer Zukunft nur wenig zu tun haben. In einer gewaltigen Anstrengung hatte die Regierung Nepals nach 1950 im ganzen Land Schulen errichtet. Eine zweite müsste folgen: Die Schulen müssten wirklichkeitsnah die Bildung ergänzen, welche die Kinder im Elternhaus erfahren, und müssten auf die Situation vorbereiten, die für den Rai noch undenkbar war, dass nämlich seine Kinder sich eines Tages wohl nicht mehr aus der Landwirtschaft würden ernähren können. Für tausende von Familien ist das bereits Wirklichkeit geworden. Durch Erb-

---

[23] Siehe McDougal Charles, The Kulunge Rai. A Study in Kinship and Marriage Exchange, Kathmandu 1979, 67.

[24] Im National Education System Plan 1971 der Regierung heißt es: „Das Ziel der Grundschulausbildung ist das Erlernen von Schreiben, Lesen und Rechnen sowie Disziplin und Hygiene." – „Das kontraproduktive Schulsystem des Landes hat die ländliche Jugend von der Landwirtschaft entfremdet. Diejenigen, die nicht eine Schule besuchen können, mögen einige praktische Fertigkeiten von ihren Eltern gelernt haben. Aber diejenigen, die die Gelegenheit zum Schulbesuch hatten, konnten sich solche Fertigkeiten weder zuhause aneignen, da sie zur Schule mussten, noch in der Schule, da Schulen keinerlei praktische Fertigkeiten vermitteln. Das Ergebnis: Diejenigen ohne Schulausbildung bleiben auf dem Stand von traditionellem Wissen und Können, während jene, die einige Schulausbildung hatten, selbst darüber nicht verfügen ... eine radikale Änderung hin zu einem Erziehungssystem, das Fähigkeiten und Fertigkeiten fördert, ist notwendig." Chapagain Devendra P., Land and Agriculture. Status Review and Dialogue, World Conservation Union (IUCN) Nepal, March 2004, 11. – Devendra Raj Panday (Nepal's failed Development. Reflections on the Mission and the Maladies, Kathmandu 1999, 140) bemerkt: „Die Curricula der meisten sozialwissenschaftlichen Fakultäten (in denen auch die Lehrerausbildung erfolgt, HW) sind nicht nur veraltet sondern haben wenig zu tun mit der sozialen Wirklichkeit Nepals."

teilung des Landes und Verluste wegen häufiger Erdrutsche während der Monsunzeit werden die Flächen immer kleiner. Viele Familien ziehen in die subtropischen Regenwälder des flachen Terai im Süden und roden, Konflikte mit Polizei, Forstverwaltung und ansässigen Waldnutzern in Kauf nehmend. Andere ziehen in die größeren Städte, um Arbeit zu finden, viele bis nach Indien, wo sie saisonal in Fabriken zu geringen Löhnen arbeiten. Manche sehen sich veranlasst, ihre Töchter in die Bordelle indischer Großstädte zum Geldverdienen zu schicken. In vielen Landstrichen Nepals ist das Leben längst nicht mehr so wie im „heilen Winkel" von Rok. Um den jungen Menschen Beschäftigungsmöglichkeiten außerhalb der Landwirtschaft zu ermöglichen, hat die Regierung ein Netz von Berufsschulen errichtet, in denen unter anderem im Elektro-, Schlosser-, Automobilhandwerk, ausgebildet wird. Der Deutsche Entwicklungsdienst hat einige dieser Schulen unterstützt.

„Wie kommt es, dass es hier noch so große Wälder gibt?", fragte ich unseren Gastgeber.

„Nun", meinte er, „wir Rai in den tieferen Lagen hier sind ja nicht so viele. Weiter oben leben die Sherpa. Wie die ihren Wald schützen, weiß ich nicht. Jedenfalls ist der Wald für uns ganz wichtig. Immer wieder erzählen wir die Geschichte, wie die Welt entstand." Er schob die langen Holzscheite näher in die Glut und fragte:

„Wollen Sie die Geschichte hören?" Wir nickten. Ang Chhopal übersetzte in groben Zügen.

„Alles ist aus der Urschlange geworden. Sie formte einen Klumpen Erde, steckte Hirsesaat hinein und ließ ihn den Fluss hinunter schwimmen. Er zerbarst an einem Fels, und unter Blitz und Donner entstand Urmutter Bairip. Der Wind begab sich zu ihr und es entstanden weitere Urmütter. Eine von ihnen gebar Somnima. Ein spatzenartiger Vogel vermittelte ihre Heirat mit Paruhang, man nennt ihn auch Mahadev. Er wurde zur Erde durch einen anderen Vogel getragen. Ein Stachelschwein machte den Weg frei. Ein Krebs trug Paruhang über den Fluss. Somnima gebar dann eine dornige Schlingpflanze und die Brüder Mal Bas und Gope Bas. Das sind zwei Bambusarten. Dann wurden weitere Brüder geboren: Tiger, Bär, Affe und schließlich Tumna, der erste Mensch. Seine Frau, Sisamting, gebar Khakculupka. Er zerstörte alle bösen Wesen des Waldes, entnahm ihm Hirse- und Reis-Saat und pflanzte sie. Mit Holz aus dem Wald baute er das erste Haus. Jedes Jahr an den Festtagen nach der Ernte singen und tanzen wir diese Geschichte. Jeder kennt sie. Wir opfern den Gottheiten und Schutzgeistern des Waldes. Viele Waldpflanzen nutzen wir bei Geburt, Hochzeit und Tod und zum Heilen von Krankheiten."[25]

---

[25] Zur Interpretation des Ursprungsmythos der Rai s. Gaenszle Martin, Origins and Migra-

Wir aßen den dicken Maisbrei, den unser Gastgeber zusammen mit einer scharfen Sauce und kaltem Wasser serviert hatte und blickten ins Feuer. Die Kinder begaben sich zu ihren Schlafstellen. Der Hausherr zog die noch nicht verbrannten Holzscheite aus der Glut.

„Brauchen Sie noch etwas?"

„Nein, es ist alles in bester Ordnung, nicht wahr, *dai?*", erwiderte Ang Chhopal.

„Ja, ja und vielen Dank für alles."

„Also dann, gute Nacht."

Erde, Wasser, Blitz, Donner, Wind spielen ihre Rollen ... Pflanzen und Tiere als ältere Geschwister der Menschen ... die jährliche Wiederholung des Schöpfungsgeschehens durch die Gemeinschaft, – mit diesen Gedanken lag ich im Schlafsack auf der Veranda des Hauses neben Ang Chhopal. Wie wenig braucht es manchmal doch, um Geborgenheit zu erfahren! In diesen schönen Versen hatte einst Ellen H. Hooper solches Erleben ausgedrückt:

„Nichts betrübt uns, doch ein Feuer wärmt
Uns Händ' und Füße, mehr verlangt es nicht.
Zu seinem sparsam eng gepackten Häuflein
Setzt sich die Gegenwart und schlummert ein.
Sie fürchtet nicht die Geister, die vordem
Hervor sich stahlen aus dem Dämmerlicht
Vergangner Zeiten, um beim Flackerschein
Des alten Feuers leis mit uns zu flüstern." [26]

Ein langer Marschtag brachte uns 400 Meter hinunter zum Hongu-Fluss, 900 Meter hinauf zu einem Pass oberhalb von Sotang, 800 Meter hinunter zum Hinku und 1000 Meter hinauf zum Ort Taptil. Kurz davor wurden wir gleichzeitig schwach. Wir setzten die Rucksäcke auf einer Maisterrasse ab. Über Ang Chhopals Gesicht huschte ein Lächeln, als ich für jeden zwei Pakete Biskuits aus dem Rucksack kramte. Heißhunger! Egal, was man zum Beißen findet, nur hinunter, um die von der Magengrube ausstrahlende Schwäche zu bekämpfen.

Dann saßen wir in den Schlafsäcken an die Wand eines Rai-Hauses gelehnt hoch über den Wellen, die Täler und Hügel gegen Westen bildeten, und warteten auf das Essen. Uns war kalt nach der Anstrengung des Tages. Unsere Gastgeberin hatte ein schönes Gesicht mit etwas männlichen Zügen. Der Kropf

---

tions. Kinship, Mythology and ethnic Identity among the Mewahang Rai of East Nepal, Kathmandu 2000.

[26] Hooper Ellen, Das Waldfeuer, zit. nach Thoreau, Walden oder Leben in den Wäldern, 252.

wirkte nicht entstellend. Liebevoll nannte sie mich *kuire daju*, heller älterer Bruder. Sie hatte neun Kinder wie der Überlebensexperte in Rok drunten in der Schlucht. Eines war gestorben. Ihr Mann lag auf einer Strohmatte neben dem Feuer. Seit zwei Monaten hatte er so starke Magenschmerzen, dass er keine größere körperliche Arbeit verrichten konnte. Weit und breit kein Arzt, keine Gesundheitsstation, von einem Krankenhaus ganz zu schweigen! Die ganze Last eines bäuerlichen Zehnpersonenhaushalts lag auf den Schultern dieser Frau. Aber kein Klagen, sondern gelassener Gleichmut auf ihrem Gesicht bei allem, was sie verrichtete. Die alte Frau drüben in Chitre in der *ghot*, der Mann in Rok, die Frau hier – ich fühlte tiefen Respekt vor diesen Menschen an der „Peripherie".

Es wurde dämmrig. Da fragte mich Ang Chhopal nach unseren Verhältnissen, wo wir nun nach den beruflichen Jahren in Nepal wohnten in Deutschland, wovon wir lebten. Und auch hier ähnliche Umstände: Wir hatten ein renovierungsbedürftiges Haus gekauft, er beaufsichtigte einen Neubau in Boudhanath, wir arbeiteten als selbständige Gutachter in der Entwicklungszusammenarbeit, er betrieb mit seiner Frau in Kathmandu einen Laden zum Verkauf von Bergsteigerausrüstung, wenn er nicht gerade mit einer Expedition unterwegs war. Nach einer Weile meinte er:

„Wie wär's, *dai*, wenn wir zusammen eine Trekkingfirma gründen würden? Zwischen uns gibt es keinen Streit. Ihr würdet euch um die Kunden kümmern, ich würde die Wanderungen und Expeditionen in Nepal organisieren. Wir haben doch so viele gute Bekannte in Deutschland und in Nepal und in den Bergen kennen wir uns aus."

Ich kannte Ang Chhopal lange genug und wusste, dass er sich den Entschluss zu einer solchen langen Rede wohl überlegt hatte. Vertrauen in uns und Sorge um seine sechsköpfige Familie. Er gehörte nach seinen Erfolgen an den Bergen des Himalaya zu den angesehendsten *sirdars* in Nepal. Verständlich, dass er sich von der Agentur, mit der er einen Vertrag geschlossen hatte, nicht Jahr für Jahr und Saison für Saison für irgendeine Expedition zu irgendeinem Berg einteilen lassen mochte, sondern lieber seine Angelegenheiten selbst in die Hand nehmen wollte und dafür einen Partner suchte. Ich nahm ihm etwas die Illusion, indem ich auf die Kosten für ein Büro in Kathmandu hinwies, auf die Konkurrenz und auf die Tatsache, dass wir zwar robust genug fürs Himalayabergsteigen wären, sicher aber zu zart besaitet für das raue Geschäft mit Fluglinien, Speditionen, Zollstellen und Hotels. Zum letzten Teil meiner Antwort nickte er zustimmend. Es sei besser, riet ich, sich als Teilhaber bei einer etablierten Firma anzubieten. Als solche könne er dann mitentscheiden.

In Amdung Kharka, nicht mehr weit von Ang Chhopals Heimatort entfernt, gerieten wir in die nächste Schnapsfalle. Ein weitläufig mit Ang Chhopal Verwandter erkannte seinen *sirdar* von Expeditionen zum Manaslu und Makalu. Es half kein Hinweis auf die vorgerückte Tageszeit und den noch zu bewältigenden Weg. Mit höflicher Entschiedenheit wurden wir ins Haus gedrängt und mit *shakpa*, einem Eintopf aus Rüben, Kartoffeln, Mehlklößchen, Reis und Fleisch, und mit Buttertee und Schnaps bewirtet, wobei es die Höflichkeit gebietet, dreimal das Glas füllen zu lassen. Da wir aber nicht irgendwelche Gäste waren ... Ich dachte mit Sorge an den bevorstehenden steilen Abstieg zum Thana Khola eingedenk des nepalischen Sprichworts „Ein Glas füllt den Kopf, zwei Gläser senden den Menschen den Berg hinunter", trank deshalb die zum dritten Mal gefüllte Tasse in einem Zug aus und erhob mich rasch, um die gefährliche Wegstrecke zum Bach hinunter noch bewältigen zu können, ehe der Alkohol seine volle Wirkung entfaltete. So konnte ich auch Ang Chhopal befreien. Fast alle Erwachsenen auf der verbliebenen Wegstrecke nach Kharikhola erkannten ihn und baten uns für ein paar Minuten in ihre Häuser. Nun wehrte Ang Chhopal energisch, aber höflich ab: „Sie kennen mich, aber es sind keine Verwandten von mir", sagte er.

Alkohol ist für die Sherpa und Rai nicht nur Genussmittel, sondern hat auch zeremonielle Bedeutung: Er wird gereicht, wenn Heiraten oder Scheidungen vereinbart, Streitereien beendet und Geschäfte abgeschlossen werden oder wenn ein neues Haus bezogen wird. Es heißt, Guru Rinpoche selbst, der den Buddhismus nach Tibet gebracht hatte, habe den *chhang* erfunden, Bier, das aus verschiedenen Getreidearten gebraut werden kann. Bevor es einem Gast gereicht wird, wird Guru Rinpoche ein wenig Mehl geopfert, es an den Rand des Glases geheftet und um Schutz und Kraft gebeten.

Kharikhola liegt hoch über dem Dudh Koshi-Fluss in einer nordwärts gerichteten Mulde an der Hauptstrecke Jiri-Junbesi-Thaksindo-Jubing-Lukla-Namche Bazar. Wir rasteten kurz vor dem Dorf. Ich war schon einige Male durch den Ort gekommen. Jetzt fiel mir sofort der weit zurückgeschlagene Bergwald auf. Früher reichte er bis an den oberen Dorfrand herunter. Wurzelstöcke lagen herum und viel Brennholz war an den Häusern aufgeschichtet. Ich fragte Ang Chhopal nach dem Grund.

„Die Regierung öffnet demnächst das Büro hier", antwortete er.

Ich verstand. Die Nachricht von der bevorstehenden amtlichen Vermessung des Landes hatte Kharikhola erreicht. Alles unbebaute Land wird als Staatsland eingetragen. Nicht aus Landgier, sondern aus Sorge wegen der wachsenden Bevölkerung wandeln vielerorts die Leute – „noch bevor das Büro kommt" – Wälder in Kulturland um, das dann, falls die Manipulation nicht erkannt wird, urkundlich als Privatland festgeschrieben wird.

„Aber", wandte ich ein, „hätte man das nicht anders regeln können? Ihr Sherpa habt doch ein altes System der schonenden Wald- und Weidebewirtschaftung."

Durch Publikationen des Sherpa-Forschers Christoph von Fürer-Haimendorf war mir die traditionelle Form der Waldbewirtschaftung der Sherpa bekannt. In jedem Sherpa-Dorf gibt es drei bis vier *shingo naua*, Waldwächter aus dem Ort. Ihr Amt erhalten sie von der Dorfversammlung. Dem *shingo naua* obliegt die Sorge für die Wälder in der Umgebung des Dorfes. Er muss um Genehmigung gefragt werden, wenn für den Hausbau oder andere Zwecke Bäume gefällt werden sollen. Er kann die gesammelten Holzvorräte in den Dörfern inspizieren. Für Verstöße werden einmal im Jahr die Strafen erhoben. Für kleinere Vergehen muss mit *chhang*, für größere mit Geld bezahlt werden. Das Bier wird von der Dorfversammlung getrunken, vor der die Sünder erscheinen und sich entschuldigen müssen; das Geld wird für die *gomba* und für öffentliche Arbeiten, z.b. für die Erneuerung einer Brücke, verwendet.[27] Ein ähnliches System wurde für die Bewirtschaftung und Kontrolle der Hochweiden entwickelt.

„Ja, unsere *shingo naua* gibt es schon noch", bestätigte Ang Chhopal, „aber das funktioniert nicht mehr so richtig. Wir müssen jetzt bis in die Distrikthauptstadt Salleri hinunter laufen, um die Genehmigung für das Fällen eines Baumes beim staatlichen Förster einzuholen. Hin und zurück sind das ca. drei Tage und oftmals ist er gerade nicht da, dann dauert es noch länger. Viele von uns fällen deshalb ohne Genehmigung."

Bis 1957 erhielten hohe religiöse Lehrer und Militärs, Adlige und Angehörige des Königshauses das Recht, als Gegenleistung für ihre Dienste staatliche Wälder kommerziell zu nutzen. Die Dörfer waren berechtigt, ihren täglichen Bedarf aus den umliegenden Wäldern zu decken. Dafür hatten die verschiedenen Stämme ihre traditionellen Nutzungsrechte entwickelt[28], deren Anwendung aber ihnen die Gesetzgebung nun verwehrte. Die Regierung entwickelte eine Flut von Verordnungen und Richtlinien zu staatlicher Kontrolle, Lizenzvergabe und Bestrafung von Verstößen. Doch die bürokratische Maschinerie konnte die über Generationen funktionierende dörfliche Kontrolle der Waldressourcen nicht ersetzen, zum Schaden der Wälder im Sherpaland und anderswo. Erst nachdem in den späten 70er Jahren des letzten Jahrhunderts das Konzept der sozialen Waldwirtschaft entwickelt wurde, trat allmähliche Besserung ein (s. Kap. „Aufbruch zu neuer Balance").

Durch weitere Ereignisse wurde das traditionelle System der Waldnutzung

---

[27] Fürer-Haimendorf Christoph, The Sherpas of Nepal. Buddhist Highlanders, New Delhi 1979, 110.

[28] Dazu Regmi Mahesh C., Landownership in Nepal, Berkeley-Los Angeles 1976; Warth Hermann, Wer hat dich du armer Wald …? Die Krise in Nepal, Bad Honnef 1987.

im Sherpaland belastet. Wegen der chinesischen Besetzung Tibets überschritten in den Jahren 1959/1960 an die 60.000 Flüchtlinge die Grenze nach Nepal und Indien. Viele kamen über den Nangpa La, den hohen Pass westlich des Cho Oyu. Im Khumbugebiet zu Füßen des Mount Everest übertrafen die 4000 Flüchtlinge, die sich dort niederließen, die Zahl der lokalen Sherpa im Verhältnis von zwei zu eins.[29] Die Tibeter verbrauchten natürlich sehr viel Holz, wie später die Trekking- und Expeditionsgruppen. Auch sie ließen, zusammen mit ihren Trägern aus den tieferen Regionen, die ansässige Bevölkerung während der Frühjahrs- und Herbstsaison zur Minderheit werden. 1976 wurde der Khumbu-Nationalpark eingerichtet. Seither gibt es strenge Vorschriften zur Erhaltung des Waldes. Doch aufgrund mangelnder Kommunikation und Einbeziehung der Sherpa hatten diese die Befürchtung, sie hätten gar keine Waldnutzungsrechte mehr. Ja, sie waren in Sorge, sie würden vertrieben werden wie die Menschen, die vormals im Gebiet des jetzigen Rara-Nationalparks lebten, und ihre Heimat würde Bäumen, Tieren und Touristen überlassen. Deshalb legten sie sich rasch noch große Vorräte an Brenn- und Bauholz zu.[30]

„Die Umwandlung von Wald in Kulturland und das Anhäufen von Waldprodukten über den Bedarf hinaus sind typische Ergebnisse, wenn sich überlieferte Nutzungsformen mit staatlich definierten Nutzungsrechten überschneiden und diese durchgesetzt werden, ohne mit den Leuten ernsthaft zu sprechen. Das ist in anderen Ländern auch so, leider", meinte ich.

„Aber manches ist im Laufe der Jahre besser geworden", erwiderte Ang Chhopal.

„Ja, zum Beispiel?"

„In fünf Pflanzgärten werden Baumsetzlinge herangezogen und dann ausgepflanzt, zwei kleine Wasserkraftwerke liefern Strom, einige Sherpa-Häuser haben Solaranlagen und ich glaube, da sind auch wieder mehr Tiere im Wald. Aber es gibt auch Haushalte, die Holz über den eigenen Bedarf hinaus organisieren und dafür Tamang anstellen, die es aus den Wäldern holen, welche außerhalb des Nationalparks liegen."

„Ja, ich bin eigentlich zuversichtlich. Ihr Sherpa habt schon so manche Krisen gemeistert. Eure Vorfahren aus Osttibet flüchteten ja, wohl aus Angst vor den Mongolen, im 16. Jahrhundert mit ihren Tieren hierher und schufen sich diesen neuen Lebensraum. Später überstanden sie Auseinandersetzungen mit der sich ausbreitenden Zentralgewalt Kathmandus und behielten eine gewisse

---

29 Hagen Toni, Nepal, Königreich am Himalaya, 3. Aufl., Bern 1972, 173.
30 Dazu Fürer-Haimendorf Christoph, The Sherpas transformed. Social Change in a Buddhist Society of Nepal, New Delhi 1984, 58.

Autonomie.[31] Dann traf euch hart die Grenzschließung durch China. Ihr verstandet aber, die Handelseinbußen auszugleichen, indem ihr eure Dienste den Bergsteigern und Trekkingtouristen anbotet. Am meisten Sorge macht mir eigentlich die Frage, ob ihr eure Kultur und Art zu leben beibehalten und weiterentwickeln könnt."

Ang Chhopal nickte nachdenklich. Sein kleines Haus liegt am oberen Dorfrand. Vor Jahren schon hatte er es verlassen, um mit seiner Familie in Kathmandu zu wohnen, wie viele andere Sherpa auch. Man ist dort näher zu seiner Agentur, die einen zur Begleitung von Trekking- und Expeditionsgruppen einsetzt, und man muss nicht zwei- bis dreimal jährlich den beschwerlichen und weiten Weg vom Sherpaland bis zum Straßenkopf in Jiri bewältigen. Und von Jiri dauert es nochmals einen ganzen Tag, bis man mit dem Bus oder Lastwagen Kathmandu erreicht. Oft ziehen nur die Männer in die Hauptstadt. Ihre Frauen bleiben monatelang zurück mit den Kindern und Alten und mit der schweren Arbeit in der Landwirtschaft. Ziehen die Kinder mit nach Kathmandu, dann verlernen sie rasch die Muttersprache und werden damit von ihren Wurzeln getrennt.

Ang Chhopal und seine Frau Dolma hatten Haus und Felder an eine junge Sherpa-Familie verpachtet, die uns überaus großzügig versorgte, so dass wir innerhalb eines Tages mit fünf warmen Mahlzeiten zu kämpfen hatten! Das Schlimme ist dabei, dass mir die Sherpa-Küche so gut schmeckt. Es gab gekochte Kartoffeln mit scharfer Sauce und Salz, Kartoffelpuffer, gut gewürzte Nudelsuppe mit Gemüsebeilagen (*tukpa*), Hirse mit Milchrahm, Buttertee, Milchtee, *chhang, rakshi* ...

Während wir mit Kartoffelschälen, Essen und Trinken beschäftigt waren, wurden uns die Neuigkeiten aus Kharikhola und Umgebung erzählt. Es war von vielen Todesfällen die Rede. Die Leute waren betroffen über die Ermordung des Tibeters Ngawang Tenzing. Obwohl kein Sherpa, war Ngawang sozusagen einer der Ihren geworden, dieser außerordentlich starke Bergsteiger, dessen Hilfsbereitschaft ebenso gerühmt wurde wie sein Humor (s. Kap. „Ngawang Tenzing unterwegs"). Chewang und seine Frau waren kürzlich gestorben. Ihre drei Kinder bewohnen nun allein das Haus. Chewang hatte mit uns 1976 das wilde Hongu-Abenteuer bestanden. Ang Chhopals älterer Bruder Da Sangye war gestorben, Frau und fünf Kinder hinterlassend. Er war ebenfalls Mitglied unserer Hongu-Kundfahrt gewesen und auch unserer Ganesh III-Expedition 1981. Dann hatte der Tod Nyima Tenzings Frau geholt und unseren Freund mit drei Kindern allein gelassen. Mit Nyima Tenzing war ich am Lhotse 1977, Ganesh III 1981 und in der gewaltigen Nordwestwand des

---

[31] Dazu Oppitz, Geschichte und Sozialordnung der Sherpa, 52, 73 ff.

Kangchendzönga 1983 geklettert.[32] Ich mochte ihn besonders gern, unter anderem wegen seines Mutes, Dinge anzusprechen, die die Arbeitsverhältnisse der Sherpa bei Expeditionen betreffen. Wie beiläufig erfuhren wir dann, dass Ang Chhopals Mutter im noch höher gelegenen Dorfteil krank läge, nach einer weiteren Stunde, dass sein Onkel vor drei Tagen gestorben sei. Nach buddhistischem Verständnis war er jetzt im *bardo*, dem Zwischenzustand nach dem Tod und vor der Wahl eines Schoßeingangs zur nächsten Geburt. Das ist eine sehr schwierige Phase, in welcher der Verstorbene durch die Macht seines *karmas* zu einer Wiedergeburt getrieben wird. Die Lebenden können ihm helfen, eine möglichst gute zu erreichen, indem sie Gebete aus dem „Totenbuch" (*bardo ithosgrol*), dem bedeutendsten Werk Padmasambhavas, sprechen.[33]

„Wir sollten hingehen, *dai*", meinte Ang Chhopal.

Totenwache

Es war schon dunkel, als wir das alte, ebenerdige Haus erreichten. Es stand abgelegen nordostwärts gerichtet im oberen Teil der großen Mulde, in der Kharikhola liegt. Ang Chhopal hatte unterwegs zwei Flaschen *rakshi* gekauft als Gabe an die Gemeinschaft. Wohlige Wärme umfing uns, als wir den von Butterlämpchen erleuchteten Raum betraten. Uns wurden sogleich zwei mit Yakhaut bespannte Bambushocker angeboten. Dicke Glut lag auf der Feuerstelle. Junge Frauen mit ihren Babies saßen davor. In ihrem Rücken das elterliche Bett, auf dem die Witwe trauernd lag. Ein Brettvorsprung trug Butterlampe, Teetasse und *Chhang*-Schale. Zwei Lamas saßen mit untergeschlagenen Beinen auf der langen Bank, die von der Feuerstelle bis zum Hausaltar reichte. Vor den Lamas Tee- und *Chhang*-Schalen auf einem niedrigen, langen Tisch und das geöffnete Totenbuch, aus dem sie laut lasen. Der Text ist in Ichform geschrieben. So identifizieren sich die Betenden mit dem Verstorbenen, der ja in seinem jetzigen Zustand macht- und hilflos ist:

---

[32] Zu diesen Unternehmungen s. Warth, Tiefe Überall.
[33] Freemantle Francesca, Chögyam Trungpa, Das Totenbuch der Tibeter, 4. Aufl., Düsseldorf-Köln 1980; Downs Hugh R., Rhythms of a Himalayan Village, San Francisco 1980, 180-222; Schumann Hans Wolfgang, Buddhistische Bilderwelt. Ein ikonographisches Handbuch des Mahayana- und Tantrayana-Buddhismus, Köln 1986, 110-111; Powers John, A concise Enzyklopedia of Buddhism, Oxford 2000, 33; Chorlton Windsor, Felsbewohner des Himalaya. Die Bhotia, Amsterdam 1982, 121-125.

„So ich getrennt von den geliebten Freunden einsam wandere
Und die leeren Formen meiner eigenen Projektionen mir erscheinen,
Mögen die Buddhas die Macht ihres Erbarmens aussenden,
Damit die Schrecken des Bardo nicht auftreten.

So die fünf glänzenden Lichter der Weisheit strahlen,
Möge ich ohne Furcht mich selbst erkennen.

So ich Leid erfahre ob der Macht des üblen Karma,
Möge mein Yidam (persönliche Schutzgottheit) alles Leid ausräumen.

So ich meinem Karma folge, ohne Zuflucht,
Möge der Herr des Großen Erbarmens mir Zuflucht sein!"

In Kopfhöhe der Lamas hing von der rußgeschwärzten Decke eine große Trommel. Einer der beiden schlug sie bei gewissen Textstellen, während der andere den Zimbeln verschiedene Lautstärken und Rhythmen entlockte. Zur Rechten der Lamas befand sich der mit Blumen geschmückte Hausaltar. Vor ihm brannten Butterlämpchen und standen mit Wasser gefüllte Silberschalen. In der Mitte des Altars hingen drei *thangkas*, auf Stoff gemalte Meditationsbilder, deren Einzelheiten ich nicht erkennen konnte. Auf dem gestampften Boden stand eine große *torma*, eine aus Teig, Butter und Zucker geformte Figur. Sie ist Opfergabe und Nahrung für die angerufene Gottheit und stellt zugleich die Gottheit selbst dar, die während der Zeit des Lesens und Betens symbolisch anwesend ist und die Verehrungen und Wünsche der Menschen entgegennimmt.[34] Jetzt wurden die Gründe des „üblen Karma" genannt. Die Lamas lasen:

„Verehrung den Gurus (Lehrer), Yidams und Dakinis (weibliche Buddhas,
Erlösungshelfer)!
Mit ihrer großen Liebe mögen sie uns auf den Pfad führen!

So ich ob Verblendung wandere im Samsara,
Auf unbeirrtem Lichtpfad von Lernen, Nachdenken und Meditation,
Mögen die Gurus der heiligen Linie mir voranschreiten,
Ihre Gefährtinnen, die Heerscharen der Dakinis, im Rücken;
O steht mir bei auf der gefährlichen Gratwanderung des Bardo,
Geleitet mich zur vollkommenen Buddhaschaft!

---

[34] Vgl. Ortner, Sherpas through their Rituals, 132 ff.

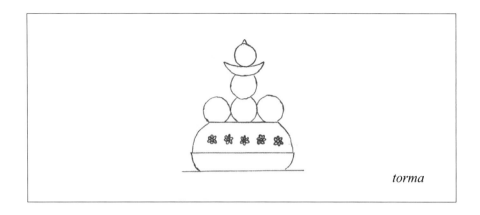

torma

So ich ob großen Unverstandes wandere im Samsara,
Auf glänzendem Lichtpfad der Dharmadhatu-Weisheit (Licht der Weisheit Buddhas),
Schreite mir der Erhabene Vairocana (Buddha der höchsten Erleuchtung und Weisheit) voran,
Seine Gefährtin, Königin des Vajra-Raums (die Existenz des Absoluten in allen Himmelsrichtungen), im Rücken;
O steht mir bei auf der glücklichen Gratwanderung des Bardo,
Geleitet mich zur vollkommenen Buddhaschaft!

So ich ob heftiger Aggression wandere im Samsara,
Auf glänzendem Lichtpfad der Spiegelgleichen Weisheit,
Schreite mir der Erhabene Vajrasattva (Buddha der alles durchdringenden geistigen Klarheit) voran,
Seine Gefährtin, Buddha-Locana (Buddha-Auge des Erwachens), im Rücken;
O steht mir bei auf der gefährlichen Gratwanderung des Bardo,
Geleitet mich zur vollkommenen Buddhaschaft!

So ich ob übermäßigem Stolz wandere im Samsara,
Auf glänzendem Lichtpfad der Gleichheits-Weisheit,
Schreite mir der Erhabene Ratnasambhava (Buddha des Reichtums und Fruchtbarkeit) voran,
Seine Gefährtin Mamaki (steht für Wasser, das in Verbindung mit Erde Fruchtbarkeit ermöglicht) im Rücken;
O steht mir bei auf der gefährlichen Gratwanderung des Bardo,
Geleitet mich zur vollkommenen Buddhaschaft!

So ich ob brennender Begierde wandere im Samsara,
Auf glänzendem Lichtpfad der Unterscheidenden Weisheit,
Schreite mir der Erhabene Amitabha (Buddha des endlosen Lichts) voran,
Seine Gefährtin Pandaravasini (steht für Feuer, Läuterung und als Ergeb-
nis: Erbarmen) im Rücken;
O steht mir bei auf der gefährlichen Gratwanderung des Bardo,
Geleitet mich zur vollkommenen Buddhaschaft!

So ich ob bohrendem Neid wandere im Samsara,
Auf glänzendem Lichtpfad der Allesvollendenden Weisheit,
Schreite mir der Erhabene Amoghasiddhi (Buddha der alles vollendenden
Weisheit) voran,
Seine Gefährtin Samaya-Tara (Retterin des Heiligen Wortes) im Rücken;
O steht mir bei auf der gefährlichen Gratwanderung des Bardo,
Geleitet mich zur vollkommenen Buddhaschaft!

So ich ob starker unbewußter Neigungen wandere im Samsara,
Auf glänzendem Lichtpfad der eingeborenen Weisheit,
Mögen mir die Vidyadhara-Krieger (Besitzer von Wissen und Einsicht)
voranschreiten,
Ihre Gefährtinnen, die Heerscharen der Dakinis im Rücken;
O steht mir bei auf der gefährlichen Gratwanderung des Bardo,
Geleitet mich zur vollkommenen Buddhaschaft!

So ich ob heftiger verwirrter Projektionen wandere im Samsara,
Auf dem Lichtpfad der Befreiung von aller Furcht,
Mögen mir die Erhabenen, Friedliche und Rasende, voranschreiten,
Die Heerscharen der Dakini, Königinnen des Raumes, im Rücken;
O steht mir bei auf der gefährlichen Gratwanderung des Bardo,
Geleitet mich zur vollkommenen Buddhaschaft!"

Vor der *torma* standen im Halbrund viele Butterlampen sowie mit *tsampa*, ge-
röstetem Gerstenmehl, und Mais gefüllte Schalen, außerdem eine mit Glut bedeckte Schüssel, in die der Sohn des Verstorbenen immer wieder Mehl streute.
Den beiden Lamas gegenüber kniete eine Gestalt in betender Haltung, die
Nachbildung des Toten, die die Gebete aufnahm. Der Leichnam war schon
dem Feuer übergeben worden. *Ten*, die kniende Figur, trug die Kleider des
Verstorbenen. Um den Hals waren ihr viele neue *khattas* gelegt, die Glück
bringenden weißen Schals aus Baumwolle oder Seide, die man Reisenden beim
Abschied umhängt. Eine Maske war als Gesicht auf die Schultern gesetzt. Die

betenden Hände hielten eine Blume und drückten gegen die Brust der Figur eine beschriftete Karte (*naxa*). Ang Chhopal übersetzte den Text unter dem Namen des Verstorbenen:

„Ich, der ich die Welt verlasse, nehme im Gebet Zuflucht zu meinem Lama und zu allen Göttern, den milden und zornigen. Der Große Mitleidvolle möge mir die Fülle der Verfehlungen meiner früheren Leben vergeben und mir den rechten Weg in eine gute Welt zeigen."

ten

Mir schien die ganze Vielfalt der Wirklichkeit in diesem kleinen Raum an diesem kalten, dunklen Abend anwesend zu sein: das Leben, vertreten durch die Versammelten, der Tod, vertreten im *ten*, das Materielle, vertreten in den verschiedenen Nahrungsmitteln und Getränken, und das Jenseitige, vertreten in der *torma*. Und die Realität zusammenzuhalten war die Gemeinschaft bestrebt durch ihre Anwesenheit, durch gemeinsames Essen und Trinken – die Tee- und *Chhang*-Schalen aller Anwesenden wurden ständig nachgefüllt – und durch das Gebet – *karuna*, heilende Hinwendung, Kitt des Seins. Wie die Hebamme bei der Geburt und der Schamane bei Krankheit, so half nun die Gemeinschaft dem hilflosen Toten in seinem *Bardo*-Zwischenzustand, in seiner schwierigen Zeit des Herumgetriebenwerdens durch seine früheren Taten und bei seiner Suche nach einer neuen, besseren Existenzform. Die Lamas lasen weiter aus dem Totenbuch:

„Ich will zum Wohle aller Lebewesen als ein Weltherrscher geboren wer-
den, oder als ein Brahmin wie ein großer Sal-Baum, oder als der Sohn ei-
nes Siddha (einer, der es geschafft hat, übernatürliche Fähigkeiten zu ent-
wickeln), oder in einer Familie, wo Vater und Mutter gläubig sind. Indem
ich so einen verdienstvollen Körper annehme, der allen Lebewesen nützen
kann, will ich Gutes tun."

Dann legten sie eine Pause ein, nippten an den Gläsern, fragten uns, woher wir
kämen und wohin wir unterwegs seien. Der Witwe wurde von den Angehörigen Trost zugesprochen. Die Schwiegertochter stillte ihren schreienden, drei
Monate alten Sohn. Die Frauen bereiteten eine große Mahlzeit zu.

    „Wie wird die Zeremonie weitergehen, was wird mit dem *ten* geschehen?",
fragte ich Ang Chhopal.

    „Es wird sieben Tage aus dem Totenbuch gebetet werden. Reiche Leute
lassen die Lama 49 Tage vortragen. Danach kann man dem Toten nicht mehr
zurufen. Sein Geist ist dann endgültig in ein anderes Wesen eingegangen. Die
Kleider des *ten* erhalten die Lamas für ihre Dienste, ebenso die Essgefäße vor
der Figur. Die *khattas* bleiben im Haus. Der *ten* erhält während der sieben Wochen Mahlzeiten wie die Bewohner des Hauses. Dann werden die Lamas den
ten und die Anwesenden segnen, die Namenskarte in die Hand nehmen und
zum *ten* sagen: 'Dein Körper ist verbrannt worden, nur dein Geist ist hier.
Fliege nun mit der Geschwindigkeit eines Pfeils dorthin, wohin ich dich sende.
Habe keine Furcht. Ich werde dieses Stück Papier wie eine Feder verbrennen.'
Sie werden dann die Karte mithilfe von Butterschmalz anzünden und sagen:
‚Dein Geist ist nun von den Göttern aufgenommen worden.' Die Asche des
Papiers wird gesammelt und mit Lehm und Wasser vermischt zu kleinen Bild-
nissen geformt. Eines davon wird auf dem Hausaltar aufbewahrt, die anderen
an eine vor Wasser geschützte und nicht leicht zugängliche Stelle im Freien ge-
legt. Dann folgt ein großes Fest, zu dem so viele wie möglich kommen sollen.
Je mehr es sind, desto besser für den Verstorbenen. Alle sind eingeladen und
bekommen Essen und Trinken, auch Feinde der Gastgeber, Unberührbare und
Touristen. Nach einem Jahr gibt es nochmals ein Fest. Die Witwe kann dann
wieder heiraten."

    Die Lamas nahmen wieder ihre Gebete auf. Die meisten Texte trugen sie
singend vor, gelegentlich begleitet von einer kleinen Trommel (*damaru*), dem
Symbol für die Stimme der buddhistischen Lehre. Durch schnelles Hin- und
Herwenden schlugen die beiden an Schnüren befestigten Klöppel schnarrend
auf die aufgespannte Haut. Ab und zu wurde die bronzene Handglocke, Symbol der Erkenntnis, geläutet und in eine aus menschlichem Schienbein geformte Trompete geblasen, die erinnert, dass unsere Zeit auf Erden dahinfliegt. Ang

Chhopal saß schon längst neben den beiden Lamas, las mit, blätterte um und rezitierte mit ihnen; er hatte ja „sieben Jahre auf Lama gelernt". Er wollte keine eigene Schale *rakshi*, sondern mit mir aus einer gemeinsamen trinken. Zwischendurch fragte er mich:

„Bist du nicht müde, *dai*? Ist dir nicht kalt?"

Nein, ich war weder müde noch fror ich, sondern spürte ein großes Gefühl der Geborgenheit in diesem Raum des ungeteilten Seins. Um es mit den Worten des Lama Anagarika Govinda zu sagen: „Nie ist mir die Bedeutung religiösen Rituals (insbesondere im Gemeinschaftskultus) tiefer aufgegangen. Welche Torheit, es durch Predigten und Moralisieren ersetzen zu wollen! Ein Ritual – wenn es von Menschen ausgeübt wird, die durch geistige Schulung und Aufrichtigkeit in der Verfolgung eines hohen Ziels dafür qualifiziert sind – appelliert ebenso an das Herz wie an den verstehenden Geist und bringt die Menschen in unmittelbare Berührung mit einem tieferen und reicheren Leben als dem des Intellekts, in dem persönliche Meinungen und kollektive Dogmen die Oberhand gewinnen."[35]

Immer wieder zwang mich die viele Flüssigkeit hinaus, sehr zum Ärger des wilden Kettenhundes, der sich jedes Mal bis zur Heiserkeit verausgabte, um dann erschöpft zu verstummen. Aus dem Dunkel der Felder und Büsche leuchtete der silberne Streifen des Pangkongma-Baches. Es war bereits nach Mitternacht. Es herrschte vollkommene Stille. Vom Mond beschienen zog ein breites Band von zart aneinander gefügten Wolkenschleiern, Riesen-*khattas* gleich, aus der Dudh Koshi-Schlucht über das Haus hinauf zum viereinhalbtausend Meter hohen Zattara-Pass und in den Himmel. War die Seele des Verstorbenen auf dieser Leiter unterwegs? Im „Peter Camenzind" hatte Hermann Hesse geschrieben: „... ich hatte Muße, in Gedanken die Seele ... zu begleiten, über Haus und Dorf ... und Schneegipfel hinweg in die kühle Freiheit eines reinen Frühmorgenhimmels hinein ... ich war voll Staunen und Ehrfurcht, zusehen zu dürfen, wie ein großes Rätsel sich löste und wie der Ring eines Lebens sich mit leisem Erzittern schloss."[36]

Ich wurde ins Haus gerufen. Der Raum war jetzt mit über zwanzig Personen dicht gefüllt. Beten der Lama, Schreien der übermüdeten Babies, Lachen der Sherpini, Zuspruch und Tröstung für die Witwe. Das Essen wurde serviert, auch dem Toten, der in Form des *ten* anwesend war. Doch er rührte es nicht an. Seine Seele war unterwegs ...

---

[35] Lama Anagarika Govinda, Der Weg der weissen Wolken, 409.
[36] Hesse Hermann, Peter Camenzind, Gesammelte Werke, Bd. 1, Frankfurt am Main 1987, 373.

Himmel-Gewitter-Platz

Über Wiesen und durch Buschgelände folgten wir dem gefrorenen Pfad hinauf nach *nam dro ling*, Himmel-Gewitter-Platz, dem kleinen Hügel, welcher sich aus dem Hang erhebt, der gleichmäßig zum Pangkongma-Pass hin ansteigt.

„Der Ort hieß früher *lenchi kharka*", sagte Ang Chhopal. *Kharka* ist der Ausdruck für Hochweide.

„Der Platz trägt erst seit 25 Jahren den neuen Namen *nam dro ling*, welcher ihm vom Tengboche Lama gegeben worden ist", fuhr er fort. „Meine Eltern hatten beschlossen, auf diesem Hügel eine *gomba* zu errichten. Verwandte und Leute von Kharikhola halfen beim Bau und durch Spenden. Mein ältester Bruder ist der Lama der *gomba*. Er wohnt dort mit seiner Familie und unserer alten Mutter. Ihr geht's nicht gut."

„Wie alt ist sie?"

„82 Jahre. Wir wollen sie besuchen."

Über die grobe Holztreppe gelangten wir in den oberen Stock des an die *gomba* gebauten Hauses und traten in einen großen, fast quadratischen Raum. Am Feuer saß die Frau des Lama. Dann erkannte ich eine Wandaussparung, durch die man in die *gomba* blicken konnte. Ang Chhopal war in den hinteren, etwas dunkleren Teil des Raumes gegangen und hatte seine Mutter begrüßt. Sie lag auf dem Bett von mehreren Kissen gestützt und konnte von hier aus auf die Statuen in der *gomba* blicken. Unaufhörlich glitt der Rosenkranz (*aksamala*) durch ihre Finger. Zu jeder der 108 Perlen, die die 108 Bände des buddhistischen Kanons symbolisieren, bewegten sich die Lippen der Frau, ohne einen Laut hervorzubringen. Die geschlossenen Augen verstärkten die Ruhe des ebenmäßigen, von vielen Falten durchzogenen, eingefallenen Gesichts. Sie war und ist eine schöne Frau, dachte ich.

Acht Kinder hatte sie groß gezogen, Jahrzehnte lang schwere Arbeit in der Landwirtschaft verrichtet und die *gomba* bauen lassen.[37] Sie hatte sich großes Ansehen erworben. Ihre Kinder genossen einen guten Ruf in der Dorfgemeinschaft und darüber hinaus. Nun lebte sie hier bei ihrem ältesten Sohn und seiner Frau, befreit von den täglichen Arbeitspflichten und ganz nahe den großen Vorbildern dort drüben in der *gomba* hinter dem Durchbruch, den Vorbildern für ihren eigenen Weg seit der Kindheit. Die Zeit ist nun ihr Diener, dachte ich, der hilft, auf das zu schauen, was gelungen und misslungen war im Leben und der Muße gibt, sich auf den großen Übergang vorzubereiten. Zufrieden kann sie ihren Weg zu Ende gehen in der *gomba nam dro ling*. Gautama Buddha hatte gesagt:

---

[37] Zu den sozialpsychologischen und religiösen Beweggründen der Sherpa für das Errichten von Gombas s. Ortner, High Religion.

„Wer vor nichts in dieser Welt erzittert
Und das Gute wie das Böse kennt,
Still geworden, wutlos, leidlos, wunschlos,
Der ist Alter und Geburt entflohn. "[38]

Da der Lama nicht hier war, wurde mir der Ehrenplatz neben dem Feuer zugewiesen. Ich teilte ihn mit einer grauen Katze. Ang Chhopal hatte eine dampfende Schüssel Kartoffeln und Schälchen mit scharfer Sauce aus Peperoni,
Lauch und Salz serviert und Gläser mit Tee und *chhang* gefüllt. Die Gespräche
kreisten um Geschwister und Verwandte.

Als es dann Zeit zum Gehen wurde, erhob sich die alte Frau, kam zur Feuerstelle, hängte Ang Chhopal und mir *khattas* um und reichte uns ein Glas
rakshi. Sie blickte mich herzlich aus ihren halbblinden Augen an. Natürlich
wusste sie um unsere *miteri*. Wir gingen die Treppe hinunter und schulterten
die Rucksäcke. Da kam die Mutter leichtfüßig nach und drückte nochmals ihren Söhnen die Hand.

Die Wolken lagen fast auf den Feldern und Weiden und schütteten mit
leichtem Donner Graupelschauer über das Land. Nebelschleier verhüllten die
alte Frau und den Himmel-Gewitter-Platz.

Eisen-Pferd, Feuer-Schwein und Eisen-Schlange

Durch einen schütteren Wald stiegen wir aufwärts. Oberhalb des Waldes war
der Weg eingefasst von Hecken, Steinmauern und stachligem Gestrüpp zum
Schutz der dahinter liegenden Äcker. Die Zattara- und Pangkongma-
Bergrücken liefen im Winkel aufeinander zu, verengten die von Kharikhola
heraufziehende Mulde und ließen nur noch Platz für den Ort Pangkongma und
die darüber stehende *gomba*. Einsam lag das Dorf da in Erwartung weiterer
Winterwochen. An den ersten Häusern trafen wir einen Mann von dünner, hoher Gestalt mit einem großen Schal um Hals und Kopf gewunden, frierend. Er
war kein Sherpa. So konnte er nur der Dorflehrer sein. Er sei ein Chhetri
(zweithöchste Kaste der Hindus), sagte er, aus der viel wärmeren Gegend von
Bojpur im Süden; seit sechs Jahren unterrichte er hier, getrennt von seiner
Frau, die in Kathmandu studiere; er wohne drunten in Kharikhola; täglich zwei
Stunden Fußmarsch; der Bau eines Lehrerhauses sei geplant; dann würde auch
seine Frau kommen; nein, von den Schulämtern in Kathmandu und Salleri hätte ihn noch nie ein Vorgesetzter besucht. Dennoch machte der Lehrer einen zu-

---

[38] Nach Nyanatiloka, Das Wort des Buddha, 41.

friedenen Eindruck. Er habe noch nie um Versetzung angesucht, sagte er. Ich fühlte Achtung vor diesem Mann, der außerhalb seines kulturellen und sozialen Umfelds hier oben in fremder Umgebung und in diesem rauem Klima seinen Dienst leistete. Das Gehalt ist niedrig. Deshalb gibt es nur wenige Sherpa-Lehrer. Schade, denn Lehrer aus der eigenen Gemeinschaft könnten beitragen, die Kultur der Sherpa zu bewahren, aus ihr heraus den neuen Einflüssen zu begegnen und zu entscheiden, was aufnehmenswert wäre und was nicht. Das wäre umso wichtiger, als die Einheimischen im Khumbu während der Touristensaison wochenlang gegenüber den Besuchern in Unterzahl sind. Und in Kathmandu geht die Muttersprache ganz verloren, dort, wohin viele Sherpa ziehen, weil sie Kontakte brauchen, um im Tourismus Arbeit zu finden.

In dichtem Schneetreiben stiegen wir hinauf zur *gomba tashi tsu ling*, Glück-Wasser-Platz. Wir trafen auf einen großen, würfelförmigen Bau in warmen Ocker- und Brauntönen und mit harmonisch untergliederten Fenstern, deren Rahmen und Sprossen sorgfältig in Weiß, Grün und Blau gestrichen waren. Auf dem Vorplatz flatterten Gebetsfahnen an hohen Stangen im starken Wind. Wacholderbäume säumten *gomba* und Vorplatz. Im niederen Anbau trafen wir eine Frau und fragten sie nach dem Lama. Sie wies auf die *gomba*. Wir traten ein und fanden ihn mit ca. 15 Personen im Gespräch. Es drehte sich um die Wartung des Gebäudes, wie mir Ang Chhopal erklärte. Vor den auf Teppichen sitzenden Versammelten standen Schüsseln mit gekochten Kartoffeln und große Tassen, die mit Buttertee gefüllt waren.

Als sich meine Augen an das Halbdunkel gewöhnt hatten, fiel mein Blick auf die große Figur in der Mitte des Altars, die den Raum völlig beherrschte. Ich erschrak zunächst ein wenig. Etwas streng blickte die mächtige, in kühlem Blau gehaltene Gestalt Guru Rinpoches auf uns herunter. „Shiva Mahadev, Pawa Chenrezi, Guru Rinpoche", sagte Ang Chhopal leise und entbot seine Verehrung. Er warf sich dreimal nieder: Bitte um Vergebung der Verfehlungen, Dank für die Güte, Zuflucht zur Lehre. Shiva ist der Schöpfer der gegenwärtigen Welt. Chenrezi (= Avalokitesvara), Buddha der heilenden Hinwendung und des Mitleids, ist eine Shiva-Inkarnation und Guru Rinpoche eine Inkarnation von Pawa Chenrezi.[39]

Ein Regenbogen umgab das Haupt von Guru Rinpoche, ein weiterer umschloss die ganze Figur. Der Regenbogen symbolisiert die Verbindung der himmlischen mit der irdischen Sphäre und gilt als Zeichen absoluter Schönheit.

---

[39] Guru Rinpoche = Padmasambhava war ein indischer *yogi*, der Ende des 8. Jahrhunderts vom tibetischen König gerufen worden war, um den Buddhismus in Tibet heimisch zu machen, was Padmasambhava weitgehend gelang. Er verband die Vorstellung der Menschen von der beseelten Natur mit der Lehre Buddhas und machte Götter, Geister und Dämonen zu Beschützern der buddhistischen Lehre.

Als Kopfbedeckung trug die Gestalt eine Kappe mit aufgeschlagenen Ohrenklappen. Sie ist charakteristisch für die alte Form des tibetischen Buddhismus, die Nyiangmapa-Richtung. Die Kappe krönte ein *dorje*, Donnerkeil, das Symbol für unerschütterliche und unveränderliche Festigkeit und Kraft. Auf ihm war eine kleine Pfauenfeder als Zeichen der Sündenreinheit befestigt. Die Stirnseite der Kappe schmückten Sonne und Mond, welche höchste Erkenntnis andeuten. Die rechte Hand hielt einen Donnerkeil, die linke eine kunstvolle Vase mit Lebenswasser. Aus der Armbeuge ragte der für Shiva-Chenrezi-Rinpoche charakteristische Stab mit dem Dreizack an der Spitze, der die Überwindung der Gründe für alles Leid, nämlich Hass, Gier und Verblendung symbolisiert.

Chenrezi wird oft auch als vielarmiger *bodhisattva* („erwachtes empfindendes Wesen") dargestellt. Ein *bodhisattva* ist ein Erleuchteter, ein künftiger Buddha, der aber aus Mitleid mit den leidenden Wesen nicht ins *nirvana* eingeht, solange die Gründe des Leids nicht überwunden sind. Es heißt, dass Chenrezi einst von der himmlischen Sphäre auf die Welt blickte. Sein Kummer über all das Elend, das er sah, sei so groß gewesen, dass sich sein Haupt in zwölf Köpfe spaltete und ihm aus den Schultern tausend hilfreiche Hände wuchsen, um immer und in allen Welten Barmherzigkeit ausüben zu können.[40]

Zu Füßen der Figur standen Wasserschälchen als Symbole ewigen leidlosen Lebens, mit Blumen gefüllte Vasen und bunte Baldachine, die vor allem Übel schützen. Balkenwerk, Decke und die seitlichen Bücherregale waren gänzlich

---

[40] Entsprechungen im europäischen Kulturkreis zur *Bodhisattva*-Symbolik sind auffällig: Platon spricht im „Höhlengleichnis" vom „Gefangensein" in den „Banden des Unverstandes", welcher „Schatten" für die Wirklichkeit und für „das Wahre" hält und spricht von „Schmerzen" und „Verwirrung" auf dem Weg zur Erkenntnis zur letzten „Ursache, die alles ordnet". Wird der Weg aus der Höhle erfolgreich beschritten, dann wird der Wanderer „sich selbst glücklich preisen", seine Mitgefangenen aber „beklagen". „Steigt er zu ihnen hinunter ins menschliche Elend", werden sie ihn „auslachen", da sie an die Schatten gewöhnt sind und seiner Botschaft „vom Aufschwung der Seele in die Region der Erkenntnis" nicht glauben. Doch die Erkenntnis ist notwendig, wenn man „vernünftig handeln will in eigenen oder in öffentlichen Angelegenheiten". Deshalb, ist es jemandem gelungen, „das Gute zu sehen und die Reise aufwärts dahin anzutreten", dann ist es ihm nicht gestattet, „nicht zurückkehren zu wollen zu jenen Gefangenen und nicht Anteil zu nehmen an ihren Mühseligkeiten" (Politeia, 514-519). – Und dann die Geschichte in der Bibel (1. Könige, 18 und 19): Elias ist Zeuge von Massakern und anderen Verfehlungen des Königshauses und wird deshalb zum Mahner und spirituellen Gegner der weltlichen Macht. Als lästiger Störenfried und Unruhestifter wird er mit dem Tode bedroht und flieht deshalb in die Wüste. Dort vernimmt er eine Stimme, die ihn auffordert zurückzukehren, um seinem Nachfolger und Herrschern durch Salbung seine Spiritualität und moralische Kraft zu übertragen. – Schließlich die Passage bei Johannes 6, 38-40, wo Jesus sagt: „Ich bin vom Himmel herabgekommen, um … den Willen dessen zu tun, der mich gesandt hat, dass ich von alldem, was er mir gegeben hat, nichts verlorengehen lasse, sondern es auferwecke …"

bemalt mit Darstellungen und Geschichten aus der so reichen Welt der tibetischen Form des Buddhismus, dem Lamaismus. Die Regale enthielten hunderte von in Tüchern gewickelten Loseblatt-Büchern, aus denen an Festtagen und anderen Anlässen gelesen wird. Der ganze Raum war ein Kunstwerk, „das mit größter Sorgfalt und Gewissenhaftigkeit nach den Regeln religiöser Tradition aufgebaut war – einer Tradition, deren Schönheit darin bestand, dass sie der natürliche und spontane Ausdruck des ihr innewohnenden Sinnes war, nicht aber der Absicht, einen ästhetischen Effekt zu erzielen".[41]

Eine Frau legte zwei Decken auf den Holzboden, forderte uns zum Sitzen auf und brachte gekochte Kartoffeln und Tee. Als die Besprechung zu Ende war, bat uns der Lama ins Haus. Wir folgten ihm gerne, denn wir konnten nicht weiter. Es schneite ununterbrochen, so dass wir unseren Plan aufgeben mussten, das Almengebiet der Sherpa im Hinku-Becken zu besuchen, das hinter dem 5000 Meter hohen Bergrücken des Zattara-Danda liegt. Wir hatten auch kein Zelt mit uns, da wir unter den Felsüberhängen schlafen wollten, welche die Hirten im Sommer benützen. Aber dort würden sich jetzt Massen von Triebschnee ansammeln.

Der Lehmherd in der Ecke des niedrigen Raumes verbreitete behagliche Wärme. Die Frau des Lama schlief auf der mit Teppichen bedeckten Bank. Ein kleiner Junge von neun bis zehn Jahren brachte Wasser, das schnell zu kochen begann. Der Lama bot uns stark gezuckerten Milchtee in großen Blechtassen an. Wir revanchierten uns mit Suppe und Kaffee. Der Lama erwiderte mit einem Berg dieser im Sherpa-Land so herrlich schmeckenden festen Kartoffeln mit Butter und scharfer Sauce. Schließlich verfiel Ang Chhopal auf die Idee, gemeinsame Reichtümer zu einer Leckerei besonderer Art zusammenzufügen. Er bat den Lama um *rakshi* und ein Stück Butter, das er in eine hohe Pfanne rührte und bräunen ließ. Dann gab er reichlich von unserem Zuckervorrat hinzu, schüttete schließlich den *rakshi* in die Pfanne und verquirlte lange. Eine Köstlichkeit! „Mustang Coffee heißt das bei uns Sherpa", meinte Ang Chhopal. Woher der Ausdruck kommt, wusste er aber nicht.

Still und dicht fiel der Schnee. Langsamer als sonst schienen die Stunden zu verrinnen. Die Zeit wurde in regelmäßige Abschnitte geteilt durch das rhythmische Tropfen schmelzenden Schnees vom undichten Dach auf den Topfdeckel, der das hintere Herdloch verschloss. Ab und zu knarrte die klobige Holztüre und ein riesiger schwarzer, über und über mit Schnee bepuderter Hund drängte herein. Zwei braune Flecken über den Augen schmückten seine Stirn. „Vieräuglein" wurde hinausgewiesen, kam aber immer wieder in die Wärme des Raums. Der Junge, kugelrundes Gesicht, Bürstenhaar, kurze Hosen, die

---

[41] Lama Anagarika Govinda, Der Weg der weissen Wolken, 250.

nackten Füße in durchnässten Turnschuhen, war überall, holte Wasser, dann Kartoffeln, wusch sie, setzte sie zum Kochen auf den Herd, kümmerte sich um Brennholz und das Feuer, mischte *azar*, eine scharfe, cremige Sauce, scheuchte den Hund hinaus, setzte die Hühner in die Kiste neben der Türe, wusch das Geschirr, servierte Tee. Es wirkte nicht wie Arbeit bei ihm. Alles ging ihm leicht und fast spielerisch von der Hand.

Der Mustang Coffee löste unsere Zungen. Ich fragte den Lama nach dem Alter der *gomba*.

„Mit dem Bau wurde hier am Glück-Wasser-Platz vor vierzig Jahren begonnen", sagte er und fuhr fort: „Ich unterrichte sechs kleine Buben aus den Dörfern der Umgebung, solange sie wollen."

„Wer kommt für ihren Lebensunterhalt auf?"

„Die Eltern bezahlen dafür, soviel sie für richtig halten. Außerdem arbeiten die Jungen auf den umliegenden Feldern, die zur *gomba* gehören."

Dann erkundigte er sich nach Ang Chhopals Bruder, mit dem er *mit* sei. Ich erzählte von Ang Chhopals und meiner *miteri* und fragte scherzend, ob er meine, dass wir zusammenpassten. Er holte daraufhin ein kleines Büchlein, den tibetischen Kalender, hervor und erkundigte sich nach unseren Geburtsjahren.

„Du bist also im Feuer-Schwein-Jahr geboren", sagte er zu Ang Chhopal, „und Sie im Eisen-Schlange-Jahr. Ang Chhopal ist also ein Schwein-Jahr-Mann und Sie sind ein Schlange-Jahr-Mann."

„Was sind Sie?" fragte ich den Lama.

„Ich bin im Eisen-Pferd-Jahr geboren, bin also ein Pferd-Jahr-Mann", erwiderte er.

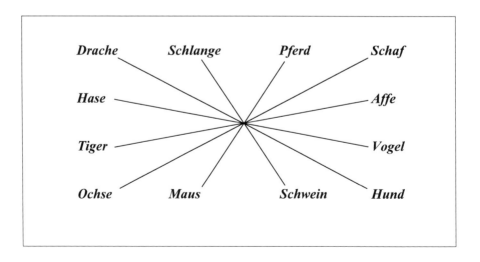

Der alt-tibetische Kalender, dem die Sherpa folgen, kennt einen Zwölfjahres-rhythmus, wobei jedes Jahr seinen Namen vom Reittier eines der zwölf astro-logischen Götter bezieht. Es heißt, Buddha habe vor seinem Tod alle Tiere zu sich gerufen, um ihnen Lebewohl zu sagen. Die Maus kam als erste, elf andere folgten. Als Zeichen seiner Wertschätzung benannte Buddha je ein Jahr nach jedem von ihnen und zwar gemäß der Reihenfolge, in der sie vor ihm erschie-nen waren. Die Tiere stehen in verschiedenen Beziehungen zueinander. Die unglücklichsten Kombinationen sind Maus und Pferd, Ochse und Schaf, Tiger und Affe. Hase und Vogel, Drache und Hund, Schlange und Schwein.

Im Jahre 1026/1027 n. Chr. wurde dem Zwölfer-Tierzyklus noch der Sech-zig-Jahre-Zyklus hinzugefügt, indem die zwölf Tiere mit den Elementen Holz, Eisen, Feuer, Wasser und Erde kombiniert wurden. Bei den Verhältnissen der Elemente zueinander wird zwischen Zuneigung und Feindschaft unterschieden, wobei Feind des Holzes das Eisen ist, Feind des Eisens das Feuer, Feind des Feuers das Wasser, Feind des Wassers die Erde und Feind der Erde das Holz.[42] Der Kalender wird besonders vor dem Eingehen ehelicher Verbindungen stu-diert. Stellen sich die astrologischen Beziehungen als sehr negativ heraus, dann wird von der Ehe abgeraten. Doch in jüngerer Zeit schenken die Sherpa sol-chen Hindernissen für ihr Glück nicht mehr allzu große Beachtung.

„Ich bin also im Eisen-Schlange-Jahr und Ang Chhopal im Feuer-Schwein-Jahr geboren", sagte ich, „passen wir zusammen?"

Der Lama studierte, hielt vor seiner Antwort nochmals kurz inne und mein-te dann:

„Ja, ihr passt sehr gut zueinander!"

Er hätte das genaue Gegenteil sagen müssen. Schwein und Schlange stehen sich antagonistisch gegenüber, und außerdem ist der Feind des Eisens das Feu-er, da Feuer Eisen schmelzen und verformen kann. Eine gegensätzlichere Kombination als Feuer-Schwein und Eisen-Schlange gibt es nicht. Doch der Lama hatte erkannt, dass wir uns sehr gut verstanden. Lass die Astrologie As-trologie sein, wird er sich gedacht haben, es ist doch wichtiger, dass die beiden einander Freund sind und bleiben als dass die Lehrsätze der Schicksalsdeutung stimmen müssen. Sherpa neigen nicht zu Dogmatismus und Fanatismus. Einer ihrer beliebtesten Vorbilder ist der Lama Drukpa Künleg, der im 16. Jahrhun-

---

[42] Dazu Bernbaum Edwin, Der Weg nach Shambhala. Auf der Suche nach dem sagenhaf-ten Königreich im Himalaya, Hamburg 1980, 24; Olschak B.C. / Geshé Thupten Wangyal, Mystik und Kunst Alttibets, 2. Aufl., Bern-Stuttgart 1977, 88-89; Snellgrove David, Four Lamas of Dolpo. Tibetan Biographies. 2. Aufl., Kathmandu 1992, 75-77; Tshering Gyonpo, An astrological Guidebook for everyday Life, Thimphu 1996; Waddell L. Austine, Bud-dhism and Lamaism in Tibet. With its mystic Cults, Symbolism and Mythology, and its Re-lation to Indian Buddhism, 2. Aufl., Kathmandu 1985, 450-454.

dert in Tibet und Bhutan lebte und dort sehr verehrt wird. Er war dem *chhang* und den Frauen zugetan und gütig und hilfsbereit, wo immer er Menschen in Not sah. Zu seinen eigenen Liedern und Predigten sagte er: „Falls ihr glaubt, ich hätte etwas Tiefsinniges enthüllt, bitte ich um Verzeihung. Falls ihr glaubt, dies sei eine Menge Unsinn, erfreut euch dran!"[43] Damit relativierte er bewusst Lehrsätze, Zeremonien und Rituale, die immer wieder und in allen Religionen in Gefahr sind, ein Eigenleben zu entwickeln, das dann die Kernaussagen verdeckt. Um den Kern herauszustellen – heilende Hinwendung, *karuna*, zu allen fühlenden Wesen –, machte sich Drukpa Künleg lustig über abgehobene religiöse Praktiken, leere Rituale und selbstgerechte Tugendhaftigkeit und provozierte die Zeremonienmeister. In der Sache aber war er unnachgiebig.

Nach dem Abendessen setzten sich der Lama und sein Schüler um die Kerze. Lesestunde. Mit einem Holzstäbchen zeigte der Lama auf die Zeichen im religiösen Buch. Die Texte waren in tibetischer Sprache und Schrift auf losen Blättern zwischen zwei Holzdeckeln gedruckt. Mit erstaunlichem Geschick folgte die Stimme des Buben dem Zeiger, wobei sie plötzlich ganz dunkel klang und nach Satzbeginn in höherer, dann lange wieder in tieferer Tonlage verharrte. Der Junge ahmte den Lama nach. Bei Stockungen an schwierigen Stellen wurde ihm nachsichtig Hilfe zuteil.

Zum Schlafen lud uns der Lama in die *gomba* ein. Das ist eine große Ehre. Sein Lager war neben dem Fenster. Für uns beide hatte er mitten im Raum Decken ausgelegt und Kissen bereitet, die Kopfenden Guru Rinpoche zugewandt. Der Hund scharrte im Vorraum ein wenig, dann hörte man nur noch den Wind um die *gomba* streichen. Ich empfand ein ähnliches Geborgenheitsgefühl wie drunten im Haus der Totenwache: der Sakralraum, die in winterlicher Einsamkeit in diesem Erdenwinkel liegende *gomba*, Ang Chhopal neben mir, der Lama, der Hund vor der Tür, die Nacht, die dem Schlaf gehört. Zum Rauschen des Windes im Dachgebälk und in den Wacholderbäumen gesellte sich bald das Schnarchen des Lama, Stunde um Stunde. Er wachte auch nicht auf, wenn Ang Chhopal und ich mal hinaus mussten und die knarrenden Flügel der schweren Holztüre bewegten. Gegen fünf Uhr weckte uns das laute Beten des Lama begleitet von Trommel und Handglocke. Er sprach das Morgengebet:

„Voll Mitleid blickt Guru Rinpoche auf seine Söhne. Er gibt ihnen die Weisungen der Güte und Mildtätigkeit und bittet, die folgenden Worte zu hören: 'Meine Söhne, schlaft nicht, schlaft nicht und erhebt euch von eurem Lager. Es ist die Zeit des Morgengebets. Lasst ab von der Leidenschaft für Lässig-

---

[43] Dowman Keith, Der heilige Narr. Das liederliche Leben und die lästerlichen Gesänge des tantrischen Meisters Drugpa Künleg, München 1980, 23.

keit und behagliches Ruhen. Erweckt euch selbst aus dem Schlaf der Un-wissenheit und entwickelt die Kraft eures leuchtenden Geistes ... Hört das Dröhnen der Trommeln und das Tönen der Glocken und achtet auf den Klang und die Bedeutung ihrer Gesänge, in denen euch Belehrungen erteilt werden. Setzt das große Boot der Tat im Geiste der Wahrheit in das Meer des Elends und der Trübsal dieser Welt. Seid bestrebt, das große Sein des absoluten Zieles zu erlangen, indem ihr Körper und Geist in eurer Gewalt habt ... Leuchtet mit dem Licht eures Geistes in die unerforschte Dunkelheit des Nichtwissens ... Seid rücksichtsvoll und übt die geistige Entfaltung des Mitleids und der Liebe zu allen armen Lebewesen. Zu allen sechs Arten von Lebewesen sollt ihr eine tiefe Liebe haben wie eine gute Mutter zu ihren Kindern ... Kostbarer Edelstein, Guru Rinpoche, ich habe nur Dich, zu dem ich beten kann. Ich bitte Dich, sieh gütig auf mich herab in diesem sowie dem zukünftigen Leben und im Bardo, ohne Dich jemals von mir zu trennen. Beschütze mich und hilf mir, die Hindernisse zu überwinden und führe mei-nen Weg zur Wahrheit."[44]

Die aufgehende Sonne tauchte den Glück-Wasser-Platz in den Glanz der frisch verschneiten Winterlandschaft, die im Nordwesten gekrönt wurde durch die Kette der Sechstausender Numbur, Karyolung und Khatang. Voller Stolz und Freude betrachtete der Lama „seine" *gomba* und zeigte mir die beste Stelle, sie zu photographieren. Dann führte er uns in eine kleine Werkstatt, eine lichte Stube über dem Hauptraum, wo er Götterfiguren aus Lehm formte und *thangkas* malte. Eine soeben fertig gestellte brachte er an die Sonne und bat mich, sie zu photographieren und ihm davon eine Vergrößerung zu schicken.

Die Zeit am Glück-Wasser-Platz hatte uns gut getan. Wir hatten irgendwie Kraft gewonnen, so dass uns das Laufen durch den tiefen Schnee zum Kaldangma-Pass hinauf gar nicht mühsam erschien. Oben angekommen saßen wir lange nebeneinander und blickten in die halbweiße und halbgrüne Welt hinaus. Nur die höheren Hügelketten hatte der Wettersturz in Weiß gehüllt. Wir sprachen über den Lama.

„Der hat zwei Frauen und trinkt *rakshi* und *chhang*, aber rauchen sollte ein Lama nicht", sagte Ang Chhopal und fuhr fort: „Er hat sich Verdienste erworben, denn zusammen mit den Sherpa hat er sieben Monate die Figur des Guru Rinpoche in der *gomba* bemalt, die zwei Künstler aus Tibet geformt hatten, und er schaut nach der *gomba* und führt die Zeremonien aus; außerdem lehrt er die Jungen. Ich habe auch schon manchmal unten, wo meine Mutter lebt, die Zere-

---

[44] Nach Funke Friedrich W., Religiöses Leben der Sherpa. Khumbu Himal 9, Innsbruck-München 1969, 281.

monien ausgeführt, wenn mein Bruder nicht da war. Jetzt habe ich vieles vergessen. Ich müsste ein Jahr lang wieder lernen, Lama-Studieren hört nie auf."

„Wie kommt es eigentlich, dass manche Lama verheiratet sind, andere nicht?", fragte ich.

„Wir Sherpa gehören zur alten buddhistischen Schule, *nyingmapa.* Demgemäß konnten die Sherpa-Lama immer schon heiraten. Erst viel später, durch den großen tibetischen Lama Tsong Khapa, den Gründer der *gelukpa*-Schule, bekam das mönchische Leben eine ganz große Bedeutung. Bei uns hier im Sherpa-Land entstanden erst seit den zwanziger Jahren nach eurem Kalender *gombas* mit Äbten und Mönchen, die das Gelübde des Zölibats ablegen. Die bedeutendsten Klöster sind Thengpoche und Thame im Khumbu. Für die Gelübde und wichtigsten geistigen Übungen mussten die Mönche bis vor kurzem, bevor die Chinesen Tibet besetzten, nach Rongphu in Tibet hinter dem Everest. Im Thame-Kloster wohnen auch verheiratete Mönche zusammen mit unverheirateten. Die verheirateten Mönche haben einen niedrigeren Rang im Kloster. Es gibt noch andere kleinere Klöster im Solu-Gebiet. Die meisten wurden von Tibetern gegründet. Manche werden von Sherpa-Äbten geleitet, die früher in tibetischen Klöstern lebten. Viele Mönche und Nonnen nutzen ein Kloster für ihre schulische Ausbildung und verlassen es nach einiger Zeit wieder, um zu heiraten. Sie kommen meist aus wohlhabenden Familien, welche die Nahrungsmittel für den Klosteraufenthalt bereitstellen. Ist anzunehmen, dass ein Kind ganz im Kloster bleiben wird, übergeben die Eltern einen Teil des Besitzes an das Kind, den es gewöhnlich dann verkauft. Es verleiht das Geld und lebt von den Zinsen im Kloster. Unsere traditionellen Sherpa-Lama sind verheiratet und leben nicht im Kloster. Es ist ihre Aufgabe, die religiösen Texte zu lesen und die Zeremonien für das Dorf durchzuführen. Dafür bekommen sie etwas Geld, Stoffe und Lebensmittel. Sie wohnen bei der *gomba*, die für das Dorf der Mittelpunkt ist und bewirtschaften eigene Felder. Sie haben keine Gelübde abgelegt, außer sie waren vorher Mönche. Es ist nur wichtig, dass sie gelernt haben, wie man die Gebete liest und die Zeremonien ausführt, so wie ich es schon ganz gut konnte. Ein Sherpa-Lama hat keinen Abt über sich und wird auch nicht offiziell von irgendjemand ernannt. Oft vererbt ein Lama sein Amt an seinen Sohn, den er unterrichtet hat."

„Wie ist das, führen auch die Mönche Gebete und Zeremonien für die Dorfgemeinschaft durch?", fragte ich.

„Ja. Manche Leute sagen, die Mönche kümmerten sich nur um ihre eigene Vervollkommnung. Das stimmt aber so nicht, denn die eigene Vervollkommnung schließt Sorge um die Mitmenschen ein und die Mönche beten z.B. im März zehn Tage lang für das Land, die Menschen und den König. Die richtige Durchführung der Feste ist für uns alle wichtig. Und Mönche werden auch immer wieder von den Leuten gerufen, vor allem, wenn jemand gestorben ist, um zusammen mit dem Dorf-Lama aus dem Totenbuch zu lesen, wie sie es vorgestern für meinen Onkel taten.[45] Andere Leute sagen, die Mönche hätten es leichter als die Dorf-Lamas, denn sie arbeiten nicht auf den Feldern und müssen keine Familien ernähren. Ich weiß nicht, wer recht hat."

„Es gibt auch Lamini."

„Ja, aber nur die Nonnen im Kloster werden so genannt. Sie leben wie die Mönche und führen auch in den Häusern, zu denen sie gerufen werden, die *Bardo*-Gebete und Zeremonien aus, wenn jemand gestorben ist. Aber Dorf-Lamini, die die gleichen Aufgaben wie ein Dorf-Lama haben, gibt es nicht. Diejenigen Frauen, die ihr Haar abgeschnitten haben und wie Lamini gekleidet sind, nennen wir *ani*. Sie sind unverheiratet, werden aber nicht in einem Kloster aufgenommen, weil sie aus sehr armen Familien stammen und deshalb im Kloster nicht für ihren Lebensunterhalt aufkommen können oder weil sie nicht in der Lage sind, lesen zu lernen. Sie helfen Verwandten im Haushalt und auf den Feldern und bekommen dafür, was man so braucht. Wann kommst du wieder nach Kharikhola, *dai*?"

„Ich denke, in zwei Monaten mit einer Trekkinggruppe. Warum fragst du?"

„Wegen der versprochenen Fotos für den Lama."

Rückblick

Spät am Nachmittag erreichten wir das weit auseinander gezogene Dorf Chechewa. An einem kleinen Haus sahen wir zwei Frauen.

„Können wir hier übernachten?"

„Eigentlich schon, aber wir sind allein. Die Männer sind nicht da."

„Wo bekommen wir Quartier? Dort unten beim Nachbarn?"

„Nein, da können Sie nicht hin, die haben gerade Wanzen im Haus!"

„Wird es beim Bürgermeister gehen?"

„Bei dem ist außer den Frauen auch niemand da. Aber gehen Sie zum Haus

---

[45] Lama Anagarika Govinda (Der Weg der weissen Wolken, 246) schreibt dazu: „... nach buddhistischer Anschauung ist das seelische Gleichgewicht die Voraussetzung aller Erleuchtung. Weder die reine Erkenntnis noch die reine Güte führen zur Erlösung ... Nur wo Herz und Hirn vereint sind, kann wahre Befreiung erlangt werden ... Weisheit, Erkenntnis, Wissen und das Mittel zur Verwirklichung des Erkannten, nämlich tätige Nächstenliebe und Barmherzigkeit, müssen sich die Waage halten." Vgl. Fürer-Haimendorf, The Sherpas of Nepal, 126-174; Funke, Religiöses Leben der Sherpa, 88-93; Paul Robert, The Sherpas of Nepal in the Tibetan Cultural Context. The Tibetan symbolic World: A psychoanalytic Exploration, Delhi 1989, 83-96; Ortner, Sherpas through their Rituals, 136, 182.

seines jüngeren Bruders!"
„Gut. Wie weit ist es dorthin? Werden wir es schaffen?"
„Ja, ja."
„Danke und lebt wohl!"
„Aber dort sind vier Hunde. Unser Haus hier liegt am Weg. Es wird schon dunkel. So übernachten Sie doch lieber hier! Ja, unser Haus steht am Weg, und es ist gutes *karma*, wenn wir Sie einlassen. Übernachten Sie hier! Auf der Veranda ist Platz." Die Feuerstelle im einzigen Raum des Häuschens benötigten die beiden Frauen zum Zubereiten ihres Hirsebreis. Wir kochten auf unserem Gaskocher Tee, Reis, Gemüse, dann Kaffee und boten ihnen von unserem Essen und den Getränken an. Doch sie winkten ab:

„Wir trinken Wasser, und der *diro* ist schon gut für uns."

Anderntags schlugen wir die Richtung auf den Straßenkopf in Jiri ein, von wo Busse nach Kathmandu fahren. Dabei entschlossen wir uns zu einem Umweg über die beiden 4000 Meter hohen Pike-Gipfel. Doch zunächst tapsten wir in zwei weitere Fallen: Wir trafen einen Neffen und dann die Nichte von Ang Chhopal, die in Salleri ein Restaurant betrieb und uns drängte, ihren Apfelschnaps zu genießen. Wieder erfuhren wir die Freude und Bürde des sozialen Netzwerks, in dem die Nepali leben.

Von Salleri gelangten wir durch dichten Bergwald über den Sondung-Pass in den weiten Talkessel von Gorakhani und stiegen dann hinauf in knietiefem Schnee in die Einsamkeit der beiden Pike-Gipfel. Auf dem höheren flatterten an aufgerichteten Stangen befestigte Gebetsfähnchen. Die Sherpa aus der Umgebung verehren hier im Frühsommer die Berggottheit *yüllha* und beten um Schutz gegen Krankheiten von Menschen und Tieren.[46]

Je höher wir stiegen, desto stärker blies der Sturm aus klarem Himmel. Als wir gebückt den Gipfel erreichten, prallte ich fast zurück: Eine unfassbar schöne Aussicht auf die Himalayakette vom Dhaulagiri, der Annapurna, dem Manaslu im Westen bis zum Kangchendzönga im Osten war uns gewährt. Kein Wölkchen, kein Dunst hinderte das glücklich schweifende Auge. Im Zentrum des Prachtwalls standen in eisiger Klarheit Shisha Pangma, Gaurisankar, Numbur, Karyolung, Cho Oyu, Everest, Lhotse, Makalu, Mera und Naulekh. Ich dachte an so manche Abenteuer in diesen Höhen und an die vielen Erlebnisse in den Tälern, wo ich so oft unterwegs gewesen war. Jede Falte der vor uns liegenden Welt erkannte Ang Chhopal von unserer hohen Warte aus. Und gemeinsam suchten und fanden wir die Stationen unseres zurückliegenden Weges: Rumjatar, wo wir dem Flugzeug entstiegen waren; die Brahmanenfamilie am Dudh Koshi-Fluß, die uns ihr Essen überließ; Chitre, wo die alte

---

[46] Vgl. Funke, Religiöses Leben der Sherpa, 74-76.

Frau auf der Hochweide uns ihre Feuerstelle lieh; Rok mit dem Überlebensex-
perten und seinen neun Kindern; hoch oben jenseits der Hongu- und Hinku-
Furchen Taptil, wo die Raini auf sich gestellt ihren kranken Mann, acht Kinder
und das Vieh neben der Feldarbeit versorgte; dann Kharikhola mit der wachenden Gemeinschaft im Haus des verstorbenen Onkels von Ang Chhopal; oberhalb die *gomba* mit seiner alten Mutter; in Pangkongma der Chhetri-Lehrer in
der Sherpa-Gemeinschaft und die *gomba* mit dem gastfreundlichen und groß-
zügigen Lama; die beiden Frauen am Weg in Chechewa, die uns vor bissigen
Hunden und lästigen Wanzen bewahrten ... Wie viel hatten wir doch erlebt in
diesen zwei Wochen Unterwegssein, wie viel Unverfälschtes und Ursprüngli-
ches hatten wir gesehen, wie vielen Lebenswegen waren wir begegnet! Wie
würden sie weiterverlaufen?

Während ich photographierte, richtete Ang Chhopal den längsten der umge-
fallenen Stämme auf und schichtete Felsbrocken um ihn herum. Sogleich flatterten die Gebetsfähnchen im Wind. Ang Chhopal sprach dreimal das Glücksgebet:

„Die Freunde, die mit uns suchen (sangha),
Der Weg, der deutlich vor uns liegt (dharma),
Und das Ziel, das es zu erreichen gilt (buddha):
Mögen uns die drei Kostbarkeiten Glück bringen."

„Ich war sehr stolz auf ihn. Was konnte mir mit einem Begleiter wie ihm – der
seinen Weg nicht nur durch die Labyrinthe des Eises, sondern auch durch die
der Seele fand – geschehen?"[47] Ang Chhopal war glücklich: Nach der langen
Zeit in Kathmandu hatte er wieder mal seine Mutter gesehen; er war in der
Heimat gewesen und hatte sie seinem Freund gezeigt.

---

[47] So schrieb der Weltreisende, Bergsteiger und Schriftsteller Herbert Tichy (Land der namenlosen Berge. Erste Durchquerung Westnepals, 2. Aufl., Wien 2009, 108) über Pasang
Sherpa, seinen Partner auf vielen Touren. Tichy war mit Pasang – auch er hatte die Studien
zum Lama betrieben – ähnlich freundschaftlich verbunden wie ich mit Ang Chhopal. Herbert Tichy, Pasang Sherpa und Sepp Jöchler war 1954 die Erstbesteigung des Achttausenders Cho Oyu gelungen.

Beyul – Kraft im Verborgen

(1988)

„In jener Zeit opferte Indra, der König der Götter, Avalokitesvara und Drolma 500 Blumen. Einige Blumen fielen auf ihre Herzen, die anderen flogen durch den Himmel davon. Da fragte Indra die beiden: ,Warum sind meine Blumen weggeflogen?' Sie antworteten: ,Höre, Indra, die Blumen werden auf die Erde fallen. Wo immer sie hinfallen, dort wird unsere Lehre Anhängerschaft finden. Eine Blume wird auf einen Ort fallen, der die Schwelle ist, um ins Dewachen zu gehen. "

Guru Rinpoche nach Johan Reinhard, Khembalung: The Hidden Valley

„Zum Sitzen ließen wir uns beide nieder,
Gewandt nach Osten, wo wir hergestiegen;
Denn Rückwärtsschauen pflegt uns Mut zu geben. "

Dante, Divina Commedia

Rückbesinnung: der neunte Tag

Auch die zweite unserer drei Taschenlampen versagte nun ihren Dienst. Es war kurz vor Mitternacht. Ang Dawa Sherpa, Ganesh Bahadur, mein Bruder Wolfi und ich steckten in einem steilen, völlig verfilzten Urwald südlich des Siebentausenders Chamlang in Ostnepal halbwegs zwischen einem Seitenbach des Sankhuwa Khola und einer Felsbarriere weit über uns. Dort oben warteten Dietlinde, Kusam Sherpa, Dawa Sherpa und Ang Dorje Sherpa seit Stunden auf uns. Krampfhaft hielten wir die zwei Wasserkanister fest. Über uns die dichte, noch grüne Krone eines umgestürzten Baumes, links und rechts sta-

chelbewehrtes Gebüsch, eisenharte Lianenschnüre, Brennnesseln und scharf-
blättrige Bambusstängel. Undurchdringlich! Unsere schmierig-klebrigen Hände zeugten von den vielen blutenden Kratzern an Gesicht und Armen, die wir
immer wieder von Zweigen und juckenden Pflanzen befreien mussten. Der
Blutegel erwehrten wir und schon lange nicht mehr. Und ich hatte doch zum
Wasserholen eigens eine direkte, vom Felsriegel abfallende Rinne gewählt, um
in der bewölkten, mondlosen Nacht des Rückwegs sicher sein zu können und
um eventuell schon in der Rinne Wasser zu finden, so dass wir nicht ganz bis
zum Bach hinunter müssten. Im Abstieg hatten wir moderne Baumstämme
aus der Balance und zum Absturz gebracht, waren sitzend über Steilstufen ab-
gerutscht oder hatten uns mit Hilfe von Schlinggewächsen und Bambusstauden
wie Affen einfach auf die federnden und verfilzten Dächer von Büschen und
Bäumen hinuntergelassen, von einer Ebene auf die nächste. Doch was jetzt?
Wo war die Rinne? Ang Dawa schlug mit dem *khukri*, dem schweren nepalischen Haumesser, durch das Gestrüpp einen Tunnel schräg aufwärts, dem wir
kriechend folgten. Als wir die sperrende, mächtige Felsbarriere erreichten,
wussten wir endgültig, dass wir den Abstiegsweg verfehlt hatten, aber auch,
dass über dem Hindernis unser Lagerplatz mit den Wartenden sein musste. Wir
verharrten in Stille, um ihre Stimmen zuhören. Da, scharfe Pfiffe von oben!
Wir fanden einen Schlupf durch die bemooste Felswand und übergaben die
zwei Wasserkanister unserem Koch, der sogleich mit dem Zubereiten des
„Abendessens" begann – in der ersten Stunde des neuen Tages.

Wir waren gestern 17 Stunden unterwegs gewesen. Vom unbewohnten,
weiten Quellgebiet des Sankhuwa Khola kommend hatten wir eine Art Pfad
entlang seiner Ufer entdeckt. Sie waren von Märchenwäldern aus Rhododen-
ren gesäumt, die in Gelb, Rot und Lila blühten und offensichtlich untereinander in Schönheitswettbewerben standen. Im Überschwang ihrer Kraft schlossen
sie immer wieder den schmalen Pfad, der von Hirten einmal angelegt worden
war. Am Nachmittag dann hatten wir uns durch einen großen Bambuswald
hinuntergetastet. Er war so dicht, dass wir den steilen Pfad nach links oder
rechts nicht verlassen und damit uns auch nicht verlaufen konnten. Mit ihren
khukris hatten Hirten die Gasse geschlagen. Tausendfach bedrohten uns die aus
dem Boden ragenden scharfen Stoppeln der gefällten Rohre. Dann Dunkelheit,
der Felsüberhang, unser Lager, kein Wasser. Doch jetzt, Trinken, Essen, Ruhen
unter dem Urwalddach. Der Tiefschlaf legte gütig seine Decke über das Brennen im Gesicht, über die schmerzenden Muskeln und die juckenden Blutegel-
bisse an Armen und Beinen.

Vom „verborgenen Tal", unserem Ziel, hatten wir durch die Zeitschrift
„Kailash" erfahren, in der Forschungsergebnisse aus dem Himalaya-Raum veröf-
fentlicht wurden. Ein Aufsatz hieß „Khembalung: The Hidden Valley" des An-

thropologen Johan Reinhard. Es handelt sich dabei um die kommentierte Übersetzung tibetischer Texte, die im Kloster Tengboche südlich des Everest und bei
einem Lama von Shedua am oberen Arun-Fluss liegen. Die folgenden kursiv ge-
druckten Zitate sind daraus entnommen. Dort heißt es: Als sich König Thisong
Detsen besorgt ob der Zukunft an Guru Rinpoche wandte, ermunterte ihn dieser,
sich auf den Weg zu machen: *„Östlich der Khumbu-Schneeberge liegt das verborgene Tal ..., das dem Devachen gleicht.*"[48]

Guru Rinpoche hatte den Buddhismus im achten Jahrhundert nach Tibet
gebracht und an vielen Orten, in „verborgenen Tälern", *khenbalung, beyul*[49],
Buddhas Lehren versteckt, so dass sie in Zeiten großer Not den dorthin Flüchtenden wieder Richtung weisen und Kraft verleihen würden. Einem solchen
beyul galt vor neun Tagen unser Besuch.[50] War der große Lehrer auf unserem
Weg gewandert? Hatte er auch an unserem Felsüberhang gerastet? Weilte er im
oberen Sankhuwa-Becken, ehe er weiter über den hohen Grat zwischen den tiefen Schluchten ging, um ins Verborgene Tal zu gelangen, oder war es ihm
dank seiner magischen Kräfte ganz leicht gefallen, den Himalaya und die Grate, Wälder und Bäche zu seinen Füßen im Fluge zu überwinden? Wir fehlende,
im Kreisen des Lebensrades gefangene Menschen jedenfalls mussten zu Fuß
Meter um Meter der Wildnis durchmessen mit Muskelkraft, Ausdauer, Willensstärke, Spürsinn und ungeteilter Aufmerksamkeit.

Rückbesinnung: der achte Tag

„Eine Felswand gleich einem Vorhang ..."

Ratlos. Wie ein an Hospitalismus leidender Zoobär entlang seiner Gitterstäbe
so lief ich an der Kante des wohl 200 Meter hohen Felsabbruchs hin und her,
um eine Möglichkeit zu finden, hinunter zum Sankhuwa Khola zu gelangen.
Auch Ang Dawa und Dietlinde waren unterwegs und suchten nach einem
Durchlass. Doch vergebens. Dabei waren wir an diesem klaren Morgen so voller Hoffnung und Freude von der in gleißendem Neuschnee liegenden
Hochalm aufgebrochen. Es war ein Morgen, der uns eine Stunde Sonnenschein

---

[48] *deva* = Gott, göttlich; *chan, chen* = Ort, Wohnung.
[49] *khenpa* = ein spezielles Gras; *lung* = Tal; *be* = verborgen; *yul* = Land.
[50] Hildegard Diemberger (Gangla Tshechu, Beyul Khenbalung. Pilgrimage to hidden Valleys, sacred Mountains and Springs of Live Water in Southern Tibet and Eastern Nepal, in:
Ramble Charles/Brauen Martin, Anthropology of Tibet and the Himalaya, Zürich 1993) interpretiert einen in Tibet (im Khartatal) aufgefundenen Text, demgemäß das Khartatal und
das ganze obere Arungebiet *beyuls* sind.

beschert und das Gefühl vermittelt hatte, als wären wir die Auserwählten, die von der Pracht des Himalaya am ersten Tag seiner Erschaffung Zeugnis ablegen durften. Chamlang, Makalu und ein namenloser, tollkühn in den Himmel ragender Gipfel nahe bei unserem Lagerplatz waren in frisches Weiß gehüllt, das nur an ihren steilsten Stellen keinen Halt hatte finden können – „ein Anblick, so schön, dass er weh tat", wie eine Trekkerin im Lamjung-Himal einmal sagte, als wir dort einen ähnlichen Morgen erlebten. Hier gingen die Gedanken besonders hinüber zur Berggottheit „*Sura Rakye, der mächtigen Beschützerin und östlichen Torwächterin von Khembalung ... Am östlichen Tor ist ein Berg, der dem Sattel eines Pferdes gleicht.*"

Gemeint ist der Achttausender Makalu. An ihm durften wir 1978 so aufregende wie glückliche Bergsteigerwochen erleben.[51] Von Westen aus gesehen haben Makalu und Kangchungtse (Makalu II) tatsächlich die Form eines riesigen Sattels, wobei der Achttausender den Knauf bildet und der Siebentausender den hinteren Sattelrand. Und wir hatten damals auf dem tiefsten Punkt des Sattels in 7400 Metern Höhe eines unserer Lager aufgestellt und viele Stunden dort mit den „Geistern der Luft"[52] verbracht, welchen es mühelos gelungen war, uns in verschiedenen Weisen ihre Macht und Gunst zu zeigen: als Rasende im Myriaden von Eiskristallen peitschenden Sturm, als Ruhende in der Sonnenhitze, die uns fast betäubte und lähmte, und als Sanfte, die an manchen Tagen mit ihren Nebelschleiern alles verklärend umhüllten und sie abends zurückzogen, um den nächtlichen Sternenhimmel zu öffnen, der nirgends so klar ist wie in diesen Höhen. Wir spürten die Kraft dieses Berges, ohne damals um seine spirituelle Bedeutung zu wissen. Irgendwie merkten wir, dass da etwas Besonderes um den Makalu und die ihn umgebende Wildnis sein muss. An seinem Fuß fragte Kurt Diemberger: „Das Tal des Friedens hinter dem letzten Berg – gibt es das?"[53] Und wir waren ihm damals so nahe, wussten es nur nicht ...

Bewölkung war wieder aufgezogen und hatte den Horizont verschluckt. Doch sie hinderte nicht unsere Sicht auf das vor uns liegende Gelände. Oberhalb der Alm hatten wir einen hohen Bergrücken überquert und von dort mit staunendem Schauder in die Tiefe der Schlucht des Sankhuwa Khola geblickt, zu der wir strebten. Zwischen ihr und dem Felsriegel lockten sanft abfallende Schneehänge und schließlich Buschwerk auf grünen Wiesen. Die von vielen schlängelnden Bächlein genährten Matten schienen so nahe, doch wie sie errei-

---

[51] Siehe Warth, Makalu.
[52] „Nur die Geister der Luft wissen, was mir begegnet hinter den Bergen – aber dennoch fahre ich mit meinen Hunden weiter vorwärts, weiter vorwärts." – Spruch der Eskimos zitiert von Kurt Diemberger, Teilnehmer unserer Makalu-Expedition von 1978 in seinem Buch Gipfel und Geheimnisse, München 1991, 6.
[53] Ebd., 6.

chen, um das Verlangen nach Gras, Trockenheit und einem Holzfeuer stillen zu können, nachdem wir vier Tage lang bei fast ununterbrochenem Schneefall in wassergesättigtem Schneemus gewatet waren?

Ang Dawa und Dietlinde kamen zurück. Sie hatten ein ausgesetztes Steiglein gefunden.

„Der Weg scheint hinunter zu führen", sagten sie, „aber er ist von Wassereis überzogen; wenn wir ihn versuchen, dann müssen wir mit unserem langen Seil sichern, damit keiner über die Kante saust. Aber wird das überhaupt mit den schweren Körben auf dem Rücken möglich sein?"

Ich stieg zurück, weit den Schneehang wieder hinauf, um von oben einen besseren Überblick zu gewinnen. Da entdeckte ich zur Linken einen riesigen Spalt, der in das schwarze Bollwerk geschlagen war! Im Grund der Kluft ein Schneeband. Es war eingezwängt durch 30-40 Meter hohe, vor Nässe triefende Felsen und führte geradewegs hinunter. Seine Neigung stand in wesentlich besserem Verhältnis zu unseren beschränkten Mutreserven als das Eissteiglein. Die Kühneren von uns vertrauten sich alleine dem 80-Meter-Seil an, das wir zweimal spannten, die anderen nutzten Ang Dawa oder mich als vorsteigenden Prellbock für den Fall eines Falles. Niemand fiel, auch kein Korb, kein Rucksack, und einige Stunden später war der in Nebelnässe und Schneegestöber geborene Traum von Lagerleben im Grünen Wirklichkeit geworden auf einer Lichtung im wundervoll blühenden Rhododendron-Wald. Wie hatte damals Guru Rinpoche dieses Felswehr gemeistert? War er allein oder hatte er Gefährten, die ihm auf den Weg behilflich waren und all das trugen, was er in der Höhle versteckte?

Rückbesinnung: der siebente bis dritte Tag

„Zum Überqueren von Flüssen und Felsen gibt es keinen direkten Weg."

„Bhirkuna (Schluchtecke), wenn wir die hinter uns haben, dann wird der Weg leicht", hatte Dawa Sherpa gemeint, nachdem wir nun schon seit drei Tagen auf einem hohen, nordwärts gerichteten Bergrücken marschiert waren, mal links, mal rechts der Scheitelhöhe, oft zwischen kühn geformten Felstürmen und mächtigen Granitbastionen hindurch – so manche würden in den Alpen klangvolle Namen tragen –, auf mit Nassschnee gefüllten Rinnen und geröllübersäten Bachbetten, durch Felder von Alpenrosen und über angetaute, schmierige Grasflächen. Dann entlang am weltentrückten *eklei pokhari*, „Allein-See", auf den ein Graupelschauer klimpernd niederging, jedes Eiskorn einen kurzlebigen Wasserkelch aufwerfend, und zu den übereinander liegenden

tin pokhari, den „Drei Seen", die wie Brunnenschalen einander Wasser spendeten. Bei ihnen hatten wir einen ebenen Platz für unsere Zelte gefunden.

Wenn es Nebel und Wolken beliebte, war uns gelegentlich ein Blick ins tief unter uns liegende Tal gewährt, das, wie Kusam und Dawa meinten, man nicht direkt vom Arun aus erreichen könne, indem man etwa dem Sturzbach folgte, der in ihn mündet, *„denn dort ist ein tiefes, enges mit Dschungel gefülltes Tal"*, sondern nur über einen der beiden hohen Grate, die es umschließen. Wohl 2000 Meter unter uns lag diese herrliche Einsamkeit: ein weites, im mittleren Teil fast eben wirkendes Tal, geschmückt mit mäandernden Bächlein zwischen Waldflecken. Von unserer hohen Warte blickten wir in das Quellgebiet des Choyang Khola zu Füßen des Siebentausenders Chamlang. Wir sahen einen großen runden See und einen länglichen, eingefasst von Tannen. In ihm wohne ein Ungeheuer, eine baumdicke Schlange, sagten Kusam und Dawa, die alles verschlinge, was ihr zu nahe komme. Etwa 500 Meter über dem Talboden erkannten wir in der zum Chamlang hinaufziehenden Felswand eine gewaltige Einbuchtung, die einem gemütlichen Riesen-Lehnstuhl mit Armstützen glich. Dort hätten einmal 1000 Tibeter in einem Krieg mit ihren chinesischen Nachbarn Zuflucht gefunden. Es gäbe einen geheimen Tunnel bis zum *beyul*, das wir aufgesucht hatten, und durch ihn hätten die Lamas des *beyul* die Tibeter mit Nahrung versorgt. Kusam erzählte, vor der Zufluchtsstätte sei auch Gerste gewachsen. Die Flüchtlinge ernteten soviel sie brauchten, und sie wuchs immer wieder nach. Doch aus Gier schnitten sie eines Tages alle Gerste auf einmal um, worauf nichts mehr wuchs. Daraufhin töteten sie ein Yak, das in der Nähe graste und aßen sein Fleisch. Alle wurden krank und starben. Ihre Knochen könne man heute noch sehen.[54]

Die Wildnis am Chamlang war voller Leben: Bäche, Seen, Wälder, Almweiden, Schluchten, Grate, Berge unter Schnee und Regen, Sonne, Wind und Wolken. Und sie war voller Geschichten, entstanden aus Erlebtem, Erfühltem, Erdachtem und gewachsen aus Ehrfurcht und Furcht vor den Mächten, die dem Menschen überlegen sind: *„Du sollst die Geister nicht stören, die im Wald und auf den Feldern leben"*, mahnt Guru Rinpoche. Diese Wildnis glich einer Märchenfee, die lockte, sich verbarg, entschwand, sich wieder zeigte, mit ihrer Schönheit kokettierte und reizte. Auf ihr strahlendes Haupt, den Chamlang, war uns nur ein kurzer Blick erlaubt. Wir hatten am *lamini dhunga*, „Stein der Lamini", dem ersten Höhepunkt des Grates, im Schutz eines mächtigen Fels-

---

[54] Diese Geschichte ist in ähnlicher Form wiedergegeben in Daniggelis Ephrosine, Hidden Wealth. The Survival Strategy of foraging Farmers in the Upper Arun Valley, Eastern Nepal, Kathmandu 1997, 111 f.. Die Botschaft ist klar: Der Mensch sollte der Natur nur entnehmen, was er zum Lebensunterhalt braucht, denn die Ressourcen sind beschränkt.

überhangs genächtigt, als sich am Morgen der Berg zeigte. Wie neugeboren aus den Schneewolken der Nacht wärmte sich die Fee in der Morgensonne. Über ihr ein tiefblauer Himmel. An ihre Schultern schmiegten sich Nebelschleier, die aus den Wäldern emporstiegen, und davor, ganz nahe bei uns, atmeten tiefrote, mit Millionen Wasserperlen geschmückte Rhododendren-Büsche ihren Duft aus. Hinter- und Vordergrund verschmolzen zur Einheit, so dass sich das Blütenband als Schmuck der Chamlang-Fee um den Hals legte. Schönheit und Harmonie sind offensichtlich etwas Ganzheitliches, Gleichzeitiges und lassen sich nicht in Raum- und Zeitabschnitte teilen. „Was waren wir doch für glückliche Menschen, hier auf geradem Weg zu geheimnisvollen, nie erforschten Höhen, allein in der Stille. Wir 'schmeckten die Süße der Einsamkeit und Ruhe', wie es in den buddhistischen Schriften heißt."[55] Da steht man staunend mit Goethes Bitte auf den Lippen „Verweile doch, du bist so schön!". Doch sie blieb unerfüllt. Hinter Nebelvorhängen entschwand die Fee und ließ uns allein, „angeweht vom Geheimnis, das im Kern aller Schönheit ruht"[56].

Es war als hätte uns die Fee immer weiter gelockt trotz all der Beschwernisse des Weges, der selten einer war. Meistens bestand er aus kaum zu erkennenden Trittspuren der Herden, die hier oben gelegentlich weiden. Die Pfade verzweigten sich immer wieder, um sich dann in Rhododendren-Gebüsch und in Gras- und Geröllflächen zu verlieren. Schließlich verschwanden alle Spuren unter einer geschlossenen Schneedecke. Und jetzt im Nebel standen wir hier an der Schluchtecke, *bhirkuna!* Das Wort *bhir* ist für Himalaya-Erfahrene wie ein großes warnendes Ausrufezeichen. Wir mussten versuchen, die Schlucht mit unserem langen Bergseil zu überlisten. Der Hang brach steil über eine Felsstufe ab. Breite Lawinenbahnen zu ihren Füßen! Was tun nach dem vielen Neuschnee der letzten Nacht? Ausschwärmen der Kundschafter, Frieren der Wartenden, Bangen aller: Umkehr? Aber Guru Rinpoche hatte doch auch den Weg gefunden, als er unterwegs war ins Verborgene Tal. Also Weitersuchen im knie- und manchmal hüfttiefen Nass-Schnee. Geduld und unser Vertrauen in den Weg des großen Vorgängers wurden schließlich belohnt. Wir fanden eine abwärts leitende Rinne, die wir am gespannten Bergseil bewältigten.

---

[55] David-Neel Alexandra, Arjopa, in: Kirch Joelle, Himalaya. Trekking-Erzählungen aus Tibet, Nepal und Ladakh, München 1986, 64.
[56] Hilton James, Der verlorene Horizont. Ein utopisches Abenteuer irgendwo in Tibet, Frankfurt 1988, 88.

Rückbesinnung: der zweite Tag

„Von dieser Höhe siehst du das verborgene Tal wie in einem Spiegel."

Der *lamini dhunga*, hoch über dem Verborgenen Tal, hatte uns das Chamlang-Erlebnis beschert. Auf dem Felsen stand eine dick bemooste *Mani*-Mauer, was uns verwunderte, da solche zu Gebet mahnende Mauern gewöhnlich an viel begangenen Wegstrecken errichtet werden. Doch hier kamen nur selten Leute vorbei. Kusam und Dawa wussten, warum sie sich hier befand, sie kannten die Geschichte: Es wohnten einmal zwei Lama mit ihren Frauen unter dem Felsüberhang. Eines Tages war ihnen das Essen ausgegangen. So stiegen die beiden Männer hinunter, um Nahrungsmittel zu beschaffen. Als sie zurückkamen, hatten *yetis* ihre Frauen getötet. Zum Gedenken bauten die Lamas die *Mani*-Mauer.

Dort die Pracht des Chamlang und hier die *Mani*-Mauer, die an Schreckliches erinnert. Der Ort war wie ein Symbol. Schönes und Hässliches, Gutes und Böses existieren für Hindus und Buddhisten nebeneinander, stehen in Konflikt zwar, werden aber als gegebene Wirklichkeit anerkannt und respektiert. Viele Gottheiten tragen in sich aufbauende und zerstörerische Kräfte, sind selbst Symbole ganzheitlicher Weltsicht: Das Böse drückt auf die Speichen des Lebensrades und bewegt es, das Gute wird es irgendeinmal zum Stillstand bringen. Das Böse ist aber nicht etwas vom Menschen Unabhängiges, sondern das, was seine unkontrollierten Leidenschaften verursachen. Die Kraft der Leidenschaften soll aber nicht negiert, sondern zum Positiven genutzt werden, so wie es Taktik der Ringer ist, den Schwung des gegnerischen Angriffsstoßes aufzufangen und für den Gegenschwung zu nutzen. Buddha sagte: „Wenn im ... Mönch üble, unheilsame Gedanken aufsteigen, mit Gier, Hass und Verblendung verbundene, so soll er aus dieser Vorstellung eine andere, heilsame gewinnen."[57] In einer Wegbeschreibung nach *shambhala* aus dem 16. Jahrhundert muss der Reisende Ringpungpa einen „düsteren und schrecklichen Wald durchqueren. Rotten von Raubtieren mit feuerspeienden Augen und zottigen Mähnen aus blutigem und verfilztem Pelz durchziehen diesen Wald nach dem Fleisch und Blut ihrer Opfer dürstend" – eine drastische Symbolik für die Leidenschaften. Und weiter heißt es: „Indem du für alle diese bedrohlichen Ungeheuer tiefes und unerschöpfliches Mitgefühl hegst, kannst du ihre Mordlust bändigen und den Wald sicher durchqueren." Der Interpret dieser Reisebeschreibung sagt dazu: „Rinpungpa heißt die Leidenschaften als sein eigen willkommen, anstatt sich ihrer durch Verdrängung entledigen zu wollen. Da sie

---

[57] Nyanatiloka, Das Wort des Buddha, 73.

nicht länger verdrängt werden, büßen sie ihre Unabhängigkeit ein. Da sie kein Versteck mehr haben, von dem aus sie Rinpungpa auffressen können, verlieren sie ihre Wildheit und können Rinpungpa nicht länger beherrschen."[58] Durch die Kraft Guru Rinpoches sind aus dem Heer von schrecklichen Dämonen viele zu Schutzgottheiten geworden. Auch diese Symbolik will zeigen, dass die Macht der Ängste, Illusionen, Täuschungen, Vorurteile und Begierden beherrscht werden kann durch Konzentration, Selbstkontrolle und heilende Hinwendung und dass zum Beispiel ein Gegner, den man eigentlich hasst, Geduld und Toleranz lehren kann: „Unter diesem Gesichtspunkt betrachtet ... ist er der beste der Freunde, der beste aller Lehrer", schreibt der Dalai Lama.[59]

Durch ein Wolkenfenster blickten wir auf den steilen Weg hinab, den wir bewältigt hatten, auf die 1200 Meter tiefer liegende Hochalm, wo die Kinder von Kusam und Dawa auf die Tiere aufpassten. Wir blickten auf den Wald darunter und noch weiter unten auf die Nebeldecke, die Khembalung verbarg. Unser Pfad verlief auf einem Grat, im unteren Teil von Bergurwald umgeben, der weiter oben Grasgelände wich. Hier trafen wir auf den *shiruwa dhunga*, „Zwischenhindurchlaufen-Stein", zwei mächtige Felsblöcke, die Guru Rinpoche so aneinander gelehnt habe, dass sie ein Tor über dem Weg bildeten und auf den *dendi dhunga*, „Rastplatz-Stein", einen rechteckigen Quader, auf dem sich der Guru auf seinem Weg ins Verborgene Tal ausgeruht habe. So erzählten Kusam und Dawa.

Rückbesinnung: der erste Tag

„Dieses Tal ist eigenartiger als alle anderen."

„Wie alt sind eure Töchter?", fragten wir Kusam und Dawa.
„Acht und zehn Jahre."
„Ja fürchten sie sich nicht, so ganz allein auf der Alm mit den Jungkühen und Hühnern, umgeben von den riesigen Wäldern mit Bären, Leoparden und Wildschweinen?"
„Nein, sie haben keine Angst."

---

[58] Bernbaum, Der Weg nach Shambala, 209 und 232; Sherry B. Ortner (Sherpas through their Rituals, 167) schreibt: „Gemäß orthodoxer Theorie sind Dämonen Projektionen der Seele, die bildlich und geistig zu überwinden sind statt im wörtlichen und physischen Sinne. Doch diese Sicht haben nur die buddhistischen Meister." Ansonsten heißt es, „dass die Menschen Mitleid mit den Dämonen haben sollen statt sie zu hassen und dass sie deshalb ihnen Gaben darbringen müssen, um sie los zu werden".
[59] Logik der Liebe, 37; Das Buch der Freiheit, 191, 383.

„Wie weit sind die nächsten Häuser von hier entfernt?"
„So eineinhalb bis zwei Stunden. Wenn das Gras höher stehen wird, kommen mehr Kühe herauf und Hirten und Hirtinnen zum Melken und Buttermachen."
„Gehen die Kinder zur Schule?"
„Sie sind manchmal bei unserem Lama, um zu lernen. Sie lernen von ihm die tibetische Schrift, in der die heiligen Bücher geschrieben sind. Im unteren Tal gibt es seit 1976 eine Schule mit fünf Klassen. Die Leute von den unteren Dörfern haben die Schule gebaut. Wenn unsere Kinder nicht auf das Vieh aufpassen müssen, könnten sie hingehen. Aber von hier sind es vier Stunden hinunter."
„Und wenn jemand krank wird?"
„Die nächste Krankenstation ist drei Tage entfernt. Wenn wir jemanden ins Hospital von Khandbari tragen müssen, brauchen wir fünf Tage. Aber wir haben Lamas und *dhame*[60], die helfen und wir kennen viele Heilpflanzen, die im Wald wachsen. Die sind gut für Menschen und unsere Tiere." *„Die Tiere werden dick und werden nicht Sheldu (eine Krankheit) bekommen, denn tausende Heilkräuter wachsen dort. Auch die Menschen werden dort nicht krank"*, sagte Guru Rinpoche.

Die beiden Mädchen machten tatsächlich keinen verängstigten Eindruck, sondern blickten furchtlos und vertrauensvoll in die Welt. Sie bestand aus vier Hütten, drei davon boten Schutz für die Rinder. Die Unterstände waren aus Stangen und Ästen errichtet. Bambusmatten dienten als Dach und hielten Sonne, Schnee und Regen ab. Die Welt der Mädchen bestand ferner aus einer fast kreisrunden, von Blumen und frischem Gras bedeckten Lichtung, umschlossen von völlig unberührtem Urwald, einem Bächlein hinter der Wohnhütte und schließlich aus den stets wechselnden Bildern des Himmels über dem Mini-Kosmos.

„Die Vegetation im verborgenen Tal ist gesund auch für wilde Tiere, die zum Fressen kommen."„Unten auf unseren Feldern fressen Bären und Wildschweine die Hälfte der Ernte, sie beteiligen sich an der Ernte, nicht an der Arbeit", sagte Dawa, „wir haben überall auf den Feldern Unterstände gebaut. Dort ist vor der Ernte ständig jemand, der aufpasst und die Diebe verscheucht. Während der ganzen Nacht brennen wir Feuer."
„Tötet ihr die Diebe?"
„Nein. Wir verscheuchen sie nur." *„Du sollst Gesetze erlassen, die das Jagen im verborgenen Tal verbieten. Im unteren Teil soll das Fischen verboten*

---

[60] Dhame = Shamane, der über eine aus dem kulturellen Kontext hervorgehende Interpretation der jeweiligen Krankheit verfügt, im Trance-Zustand zum Medium zwischen Göttern, Menschen und Ahnen wird und zur Heilung verhilft. Siehe auch Kap. „Lebensinseln in den Wolken" und „Dolpo – Leben im Grenzbereich".

sein", mahnt ja Guru Rinpoche.

„Vor Bären und Wildschweinen haben wir keine Angst. Noch nie sind wir von ihnen angegriffen worden", versicherten Kusam und Dawa. „Aber ein 5,40 Meter großer *chuti* (eine *Yeti*-Art) hat hier für lange Zeit sein Unwesen getrieben. Er ist dann zwei Täler weiter nach Shedua hinüber gegangen. Dort haben ihn Gurung-Jäger getötet."

„Der Wald hier oben ist besonders groß und dicht", sagte ich.

„Wir entnehmen ihm nur das Allernotwendigste. Wir brennen keine Flächen ab, wie die Bauern unten das alle paar Jahre tun, denn dann würden viele Insekten sterben. Das ist Sünde und nicht gut für unsere Wiedergeburt. Deshalb gibt es hier soviel Wald."

So vorbildlich wie die Bewohner in diesem Gebiet, das so reich an Gaben der Natur ist, können sich nicht alle Buddhisten verhalten, ebenso nicht die Hindus auf den dicht besiedelten Flächen im nepalischen Mittelland. Doch an den großen *Tihar*-Feiertagen im Oktober/November werden alljährlich die Tiere verehrt, an je verschiedenen Tagen die Krähen, Hunde, Ochsen und Kühe. Sie erhalten dann besonders gutes Futter, als Segenszeichen eine rote *tika* und werden mit Blumenkränzen geschmückt – wenigstens eine kleine Wiedergutmachung.

Mir kam ein Satz von Rudolf Högger, der selbst viele Jahre in Nepal gearbeitet hatte, in den Sinn: „Die immer wiederkehrende, eindrückliche Erfahrung ist ja gerade die, dass die ärmsten Menschen *nicht* zu reinen Sklaven ihrer materiellen Lebensumstände werden, sondern *immer* auch innerseelische Bedürfnisse zu befriedigen suchen, manchmal sogar auf Kosten materieller Vorteile."[61] Und eine Maya-Frau aus den Wäldern Zentralamerikas hatte mir einmal gesagt: „Wir verehren die Bäume, Seen, Flüsse und Vulkane als Zeugnis unseres Glaubens an Gott. Wir fragen sie um Erlaubnis, wenn wir etwas von ihnen wegnehmen. Die Erde ernährt alle und gehört allen. Deshalb haben wir keine Zäune." Hier ist das Verständnis noch lebendig, dass die Wesen nicht nur aus Materie bestehen, sondern auch einen Sinn in sich tragen und Würde haben. Und bei Menschen, die so direkt in und von der Natur leben, findet sich das Bewusstsein stark ausgeprägt, dass die Reichtümer der Natur allen gehören und mit der Gemeinschaft zu teilen sind.

Dawa reichte uns Tee in unseren Blechtöpfen. Wir lehnten an der Außenwand der Almhütte, beobachteten, was ringsum geschah und genossen die Stille und den Frieden, den unsere Umgebung ausstrahlte. *Sacred landscape* lautet im Englischen, „sakrale Landschaft" im Deutschen der wissenschaftliche Ausdruck für das, was wir hier erlebten. Gleicht diese Landschaft nicht einem be-

---

[61] Högger Rudolf, Wasserschlange und Sonnenvogel. Die andere Seite der Entwicklungshilfe, Frauenfeld 1993, 108.

seelten Körper, der atmet und dessen Energie sich verströmt im Fließen des Wassers, Wachsen der Pflanzen und Bäume und im Schwimmen, Kriechen, Laufen und Fliegen der Tiere? Und ist er nicht reicher als das, was solche Augen sehen, die in allem nur den Nutzen suchen? „Es brodelte geradezu vor unsichtbaren Wesen, die auf das Menschenleben Einfluss hatten. In allen lebenden Wesen, in den Flüssen und Bächen, Seen und Meerengen wohnten unsichtbare Geister ... Oft waren sie die Herren von auffälligen Orten, Felsen und Felsvorsprüngen. Die Herren der Winde und des Wetters erinnerten jeden Tag an sich, mal mit einem Orkan, mal mit einer frischen Brise, mal mit einer zärtlichen Berührung im Gesicht, mal mit gutem Sonnenwetter, mal mit Regenwetter. Und mit diesen mächtigen Kräften musste man in Eintracht leben und bei den Opferungen nicht vergessen, sie zu ehren ...“[62] Das befolgen Buddhisten unter anderem dadurch, dass sie regelmäßig von Lamas gesegnete Schatzvasen, *sachü bumpa*, in der Erde vergraben. Solche Vasen sind mit Mineralien, Heilkräutern, Duftstoffen und Schriften gefüllt und werden von hohen Lamas in tagelangen Gebeten geweiht. In dieser „Heilung der Erde“ wird ihr symbolisch zurückgegeben, was ihr durch Nutzung entnommen wurde. Im rituellen Akt werden Eigenwert und Würde von Erde, Wasser, Pflanzen und Tieren verinnerlicht und anerkannt. „Ein Stein, wenn verehrt, wird zu Gott“, lautet ein nepalisches Sprichwort.

Sollte man die spirituelle Kraft und Bedeutung einer Landschaft nicht zunächst erfahren und achten, um sie erst dann behutsam zu nutzen? Ist es bei uns nicht so, dass Flora und Fauna in erster Linie als Produktionsgrundlagen gesehen werden und dass Landschaft oftmals genutzt und ausgebeutet wird bis hin zu ihrem Ruin? Zum ethisch begründeten Schutz der Natur fiel zum Beispiel den Autoren der „Bayern Agenda 21“ nur ein: „So ist es Aufgabe der Umweltethik, die ... erforderlichen ethischen Grundlagen eines dauerhaft-umweltgerechten Handelns aufzudecken.“[63] Sie werden in diesem wichtigen Dokument nicht benannt, und so bleibt die Agenda 21 ohne ethische Fundierung. Die aufgelisteten Maßnahmen dort sind allesamt technischer Natur und entbehren einer tiefer begründeten Verbindlichkeit. Sie bleiben eine Sammlung von Absichtserklärungen.

Plötzlich schwenkten meine Gedanken zum genauen Gegenteil meiner Umgebung, nach Kathmandu, dieser vor Hektik und Aktivitäten brodelnden Hauptstadt, erstickend im Verkehr und ausufernd in alle Richtungen, und mir erschien ihr alter innerer Bereich, der vor langer Zeit als *sacred town* gestaltet

---

[62] Rytcheu Juri, Der letzte Schamane. Die Tschuktschen-Saga, Zürich 2000, 139.
[63] Bayerisches Staatsministerium für Landesentwicklung und Umweltfragen, Bayern Agenda 21, München 1997, 13.

wurde. Die Stadt wurde damals begriffen und erbaut als ein Mikrokosmos nach dem Vorbild des Makrokosmos, als eine Wiederholung der Weltschöpfung und als Bindeglied zwischen Irdischem und Überirdischem. Die Anordnung der Wege und Tore, der Plätze und Häuser, die Ausrichtung der Gebäude auf die Himmelsrichtungen, die Opferstätten, Zeremonien und Feste – nichts war zufällig oder von ausschließlich materiellen Nützlichkeitsüberlegungen bestimmt. Dem Ursprung der Welt nahe zu sein, war Bestreben der Bewohner, und so entwickelten sie die reichhaltige Symbolik ihrer Stadtgestalt. Sie fühlten sich in ihrer Stadt geborgen.[64] Davon erkennt man heute nur noch wenig. Die großen neuen Stadtteile von Kathmandu und Patan erscheinen wie das pure Chaos. Der wirre Verkehr, das Durcheinander der Häuser, die Ansammlung von Bausünden lassen eine Struktur gemäß nichtmaterieller Einsichten und Vorgaben nicht mehr erkennen. Das Chaos ist Ergebnis platten, kurzsichtigen Nützlichkeitsdenkens. Bedeutung, Nutzen und Erscheinung der Stadtgestalt stehen nicht mehr in Beziehung zueinander, bilden keine Einheit mehr wie damals, als die Newari Kathmandu, Patan, Bhaktapur, Kirtipur und so manche kleineren Orte im Land planten und errichteten. Heute wird ausschließlich nach Kriterien des materiellen Nutzens gebaut. Keine *sacred landscape,* keine *sacred town* – wie weit haben sich doch die Menschen von früherer Achtung und ganzheitlicher Betrachtungsweise entfernt, in Kathmandu und besonders in den Industrieländern! Traurig stellt ein Bürger aus Kathmandu fest: „Die Stadt illustriert alles, was mit Nepals Entwicklung schief läuft – von ineffektiver Planung, schlechtem Management angefangen bis hin zu den Fällen von Einkommen, die nicht im Verhältnis zur erbrachten Leistung stehen, nicht nachhaltigem Konsum, öffentlicher Korruption, privater Gier usw."[65]

Doch waren die Zeiten besser, als man, 1953 noch, zu jedem Ziel im Lande von der Hauptstadt aus zu Fuß aufbrechen musste und als es schwer war, „von Kathmandu Abschied zu nehmen ... einer wunderbaren Stadt ... in einem grünen Tal, dessen Reisfelder wie Smaragde leuchten, mit dem grandiosesten Hintergrund der Welt: einer Kette von Achttausendern, von der Annapurna bis zum Mount Everest"?[66] Was ist Entwicklung? Eine knappe Antwort darauf gibt es nicht und noch schwieriger sind die Wege zu benennen, die dorthin führen. Jedenfalls sind heute viele der ehemaligen Reisfelder unter Beton und Asphalt der ausfernden Stadt begraben und der Himalaya lässt sich nur noch an wenigen Tagen blicken, ansonsten bleibt seine Pracht hinter Smogwolken verborgen.

---

[64] Dazu Herdick Reinhard, Kirtipur. Stadtgestalt, Prinzipien der Raumordnung und gesellschaftliche Funktionen einer Newar-Stadt, Köln 1988.

[65] Panday, Nepal's failed Development, 70.

[66] Tichy, Land der namenlosen Berge, 16.

Hahn und Henne hatten sich uns neugierig genähert und pickten ein paar geröstete Maiskörner vor unseren Füßen auf. Ganesh Magar blickte etwas verlangend auf das Federvieh.

„Sollen wir den Hahn kaufen?"

„Lieber nicht", meinte Ang Dorje nach kurzem Überlegen, „wir sind erst gestern in der Höhle unsere Sünden losgeworden und müssen nicht gleich wieder anfangen". Ich dachte an die Millionen männlicher Kücken, die in Deutschland jährlich bedenkenlos geschreddert werden, nur weil sie das „falsche Geschlecht" haben und nicht zum Eierlegen taugen. Ich dachte an die immer wiederkehrenden Massaker an Babyrobben, Haien und Delphinen durch „Zivilisierte" und die Lust am Quälen und Töten von Stieren perverser Kämpfer vor hunderttausenden ebenso perversen Zuschauern in den Arenen, Straßen und an den Fernsehgeräten …

Das Ziel

„Diese Blume fiel auf einen großen Felsen an der Grenze zwischen Nepal, Tibet und Indien. Wenn du dich eifrig bemühst, wirst du den Platz erreichen. Wenn du dort ankommst, bete und opfere und dann gehe weiter. Du wirst zu einem weiten mit Wald bedeckten Tal gelangen. Es ist außen breit und innen eng."

Als der Gott Indra Blumen opferte, fielen einige auf die Herzen von Avalokitesvara und Drolma, die anderen auf die Erde und eine davon auf das Verborgene Tal. So sagte Guru Rinpoche. Indra ist der höchste der vedischen Götter. Er regiert über die Atmosphäre und über das Wetter und befindet sich in ständigem Kampf mit Vritra, einem Dämon, der Dürre, Sturm und Überschwemmungen über die Menschen bringt. Doch Indra ist nicht vollkommen. Er liebt den Alkohol und stellt Frauen nach. Es gelingt ihm nicht, seine Leidenschaften unter Kontrolle zu halten. Durch das Blumenopfer erkennt er die Vollkommenheit von Buddha und Drolma an. Buddha Avalokitesvara heißt der Erleuchtete, der in heilender Hinwendung (*karuna*) herabblickt auf alle empfindenden Wesen. Obwohl selbst vollkommen, geht er als *bodhisattva* ins *nirvana* erst ein, wenn alle vom Leid erlöst sind. Als er das Ausmaß des Leidens sah, weinte er und es entstand aus seinen Tränen ein See, auf dem eine Lotosknospe wuchs. Als sie sich öffnete, saß Buddha Drolma (Tara), die erleuchtete Retterin, in ihrer Mitte. Auch sie setzt sich als *bodhisattva* für andere Wesen ein. Deshalb ließen Avalokitesvara und Drolma Indras Blumen auf die Erde weiterfliegen, denn dort, wo sie hinfallen, wird die Lehre offenbar und Gemeinschaft entstehen.

Im Text heißt es: „*In jener Zeit prophezeiten Avalokitesvara und Tara: 'Am Ende von Kalpa[67] wird alles im Schneeland zerstört werden. Alle Schüler von Avalokitesvara und Tara[68] werden an einen sicheren Platz flüchten, dem Dorje Den '[69] ... Nindra warf sich zu Boden und betete zu Avalokitesvara und Tara: 'Durch eure heilende Hinwendung und mein Gebet, mögen viele Wesen befreit werden von den Dämonen, die Konflikte bereiten ...'.*" Die Zerstörungen sind umfassend: Verfall von Tempeln, Naturkatastrophen, Kriege, Morde, Seuchen, Verfall der Grundregeln des Zusammenlebens, Uneinigkeit, Nichteinhalten von Gelübden, Entweihung von Tempeln, Verfall der buddhistischen Praxis – „*dann ist es Zeit, das Beyul zu öffnen*", in welchem Guru Rinpoche Schätze *(terma)* für die Überlebenden verwahrt hat. Er beschreibt es wie folgt: „*Im oberen Teil ist ein dreifach gestufter Felsen. Darin sind 18 verschiedene Dokumente, ein ausführliches Lehrbuch ... vier Türkise ... Im Innern der Höhle ist ein Gebetsraum. Darin sind mein Hut, meine Halskette, Donnerkeilzepter und Glocke ... eine Trommel ... In der oberen Höhle sind besonders tiefgründige Schätze der Lehre ... die Anleitungen zur Meditation, die dir zur Erleuchtung helfen und die neun Eisenstäbe der Schutzgottheiten. Es sind dort auch Gebetstexte zur Abwehr von Feinden ... Du sollst jemanden haben, der dich führt.*"

Wir wussten, dass wir unserem Ziel nahe waren, doch kannten den genauen Ort nicht. Man zeigte uns das Haus des Lama. Doch er war nicht da. So stellten wir inzwischen unsere Zelte auf eine Wiese gegenüber der *Mani*-Mauer am Eingang des Weilers und warteten. Der Lama kam mit zwei Amerikanern, die für das Magazin „National Geographic" den Geschichten des Tales nachgegangen waren und, wie sie sagten, soeben aus der Höhle zurückkehrten.

„Dort gibt es eigentlich nicht viel zu sehen", meinten sie, „die so genannte Höhle besteht nur aus der Einbuchtung einer Felswand, wo die Leute beten und opfern".

Die beiden überprüften meine Kamera – sie benützten das gleiche Fabrikat –, die mir kurz vorher von der Schulter gerutscht und auf den harten Boden gefallen war. Ihr war nichts geschehen. Wir verabschiedeten uns. Der Lama musterte uns wohlwollend. Er erkannte sofort, dass wir einen anstrengenden Weg hinter uns hatten. In einer Stunde würde er uns in die Höhle führen, sagte er. Wir sollten unsere Taschenlampen mitnehmen.

Über einen Urwaldpfad stiegen wir aufwärts, bis ein Rinnsal unseren Weg querte. Dort bat uns der Lama, Gesicht, Hände und Füße zu waschen und die Schuhe zurückzulassen. An hohen Stangen flatternde Gebetsfahnen zeigten den

---

[67] Kalpa = Zeitraum der Entstehung, Entwicklung, des Verfalls und der Zerstörung.
[68] Tara (= Drolma) = weibliche Manifestation von Avalokitesvara = Retterin.
[69] Dorje Den = Bodh Gaya = Platz der Erleuchtung (Buddhas).

Eingang zur Höhle, der aber hinter einem dichten Vorhang von jungem Bambus verborgen lag. Diese Trennung wirkte wie ein Schutz der Höhle vor Lärm und Oberflächlichkeit und wie eine letzte Mahnung zur Sammlung. Der Felsüberhang bot Platz für etwa 20 Personen. Der Lama sprach Gebete und entzündete Butterlampen, die auf einem Tisch standen. Gegenüber lagen Lehmplättchen. Sie enthielten die Asche der Namenskarten von Verstorbenen (s. Kap. „Unterwegs mit Ang Chhopal – Totenwache").

Dann führte uns der Lama zu einem Felsspalt. Er befand sich seitlich versetzt im Rückraum des Felsüberhangs und war wegen des schwachen Tageslichts nicht leicht zu erkennen. Er bildete den Eingang zur Höhle. Einer nach dem anderen schoben wir uns, Hüfte voraus, durch den Spalt und wurden sofort von Dunkelheit und Kühle umfangen. Der Lama ging uns fast zu zügig voran. Wohl um die Batterien zu schonen, löschte er immer wieder seine Taschenlampe, so dass wir manchmal gar nicht recht wussten, wo er war. Er sprach aber ständig und leuchtete auf Engstellen, wo wir den Kopf einziehen und gar kriechen mussten. Nach einigen Metern vernahmen wir das Geräusch von Wasser. Der Lama zeigte auf große Löcher am Boden, durch die das Rauschen des unter der Höhle fließenden Baches herauf drang und mahnte zur Vorsicht. Da bekam es Ganesh Bahadur mit der Angst zu tun und wollte umkehren. Doch wir konnten ihn beruhigen. Unsere Sherpa dagegen benahmen sich „sherpamäßig": Sie zeigten zwar großen Respekt, äußerten sich nur flüsternd und murmelten Gebete, waren aber andererseits voller Freude an dem Abenteuer und Wissensdrang, das Unbekannte zu erforschen. Neugierig leuchteten sie in jede Ecke.

Wie weit waren wir doch weg von jeglicher Zivilisation hier in der Wildnis des Himalaya, im einsamen Khenbalung, im dunklen Bauch eines von Urwald bedeckten Berges, in der engen Höhle! Sie war fast überall enger als eine Gefängniszelle. Dennoch genossen wir – außer Ganesh Bahadur – unsere Situation, unsere Freiheit als Forscher, Entdecker und Pilger, weit weg von allen Regelwerken, nur den Regeln der Natur unterworfen. Mitten in der Höhle meinte Wolfi – er war arbeitslos gemeldet und wegen seiner Rückenprobleme schwer für einen erwünschten Arbeitsplatz im Handwerk zu vermitteln, gleichwohl dem Arbeitsamt gegenüber meldepflichtig – „die wissen jetzt nicht, wo ich bin, jetzt kann mich niemand erreichen". Ja, ferner von allen äußeren Anforderungen kann man kaum sein. Wir waren ganz auf uns selbst konzentriert: Beyul.

Der Lama richtete seine Lampe auf eine Zweiteilung des Weges. Vor uns stützte eine Steinsäule das Gewölbe. „Wer den schmaleren Weg um die Säule herum nimmt und es durch die Engstelle schafft, ist jemand, der immer die Wahrheit spricht", sagte er. Wir waren zwar alle schlank, doch unsere Ehrlichkeit ließ es nicht zu, den Versuch zu unternehmen.

Die Höhle wurde etwas weiter. Wieder blieb der Lama stehen und wies auf einen Felsvorsprung, der mit Zeichen versehen war, die wir aber kaum erkennen konnten: „Das ist der Platz, an dem Guru Rinpoche gerastet hatte", sagte er und forderte uns auf, die Hände auf die Stelle zu legen, um Guru Rinpoches Segen zu erhalten. Dann nahmen Höhle und damit auch wir die gekrümmte Gestalt des Rechtsbogens eines großen lateinischen D an, den wir uns seitlich vortastend bewältigten. Schließlich erreichten wir die breiteste Stelle, vielleicht vier Meter im Quadrat. Allerdings mussten wir uns sehr bücken oder kriechen. Wieder wartete der Lama und forderte uns auf, ein wenig von dem Kalk zu essen, der sich reichlich auf dem Boden abgelagert hatte. Das sei Medizin, die uns vor Gefahren schützen würde. Nach einer Biegung wurde es plötzlich spürbar wärmer und dann krochen wir dem von Lianen verhängten Ausgang entgegen. Wir stiegen hinauf zum Höhleneingang, wo wir unsere Schuhe abgelegt hatten. Der Lama trank ein wenig von dem Rinnsal vor dem Eingang der Höhle und sprenkelte sich etwas Wasser auf den Kopf. Wir taten dasselbe.

Auf dem Weg zu den Häusern dankten wir unserem Führer. Er erwiderte: „Ich habe Sie gerne durch die Höhle geführt, denn Sie haben wie rechte Pilger zu Fuß den weiten und schwierigen Weg nach Khembalung unternommen. Die beiden Amerikaner sind vor ein paar Tagen mit einem Helikopter gekommen und fliegen morgen wieder zurück nach Kathmandu. Sie haben nur den Vorraum der Höhle gesehen."

Es heißt, das Durchsteigen der Höhle sei wie das Umrunden eines heiligen Platzes und bringe karmische Verdienste. Doch *khembalung, beyul, shangrila, shambhala*[70], das ist nicht nur ein geographischer Ort, den man aufsuchen kann, um Neugier und Abenteuerlust zu befriedigen und durch Riten und Opfer Glück und Segen auf sich zu versammeln, *beyul* meint auch jedermanns Innerstes, das man aufsuchen muss, um Kraft zu schöpfen. Und der Weg dorthin ist ebenso beschwerlich wie der physische. Guru Rinpoche mahnt: *„Du sollst dich nicht der Bequemlichkeit hingeben. Wenn du sagst, ich fange damit nächstes oder übernächstes Jahr an, dann wirst du viel Leid erdulden und glückvolles Leben verlieren ... Menschen mit gutem Karma werden meine Worte beachten*

---

[70] *Shambhala* = Sanskrit-Wort: Quelle des Glücks, Quelle der Freude; *shangrila* = Verballhornung von *shambhala*. „Eine alte tibetische Geschichte berichtet von einem jungen Mann, der sich auf den Weg nach Shambhala begab. Nachdem er bereits mehrere Gebirge überquert hatte, gelangte er zu der Höhle eines Einsiedlers, der ihn fragte: 'Was ist das Ziel, das dich dazu anspornt, diese Schneewüsten zu durchqueren?' 'Ich will Shambhala finden', antwortete der junge Mann. 'Nun; dann brauchst du nicht weit zu reisen', sagte der Einsiedler. 'Das Königreich von Shambhala ist in deinem eigenen Herzen.'" Bernbaum, Der Weg nach Shambhala, 32.

und sie praktizieren. Dieser Weg sollte niedergeschrieben und eingeschlagen werden." Mit dem Weg ist natürlich Buddhas Wort vom achtfachen Pfad gemeint, der zur Überwindung von Gier, Hass und Verblendung und damit zum Erlöschen des Leidens führt. Es ist dies: Rechte Erkenntnis, rechte Gesinnung, rechte Rede, rechtes Tun, Lebensunterhalt durch rechte Arbeit, rechte Anstrengung, rechte Achtsamkeit und rechte Sammlung. Buddha sagte:

„Kein andrer Pfad wie dieser ist's,
Der zur Erkenntnisreinheit führt.
Drum wandelt diesen Pfad entlang,
Dann wird der Mahr geblendet sein.
Denn wenn ihr diesem Pfade folgt,
Macht ihr ein Ende allem Leid.
Gelehrt hab' ich den Pfad, erkannt
Wie man vom Stachel sich befreit.
Ihr selber müsst euch eifrig müh'n,
Die Buddhas zeigen bloß den Weg.
Wer diesem folget selbstvertieft,
Wird aus den Banden Mahrs erlöst."[71]

„Ihr selbst müsst euch eifrig müh'n" – doch es gibt auch Helfer und Vorbilder, es gibt die Gemeinschaft der Suchenden (*sangha*), die Wegbeschreibung und Mittel, ihr zu folgen, die Lehre (*dharma*) und das anziehende Ziel (*buddha*) des Weges. Und es steckt in jedem das Potential, sich auf den Weg zu begeben, unabhängig davon, wie weit er kommt. Buddha Ratnasambhava sagte: „Ich will die Gabe des Dharma all denen verleihen, die bereit sind, sie zu empfangen."[72] Mit den Blumen Indras, die von Avalokitesvara und Drolma in ihrer heilenden Hinwendung an alle Lebewesen weitergegeben wurden, ist diese verliehene Fähigkeit symbolisch ausgedrückt.

Der Weg zur Erkenntnis, die von allem Leid befreit, ist jedoch nicht erfolgreich zu beschreiten in ichbezogener Isolation und Meditation. Die persönliche Vervollkommnung kann nur erreicht werden durch tätige Sorge für die Mitkreatur. In der umfangreichsten der noch vorhanden Beschreibungen des Weges zum *beyul*, im Tengyur-Text", heißt es: „Wer Shambhala zu erreichen wünscht, muss dem rechten Weg folgen und Meditation üben ... und von dem unwiderstehlichen Impuls angetrieben werden, zum Wohle aller fühlenden

---

[71] Nyanatiloka, Das Wort des Buddha, 44. Mahr = Mörder, Tod, buddhistische Gestalt des Versuchers. Er hält das Lebensrad in seinen Krallen. (Siehe „Einleitung", 21).
[72] Nach Lama Anagarika Govinda, Der Weg der weissen Wolken, 22.

Wesen Erleuchtung zu erlangen ... Auch wenn du dich von den Anstrengungen der Reise erschöpft und krank fühlst, halte an deinem Ziel fest und widme alle deine Bemühungen dem Wohlergehen der fühlenden Wesen. Dann endlich wirst du die Städte Shambhalas erblicken. Zwischen den Ketten der Schneeberge strahlen sie auf wie Sterne auf den Wogen des Milchmeeres. Lichtblumen fallen herab. Ihr bloßer Anblick nimmt alle Unwissenheit von deinem Geist und macht dich vollkommen glücklich und erquickt. Alle Anstrengungen der Reise sind vergessen. Nun darfst du trinken und dich ausruhen und die Früchte deiner großen Mühsal genießen."[73]

Die abenteuerliche Wassersuche auf dem Heimweg am Abend des neunten Tages hatte uns eine kurze Nacht im Urwald unter dem Felsüberhang beschert. Bei Tageslicht fanden wir einen bequemeren Weg hinunter zum Seitenbach des Sankhuwa Khola. Wir mussten noch einen Baumstamm als Brücke über das wilde Wasser legen und dann am gespannten Seil den reißenden Sankhuwa Khola selbst durchwaten. Ehe wir den großen Bergurwald verließen, befreiten wir uns von Zecken und Blutegeln und gelangten in Chitre zu den ersten Häusern.

Die Reise nach Khembalung war unser abenteuerlichster Fußmarsch von den vielen, vielen in Nepal gewesen: Diese Einsamkeit und unberührte Natur eines fast menschenleeren Raums, in der nur an einigen Stellen Schaf- und Ziegenherden Wegspuren hinterlassen hatten; dieser tagelange Wechsel zwischen Nebel, Schneefall, Regen, Graupelschauern; unsere Orientierungslosigkeit zwischen Gratrücken und den vielen Seitenrippen, welche sich alle ähnelten; die optischen Täuschungen, denen nur unser Kompass nicht erlag – er war der einzige sichere Halt, denn eine detaillierte Karte des Gebietes gab es nicht –; unsere vielen Umwege; unsere Ratlosigkeit, die uns immer wieder anhalten ließ, um zu besprechen, was zu tun sei, wobei wohl bei jedem Kalkulationen abliefen, wie lange noch die Essensvorräte in unseren Körben reichen würden; dieses tagelange Laufen in völlig durchnässten Schuhen und diese unvergleichliche nächtliche Stille, anfangs vielleicht etwas gestört durch das Rieseln des Schnees auf die Planen, die dann, bedeckt von der wachsenden Schicht, keinen Laut mehr ins Innere des Zeltes ließen; die kurzen Lichtblicke am Morgen, welche uns die Gewalt und Schönheit unserer Umgebung zu erkennen gewährten, worauf uns die alles verhüllenden Nebel um so deutlicher bewusst werden ließen, wie umsichtig wir uns weiter zu verhalten hätten. Wir hielten es mit Guru Rinpoche, der sagte: „Widrige Bedingungen sind der wahre Reichtum des Übenden ... Macht euch Widrig-

---

[73] Aus den Tengyur- und Rinpungpa-Texten der Reisebeschreibung nach Beyul, nach Bernbaum, Der Weg nach Shambhala, 213.

keiten und Hindernisse als Teil des Weges zunutze!"[74]

Das Gebiet zu Füßen des Chamlang gehört zu den wildesten in ganz Nepal. Urkien Sherpa erzählte von Leuten, die sich dort so verlaufen hatten, dass sie sich wegen des verbrauchten Proviants von Pilzen, Brennnesseln und wildem Knoblauch ernähren mussten und sogar auf dem Leder ihrer Ersatzschuhe herumkauten – vermutlich ein etwas zäher Braten.

Trotz allem, niemand von uns hat die Härte dieser Wanderung bedauert. Nein, wir empfanden und erfuhren wie der amerikanische Dichter Thoreau in seiner Einsamkeit „diese unbeschreibliche Unschuld und Güte der Natur: Wind, Regen, Sommer und Winter, die solche Gesundheit, solche Heiterkeit gewähren und so große Sympathie für unser Geschlecht haben …"[75]. Niemand hätte sich an diesen Tagen auf einen in Reiseführern genau beschriebenem Weg befinden wollen und auch nicht auf Pfaden, die alle paar Meter mit Markierungen versehen sind. Wir vermissten keine Campingplätze, Lodges, Hotels. Nein, wir waren ganz zufrieden und dankbar, außerhalb unserer geregelten und komfortabel gemachten Welt einmal solches Alleinsein mit der Wildnis, so wie sie ist, genießen zu dürfen. Und wir waren vor allem neugierig auf das Unbekannte, was uns der nächste Tag bringen würde, neugierig auf den nächsten Bergrücken, die nächste Biegung unseres Weges, die nächste Schlucht.

„Das Unbekannte strahlt Frische und Verheißung aus, Tiefe und Fülle, an die scheinbar nichts heranreichen kann. In seiner Gegenwart fühlen wir ein Staunen und nur dieses Staunen besitzt die Macht der Inspiration … Ohne Inspiration … wird unser Leben sehr eng und schal … Als Kinder erfuhren wir die Dinge unmittelbar, in all dem Staunen und der Ehrfurcht, die sie in uns weckten. Die Welt war frisch und voller Magie – wie ein verborgenes Königreich. Wir waren für alles offen, was die Welt enthielt, ganz gleich, wie seltsam oder fantastisch es sich anfühlte. Durch die innere Reise nach Shambhala streben wir danach, diese unmittelbare kindliche Bewusstheit wiederzuerlangen, ihre Fähigkeit, zu staunen und Ehrfurcht zu empfinden … Wir müssen voranschreiten in eine Unschuld, die das Staunen eines Kindes mit der Weisheit eines vollkommen gereiften Menschen verbindet … Wenn ein Mensch nach vielen Jahren des Kampfes seine Selbsttäuschungen und Einbildungen überwindet …, entdeckt er die Frische der Wahrnehmung eines Kindes wieder, bereichert und vertieft durch die Weisheit der Erfahrung. Wer diese Reife gewinnt, erlebt sein Alter als das Goldene Zeitalter von Shambhala."[76]

---

[74] Nach Baker Ian, Das Herz der Welt. Eine Reise zum letzten verborgenen Ort, München 2006, 319, 353.

[75] Thoreau, Walden oder Leben in den Wäldern, 142.

[76] Bernbaum, Der Weg nach Shambhala, 267-273.

Die körperliche Reise ins Verborgene Land, in die Tiefe des *beyul*, war mir trotz aller Hindernisse und Gefahren leicht gefallen. Ins *beyul* als „Heimat der Seele" einzutauchen und zur „Jugend der Seele" zurückzukehren, wie Hermann Hesse formuliert hatte[77], dieser Weg ist ungleich schwieriger. Gegen Ende seines Lebens sagte der Asien-Korrespondent Tiziano Terzani zu seinem Sohn: „Folco, diese Welt ist ein Wunder! Sie ist ein unglaubliches Wunder! Und wenn du es schaffst, dich als Teil dieses Wunders zu fühlen – nicht das Du mit den zwei Augen und zwei Füßen, sondern das DU, dein innerstes Wesen – was kannst du dann noch wollen? Hm? Was kannst du dann noch wollen? Ein neues Auto?"[78] Wir hatten während unserer kurzen Wanderung die wunderbare Ordnung und Kraft der Wildnis erlebt, in der alles zueinander passt und ineinander greift und in logischer Wechselbeziehung steht: Vom Wind aufwärts getriebene Wolken, welche dem Land Regen und Leben bringen und die hohen Berge mit Schnee bedecken, die Schwerkraft, die ihn als Lawinen zu Tal gleiten lässt, die Sonne, welche ihn zu Wasser wandelt, das in Bächen und Flüssen die Höhlen, Schluchten und Täler formt und Tieren, Menschen, Bäumen und Pflanzen Leben spendet. Welche Kraft hat sie geschaffen? Wird unsere Teilhabe an dieser Ordnung oberflächlich bleiben? Spiegeln sich Kraft und Ordnung in unserem Inneren wider?

Wie sich Symbolkomplexe doch gleichen! Das *beyul*, jedermanns Innerstes, das Vehikel, um fortzukommen von Gier, Hass, Verblendung und den damit verbundenen Zerstörungen, entspricht ganz offensichtlich dem Schiff im Gilgamesch-Epos und der Arche Noah in der Torah. Auch in diesen Werken ist von moralischem Verfall und als Folge vom Untergang eines großen Teils der Menschheit die Rede und schließlich vom Neubeginn durch einige Übriggebliebene. Im Gilgamesch-Epos heißt es:

„Es gibt eine Zeit, da herrscht Hass im Lande.
Es gibt eine Zeit, da der Fluss anschwoll und die Flut herbrachte ...
Erbaue ein Schiff, lasse ab vom Reichtum
und suche stattdessen nach dem, das atmet.
Die Habe sei dir zuwider, erhalte stattdessen das, was atmet, am Leben."

Und König Gilgamesch wird aufgefordert, dafür zu sorgen, dass „das glückliche Gefüge von Geben und Nehmen Götter und Menschen wieder dauerhaft verbin-

---

[77]   Hesse Hermann, Die Morgenlandfahrt, Gesammelte Werke, Bd. 8, Frankfurt am Main 1987, 338.
[78]   Terzani Tiziano, Das Ende ist mein Anfang, 320.

den kann", so wie es vor dem Sittenverfall und vor der Flut gegeben war.[79]

Im Buch Genesis, 6-9 sind Noah und seine Gefährten angehalten, eine Arche zu bauen, um die zerstörerische Flut zu überleben, welche als Folge der „verderbten, mit Gewalttat gefüllten Erde" über diese kam. Danach sollte neues Leben unter dem gerechten Noah entstehen.

Im Buch Deuteronomium 30, 11-14 wird zur Besinnung auf das eigene Innere aufgerufen. Sie ermöglicht die Befreiung und neue Ordnung. Moses ermahnt sein Volk: „Denn dieses Gesetz (d.h. die ,Zehn Gebote'), das ich dir heute gebiete, ist nicht unfassbar und unerreichbar für dich. Nicht im Himmel ist es ... Auch nicht jenseits des Meeres ist es ... Nein, ganz nahe bei dir ist das Wort, in deinem Munde und deinem Herzen, dass du danach handeln kannst."

Die *Beyul*-Symbolik und -Erfahrung ist bei den buddhistischen Nepali tief verankert. Ähnlich wichtig sind die Kernaussagen der Bhagavadgita für die Hindus. Einer der zentralen Verse lautet:

> *„Durch Versenkung schauen manche in sich selbst*
> *und durch sich selbst das Selbst;*
> *Andre schaun's durch Kraft des Denkens,*
> *durch Werkübung noch andere ..." (XIII, 24)*

Es geht um mehr als um die jährliche rituelle Reinigung und Erneuerung durch Feste, Kulte und Rituale, von denen der Subkontinent eine überbordende Fülle aufweist. Das äußerliche Sichwiegenlassen im Jahreskreislauf ist zu ergänzen. Es geht um die Angleichung an den Kern des Seins, was voraussetzt, durch die „Versenkung" und die „Kraft des Denkens" die ganze Wirklichkeit anzuerkennen, die greif- und nichtgreifbare, die sicht- und unsichtbare. Und es gilt, die Balance, das „glückliche Gefüge", zu erhalten und sich durch „Werkübung" um das „atmende Leben" zu kümmern. Welch eine Botschaft aus dem Osten! Solche Lebensweise ist mühsam, aber sie hilft, Abstand zu halten von verlockenden, das „Gefüge" zerstörenden Ideologien, denen zu folgen viel leichter wäre. Anstrengender Realismus gegen bequeme Illusion. Noch, so scheint es, ist Letztere nicht zur vorherrschenden Haltung in der nepalischen Gesellschaft geworden. Die meisten Nepali befinden sich wohl auf den beschwerlichen Wegen zu ihrem *beyul*.

---

[79] Maul Stefan, Das Gilgamesch-Epos, 5. Aufl., München 2012, Tafel X, 311; Tafel XI, 24-26; 37.

Teil 2

Im Teashop

(1983)

„Abends kann man gut über Freud und Leid reden. "
Nepalische Wirtin in einem Teashop

Eine Dienstreise hatte mich wieder mal nach Ostnepal geführt. Nach dem Besuch eines Entwicklungshelfers, der südlich von Chainpur mit den Dorfbewohnern ein Trinkwassersystem baute, wollte ich von Tumlingtar nach Kathmandu zurückfliegen. Es war Ende Mai, die Zeit der großen Gewitter, der Vorboten des Monsuns. Royal Nepal Airlines hatte mich hierher gebracht, einem für die Landwirtschaft ziemlich unergiebigen, nicht bewässerbaren Plateau (*tar*) hoch über dem Zusammenfluss von Arun und einem größeren Bach. Das ebene Gelände hatte sich für den Bau des Flugplatzes angeboten. Der Rückflug war jetzt ungewiss. Die schweren Gewitterregen, die Sturmböen und die aufgeweichte Wiese des Flugplatzes mahnten Nepals Piloten zur Vorsicht. Die vorgesehene Maschine aus Kathmandu kam nicht. Der Flugplatzleiter bedeutete mir, ich solle es mir doch etwas bequemer machen in einem der nahen Teashops, falls positiver Funk aus Kathmandu käme, würde er mich schon informieren. Ich nahm seinen Ratschlag gerne an, denn der Betonboden, die wackeligen Holzbänke und die kahlen Wände des Flugplatzgebäudes luden wirklich nicht zum Verweilen ein.

Im „Flughafenrestaurant" wurde ich von einer Raini begrüßt. Sie kannte mich von früheren Besuchen. Der Lehmofen, die *Sal*-Holzscheite, die schwarzen Töpfe, einer gefüllt mit heißer Milch, die Plastikdose mit Zucker, die Gläser auf dem Regal, der von den rußgeschwärzten Deckenbalken hängende, mit kleinen geräucherten Fischen gefüllte Bambuskorb, die beiden Tische und vier Bänke, deren Füße im Boden verankert waren, die Lehmwände, an denen chinesische Plakate hingen, die von Fortschritt durch Wasserkraft und Elektrifizierung kündeten, ein indisches Filmposter mit der Aufschrift in bluttriefenden Buchstaben „There was no negotiation, only revenge!" (Es gab kein Verhandeln, nur Rache!) und ein eingerahmtes Bild des so beliebten Ganesh, des Glück bringenden Gottes mit dem Elefantenkopf – alles war wie früher, auch die ruhigen Bewegungen der Raini, ihr freundliches Gesicht, ihr Lächeln, wenn sie sprach.

„Wie geht es, *dai*?" fragte sie.

„Danke, ganz gut."

„Woher sind Sie gekommen?

„Von Mamling, ich habe einen Entwicklungshelfer besucht."

„Wie weit sind die dort mit dem Trinkwasserprojekt? Ist der *sahib* noch da, den sie Man Bahadur nennen?"

„Ja, der Ernst ist noch dort. Die Anlage wird wohl noch vor dem Monsun fertig. Sie müssen nur noch die Quellfassung bauen und den Wassertank verputzen."

„Die Leute haben den *sahib* sehr gerne."

„Ja, er ist recht tüchtig und hat viel Humor. Sie haben ihn in die Zunft der Maurer aufgenommen, ihm das Ringlein durch das Ohr gesteckt und ihm den Namen *man bahadur* (‚tapferes Herz') gegeben."

„Wollen Sie einen Tee?"

„Ja, gerne."

„Nur Farbe oder mit Milch?"

„Mit Milch, bitte."

Sie schenkte uns beiden ein Glas ein und zündete sich eine *bidi* (Minizigarette aus Baumblättern) an.

„Sie wollen zurück nach Kathmandu?"

Ich nickte.

„Gestern kam keine Maschine. Und heute wird es wohl wieder nichts werden. Der Wind wird nachmittags immer stärker."

„Kann ich hier übernachten?"

„Ja, oben ist Platz. Seit gestern ist noch ein Ausländer hier. Er wartet auch auf das Flugzeug. Er schläft wohl jetzt."

Sie scheuchte die hungrige Glucke mit ihren Küken ins Freie und folgte ihnen hinaus. Der Mai hält die heißesten Tage des Jahres bereit. Sie machen einen im Tiefland fast unfähig zum Arbeiten. Die Luft stand still. Selbst die sonst so munteren Fliegen hatten ihr Treiben eingestellt und saßen geduckt und regungslos da. Meinen Schlafdrang wollte ich aber bekämpfen, um mich nachts nicht stundenlang auf dem Lager wälzen zu müssen. So holte ich aus dem Rucksack Notizblock und Stift hervor und begann, meine Eindrücke vom besuchten Projekt aufzuschreiben.

Es war wohl eine Stunde vergangen, als der mächtige Schirm des *Pipal*-Baumes über dem Teashop plötzlich zu rauschen begann. Der Sturm entriss der

Krone Blätter und dürre Äste und warf sie auf Strohdach und Vorplatz. Wie schnell das alles ging: der Sturm, die plötzliche Dämmerung, das Blitzen und diese gewaltigen Donnerschläge! Ich empfand sie im Himalaya viel erschreckender als in Europa. Eine Staubwolke wehte in den Raum und mit ihr kamen die Hühner zurück und die Wirtin. Sie setzte sich auf den Boden und blickte mit Sorge in die tobende Welt da draußen.

„Voriges Jahr haben mir solche Gewitter zweimal das Dach heruntergerissen", sagte sie. „Ein Wellblechdach würde wohl halten, ich kann es mir aber nicht leisten und außerdem wird es unter ihm in dieser Jahreszeit noch viel heißer." Sie zündete ein Öllämpchen an und betete.

Der Sturm trieb den Regen durch die offene Vorderseite bis in die Mitte des Raumes. Die Wirtin hatte hinter dem Lehmofen Schutz gefunden. Ich begab mich an die Rückwand. Da stieß mich etwas an. Es war der andere Gast, der über die Bambusleiter herunterkam. Er grüßte auf Englisch, setzte sich neben mich und starrte hinaus. Die Raini stellte eine zweite Öllampe auf unseren Tisch. Da erkannte ich ihn.

„Mensch, Richard, du bist es!"

„Hermann!"

„Es sind doch wohl schon drei Jahre her, seit wir uns zum letzten Mal gesehen haben."

„Ja, in Pokhara war das, denke ich, am See in der Baba Lodge."

„Was hast du inzwischen gemacht?"

„Nachdem ich Nepal verlassen hatte, arbeitete ich in Peru und danach als freier Gutachter."

„Und jetzt, wie geht es dir, was machst du hier?"

„Ich habe einen Projektantrag für ländliche Regionalentwicklung der nepalischen Regierung in zwei Distrikten geprüft. Ich hatte drei kompetente Nepali im Team. Sie trauten der Fliegerei nicht und sind mit dem Bus von Dhankuta aus nach Kathmandu gefahren. Sie waren schlauer. Jetzt hock' ich schon den zweiten Tag hier in diesem verdammten Kaff und warte auf den Flug. Immer wieder passiert mir so was. Und wenn dieses Gewitter in den Monsun übergeht, steht uns ein zweitägiger Fußmarsch durch Dreck und Hitze nach Dhankuta oder Dharan bevor. Irgendwie reicht's mir."

Nun, ich verachtete keineswegs die Dusche in Kathmandu und mein bequemes Bett, hatte aber keinerlei Probleme mit Übernachtungen draußen auf dem Land in Teashops, auf Balkonen und Veranden, in Dachgeschoßen über Ziegen- und Büffelställen, in Almhütten mit und ohne Dach, im Zelt, hinter Steinmauern und in Höhlen. Schlafsack und Campingmatte im Rucksack ließen mich jeweils mit Zuversicht, ja gewisser Abenteuerlust der Nacht entgegensehen. Warum war Richard nur so negativ eingestellt? Er hatte doch Quartier und die Wirtin versorgte uns mit Tee und Essen.

Der wilde Gewitterguss ging in starken, gleichmäßigen Regen über. Die Raini kehrte die großen Wasserpfützen auf dem Lehmboden hinaus und begann Kartoffeln zu schälen.

„Ich habe frische *tongba*, soll ich welche bringen?", fragte sie.

„Ja, bitte."

Tongba ist ein köstliches alkoholisches Getränk. Rai, Limbu und Sherpa sind Spezialisten in seiner Zubereitung. Es besteht aus vergorener Hirse. Ein hohes Holzgefäß wird damit gut zur Hälfte gefüllt. Dazu kommt warmes Wasser. Das Gefäß wird mit einem Holzdeckel geschlossen. Er hat ein Loch, durch welches ein Bambusrohr geführt wird. So kann man das säuerliche Getränk ansaugen. Werden die schlürfenden Geräusche zu laut, wird warmes Wasser nachgegossen. Der Vorgang wiederholt sich, bis der Geschmack nachlässt. Dann muss das Gefäß entleert und mit frischer Hirse gefüllt werden. *Tongba* ist verführerisch: Der säuerliche Geschmack löscht den Durst und der Alkohol verursacht eine wohlige Stimmung. Das ganze Ritual des Zubereitens, der Handhabung und des Schlürfens wirkt beruhigend. Eine kleine Sucht entsteht. Man gleitet schließlich hinüber in seligen Schlaf. Doch die Reue kommt bald, denn *tongba* hat eine derart entschlackende Wirkung, dass man nach kurzem Schlaf hinaus muss und den Eindruck hat, ein ganzes *tar* bewässern und der Fruchtbarkeit zuführen zu können.

„Wie war es denn in Peru, was hast du dort gemacht?", fragte ich Richard.

„Ich arbeitete hoch oben auf dem Altiplano, bei den Quechua, diesen armen Menschen. Man kann's kaum glauben, dass sie die Nachkommen der Inka sind. Das Projekt brachte Bohrungen nieder, um Wasser zu fördern und damit die landwirtschaftliche Produktion der Kleinbauern zu verbessern. Wir hatten nur wenig Erfolg, denn Großgrundbesitzer hatten schon längst die ergiebigsten unterirdischen Adern angezapft. Ihre starken Dieselpumpen förderten das Wasser Tag und Nacht an die Oberfläche durch Rohre, die bis zu einem halben Meter dick waren. Wollten angrenzende Kleinbauern Wasser für ihre Felder, mussten sie dafür bezahlen. Doch kaum jemand konnte es sich leisten. Diese Zusammenhänge hätte man schon vor Projektbeginn erkennen können. Aber die Durchführbarkeitsstudie war schlampig gemacht. Die damals Verantwortlichen sind jetzt in anderen Positionen. Das Scheitern des Projekts wollte keiner zugeben, und so schleppt es sich mühsam weiter. Das war nichts für mich, und so habe ich meinen Vertrag gekündigt. Aber es ist gut, dass ich in Peru war, denn ich habe Dolores kennen gelernt und wir haben geheiratet."

„Und wo wohnt ihr jetzt?"

„In der Nähe von Stuttgart. Nach Peru arbeitete ich als freier Gutachter, zuerst mit mehreren Kurzzeitverträgen für ein Projekt im Tschad und danach hatte ich einige Einsätze in Indien und Bangladesch, immer in meinem Spezialgebiet Bewässerung und ländliche Entwicklung."

Unser Schlürfen war lauter geworden. Die Wirtin goss warmes Wasser auf die Hirse in unseren Holztöpfen. Ein völlig durchnässter Hund kam herein. Noch bevor er sich schütteln konnte, hatte sie ihn hinaus gescheucht und ihm ein Stück Holz nachgeworfen. Dann säuberte sie auf einem Bambustablett Reiskörner von Spelzen und Steinchen und setzte den Reistopf auf den Herd.

„Was macht deine Frau?", fragte ich Richard.

„Anfangs war es für sie nicht leicht in Deutschland. Doch sie lernte schneller Deutsch als ich die spanische Sprache. Sie hatte eine Halbtagsstelle als Kindergärtnerin gefunden und damit Kontakte gewonnen. Alles wäre auf gutem Weg gewesen, doch wir bemerkten starken Haarausfall bei ihr. Krebs! Dolores ist nun in Therapie. Es heißt, die Chancen auf Heilung stünden sehr gut. Ich weiß nicht, ob das stimmt. In meinem Leben ist soviel schief gelaufen. Ein paar glückliche Jahre mit Dolores und jetzt das. Manchmal möchte ich alles hinschmeißen und mit dem ersparten Geld auf eine einsame Insel im Pazifik auswandern."

Die Raini zog aus der Herdöffnung ein wenig Glut und stellte den bauchigen Messingtopf mit dem gekochten Reis darauf. Dann gab sie Zwiebeln, Knoblauch, Chili und die in Würfel geschnittenen Kartoffeln in das heiße Öl einer geschmiedeten Pfanne. Ein scharfes Zischen und dann dieser herrliche Duft! Sie fing Glucke und Kücken ein und stülpte einen Korb über sie. Feierabend für das Federvieh.

„Ich hatte einige Entwicklungshelfer", sagte ich, „die meinten, ihre Probleme in Deutschland würden sich lösen, wenn sie nach Nepal kämen. Es ging nicht lange gut, dann kehrten sie zurück. Das Abhauen in weite Fernen hilft wohl nichts."

„Ja, ich hab' das auch nicht so ganz ernst gemeint", entgegnete Richard. „Bei Dolores bleibt uns nur die Hoffnung, aber was meinen Beruf betrifft, ich weiß nicht, ob ich so weiter machen soll. Ich bin nun seit einundzwanzig Jahren in diesem Geschäft, ein richtiger 'Landsknecht der Entwicklungshilfe', wie man so treffend sagt, und habe aber noch acht Jahre bis zur Rente. Was habe ich erreicht?"

„Das festzustellen ist schwierig."

„Schau, wie viele internationale Konferenzen – unser zuständiger Bundesminister sprach einmal von ‚internationalem Konferenzzirkus' – hat es gegeben, um die Armut auf der Welt zu bekämpfen, und was ist das Ergebnis? Die Schere zwischen Arm und Reich wird immer größer. Viele Industrieländer hatten 1977 unterschrieben, 0,27 % ihres Bruttosozialprodukts für die Entwicklungszusammenarbeit aufzuwenden und 1980 verpflichteten sie sich auf 0,7 %. Nur wenige ließen Taten folgen. Ständig werden die Entwicklungsländer aufgefordert, ihre Rahmenbedingungen zu verbessern, wo wir die Rahmenbedingungen in unserem Verhältnis zu ihnen nicht ernsthaft ändern. Die einzelnen Zugeständnisse an die wirtschaftlich am wenigsten entwickelten Länder dienen doch eher unserer Gewissensberuhigung. Denke an unsere Einfuhrquoten und Importzölle, z.b. für Textilien und Bekleidung, Lederwaren und landwirtschaftliche Produkte, und denke an die Subventionen zur Unterstützung unserer Landwirtschaft! Diese haben doch zur Folge, dass unsere erzielten Überschüsse zu Dumpingpreisen in den Entwicklungsländern abgesetzt werden und das dortige Marktgefüge zum Schaden von Millionen Kleinbauern völlig durcheinander bringen. Mir ist ein Fernsehbericht ins Gedächtnis eingebrannt. Er zeigte eine völlig verzweifelte Bauersfrau mit ihren zwei kleinen Kindern in Maharasthra. Ihr Mann hatte Selbstmord begangen, weil er die Schande der Verarmung nicht mehr ertrug, die daher rührte, dass subventionierte Baumwolle aus Spanien den lokalen Markt ruinierte. Als Witwe verlor sie zudem Ansehen in der Gesellschaft. Sie sagte: ‚Und wir wollten doch nur glücklich leben.' Für wie viele Tausende dieses Schicksal wohl steht? Was geschieht mit den unzähligen Straßenverkäufern in Indien, wenn es westlichen Supermarktketten gelingt, in diesem großen Land Fuß zu fassen? Mithilfe von Freihandelsabkommen soll genau das erreicht werden.

Und es ist doch auch so, dass die reichen Länder des Westens die armen des Südens veranlassen und oftmals geradezu zwingen, Lebensmittel nicht für die eigene Bevölkerung, sondern für den Weltmarkt anzubauen, um ihnen dann den Weltmarkt teils zuzusperren. So kann Gerechtigkeit nicht funktionieren. Faire Handelsbeziehungen würden das meiste, was wir in der Entwicklungszusammenarbeit machen, erübrigen und dieses beleidigende Bemuttern, dieses Paternalismusverhältnis zwischen sogenannten Gebern und Empfängern beenden und ebenso all die Auflagen und Interventionen von außen. Wie verräterisch sind schon die Ausdrücke, die wir verwenden: 'Dritte Welt', 'Empfänger', 'Begünstigte', *'beneficiaries'*, 'Zielgruppen', wo es doch selbstverständlich sein sollte, dass jeder Mensch und jede Gesellschaft in Not, egal ob im Norden oder Süden, Westen oder Osten, Anspruch auf Hilfe hat. Das sagt einem nicht nur der ganz normale Verstand, sondern auch jede gute Philosophie und jede der großen Weltreligionen. 'Anspruchsberechtigte' und 'Partner' wären deshalb der richtigen Bezeichnungen für Menschen in Notsituationen. Vor allem diejenigen Gesellschaften, die unter dem Kolonialismus litten und dem Neokolonialismus ausgesetzt sind, haben Ansprüche und keinen Grund, sich in Dankbarkeit den 'Gebern' gegenüber zu üben. Letztere haben eine Bringschuld abzuleisten. Und wenn sie helfen, dann muss das Hilfe ohne Hintergedanken sein und Hilfe, die tatsächlich gebraucht wird. Und wie ist das mit unserer deutschen Entwicklungshilfe? Wird sie ohne Hintergedanken geleistet oder gab und gibt es nicht immer wieder egoistische Begründungen, zugegebene und heimliche, wie die Bekämpfung des Kommunismus, das Einwerben von Länderstimmen in der UNO zugunsten Deutschlands, Rohstoffsicherung? Wurde unsere Hilfe nicht immer wieder gekoppelt an 'Lieferbindungen' für deutsche Produkte und an 'Zweitnutzen' für deutsche Firmen? Entwicklungshilfe als Exporthilfe? Mir ist übel von all unserer Scheinheiligkeit."

„Ja, ja Richard du hast ja in vielem recht, aber ..." Doch er war jetzt nicht zu bremsen und fuhr fort:

„Und bedenke, was große westliche und japanische Holzfirmen so alles anrichten in Brasilien, Indonesien und Zentralafrika, die Ölfirmen im Amazonasbecken und in Nigeria, die Bergbaukonzerne im Kongo, die schwimmenden Fischfabriken auf den Weltmeeren, welche sogar in den Hoheitsgewässern von Entwicklungsländern wildern, die großen Agro-Konzerne, welche riesige Plantagen in den Entwicklungsländern mit nachteiligen ökologischen und ökonomischen Folgen für die Menschen dort betreiben. Und jetzt lassen diese Konzerne auch noch ihre genetisch manipulierten Sorten und Arten patentieren und zwingen die Bauern, das veränderte Saatgut zusammen mit den benötigten Chemikalien zu kaufen und die Produkte über ihre Handelsketten abzusetzen.

Ist die Umwandlung der Produktion für den Eigenbedarf in Zuckerrohr-, Mais-, Soja- und Palmölplantagen für den Export schon problematisch genug, geschieht das häufig auch noch durch Landraub! Weil die Leute keine Besitzurkunden für ihre Felder haben, werden sie vertrieben und wird ihr Land nationalen und internationalen Investoren verpachtet oder verkauft. *Landgrabbing* für den Export! Denk an den Jagdtourismus in Kenia und Tansania, wo Massai-Nomaden ihre traditionellen Nutzungsrechte verlieren und ihr Land wohlhabenden Großwildjägern aus dem Ausland zugänglich gemacht wird, damit sie ihr Hobby ausüben können! Für Tourismusentwicklung und Deviseneinnahmen ist so mancher Nationalpark eingerichtet worden, wobei Menschenrechte kaum eine Rolle spielten. Denk an die Biopiraterie in den Urwäldern, wo wertvolle Pflanzen von westlichen Firmen entnommen und patentiert als Ware auf dem Weltmarkt feilgeboten werden. Samen und Heilpflanzen werden also privatisiert. Die Menschen im Dschungel haben kaum etwas davon. In all diesen Fällen wird die geringe politische Verhandlungsmacht der lokalen Bevölkerung schamlos ausgenützt.

Und dann die Erbauer von großen Staudämmen in Indien und anderswo, denen die Vertreibung tausender Familien egal ist. Viele dieser Konzerne sind ausgestattet mit Krediten von unseren Großbanken, und so manche Projekte werden obendrein noch abgesichert durch staatliche Exportbürgschaften, also durch unser Steuergeld! Da spielt die Musik! Und da kommen wir daher mit unserer Entwicklungshilfe und wollen etwas bewirken. Einfach lächerlich, diese Alibiübungen. Europa, Nordamerika und Japan sitzen doch wie Riesenkraken auf dem Rest der Welt und bedienen sich der Ressourcen zu ihrem eigenen größeren Vorteil. So ist eigenständige wirtschaftliche Entwicklung der ärmeren Länder nicht möglich. Mir kommt da ein Satz von Leo Tolstoi in den Sinn: 'Ich sitze auf dem Rücken eines Menschen und würge ihn und zwinge ihn, mich zu tragen und versichere gleichzeitig mir selbst und anderen, dass er mir leid täte und ich wünschte, sein Los zu erleichtern durch jede mögliche Maßnahme, nur nicht durch die eine, nämlich von seinem Rücken zu steigen.'[80] Diese ‚Rahmenbedingungen', diese Systeme – der Schweizer Soziologe Jean Ziegler nannte das ‚kannibalische Weltordnung' – müssen entwirrt und entwickelt werden, d.h. wir müssen bei uns anfangen, ansonsten wird die Zahl der Armen immer weiter steigen. Sicher, die sog. Entwicklungsländer haben auch ihre Hausaufgaben zu erledigen. Da sind gewaltige Anstrengungen nötig. Wie sollen sie da auch noch die Kraft aufbringen, sich der Tentakeln der Kraken zu erwehren?

Und dann noch was. Du kennst doch die Situation auf dem Land und weißt, wie die Menschen hier leben. Haben wir westliche so genannte Entwicklungshelfer nicht das Schneller, Größer, Mehr gleichsam in den Genen und rauben mit dieser Herangehensweise den Bauern so die Werte und Vorteile ihrer Selbstversorgungswirtschaft? Die Jahreszeiten bestimmen ihr Leben und ihre Arbeit: Feldbestellung, Versorgen der Tiere im Hof oder auf den Almen, Ernten, ein paar Wochen Arbeiten für Touristen oder in indischen Fabriken. Es ist jedes Jahr dasselbe. Ihr Leben ist wie in einem Kreis geschlossen. Soll man ihn aufbrechen? Führen wir die Menschen mit unserer Zusammenarbeit in eine andere Welt und nehmen ihnen ihren Reichtum? Wirken wir ergänzend oder ersetzend? Stehen wir den an westlichen Universitäten ausgebildeten ‚Eliten' nicht näher als den Bedürftigen? Sind wir also überhaupt geeignet?"

Ich teilte ja Richards Feststellungen im Großen und Ganzen und freute mich über sein jugendliches Feuer des Aufbegehrens im Sinne der gerechten Sache, das bei vielen seines Alters schon längst erloschen ist, wusste aber nicht gleich zu antworten. Was konnte den Monsterwogen seiner Argumentation entgegengesetzt werden? Was konnte sie ein wenig glätten?

Die Wirtin verließ mit einem zerzausten und von der Sonne gebleichten Schirm den Teashop und kam kurz darauf zurück mit dem Flugplatzleiter und

---

[80] Zit. nach Schumacher Ernst Friedrich, Small is beautiful. A Study of Economics as if People mattered, London 1993, 172.

einer weiteren Person. Auf schönen Messingtellern – ich erkannte die Handschrift der Meister im nahen Ort Chainpur – reichte sie uns das Essen: Reis *(bhat)*, Linsen *(dal)*, Kartoffelgemüse *(tarkari)* und scharfe Pickels *(azar)*.

„Morgen wird das Wetter gut sein", sagte der Beamte, „ich hatte Funkkontakt mit Kathmandu. Am späten Vormittag, wenn der Flugplatz abgetrocknet sein wird, kommt die Maschine."

„Vielleicht", meinte Richard und zeigte hinaus auf den Regen.

„Nein, gewiss. Die in Kathmandu sagen, der Monsun habe gerade den Süden Indiens erreicht. Vor der zweiten Juniwoche wird er bei uns nicht ankommen. Die Wetternachrichten sind jetzt besonders zuverlässig, denn die Bauern müssen wissen, wann sie den Reis pflanzen können. Das jetzt ist noch nicht der Monsun."

Richard hatte schnell seine Portion gegessen. Ich liebe *dalbhat* über alles und konnte mich manchmal mit den Einheimischen messen (allerdings nicht mit Trägern; ich hatte aber auch noch nie im Leben solche Lasten wie sie auf dem Rücken) und ließ mir gerne ein zweites Mal auftragen.

„Essen Sie nur, es ist noch von allem da!", forderte uns die Wirtin auf und holte zu einem dritten Nachschlag aus.

„Nein, nein, *bahini*, es reicht, danke."

Sie stellte die Teller neben den Herd auf den Boden. Sogleich erschien der Hund aus der Dunkelheit und leckte auch das letzte Reiskörnchen auf.

„Gute Nacht, schlafen Sie gut und bis morgen", verabschiedeten sich die beiden Nepali.

Noch einmal wurde unsere *tongba* erneuert. Der Alkohol ließ Richard die gehüteten Grenzen um sein eigenes Ich überschreiten. Es brach unvermittelt aus ihm heraus:

„Hermann, eigentlich wäre ich wie gesagt am liebsten auf einer kleinen Insel im Pazifik, weg von allem. In letzter Zeit kommt es mir so vor, als wäre in mir ein schwarzes Loch, in dem alles versinkt, aller Antrieb alle Freude. Ich wünschte mir manchmal, dass ich viel älter wäre. Gestern Abend saß ich da oben unter dem Dach und heulte. Ich weiß nicht, was mit mir los ist, was ich in den nächsten Jahren machen soll."

Ich erschrak über das Ausmaß seiner offensichtlichen Not und gleichzeitig über meine eigene Situation. Kann man einer solchen Öffnung, solchem Vertrauen mit Schweigen begegnen? Was sollte ich aber antworten?

Lange saßen wir uns wortlos gegenüber, rührten mit dem Bambusrohr in der *tongba* herum, tranken aber nicht mehr. Die Raini hatte inzwischen die Töpfe, Teller und Teegläser gereinigt und den Ofen mit Lehmschlämme bestrichen. Er sah aus wie neu.

„Sie will schlafen", sagte ich, „gehn wir nach oben!"

Wir nahmen eine der beiden Öllampen und stiegen hinauf. Den Strohmatten misstrauten wir, da sie oft von Flöhen bewohnt werden. Wir rollten unsere Campingunterlagen aus und deckten uns mit den Schlafsäcken zu. Über uns hingen Maisbündel vom Firstbalken. In den Ecken standen einige Vorratskörbe und ein Mahlstein mit hölzernem Handgriff zum Drehen. Es hatte aufgehört zu regnen. Doch vom Blattwerk des Pipal fielen noch schwere Tropfen auf das Dach.

„Entschuldige, Hermann, wegen vorhin, wir brauchen uns darüber nicht zu unterhalten."

„Ist schon gut."

„Mich würde nur interessieren, woher du deine Motivation in diesem Geschäft nimmst."

„Glaube mir, ich war oft genug auch im Motivationsloch. Wenn es schlimm wurde, verließ ich Kathmandu, machte eine Dienstreise aufs Land hinaus, meist zu Fuß. Mir ging es dabei wie dem Wissenschaftler Edward W. Cronin, der monatelang Flora und Fauna hier im Arungebiet erforschte und ungefähr so schrieb: 'Der Rhythmus des Laufens war für mich ein Komfort wie kein anderer. War ich niedergeschlagen, dann gab es dagegen keine bessere Medizin. Musste ich nachdenken und war unfähig, im Sitzen zu meditieren, dann befreite das Laufen meinen Kopf wie keine andere Maßnahme.'[81] Ich kam jedes Mal ganz anders zurück. Die Leute draußen motivieren mich. Das große internationale System können wir mit unseren bescheidenen Einsätzen kaum und allenfalls nur langfristig in kleinsten Schritten beeinflussen. Ich kam heute Morgen von einem kleinen Projekt zurück. Seit November letzten Jahres hat ein Entwicklungshelfer zusammen mit den Dorfbewohnern an einem Trinkwassersystem gearbeitet. Vieles können sie selbst. Aber die neuen Materialien, Zement für den Bau der Tanks und das Polyäthylen, aus dem die Rohre sind, erfordern Lernen und Vermitteln. Vier Maurer aus dem Dorf sind nun ausgebildet und zwei junge Leute, die mit den Rohren umgehen können. Das Dorf bezahlt diese Fachkräfte, wenn etwas an der Anlage kaputt ist und sie reparieren müssen. Ungefähr sechzig Familien haben jetzt sauberes Trinkwasser und die Frauen müssen nicht mehr von so weit her die Wasserkrüge schleppen. Ich habe auch gesehen, wie einige das Abwasser der Zapfstellen nützen und kleine Gemüsebeete anlegten und wie andere große Kuhlen gruben, worin nun die Büffel baden. Außerdem kann so eine Trinkwasseranlage die Dorfbewohner zusammenbringen, denn sie alle haben ja Vorteile davon. Ich denke, da hat sich unser Einsatz doch gelohnt."

„Schon, das sind aber nur Tropfen auf den heißen Stein."

---

[81] Cronin Edward W., The Arun. A Natural History of the World's deepest Valley, Boston 1979, 58.

„Ja, aber doch besser als gar nichts tun. Nimm die Beratungsarbeit. Ihre Ergebnisse sind nicht so ohne weiteres sichtbar und messbar. Was da in den Köpfen hängen bleibt, kommt vielleicht erst in Monaten oder gar Jahren zum Tragen. Aber ich denke, das Gespeicherte kann Vertrauen zu sich selbst fördern, da man weiß, man besitzt 'Saatgut' und kann es vielleicht aussähen, wenn Zeit und Umstände es erlauben. Und Befähigung der ärmeren Gesellschaftsschichten, für die wir doch da sind, führt auch dazu, vermeidliche und unvermeidliche Abhängigkeiten von Natur und Gesellschaft zu erkennen und gegen vermeidliche anzugehen durch Kritik, Äußern der Bedürfnisse, Zusammenschlüsse und Aktionen. Schau, viele, die meisten, und vor allem Frauen, trauen sich ja zum Beispiel nicht recht, in eine staatlich geförderte Bank, in ein Forstbüro oder zum CDO (*Chief District Officer*) zu gehen, um ihre Anliegen vorzutragen, weil sie nicht lesen und schreiben können, weil sie ihre Rechte nicht kennen und weil sie einfach unsicher sind. Da kann Entwicklungszusammenarbeit viel erreichen, was man auf Anhieb nicht so sieht, wie etwa fünf Kilometer gebaute Straße."

„Und du sprachst vorhin von den Kraken", fuhr ich fort, „auch sie sind verwundbar. Denke doch an all die Menschenrechtsorganisationen, Umweltbewegungen und -parteien, Netzwerke, Bürgerinitiativen, kritischen Presse-, Radio- und Fernsehleute bei uns und die vielen vernünftigen und gutwilligen Touristen hier, die es neben den anderen ja auch gibt. Manche engagieren sich zuhause, wenn sie nach einer Reise in ein Entwicklungsland Einblick in die Zusammenhänge gewonnen haben. All das ist eine Macht. Man kann sie nutzen, viel leichter mit den heutigen Mitteln der Kommunikation als früher."

Beide lagen wir nun schweigend da. Ich blickte auf den kunstvoll gearbeiteten Dachstuhl und die sorgfältig angebundenen Bündel langen Grases, die als Bedeckung dienten. Eine große Spinne begann zwischen Bambussparren und Maisbündeln ihr Netz zu weben. Draußen hatten nach dem Regen die Riesengrillen ihr Konzert wieder aufgenommen.

„Ein wenig beneide ich dich um deine positiven Erfahrungen", nahm Richard die Unterhaltung wieder auf, „doch stell dir vor, ich muss jetzt einen Prüfbericht zu dem Projektantrag der nepalischen Regierung schreiben und verantworten und wir konnten nur ganz oberflächlich recherchieren. Aus Gründen der 'Barmittelknappheit', so hieß es, konnte man uns nur mit kurzen Verträgen ausstatten. Es war zeitlich nicht möglich, eine Analyse der Gruppen, die durch das Projekt gefördert werden sollen, durchzuführen. Ich beanstandete das bei der Vertragsunterzeichnung. Man sagte mir, die Betroffenen seien die gleichen wie in den Nachbardistrikten, wo ein Projekt mit britischer Unterstützung arbeitet. Aber du weißt selbst, wie komplex die nepalische Gesellschaft ist mit ihren verschiedenen Kasten, Ethnien, Religionen und sozialen Schichten. Da kann man nur selten von einer Region auf die andere übertragen. Und wir hatten auch nicht genügend Zeit, die Stärken und Schwächen der nepalischen Institutionen herauszufinden. Doch sie sollen ja das Projekt mit unserer Unterstützung durchführen. Und jetzt, Hermann, halte dich fest: Partizipation aller Beteiligten, das ist doch der wichtigste Grundsatz in der ganzen Projektarbeit. Früher hatte man drei bis fünf Tage Zeit, mit den Vertretern der wichtigsten Betroffenen das künftige Projekt zu planen. Wir haben dafür nur einen Tag, einen einzigen! Übermorgen findet der Workshop in Kathmandu statt. Was blieb uns denn anderes übrig, als selbst die erste Projektphase bis ins Detail zu planen, damit die Veranstaltung nicht in einem Fiasko endet? Hier im Rucksack sind unsere zehn Seiten. Wir werden das in Kathmandu auf Kärtchen übertragen, diese auf Pinnwände kleben und vorstellen. Es wird ein paar Diskussionen geben und dann werden die Teilnehmer notgedrungen alles abnicken. Das ist heute partizipative Planung! Da wäre es doch wohl besser, das Projekt erst gar nicht anzufangen."[82]

Zum Glätten dieser Woge fiel mir nun wirklich nichts ein. Ich hoffte nur, dass es sich um einen Einzelfall handelte. „Und", meinte Richard, „vielleicht war ich noch nie besonders gut in diesem Geschäft. Jedenfalls merkte ich, dass ich nicht die Qualität erbrachte, die ich eigentlich von mir verlange. Vielleicht bin ich zu alt. Um komplexe Zusammenhänge zu erkennen und durchdenken, brauche ich einfach mehr Zeit. Vielleicht können das Jüngere besser und schneller."

Nach einer Pause fuhr er fort: „Du sagtest vorhin, manchmal sei eure ganze Mannschaft verunsichert gewesen. Wie habt ihr denn so etwas bewältigt?"

„Meistens hat sich das von selbst wieder gegeben. Die Entwicklungshelfer haben sich in solchen Situationen gegenseitig unterstützt. Doch einmal war es wirklich kritisch. Zwei kündigten fast gleichzeitig ihren Vertrag kurz vor der alljährlichen Vollversammlung. Und die allgemeine Stimmung gegen unsere Zentrale in Deutschland war gereizt, weil wegen Sparmaßnahmen die Reisekosten für Entwicklungshelfer gekürzt wurden. Das beeinträchtigte den regelmäßigen Austausch in den gebildeten Fachgruppen – ihre Mitglieder waren ja im ganzen Land verstreut – und im Mitbestimmungsausschuss, der von der Vollversammlung gewählt war. Dazu wurde wieder mal der Sinn der Entwicklungszusammenarbeit insgesamt in Frage gestellt, so etwa mit deiner Argu-

---

[82] Ein nepalisches Monatsmagazin machte sich über solche Rituale lustig, druckte ein Foto von einer nur aus Männern bestehenden „Tafelrunde" und gab ihm den Titel „High priests of development at local pujia" (Hohe Entwicklungspriester beim Zelebrieren eines Gottesdienstes.): Gyawali Deepak, Stress, Strain and Insults, in: Himal, Vol. 5, No. 5, 1992, 10.

mentation von vorhin mit den Riesenkraken. 'Jetzt nur keine Kündigungswelle!', ging es rum. Doch das verstärkte eher noch die ganze Krise. Da dachte ich mir, meine Motivationskünste sind begrenzt, meine Argumente kennen die Entwicklungshelfer schon längst, vielleicht ist es besser, mal auf eine Person von außerhalb des Deutschen Entwicklungsdienstes zu hören. Es hatte sich im Lauf der Jahre um uns herum ein Netz von Vertrauenspersonen gebildet. Eine solche lud ich ein zur Vollversammlung."

„Einen Nepali?"

„Ja."

„Und, was hat der Mensch gesagt?"

„Er war fast zwei Stunden bei uns zu Gast. Ich kann mich an einige Linien seiner Ausführung erinnern, sie aber nur ganz verkürzt wiedergeben. Er gebrauchte zunächst das Bild eines Trägers, der mit großer Last eine Hängebrücke überqueren möchte, auf der du ihm begegnest. Die Last ist am Verrutschen. Er kann sie aber mitten auf der wackligen und schmalen Brücke nicht absetzen, ordnen und wieder aufnehmen. Er guckt dich Hilfe suchend an. Wirst du ihm nicht helfen und die Last auf seinem Rücken zurechtrücken? Das ist ein ehrliches Bild. Die Last wird Nepal weiterhin selbst zu tragen haben. Doch wir können helfen, dass Nepal sie bewältigt."

„Hm. Und was war sein weiteres Argument?"

„Im Verlauf der Aussprache äußerte sich einer der Entwicklungshelfer etwa so: 'Wir fühlen uns manchmal mehr als Nepali, als viele Nepali sich selbst. Ich meine vor allem solche in Kathmandu, die den westlichen Lebensstil unkritisch anbeten, während wir lieber die traditionellen Strukturen erhalten und unterstützen wollen, wo sie gut sind. Wie sollen wir uns da verhalten?' Unser Gast, Kedar Mathema hieß er, später wurde er Vizekanzler der Universität von Kathmandu, antwortete ungefähr so: 'Diese Frage berührt mich auch persönlich, denn bevor ich mit Jugendlichen aus westlichen Ländern zusammenkam, war ich selbst sehr materialistisch eingestellt. Dies änderte sich erst durch den Kontakt mit ihnen. Im Westen habt ihr einen Punkt erreicht, von dem ihr jetzt zurückkommt oder zumindest versucht, zurückzukommen. Ihr versucht, die Zerstörung der Wälder aufzuhalten, ihr wendet euch gegen die Verschlechterung der menschlichen Wohn- und Lebensbedingungen, ihr wendet euch gegen zu viele Autos und Maschinen, kurz gegen die in allen Bereichen stattfindende Dehumanisierung und Zerstörung sozialer Werte. Ihr versucht also, die gleiche Straße zurückzugehen, nachdem ihr dort euer Ziel erreicht hattet. Wir Nepali folgen dieser Straße noch in der umgekehrten Richtung, und auf halber Strecke treffen wir auf euch Entwicklungshelfer und ihr könnt uns sagen, dass wir dieser Straße nicht bis zum Ende folgen sollen, weil wir dort schlimme Dinge sehen würden. Ihr fordert uns also auf, schon jetzt mit euch den Rückweg anzutreten. Und wir haben ja tatsächlich viele gute Quellen, aus denen wir schöpfen könnten. Aber wir, ohne die Erfahrung, die ihr gemacht habt, trauen euren Worten nicht. Ihr seid auf der Suche nach Alternativen, weil ihr eure Erfahrungen gemacht habt. Ich fürchte, wir können erst umkehren, wenn auch wir das Erlebnis des Irrweges hinter uns haben. Glaubt nicht, dass die Begegnung mit euch keinen Einfluss auf unsere Gesellschaft hätte. Entwicklungsdienste haben eine ganze Menge vernünftiger Sachen getan und man kann ihre Leistungen nicht daran messen, wie viele Projekte sie durchgeführt oder wie viele Straßenkilometer sie gebaut haben. Entwicklungsdienste haben Einfluss auf die Meinung der Leute und ihre Verhaltensweisen ausgeübt und das ist sehr wichtig.'"

„Das klingt überzeugend", meinte Richard, „doch ich glaube, dass nur wenige ausländische Fachkräfte sich solche Gedanken machen und mit den Nepali diskutieren. In meinem Vorbereitungskurs vor der Ausreise nach Peru kamen solche Themen nicht zur Sprache."

Die viele *tongba* tat nun ihre Wirkung. Wir stiegen die Leiter hinab. Neben dem Herd schlief unsere Wirtin auf einer Strohmatte. In der Ecke bei der Glucke und den Küken lag der Hund. Er rührte sich nicht, blinzelte uns nur aus halbgeöffneten, schläfrigen Augen an und ließ uns passieren. Es empfing uns ein leichter, erfrischender Fallwind aus den Himalayabergen. Am gegenüberliegenden Bergrücken, hinter dem Bojpur liegt, blinkten zwei Feuer, die wahrscheinlich die Nachtlager einiger Träger erwärmten. Die Sterne leuchteten klar ohne zu funkeln.

„Das Wetter bleibt gut", meinte ich, „der Flieger wird kommen."

„Unglaublich, wie beim Reden die Zeit vergeht, es ist schon 11 Uhr, wir sollten jetzt schlafen", sagte Richard als wir wieder auf den Matten lagen und fuhr fort: „Es wird schon alles so ungefähr sein, wie wir das beredet haben und wie das dieser Kedar Mathema euch dargelegt hat. Ich würde ihn gerne kennen lernen. Doch, trotzdem, das kann mich nicht motivieren, ich fühle mich total ausgebrannt, bin wohl zu lange mit den gleichen Dingen beschäftigt."

Ich kramte lange in meinem Gedächtnis und erinnerte mich schließlich, dass der Gast unserer Vollversammlung ungefähr auch noch Folgendes gesagt hatte:

„'Das Bild von dem Träger mit seinem Problem der verrutschten Last spricht wohl uns alle in gleicher Weise an. Dem Träger zu helfen, ist selbstverständlich. Das Folgende aber muss jeder für sich persönlich bedenken, da jeder von uns einen eigenen Cocktail guter und schlechter Erfahrungen und Qualitäten besitzt, den der andere nicht kennt, wenigstens nicht bis in den innersten Kern. Doch bis zu diesem muss man hinabsteigen, wenn gar nichts mehr zu gehen scheint.' Und er fuhr fort: 'Blicke ich in mein Leben, dachte ich nach einer Kette von Missgeschicken so manches Mal, das ist das Ende und verharrte einige Tage in dieser destruktiven Stimmung. Doch irgendetwas in mir bäumte sich dagegen auf, und es ging irgendwie weiter. Im Laufe der Zeit lernte ich aus solchen Situationen mir zu sagen: Das ist nicht das Ende, sondern der Beginn von etwas Neuem, in dir steckt nicht nur Schwaches, du hast auch Stärken, du hast nicht nur Tragödien erlebt sondern auch Phasen des Glücks, du hast nicht nur Misserfolg gehabt mit deinen Entscheidungen sondern da und dort etwas erreicht. Finde all das heraus. Sind dir von tausend Rupien vierhundert abhanden gekommen, ärgere dich nicht endlos über den Verlust, sondern freue dich über die verbliebenen sechshundert und mache was Sinnvolles mit ihnen. Fertige eine Liste deiner positiven körperlichen, intellektuellen und geistigen Qualitäten an und überlege, wie du sie einsetzen kannst. Rebelliere nicht gegen das, was nicht zu ändern ist, sondern wende dich dem zu, was du mit deinen Fähigkeiten tun und beeinflussen kannst. Lass los von deiner alten Betätigung, wenn du ihr nicht mehr motiviert nachgehen kannst und lasse dich ein auf Neues, wenn du denkst, dafür besser geeignet zu sein.' So ungefähr führte er aus."

Dann sprachen wir nichts mehr.

Die Spinne hatte ihr eifriges Hin und Her beendet und saß still an die Unterfläche des Strohdachs geklammert. Sie hatte ihr Werk noch nicht vollendet. Irgendetwas muss sie gestört haben. Ab und zu, je nach dem, wie der Schein der unruhigen Flamme fiel, glänzten einige Fäden auf. Es war wohl das Gerüst, das sich die Spinne gebaut hatte, um später ihr Netz daran zu befestigen, das sie tragen würde.

Der Flug nach Kathmandu klappte. Über Umwege hörte ich ein Jahr später, dass Dolores wieder ganz gesund geworden war und sich Richard aus der Entwicklungszusammenarbeit zurückgezogen hatte. Womit er sich seither beschäftigte, erfuhr ich nicht.

Lebensinseln in den Wolken

(1993)

*„Bauer zu sein ist am besten, als Händler zu leben am zweitbesten, ange-
stellt zu sein ist am schlechtesten."*

Nepalisches Sprichwort

*„Mit Landwirtschaft ist mehr verbunden als nur Gewinnen von Einkommen
und Senkung von Kosten: Verbunden ist die ganze Beziehung zwischen
Mensch und Natur, der Lebensstil einer Gemeinschaft, Gesundheit, Glück
und Harmonie des Menschen und auch die Schönheit seiner Heimat."*

Ernst Friedrich Schumacher, Small is beautiful

Unterwegs im Monsun

Wir saßen in Nebel- und Schneetreiben auf dem Larkya-Pass in 5213 Metern
Höhe. Neben uns lagen einige Gebetsfähnchen auf einem Steinhaufen (*lab
tze*), der mit fast jedem Vorüberkommenden größer wird. Auch wir legten Steine
dazu, um durch das wachsende Wegzeichen anderer die Orientierung zu erleichtern, denn der Pfad führt auf beiden Seiten des Sattels über schuttbedeck-
te, öde Gletscherflächen. Diese bewegen sich langsam und verändern ständig
die kaum sichtbaren Wegspuren. Es war anfangs September. Wir steckten in
dicken Monsunwolken nördlich des Manaslu, eines Achttausenders in Zentral-
nepal. Doch der war verborgen wie die ganze Welt um uns herum. Wir – Dietlinde, Dawa Sherpa, Kumar Rai, Kanchha Sherpa und ich – hatten den Höhepunkt unseres 34-tägigen Fußmarsches mitten im Monsun erreicht. Ich genoss
diese Rast wie selten eine davor. Gestern hatte sich eine Druckstelle im Schuh
zu einer eiternden Wunde entwickelt. So etwas passiert meist im Monsun,
wenn die Füße ständig nass oder feucht sind und alle möglichen Erreger im

Morast der Pfade lauern. Die letzte Nacht war ich mit leichtem Fieber im Schlafsack gelegen. Nur unter Schmerzen war es mir am Morgen gelungen, den geschwollenen Fuß in den Schuh zu schieben. Jeden Schritt spürte ich während des Weges hier herauf. Doch kurz vor dem Pass war der Druck plötzlich weg. Ich zog den Schuh aus und sah ein tiefes Loch, wo heute Morgen noch eine dicke Eiterbeule leuchtete. Die Massage der Tausende von Schritten hatte das Problem gelöst. Die Beule war geplatzt.

Vor zehn Tagen übernachteten wir in Chumchet. In den kleinen Häusern des Weilers konnten wir nicht aufgenommen werden, so boten uns die gastfreundlichen Leute ihre *gomba* an. Es goss in Strömen. Wir schliefen selig unter dem Schutz von Guru Rinpoche, der milde auf uns herunterblickte. „Wir" schliefen, das war wieder mal eine dieser subjektiven Wahrnehmungen, denn Dietlinde hatte überhaupt keinen Schlaf gefunden. Sie weckte mich nach Mitternacht, zündete eine Kerze an und bat mich, ihren Rücken zu massieren und in unserer Rucksackapotheke nach etwas Linderndem zu suchen. Ein fürchterlicher Hexenschuss hatte sie fast bewegungsunfähig gemacht. Auch so etwas passiert oft im Monsun. Obwohl wir unsere Wäsche zu trocknen versuchten, wann immer es ging, blieb sie feucht vom Regen, von der mit Wasserdampf gefüllten Luft und vom Körperschweiß. Dabei ist die Rückenpartie, an der stundenlang der Rucksack anliegt, eine besondere Problemzone. Ein kleiner Luftzug über die feuchte Haut und schon ist es passiert. Wir stellten uns auf einen Ruhetag ein. Doch wir waren in Sorge, denn unsere Aufenthaltserlaubnis für dieses Gebiet war zeitlich begrenzt. Aber eine zähe Trekkerin steckt einen Rückschlag wie diesen weg. Dietlinde wollte keinen Ruhetag einlegen, und wir schafften die nächsten Etappen innerhalb des vorgegebenen Zeitrahmens.

Vor 15 Tagen erlebte unsere kleine Gruppe die kritischste Situation während der ganzen Reise. Bei der Ortschaft Sirdibas wollten wir den Ghattekhola, einen kleinen, aber während der Monsunzeit schnell fließenden Seitenarm der Buri Gandaki überqueren. Da glitt Dawa Sherpa auf den überbrückenden runden, glitschigen Bohlen aus. Im Fallen hatte er blitzschnell Arm und Bein um einen Stamm geschlungen. Dawa hing da wie ein Reckturner vor dem Knieaufschwung. Er lag mit dem Rücken im rasenden Wasser und versuchte verzweifelt, sich zu befreien. Doch der Aufschwung gelang ihm nicht. Er konnte nicht gelingen, denn der sofort mit Wasser gefüllte Rucksack war nun doppelt und dreifach so schwer wie vorher und hielt Dawa wie ein Anker im Wasser. Mit aller Kraft zogen zwei von uns an Dawas Arm, die anderen beiden an seinem Bein. Bleich kroch Dawa auf die Brückenstämme. Wir waren nicht weniger blass geworden: Etwa 100 Meter entfernt mündete der Ghattekhola in die tobende Buri Gandaki ...

Vor 17 Tagen waren wir mitten in dem 800 Meter hohen Hang unterwegs, der aus der Talsohle der Buri Gandaki-Schlucht hinaufführt nach Uhiya, einem Bergdorf hoch oben, dort wo die Neigung der Schlucht nachlässt und Platz für Häuser und Felder ist. Um den steilen Aufstieg leichter zu bewältigen, hatten die Leute den Weg in vielen kleinen Kehren angelegt und hunderte von Treppenstufen aus Stein gebaut. Wir hatten etwa die Hälfte des Aufstiegs geschafft, als wir an einem Baum einen Zettel fanden. Er war mit Holzstiften an der Rinde befestigt und informierte über den Termin, zu dem die Familien von Uhiya aufgerufen waren, den Weg in Gemeinschaftsarbeit zu reparieren. Wir studierten den Text, ruhten uns etwas aus und aßen einige Kekse. Plötzlich ein Krachen hoch oben! Über die Felswand, etwa 20 Meter entfernt, stürzte eine ganze Armada von Felsbrocken genau auf den Weg vor uns! Hätten wir unseren Aufstieg nur einige Momente früher fortgesetzt, es hätte kein Entrinnen gegeben. Als wir den Felsriegel durchstiegen hatten, sahen wir, dass eine Maisterrasse mit ihrer Stützmauer abgebrochen war. Sie waren dem Druck der durchtränkten Erde nicht mehr gewachsen gewesen und hatten die Kanonade ausgelöst.

Welcher Dämon des Himalaya hatte uns nur geritten, ausgerechnet jetzt, mitten in der Monsunzeit, durch eine der tiefsten Schluchten dieses Gebirges zu laufen und die Dörfer hinter seinem Hauptkamm aufzusuchen? In dieser Jahreszeit lauern ja noch mehr Unannehmlichkeiten und Gefahren auf Nepals Pfaden als die geschilderten: Blutegel, zugewachsene Wege, glitschige Steintreppen, bis zu drei Meter hohe Brennnesseln, Irrwege, wenn man wie wir oftmals in den tief hängenden Wolken läuft, abschüssige Grasflächen und Erdrutsche, vor allem Erdrutsche! Sie sind die größte Geißel Nepals, der jährlich hunderte von Menschen zum Opfer fallen und die so viele Felder vernichtet. Erdrutsche sind einer der wichtigsten Gründe dafür, dass viele Bauern ihr Land verlassen und in das fruchtbare Terai ziehen, dort ein Stück Wald roden und jahrelang im Konflikt mit den zuständigen Förstern stehen, bis irgendeine Lösung gefunden ist. Ja, warum waren wir gerade jetzt unterwegs?

Als die Regierungen von Nepal und Deutschland das Gorkha Development Project vereinbarten, hatten sie im Sinn, das Vorhaben mit Hilfe der Regierung und Verwaltung des Distrikts Gorkha durchzuführen, um so auch einen konkreten Beitrag zur Dezentralisierung der in Kathmandu gebündelten Macht zu leisten. Die politische Stärkung der Distrikte war in den neunziger Jahren ein wichtiges Ziel der nepalischen Legislative. (Gegner gab es natürlich auch. S. Kap. „Blutbefleckte Zeigefinger – Zentralismus"). So kam es, dass man den ganzen Distrikt zum Projektgebiet erklärte, wie einige Jahre zuvor den benachbarten Landkreis Dhading, wo das insgesamt erfolgreiche Dhading Development Project ebenfalls mit deutscher Unterstützung durchgeführt wurde.

Von Nord nach Süd bricht sich die Buri Gandaki ihren Weg durch die Hauptkette des Himalaya, hier gebildet von der Himalchuli-Manaslu-Ganesh-

Gruppe. In seinem mittleren Lauf ist der Fluss derart eingezwängt, dass nur da und dort einige Häuser Platz finden. Die meisten Gurung-Dörfer wie Lapu, Laprak, Khorla, Uhiya, Kerauja, und Rumjet liegen oberhalb der Schluchtwände. Die Buri Gandaki erhält ihr Wasser vor allem aus dem Quellgebiet des Manaslu- und Kutang-Himal im Westen; aus dem Osten fließt ihr der Shar Khola entgegen, gespeist von den Gletschern des Ganesh- und Sringi-Himal. In diesen nördlichsten, meist geräumigeren Tälern des „Inneren Himalaya" liegt eine Anzahl von Dörfern, die von Lama-Gurung bewohnt sind. Sie werden wegen ihrer tibetisch geprägten kulturellen Lebensart oft Bhotiya, Tibeter, genannt. Die Dörfer auf beiden Seiten oberhalb der Schlucht und diejenigen des Inneren Himalaya zählten damals zusammengenommen etwa 20.000 Einwohner, während im südlichen Teil des Gorkha-Distrikts über 230.000 Menschen verschiedener Ethnien und Kasten lebten.

Angesichts der Bevölkerungsverteilung war es nicht verwunderlich, dass sich die Projektverantwortlichen zunächst auf die Armutslinderung im Süden des Distrikts konzentrierten. In den nördlichen Teil zu laufen, ist sehr zeitaufwändig. Weder das nepalische Projektmanagement noch die Verantwortlichen der Deutschen Gesellschaft für Technische Zusammenarbeit (GTZ, jetzt GIZ = Gesellschaft für Internationale Zusammenarbeit), die im Auftrag der deutschen Regierung Projekte in vielen Ländern unterstützt, konnten die dafür benötigte Zeit aufbringen. Auch deshalb wurde eine nepalische Nichtregierungsorganisation unter Vertrag genommen, die in den nördlichen Teilen des Distrikts arbeitete. Nach den ersten beiden Jahren des Projekts war für den Herbst 1993 eine Überprüfung des Projektziels, der Konzeption und der angestrebten Ergebnisse vorgesehen. Außerdem musste die nächste Phase geplant werden. Ja, wer durchquert den Himalaya während des Monsuns und läuft durch die Buri Gandaki-Schlucht, um auch aktuelle Ergebnisse der Arbeit aus dem Norden beizubringen? Wer sammelt die Bedürfnisse der Himalayabewohner und bringt sie in der Planungskonferenz für die nächste Projektphase zur Sprache? Wer öffnet den Verantwortlichen in Nepal und Deutschland mit Hilfe von Fotografien „Guckfenster" in das nördliche Projektgebiet?

Dietlinde und ich wurden angefragt und zur GTZ nach Eschborn eingeladen, um den Arbeitsauftrag und Zeitaufwand zu besprechen. Wir waren uns bald einig. Als aber der Verantwortliche die Verträge unterschreiben wollte, hielt er nochmals inne: „Die GTZ hat auch für freie Gutachter eine gewisse Fürsorgepflicht. Kann man diese Tour in der Monsunzeit verantworten? Wollen Sie diesen Fußmarsch wirklich unternehmen?", fragte er. Ja, wir wollten. Wir waren bereits zweimal in dem Gebiet gewesen, allerdings vor und nach dem Monsun, und außerdem hatten wir tausende von Kilometern in Nepal zu Fuß zurückgelegt, in jeder Jahreszeit. Wir konnten schon abschätzen, worauf wir uns einließen. Und wir waren neugierig, mehr von den Menschen in diesem wilden Gebiet zu erfahren.

Doch nun, wieso befanden wir uns hier oben, weit über allen Dörfern auf dem 5200 Meter hohen Larkya-Pass? „Wenn Sie nun schon mal so weit im Norden unterwegs sind und sich das zumuten wollen, der GTZ wäre es sehr recht, einen Überblick über die Wassereinzugsgebiete des benachbarten Lamjung-Distrikts zu erhalten; es liegt nämlich ein Antrag der nepalischen Regierung vor, auch dort ein Projekt zu unterstützen; Sie könnten den Rückweg also über den Lamjung-Distrikt nehmen", wurde uns vorgeschlagen.

Der Larkya-Pass bildet die Wasserscheide zwischen den beiden Landkreisen. Hauptfluss des Lamjung-Distrikts ist die Marsyangdi (die „Grantige"), die sich ebenfalls spektakulär durch eine tiefe Schlucht zwischen der Manaslu- und Annapurna-Gruppe nach Süden zwängt. Und in dieser Schlucht befindet sich der Hauptweg, der hinunter zum Lamjung-Distrikt führt. So rasteten wir also auf dem geographischen Höhepunkt unseres Weges: hinter uns der Gorkha-Distrikt und vor uns der Landkreis Lamjung.

Nach Abschluss der großen Tour wurde uns erst so richtig bewusst, wie berechtigt die Sorge des GTZ-Referenten gewesen war. Den Zeitungsberichten entnahmen wir, dass während unseres Marsches landesweit 1336 Personen durch Erdrutsche ums Leben gekommen waren. 1993 war ein Jahr mit ungewöhnlich heftigen Monsun-Niederschlägen gewesen, die Tod, Leid und große Landverluste brachten.

Eine Steuerungszentrale

Um ihre Lebensumstände zu beobachten und die Wirkungen der eingeleiteten Projektmaßnahmen zu erfahren, wollten wir in kurzer Zeit möglichst viele Menschen treffen. Deshalb trennten wir uns. Dietlinde und ihre Begleiter Kumar, Kanchha und der Projektangestellte Sukadev Risal stiegen aus der Buri Gandaki-Schlucht westlich hinauf in die Dörfer Khorlagaun und Khorlabesi, während ich mit Dawa und Surendra Neupane die östlich liegenden Dörfer Kerauja und Rumchet besuchen wollte. 1200 Meter Aufstieg erwarteten uns.

An 30 der 34 Tage unserer Tour hatte es geregnet, so wie jetzt. Die Welt um uns bestand aus einem riesigen Wasservorhang, der uns nur wenige Meter Sicht gewährte. Die Wasser stürzten von überallher auf uns ein, von oben wie aus einer voll aufgedrehten Riesenbrause, von vorne über unseren Weg, dessen Stufen kaum mehr zu erkennen waren, und von allen Seiten über die steilen Wiesenflächen. Ich hatte Mühe, mit dem flinken Dawa und dem langbeinigen

Surendra mitzuhalten. Doch je höher wir stiegen, desto öfter hielten wir an, um die vielen Blutegel zu entfernen. Sie lauerten in Massen hier auf den Weideplätzen der Kühe und Ziegen und genossen die Abwechslung in ihrem Speiseplan. Nach gut zwei Stunden ließ die Steilheit des Weges nach. Der morastige Pfad führte uns durch Kartoffel- und Maisfelder.

Schließlich erreichten wir völlig durchnässt Kerauja. Surendra steuerte auf die Dorfmitte zu. Dort bei der Familie von Harka Bahadur gäbe es Platz zum Übernachten. Wir wurden herzlich begrüßt und ins Haus gebeten. Man reichte uns ein großes Handtuch zum Abtrocknen. Es war dunkel genug in dem großen Gemeinschaftsraum, so dass wir uns in der Ecke umziehen konnten. Die in Plastikbeuteln verpackte Ersatzwäsche war trocken geblieben.

„Setzen Sie sich näher an die Feuerstelle, damit Ihnen warm wird", sagte der Hausherr und legte zwei Bambusmatten auf den Lehmboden und einige Holzscheite in die Glut. Surendra, dessen Arbeitsgebiet in diesen Gurung-Dörfern hoch oberhalb der Schlucht lag und der jeden Haushalt kannte, stellte uns vor und erklärte den Zweck unseres Besuches. „Ach, da haben Sie sich aber die richtige Jahreszeit ausgesucht. Außer Surendra lässt sich während der Regenzeit kaum jemand bei uns blicken. Wir sind allein hier oben und leben wie Adler über dem Abgrund. Jetzt stecken wir wochenlang in den Wolken und im Winter im Schnee. Wo wollen Sie denn hin von hier?", fragte die Frau des Hauses und blies mit einem Bambusrohr in die Glut.

„Über Rumchet hinunter nach Tatopani und dann hinauf über Sirdibas zu den Bhotiya", antwortete Surendra.

„Bis Rumchet ist der Weg gut", meinte sie, „aber von dort nach Tatopani ist er furchtbar steil und glitschig. Das ist viel zu gefährlich. Da sind schon einige in die Schlucht gefallen. Besser Sie kehren in Rumchet wieder um und nehmen den gleichen Weg hinunter, den Sie gekommen sind."

Inzwischen waren noch ein Junge und zwei Mädchen mit tropfenden Haaren eingetreten und hatten sich zu uns gesetzt. So bildeten nun acht Personen einen Kreis um das Feuer. Der Gurungni blieb kaum Platz und sie brauchte ihn doch am meisten, denn sie fing an, das Abendessen zu bereiten. Ich stellte mir eine deutsche Hausfrau vor, die so beengt für acht Leute kochen sollte ...

Wir waren schon eine bunt gemischte Gruppe, auch in sprachlicher Hinsicht: Unsere Gastgeber sprachen Gurung und Nepali, Dawas Muttersprache war Sherpa, er beherrschte auch Nepali und etwas Englisch, Surendra sprach Nepali, Englisch und recht gut Gurung, ich Deutsch, Englisch und das einfache Nepali. Naturgemäß verlief die Unterhaltung zum größten Teil in der Sprache der Gurung, so dass ich nicht folgen konnte, was mich aber nicht weiter störte. Ich konnte Blicke und Gedanken schweifen lassen.

Ich sah offene, gütige Gesichter. Diejenigen der Jungen strahlten große Lebensfreude und Lust auf Neues aus. Die Züge der Älteren waren geprägt von Erfahrung im Umgang mit der Natur, von Zutrauen, kritischer Zuversicht und Erwartung. Ich sah, wie die Mädchen Bohnen von ihren Stängeln befreiten, der Junge Kartoffeln schälte und die Frau des Hauses *azar*, eine scharfe Beigabe aus Chili, Zwiebeln und Knoblauch in einem Steinmörser zubereitete. Hinter ihr eine Plastiktonne als Wassertank – eine willkommene Hinterlassenschaft von Bergsteigern – und ein roh gezimmertes Regal mit einigen Töpfen und Schüsseln. Das ganze Haus bestand nur aus diesem einen fensterlosen Raum. Er hatte keine Decke, sondern reichte hinauf bis zum Dach aus schweren Steinplatten, durch die der Rauch der Feuerstelle abzog. Einige waren entfernt und durch ein Stück Plastik ersetzt. Die Lücke diente als Lichtquelle. Wenn die Unterhaltung stockte, wurde das Prasseln des Regens auf der Folie umso lauter. Ob der mal aufhören würde? Im Hintergrund des Raumes erkannte ich eine Handmühle, zwei runde Steine mit einander zugewandten ebenen Flächen, zwischen denen Mais und Getreide gemahlen werden. Dahinter standen einige Bambuskörbe, die vermutlich Saatgut und Erntevorräte enthielten. Ich machte eine große Holztruhe aus, die wegen ihres Gewichts schon in den Boden eingesunken war. Vielleicht verhielt es sich aber umgekehrt und der Boden war angestiegen durch die Schichten aus flüssigem Lehm, die jeden Morgen aufgetragen werden. Neben der Truhe lagen zwei große Rollen, eine bestand aus Bambusmatten, die andere aus Kapokdecken. In einer Nische neben der klobigen Holztüre lehnten ein Beil, eine Schaufel, zwei Hacken und eine Eisenstange. Sie diente vermutlich zum Hebeln schwerer Steine. An einem ins Mauerwerk getriebenen Stock hingen mehrere Sicheln, Schnüre und Seilstücke. Das war alles – das Zuhause einer fünfköpfigen Familie, die Steuerungszentrale einer Überlebenseinheit. „Alles, was die Familie brauchte, war da, und alles, was nicht da war, war überflüssig."[83] So hatte einmal der nepalische Journalist Kunda Dixit funktionierende Selbstversorgungswirtschaft definiert. Wir würden sehen.

Was muss in diesem Raum nicht alles bedacht, besprochen und einander zugeordnet werden! Jahreszeiten und Bodenbearbeitung; Pflügen, Säen, Jäten, Ernten, Lagern und Verarbeiten der Erträge; Schneiteln und Grasschneiden für Kühe und Ziegen; Füttern und Melken; Sammeln von Laub als Streu für die Tiere; Kompostierung und Ausbringen des Düngers auf die Felder; Beschaffung von Bau- und Brennholz aus dem Wald hoch oberhalb des Dorfes; Schneiden von Bambus zum Herstellen von Körben und Matten und von Brennnesseln zum Flechten von Seilen; Suche von Medizinalpflanzen, um Be-

---

[83] Dixit Kunda, Funny Sides Up. A Collection of gentle Laxatives for the Mind, Kathmandu 1984, 73.

schwerden zu lindern; Zuordnung der Tätigkeiten zu den einzelnen Mitgliedern gemäß ihrer Geschicklichkeit und Kraft; Herstellung von Produkten für den Markt, um Salz, Zucker, spezielle Medizin, Lampenöl, Schulmaterial und andere Dinge kaufen bzw. eintauschen zu können; Transport der Waren zu und von den Märkten in der nahen und fernen Umgebung; Wahrnehmen sozialer Verpflichtungen gegenüber Verwandtschaft, Clan und Gemeinde wie z.B. Hilfe bei Hausbau und Ernte, freiwilliger Arbeitseinsatz zum Unterhalt von Wegen, Brücken und der kleinen Schule; Teilnahme an Dorfversammlungen; gelegentlicher Gang zu den meist weit entfernten öffentlichen Institutionen wie Gesundheitsstation, Kataster- und Veterinär-Büro und schließlich Verbindung halten zum Nichtsichtbaren mit Gebeten, Riten, Opfern und bei Festen.

Als die Wirtin das Essen servierte, bedankte ich mich und sagte: „Sie sind selber fünf Personen und geben so großzügig auch uns, reicht denn die Ernte für das ganze Jahr?"

„Nein", entgegnete der Hausherr, „manchmal haben wir nur genug für sieben, manchmal für neun Monate, je nachdem, wie die Ernte ausfällt. Wir müssen Nahrungsmittel zukaufen, vor allem Reis. Hier oben wachsen nur Mais, Hirse und Kartoffeln. Die meisten Männer versuchen, im Frühjahr als Träger für Touristen Arbeit zu finden. Ich war schon siebenmal mit Expeditionen bis oben hinter Samagaon im Manaslu-Basislager und dreimal am Ganesh. Einige von uns arbeiten jedes Jahr im Winter in indischen Fabriken. Das wäre aber nichts für mich. Einmal war ich auch dort, in einer Fabrik, die Plastikspielzeug herstellte. Den Lärm und Staub hielt ich aber nicht aus. Und dem Fabrikbesitzer ging es nur um den Gewinn, den er am liebsten ohne Arbeiter erzielt hätte. Manchmal kommen sie nach längerem Aufenthalt aus Indien zurück mit einer Geschlechtskrankheit, und einige haben sich übermäßiges Trinken angewöhnt. Da ist der Verdienst gleich wieder weg. Ich bleibe lieber hier, wo ich mein eigener Herr bin. Vieles machen wir gemeinsam, dann vergessen wir auch den Streit, den wir manchmal haben. Und am Abend sind wir zufrieden, weil wir etwas erarbeitet haben, was uns nützt. Mehrere Männer waren in der indischen oder britischen Armee. Manche sind noch dort. Sie beziehen ein regelmäßiges Einkommen. Das ist gut für ihre Familien. Früher hatten wir durch unser Handwerk auch ein wenig Geld verdient, vor allem durch den Verkauf unserer Teppiche und Stoffe, aber wegen der billigen indischen Waren, die jetzt über die neuen Straßen nach Nepal kommen, wird es immer schwieriger."

„Einige Frauen aus dem Dorf betreiben unten am Weg in der Schlucht Teashops und verkaufen Kleinigkeiten, jetzt aber nicht, es gibt viel zu viel Arbeit auf den Feldern hier", ergänzte unsere Wirtin und goss Wasser in die Trinkbecher.

Ich trank nur wenig, denn ich wollte unbedingt vermeiden, nachts hinaus zu müssen. Meine Taschenlampe war kaputt, und es würde mir wohl nicht gelingen, die Türe zu finden ohne die anderen zu stören. Sie war zudem aus Angst vor Geistern mehrfach verriegelt worden. Als die Glut verloschen war, wurde es dunkel, so dunkel, wie man es in Europa kaum noch erleben kann, weil Straßenlaternen oder der vom bewölkten Himmel reflektierte Widerschein einer großen Stadt ins Zimmer leuchten. Hier war absolut nichts mehr zu sehen.

Monoton prasselte der Regen auf das Dach. Das gleichmäßige Geräusch hüllte uns acht auf dem Boden liegende Personen wie in einen Mantel ein. „Es sollte endlich aufhören, so zu regnen", sagte der Wirt noch, „sonst werden unsere Terrassen zerstört und mit ihm der Mais, den wir in den nächsten Tagen ernten wollen; doch was sollen wir machen? Wir müssen wohl ein Opfer darbringen. Schlafen Sie gut."

Kraft der Gemeinschaft

Lautes Rumpeln weckte uns. Unsere Gastgeberin hatte die Tür entriegelt und ging Wasser holen. Es hatte aufgehört zu regnen. Jetzt konnte ich Ke015a erst richtig erkennen. Es war ein großes Dorf mit vielen Steinhäusern, eines über dem anderen an den Hang geschmiegt. Weiter hinauf konnte ich nicht schauen, da die Wolken den Blick verstellten. Auch aus der Buri Gandaki-Schlucht kroch eine mächtige Nebelbank herauf. Einige Häuser waren mit Steinplatten gedeckt, doch die Dächer der meisten bestanden aus Holzbohlen, auf denen beschwerende Steine in gleichmäßigen Mustern lagen. In den kleinen Vorgärten wuchsen Gurken, Kürbisse, Blumenkohl, Sonnenblumen, Zwiebeln und Knoblauch.

Mit Surendra unternahm ich einen Rundgang. In der Dorfmitte trafen wir auf einen größeren freien Platz und ein unbewohntes Gebäude. „Dieser Platz ist für die Leute von großer Bedeutung. Die meisten Gurung-Dörfer haben einen solchen Versammlungsort", sagte Surendra. „Hier wird alles besprochen, was wichtig ist für die Gemeinschaft. Der Platz steht für die Kraft der Gemeinschaft" – er nannte es *social energy* –, „mit der die Probleme angegangen werden, welche die einzelnen Familien alleine nicht bewältigen können. Hier organisieren sich die Leute, um Wege und Brücken instand zu halten. Das ganze Gebiet ist in Abschnitte eingeteilt, und für jeden ist ein bestimmtes Dorf verantwortlich. Das hat sich seit Jahrzehnten oder gar Jahrhunderten so eingespielt. Die Arbeit wird freiwillig geleistet, ob gerne oder widerwillig, ist unerheblich, sie muss getan werden, denn staatliche Institutionen sind hier oben nur schwach vertreten. Die Regierung kümmert sich nur um größere Schulen und Brücken und den Hauptweg unten in der Schlucht. In letzter Zeit wurden mit staatlicher Hilfe mehrere Trinkwassersysteme gebaut. In den Dörfern helfen sich Gruppen gegenseitig beim Pflanzen, Jäten und Ernten. Die Gurung nennen dieses System *nogar.* Außerdem unterhalten sie, wie viele Dorfgemeinschaften in Nepal, eine gemeinsame Kasse, *kosh,* in welche die Gemeinschaft einzahlt und die genutzt wird, wenn eine Familie plötzlich in eine Notsituation gerät, die sie alleine nicht bewältigen kann, wenn sie z.b. eine teure spezielle Medizin braucht oder ein Schwerkranker in das Hospital von Pokhara transportiert werden muss. Sie unterhalten auch einen Umlauffonds. Sie nennen ihn *dhigur:* 15 bis 30 Leute legen Geld zusammen, das jemand von ihnen ausleihen und investieren kann und nach einer vereinbarten Zeit zurückzahlen muss. Dann kann das Geld an eine andere Person verliehen werden. Als Sicherheit genügt, wenn die betreffende Person vertrauenswürdig ist. Der Zinssatz für den Kredit ist niedriger als der einer offiziellen Bank. Und schließlich wird hier besprochen, wie die hoch über dem Dorf liegenden Weiden und Wälder genutzt werden sollen. Auch das regeln sie untereinander, denn das nächste Forstbüro ist weit weg in Sirdibas und der Förster kommt nur selten hier herauf. Sie sagten mir, dass sie letztes Jahr unter starken Regenfällen und Hagelschlag zu leiden hatten. Viel wurde zerstört. Und sie meinten, die Götter seien verärgert über die schlechte Behandlung des Waldes. Das wurde hier besprochen. Die Leute vereinbarten, keine Feuer im Wald mehr zu legen und keine grünen Bäume zu schlagen; Holzentnahme für den Bau eines Hauses müsse von der Dorfversammlung genehmigt werden. Auch die Jagd haben sie aufgegeben. So haben sie die Waldkontrolle selbst in die Hand genommen."

Kurz vor Antritt unserer Reise zu diesem Gutachtereinsatz war ein umfangreiches Werk über ein Dorf in unserem bayerischen Landkreis Landsberg am Lech erschienen.[84] Es beschreibt die Lebensumstände des Ortes Unterfinning im frühen 18. Jahrhundert, als „ökonomisches Fortschrittsdenken, die Idee freien Eigentums und ein neuer Individualismus, der mit herkömmlichen Bindungen und Rücksichtnahmen brach, das Ende einer traditionellen Wirtschafts- und Gesellschaftsordnung einleiteten". Vieles damals war dem ähnlich, was wir hier erfuhren. Der Autor schreibt über die gemeindliche Kooperation: „Das Interesse des einzelnen konnte nicht in ungebrochener Opposition zur Gemeinde stehen, denn jeder – oder fast jeder – einzelne war zugleich Teil der Gemeinde und nahm teil an der dörflichen Kooperation ... eine verbindliche Ordnung der Nutzung der Flur war zentrale Bedingung der dörflichen Wirtschaft. Zu regeln waren alle Bereiche, in denen sich ‚Recht' und Interessen überschnitten, und alle Bereiche kollektiven Wirtschaftens, die die Einigung auf ei-

---

[84] Beck Rainer, Unterfinning. Ländliche Welt vor Anbruch der Moderne, München 1989, 11, 85-87.

nen anerkannten Modus verlangten. Innerhalb dieses Systems galt es selbstverständlich auch, die Art und den Umfang festzulegen, in dem die Mitglieder und einzelnen Gruppen ... an den kollektiven Ressourcen partizipierten – dass das nicht immer konfliktfrei abging, steht auf einem anderen Blatt."

„Es ist schon beachtlich, wie sich die Leute hier abstimmen und welche Formen der Zusammenarbeit und Selbsthilfe sie entwickelt haben; davon könnten wir im Westen lernen. Allerdings ist bei uns die Situation anders, Arbeitsplatz und Familienleben sind meist getrennt. So verlassen wir uns viel mehr auf unsere öffentlichen Institutionen. Hier oben dagegen gibt es keine Kindergärten und keine Altenheime; die Jungen werden von den Älteren versorgt, die Alten von den Jüngeren", sagte ich.

„Für eure Institutionen zahlt ihr aber Steuern. Hier kann das Finanzamt fast nichts holen. Entsprechend sind die öffentlichen Dienste", erwiderte Surendra.

„Dafür können aber doch die Leute nichts. Sie erwirtschaften ja keine Überschüsse, auf die man Steuern erheben könnte. Wie ist denn die Gesundheitsversorgung? Ich denke vor allem an Frauen und Kleinkinder."

„Sie helfen sich auch hier weitgehend selbst. Sie kennen Pflanzen, die gegen manche Krankheiten nützlich sind, aber so gut wie die Bhotiya sind sie darin nicht bewandert. Und dann haben sie den *pucu, klihbri* und *dhame.*"

„Was sind das für Leute?"

Surendra wollte eben zu erklären beginnen, als wir vom Sohn unserer Gastgeber zum Essen gerufen wurden.

„Das ist kompliziert", meinte Surendra, „wir werden unterwegs Zeit finden, darüber zu sprechen, oder besser noch morgen, wenn wir die andere Gruppe wieder treffen. Die sind ja jetzt in Khorlagaun und werden besonders mit den Frauen im Ort reden. Alles in allem sind die Leute ungemein hart im Nehmen. Bei Zahnschmerzen ersetzt die Zange den Arzt."

Nach dem Essen studierte Surendra zusammen mit Harka Bahadur das Büchlein der Gemeinschaftskasse des Dorfteils von Kerauja, zu dem seine Familie gehörte. Die Minibank wurde von ihm verwaltet. Sie war gespeist durch einen monatlichen Mitgliedsbeitrag von fünf bis zwanzig Rupien. Solche Ersparnis einer Gruppe ist Voraussetzung dafür, dass das Projekt einen Umlauffonds finanziell unterstützt. Aus ihm können die einzelnen Mitglieder Darlehen erhalten, für die die Gemeinschaft bürgt. In Kerauja werden sie vor allem für den Kauf von Schafen, Ziegen, Kühen und von Apfel- und Walnussbaumsetzlingen eingesetzt. Das Projekt ermutigt die Dörfer, die Tradition des gemeinschaftlichen Sparens weiterzupflegen, um wegzukommen von Banken und erst recht von privaten Geldverleihern, die hohe Zinsen fordern und Landbesitz als Sicherheit nehmen.

Dann verabschiedeten wir uns. Wir wollten uns erkenntlich zeigen und für die sechs Mahlzeiten bezahlen, was uns aufs heftigste verwehrt wurde. „Nein, nein, wir sind doch kein Ladenbesitzer und kein Hotel! Und nehmen Sie nicht den Weg von Rumchet hinunter zur Buri Gandaki! Leben Sie wohl!"

„Danke, danke, und leben Sie wohl!"

„Die *didi* hat große Sorge um uns. Aber wer im Himalaya herumsteigt, wird auch das schaffen", murmelte Dawa beim Verlassen des Hauses. Und Surendra ergänzte: „Ich bin schon einige Male von Rumchet nach Tatopani hinunter gelaufen, allerdings in der trockenen Jahreszeit. Der Pfad ist steil und ausgesetzt, doch es ging ganz gut."

Hängende Felder

Ohne Höhe zu verlieren liefen wir hinüber nach Rumchet. Wir trafen vier Kinder. Sie spielten mit einem Ball, den sie aus Stofffetzen geformt hatten.

„Wo sind eure Eltern? Wir möchten gerne mit ihnen reden."

„Auf den Feldern und im Wald. Sie kommen."

„Sie kommen" – das heißt in Nepal, es wird noch eine ganze Weile dauern. Wären sie am Dorfrand noch weit entfernt erschienen, hätte es geheißen „sie sind da". Aber sie hatten gesagt „sie kommen", so setzten wir unseren Weg fort.

Nach einer halben Stunde begegneten wir einer Gruppe von jungen Männern. Sie trugen schwere Körbe gefüllt mit Maiskolben und setzten ab, als sie uns sahen.

„Namaste, wie geht es?", fragte Surendra.

„Namaste, ganz gut."

„Sie haben mit der Maisernte begonnen."

„Ja, wir nutzen die Regenpause, um möglichst alles nachhause zu bringen. Falls es noch mal so stark regnet, werden wieder einige Felder in die Schlucht stürzen." Sie zeigten hinüber: „Sehen Sie, wo unsere Felder sind. Wir haben sie mit Steinmauern befestigt. Doch die Erde hat keine gute Verbindung zum darunter liegenden Fels. Wird sie vom vielen Wasser zu schwer, rutscht alles ab. Da helfen auch die Mauern nicht."

„Gibt es eine Entschädigung von der Regierung, wenn so ein Feld verloren geht?"

„Nur bei ganz großen Erdrutschen. Und dann dauert es manchmal Jahre, bis das Geld kommt. Und selbst wenn es kommt, ist es eines Tages aufgebraucht. Es ist niemals so wertvoll, wie unser Land, das jedes Jahr eine Ernte bringt. Wir roden dann oben ein Stück Wald, um mehr Weideland für die Tiere zu erhalten. So können wir zum Ausgleich Tierprodukte verkaufen und Nahrungsmittel einkaufen."

„Bekommen Sie nicht Probleme mit dem Förster?"

„Doch, natürlich. Der Wald da oben gehört der Regierung, obwohl sie ihn nicht nutzt. Was sollen wir denn machen?"
Der Blick auf ihre Felder war wirklich erschreckend. Landwirtschaft in so steilem und gefährlichem Gelände hatte ich noch nirgendwo gesehen. Alles schien abwärts zu streben. Durch die hängenden Felder schimmerte Fels, so dünn war die Bodenauflage. Man konnte erahnen, wo bald die nächsten abstürzen würden. Die Hänge trugen an vielen Stellen bereits große Wunden, und nacktes, glattes Gestein trat zutage.

„Surendraji, wenn Sie das nächste Mal vorbeikommen und wir mehr Zeit haben, müssen wir in Ruhe etwas besprechen", sagte einer der Bauern, „wann wird das sein?"

„Ich denke, so in sechs Wochen."

„Gut, dann ist die Regenzeit vorbei, und das Leben wird wieder leichter."
Sie nahmen ihre Körbe auf.

„Leben Sie wohl und geben Sie Acht auf den Steig da hinunter!"

„Leben Sie wohl!"

Auf dem Weiterweg kam ich ins Sinnieren: Nach welcher Regel werden manche Menschen in Wohlstandsgesellschaften hinein geboren und andere in eine Umgebung wie diese hier, die einen mit mehreren Möglichkeiten, ihr Leben zu gestalten, die anderen eingeschränkt auf das Bestreben, von Jahr zu Jahr zu überleben? Aber da es dafür sowieso keine Erklärung gibt, richtete ich meine Aufmerksamkeit auf den Pfad. Und das wurde auch notwendig. Einen wild gewordenen Bach, der sonst wohl nur ein Rinnsal war oder gar kein Wasser führte, mussten wir auf drei verrutschten und glitschigen Baumstämmen überqueren ohne die Unterstützung eines Geländers. Dann ging es an einem steilen, bewaldeten Hang entlang. Hier wäre ein Sturz durch die Bäume aufgehalten worden. Aber dann verwandelte sich der Pfad in eine abfallende Rinne, die geradewegs zur Buri Gandaki hinableitete. Es wurde so eng, dass für Serpentinen kein Platz war. Wir mussten auch die Hände zu Hilfe nehmen, um auf dem schmierigen Weg nicht auszurutschen. Doch immer wieder zuckten sie zurück, denn die lockenden Halt und Hilfe anbietenden Verführer auf armdicken Stängeln seitlich des Wegs waren nichts anderes als Riesenbrennesseln (*girardinia diversifolia*)! Dawa ging voran und warnte vor jeder einzelnen. Meine Schuhe waren außen wie innen so mit Lehm verschmiert, dass ich keinen Halt mehr fand. Ich zog sie aus und ging barfuss. Trittsicherheit vor Schmerz. An besonders abfallenden und glitschigen Stellen bildeten wir eine Menschenkette, die sich unter merkwürdigen Bewegungen in Balance hielt. Verschmiert, zerkratzt und nass von Schweiß und Luftfeuchtigkeit erreichten wir Tatopani, ein einzelnes Haus direkt neben der tosenden und tobenden Buri Gandaki in ihrem engen Bett.

Kleingewerbe und Kleinhandel

Die Gurungni des Teashops nahm uns herzlich auf. Ich war viel zu müde, um mich an den Gesprächen zu beteiligen, sondern hörte nur zu. Unsere Gastgeberin kam aus Sirdibas, einem Dorf flussaufwärts. Ihr Mann dient in einem Gorkha-Regiment der britischen Armee. Zur Zeit ist er in England. Von seinem Gehalt sendet er regelmäßig einen Teil, sonst könnten sie und die beiden Söhne nicht überleben, denn in der letzten Regenzeit hatte ihnen der Ghatte Khola ihr ganzes Land weggerissen. Wir würden morgen an der Stelle vorbeikommen. Die beiden Söhne sind in Pokhara, einer in der High School, der andere am Campus. Die Internatskosten sind hoch. Alle zwei Jahre nur kommt ihr Mann auf Urlaub für drei Monate aus England. Die Söhne besuchen sie häufiger, bleiben aber meist nur kurz. Abwechslung in der Monotonie der schwül-heißen und lärmerfüllten Schlucht bringen nur einige Passanten, meistens Träger, welche die Ladenbesitzer in den oberen Tälern mit Waren versorgen. Aber die Träger verdienen ihr Geld schwer und kaufen meist nur ein, zwei Gläser Tee. In der kalten Jahreszeit ist hier viel mehr los. Da kommen die Hirten von den Hochweiden mit ihren Ziegen- und Schafherden vorbei, die sie unten verkaufen. Die Männer kehren zurück, beladen mit allem, was es bei uns nicht gibt, vor allem Salz, Reis, Lampenöl. Auch die Bhotiya kommen hier durch mit Butterfett und Trockenkäse zum Verkauf oder Tausch im Süden und kehren zurück mit Waren, die sie nach Tibet bringen, wie Kettfäden, Uhren, Kupfergefäße. Denen geht's besser als uns Gurung hier. So in etwa berichtete sie.

Nach dem Essen bot sie uns den oberen Raum des kleinen Hauses an. Sein Lehmboden ruhte auf durchgebogenen Stämmen, so dass wir in der Mitte zusammenrollten. Wieder einmal erlebte ich, wie „Gute Nacht" und „Guten Morgen" zusammenfielen. Unsere Müdigkeit von den Anstrengungen des Tages, der Maisschnaps, den wir nach dem Essen serviert erhielten, und das Rauschen des Flusses ließen neun Stunden Schlaf auf einen Moment zusammenschrumpfen. Der Guten-Morgen-Wunsch war ein vielstimmiger. Er wurde uns entboten von Kumar, Kanchha, Sukadev und Dietlinde, die belustigt die Schlafmützen unter dem Dachgiebel entdeckt hatten. Unsere Gruppe war wieder vereint.

„Unterbeschäftigte", „unbezahlte Arbeiterinnen"

Wir wanderten flussaufwärts. Immer enger rückten die Felswände zusammen. Fluss und Pfad berührten sich fast, und die Gischt der rasenden Wasser stäubte über den Weg. In einer ovalen Weitung der Schlucht hatte Jagat Platz gefunden, eine Ansammlung von einigen Steinhäusern. Es gab zwei Läden und zwischen den Häusern einige freie Flächen, die als Übernachtungsplätze für die in den Süden ziehenden Schaf- und Ziegenherden genutzt werden. In der kleinen Polizeistation wurde unsere Trekkingerlaubnis überprüft. Wir fanden Platz unter einem weitausladenden Balkon und beschlossen, einen Rasttag einzulegen, um die Ergebnisse der beiden Gruppen zu besprechen und aufzuschreiben.

Dietlinde ärgerte sich über Regierungsstatistiken, die sie vor Antritt unserer Reise gelesen hatte. Dort wird die Beschäftigungsrate der Männer mit nahezu 100 % angegeben, da ihre Arbeit als Subsistenzbauern und Kleinhändler zu Recht als Erwerbstätigkeit *(gainful employment)* bezeichnet wird. Die Frauen dagegen sind gemäß Statistik nur zu etwa 60 % ausgelastet. Sie werden als unbezahlte Arbeitskräfte *(unpaid family workers)* aufgeführt. Doch niemand kann mit leerem Magen erwerbstätig sein d.h. ohne häusliche Basis, die der Pflege bedarf, ist der wirtschaftliche „Überbau" nicht möglich. Außerdem haben Studien bewiesen, dass die Gurung-Frauen nicht nur kochen, putzen, waschen, Wasser und Brennholz holen und sich um die Kleinkinder kümmern, sondern dass sie zusätzlich auch erwerbstätig sind. Und Dietlinde brachte Beispiele aus Khorla, wo sie erlebte, wie Frauen beim Pflügen die Ochsen führen, die Felder jäten, bei der Ernte und ihrem Transport zum Haus genauso eingebunden sind wie die Männer und wie sie schließlich dann die Ernte weiterverarbeiten. Außerdem tragen so manche Frauen durch Produktion und Verkauf von Wolle, Teppichen und den typischen Überwurfjacken der Gurung zusätzlich zum Lebensunterhalt der Familien bei. Einige erzielen auch Einkommen durch den Verkauf von selbst gebranntem Schnaps. Manche Bauernhaushalte sind gänzlich von Frauen geführt, da ihre Ehemänner in einer Armee dienen, in indischen Fabriken arbeiten oder als Träger wochenlang unterwegs sind.

Die Gurung-Männer wissen um diese Leistung der Frauen. Dementsprechend sind Gurung-Frauen in Entscheidungsfindungen gleichberechtigt eingebunden. Keinem Gurung würde es in den Sinn kommen, seine Frau eine unterbeschäftigte, unbezahlte Arbeiterin zu nennen. Und außerdem, so fuhr Dietlinde fort, helfen die Frauen, den Zusammenhalt der Familien zu festigen, indem sie Geschenke und Gefälligkeiten austauschen. Obwohl sie sich nicht öffentlich an Politik beteiligen, tragen sie entscheidend dazu bei, dass die Selbsthilfeformen und die dörfliche Zusammenarbeit funktionieren; das ist besonders wichtig, da die staatlichen Dienstleistungen so ungenügend sind.

Die Missachtung der Arbeitsleistung der Frauen rührt daher, dass oftmals nicht begriffen wird, was Selbstversorgungswirtschaft ist und was von den Beteiligten geleistet werden muss, damit sie funktioniert. Es ist ein ganzheitliches Leben. Das zu verstehen, fällt arbeitsteiligen Gesellschaften schwer. Ich erinnerte mich an den Besuch eines deutschen Professors der Wirtschaftswissenschaften in meinem Büro in Kathmandu. Unsere Diskussion verengte sich auf planwirtschaftliche und marktwirtschaftliche Entwicklungswege. Als ich bemerkte, es gäbe noch eine weitere Art des Wirtschaftens und Lebens, blickte er mich fragend an. Die Subsistenzwirtschaft war ihm natürlich bekannt, aber ein wissenschaftliches Interesse an ihrer Erforschung bestand an seiner Universität offensichtlich nicht, obwohl der größte Teil der Menschheit in dieser Form lebt und der Lehrstuhl des Professors sich mit Entwicklungsländern befasste. Es handelt sich offensichtlich um eine „Blindheit gegenüber jeder im Stillen geleisteten Arbeit und dem nicht im Rampenlicht stehenden Reichtum, welchen die Natur, die Frauen und all jene schaffen, die lebensnotwendige Dinge produzieren".[85]

Übernatürlicher Beistand

Nach dem Essen schien der Himmel heller zu werden. Ich beschloss, auf der Westseite der Schlucht einem Seitenbach zu folgen und an einem nicht allzu steilen Hang möglichst weit hinaufzusteigen, um auf den Siebentausender Ganesh III zu blicken, auf dessen Gipfel ich 1981 mit Ang Chhopal, Nga Temba und Nyima Tenzing gestanden war. Bald verlor sich die Spur im immer dichter werdenden Unterholz des Bergurwalds. Dennoch erreichte ich eine gute Höhe. Aber die Ganesh-Gruppe blieb in den Monsunwolken verborgen und es begann wieder zu regnen.

Drunten an der gegenüberliegenden Seite des Baches sah ich einen Weiler – Bhalugaun, Bärendorf. Als ich mich den Häusern näherte, übertönte der dunkle Klang einer Trommel zunehmend das Rauschen des Baches. Im Vorraum des ersten Hauses saßen zwei Männer. Wir begrüßten uns.

„Ist etwas passiert?", fragte ich.

„Mein Sohn ist seit langem schwer krank, und da habe ich den *dhame* gerufen", antwortete der Gurung. „Wir haben unseren *pucu* und *klihbri* geholt, aber sie konnten nicht helfen, auch der Lama nicht; wir waren zweimal bei der Gesundheitsstation. Sie war aber geschlossen." Der *dhame* schlug wieder gegen die Trommel und murmelte. Vor ihm standen zwei Schälchen mit Wasser. Auf einem Bambustablett lagen verschiedene Dinge, die ich aber nicht erkennen konnte, da sie mit bunten Stoffstreifen bedeckt waren. Ich wollte nicht weiter stören und verabschiedete mich. Zurück in Jagat berichtete ich von meiner Begegnung und bat Surendra und Sukadev, uns die Funktionen von *pucu*, *klihbri*, *lama* und *dhame* zu erklären, was sie gerne taten.

Pucu und *klihbri* sind Priester und Bauern. Sie verfügen über große Kennt-

---

[85] Shiva Vandana, Das Geschlecht des Lebens. Frauen, Ökologie und Dritte Welt, Berlin 1989, 58.

nisse in der traditionellen Medizin, die sie nicht aus Büchern, sondern von anderen Priestern erlernt haben. Dafür benötigen sie eine Ausbildung von sechs bis neun Jahren. Nach bestandener Prüfung übergibt der Lehrer dem Schüler eine Trommel. Damit überträgt er ihm die Macht, Geister und Götter zum Hören zu bewegen. Ausgebildete *pucu* und *klihbri* können gewöhnliche Krankheiten diagnostizieren und Medizin herstellen. Das tun sie, indem sie sich die auswendig gelernten überlieferten Methoden der Vorfahren in deren Kampf gegen übelgesinnte Geister vergegenwärtigen. Die Erinnerung wird bei jedem Patientenbesuch in einem Ritual aufgefrischt.

Dorf-*Lamas* der Gurung sind buddhistische Priester. Sie sind verheiratet und bearbeiten mit ihren Familien ihr Land. Sie können die buddhistischen Texte lesen und führen die Riten für das Wohlbefinden von Familien und Tieren und bei Todesfällen durch. *Lamas* genießen hohes Ansehen.

Wirtschaftlich besser gestellte Familien bedienen sich auch der nicht ganz billigen Dienste eines *bahun* (= Brahmane). Er wird gerufen, um ein Horoskop für ein Baby oder ein heiratswilliges Paar zu erstellen und Hochzeiten feierlich zu begehen.

Dhame sind von Beruf Schuster, Schneider oder Schmiede, Unberührbare der Hindugesellschaft also. Sie werden oft von unberührbaren Hindus gerufen, die ebenfalls in dem mehrheitlich von Gurung besiedelten Gebiet leben. Auch die pragmatischen Gurung rufen den *dhame*, wenn die Dienste von *pucu*, *klihbri* und *lama* nicht zum gewünschten Erfolg führen. Man schreibt den *dhame* übersinnliches Wahrnehmungsvermögen zu. Sie können sich in Trance und Ekstase versetzen, indem sie sich von der göttlichen Kraft eines ihrer verstorbenen Vorgänger ergreifen lassen, die ihnen dann die Gründe und Gegenmittel für Krankheit, Unfruchtbarkeit und Familienprobleme offenbart.

So nutzen die Gurung nicht nur die Chancen, welche Familie, Clan, Dorfgemeinschaft, Natur und Märkte für den Lebensunterhalt bieten, sondern versichern sich auch des günstigen Wirkens übernatürlicher Mächte. Je nach Situation bemühen sie die Dienste ihrer eigenen animistischen, vorbuddhistischen *pucu*- und *klihbri*-Priester, der buddhistischen *lama* und der hinduistischen *bahun* und *dhame*.

Die Überlebensmaßnahmen der Gurung sind vielfältig. Ihnen liegt eine Logik zugrunde, die sagt: Verlasse dich nicht ausschließlich nur auf das, was dir die Natur gibt oder was Gemeinschaft und Dienstleistungsinstitutionen bieten, was im wirtschaftlichen Austausch möglich ist oder was dir durch Vermittlung von Priestern und Schamanen Gutes widerfährt, sondern kombiniere die verschiedenen Möglichkeiten, dein Leben zu sichern, und stehe auf mehreren Beinen, habe mehrere Feuerchen am Brennen, so dass, erlöscht eines, dir die anderen Energie spenden. Und die Logik der Gurung sagt außerdem: Übernutze nicht einen der Bereiche, so dass er keinen Beitrag mehr zum Lebensunterhalt leisten kann, sondern finde die rechte Balance. Diese Gesamtschau des Lebens ist also mehr als die Summe einzelner Tätigkeiten. Sie ist wie ein Kunstwerk. Um das Bild eines nepalischen Autors zu gebrauchen: Ein Tempel besteht aus Backsteinen, Balken und Dachziegeln. Liegen diese auf der Baustelle, stellen sie keinen Tempel dar, d.h. erst ihre Anordnung und Beziehung zueinander schaffen die Form, Funktion und Ästhetik des Tempels.[86]

Ghantu – Fest der Erneuerung

Das Kunstwerk des Überlebens bedarf der Planung und muss ständig erneuert werden. Das geschieht auch im gemeinsamen Feiern der Feste im Jahreskreis. Das wichtigste ist das *Ghantu*-Fest.[87] Es beginnt am fünften Tag des zunehmenden Mondes Ende Januar oder Anfang Februar. Wichtigste Bestandteile sind ein Tanz und der Vortrag einer langen Geschichte durch einen Erzähler. Nachdem die Götter angerufen wurden, beginnen einige noch nicht verheiratete Mädchen nach fest vorgeschriebenen Regeln mit dem Tanz. Die Mädchen tragen eine Schale Reis, dann einen kleinen Krug Wasser. Sie fahren symbolisch mit einem Boot den Fluss hinunter, pflanzen den Reis, gehen auf die Jagd und sammeln Blumen. Abschnitte des Tanzes und der Geschichte werden an freien Tagen vorgetragen bis zum Vollmond im April. Ein Chor von zwölf Männern singt dazu, rhythmisch unterstützt von einer Trommel. Im Kreis darum die Dorfbewohner, die klatschend Tanz und Gesang begleiten. Nach dem letzten Tag ziehen alle zum Schrein der Muttergottheit, wo ein Tieropfer dargebracht wird. Bald danach wird ein großes Fest veranstaltet.

Die Geschichte des *Ghantu*-Dramas ist in vierzig Versen niedergelegt. Sie berichten vom König Paseram, der eines Tages eine Reise nach Gharwal unternahm, wo er vom dortigen König getötet wurde. Ein Rabe überbrachte die traurige Nachricht der Königin, und ein Bote überreichte ihr die Kopfbedeckung des Getöteten. Ein auffallendes Zeichen in der Kuhmilch zeigte, dass ihr Mann tatsächlich tot war, woraufhin sie anordnete, zusammen mit der Kopfbedeckung verbrannt zu werden. So geschah es. Doch die Königin erwachte wieder zum Leben.

Zum Teil tanzen die Mädchen die Geschichte im Trancezustand, und wenn

---

[86] Gyawali, Stress, Strain and Insults, 9.
[87] Dazu Pignède Bernard, The Gurungs. A Himalayan Population of Nepal, Kathmandu 1993; Bista Dor Bahadur, People of Nepal, 4. Aufl., Kathmandu 1980; Gautam Rajesh / Thapa-Magar Asoke K., Tribal Ethnography of Nepal, Delhi 1994.

sie daraus zurückkehren, wiederholen sie symbolisch die Rückkehr der Königin ins Leben. Botschaft und Funktion des *Ghantu*-Fests sind deutlich: Neubeginn im landwirtschaftlichen Kreislauf von Ernten und Aussaat unter dem Schutz der Ahnen und Götter, unbedingter Zusammenhalt der Familie und Festigung der Gemeinschaft, Anerkennung der Verwandlungen durch Leben und Tod. „Zu einer Zeit aber, in der die Menschen noch nicht den inneren Zusammenhang mit ihrem Ursprung und ihrer Umgebung verloren hatten, in einer Welt, in der der Mensch noch in Berührung mit den subtilen Kräften der Natur, den Geistern der Ahnen, den Bereichen der Götter und Dämonen war – kurz, in einer Welt, in der nichts als leblos betrachtet wurde, war der Tod nicht der Widersacher des Lebens, sondern eine Phase in der Bewegung des Lebenspendels, ein Wendepunkt, wie die Geburt."[88]

Das *Ghantu*-Fest ist das zentrale Ereignis, der jährliche Wendepunkt hin zu neuem Leben der Gemeinschaft. Es stiftet und stärkt die Identität der Gurung zwischen den Buddhisten im Norden und den Hindus im Süden. Wie die Geschichten, Gebete und Riten von *pucu, klihbri, lama, bahun* und *dhame*, so soll das Fest übernatürliche Kräfte in die Gemeinschaft vermitteln. Sie nehmen Einfluss auf die Entscheidungen, wie ein Haus ausgerichtet wird, wann gepflügt, gesät und geerntet wird, wann Schafe, Ziegen und Kühe auf die Hochweiden getrieben werden usw. Geschichten, Gebete, Riten und Tanz helfen, die Balance zwischen der Gemeinschaft und der materiellen und nichtmateriellen Umwelt aufrecht zu erhalten. Sie sind eine Art Versicherung und vermindern Sorge und Angst.

In der jährlichen Wiederholung des *Ghantu*-Festes wird die ganze Wirklichkeit vergegenwärtigt und angenommen, das Bekannte und Unbekannte, das Vertraute und Gefürchtete, das Sichtbare und Unsichtbare, das Veränderbare und Unabänderliche, das Gesetz von Ursache und Wirkung. Romano Guardini charakterisiert den Mythos als bildhafte, immer wieder erneuerte Annahme der ganzen Wirklichkeit so: „Überall sind Mächte, und jede gehört zum Dasein. Sie werden nicht begrifflich verglichen und auf theoretische Prinzipien hin geprüft, sondern gelebt. Alle Mächte gehen in der Einheit der Welt auf."[89] Das Einzelne und die Einzelnen sind Teil dieser Einheit und tragen damit Sinn. So entstehen Natürlichkeit, Sachlichkeit und Zuversicht der Menschen. Vielleicht ist es das in der nepalischen Gesellschaft, was ausländische Besucher an ihr so attraktiv finden.

In ihrer Genügsamkeit und Bescheidenheit äußerten die Leute der besuch-

---

88   Lama Anagarika Govinda, Der Weg der weissen Wolken, 279.
89   Der Tod des Sokrates. Eine Interpretation der Platonischen Schriften Euthyphron, Apologie, Kriton und Phaidon, 8. Aufl., Hamburg 1964, 25; s. auch 180 ff.

ten Dörfer keinerlei Wünsche nach Projekten wie Straßenbau, Zugang zu Fernsehen und Telefon u.ä. sondern hatten andere Prioritäten. Sie schlugen vor, kleine Wasserkraftwerke zu bauen. Sie baten, Einkommen schaffende Maßnahmen zu fördern, weil die Ernten nicht ausreichten, ihre Familien das ganze Jahr über zu ernähren. Dabei nannten sie den Berg- und Trekkingtourismus, die Produktion von verkaufsgeeignetem Saatgut von Kartoffeln und Senf, Fischzucht und Export von Morcheln zu den Märkten im Süden. Dann würde es nicht mehr notwendig sein, dass sich viele Männer jedes Jahr in Indien ausbeuten lassen. Und immer wieder wurde der Wunsch nach besseren Ausbildungsmöglichkeiten geäußert: eine Schule für die 15- und 16-Jährigen, die Errichtung einer Berufsschule, Ausbildungsmaßnahmen in Basisgesundheit, ayurvedischer Medizin, Gemüse- und Obstanbau, Viehzucht und Handwerk, Erwachsenenbildung in Abendkursen und Vergabe von Stipendien, um sich Kenntnisse anzueignen, die für die Dörfer in Nord-Gorkha von Nutzen sind. Es ging den Menschen also um die Befriedigung von Grundbedürfnissen, und ich war sicher, sie würden solche Maßnahmen erfolgreich in ihre Überlebensstrategien einfügen.

Während wir weiter nach Norden wanderten und uns dem Siedlungsraum der Lama-Gurung näherten, gingen mir die Einzelheiten des Erlebten und Gehörten immer wieder durch den Kopf. Die Gurung auf ihren Lebensinseln hoch über der Buri Gandaki hatten uns gezeigt, wie schwer einerseits das Leben unter den Bedingungen ganzheitlich organisierter Selbstversorgungswirtschaft ist, andererseits aber auch, wie sie funktionieren kann. Doch mich begleiteten Zweifel, ob dieses Lebenskonzept aufrechtzuerhalten wäre. Werden die Monsunregen noch mehr Felder vernichten? Werden Agenten des „Fortschritts" die Bauern zum Agrarökonomen wandeln, d.h. sie überreden, ihre Selbstversorgungskultur aufzugeben, um vorrangig für entfernte nepalische oder gar ausländische Märkte zu produzieren? Würden die Bauern dann den Zwischenhändlern und den Anforderungen des Wettbewerbs gewachsen sein? Würde der Anbau lokaler Sorten vernachlässigt oder gar aufgegeben und auf den Flächen produziert, was von den Märkten verlangt wird, um dann mit dem Erlös Konserven und Fertigkost zu kaufen, um die eigene Ernährung sicher zu stellen? Wird die Jugend hier oben bleiben oder in die arbeitsteilige Welt der Städte ziehen? Werden die Kräfte der sich gegenseitig stützenden Gemeinschaftsmitglieder dem Individualismus weichen? Werden die Alten sterben, bevor die Jungen die *Ghantu*-Geschichte kennengelernt haben?

Arun

(1994 – 1995)

„Fasziniert von westlicher Moderne und von glitzernden Projekten hat Nepals herrschende Klasse völlig den gesunden Menschenverstand verloren, der sagt, dass Entwicklung den Menschen zu dienen hat und nicht ein riesiger Tempel ist, um einen technologischen Gott zu beherbergen."

Nanda R. Shrestha, In the Name of Development

Das Wehr

Mit starrem Blick fixierte uns der Python. Sein großer Kopf ragte regungslos aus dem trüben Wasser des schilfdurchsetzten Ufersaums. Der Körper war verborgen unter dem kleinen Boot, in das wir soeben einsteigen wollten. Doch dem geübten Auge des Fischers war die Schlange nicht entgangen. Er zeigte auf sie und warf einen Stein, ohne treffen zu wollen. In der Vorstellung vieler Nepali lebt sie unter der Erde, aus der das Wachstum oder auch Zerstörung wie Erdbeben und Erdrutsche kommen. Die Schlange kann Wohlstand und Unglück aus der Tiefe hervorbringen. Sie kann zur rechten Zeit den Regen fallen lassen, ihn aber auch zurückhalten, wenn ihrer Umgebung gröblicher Schaden zugefügt wird.[90] Das große Tier verschwand im trüben Wasser. Wir konnten einsteigen und übersetzen. Sich mit einer Stange vom Grund abstoßend bewegte der Fischer das Boot hinaus auf den See, den der Koshi-Damm an der nepalisch-indischen Grenze aufgestaut hatte.

Zusammen mit Govinda, meinem nepalischen Partner für ein Gutachten,

---

[90] Zur kulturellen Bedeutung der Schlange Beer Robert, The Handbook of Tibetan Buddhist Symbols, 72-73; Högger Rudolf, Wasserschlange und Sonnenvogel, 54-55; Anderson Mary M., The Festivals of Nepal, 2. Aufl., Calcutta 1977, 85-92.

das wir für das Churia Forest Development Project in Südost-Nepal vorbereiteten, wollte ich hinüber zu einer der Inseln im Stausee. Durch das Fernglas waren Hütten aus Bambus und Schilf zu erkennen. Sie schienen sich hin und her zu bewegen, ja dann und wann in der Luft zu schweben. Doch diese Täuschung war verursacht durch die große Hitze, die Ende Mai flimmernd über dem Tiefland, dem Terai, liegt. Von hier bis zum Golf von Bengalen hat das Wasser des Saptkoshi-Flusses nur noch etwa 150 Höhenmeter zu überwinden.

Im Norden kann man an klaren Tagen den höchsten Wall der Erde sehen. Da stehen die Giganten Kangchendzönga, Makalu, Lhotse, Everest, Cho Oyu und Shisha Pangma, fünf der vierzehn Achttausender mit ihren unzähligen mächtigen Trabanten. Nur etwa hundertzwanzig Kilometer sind sie entfernt. Ihre Gletscher nähren die Flüsse und damit Mensch und Tier. Kangchendzönga, der östlichste Achttausender an der Grenze zu Indien, bedeutet im Tibetischen „die fünf Schatzkästchen des großen Schnees". Gemeint sind seine fünf großen Eisfelder, deren Schmelzwasser weite Landstriche zu Füßen des Riesen fruchtbar machen. Der Tamur ist die nach Nepal hineinreichende Lebensader. Arun, Sun Koshi, Dudh Koshi, Likhu Khola, Tamba Koshi und Indrawati führen die Gletscherwasser der anderen Eisriesen nach Süden. Bei Tribenighat vereinen sie sich im Saptkoshi. Er ist der größte Strom Nepals und der drittgrößte des indischen Subkontinents.

„Sapt" heißt im Sanskrit sieben. Doch „Koshi"? Chandra Sharma, ein bedeutender nepalischer Hydrologe und Geologe, schreibt: „Kosi kommt von Rishi Kaushik. Es ist der Name des Mannes, der als Eremit am Ufer des Flusses lebte."[91] Über Rishi Kaushik konnte ich leider nicht mehr in Erfahrung bringen. Aber ich war auf die Wege anderer Menschen gestoßen, die an diesem Fluss Jahre der Meditation und dann der politischen Aktion verbracht hatten …

Die Überfahrt war einfach. Die Wucht der Himalayaflüsse in ihren engen und steil abfallenden Tälern wurde im weiten Staubecken gebrochen. Alle die wilden und weit gereisten Wasser hatten sich hier friedlich vereint. Wir landeten auf einer der Inseln. Sie maß nicht mehr als fünfzig mal fünfzig Meter und erhob sich nur wenig über dem Wasserspiegel. Drei Hütten, einige abgeerntete, sandige Felder, ein dösender Hund. Im Schatten eines der Häuschen saß eine Frau. Erstaunt blickte sie auf und begrüßte uns dann freundlich. Wir erwiderten den Gruß und Govinda fragte:

„Wie geht es, *didi*?"

„Gut. Und Ihnen?"

---

[91] Sharma Chandra K., River Systems of Nepal, Calcutta 1977, 15; siehe auch Wikipedia „Koshi River".

„Danke, gut. Sind Sie ganz alleine hier?"

„Nein, nein. Mein Mann ist draußen beim Fischen. Die beiden Kinder hat er mitgenommen. Sie sollten bald zurück sein."

„Lohnt sich der Fischfang?"

„Mal so, mal so."

„Was machen Sie mit den Fischen?"

„Wir verkaufen sie drüben im Dorf. Einige essen wir selbst. Wieso sind Sie hier hergekommen? Sind Sie vom Büro?"

„Welches Büro?"

„Na, das vom Nationalpark, drüben im Sunsari Distrikt."

„Nein, wir arbeiten für das Churia-Projekt in Lahan. Gibt es Probleme mit den Wächtern des Nationalparks?"

„Eigentlich dürfen wir seit 1976 nicht mehr das ganze Jahr über Fischen, wegen des Nationalparks. Aber unsere Väter und Großväter haben auch gefischt. Wovon sollen wir sonst leben? Es wohnen viele Leute auf den Inseln. Das Büro ist auf der anderen Seite. Hierher kommt niemand, auch niemand von den anderen Regierungsstellen. Niemand interessiert sich für uns. Sie sind der erste Ausländer hier", sagte sie zu mir gewandt.

„Wohin gehen die Kinder zur Schule?"

„Drüben ins Dorf. Dann wohnen sie bei meinem Bruder. Aber meistens sind sie hier."

Ich zeigte auf eine Leiter, die ans Dach gelehnt war. „Muss es frisch gedeckt werden?"

„Nein. Manchmal steigt das Wasser ganz plötzlich. Dann müssen wir alle aufs Dach. Das kann auch nachts passieren. Deshalb haben unsere Bettgestelle auch so hohe Beine. Dann muss jemand von uns schleunigst hinunter zum Wehr und bezahlen, damit die Tore weiter geöffnet werden, sonst ertrinken wir."

„Wissen davon die Behörden?"

„Ja, schon. Sie wollen aber nichts dagegen tun. Alle Leute am Damm sind Inder. Da gäbe es nur Schwierigkeiten."

„Sie sollten mal das Projektbüro in Lahan besuchen und von Ihrer Situation berichten."

„Ja, ich habe vom Projekt gehört. Ich werde es meinem Mann sagen."

„Doch", fuhr sie plötzlich lachend fort, „etwas Gutes hat der Damm auch: Wir bekommen kostenlos Brennholz geliefert und müssen nicht in den Wald laufen. Vor allem nach großen Regenfällen sammelt sich viel Holz am Damm. Unsere Männer haben Speere mit Leinen. Sie zielen, werfen und spießen das Schwemmholz auf, um es herauszuziehen. Da haben die Förster noch nie geschimpft."

Unser Bootsführer unterhielt sich weiter mit der Frau. Govinda und ich setzten uns abseits, um etwas zu essen. Wie sich doch große Politik auf das Leben einzelner Menschen auswirkt! Wir kamen ins Reden. Der Saptkoshi verfrachtet ungeheure Mengen Sand und Geröll in den indischen Staat Bihar und zerstört dort jährlich viele Hektar fruchtbares Land. Das Mündungsdelta in den Ganges bildet mit 180 Kilometern Länge und 150 Kilometern Breite eine der größten Aufschüttungsflächen der Welt. Das Flussbett verschob sich dort in gut 200 Jahren um 110 Kilometer nach Westen. Bihar braucht für den Reisanbau riesige Wassermengen. Deshalb entstand in Indien der Plan, einen Damm zu bauen, der den Fluss kontrollieren sollte. Außerdem sollte mithilfe von Kanälen Ackerland in Indien und Nepal bewässert werden. 1954 wurde der Koshi-Vertrag zwischen Nepal und Indien geschlossen. Er sah unter anderem vor, dass Nepal für den Bau der Anlagen Land an Indien verkaufte. Das löste einen Proteststurm in Nepal aus. Jahrelange Verhandlungen mit Indien folgten. 1966 wurde der Vertrag von 1954 in einen Pachtvertrag auf 199 Jahre umgewandelt. In den frühen Siebziger Jahren wurde das Projekt fertig gestellt. Doch der Fluss lässt sich kaum kontrollieren. Die Tore des Koshi-Damms müssen immer wieder weit geöffnet werden, um die Wassermengen durchzulassen. Damit wird auch der viele Sand, den der Saptkoshi vor dem Sperrwerk aufhäuft, nach Bihar geschwemmt. Dort erhöht sich das Flussbett, und immer wieder brechen die kilometerlangen Seitendämme. Die landwirtschaftliche Nutzung des Wassers ist für Nepal unbefriedigend, denn das meiste fließt nach Indien. Für Nepal bleibt wenig, und das Wenige muss mit großen Dieselmotoren hoch gepumpt werden, um auf die Felder zu gelangen, da sie zum Teil höher liegen als der Kanal. Diese Erfahrung hat Nepal argwöhnisch gemacht, wenn es um den Bau von Staudämmen geht und Indien mit im Spiel ist. Vor dem Dammbau lebten dort, wo jetzt der Stausee ist, viele Menschen auf fruchtbarem Land. Tausende Hektar gingen durch den Eingriff verloren. Der Koshi-Tappu-Nationalpark beschränkte zusätzlich die Möglichkeiten der Leute, an den Seeufern ihr Vieh weiden zu lassen und Gras zu ernten. Doch kürzlich wurde ein Kompromiss gefunden, so dass sie an gewissen Wochen Holz sammeln und fischen können sowie Gras für das Vieh und zum Decken ihrer Häuser schneiden dürfen.

„Soeben hat sich für Nepal das Arun-Abenteuer, der Bau des Wasserkraftwerks Arun III, erledigt", meinte Govinda, „und du, Hermann, warst daran beteiligt".

„Ja, aber zusammen mit vielen anderen. Durch E-Mail, Fax und Telefon waren wir weltweit mit den Gegnern dieses geplanten Staudammprojekts verbunden."

„Du bist bekannt geworden in Nepal. Ich habe gehört, dass dir die meisten Politiker Nepals zustimmen, die anderen mögen dich nicht."

„Mag sein. Aber niemand machte mir deswegen bei der Einreise oder in meiner Arbeit irgendwelche Schwierigkeiten. Man kann uns vorwerfen, wir hätten uns in die inneren Angelegenheiten Nepals eingemischt. Aber ich dachte, als Bürger eines Landes, das direkt und zusätzlich über die Weltbank viel Geld für das Arun-Projekt zur Verfügung stellen wollte, sei es legitim, seine Bedenken zu äußern. Und auch in Nepal gab es heftigen Widerstand von einheimischen Nichtregierungsorganisationen. Sie hatten uns um Hilfe gebeten, ihre Stimme im Ausland zu verstärken, da ja die Finanzierung des Projekts zu einem großen Teil von der Weltbank, der Asiatischen Entwicklungsbank, Deutschland, Japan, Frankreich, Schweden und Finnland übernommen werden sollte. Deutschland hatte 235 Millionen Mark als Zuschuss vorgesehen. Da schrieb ich als Mitglied des deutschen Vereins 'Urgewald' zwei Stellungnahmen zum Thema Arun-Großstaudamm und sandte sie an unser Ministerium für Entwicklung und Zusammenarbeit. Urgewald ist eine sogenannte *advocacy*-Organisation. In Nepal hatte sich eine Plattform gebildet, die sich 'Arun Concerned Group', nannte. Ihr Hauptanliegen war, dass vor einer Entscheidung dieses Großprojekt mit seinen vielfältigen Folgen für das Land in der nepalischen Gesellschaft offen und ausführlich diskutiert werden sollte, wofür Zugang zu allen Informationen notwendig ist. Solcher war aber leider nicht gegeben. Außerdem waren viele Informationen in der Weltbank, der Asiatischen Entwicklungsbank und in den Geberländern, besonders in Deutschland, vorhanden und blieben auch dort weitgehend der Öffentlichkeit entzogen. Und so bat die Arun Concerned Group Urgewald um Hilfe. Urgewald ist spezialisiert auf die Untersuchung sozialer und ökologischer Auswirkungen von Projekten, die mit öffentlichen Mitteln unterstützt werden. Die Organisation wird nur tätig, wenn sie von Betroffenen des Projekts darum gebeten wird."

„Was waren denn eure wichtigsten Einwände gegen den Arun-Damm?"

Da kam unser Bootsmann herüber und meinte, wir sollten nun zurückfahren, er hätte noch im Dorf Arbeit zu erledigen. Wir verabschiedeten uns von der Frau und bestiegen den Kahn.

Während der Fahrt setzten wir unser Gespräch fort. Ich wollte wissen, ob es damals Widerstand der Bevölkerung gegeben hatte, die wegen des Dammbaus am Saptkoshi vertrieben worden war. Sind die Leute entschädigt worden? Durch Land? Mit Geld? Wo lebten sie danach? Ging es ihnen nach ihrem Landverlust besser oder schlechter als vorher? Fragen, die auch beim Arun-Projekt heftig diskutiert worden waren.

„Darüber weiß ich wenig", antwortete Govinda, „sicher gab es Widerstand der Bauern. Er ist aber nicht dokumentiert. Ich habe nirgendwo eine Darstellung aus der Sicht der direkt Betroffenen gesehen. Mit der Bewässerung klappt es nicht, Strom wurde versprochen, aber die Anlagen wurden nie gebaut, und ich kann mir nicht vorstellen, dass die Enteigneten gerecht entschädigt wurden. All das hat dem stillen Widerstand Ostnepals gegen die Zentralgewalt in Kathmandu, den es ja schon seit langem gibt, neue Nahrung gegeben."

Kipat

Ja, ich verspürte die Distanz der Menschen zum Machtzentrum Kathmandu immer wieder während meiner Reisen in den Osten des Landes, wenn ich unsere Entwicklungshelfer besuchte, und hörte enttäuschte, ärgerliche, zornige Äußerungen so mancher Nepali über „die da oben in Kathmandu".

„Was ist der eigentliche Grund dafür?", fragte ich.

„Der Unmut hat seine Wurzeln in der Umwandlung des traditionellen Landbesitzes der Limbu, Rai, Danuwar und Sunwar, die östlich und nördlich von hier siedeln. Diese Stämme und andere kleinere Gruppen besaßen ursprünglich ihr Land gemeinschaftlich, auch die Wälder. Nur Stammesangehörige durften es nach Zuteilung durch den Stamm bewirtschaften. *Kipat* nannte man diese Landbesitzart. Und es war ja auch eine Lebensform: Selbstverwaltung, Autonomie, Selbstorganisation, Selbsthilfe, eigene Gebühren und Regeln des Zusammenhalts und der Zusammenarbeit. Im 18. Jahrhundert wurde durch die indo-arischen Gorkhali-Eroberer das Land zu einem Nationalstaat geeint (s. Kap. „Blutbefleckte Zeigefinger – Zentralismus"). Es folgte eine große Einwanderungswelle aus Indien. In ihrem Wunsch, Land zu erhalten, wurden die Neuankömmlinge von der Zentralregierung in Kathmandu unterstützt. Sie wollte damit die Oberhoheit über Ostnepal gewinnen, ohne Krieg zu führen, und sie wollte Steuern aus Landbesitz einnehmen.

Die Anerkennung von *Kipat*-Land wurde abhängig gemacht vom Besitz staatlicher Urkunden, Höchstgrenzen wurden festgesetzt und das übrige Land in staatlichen Besitz überführt. Privilegien wurden gegen Verzicht auf *Kipat*-Land gewährt, und nicht bewirtschaftetes *Kipat*-Land vergab die Regierung an Neuankömmlinge. Vor allem die Verpfändung von Land für den Erhalt von Darlehen hat zu großen Landverlusten der alteingesessenen Gruppen geführt. 1968 wurde *kipat* als Form von Landbesitz gänzlich abgeschafft.[92] Das ist alles noch nicht so lange her.

Änderungen von Landbesitz in solchem Ausmaß und der Entzug von Selbstverwaltung bleiben lange im Gedächtnis der Menschen haften. Außerdem wurde 1957 die Waldnutzung unter staatliche Kontrolle gestellt. Die Menschen verloren ihren traditionellen Zugang zum Wald. Sie mussten nun zu weit entfernten staatlichen Forstämtern laufen und Genehmigungen einholen. Das Regierungspersonal war schlecht ausgebildet und stand der Bevölkerung im Allgemeinen misstrauisch, unfreundlich und sogar feindlich gegenüber. (S. Kap. „Aufbruch zu neuer Balance".) Wenn man weiß, wie sehr die Bauern Ne-

---

[92] Diese Vorgänge sind ausführlich dargestellt in Regmi Mahesh C., Landownership in Nepal, Berkeley-Los Angeles 1976, 87-103.

pals vom Wald abhängig sind und welche guten gemeinschaftlichen Bewirtschaftungsformen sie entwickelt hatten, dann kann man verstehen, dass diese Gesetzgebung große Verärgerung ausgelöst hatte."

Unser Bootsmann warf das Netz aus, doch er wurde nicht belohnt. Am morastigen Ufer zielte er mit seinem Speer auf einen großen grundelnden Fisch, verfehlte ihn aber ebenfalls. Wir zahlten für die Überfahrt und verabschiedeten uns.

Der Dämon

Unser abendliches Auswertungsgespräch fiel kurz aus. Ich fühlte mich nicht wohl. Dass mir das Essen nicht schmeckte, lag nicht am Koch. Ich ging schon gegen neun Uhr ins Bett. Das Moskitonetz schützte mich vor den lästigen Mücken, aber es hielt auch die wohltuenden Luftwirbel ab, die der quietschende Deckenventilator aussandte. Die Betonwände um mich herum strahlten Backofenwärme ab. Dennoch schlief ich ein. Nein, es war kein Schlafen, sondern ein Schweben zwischen Dämmern und Wachen, zwischen Dunkelheit und fiebriger Wahrnehmung meiner Umgebung. Ja, mir war heiß, doch nicht nur von der Hitze dieses Raumes. Druck im Kopf und in den Augen, Nackenweh, Gliederschmerzen, ich hatte Fieber.

In meinem Trancezustand schwebte ich zwischen Heimat und Nepal und sah mich reisen: Ich will im November von Frankfurt über München nach Berlin fliegen. Auf meinem Ticket steht nicht die Abflugzeit, nur wann ich am Schalter sein muss. Der Beamte dort sagt, mein Ticket gelte nicht, weil es die Kirche nicht anerkennt. Es müsste gefärbt werden. Das Gepäck mit meinen belichteten Filmen ist mit der falschen Maschine versandt worden. Ich habe Hunger, doch vor allem großen Durst, aber nur noch acht Mark. Ein Frühstück kostet neun Mark. Die anderen Leute werfen einfach Briefschecks in dafür bestimmte Schlitze an der Wand, um zu bezahlen. Ich habe keine Schecks. Im Hintergrund Säuselmusik. Dann wiederholt eine Lautsprecheransage: „Ab 1.12. singt Marika Rökk täglich ‚Stille Nacht, heilige Nacht'."

Ein zweiter Traum schloss sich gleich an und trug mich in eine andere Welt. (Es war die mir wohl vertraute des Arungebietes, in dem ich – die Tage und Wochen der einzelnen Aufenthalte zusammengezählt – acht Monate gelebt hatte. Und immer war mir Gutes und Schönes widerfahren: unsere Expeditionen zum Shartse 1974, ins wilde Hongu-Gebiet 1976 und zum Makalu 1978, die Fertigstellung von vier Trinkwasseranlagen und zwei Fußgängerbrücken, die beiden Wochen, die wir während unserer Längsdurchquerung Nepals 1983 hier verbracht hatten, unsere Pilgerreise nach Khembalung 1988 [s. Kap.

„Beyul – Kraft im Verborgenen"] und die Tour 1993 von Tumlingtar am Arun ins Khumbu-Gebiet zu Füßen des Mount Everest, als wir eine große Gruppe von Freunden und Bekannten begleiteten. Alle Unternehmungen hatten einen guten Ausgang genommen.) Die Traumbilder purzelten wild durcheinander und trotzten logischer Abfolge. Ich sah mit Tautropfen geschmückte Rhododendren, bemalte Lehmhäuser umgeben von tiefgrünen Maisfeldern, feuchte Nebelschleier in den Bergwäldern, viele Menschen auf dem Wochenmarkt, Gras schneidende Kinder und Frauen. Ich sah die tiefen Schluchten des Hinku und Hongu, himmelhohe, von der Nässe geschwärzte Felswände und wehende gelbgrüne Grasbüschel, die sich an sie klammerten. Mir begegneten schwer bepackte Träger auf schwankenden Hängebrücken, dann die gütigen Gesichter eines Musikanten am Weg und eines alten Lama.

Plötzlich befand ich mich im milchigen, grünen Arunfluss. Sein kaltes Gletscherwasser trug mich dahin und schützte mich vor der brütenden Hitze der Schlucht, die er gegraben hatte. Ich sah, wie darüber Himalayaberge schwebten, weißen Wolken gleichend, die sich nicht bewegten. Ich tauchte unter und trank begierig das kühlende Wasser. Da erschien die schwarze Fratze eines riesigen Dämonen, welche die gesamte Schlucht ausfüllte. Blöde glotzen seine aufgerissenen Augen. Aus dem weit geöffnetem Maul strömte Wasser, riss die Wände der Schlucht nieder und schwemmte Brücken, Felder, Häuser und Büffel weg. Das Maul des Dämonen wurde größer und größer, und immer mehr Wasser ergoss sich in gewaltigem Schwall. Es zerstörte Backen, Kinn und Nase der Fratze, dann Augen, Stirn, und schließlich sank auch seine aus Totenköpfen bestehende Krone in die Fluten. Der Dämon war weg. Doch dann stand plötzlich eine himmelhohe braune Woge vor mir, die Wasserwalze bäumte sich höher und höher auf. Sie krümmte sich und stürzte – da schreckte ich auf.

Das Herz klopfte wild. Ich saß im Bett und war schweißnass. Es dauerte eine ganze Weile, bis ich begriff: Das ist nicht Wirklichkeit, nein, nein, Gott sei Dank nicht! Aber was war das? Wie die Gehirnströme diese Bilder schufen, war mir unklar, nicht aber der Anlass: Als Gutachter war ich sehr oft mit dem Flugzeug unterwegs, im Flughafen von Miami hatte ich im Mai einen geschmückten Weihnachtsbaum gesehen, die Sängerin Marika Rökk war wie ich an einem 3.11. geboren, und in den letzten Monaten hatte ich mich fast ausschließlich mit dem Staudammprojekt am Arun beschäftigt. Das dunkle Gesicht mit Schädelkrone gehört zur Hindugöttin Kali Durga, der Tochter von Himavat, dem Himalaya. Sie symbolisiert in dieser Form Leidenschaft, Tod und Zerstörung und wird mit blutigen Opfern zu besänftigen gesucht, ganz besonders am Fest Durga Puja. Oder hatte ich von dem Dämonen geträumt, der in dieser Gegend sein Unwesen trieb, bis Gott Vishnu in der Gestalt eines Schweins vom Himmel stieg und ihn in einem schrecklichen Kampf tötete? Tausende Pilger kommen alljährlich während des Januarvollmonds zum Tempel in Barah Kshetra am Saptkoshi, gar nicht weit von hier, um diesen Sieg zu feiern.

Das Traumerlebnis saß tief in mir und das Denken kreiste um die eineinhalb Jahre, die ich im Widerstand gegen das geplante Arun III-Wasserkraftwerk verbracht hatte.[93] 1994 wurde ich von einer deutschen Journalistin angerufen, die meine Meinung zu dem Projekt hören wollte. Sie bereitete einen Zeitungsbericht vor. Dann schrieb ich die zwei Stellungnahmen und schickte sie ans Ministerium für wirtschaftliche Zusammenarbeit und Entwicklung. Ich erhielt ganz unerwartet Antwort vom Minister persönlich. Sie war weder zustimmend noch ablehnend, sondern anerkennend, man wolle die Argumente sorgfältig prüfen. Dann traf ich mich mit einer Studentin, die für den Verein Urgewald arbeitete. Wir ergänzten uns hervorragend. Wir legten unsere Adressen von Fachleuten und Organisationen zusammen, die jeder irgendwo auf dem Globus kannte, und waren nun in einem großen Netzwerk verbunden. Unsere Argumente lieferten wir auch an Greenpeace, die Hilfswerke der beiden Kirchen in Deutschland, an den Deutschen Alpenverein, alle deutsch-nepalischen Organisationen und an Rundfunk, Fernsehen und Presse. Einen ganzen Tag verbrachte ein SPIEGEL-Redakteur aus Berlin bei mir im Büro, um einen Artikel vorzubereiten.[94]

Dann „bearbeiteten" wir Abgeordnete des Deutschen Bundestages, diskutierten im Ausschuss für Wirtschaftliche Zusammenarbeit mit den Parlamentariern der CDU in Bonn und belieferten kritische Abgeordnete der SPD mit Informationsmaterial. Wir hielten Vorträge und riefen zum massenhaften Versand von Protestbriefen an unser Ministerium und ans Bundeskanzleramt auf. Und schließlich schickte mich Urgewald nach Washington. Die weltweit zunehmende Kritik hatte die Weltbank – sie war der größte Kreditgeber für das Projekt – veranlasst, die Kritiker einzuladen, um deren Argumente zu hören. Wir sprachen mit den Direktoren der Bank und den Fachreferenten, mit Kongressangehörigen, Abteilungsleitern im Außen-, Finanz- und Umweltministerium der USA. Die USA sind nämlich der größte Anteilseigner der Weltbank. Und vor allem lernten wir uns persönlich kennen, wir Projektgegner aus Deutschland, Großbritannien, Indonesien, Japan, Nepal, Norwegen, Schweden, USA und anderen Ländern.

Das stärkte unsere Motivation zu weiterem freiwilligen Einsatz. Als wir nach einer Woche Washington verließen, wussten wir nicht, ob unser Besuch

---

[93] Für Arun III war eine installierte Leistung von 402 Megawatt vorgesehen; für Arun I und II nochmals zusammen 643 Megawatt.
[94] DER SPIEGEL, 44/1994, 50-55, „Wagen vor die Pferde".

die gewünschte Wirkung haben würde. Zuhause erfuhr ich, dass die Kreditanstalt für Wiederaufbau, über die der deutsche Beitrag abgewickelt werden sollte, mich auf die „rote Liste" gesetzt hatte, d.h. ich würde jedenfalls von ihr keine Aufträge für Gutachten bekommen. Nun gut, das war nicht schlimm, ich hatte auch andere Auftraggeber. Was aber, wenn sie diese beeinflusste? Wie leicht ist es, den Ruf einer Person zu schädigen! Ein hoher Beamter aus dem Ministerium rief mich an und klagte über die Flut der Protestbriefe, die wir ausgelöst hätten und die von den Beamten zu bearbeiten wären. Wir würden Nepal großen wirtschaftlichen Schaden zufügen, meinte er. Er sagte dann noch, ich möge mich zurückhalten, das Ministerium möchte meine Gutachterdienste ja noch weiter in Anspruch nehmen.

Und dann war da noch der Anruf von der Weltbank in Washington: Man bot mir einen sehr gut bezahlten Expertenjob im „Regionalen Aktionsprogramm" an, das als Abfederung des riesigen Eingriffs in die Natur und in das Sozial- und Wirtschaftsleben der Bewohner im Einzugsgebiet des Arun gedacht war. Ich verstand, blieb aber bei meiner Kritik. Mit anderen Gegnern wurde weniger glimpflich umgegangen: Einem der nepalischen Hauptkritiker wurde eine polizeiliche Hausdurchsuchung beschert. Er erhielt sogar Morddrohungen. Ein nepalischer Korrespondent des renommierten „Economist" wurde in seiner Londoner Zentrale angeschwärzt. Dem bekannten Geologen und Nepalkenner Toni Hagen versuchte der Vizepräsident der Nationalen Planungskommission in Kathmandu während einer regionalen Konferenz ein Redeverbot zum Arun-Komplex aufzuerlegen und ein nepalischer Staatssekretär drohte Hagen, er möge seine Kritik „in seinem eigenen persönlichen Interesse" zurücknehmen. Toni Hagen schrieb dann: „Die westlichen Geldgeber haben in der Diskussion um das Arun Projekt ein schlechtes Beispiel gegeben für Meinungsfreiheit und eine freie Presse, Grundlagen jeder demokratischen Entwicklung."

Yogamaya

Nach einem langen Schlaf ging es mir besser. Am frühen Abend besuchte mich Govinda. Wir tranken Tee und schrieben unsere Erkenntnisse der vergangenen Tage auf. Govinda hatte dem Projektbüro über die Situation der Menschen auf den Inseln im Koshi-Staubecken berichtet. Die Mitarbeiter meinten, sie hätten schon längst die Leute dort besucht, aber die Größe des Projekgebietes, das sich über drei Landkreise mit insgesamt 1,2 Millionen Menschen erstreckt, machte es bisher unmöglich, überall die Probleme und Entwicklungsmöglichkeiten mit der Bevölkerung zu besprechen. Zwei Mitarbeiter wollten aber zu den Leuten auf den Inseln übersetzen und auch mit der Parkverwaltung reden. Vielleicht wäre es möglich, Lösungen zu finden, so dass den Anliegen beider Seiten gedient wäre.

„Hermann, wir sprachen gestern von dem Widerstand hier gegen zentralistische Bevormundung. Die Leute beiderseits des Arun sind sehr selbstbewusst. Sicher hat dazu ihre weitgehende Autonomie zur Zeit des *Kipat*-Systems beigetragen. Hast du schon mal von den beiden Frauen Shakti Yogamaya und Durga Devi gehört?"

„Nein, was ist mit ihnen?"

„Sie waren keine Rai oder Limbu. Yogamaya war Brahmanin (*bahuni*), Durga Devi eine Chhetri. Am Arun bei Tumlingtar liegt der Ort Manakamana. Er besteht aus ein paar kleinen Häusern und einem Tempel, dem Mittelpunkt für eine Gruppe von asketisch lebenden Witwen. Ich war vor einigen Jahren mal dort. Die Frauen verehren Yogamaya und Durga Devi, die in dieser Gegend lebten und am Arun starben. Nachdem Yogamaya ‚Kinderwitwe' geworden war, also nach dem Tod ihres künftigen Ehemannes, verließ sie mit einem Liebhaber, der nicht Brahmane war, ihren Heimatort und ging nach Assam. Sie bekam eine Tochter und kehrte in die Heimat zurück – ein für eine Brahmanin mutiges, ja provokantes Verhalten. Sie verfasste Balladen, welche die Schönheit der Natur preisen. Noch heute werden sie von den Frauen in Manakamana gesungen. Eine klang in etwa so:

„Höchstgepriesener Himalaya,
Du nährst die Flüsse.
Der Arun entspringt von dir.
Zusammen mit dem Barun
Fließt er hinunter, hinunter.
Ein lieblicher Vogelgesang
Erfasst mein Herz.
Die sanfte Melodie des Flusses
Liebkost es."

Die Leute sagen, Yogamaya sei auch nach Khembalung (s. Kap. ‚Beyul – Kraft im Verborgenen') und zu anderen heiligen Plätzen der Gegend gepilgert und hätte Jahre unter einem überhängenden Felsen meditiert. Sie wäre nicht nur von der Schönheit der Natur ergriffen gewesen, sondern ihr sei ganz eindringlich die Ausbeutung vieler Menschen bewusst geworden, der sie auf ihren Reisen immer wieder begegnete. Sie begann dann, politische Gedichte zu verfassen.

Eines lautet so:

„Hoch, Herr Primeminister!
Immer wieder applaudiere ich dir.
Gleichst einer Spinne, die weder pflügt noch säht,
Doch dick und immer dicker wird.
Heutzutage, Brahmanen, ihr lebt wie ihr wollt;
Wie Herren könnt ihr die Armen ausbeuten,
So verdorben verschleudert ihr eure Glaubwürdigkeit.
Doch dicke Bäuche platzen
Und entlassen die Schmiergelder,
Die euch vergiften.
Genießt ruhig eure Reichtümer noch!"

Kraftvolle Verse einer starken Persönlichkeit, dachte ich. Sie klingen wie das Echo aus einer weit entfernten Welt und zeigen jenseits aller kulturellen Unterschiede doch traurige Gemeinsamkeiten der Menschheit, wie sie immer wieder zu beklagen sind: Ein Jahrhundert vor Yogamaya formulierte zum Beispiel ein Georg Büchner 1834 im Hessischen Landboten so: *„Seht, wie die Herren sich für euer Geld dort lustig machen, und erzählt dann euern hungernden Weibern und Kindern, dass ihr Brot an fremden Bäuchen herrlich angeschlagen sei, erzählt ihnen von den schönen Kleidern, die in ihrem Schweiß gefärbt, und von den zierlichen Bändern, die aus den Schwielen ihrer Hände geschnitten sind, erzählt von den stattlichen Häusern, die aus den Knochen des Volkes gebaut sind!"*[95]

„Die meisten Leute konnten damals nicht lesen", fuhr Govinda fort, „dennoch verbreiteten sich die Gesänge Yogamayas rasch. Viele Menschen sahen ihre Situation wie in einem Spiegel: Sie erkannten, wie sie von den Mächtigen in Kathmandu und ihren hiesigen Helfern politisch und wirtschaftlich ausgebeutet wurden, wie diese dabei vor allem auf ihr eigenes Wohl bedacht waren und das Kastensystem nutzten, um Ungleichheit unter den Menschen herbeizuführen und zu festigen. Aus der Meditation erwuchs Yogamaya die Kraft zum Widerstand gegen staatliche Willkür. Solcher Widerstand war damals noch viel riskanter als heute. Doch sie gewann immer mehr Anhänger. Es waren wohl an die zweitausend, und die meisten von ihnen waren Brahmanen und Chhetri. Es hatte sich ein Gemeinschaftsgefühl von Gleichheit der Zornigen entwickelt. Sie waren angezogen von Yogamayas Slogan ‚Herrschaft mit Gerechtigkeit', mit dem sie gegen den Palast und Nepals Premierminister agitierte. Sie prangerte das Pachtwesen in der Landwirtschaft an, die Schuldknechtschaft, den Status

---

[95] Büchner Georg, Der Hessische Landbote, Büchner Sämtliche Werke (Die Tempel-Klassiker), Wiesbaden o.J., 216.

von verwitweten jungen Mädchen, die Händler, die Sand ins Getreide mischten, und machte Eingaben in Kathmandu. Doch es geschah nichts. Da sandte sie einen Brief mit über zweihundert Unterschriften ihrer Anhänger an den Palast und drohte mit Selbstverbrennung. Sie sammelten Holz und schichteten es zu einem großen Haufen. Da erschienen Soldaten und brachten Yogamaya und die, derer sie habhaft wurden, in die Gefängnisse von Bhojpur und Dhankuta. Da es Hindus verboten ist, Brahmanen zu töten und da die Gefangennahme noch mehr Unruhe in der Gegend auslöste, bot man Yogamaya ihre Entlassung an, wenn sie ihren Widerstand aufgäbe. Nach zwei Tagen in Freiheit versammelten sich Yogamaya und 69 ihrer Anhängerinnen und Anhänger am Arun bei Majhwa. Sie alle folgten ihr in die Fluten. Das war 1939 oder 1940. Yogamaya konnte auf den angebotenen Handel Freiheit gegen Aufgabe ihrer Forderungen nicht eingehen."[96]

„Sie war eine mutige Frau. Eigenartig, dass sie nicht über das Arungebiet hinaus bekannt ist", erwiderte ich.

„Das hat auch mit Regierungspropaganda zu tun. Man verunglimpfte Yogamaya und ihre Gefolgsleute und nannte sie Kommunisten, dekadente Frauen, Prostituierte und Unmoralische. In Kathmandu wurde Yogamaya totgeschwiegen und das ist bis heute so."

„Wenn ich so zurückdenke an meine ersten Reisen ins Arungebiet, da war ich auch völlig fasziniert von der herrlichen Natur und von den Menschen, die in ihr leben und wirtschaften. Später lernte ich die Vorteile und Grenzen der Selbstversorgungswirtschaft besser kennen und den Unterschied zwischen Genügsamkeit und Elend. Als ich von dem geplanten Großprojekt hörte, war meine erste Reaktion: Diese phantastische Natur der Arun-Region darf nicht zerstört werden, und ich kam zu der Überzeugung, dass man den Bewohnern kein weiteres Unrecht antun dürfe. Das von anderen geplante Großprojekt würde ihnen mehr schaden als nützen. Es würde weder Elend beseitigen noch die Selbstversorgungswirtschaft verbessern. Und außerdem war es in technischer Hinsicht gefährlich."

Ich erzählte von meinem Alptraum, dem vom Dämon mit dem aufgerissenen Maul.

---

[96] Dazu Aziz Barbara Nimri, Shakti Yogamaya: A Tradition of Dissent in Nepal, in: Ramble Charles / Brauen Martin, Anthropology of Tibet and the Himalaya, Zürich 1993, 19-29.

Gefahren

„Du musst diese Region sehr mögen. Ansonsten wäre ein so aufwühlender Traum nicht zu erklären. Du wolltest mir vorgestern eure wichtigsten Gründe nennen, die ihr gegen das Projekt vorbrachtet."

„Ja, das war ein ganzes Bündel von Argumenten. Es waren geologische, ökologische, wirtschaftliche, soziale, kulturelle und solche, die mit Rechtstaatlichkeit, Entwicklung der Demokratie und mit politischer Selbstbestimmung zu tun haben.

Das Einzugsgebiet des Flusses ist groß. Über 80 % davon befinden sich in Tibet. Dort gibt es etwa 50 Gletscherseen. Einige von ihnen könnten ausbrechen, wie das jüngst auch in Nepal mehrmals geschehen ist (1980 am oberen Tamur, 1984 und 1985 im Khumbu). Ein grenzübergreifendes Frühwarnsystem sollte eingerichtet werden, hieß es. Doch es gab keinerlei Angaben, wie die Posten zwischen 4000 und 6000 Metern Höhe über zwölf Monate hindurch zu besetzen wären, und keinerlei Überlegungen, wie Meldungen ins nepalische Arungebiet technisch übertragen und verbreitet werden sollten. Ja, man hatte sich auch keine Gedanken darüber gemacht, dass über die kontrollierte Entleerung gefährlicher Seen ein Abkommen mit China notwendig wäre. Sie sind wirklich gefährlich, wie besonders der Ausbruch des Dig Tsho-Sees im westlichen Khumbugebiet im August 1985 zeigte: Eine Fels- und Eislawine stürzte in den See und verursachte riesige Wellen. Sie übersprangen den Rand des Sees. Die Wassermassen rasten zu Tal, töteten fünf Menschen, zerstörten ein Kleinkraftwerk, 14 Brücken, rissen Wege und Häuser weg und überfluteten viele Äcker und Weiden.

Außerdem, dort wo der Arun-Staudamm gebaut werden sollte, ist die Schlucht eng und hoch. Das Wasser des fast fünf Kilometer langen Staubeckens hätte ihre Seitenwände aufweichen und einen Erdrutsch auslösen können mit der Folge, dass eine gewaltige Flutwelle über den Damm geschwappt wäre wie das 1963 in Longarone geschehen war. Etwa 2000 Menschen kamen dort ums Leben. Diese Gefahren wurden heruntergespielt. Außerdem liegt das Gebiet in einer ‚Hebungsinsel', wie die Geologen sagen, d.h. der Himalaya wird hier durch den Druck des indischen Subkontinents in die asiatische Landmasse noch weiterhin angehoben, was immer wieder zu Erdbeben führt. Das letzte mit dem Epizentrum an der Südost-Grenze mit Indien war am 21.08.1988. Es hatte eine Stärke von 6,5 auf der Richterskala. Mindestens 1000 Menschen kamen in Indien und Nepal ums Leben. Es gab über 16.000 Verletzte und etwa 60.000 beschädigte bzw. zerstörte Häuser auf beiden Seiten der Grenze. Sollte ausgerechnet in einem so gefährdeten Gebiet, in einer 'geologischen Verwerfungslinie', ein Staudamm gebaut werden?[97] Insgesamt waren ja sogar drei geplant. Mit Arun III sollte begonnen werden.

Ganesh Ghimire, ein Mann aus dem Arungebiet, war ebenfalls als Mitglied der nepalischen Gruppe damals mit uns in Washington und sagte bei der Anhörung in der Weltbank ungefähr Folgendes: 'Arun' heißt Sonne und steht für Leben. Wie das Leben selbst ist das Aruntal voller Vielfalt, ökologisch und kulturell. Innerhalb von hundert Kilometern steigt das Gebiet von geringer Höhe über dem Meeresspiegel bis zu achteinhalbtausend Metern. Das ist die Ursache für die einmalig reiche Natur und Kultur. Für die Weltbank ist die außerordentliche biologische Vielfalt des Aruntals von globaler Bedeutung. Doch gleichzeitig erlaubt sie, die verwobene und dynamische Balance zwischen den Abläufen in der Natur und menschlichem Tun durch das Arun-Projekt zu gefährden. Das Gebiet ist sehr entlegen, die Menschen sind ungeschützt und unbefangen. Sie leben in Frieden, sozialer Harmonie und Ruhe.

Das Gebiet ist wirklich einzigartig. Es ist kein Paradies, gehört aber zu den intaktesten Gegenden Nepals, und zwar ökologisch und hinsichtlich dessen, was man mit Identität der Bevölkerung bezeichnet. Hier leben über 600 Vogelarten, mehr als in den Vereinigten Staaten. Die Wälder südlich des Siebentausenders Chamlang und am Barun gehören zu den letzten unberührten Hochgebirgswäldern der Welt, wo Wissenschaftler immer noch neue Tier- und Pflanzenarten entdecken. Ostnepal ist eine ‚Arche Noah', was die Pflanzen- und Tierwelt betrifft.

Und es gibt im Arungebiet eine menschliche Besiedlung mit hoch entwickelter Subsistenzkultur[98], außerdem die bedeutenden geistigen Zentren Khembalung südlich des Chamlang und Pemathang zu Füßen des Makalu (s. Kap. ‚Beyul – Kraft im Verborgenen'). Das Land am Arun ist für die meisten Menschen weit mehr als nur Produktionsfläche. Es ermöglicht ihnen, Ackerbau und Viehzucht zu betreiben, aber es ist auch spirituelle Heimat. Flüsse, Wälder, Berge und die ganze Welt sind für sie beseelt, und daran nehmen die Menschen

---

[97] Ives Jack / Messerli Bruno, The Himalayan Dilemma. Reconciling Development and Conservation, London 1988; HMG/ICIMOD, Erosion and Sedimentation in the Nepal Himalaya. An Assessment of River Processes, Kathmandu 1987; Hagen Toni / Dyrenfurth Günter Oskar / Fürer-Haimendorf Christoph / Schneider Erwin, Mount Everest. Aufbau, Erforschung und Bevölkerung des Everest-Gebietes, Zürich 1959. Am 18.9.2011 bebte wieder die Erde in Zentral- und Ostnepal und zwar mit einer Stärke von 6,8 auf der Skala. Mindestens zehn Personen kamen ums Leben in Nepal und Nordindien. 17.000 Häuser in Ilam, Dhankuta, Terhathum, Sankhuwasabha und Bhojpur wurden zerstört. Das schlimmste Erdbeben mit der Stärke 8,3 forderte 1934 ca. 8000 Menschenleben in Nepal und mindestens 10.000 in Nordindien.
[98] Dazu Seeland Klaus, Ein nicht zu entwickelndes Tal. Traditionelle Bambustechnologie und Subsistenzwirtschaft in Ost-Nepal, Diessenhofen 1980.

teil. So steht der Mensch der Natur nicht gegenüber oder gar über ihr, sondern ist Teil von ihr. Er muss deshalb bedacht sein, die Ordnung nicht zu verletzen und die Balance des Systems nicht durch Übernutzen zu zerstören. Dieses Verständnis hat dazu beigetragen, dass die Wälder im Arungebiet verhältnismäßig gut erhalten sind. Das anerkannte sogar die nepalische Elektrizitätsbehörde, welche den Bau der Kraftwerke aber dennoch befürwortete. Khembalung, Phyaksinda Doban am Zusammenfluss von Khoktak und Arun sowie der Ort des Zusammentreffens von Barun und Arun, das sind bedeutende Stätten, an denen die beseelte Natur verehrt wird. Alljährlich werden sie von vielen Pilgern besucht. Stell, dir vor, Govinda, was auf die ca. 450.000 Menschen im Arun-Becken in kürzester Zeit eingestürzt wäre, ohne dass sie Zeit zur Steuerung und Verarbeitung gehabt hätten: Um Zeit zu sparen, sollte die 122 Kilometer lange Straße zum Damm durch die Armee in Rekordzeit und mithilfe großer Maschinen und Hubschrauber gebaut werden auf Weidegrund, Ackerland und durch zum Teil unberührte Wälder. Ich habe anderswo die Verwüstungen gesehen, die der Einsatz großer Mengen Dynamits verursacht. Die Straße hätte auch das wirtschaftliche System stark verändert, denn indische Massenwaren hätten viele einheimische Handwerker arbeitslos gemacht und Lastkraftwagen die Existenz von Hunderten von Trägern ruiniert. Bekanntlich hatte die in den achtziger Jahren fertig gestellte Straße von Dharan nach Dhankuta bewirkt, dass 2000 Trägerinnen und Träger, die täglich auf dieser Route unterwegs waren, ihr Einkommen verloren, da nun Lastwagen ihre Arbeit ersetzen. Viele arbeiten jetzt im Straßenbau. Die Arbeit ist nicht leichter. Ist sie besser?

Der Selbstversorgungswirtschaft mit ihren Mechanismen von Ausgleich und Gegenseitigkeit (s. Kap. ‚Lebensinseln in den Wolken') wäre ein System übergestülpt worden, das vorrangig nach monetären Gesichtspunkten funktioniert. Und das wäre in wenigen Jahren geschehen. Ich weiß, in all dem stecken auch Chancen, doch den Menschen wäre nicht Zeit verblieben, diese gegen die Risiken abzuwägen und selbst zu entscheiden, was sie in ihr Leben und ihre Gesellschaft übernehmen wollen und was nicht. Staunend, überrascht, entmündigt, hilf- und machtlos wären sie dem gegenübergestanden, was da plötzlich von außen über sie gekommen wäre. Daran hätte auch das ‚Regionale Aktionsprogramm' nicht viel geändert, das übrigens ohne gebührende Einbindung der lokalen Bevölkerung, ihrer Organisationen und politischen Repräsentanten auf Dorf- und Distriktebene geplant worden war, also ebenfalls von außen. Es sollte den Eingriff sozial- und umweltverträglich gestalten, die Folgen des Großprojekts abfedern und ausgleichen. Doch nur 2,4 % der Kosten des Gesamtkomplexes waren dafür vorgesehen. Das Programm war so genial wie naiv – genial, weil es die Bauinteressen mit einem sozialen Mäntelchen behängte und damit den Druck auf eine befürwortende Entscheidung erhöhte, und naiv, weil man meinte, mit dem wenigen Geld könne man die notwenigen umfangreichen Entwicklungs- und Umweltschutzmaßnahmen durchführen. Außerdem wurden die gesamten Auswirkungen der Straße und der Seitenstraßen, von Arun III und Upper und Lower Arun gar nicht berücksichtigt. Einen so riesigen Eingriff kann kein ‚Regionales Aktionsprogramm' verträglich gestalten. Und schließlich sollte die nepalische Elektrizitätsbehörde die Maßnahmen koordinieren und überwachen – eine technisch-bürokratische Behörde, die naturgemäß keinerlei Erfahrung mit solchen Aufgaben hat. Ich kenne auch sonst keine Institution in Nepal, die ein derart großes und komplexes Projekt in einem so weiten Gebiet mit so vielen Menschen verschiedener Ethnien sozial- und umweltverträglich durchführen könnte und die darüber hinaus in der Lage wäre, die verschiedenen Programme, die ausführenden Organisationen und die finanzierenden Länder und Banken langfristig zu koordinieren.

Für den Staudamm, die Zugangsstraße und die Überlandleitung von 120 Kilometern hätten über 1300 Familien ihr Land verloren, das sind über 8100 Personen. Entschädigungen werden nicht allen Betroffenen und oft nicht in vollem Umfang geleistet. Das ist ein bekanntes weltweites Phänomen. Nepals Regierung bezahlte für das zu enteignende Land unter dem aktuellen Marktwert. Auf so manchem Land lasteten Hypotheken. Als in Geld entschädigt wurde, folgten die Geldverleiher den Schuldnern in die Bank. ‚Land für Land', diese Option konnte in keinem einzigen Fall verwirklicht werden, da Ersatzland nicht ausgewiesen und angeboten wurde. Und finanzieller Schadensersatz hilft einer Bauernfamilie nur kurzfristig, ihr Land dagegen ernährt sie ein Leben lang. Zu einer einigermaßen vertretbaren Entschädigung würde auch die weitere Unterstützung der Enteigneten gehören wie z.B. Ausbildung für nichtlandwirtschaftliche Arbeit, um im neuen Beruf wenigstens denselben Lebensstandard zu erreichen, wie er vor dem Landentzug gegeben war.

Darum hatte sich die Weltbank in der Vergangenheit zu wenig gekümmert, und dafür war auch die Regierung von Nepal nicht vorbereitet. Noch heute betrachten die Rai und Limbu ihr Land und die umliegenden Wälder als *Kipat*-Land, das ihnen ihr Stamm zur Nutzung zugewiesen hat. Entzug von Land durch den Staat wollen so manche nicht hinnehmen, und so verwundert eine Zeitungsnachricht nicht, der zufolge Verfechter einer weitgehend autonomen Region der Rai, *khambuwan* genannt, mit der Sprengung des Damms gedroht haben sollen. Außerdem sollte Entschädigung nur für verloren gehendes Land geleistet werden, das bereits registriert ist. Das Amt für Landvermessung hatte aber noch längst nicht überall seine Arbeit abgeschlossen. Viele Familien bewirtschaften nicht-registriertes Land und hätten deshalb wohl keine Entschädigung erwarten können. Nachdem die Landenteignung für die Zufahrtsstraße fast abgeschlossen war, entschied man sich für eine andere Trasse, um schneller zur Baustelle des Kraftwerks zu gelangen. Da hätten über 1100 Familien entschädigt werden und die ursprünglich Enteigneten nach nepalischem Recht ihr Land wieder zurückerhalten müssen. Sie blieben im Ungewissen. Die Konfusion wuchs.

Ein weiteres Argument gegen das Megaprojekt war folgendes: Allein schon das Wasserkraftwerk Arun III hätte insgesamt 402 Megawatt Strom produziert. Es sollten danach noch zwei weitere Kraftwerke am Arun errichtet werden mit einer zusätzlichen Kapazität von 643 Megawatt. Der größte Teil der Strommenge hätte von Indien gekauft werden sollen. Doch ein Vertrag darüber kam nicht zustande. Während man in Kathmandu von Hydrodollars durch Stromexport träumte, spekulierte die indische Regierung, den Kilowattpreis selbst bestimmen zu können, wenn das Werk erst einmal gebaut sein würde. Es bestand auch kein Vertrag mit China, das in Tibet eine Anlage plante, um den Arun (dort heißt er Phung Chu) für die Bewässerung von 9000 Hektar Land zu nutzen. Welche Auswirkungen solche Abhängigkeiten auf die Wirtschaftlichkeit von Arun III gehabt hätten, war überhaupt nicht abzusehen.

Außerdem hätte Nepal sich einen riesigen Schuldenberg aufgebürdet, denn der größte Teil der geschätzten 764 Mio. US Dollar für die erste Phase von Arun III bestand aus Darlehen. Die Rückzahlungen, Kostensteigerungen – das Vorhaben wurde bei jeder Neuberechnung teurer, 1995 waren es bereits 1,1 Milliarden US Dollar – und Wartungskosten für Kraftwerk, Straße und Überlandleitungen hätten Nepals Haushalt derart belastet, dass kaum mehr Mittel für soziale Aufgaben, eigene Entwicklungsmaßnahmen und den Bau dezentraler kleinerer Kraftwerke übrig geblieben wären. Schon jetzt muss Nepal einen beachtlichen Teil seines Bruttoinlandsprodukts für den allgemeinen Schuldendienst aufbringen. Das Projekt hätte zu volkswirtschaftlichem Stillstand geführt.

Die Abhängigkeit von Arun III und die Vernachlässigung des Baus dezentraler Kraftwerke bargen außerdem die Gefahr, dass bei einem größeren Störfall weite Teile des Landes in Dunkelheit versinken und Maschinen stillstehen würden. Die Kosten von Arun III pro Kilowatt installierter Leistung wären die höchsten der Welt gewesen – viel höher als diejenigen kleiner, über das Land verteilter Werke – und hätten auf die Verbraucher umgelegt werden müssen. Wie viele Nepali hätten sich einen solchen Luxusstrom wohl leisten können? Nur die Reichen. Eine flächendeckende Stromversorgung der Bevölkerung war außerdem nicht vorgesehen. Der Strom sollte nach Indien geliefert und für die ‚produktiven' Sektoren einiger Ballungszentren im Terai und in Kathmandu erzeugt werden.

Nepals Ingenieure haben die Fähigkeit, Wasserkraftwerke bis etwa 60 Megawatt Leistung selbst zu bauen, zu betreiben und zu warten. Etwa 500 höher qualifizierte Ingenieure waren damals arbeitslos bzw. unterbeschäftigt. Ihnen Arbeit zu vermitteln und sie weiter auszubilden würde Aufgabe sein, anstatt das Land für lange Zeit von ausländischem Fachkräften für den Bau und die Wartung der Großkraftwerke abhängig zu machen. Ein Mitstreiter sagte: ‚Es wird angestrebt, rasch Megawatts zu produzieren, statt auf lange Sicht Nepals Fähigkeit aufzubauen, selbst Megawatts zu installieren und zu handhaben.'

Zusammen mit den nepalischen Gegnern waren wir auch der Ansicht, ein so großes Projekt – bisher das größte, das jemals in Nepal verwirklicht werden sollte – würde der jungen Demokratie nicht gut tun. Sie wurde 1989/90 blutig erkämpft. Demokratische Mechanismen waren noch nicht eingespielt, und die Institutionen waren zu schwach, um ein solches Vorhaben unter Einbeziehung aller Beteiligten einigermaßen rechtsstaatlich durchzuführen. Unsere Demokratie in Deutschland ist schon etwas älter. Dennoch könnte man genügend Beispiele aufzählen, wo bei Großprojekten demokratische Prinzipien und Regeln gröblich verletzt wurden. Unsere politischen Magazine decken regelmäßig Skandale auf. Viele bleiben unerkannt.

Es ist bekannt, dass in der internationalen Entwicklungszusammenarbeit durchschnittlich bis zu 15 % der Projektkosten verloren gehen. Bestechende und Bestochene sind daran in gleicher Weise schuld. Für den Bau des Arun-Kraftwerks waren riesige Summen vorgesehen. Da können Entscheidungsträger verführt und willfährig gemacht werden. Warum hätte Nepal eine Ausnahme sein sollen? Der Ökonom Dipak Gyawali, Mitglied von Nepals Academy of Science and Technology, gab aus Protest gegen die Verfahrensabläufe und Rechtsverstöße seinen Aufsichtsratsposten in der nepalischen Elektrizitätsbehörde ab. Er sagte: ‚Das viele Geld wirkt auf Nepals Politiker wie ein großes Lutschbonbon für Kinder, dafür tun sie alles.'[99]

Nepali und wir haben erlebt, wie Behörden in Nepal Informationen zurückhielten. Auch in Deutschland war es sehr schwer, Transparenz herzustellen. Von dem kritischen Bericht des Bundesrechnungshofes zu Arun III wussten zum Beispiel unsere Parlamentarier lange Zeit nichts. Sie erhielten ihn nur auf inoffiziellem Wege. Für einen nepalischen Bürger war es erst recht unmöglich, an die Informationen heranzukommen, die in den Büros der Weltbank, der Asian Development Bank, der deutschen Kreditanstalt für Wiederaufbau

---

[99] Dipak Gyawali verfasste auch einen profunden Artikel zum Thema Bestechen und Entgegennehmen, zu Korruption also. Er beschreibt sowohl innerstaatliche Akteure und Vorgänge bei der Realisierung von Projekten als auch korrupte Beziehungen zwischen internationalen Gebern und nationalen Empfängern: Institutions under Stress: Multiple Identities and the Pressure of Change in Everyday Life, Paper presented to the International Seminar on „Newer Sources of Insecurity in South Asia", organized by the Regional Centre for Strategic Sudies Colombo, held in Paro/Bhutan on 7-11 November 1996.

(KfW) und anderswo gehütet wurden. Das wichtigste Dokument, das Ergebnisprotokoll der Vereinbarungen zwischen den internationalen Gebern und der Regierung Nepals (*Memorandum of Understanding*), blieb der nepalischen Öffentlichkeit vorenthalten. Die am meisten Betroffenen wurden am wenigsten informiert! Bei der Planung der möglichen Trassen der Zugangsstraße zum Kraftwerk wurden die Landbesitzer nicht einbezogen; es gab keine schriftlichen Informationen in den lokalen Sprachen zu dem Gesamtkomplex; nepalische Nichtregierungsorganisationen erzwangen durch Gerichtsentscheidung den Zugang zu den ca. 300 Dokumenten, welche die Regierung für die Weltbank vorbereitet hatte, doch nur etwa die Hälfte konnten sie dann wirklich einsehen; das nepalische Parlament erhielt keine Detailinformationen; die nepalische Regierung wehrte sich gegen die Einladung nichtstaatlicher kritischer Organisationen durch die Weltbank nach Washington – ‚wer sind wir eigentlich, um mit diesen Organisationen zu sprechen?' –; und der Vizedirektor der Weltbank meinte: ‚Arun III ist keine Übung in Öffentlichkeitsarbeit'. Kann ein Großprojekt, das in dieser Art und Weise verfolgt wird, der Entwicklung einer jungen Demokratie förderlich sein? Kann sie eine so dominante Steuerung von außen verkraften? Wir waren nicht der Meinung.

Wie stark von außen in das Land hineinregiert wurde, zeigte sich auch an den Auflagen, welche die Weltbank dem Land machte: Wenn die Regierung einen Kredit von über 50 Mio. US Dollar für irgendeine Maßnahme aufnehmen möchte, muss die Weltbank das erlauben; Nepals Elektrizitätsbehörde darf, solange Arun III noch keinen Strom erzeugt, nur in Wasserkraftwerke investieren, die weniger als fünf Millionen US Dollar kosten; Personal der Behörde muss entlassen und ein westliches Buchhaltungssystem eingeführt werden, und schließlich wurde die Behörde verpflichtet, den Strompreis drastisch zu erhöhen als Bedingung für die Finanzierung des Projekts. Außerdem wurden die vorhandenen Alternativen zu Arun III ‚schlechtgerechnet', um das Projekt durchzudrücken. Mit demokratischer Selbstbestimmung eines souveränen Landes hatte das alles nichts zu tun.

Insgesamt gesehen war das Projekt nicht notwendig, da genügend Alternativen bestanden. Es gab eine Liste von mehreren geprüften Standorten für kleine Wasserkraftwerke, die keinen aufwändigen Straßenbau erfordern und schneller Strom erzeugen können. Sie können unter nationaler, kommunaler oder privater Verantwortung gebaut und von nepalischen Ingenieuren selbst geplant, errichtet und gewartet werden und aus kurzer Entfernung den Verbrauchern Strom liefern. Letztlich hatten Weltbank und die anderen Geber ein Einsehen. 1995 wurde die internationale Finanzierung fallengelassen. Jetzt werden kleinere Werke überall im Land gebaut. Das ist doch in jeder Hinsicht besser für Nepal."

„Ich denke, viele Menschen hier sind auch froh darüber", entgegnete Govinda nach meiner langen Rede und fuhr fort: „Am Anfang begrüßte wohl so mancher den großen Plan und erhoffte sich Verbesserung seiner Lebensumstände. Den rosigen Versprechungen glaubten viele, da sie eigentlich gar nicht richtig informiert, geschweige denn an der Planung beteiligt waren. Das Scheitern von Arun III wurde heftig diskutiert, und nach und nach wurden den Menschen die Vorteile bewusst, die ihnen die vielen kleinen Kraftwerke jetzt bringen.

Besonders nachdenklich macht mich der Hinweis auf die Belastung unserer jungen Demokratie und auf rechtstaatliche Verfahren. Ich bin mir sicher, da wäre vieles schief gelaufen. Das war mir damals gar nicht so bewusst. Wenn es einem finanziell gut geht wie mir und meiner Familie in Kathmandu, dann ärgert man sich zwar über dieses und jenes in der Politik, beteiligt sich am Tratsch und wird vielleicht zum zynischen Beobachter, aber man leidet nicht so unmittelbar unter dem Missmanagement von Politikern und Behörden wie viele Menschen in unserem Land. Und dabei habe ich doch während meiner Tätigkeit als Gutachter vieles erlebt und vieles gelesen.

Ich bin schrecklichen Schicksalen begegnet, nein es sind meistens keine Schicksale, sondern Ergebnisse des eisernen Gesetzes von Ursache und Wirkung: Die Landreform von 1964 wurde in trickreichem Zusammenspiel von Politikern und sogenannten Eliten teils hintertrieben und in so manchen Gegenden erst gar nicht richtig angepackt mit der Folge, dass Millionen Pächter ausgebeutet werden, nur das Nötigste produzieren und die landwirtschaftlichen Möglichkeiten nicht voll ausgeschöpft werden. Werden große Bewässerungsanlagen geplant, dann erfahren gewöhnlich die Wohlhabenderen davon früher als andere, denn sie haben Verbindungen nach Kathmandu. Sie kaufen Land, das künftig bewässert wird, von den kleinen Bauern zum gegenwärtigen Marktpreis und werden dann mit dem bewässerten Land rasch noch wohlhabender – eine Informationslücke mit großen Folgen für die Kleinen. Die über 1000 Gesundheitsstationen des Landes werden von Kathmandu aus jährlich mit den wichtigsten Medikamenten versorgt. Doch die reichen meist nicht für das ganze Jahr. Die Armen können sich teure Behandlung in Kathmandu oder in Indien nicht leisten. Sie leiden. Und warum unterbindet unsere Regierung nicht den immer noch weit verbreiteten Zinswucher privater Geldverleiher, der oft ganze Generationen ins Elend stürzt? Und dass die Maoisten ihre meisten Anhänger in West-Nepal haben, hat auch damit zu tun, dass jahrzehntelang dieser Teil unseres Landes wirtschaftlich vernachlässigt wurde. Schau dir die jährlichen Zuweisungen aus dem Entwicklungshaushalt an. Die östliche und die Zentralregion wurden von Kathmandu fortwährend bevorzugt, weil vorrangig von dort unsere ‚Eliten' kommen. Ja, das hat alles mit Gerechtigkeit und Rechtsstaatlichkeit zu tun.

Dabei fällt mir ein, ich wollte dir von der anderen mutigen Frau aus dieser Gegend erzählen, von Durga Devi. Auch sie kämpfte für Rechtsstaatlichkeit und zwar schon unter der Rana-Herrschaft. Das war noch viel riskanter damals. Aber Ganesh hat eben gewunken, wir sollen zum Abendessen kommen. Wir können ja danach noch etwas reden."

Der sonst so ruhige und besonnene Ganesh war fahrig und aufgeregt.

„Was ist, *bhai?*"

„Ich habe draußen hinter der Küche eine Kobra mit so großem Kopf gesehen!" Ganesh Magar spreizte die Arme als hielte er einen großen Medizinball zum Wurf bereit.

„Komm, wir schauen nach."

Aber im Schein unserer Taschenlampen sahen wir nur den nassen Betonboden um die Wasserpumpe und dahinter die Gartenmauer, aus deren Fugen Grasbüschel wuchsen. Wir genossen das gute Essen, das Ganesh jeden Abend auf den Tisch stellte. Er kochte seit Jahren für das Personal und die Besucher des Churia Entwicklungsprojekts und verwaltete die sechs Gästezimmer. Nochmals schauten wir nach der Schlange. Dann schloss Ganesh die Türen noch sorgfältiger als sonst und ging zu seiner Familie, die im Raum neben der Küche wohnte.

Durga Devi

Der Abend war lau. Wir setzten uns unter einen der blühenden Bäume. Von Mücken blieben wir unbehelligt. Sie und andere Insekten umrundeten wie trunken die Leuchte am Weg. Govinda begann von dieser Frau zu erzählen, die neben Yogamaya in Manakamana am Ufer des Arun heute ebenfalls noch verehrt wird:

„Durga Devi wurde in Palikot am westlichen Ufer des Arun geboren. Ihr Vater war Anwalt und Spezialist in Fragen des Landrechts. Die Frauen in Manakamana, von denen ich auch die Geschichte Yogamayas gehört hatte, sagten, Durga Devi habe sich sehr gut mit ihrem Vater verstanden. Und sie erzählten, ihr Bruder sei wegen eines Rechtsstreits gefangen genommen worden. Sie sei von seiner Unschuld überzeugt gewesen. Als sie mit ihren Eltern eines Tages Kathmandu besuchte, sah sie den Rana-Primeminister in seiner Pferdekutsche. Durga habe in das Zaumzeug gegriffen und gerufen: ‚Lassen Sie ihn frei, er ist unschuldig!' Sie erhielt keine Antwort. Ihre Eltern wurden streng verwarnt. Als die Familie einige Wochen später wieder in ihrem Dorf ankam, war der Junge jedoch frei.

Durga wurde in jungen Jahren Witwe. Sie wohnte bei ihren Eltern, lernte lesen und schreiben, studierte juristische Texte und begleitete ihren Vater, wenn er in der Umgebung als Anwalt tätig war. Als er starb, war sie sechzehn Jahre alt. Sie zog zu ihrer Schwiegermutter, auch um ihre Besitzrechte als Ehefrau des verstorbenen Sohnes wahrzunehmen. Es entwickelte sich eine starke Beziehung zwischen den beiden Frauen. Sie verhinderten den Plan der Söhne, Durga Devi wiederzuverheiraten und sie um ihre Besitzrechte zu bringen. Nach dem Tod der Schwiegermutter trug Durga und nicht der älteste Sohn des Hauses den Leichnam zum Arun hinunter. Und Durga führte dort die Riten aus. Das war eine schwere Verletzung der Söhne und eine Auflehnung gegen die Tradition der hochkastigen Hindus. Sie prozessierte mehrere Jahre, bis sie das ihr zustehende Land erhielt, und leistete vielen armen Leuten, denen Unrecht geschehen war, juristischen Beistand. Sie deckte Betrügereien von Kaufleuten auf und tat dies in aller Öffentlichkeit. Polizisten stellte sie in gleicher Weise bloß, ebenso Regierungsangestellte, die ihren Pflichten nicht nachkamen. Es heißt, die kleine Person sei immer wieder mit einem Stock in der Hand die Bazar-Straße von Khandbari, der Hauptstadt des Sankhuwasabha-Kreises, auf und ab gelaufen und habe mit kräftiger Stimme ihre Gegner angeklagt. Sie kannte die Gesetze und wusste, wie man Kläger durch ein Gerichtsverfahren führte. Oftmals kam es gar nicht so weit und die Betrüger beglichen den Schaden, ehe die Angelegenheit öffentlich oder ein Fall für die Justiz wurde.

Eine Geschichte wird auch heute noch erzählt. Sie bezeugt in ganz besonderer Weise Durga Devis Solidarität mit Frauen. In Khandbari traf sie ein 13-jähriges taubes Mädchen, das von seiner Familie verlassen worden war. Es lebte vom Betteln. Eines Tages stellte sich heraus, dass es schwanger war. Der Ort war geschockt und Durga Devi außer sich vor Zorn. Sie ruhte nicht, bis sie den Mann gefunden hatte. Er war ein Angehöriger der Regierung. Sie stellte ihn öffentlich bloß und verlangte seine Verhaftung. Doch bevor es dazu kam, wurde er in den Westen Nepals versetzt. Durga kümmerte sich um das schwangere Mädchen. Sie fand eine Familie, die es aufnahm, und bezahlte dafür. Als das Kind geboren war, unterstützte Durga die junge Mutter jahrelang mit stattlichen Beträgen. Später arrangierte sie auch den Schulbesuch des Mädchens. Und es war Durga, die das Land in Manakamana kaufte und den Witwen schenkte. 1978 starb sie am Ufer das Arun. Sie erwarb sich den Namen *jiti* = Siegerin."[100]

---

[100] Dazu Aziz Barbara Nimri, Durga Devi: A Woman's Tale from the Arun River Valley, in: Allen Michael, Anthropology of Nepal. Peoples, Problems and Processes, Kathmandu 1994, 317-329.

Arun heißt Sonne, Leben

Bevor wir uns eine gute Nacht wünschten und in unsere aufgeheizten Zimmer gingen, meinte ich: „Govinda, wir sind ja beide viel in diesem Land gereist. Ich jedenfalls kenne keine Region, wo ich so viel Selbstbewusstsein und Entschlossenheit der Menschen, ihre Rechte zu wahren und einzufordern, angetroffen habe. Denken wir an die Auseinandersetzung um das traditionelle *Kipat*-Land, an die beiden Frauen Yogamaya und Durga Devi, von denen Du erzählt hast, und an den geplanten Verkauf von Land an Indien für das Koshi-Wehr; denken wir an die politischen Schwergewichte, B.P. Koirala, Nepals ersten demokratisch gewählten Primeminister, und an den Vorsitzenden der kommunistischen Partei über viele Jahre, Man Mohan Adhikari. Beide Sozialreformer hatten ihre politische Basis in Ostnepal. Immer wieder gab es Opposition von dort gegen die Politik Kathmandus. Mir scheint, ich war selbst angesteckt worden von diesem Geist des Widerstands, so dass ich über ein Jahr lang gegen das Wasserkraftwerk Arun III gearbeitet hatte. Irgendwie war ich verwurzelt in Ostnepal. Ich war wie die Bewohner den Bergen des östlichen Himalaya ganz nahe gewesen, dem Shartse, Lhotse, Makalu, Everest, Baruntse, Chamlang, Jannu, Kangchendzönga und den vielen anderen. An allen Flüssen war ich entlang gelaufen, am häufigsten am Arun. Ich kenne eine Vielzahl von Dörfern von Hanumanagar an der indischen Grenze bis hinauf zu denen am Fuß von Everest, Makalu und Kangchendzönga. Da war ich so vielen Menschen begegnet, die mir Freundlichkeit und Gastfreundschaft entgegengebracht hatten. Ich musste mich für sie einsetzen.

Am 4. August 1995 erhielten wir die Nachricht, die Weltbank hätte sich aus dem Projekt zurückgezogen. Alle anderen Geber folgten, und die Finanzierung des ‚Tempels eines technologischen Gottes' brach wie ein Kartenhaus zusammen. Seither ist für uns der 4. August wie ein Geburtstag. Ich bin froh, dass das Arunprojekt verhindert werden konnte, dass jetzt überall in Nepal kleine Wasserkraftwerke gebaut werden, dass von der Staumauer keine Gefahr ausgeht, weder durch Erdbeben, ausbrechende Gletscherseen noch durch Sabotageakte, dass mit deutscher und österreichischer Unterstützung im Arungebiet Entwicklungshilfe geleistet wird, die den Bedürftigen zugute kommt und dass der kalte, grüne Fluss wild schäumend und ungezähmt wie eh und je durch eine der tiefsten Schluchten der Erde fließt."

„'Arun' heißt Sonne, Leben in der Sprache der Yamphu Rai, die am Oberlauf des Flusses siedeln", hatte Ganesh Ghimire, der Mann aus dem Arungebiet, bei der Anhörung in Washington gesagt.

Aufbruch zu neuer Balance

(1992 – 2006)

„Ohne Bambus gibt es kein Flötenspiel."

Maithili Sprichwort

Erdung

Eine Geschichte aus Hadiya, Landkreis Udayapur:

„Kommen Sie, Bruder, ich möchte Ihnen zeigen, wie gefährlich der Fluss ist", sagte Khusilal Chaudhary und ging voran an den Dorfrand, wo das ausgetrocknete Flussbett in der Mittagshitze flimmerte. „Schauen Sie, jedes Jahr wird die Trijuga etwas höher wegen des Sandes und der Steine, die das Wasser herunterträgt." Khusilal zeigte auf die wie von Pocken genarbten Nordabhänge der Churia-Berge. Tiefe Schrammen und Furchen hatte die Not der Menschen in die einstmals grünen Walddecken geschlagen. „Ohne Wurzeln, Pflanzen und Bäume kann der lose Boden nicht festgehalten werden", fuhr er fort. „Wir spannten unsere Ochsen vor breite Bretter und schoben so den Sand des Flusses zu Dämmen auf, um unsere Felder zu schützen. Doch der nächste Monsun war stärker, und so viele Felder wurden von Sand bedeckt. Außerdem, oben im Westen wird eines Tages der Abraum vom Steinbruch der Zementfabrik den Fluss erreichen. Dann wird er noch mehr Sand und Steine bringen und alles zerstören."

Ein einsamer riesiger *Simal*-Baum ragte aus der weiten sandigen Landschaft. In seinem Schatten stand ein kleiner Tempel. „Wir bauten ihn für den Gott Rajaji (= Shiva)", sagte Khusilal, „möge er die Felder, das Dorf und den Wald schützen".

Zehn Jahre später stand ich an derselben Stelle. Baum und Tempel waren nicht mehr da. Khusilal war im Alter von 75 Jahren gestorben. Sein Sohn Manpur sagte: „Eines Tages war der Tempel bis zum Dach mit Sand und Geröll gefüllt. Man konnte ihn nicht mehr betreten. So bauten wir einen neuen mitten im Dorf. Kurz danach starb der große *simal* ab. Seit wir den neuen Tempel haben, gab es zwar einige Fluten, sie richteten aber keinen großen Schaden an."

Eine weitere Geschichte aus Hadiya, Landkreis Udayapur:

Am 18. Juli 1991, mitten in der Monsunzeit, erhielten Bauernfamilien, die sich auf staatlichem Forstland ohne Genehmigung angesiedelt hatten, ein schriftliches Ultimatum: Sie sollten mit Hab und Gut ihre Häuser innerhalb von 24 Stunden verlassen. Am Abend des folgenden Tages erschienen 100 mit Gewehren bewaffnete staatliche Waldwächter, begleitet von zwei Elefanten. Sie zerstörten am nächsten Morgen ungefähr 500 Häuser und die umliegenden Felder.

Elf Jahre später traf ich Komal Bahadur Basnet. Er berichtete: „In meinem Dorfteil wurden damals 106 Häuser zerstört, darunter auch meines. Die meisten Leute hier kamen aus dem gebirgigen Teil von Udayapur und aus dem nördlich gelegenen Landkreis Khotang. Wir konnten dort nicht mehr leben (meist wegen Landverlusten durch Erbteilung und vor allem durch Erdrutsche). Nach der Vertreibung von unseren neuen Wohnsitzen kamen 70 der 106 Familien wieder zurück auf das gleiche Land. Die Bevölkerung wuchs, der Wald wurde weniger. Der Musahariya Fluss zerstörte Felder zu beiden Seiten und bedrohte unsere Häuser. Das Leben wurde immer schwieriger, denn der verbliebene Wald lieferte immer weniger das, was wir brauchten. Da gründeten wir eine Gruppe mit einem Komitee. Zehn Leute bewachen seither täglich den verbliebenen Wald. An jedem Ersten eines Monats, so wie heute, trifft sich das Komitee, um Probleme zu lösen und unseren Antrag weiter zu verfolgen, den Wald mit staatlicher Anerkennung nutzen zu dürfen. Anfangs war der Forstamtsleiter skeptisch. Inzwischen konnten wir illegale Holzentnahme und weitere Landnahme im Wald stoppen. Dabei haben uns auch verschiedene Organisationen geholfen. Wir sehen, wie die Vegetation zurückkommt. Neben drei weiteren Gruppen von Hadiya hat das Forstamt auch uns offiziell registriert. Zwei andere Gruppen von Hadiya haben bereits alle Bedingungen und Formalitäten erfüllt und offiziell Teile der staatlichen Wälder zur eigenen Bewirtschaftung erhalten. Der Forstamtsleiter hilft uns. Es gab mit dem Forstamt keine Auseinandersetzungen mehr wie 1991."

Eine Geschichte aus dem Landkreis Saptari

Zwischen Gaighat und Fattepur liegt am Waldrand ein Weiler. Er besteht aus ca. zehn Häusern. Dort wohnen Familien von der Volksgruppe der Rai. Die Häuser sind von Gemüsegärten umgeben. Die Männer arbeiten im Straßenbau falls sich die Gelegenheit bietet. Einer von ihnen ist Man Bahadur Rai. Begleitet von einem Projektförster traf ich ihn auf einer Reise durch das Gebiet, das durch das Churia Forest Development Project der Regierungen Nepals und Deutschlands gefördert wird.

Man Bahadurs Familie kam vor sechzehn Jahren aus den Bergen im Norden. Das Land konnte die Familie nicht mehr ernähren. „Wir vermissten anfangs sehr die kühle frische Luft der Berge und, was noch viel schlimmer war, wir hatten ständig Probleme mit den Förstern", sagte Man Bahadur. „Sie verdächtigten uns, wir würden den Wald plündern. Doch wir sammelten nur trockenes Brennholz und Heilpflanzen, und wir schützten den Wald wie oben in unserer Heimat. Wir jagten kein Wild. Gab es mal Feuer, löschten wir es mit unseren Bambusmatten. Dann wurde das Verhältnis zu den Förstern besser." „Wodurch?", fragte ich. „Genau weiß ich das nicht", antwortete Man Bahadur, „vielleicht hat es mit dem Projekt zu tun oder damit, dass die Förster gemerkt haben, wie sorgfältig wir mit dem Wald umgehen. Wie es auch gewesen sein mag, vor zwei Jahren erhielten wir vom Forstamt einen Teil dieses schönen Waldes zur Nutzung übertragen. Ich bin nun Vorsitzender des Komitees. Wir haben Wächter im Wald und sind in unserer Gruppe übereingekommen, jährlich nur zwei dieser großen Bäume zu fällen. Wir verkaufen das Holz und verteilen den Gewinn innerhalb unserer Gruppe."

Fast ehrfürchtig führt er uns durch „seinen" Wald, der von mächtigen *Sal*-Bäumen beherrscht wird und so anders ist als die Wälder oben in den Bergen, wo die Rai siedeln. Fünfundzwanzigmal fragen wir ihn nach den Namen von Pflanzen und Bäumen entlang des Weges. Fünfundzwanzigmal gibt er die richtige Antwort und erklärt darüber hinaus, welche Medizin aus ihnen zu gewinnen ist und wozu sie sonst zu gebrauchen sind. Ja, Man Bahadur hatte wieder eine Heimat gefunden.

Eine Geschichte aus Mohanpur, Landkreis Saptari

1993 besuchten Mitglieder der regionalen Forstbehörde das Dorf Bagdhuwa und besichtigten den benachbarten Wald. Der obere Teil war in sehr schlechtem Zustand. So wurden die Dorfbewohner aufgefordert, ihn besser zu schützen und zu bewirtschaften. Frauen des Dorfteils Mohanpur erklärten sich bereit dazu. Sie gründeten eine Nutzergruppe, die nur aus Frauen besteht. Saraswati Khatiwada sagte mir später: „Die Waldnutzung, wie sie von Gruppen vorgenommen wird, in denen die Männer bestimmen, hat wenig zu tun mit den Bedürfnissen, die wir Frauen haben. Deshalb wollten wir als Frauen eine eigene Waldfläche betreuen."

1998 zeichnete das Forstministerium Nepals diese Frauengruppe als beste aller Waldnutzergruppen des ganzen Landes aus und übergab ihr einen Preis von 100.000 Rupien. Sie investierte das Geld in den Bau eines Gemeinschaftsgebäudes und einer kleinen Grundschule und bezahlte das Gehalt von zwei Lehrern. In der Preisbegründung heißt es: „Mit Unterstützung des Churia Development Project, des Forstamts von Saptari und lokaler Nichtregierungsorganisationen hat die Frauengruppe verschiedene Arbeiten in ihrem Wald durchgeführt, darunter Aufforstung mit Futterbäumen, Pflanzung und Pflege von Gras und Kräutern sowie Bachverbauungen. Die Waldbedeckung ist entscheidend verbessert worden. Die Gruppe ergriff Maßnahmen zur Alphabetisierung für Frauen in Abendkursen, zur Gesundheitsförderung und zur Trinkwasserversorgung und bemühte sich erfolgreich um Kleinkredite."

Saraswati meinte: „Vergleicht man die jetzige Situation mit derjenigen, bevor wir unsere Gruppe bildeten, dann kann man feststellen: Viele Frauen können jetzt lesen und schreiben; wir haben Führungsfähigkeiten entwickelt und unser Selbstbewusstsein ist beträchtlich gewachsen. All das ist entstanden aus unserem gemeinsamen Bemühen um den Wald."

Eine Geschichte aus Khojpur, Landkreis Saptari

Bei unserem Besuch im Dorf Khojpur berichteten Komitee-Mitglieder:

„Bis vor drei Jahren gab es bei uns eigentlich keinen Waldschutz. Von unseren Männern wurden die meisten Bäume gefällt. Wir dachten nur daran, wie wir jetzt und heute unsere Familien ernähren könnten, und machten uns kaum Gedanken um das Morgen. Doch dann bemerkten wir, wie die Produkte des Waldes immer weniger wurden, besonders das Brennholz. Als wir sahen, wie unsere Nachbardörfer den Wald pflegten und nutzten, da wurde uns Frauen die Bedeutung von Waldschutz erst so richtig bewusst. Wir sprachen mit dem Forstmeister, mit dem Projektförster und mit einer lokalen Nichtregierungsorganisation und baten um Unterstützung. Wir organisierten unsere Nutzergruppe und entwickelten einen Arbeitsplan. Voriges Jahr wurden uns vom Forstmeister 131 Hektar zum Schutz und zum Bewirtschaften übergeben. Viele Baumarten gibt es in dem Wald wie *sissoo, khayer, simal, karma, botdhangero, asna, bel, jamun, satisal, sandan, amar, khirro, mudule, chamre, teak* und *amala*."

„Jeden Tag patrouillieren vier Frauen von uns durch den Wald. Haben sie mal keine Zeit, dann übernehmen Männer die Runde. Wir sorgen uns um den Wald wie um unsere Kinder. Einmal kamen Leute aus einem Nachbardorf, um Stämme zu stehlen. Da verteidigte unsere ganze Gemeinschaft den Wald: Frauen, Männer und Kinder. Wir entwendeten den Schmuck der Frauen und jagten alle davon."

„Unser Komitee besteht aus elf Personen. Alle sind Frauen. Wir entscheiden über die Arbeiten im Wald, über die Verteilung und den Preis der Forstprodukte und über die Strafen, wenn unsere Regeln missachtet werden."

„Die Hälfte unserer Familien besitzt kein Land. Die anderen haben nur ganz kleine Flächen. Wir leben vom Verkauf von Gemüse, haben kleine Läden und arbeiten als Tagelöhner in den Nachbardörfern. Trotz unserer Armut werden wir ohne Bezahlung für unseren Wald arbeiten. Wir haben ein gemeinsames Bankkonto eröffnet, konnten bisher aber noch kein Geld einzahlen. Wir sind zuversichtlich, dass wir mit etwas Hilfe Einkommen erwirtschaften können aus dem Anbau von Ingwer, Knoblauch und Waldkräutern. Und wir werden mit den wertvollen *Khayer*-Bäumen Geld verdienen."

Auf unserem Rundgang durch das Dorf sprachen wir auch mit anderen Leuten und erfuhren, dass die Nutzergruppe aus 34 Familien der Dalits (Unberührbare), 31 der Tharu (Indigene) und sieben anderer Ethnien und Kasten bestand.

Eine Geschichte aus dem Landkreis Siraha

Im Landkreis Siraha gibt es eine Nutzergruppe, der über 250 Haushalte angehören. Sie ist verantwortlich für über 400 Hektar Wald, die ihr zur Pflege und Nutzung übergeben worden waren. Es ging alles gut, bis gemäß den Vorgaben des Bewirtschaftungsplans Bäume gefällt werden sollten. Ein Unternehmer wurde unter Vertrag genommen, um die Bäume zu fällen, zu transportieren und zu vermarkten. Er verkaufte innerhalb von zwei Jahren Holz im Wert von fünf Millionen Rupien. Nach Abzug der Steuer erhielt die Nutzergruppe drei Millionen Rupien. Sie gab über zwei Millionen Rupien aus für Projekte der Gemeinde und für die Gehälter der Waldwächter. Danach blieben 850.000 Rupien übrig.

Danach veruntreuten einige Mitglieder des Komitees zusammen mit dem Vorsitzenden ungefähr 400.000 Rupien. Daraufhin formte die Nutzergruppe einen öffentlichen Untersuchungsausschuss. Dieser prüfte die Unterlagen und fand offenkundige Unregelmäßigkeiten. Er bat den Oberkreisdirektor, die Schuldigen zu bestrafen. Doch dieser wurde nicht tätig. Der Untersuchungsausschuss ließ sich durch einen Rechnungsprüfer nochmals bestätigen, dass 850.000 Rupien auf dem Bankkonto sein müssten.

Die Nutzergruppe versuchte, ihr Komitee zu ersetzen, doch vergeblich, denn der Untersuchungsausschuss erhielt Gewaltandrohungen. Er bat wieder den Oberkreisdirektor und auch den Forstdirektor um Hilfe. Während des Ausnahmezustands wegen der Auseinandersetzungen mit den Maoisten wurden der Vorsitzende und ein weiteres Mitglied des Komitees angeklagt und durch die Armee eingesperrt. Sie wurden nach einem Monat entlassen gegen das Versprechen, den veruntreuten Betrag zurückzuzahlen.

Der Vorsitzende sagte, ein Teil des Betrags wäre im Büro des Oberkreisdirektors hinterlegt worden, der andere auf einer Bank. Dem war so. Um den Frieden aufrechtzuerhalten und die sozialen Beziehungen im Dorf nicht zu gefährden, verzichtete die Nutzergruppe auf weitere Aktionen. Aber es wählte ein neues Komitee. Das Ansehen der ehemaligen Komitee-Mitglieder war irreparabel beschädigt.

Eine Geschichte aus Badaharamal, Landkreis Siraha

Lalit Kumar Lama gehört zur Ethnie der Magar. Seine Vorfahren waren vor langer Zeit aus den Bergen gekommen und hatten sich im Terai nahe am Churia-Rücken angesiedelt. Lalit Kumar ist Vorsitzender des Komitees, das die Nutzergruppe Badahara vertritt. Er führte mich durch einen 235 Hektar großen, dichten Wald. An einer Kreuzung des Pfades sahen wir eine Anhäufung von Steinen *(lab tze)*, wie man sie oft auf Passübergängen in den Bergen antrifft. Wir legten weitere Steine dazu als Ausdruck des Dankes an höhere Mächte, zur Abwehr von bösen Geistern, Hagelschlag und Wolkenbruch sowie als Wegzeichen für Vorbeikommende. Wir setzten uns. Es war angenehm kühl und die Luft war würzig vom Atem des Waldes.

Ich fragte Lalit Kumar, wie seine Gruppe zu so einem großen Wald gekommen sei.

„Unsere Väter erzählten uns", begann er, „dass unser Dorf von allen Seiten vom Wald umgeben war; Bären und Tiger kamen bis ins Dorf. Wir aber haben seit unserer Kindheit nur nackte Hügel im Norden und keine Spur von einem Wald im Süden gesehen. Um eine Last Holz zu sammeln, mussten wir einen ganzen Tag in die Nachbarlandkreise laufen. Die Regierung begann zwar mit Wiederaufforstung und Schutzmaßnahmen. Das half aber nichts, bis wir selbst die Verantwortung übernahmen.

Wir ließen kein Vieh mehr im Wald grasen und verpflichteten uns, keine grünen Bäume zu fällen. Und wir pflanzten Bäume auf den brach liegenden Flächen. Von einem Förster wurden wir unterstützt. Der Churia-Rücken wurde allmählich wieder grün. Dann beantragten wir beim Forstamt, den Wald offiziell zur Nutzung zu erhalten. Nach zwei Jahren überreichte uns der Forstamtsleiter die Urkunde."

„Dazu kann man nur gratulieren!", sagte ich und fragte: „Das Dorf liegt ganz im Flachen, da leben wohl nicht nur Magar, sondern auch andere Gruppen. Gibt es Schwierigkeiten, diesen großen Wald gemeinsam zu verwalten?"

„Wir leben zusammen mit Tamang, Musahar, Tatna, Teli, Sudi, Haluwal, Kami, Chhetri und Newar", antwortete er und fuhr fort: „Schon ein Jahr nach Übergabe des Waldes erzielte unsere Gruppe einen Gewinn von Rs 285.000 aus dem Verkauf von Waldprodukten. Damit haben wir verschiedene Arbeiten bezahlt, z.b. eine Durchforstung des Waldes und den Bau eines Hauses, wo wir uns treffen können. Wir haben eine Gemeinschaftskasse eingerichtet und damit unsere Clubs, Schulen und die Ärmsten im Dorf unterstützt. Nein, unter uns haben wir keine größeren Probleme. Aber seit kurzem müssen wir wegen einer Regierungsverordnung 40 % Mehrwertsteuer bezahlen. Auch die notwendigen Arbeiten im Wald kosten Geld. Deshalb haben wir beschlossen, vorerst überhaupt nicht mehr zu ernten. Außerdem ist die politische Lage derzeit nicht stabil. Da kommt es immer wieder zu illegaler Holzentnahme, die wir während der letzten Jahre verhindern konnten. Dennoch, wir werden unseren Wald gesund und grün erhalten und ihn noch verbessern. Das ist möglich, wenn sich die Sicherheitssituation verbessert und wenn auch unsere Nachbardörfer staatliche Wälder bewirtschaften dürfen."

Auf dem Rückweg sahen wir auf einer Anhöhe einen prächtigen Langur-Affen sitzen. Wie es sich unter Verwandten gehört, entbot ich einen freundlichen Gruß und zwar mit einer ausholenden Armbewegung – und er winkte mit exakt der gleichen Bewegung zurück! Uns kamen die Tränen vor Lachen. Offensichtlich können sich Affen nur derart wohl fühlen, wenn sich der Wald wohl fühlt, und ich dachte, geht's dem Wald gut, dann auch den Affen und Menschen.

Verarbeitung

Diese und weitere Fallstudien hatten wir zusammengetragen, um ein Buch vorzubereiten. Uns war sofort klar, dass wir mit den Geschichten einen Schatz in Händen hielten, ohne den dem Buch seine „Erdung", seine empirische Grundlage, gefehlt hätte und zu theoretisch/abstrakt geworden wäre. Wir wollten mit dem Schatz sorgsam umgehen und setzten uns für drei Tage im Büro des Projekts in Lahan zusammen. Wir, das war das Personal des Churia Forest Development Project, ein nepalischer Journalist und ich. Es war zu verantworten, während dieser Tage die Feldarbeit zu vernachlässigen, denn der Monsunregen machte den Besuch der meisten Orte unmöglich. Selbst in der Stadt Lahan standen weite Straßenabschnitte unter Wasser. Um mit der Brühe nicht in Kontakt zu kommen, musste man mit akrobatischen Bewegungen die Ziegelsteine treffen, die als Gehhilfe in den Lachen lagen. Am besten war es, sie mit der Rikscha zu durchpflügen.

Wir bildeten drei Arbeitsgruppen. Sie bekamen Filzstifte und Kärtchen, um die wichtigsten Aussagen der Fallstudien aufzuschreiben. Wir wollten daraus die Grundzüge des Buches entwickeln. Dann trafen wir uns wieder im großen Gemeinschaftsraum des Projektgebäudes, um zu berichteten, was wir an Wesentlichem gefunden hatten.

Doch zunächst mussten wir uns der großen Mücken erwehren, die trotz der feinen Drahtgitter an Türen und Fenstern den Weg zu uns gefunden hatten. Stinkende Antimoskitocoils – sie sahen aus wie Hundekot – ließen die Blutsauger hinter die Gardinen flüchten, verbreiteten aber auf die Dauer auch eine uns betäubende Luft. So mussten die Coils wieder gelöscht werden, und die zähen Moskitos – die Nepali nennen sie *lamkhutti*, Langbeinler – freuten sich und kamen aus ihren Verstecken hervor. Zum Glück gab es dann wieder mal für eine Weile Strom, und die vier Ventilatoren an der Decke begannen ihr stumpfsinniges, aber uns hoch willkommenes Werk. Die kleine Brise, welche die Rotoren mit gleich bleibenden Geräuschen produzierten, kühlte die schweißbedeckte Haut und – das vor allem – sie vertrieb die *lamkhutti*. Ihr hoher Körperschwerpunkt zwingt sie nämlich, mit ihren langen Beinen gegen den Luftstrom Widerstand zu leisten. Das mögen sie auf die Dauer gar nicht und flüchten deshalb in windstillere Ecken. Viele Terai-Bewohner nutzen als Mückenabwehr den leichten Nachtwind und schlafen im Freien. Auch ich hatte so manche Nacht auf einem Flachdach verbracht. An die Monsunplagen des Terai – Schwüle, manchmal tagelanger Dauerregen, überschwemmte Wege, Schlangen, einige Arten davon giftig, und eben Moskitos – waren die Projektmitarbeiter seit Jahren gewöhnt, so wie die Bevölkerung hier. Ohne Aufhebens tut man dagegen das Nötigste und geht seiner Arbeit nach. Das Terai hat ja auch große Vorteile: Monsunregen und gute Böden machen es zur Kornkammer Nepals; im Winter ist es obendrein die angenehmste Gegend Nepals.[101]

Wir befestigten große Papierbögen an den Wänden, und dann wurden die vielen Kärtchen von Sprechern der jeweiligen Gruppe vorgelesen. Dabei zeigte sich rasch, dass manche Aussagen ähnlich waren, bzw. dasselbe Thema behandelten. So fingen wir an, sie zu gruppieren, um schließlich festzustellen, dass

---

[101] Als Terai wird das Land bezeichnet, das zwischen dem Südfuß der Churia-Berge und der Grenze mit Indien liegt. Es ist flach und zum Teil sumpfig und hat den größten Teil seiner ehemaligen Waldbedeckung verloren. Es gehört zur Ganges-Ebene und liegt durchschnittlich nur 200 Meter über dem Meeresspiegel.

wir es mit fünf größeren Bereichen zu tun hatten: Sie bekamen die Sammelüberschriften „Physikalische Prozesse", „Migration und Waldschwund", „Kultur und Bäume/Wald", „politische Rahmenbedingungen/Institutionen" und „Gruppendynamik/Investitionen". Wir klebten die Kärtchen unter die jeweiligen Überschriften auf das Papier an den Wänden. Die Felddaten waren nun strukturiert und für jedermann sichtbar. Teepause.

Der Diskussionsbedarf war groß. Die Projektmitarbeiter hatten ja viele Jahre Feldarbeit geleistet und sich einen großen eigenen Erfahrungsschatz von den unzähligen Begegnungen mit den Menschen in den drei Distrikten erworben. Besuchte ich zusammen mit den Förstern und Sozialarbeitern des Projekts ein Dorf, dann hatte ich oft den Eindruck, sie würden jede einzelne Person kennen. Wir vereinbarten, die fünf Themenblöcke anzureichern durch diese persönlichen Erfahrungen und durch Ergänzungen aus der wichtigsten Literatur. Das Projekt verfügte über eine gute Bibliothek. Unser eigenes Buch sollte hohen Ansprüchen genügen und in seiner englischen und nepalischen Fassung weit verbreitet werden. Wir wollten außerdem nicht nur die aktuellen Sachverhalte so gut wie möglich beschreiben sondern uns auf eine Reise begeben und erforschen, wie es früher war, welcher Weg seither zurückgelegt wurde und was in der Zukunft zu tun wäre. Um die Themen partnerschaftlich bearbeiten zu können, teilten wir uns in fünf Gruppen auf und vereinbarten, uns am nächsten Tag zur Berichterstattung und Aussprache wieder zu treffen.

Als wir uns anderntags versammelten, war es wie gestern und wie so oft im Monsun. Am Vormittag hatte die Sonne für ein paar Stunden auf den Ort eine schier unerträgliche Hitzedecke gelegt. Unter den Betondächern – auch das Projektgebäude zierte ein solches – entstanden Backofentemperaturen. Gegen Mittag würde sich der Himmel rasch beziehen, um bald darauf seine schwere Fracht auf das dampfende Land zu entlassen. Der Regen würde dann gleichmäßig bis in die Morgenstunden fallen. Die Hitze war da, die Schwüle war da, die Mücken waren da, und es gab wieder einmal keinen Strom. So wurden einige Moskito-Coils angezündet und im Raum verteilt, dann aber wieder gelöscht. Wir begannen.

Zuerst berichtete die Gruppe, die sich mit den physikalischen Prozessen in den drei Distrikten auseinandergesetzt hatte:[102]

---

[102] Dazu Hagen Toni, Nepal. Königreich am Himalaya, 3. Aufl., Bern 1972, 55-75; Donner Wolf, Lebensraum Nepal – Eine Entwicklungsgeographie, Hamburg 1994, 65-188; HMG/ICIMOD, Erosion and Sedimentation in the Nepalese Himalaya. An Assessment of River Processes, Kathmandu 1987; Carson B., Erosion and Sedimentation Processes in the Nepalese Himalaya, ICIMOD Occasional Paper No. 1, Kathmandu 1985.

„Unser Projektgebiet, das von der Grenze mit Indien bis hinauf zu den Mahabharat-Bergen reicht und das von Ost nach West vom Churia-Rücken durchzogen wird, hat früher völlig anders ausgesehen. Es war dicht bewaldet, ebenso wie die angrenzende Gangesebene, zu der Nepals Terai gehört. Es ist inzwischen wissenschaftlich nachgewiesen, dass es trotz der Waldbedeckung Bodenerosion gab, die im Lauf der Jahrtausende das Ganges-Schwemmland formte. Das hat mehrere Gründe. Der indische Subkontinent wird in die asiatische Festlandsmasse gedrückt, jedes Jahr um ein paar Zentimeter. Vom Weltraum aus gibt es mittlerweile Aufnahmen, die eine helle Linie entlang der Churia-Berge zeigen. Es ist genau die Stelle, wo sich Indien in Nepal hinein schiebt. Durch den Druck der Erdplatten wächst der Himalaya immer noch und deshalb haben wir hier auch die häufigen Erdbeben. Diese lösen Erdrutsche aus. Der Boden wird dann von den Flüssen in den Süden zum Ganges hin getragen. Das war auch damals so, als keine oder nur wenige Menschen hier lebten.

Die unzähligen kleinen Täler und Erhebungen der Churia-Berge bestehen aus Konglomeraten und lockerem, grobkörnigem Geröll und Sand. Wir haben durchschnittlich 1630 Millimeter Regen im Jahr. Über 80 % davon erhalten wir aber zwischen Juni und September. Von Oktober bis Februar ist es dagegen sehr trocken. Dann versiegen alle Bäche und nur die größeren Flüsse führen noch etwas Wasser. Wir wissen natürlich nicht, wie das damals war. Vielleicht fiel weniger Regen, vielleicht aber noch mehr als heute. Jedenfalls entfaltet er ungeheure Kräfte, die fast jedes Jahr zu Fluten und Verlusten von Erdreich führen. Viele Felder werden entlang der Bäche und Flüsse weggerissen. Der Bauer von Hadiya hatte über die Nutzlosigkeit, Flussdämme zu bauen, gesprochen. Auch die Experten von der deutschen Kreditanstalt für Wiederaufbau, die vor kurzem hier waren, haben Investitionen in technischen Flussverbau abgelehnt. Aber nur auf den Schutz höherer Mächte zu vertrauen, wäre sicher auch nicht die Lösung, denn es ist ja ebenfalls erwiesen, dass die von Menschen verursachte Vernichtung der Waldbedeckung die Erosion beschleunigt und die Flutgefahren erhöht.

Aber die Churia-Berge werden von den Leuten auch als Leben spendende Mutter bezeichnet. Da die Böden schlecht sind, leben dort nur wenige Menschen. Doch auf dem fruchtbaren Land nördlich und vor allem südlich davon ist die Bevölkerungsdichte sehr hoch. Wegen der monatelangen Trockenheit hängen die Menschen vom Grundwasser ab. Die Reichen können sich zur Bewässerung ihrer Felder Motorpumpen leisten, um das Wasser an die Oberfläche zu bringen. Die anderen nutzen Hand- und Fußpumpen oder ziehen mithilfe von Seilen das kostbare Nass in Kübeln aus Brunnen herauf. Das Grundwasser ist frisch, klar und frei von gesundheitsschädlichen Keimen. Das Regenwasser sickert in die Böden der Churia-Berge und fließt auf unterirdischen

Lehmschichten nach Süden und Norden. Man muss nur die richtigen Stellen finden. Grundwasser und die fruchtbaren Böden haben das Terai zur Kornkammer Nepals gemacht. Es gibt deshalb das in ganz Nepal bekannte Sprichwort, welches die Churia-Berge als Mutter und das Terai als ihr Kind bezeichnet. Und die Leute sagen: ‚Na rahe baans na bajegi bansuri', gibt es keinen Bambus mehr, dann auch kein Flötenspiel. Sie kennen aus praktischer Erfahrung ganz genau die Zusammenhänge, zumal sie in ein, zwei Generationen erlebt haben, wie wegen der fortschreitenden Entwaldung des Churia-Rückens ehemalige Tiefbrunnen und Quellen versiegten, so dass jetzt aus weiterer Entfernung das Wasser herangeschafft werden muss.

So haben die Churia-Berge zwei Gesichter, eine zerstörerisches – Erdrutsche, Versandung von Feldern, Fluten – und ein erhaltendes: das Leben spendende Grundwasser zur Kultivierung der fruchtbaren Böden neben all dem Reichtum, den ein richtiger Wald für Mensch und Tier bereithält. Vor 1992 war der Wald auf weiten Strecken kümmerlich oder gänzlich verschwunden. Und jetzt, nach elf Jahren Projektarbeit, fahren wir viele Kilometer an einem grünen Wall entlang. Die Leute sagen, die alten Wasserstellen, von denen die Großeltern berichteten, gäben wieder das ganze Jahr über Trinkwasser; viele Tiere, auch der große Python und kleine Bären seien zurückgekehrt, vor allem aber die Vögel.

Wir Nepali nennen diese Berge ‚Churia', was soviel wie Kamm, Haube, Mähne, Schopf bedeutet. Wir nennen sie aber auch ‚Siwaliks' von ‚Shivalekh', der Bergrücken des Gottes Shiva. Und Shiva ist der Zerstörer und Erhalter in einer Person. Ihm zu Ehren hatten die Leute von Hadiya den Tempel errichtet."

Der Bericht der Gruppe wurde besprochen und ergänzt, indem auf das Geographische Information System (GIS) hingewiesen wurde, das dem Projekt seit zwei Jahren zur Verfügung stand und womit physikalische Veränderungen in den drei Distrikten leicht erkannt werden können – ein gutes Instrument, um Schlüsse zu ziehen und Maßnahmen zu planen. Aber es wurden auch Bedenken geäußert, dass dieses Mittel „Herrschaftswissen" des Projektes fördern könne; es müsse überlegt werden, wie auch die Landkreis- und Dorfregierungen und die verschiedenen Institutionen im Gebiet das System nutzen könnten. Dann kam die Frage nach den Gründen für die zwischenzeitliche starke Entwaldung der Siwaliks ins Gespräch. Wir mussten nur die Fallstudien heranziehen und auf die Leute hören, was sie uns berichtet hatten. Immer wieder wurden da der starke Bevölkerungsdruck, die Migration in die Randzonen der Siwaliks und die Politik der Regierung genannt. Das zu erläutern war die Aufgabe der nächsten Arbeitsgruppen.

Bevor sie anfingen, mussten wir kurz den Raum verlassen. Die Luft war trotz der geöffneten Fenster stickig, das Hemd klebte am Rücken. Auf der überdachten Veranda war es auch nicht kühler, doch das Atmen angenehmer, wohl dank der vielen Mangobäume, die das Projektgebäude umgaben. Einige von uns nutzten die Pause für eine Zigarette oder eine Tasse Tee aus der Thermosflasche, die immer gefüllt auf dem Tisch einer kleinen Sitzecke stand. Während wir drinnen über zugegeben große Themen debattierten, taten draußen die „kleinen Geister" des Projekts still und unauffällig, aber verlässlich ihren Dienst. Ich habe das Projekt zwölf Jahre lang begleitet und war achtmal jeweils für einige Tage und Wochen dort. Hof und Gebäude waren immer sauber, die Mahlzeiten in der Gemeinschaftsküche stets ein Genuss und die große Thermosflasche stand immer bereit, um den Durst zu löschen, der nirgends in Nepal größer ist als im Terai.

Der Bericht unserer Gruppe „Migration und Waldschwund" lautete in etwa so:[103] „Die Tharu gehören zur Urbevölkerung am Nord- und Südfuß der Siwaliks. Sie lebten damals im und vom Wald, der damals noch riesig groß war. Es heißt, sie wären gegen die Malaria resistent. Im Laufe der Zeit wurden sie und die anderen alteingesessenen Gruppen im Terai, die Rajbansi, Dhimal, Satar, Danuwar und Dhangar zur Minderheit. Zunächst kamen nämlich die Maithili sprechenden Menschen aus dem benachbarten Indien hinzu. Das hatte folgenden Grund: Nepals Rana-Herrscher des 19. und 20. Jahrhunderts stützten ihre Macht auf die Mitglieder der Königsfamilie, auf den Adel, auf Priester und Armeegeneräle. Deren Loyalität wurde belohnt, indem ihnen Landnutzungsrechte im Terai gewährt wurden. Um die entstehenden großen Ländereien zu bewirtschaften, bedurfte es vieler Arbeitskräfte, welche die Urbevölkerung allein nicht stellen konnte. Deshalb wurden indische Bauern als Pächter und Arbeiter ins Land gerufen, die in Scharen kamen, da sie in Indien von Großgrundbesitzern und der britischen Kolonialmacht ausgebeutet wurden. Seither ist Nepals Terai stark indisch geprägt.

Die Waldrodungen im Terai wurden damals durch die nepalische Regierung auch gefördert, um Holz an die britischen Herrscher Indiens für den Bau der Eisenbahntrassen zu verkaufen. Je mehr sich das Schienennetz der nepalischen Grenze näherte, desto leichter konnten Holz und landwirtschaftliche Produkte, vor allem Reis, an die großen Märkte Nordindiens geliefert werden, und desto schneller wuchsen die Einnahmen der Aristokratie.

---

[103] Dazu Ghimire Krishna, Forest or Farm? The Politics of Poverty and Land Hunger in Nepal, Delhi 1992; ders., Die Opfer der Entwicklung, in: Entwicklung und Zusammenarbeit, Nr. 3, 1991, Bonn; Bista Dor Bahadur, Fatalism and Development. Nepals Struggle for Modernization, Hyderabad 1991, 49; Seddon D. / Blaikie P. / Cameron J., Peasants and Workers in Nepal, New Delhi 1981, 20-27.

Später, bis in unsere Zeit, siedelten aber auch Rai, Limbu, Magar und Tamang aus den Bergen im Terai und rund um die Siwaliks. Das wurde begünstigt, weil es in den Fünfziger Jahren gelungen war, Malaria, Cholera und andere Krankheiten unter Kontrolle zu bringen, so dass der Dschungel des Terai seine Schrecken verlor. Dieser Waldgürtel war bis dahin so gefährlich, dass die Engländer vor einer Kolonisierung Nepals zurückscheuten. Ein gewaltiger grüner Burgwall, kleine Mücken und große Tiger schützten das Land gegen Invasionen.

Eine organisierte Ansiedlungspolitik gab es erst nach 1951, vor allem im Terai Zentral-Nepals. 1954 verloren viele Bauern in den Bergen ihr Land wegen starker Regenfälle und Erdrutsche. Es wurde Ersatzland im Terai angeboten. Das Programm wurde danach stark ausgeweitet, um den Bevölkerungsdruck von den landwirtschaftlichen Flächen in den Bergen zu nehmen und um eine zuverlässige und billige Versorgung Kathmandus mit Nahrungsmitteln aus dem Terai zu gewährleisten.

Auch noch aus anderem Grund förderte die Regierung Ansiedlungen im Terai. Die 1962 eingeführte Räteherrschaft mit indirektem Wahlrecht, das Panchayatsystem, das keine Parteien zuließ, sollte gefestigt werden. Viel Widerstand gegen den König und diese Regierungsform kam aus dem Terai. Die Menschen sind dort wie gesagt kulturell und politisch stark nach Indien ausgerichtet, wo es ein direktes Wahlrecht und ein Vielparteiensystem gab. Man nahm an, dass die Bergbewohner loyaler zu König und Räteherrschaft stünden und lockte sie mit Landangeboten ins Terai, um gewünschte Mehrheiten in den Wahlbezirken sicherzustellen.

1962 wurde mit dem Bau der großen Ost-West-Straße begonnen, die Nepal jetzt von Grenze zu Grenze verbindet. Entlang der Straße entstehen bis heute kleine und größere Ortschaften, meist auf staatlichem Waldland.

Neben den Naturkatastrophen, die in den Bergen immer wieder Mensch und Land heimsuchen, ist auch die Erbteilung ein Grund für die Landnahmen im Süden. Die Bevölkerung in den Bergen wächst, die landwirtschaftlichen Flächen aber schrumpfen, denn die verheirateten Söhne erben ein Stück des elterlichen Landes und bauen ein eigenes Haus und Stallungen für das Vieh. Die Erbteilung führte zu Durchschnittsgrößen der landwirtschaftlichen Flächen von ungefähr 0,1 Hektar. Davon kann eine Familie nicht leben. Also wird woanders Land gesucht.

Solche Notsituationen und die damalige offizielle und inoffizielle Politik der Regierung ermutigen bis heute viele Familien, sich im Terai und rings um die Siwaliks anzusiedeln. In unserem Gebiet ist davon vor allem der Distrikt Udayapur betroffen. Er gehört noch zu den waldreichsten des ganzen Landes. Wir haben ja die Zeugnisse der Fallstudien und kennen noch viel mehr Stellen in diesem Landkreis, wo illegal gerodet wird, wo Konflikte mit den staatlichen Förstern eingegangen werden, wo aber auch Lösungen gesucht und oft auch gefunden werden. Eine besteht z.b. darin, dass die Landnahme geduldet wird und die Neusiedler sich im Gegenzug verpflichten, den umliegenden Wald so zu pflegen und zu nutzen, dass er erhalten bleibt.

Doch auch Folgendes muss berichtet werden: Nicht alle, die aus dem Norden kommen, haben ihr Land durch Naturereignisse oder durch Erbteilung verloren. Einige verkaufen es und begeben sich auf neue Landnahme hierher. Außerdem siedeln sich auch solche Familien an, die bei anderen verschuldet sind und von den Gläubigern gesandt wurden. Die Schuldner leben eine gewisse Zeit als illegale Siedler, werden dann eines Tages geduldet, können aber immer noch nicht ihre Schulden begleichen und verlieren dann ihr Land an den Gläubiger. Wie sollen nun die wirklich Bedürftigen von den Landgierigen, den *professional land encroachers*, auch *professional landless*[104] genannt, unterschieden werden? Hier nachzuforschen und Recht zu sprechen ist nahezu unmöglich."

Da hatte uns die Gruppe aber einiges vorgelegt! Sofort begannen die Diskussionen, vor allem zum Thema der Wohlhabenden im Norden, die verschuldete Abhängige zu Landnahmen in den Süden schicken, um eines Tages dann die gerodete Fläche für sich selbst zu beanspruchen. Die Empörung war groß, doch es wurde auch gewarnt, als Projekt dieses „Minenfeld" zu betreten, denn solche Kühnheiten konnten sich die Nimmersatts eigentlich nur leisten, weil sie Beziehungen zu Mächtigen unterhielten. Dagegen anzugehen, hätte Kraft und Zeit der Projektmitarbeiter zu sehr gebunden. Es hätte zur Vernachlässigung der Nutzergruppen geführt, denen man ja helfen wollte, ein Stück Staatswald auf der Grundlage der neuen Gesetzgebung eigenverantwortlich zu pflegen und zu bewirtschaften.

Die Arbeitsgruppe kam gerade noch dazu, ihre auf Kärtchen festgehaltenen Aussagen geordnet an die Stellwände zu heften, da erschien der Koch. „Das Essen ist fertig!" Ja, es war 13.00 Uhr. Der Speiseraum war klein. So musste in Schichten gegessen werden. Auf der Veranda des Bürogebäudes warteten wir, bis Platz wurde. Die Diskussion ging weiter und drehte sich um Maßnahmen, die in Nepals Bergland zu ergreifen wären, um den Bauern dort einen gesicherten Lebensunterhalt zu ermöglichen und damit die Einwanderung in den Süden zu beenden.

---

[104] Dazu Shrestha Nanda R., In the Name of Development. A Reflection on Nepal, Lanham-New York-Oxford, 1997, 100; Wily Liz Alden / Chapagain Devendra / Sharma Shiva, Land Reform in Nepal. Where is it coming from and where is it going, Kathmandu 2009, 99.

Wir genossen die einsetzenden Windstöße, die kurz darauf Regen brachten. In dicken Strähnen prasselte er auf das Flachdach und fiel dann als gleichmäßiger Wasserfall über die Dachkanten hinunter. Von der Nässe waren ihre Unterseiten dicht bemoost. Die auf den Boden stürzenden Massen bespritzten die unverputzten Ziegelwände, aus deren Fugen viele Pflanzen sprossen. Bunte Vögel spielten vergnügt im rauschenden Blattwerk der Mangobäume. Die großen Pfützen unter ihnen waren zum Paradies einer streunenden Schweineherde geworden. Und ebenso genossen die weißen Wasserhyazinthen auf dem Teich des Nachbargrundstücks ihr Dasein.

Wir begannen die Nachmittagssitzung. Eine Gruppe hatte über die kulturelle Beziehung der Menschen zu Bäumen und Wald gearbeitet.[105] Zu Recht machte sie eingangs eine methodische Einschränkung: Die vielen Ethnien, die rings um die Churia-Wälder siedeln und von ihnen abhängig sind, lassen einfache und einheitliche Aussagen nicht zu. So wollte sich die Gruppe auf einige Beispiele beschränken.

Sie begann mit den Tharu, der ältesten hier lebenden Volksgruppe: „Sie werden oft ‚Waldmenschen' genannt, da sie schon immer nahe am Wald oder auf Lichtungen siedelten. Sie lebten und leben von Trockenreisanbau, Viehhaltung auf Waldweiden und sammeln Früchte und Beeren des Waldes. Die Tharus verehren *bar*[106], *pipal*[107], *bel*[108] und *amala*[109] als heilige Bäume. Auch Mango-, Akazien- und die großen *Simal*-Bäume[110] haben für sie eine besondere Bedeutung. Beim Hausbau werden Mangoblätter am zentralen Stützbalken und an den vier Ecken befestigt; ein Ast der Akazie im Innern des Hauses schützt vor bösen Geistern; für den Bau des Hochzeitspodiums werden Äste des *simal* verwendet, um nur einige Beispiele zu nennen.

---

[105] Dazu Bista Dor Bahadur, People of Nepal, 109-155; Gautam / Thapa, Tribal Ethnoggraphy; Panjiar, Tej Narayan, Faceless in History, in: Himal, Vol. 6, No. 4, 1993; Rakesh Ram Dayal, Cultural Heritage of Nepal Terai, Jaipur 1994; Kayastha Baban Prasad, Silvics of the Trees of Nepal, Kathmandu 1985; Shrestha Bom Prasad, Forest Plants of Nepal, Kathmandu 1989; Storrs Adrian and Jimmie, Discovering Trees, Kathmandu 1984.
[106] Ficus bengalensis – Es ist ein mächtiger Baum mit bis zum Boden reichenden Luftwurzeln. Er wird als Zentrum einer Dorfgründung gepflanzt. In ihm werden Krishna und Vishnu verehrt.
[107] Ficus religiosa – Einer der heiligsten Bäume. In ihm wird Buddha verehrt, der unter einem *pipal* seine Erleuchtung erlangte. Es wird als sehr unklug erachtet, unter einem *pipal* zu lügen.
[108] Aegle marmelos – *Bel* ist ein sehr heiliger Baum, der oft an Häusern, Tempeln und Schreinen gepflanzt wird. In ihm werden Laxmi und Shiva verehrt.
[109] Phyllanthus emblica – In ihm werden Shiva und Vishnu verehrt.
[110] Bombax seiba.

Einige Anthropologen meinen, Buddha, der ja nicht weit von hier geboren wurde, sei ein Tharu gewesen. Jedenfalls hat der Buddhismus die Tharu sehr beeinflusst. Als Symbol für den achtfachen Tugendpfad Buddhas finden sich an vielen ihrer Häuser gemalte oder aus Lehm modellierte Rosetten mit acht Blatt- oder Blütenspitzen. Auf das Wohl aller Kreatur, nicht nur dasjenige der Menschen, bedacht zu sein, war eine Kernforderung Buddhas an seine Gefolgschaft. Und Buddha hatte ja auch gefordert, dass jeder Mensch alle fünf Jahre einen Baum pflanzen und ihn pflegen sollte. Die Tharu waren jedenfalls nicht schuld daran, dass die Churia-Wälder so übernutzt wurden.

Auch die Maithili sprechenden Bewohner im Südosten Nepals haben eine enge Beziehung zu Bäumen. Manche werden als Inkarnation von Gottheiten verehrt. Deshalb pflanzen sie gewisse Arten nahe am Haus. Besonders schätzen sie *amala, neem*[111], Mango[112] und die Bananenstaude, ebenso die großen *Bar-* und *Pipal*-Bäume am Rand von Feldern und auf Brachflächen. Unter einem *Pipal*-Baum meditierte Buddha bis zu seiner Erleuchtung. Zu Neujahr, Mitte April, reinigen die Menschen den Boden rings um einen Baumstamm und spenden den Wurzeln Nahrung und Wasser. Anfang Juni opfern die Frauen dem *bar* und verehren damit symbolisch ihre Männer. Sie opfern Wasser, sieben Arten von Früchten, einen Fächer und binden eine Schnur um den Stamm. Bäume brauchen Wasser, Nahrung. Das Zufächeln von Luft symbolisiert das Bedürfnis des Baumes nach Platz und frischem Wind. Die Schnur legt einen schützenden Zauber um den Baum. Während einer Hochzeit wird auch ein Mango- mit einem *Mahua*-Baum (*bassia latifolia*) vermählt. Es ist Tradition, zu verschiedenen Anlässen Bäume zu pflanzen. Wohlhabende legen große Obstgärten mit Mangobäumen an, nicht nur um Geld aus dem Verkauf der Früchte zu erzielen, sondern auch, um den Respekt der Gemeinschaft zu ernten. Da es ja nur noch wenige Terai-Wälder gibt, betreiben viele Agroforstwirtschaft und bepflanzen geeignete landwirtschaftliche Flächen mit Bäumen.

Trotz der großen religiösen Bedeutung werden Bäume von den Tharu und den Maithili Sprechenden nicht nur verehrt, sondern auch genutzt, mit Ausnahme des *pipal*. Nur wenn seine Äste heruntergefallen sind oder der ganze Baum umgestürzt ist, wird daraus Feuerholz gemacht."

---

[111] Azadirachta indica.
[112] Magnifera indica – Der Mango-Baum gilt als König der Fruchtbäume. Die herrlichen Blüten, ihr wohlriechender Duft und das süße Aroma der Frucht lassen die Leute sagen, dass es sie nicht einmal im Himmel gäbe und sie deshalb auf Erden als ein großes Vergnügen zu genießen sei.

In der Aussprache bestätigten alle, wie wichtig es sei, über sozio-kulturelle Vorstellungen und Verhaltensweisen der Ethnien und Kasten Bescheid zu wissen. Rein technische Forstwirtschaft würde scheitern. Uneinigkeit bestand in anderen Punkten. Einige meinten, Managementsysteme der Bergbewohner könnten auf den Süden mit seinen anderen natürlichen Gegebenheiten nicht übertragen werden. Dagegen wurde aber vorgebracht, was wir von Man Bahadur Rai im Weiler bei Gaighat und Lalit Kumar Lama Magar aus Badaharamal erfahren hatten.

Dann wurde geäußert, dass ethnische und kulturelle Homogenität der Nutzergruppe die wichtigste Voraussetzung für gutes Waldmanagement sei. Auch dem wurde nicht vorbehaltlos zugestimmt, denn wir kannten die Nutzergruppe von Fattepur. Sie umfasst nahezu 700 Haushalte und ist sehr uneinheitlich zusammengesetzt, was Kasten-, Stammes- und Berufszugehörigkeit betrifft. In der Gemeinschaft sind nämlich Chhetri, Brahmanen, Chaudhary, Chamar, Kami, Damai, Teli, Rai und Magar vertreten. Sie sind Bauern, Kaufleute und Angehörige der Armee, Alteingesessene und Zugewanderte. Und manche benötigen mehr, andere weniger Waldprodukte. Doch die Gemeinschaft kann offensichtlich mit dieser großen Vielfalt und den unterschiedlichen Interessen umgehen. Es wurden Untergruppen gemäß den verschiedenen Bedürfnissen eingerichtet und den Mitgliedern auch gewisse Pflichten auferlegt. Dann wurden Vertreter der Gruppen und der Gesamtgemeinschaft gewählt und schließlich Kontrollinstrumente und offene Verfahren der Entscheidungsfindung und Verteilung der Einnahmen aus dem Wald eingeführt. Und die Gemeinschaft bezahlt Leute aus ihrer Mitte, die Bewusstseinsbildung betreiben, in richtiger Waldbewirtschaftung ausbilden und Waldwächter unterweisen. „Wir versuchen, unsere Pläne demokratisch zu besprechen, zu Übereinstimmung zu gelangen und sie gewissenhaft umzusetzen. Wir haben eine starke Bindung zu unserem Wald entwickelt und fühlen uns verantwortlich, ihn zum Wohl der Leute zu schützen und zu bewirtschaften", hatte der Manager der Nutzergruppe während unseres Besuches vor einigen Tagen gesagt. Ja, sie hängen so an dem Wald, dass sie es sogar wagten, einen staatlichen Forstbediensteten so lange einzusperren, bis er seine Strafe bezahlte. Er hatte sieben Festmeter wertvolles *Sal*-Holz aus dem Nachbarwald gestohlen. Von seinen beiden Fuhrleuten verlangte die Nutzergruppe je 5000 Rupien als Strafe. Fattepur zeigt, dass nicht die Zugehörigkeit zur selben Kaste oder zum selben Volksstamm entscheidend für eine gute Waldbewirtschaftung ist, sondern die Wertschätzung eines großen gemeinsamen Gutes, das in Offenheit und nach gerechten Verfahren verwaltet wird. Dabei ist es das Wichtigste, alle Beteiligten bei Entscheidungen einzubeziehen. Das hält die Gruppe zusammen und kommt dem Wald zugute.

Gleichmäßig rauschte der Regen. Das Wasser stürzte vom flachen Betondach und bildete Vorhänge auf der Außenseite der Fenster. Die Welt da draußen hatte alle Konturen verloren. Die schwarzen Schimmelflecken an der Decke schienen wieder gewachsen zu sein. Seit geraumer Zeit standen die Ventilatoren. Wieder war der Strom ausgefallen. Und wieder nutzten die Moskitos ihre Chance. Wir flüchteten ins Freie auf die Veranda zu den bereitgestellten Tee- und Kaffeekannen. Der Weg neben dem Bürogebäude glich einem breiten, mit stehendem Wasser gefüllten Kanal. Gleichmütig zogen zwei weiße Ochsen einen einachsigen Holzkarren. Er war mit Bambus beladen. Die Stangen waren so lang, dass ihre Enden durch das Wasser pflügten. Auf der Ladung saß der Bauer unter einer Plastikplane. Seine braunen Beine glänzten vor Nässe. Vermutlich brachte er den wertvollen Bambus nach Indien. Ob er aus dem Staatswald geschmuggelt oder auf legale Weise im Wald einer Nutzergruppe geerntet worden war – wir konnten nur mutmaßen.

Dann kam der Strom wieder. Er war uns sehr willkommen, nicht nur der Ventilatoren und Moskitos wegen, sondern auch, um mit Licht weiterarbeiten zu können, denn Wolken und Regen hatten den Tag derart verdüstert, dass man meinen konnte, er neigte sich bereits dem Ende entgegen. Doch es war noch nicht einmal 16.00 Uhr.

Als nächstes berichtete die Gruppe, die über die Auswirkungen aktueller politischer Entscheidungen auf das Verhalten der Menschen zu den Wäldern gearbeitet hatte:[113]

„Die jüngere Forstpolitik machte es möglich, Waldbewirtschaftung durch Nutzergemeinschaften zu betreiben. Das Modell wurde gegen Skeptiker durchgesetzt und gegen solche, die es aus nahe liegenden Gründen bekämpften.

Grob gesprochen ist Wald, der nicht auf Privatgrund steht, Staatswald. Vor der Forstgesetzgebung von 1957 waren große Teile des Staatswaldes an Privatleute zur steuerfreien Nutzung für deren Lebensunterhalt vergeben (*birta*). So versicherten sich die Herrscher der Dienste und Loyalität von Adeligen, hohen Militärs und Priestern. Die Kluft zwischen der Aristokratie und der großen Masse armer Bauern wuchs drastisch. Sie durften zwar die Waldprodukte für ihren täglichen Bedarf ernten, die kommerzielle Nutzung war aber den *Birta*-Inhabern vorbehalten.

Als 1951 die autokratische Ranaherrschaft beendet wurde, war das *Birta*-System mit den allgemeinen sozialen, politischen und ökonomischen Vorstellungen über die Zukunft des Landes nicht mehr vereinbar. 1957 wurde die Waldnutzung unter staatliche Kontrolle gestellt und 1959 das *Birta*-System

---

[113] Dazu Regmi, Landownership in Nepal; Gilmour D.A. / Fisher R.J., Villagers, Forests and Foresters. The Philosophy, Process and Practice of Community Forestry in Nepal, Kathmandu 1991.

gänzlich abgeschafft. Ebenfalls 1959 wurde das Forstministerium gegründet. Es nahm sich nun des Schutzes und der Bewirtschaftung der Wälder an, aber leider in einer Art und Weise, dass auch die traditionellen Nutzungsrechte der lokalen Bevölkerung mit einer Flut von Vorschriften belegt wurden. Um die Bestimmungen durchzusetzen, wurde das staatliche Forstpersonal mit weit reichenden Vollmachten ausgestattet, und so kam es, dass sich Bevölkerung und Regierungspersonal mit Misstrauen und gelegentlich in Feindseligkeit gegenüberstanden. Das sind keine guten Voraussetzungen, um ein so hohes Gut wie einen Wald zu schützen und zu bewirtschaften. Wir kennen den Vorfall in Hadiya, als die 500 Häuser zerstört wurden, und es gibt weitere, allerdings weniger drastische Beispiele. Und wir kennen viele Fälle aus dem ganzen Land, wo sich Menschen verleiten ließen, wegen der eingeschränkten traditionellen Nutzungsrechte ‚Rache' zu üben, indem sie Holz einschlugen, bevor es die Regierung tat.[114]

Doch schon bald, und zwar durch das Forstgesetz von 1961, wurde gesät, was heute geerntet werden kann. Damals wurden nämlich die Wälder klassifiziert als Regierungs-, und Pachtwälder und als religiöse und private Wälder. Als eine weitere Art wird der Gemeinschaftswald genannt.

Leider dauerte es bis 1978, ehe die Ausführungsbestimmungen zu diesem Gesetz erarbeitet waren. Und sie hatten einige Schwächen. Gemeinschaft war z.B. definiert als Dorfgemeinde. Diese politischen Einheiten umfassen in Nepal mehrere tausend Personen, die nicht alle dasselbe Interesse an Schutz und Nutzung des zugewiesenen Waldes haben und ihm nicht die gleiche hohe Wertschätzung entgegenbringen. Außerdem waren die Bestimmungen zu kompliziert, und schließlich sahen sie vor, dass der Erlös aus dem Verkauf von Waldprodukten in die Gemeinde zu fließen habe. Das gefiel vielen Bürgern nicht. Die Gemeindekasse war zu wenig überschau- und kontrollierbar. Dennoch konnte sich die Forstverwaltung vor Anträgen auf Nutzungsrechte an Waldflächen kaum retten. Aus dem vormals gefürchteten und mit Polizeigewalt ausgestatteten Landkreisförster war formell ein Partner geworden, der traditionelle Nutzungsrechte zurückgab und Rechte zu kommerzieller Nutzung verlieh, der Setzlinge verteilte und in der Waldpflege beriet. Leider hatte aber nicht alles Forstpersonal diesen Schwenk mitgemacht, wie unser Beispiel Hadyia von 1991 zeigt. Die

---

[114] Wie sich die Vorgänge gleichen: Der Historiker Rainer Beck (Unterfinning. Ländliche Welt vor Anbruch der Moderne, München 1989, 76) beschreibt das Spannungsverhältnis zwischen der bayerischen Regierung und den Bauern im 18. Jahrhundert wegen der Nutzung der Wälder so: „Die Interventionen der Bauern, ihre nicht abreißenden Übergriffe auf den Forst, können kaum anders verstanden werden denn als Negation herrschaftlichen ‚Rechtes' … und es hat den Anschein, als bildete die bäuerliche ‚Renitenz' das Pendant zu der Expansivität der obrigkeitlichen Gewalt."

Förster hatten technische Forstwirtschaft studiert. Die Beziehung Mensch – Wald war damals noch nicht Bestandteil der Lehrpläne.

Die Dezentralisierungsgesetzgebung von 1983 erweiterte die Definition von Gemeinschaft. Es konnten jetzt auch kleinere Nutzergruppen gebildet werden, die nicht die ganze Dorfgemeinde umfassten. Allerdings mussten der Gruppe gewählte Mitglieder der Gemeinderegierung vorstehen. Erst das Forstgesetz von 1993 brachte den endgültigen Durchbruch. Demgemäß ist eine Nutzergruppe eine autonome juristische Personenvereinigung. Politische Repräsentanten müssen nicht in ihren Komitees sitzen. Das Gesetz war ein Glücksfall für Nepal. Inzwischen sind nach seinen Bestimmungen fast alle Wälder in den Bergen an solche Nutzergruppen zum Schutz und zur Bewirtschaftung übergeben, so groß war die Resonanz. Und hier im Churia-Gebiet konnte unser Projekt auf dieser guten gesetzlichen Grundlage die Arbeit beginnen.

Wir alle kennen die Erfolge. Jetzt, im Jahr 2003, haben wir in den drei Landkreisen 318 offiziell registrierte Nutzergruppen, die über 44.000 Hektar Wald bewirtschaften. Viele weitere Anträge sind in Bearbeitung. Die Gruppen haben 63 Pflanzgärten eingerichtet und 658 brachliegende Flächen bepflanzt. Auch jeder Laie, der auf dem East-West Highway vor elf Jahren unterwegs war und die Tour heute wiederholt, kann sehen, wie kilometerweit der ehemals fast kahle Churia-Rücken nun wieder bewaldet ist.

Besonders stolz sind wir, dass auch Gruppen aus Angehörigen der untersten Kasten von der Forstverwaltung ein Stück Wald zur Nutzung erhielten, auch wenn sie mehrere Kilometer von ihm entfernt wohnen. Es hatte immer geheißen, solche Anträge könnten nicht genehmigt werden, da es nicht möglich sei, den Wald aus der Entfernung zu schützen. Doch diese Gruppen haben ein Rotationssystem entwickelt. Einige ihrer Männer sind abwechselnd ständig im Wald, um ihn zu bewachen, und wohnen dort in einfachen Unterständen, die sie aus Pfosten, Ästen und Blättern bauen. Die Waldpflege dieser Gruppen ist genauso gut wie die der anderen.

Das jetzige System der sozialen Forstwirtschaft wäre nochmals verbessert worden, wäre es gelungen, die Gesetzgebung von 1999 zur Selbstverwaltung von Landkreisen und Gemeinden umzusetzen (s. Kap. ‚Blutbefleckte Zeigefinger – Zentralismus'). Das altbewährte Subsidiaritätsprinzip stand bei diesem Gesetz Pate, denn die Mehrheit der nationalen Parlamentarier hatte erkannt, dass in diesem Land mit seinen unendlich vielen Tälern und Bergen und den verschiedenen Lebenszonen und Kulturen Entscheidungen sachdienlicher vor Ort getroffen werden können als vom nationalen Zentrum Kathmandu aus. Lokale Regierungen kennen viel besser ihr natürliches, wirtschaftliches, soziales und kulturelles Umfeld und können angepasster und zweckmäßiger darauf eingehen.

Dem Gesetz gemäß sollten alle Ministerien dezentralisiert werden, außer dem Finanz-, Verteidigungs- und Innenministerium. Die Landkreise sollten schrittweise mit Macht, Zuständigkeiten und Geldmitteln ausgestattet werden. Das Landwirtschafts- und das Erziehungsministerium begannen mit der Übertragung an die lokalen Regierungen. Doch das Forstministerium widersetzte sich mit aller Macht. Schließlich kam ihm der Umstand zugute, dass wegen des Konflikts mit den Maoisten die für das Jahr 2002 vorgesehenen Kommunalwahlen nicht abgehalten werden konnten und es somit keine gewählten Volksvertreter in den Kommunen gab (s. Kap. ‚Krieg'). Das ganze Dezentralisierungsvorhaben kam zum Erliegen. Und das Churia-Projekt hatte ja schon begonnen, die drei Landkreise auf die Übernahme von Verantwortung für die Wälder vorzubereiten: Entwicklungspläne wurden gemeinsam erarbeitet und über Ausgleichs- und Austauschmaßnahmen zwischen den höher und tiefer Siedelnden diskutiert mit dem Ziel, dass die natürlichen Ressourcen allen zugute kämen und weiterhin erhalten blieben. Ein Runder Tisch der betreffenden Vertreter aus den drei Distrikten war als feste Einrichtung geplant. Doch er kam nicht zustande. Die Amtszeit von Landräten und Bürgermeistern war beendet, und Neuwahlen waren unter den gegebenen Umständen nicht möglich.

Leider erleben wir auch immer wieder, dass manche Förster noch dem alten Denken verhaftet sind und meinen, nur der Staat könne den Wald schützen und bewirtschaften. Deshalb verschleppen sie die Bearbeitung von Anträgen, verzögern die Bewilligung von Waldplänen und vernachlässigen ihren gesetzlichen Auftrag, die Nutzergruppen zu beraten. Sie haben im mächtigen Forstministerium einige Unterstützer, die ihre Macht über den Naturschatz Wald einfach nicht geschmälert sehen möchten. Die konkrete Zusammenarbeit des Projekts mit den Landkreisförstern hat aber meist dazu geführt, dass sie von der Richtigkeit des eingeschlagenen Weges überzeugt wurden. Leider ist es in Nepal Praxis, die höheren Beamten durchschnittlich alle zwei Jahre zu versetzen. Dann beginnt die Überzeugungsarbeit wieder von neuem. Es heißt, die Versetzungen hätten auch mit einem ‚Corpsgeist' innerhalb der Forstverwaltung zu tun: Die Beamten würden nach einem ausgefeilten Rotationssystem nach einigen geleisteten Dienstjahren in waldarmen Landkreisen in einen besser ausgestatteten versetzt, wo sie durch Verkauf von Holz ihr zugegeben niedriges Gehalt aufbessern können.

Doch insgesamt haben die drei Distriktförster und ihre jeweiligen Nachfolger ihre Pflicht getan, die rechtmäßige Bildung von über 300 Nutzergruppen bestätigt, 265 Waldbewirtschaftungspläne unterschrieben und über 44.000 Hektar Staatswald zur Bewirtschaftung übergeben. Wir sind zuversichtlich, dass die alte ‚Ruhe-und-Ordnung'-Mentalität allmählich aufgeweicht wird. Denn junge Förster rücken nach. Und sie sind nach einem menschenfreundlicheren Lehrplan ausgebildet worden, wonach nicht nur technische Aspekte der Forstwirtschaft gelehrt werden. Viele der Waldnutzergruppen haben sich in Dachverbänden zusammengeschlossen. Da entsteht Druck von unten, dem die Hardliner in der Forstverwaltung auf Dauer nicht standhalten können. Die Arbeit von Millionen Menschen hat dazu geführt, dass die Wälder Nepals erhalten blieben, ja in einigen Gegenden wieder zunahmen, entgegen manchen Hochrechnungen in den 80er Jahren. Das Zusammenwirken der oftmals als rückständig und ignorant verunglimpften Landbevölkerung mit Förstern auf der Höhe der Zeit hat solche pessimistischen Vorhersagen widerlegt. Gute gesetzliche Bestimmungen haben das ermöglicht."

Nach dieser Darstellung waren die Wände fast vollständig mit braunem Papier und den darauf befestigten Kärtchen beklebt. Wir ordneten das Material, entfernten Wiederholungen und schafften es, die schmälere Stirnwand des Raumes freizubekommen. Wir wollten ja auch noch die Ergebnisse der Diskussion festhalten, eine Zusammenfassung der beiden Tage dokumentieren und festlegen, wer welche Beiträge für das Buch schreiben sollte.

Unsere Aussprache drehte sich nicht um die äußeren politischen Rahmenbedingungen, sondern um das Innenleben der Nutzergemeinschaften. Vor allem das Feldpersonal des Projekts kam jetzt wieder zum Zuge und berichtete von Fällen, in denen die Wohlhabenden und Einflussreichen alle Entscheidungen dominierten und ohne viel Aussprache bestimmten, wer den zugewiesenen Wald zu bewachen, wer Pflanz- und Durchforstungsarbeiten zu leisten habe und was mit dem erzielten Gewinn aus dem Verkauf von Waldprodukten zu geschehen habe. Sie berichteten auch, dass so manche Gruppen immer noch Angst vor dem Forstpersonal hätten und sich daher nicht trauten, den Wald nach den Vorgaben des Bewirtschaftungsplans zu lichten, was ihm aber gut täte. Dann wurde erwähnt, dass viele Bauern keinen rechten Zugang zu Märkten hätten und auch die Preise nicht kennen würden.

Doch auch Positives kam zur Sprache. Eine Nutzergruppe hatte es ja z.B. verstanden, einen schweren Fall der Veruntreuung von Geldern aufzuklären und ihr Komitee abzusetzen. Welche Diskussionen müssen dem vorangegangen sein! Welches Selbstbewusstsein der Mitglieder ist da gewachsen! Welcher Mut kam dabei zu Tage, der Transparenz und Rechenschaft von den „Oberen" einforderte!

Viele Arbeiten im Wald werden traditionell von Frauen geleistet. So manche Nutzergemeinschaft besteht ausschließlich aus Frauen. Da sie die wichtigsten Waldnutzer sind, genießen sie nun eine stärkere Beachtung. Durch Gruppen- und Waldmanagement sind sie selbstbewusster geworden, haben gelernt, mit staatlichen und privaten Dienstleistungsinstitutionen umzugehen, und haben eine gewisse wirtschaftliche Unabhängigkeit gewonnen. Über ein Viertel der 3000 Komitee-Mitglieder im Projektgebiet sind Frauen. Mehrere wurden bei den letzten Kommunalwahlen in den Gemeinderat gewählt.

Die Einnahmen, welche die Gruppen aus der Bewirtschaftung ihres Waldes erzielen, übersteigen in einigen Fällen das Jahresbudget der Gemeinde, der sie angehören. Abgesehen davon, dass da und dort der erzielte Gewinn in den Bau von Gebäuden investiert wurde, die nicht unbedingt zur Linderung von Armut notwendig waren, sondern eher dem Prestigedenken einiger Gruppenmitglieder zu verdanken sind, werden die Erlöse sehr vernünftig eingesetzt. Es werden Alphabetisierungskurse für Erwachsene, Schulmöbel und Lernmittel, Impfkampagnen, der Bau von Toiletten, Trinkwasseranlagen und Dorfstraßen finanziert, Zuwendungen an die Ärmsten bei Notfällen und chronischen Krankheiten getätigt und armen Haushalten zinsfreie Kredite für Einkommen schaffende Aktivitäten gewährt. Da und dort werden sogar staatliche Institutionen finanziell unterstützt, indem z.B. Zuschüsse zu den Baukosten von Gesundheitsstationen geleistet, die Zulagen für Dienstreisen der beratenden Förster zu den Nutzergruppen übernommen und Beiträge zur Wartung und Reparatur von Dienstfahrzeugen des Forstdirektors des Landkreises gegeben werden. All das wird möglich durch Waldwirtschaft in der Verantwortung der Nutzergruppen.

Und man sollte nicht die „Nebenwirkungen" vergessen: Es muss in den Gruppen diskutiert und entschieden werden über die Pflegemaßnahmen und Bewachung im Wald, über das Ernten, Lagern und Verarbeiten der Waldprodukte, über ihre Verteilung zum Eigenverbrauch oder Verkauf, über die Verwendung der erzielten Einnahmen, über die Entschädigung der Waldarbeiter, sei es durch finanzielle Entlohnung, durch Naturalien oder ausgleichende Dienstleistung. Das verlangt Kompromissbereitschaft, stärkt den Zusammenhalt und kann langfristig zu einem gewissen Abbau von Hierarchien beitragen.

Einige erzielen Einkommen, indem sie im Auftrag von Nutzergruppen als Waldwächter arbeiten; andere durch das Sammeln von Blättern, die zu Einwegtellern für große Festgesellschaften geformt werden; wieder andere, indem sie Früchte und Pflanzen zu Säften, Marmelade und ayurvedischer Medizin verarbeiten; und schließlich Handwerker, die Möbel und allerlei Gebrauchsgegenstände aus Holz und Bambus herstellen.

Einer der Projektförster kommentierte den Bericht der Arbeitsgruppe und sagte dann: „Als ich mich beim Churia-Projekt bewarb, wusste ich, dass meine künftige Arbeit nicht in erster Linie im forsttechnischen Bereich liegen würde, dass aber gemeinschaftliche Waldbewirtschaftung solche weit reichenden Auswirkungen haben kann, war mir nicht klar, vielleicht auch meinen Kolleginnen und Kollegen nicht. Durch diese Art von Waldwirtschaft sind die Lebensumstände von Mitgliedern und Gruppen ganz umfassend betroffen in wirtschaftlicher, sozialer und politischer Hinsicht. Alles hängt zusammen."

Den Moment der Stille, der nach Bericht und Kommentar eingetreten war, unterbrach plötzlich das kecke Lachen eines Geckos. Diese liebenswerten Geschöpfe mit ihren lustigen Knopfäuglein, den mit Saugnäpfen ausgestatteten winzigen Pfoten und den durchscheinenden Körpern sind ein großer Segen für den Menschen und der Mücken ärgster Feind. Die Geckos sind wahre Akrobaten und bewegen sich ebenso behände in der Horizontalen, der Vertikalen und sogar an der Zimmerdecke. Lange verharren sie regungslos vor der Beute, ehe sie diese mit einem blitzschnellen Herausschnellen der Zunge packen.

„Der Gecko hat uns aufgefordert, Feierabend zu machen; es ist schon nach 19.00 Uhr; wir sollten in den Bazar zum Essen gehen", sagte Raj Kumar Rai.

Es regnete immer noch, aber nicht mehr so heftig wie am Nachmittag. Ausgerüstet mit Taschenlampen balancierten wir auf den ausgelegten Ziegelbrocken und Steinplatten über die langen Pfützen, die den Weg bedeckten, versuchten am Rand zwischen Wasser und Schweinekot einen Pfad zu finden, wurden von Rikshafahrern mit ihren sirenenartigen Klingeln immer wieder zur Seite gedrängt und erreichten endlich die breite Teerstraße, den East-West-Highway, der mitten durch den Bazar führt. Die Straße war zu beiden Seiten von vielen einfach gezimmerten Verkaufsständen gesäumt. Manche standen auf Pfählen, andere auf Zweiachsern, ganz kleine auf Fahrrädern. Öllämpchen warfen ihr sanftes Licht auf vielerlei Kleinartikel, auf Obst, Gemüse, verschiedene Rum- und Schnapsarten und auf kleine Mahlzeiten. Einige Ziegen suchten Fressbares in den Abfällen. Genau auf der Mitte der Straße stand ein mächtiges Denkmal für einen der Shah-Könige. In seinem Schutz lagen Kühe in stoischer Ruhe. Jeeps, Busse und Lastwagen durchfuhren den Ort, ohne merklich ihre Geschwindigkeit zu verringern, doch vorsichtig genug, um Kollisionen zu vermeiden.

Während wir auf unsere Nachzügler warteten, lasen wir die phantasievollen Aufschriften der Busse: „The Bullet", „Kankai Diamond", „Jumbo Jet", „Rajdoot Super Express Bus", „Rocket", „Chitwan Tiger". Reklame muss sein. Doch die meisten dieser Gefährte sind elende Schüttelroste mit engen Sitzreihen und senkrechten Lehnen, aus kantigen Stahlrahmen zusammengeschweißt. Oft genug hatte ich in solchen Quälboxen stundenlang gelitten. Wir konnten auch lesen, wie sich manche LKW-Fahrer über ihren überaus harten Broterwerb hinweg trösteten – viele werden gnadenlos von ihren Chefs ausgebeutet, haben viel zu lange Arbeitszeiten und versuchen, sich mit Aufputschmitteln aller Art wach zu halten – : „Du kannst noch so viele Perlen und Edelsteine erwerben, das letzte Hemd hat keine Taschen" – „In God we trust" – „Was brauchst du? Ein wenig gutes oder schlechtes Essen, um deinen Magen zu füllen und zwei Yards zum Leben und zum Sterben. Das ist es, was du brauchst."

Über allem die unvermeidliche indische „*Hindi-Movie*-Musik" aus Schmachtschinken der größten Filmindustrie der Welt, laut und vertraut, denn man hört die gleichen Songs in den Ansiedlungen entlang des East-West Highway aus den Lautsprechern immer und immer wieder. Wir überquerten die Straße und genossen unser Abendessen im Restaurant namens *Akash*, im Himmel also.

Am nächsten Morgen trafen wir uns noch mal im Versammlungsraum des Projektgebäudes, um zu überprüfen, ob wir nicht etwas Wesentliches vergessen hätten. Dazu versetzten wir uns in die Situation einer Waldnutzergruppe und ordneten um sie herum den Wald, die wirtschaftlichen Chancen und Risiken, das soziale und kulturelle Umfeld und schließlich die gesetzlichen und politischen Rahmenbedingungen. Wir stellten fest, dass wir in groben Zügen die Grundlagen für das Buch gelegt hatten. Natürlich fehlten viele Details. Besonders die Einflussmöglichkeiten der Nutzergruppen auf Politik und Institutionen hatten wir noch viel zu wenig besprochen. Und wir hatten uns an diesen Tagen auch keine tiefer gehenden Gedanken gemacht, wie denn einmal die Projektübergabe stattfinden sollte. Es müssten Modelle entwickelt werden, wie die Projekterfolge stabilisiert, weitergeführt und verbreitet werden sollten. Ein Modell müsste zeigen, wie soziale Forstwirtschaft durch die Landkreise selbst, also dezentral, betrieben werden könnte, was aber Kommunalwahlen voraussetzte. Ein weiteres Modell sollte Wege aufweisen, wie sich, falls Wahlen nicht stattfänden, die Nutzergruppen gegenüber einer zentralistischen Forstverwaltung in Verbänden organisieren und wie sie die Hilfe von nepalischen Menschrechts-, Umwelt-, Juristen- und Journalistengruppen in Anspruch nehmen könnten, um ihre Rechte durchzusetzen.

Doch die Zeit für den Workshop war vorüber. Es wurde vereinbart, dass drei Autoren hauptverantwortlich für das Buch sein sollten. Sie würden vom Feldpersonal unterstützt werden, das versprach, noch weitere Fallbeispiele beizubringen. Die Monitoring-Sektion des Projekts sollte alle wichtigen Daten aus dem Computer liefern und geeignete Fotografien aus dem großen Bestand des Projekts heraussuchen. Die Autoren schließlich sollten von Zeit zu Zeit ihre Entwürfe dem Projektpersonal vorlegen, damit das Werk mit gegenseitiger Zustimmung wachsen könne.

Nach zweijähriger Arbeit war es vollendet. Übersetzt lautet der Titel des Buches „Aufbruch zu neuer Balance. Meilensteine des Churia Forstentwicklungsprojekts in Ostnepal".[115] Der englische Text ist ergänzt durch viele Graphiken,

---

[115] Laubmeier Peter / Warth Hermann / Poudyal Badri, Restoring Balances. Milestones of the Churia Forest Development Project in Eastern Nepal, Kathmandu 2004.

Tabellen und Bilder. Das Buch wurde in Kathmandu gedruckt und verlegt. Die hohe technische Qualität verdankt es einem Druckergesellen, der mit diesem Werk seine Meisterprüfung machte und bestand. Auch eine nepalische Version wurde gedruckt und im ganzen Projektgebiet verbreitet.

Enttäuschung

1996 schrieb die Gesellschaft für Technische Zusammenarbeit (GTZ), die im Auftrag der deutschen Regierung in Zusammenarbeit mit dem nepalischen Forstministerium das Projekt fachlich und finanziell unterstützte, in ihrer Zeitschrift „Akzente": „Vor allem durch Nepals Dezentralisierungspolitik war es dem Churia Forest Development Project ermöglicht, mit spezieller Herangehensweise zur Armutsbekämpfung beizutragen. Durch die Möglichkeit, sich in Selbsthilfegruppen zusammenzuschließen, entwickeln die Menschen eine erstaunliche Energie, ihre Armut und die Folgen für den Wald zu bekämpfen. Die Nutzergruppen sind die Achse des Programms, um die sich alles dreht. In diesen Gruppen ergreifen die Mitglieder Eigeninitiative und handeln in eigenem Interesse. Sie diskutieren, planen und entscheiden über zu ergreifende Maßnahmen, führen sie durch und achten auf die Einnahmen und Ausgaben. Zwar zielen die Maßnahmen vor allem auf Menschen, doch direkt oder indirekt nehmen sie auch den Druck von den Wäldern. Prinzipiell führt das Projekt keine Maßnahmen selbst durch. Stattdessen setzt es alle geeigneten lokalen Dienstleister ein wie z.B. die Regierungen von Gemeinden und Landkreisen, öffentliche Institutionen, Nichtregierungsorganisationen, Banken usw. Das ist nachhaltiger und fördert auch diese lokalen Potentiale selbst. Die sichtbare Präsenz des Projekts ist deshalb gering. Das verhältnismäßig kleine Projektbüro in Lahan heißt ‚Programmunterstützungseinheit'. Es gibt Anstöße, mobilisiert, bietet Aus- und Weiterbildung an, unterstützt und finanziert Maßnahmen zur lokalen Entwicklung und bleibt dabei im Hintergrund wie eine Spinne."[116] Wir waren stolz auf diese Beurteilung.

Das Echo der betroffenen Bevölkerung auf die Projektunterstützung war groß. Eine vernünftige Gesetzgebung hatte die Menschen ermutigt, Verantwortung für zugewiesene Flächen wahrzunehmen und Waldmanagement gemäß den Prinzipien der Gegenseitigkeit zu betreiben, d.h. nicht nur zu nehmen, sondern auch zu geben, gewisse Flächen für ein paar Jahre sich selbst überlassen, so dass natürliche Regeneration möglich wird und andere bepflanzen, den Wald vor

---

[116] Gesellschaft für Technische Zusammenarbeit, Focus on the Poor, in: Akzente. Working with GTZ and KfW, Sonderheft, September 1996, Eschborn.

Feuer, Diebstahl, Kühen und Ziegen schützen, Durchforstung so betreiben, dass Jungwuchs aufkommen kann usw. Solche Gegenseitigkeit ist „das Fundament jeder Ethik: Gib anderen (Menschen, Flora und Fauna) so wie du möchtest, dass sie dir geben."[117] Weite Strecken der Siwaliks in den drei Landkreisen waren wieder von Wald bedeckt. Auch die Maoisten sahen den Erfolg und hatten zu verstehen gegeben, dass das Projektpersonal von ihnen nichts zu befürchten habe. Es ist auch niemand zu Schaden gekommen (zur Rebellion der Maoisten Nepals s. Kap. „Krieg" und „Blutbefleckte Zeigefinger"). Da entschied die deutsche Regierung, das Projekt im Dezember 2005 zu beenden, eineinhalb Jahre früher als von den beiden Regierungen ursprünglich vereinbart. „Das Projekt wurde aus dem blühenden Leben gerissen", klagte ein Mitarbeiter.

Diese Entscheidung hat niemand der Betroffenen und der Mitarbeiter verstanden. Alle unsere Einwände waren vergebens. Wir verwiesen auf die Agenda 21, die Millenniumsziele der UNO, auf das Aktionsprogramm 2015, die Grundsatzpapiere der Bundesregierung und auf das Einmaleins der Entwicklungszusammenarbeit: Projekte sollten erst beendet werden, wenn Übergabemodelle entwickelt worden sind und die Nachhaltigkeit der Maßnahmen gefördert, gefestigt und bestätigt wird, indem sie in vergleichbaren Nachbargebieten wiederholt werden. Dort ist die Situation nahezu identisch. Mit wenig Aufwand hätte man die erprobten Projektstrategien zur Armutsminderung durch soziale Waldwirtschaft auch dort anwenden können. Im Projektgebiet bezogen 55.000 Haushalte Einkommen aus der Bewirtschaftung von über 44.000 Hektar Wald. Etwa 900 dauerhafte und 12.000 befristete Arbeitsplätze waren entstanden. Die Einnahmen wurden zum Teil für örtliche Entwicklungsmaßnahmen wie Alphabetisierung, Stipendien, Dorfstraßen, Trinkwasseranlagen verwendet und zum Teil auf Sparkonten angelegt. Außerdem befördert soziale Waldwirtschaft ja Gruppendiskussion, gemeinschaftliches Entscheiden sowie die Zusammenarbeit von Ethnien und Kasten. Das ist auch angesichts der schwierigen demokratischen Entwicklung Nepals von großer Bedeutung. Und soziale Waldwirtschaft stärkt die gesellschaftliche Stellung der Frauen, welche die wichtigsten Waldnutzer sind. Sie waren früher kaum an bedeutenden Entscheidungen beteiligt, stellten dann aber in den Nutzergruppen ein Viertel der Vorstandsmitglieder. Und 136 Frauen aus diesen Gruppen waren in die Dorf- und Landkreisparlamente gewählt worden!

Soziale Waldwirtschaft ist „Arbeit mit menschlichem Gesicht", sie ist den Bauern vertraut und reißt sie nicht abrupt aus ihrem Lebenszusammenhang wie z.B. das mechanische, monotone und stumpfsinnige Dasein in indischen Fabri-

---

[117] Abram David, The wild Ethics or Reciprocity, in: Forests, Trees and People, Newsletter 46, September 2002, Uppsala, 68.

ken. Sie ist auch keine Supertechnologie. Und sie ermöglicht einen sanften Übergang von gewohnter Selbstversorgungswirtschaft hin zur Auseinandersetzung mit marktwirtschaftlichen Methoden und Praktiken. Soziale Waldwirtschaft ist eine Arbeit – um es in den Worten von E.F. Schumacher auszudrücken –, „die dem Menschen Gelegenheit gibt, seine Talente zu nutzen und weiterzuentwickeln, die ihm hilft, seinen Egoismus zu überwinden, indem er zusammen mit anderen an einer gemeinsamen Aufgabe arbeitet und die die Produkte und Dienstleistungen hervorbringt, welche zum Leben notwendig sind … Und es geht dabei nicht nur um Einkommen und Kosten, sondern auch um die Beziehung von Mensch zur Natur, um die Lebensumstände der Gemeinschaft, die Gesundheit, das Glück und die Zufriedenheit des Menschen und um die Schönheit seiner Umgebung."[118] Wie viel Gutes hätte in den anderen Landkreisen erreicht werden können! Die GTZ schrieb in ihrer Zeitschrift „Akzente" über das Churia-Projekt, dass hier der „Code zum grünen Tresor" gefunden worden wäre.[119] Doch die GTZ durfte den Code nicht weiter nutzen und den erkannten und erprobten Weg zur Armutsbekämpfung im Churiagebiet nicht weiter beschreiten.

Das Ministerium nannte als Grund für seine Entscheidung: „In keinem anderen Projekt der staatlichen Entwicklungszusammenarbeit fehlt der deutschen Seite so sehr die notwendige Unterstützung durch die nepalesische Partnerseite wie bei Churia." Diese Begründung konnten wir nicht nachvollziehen: Wie waren denn die über 300 Unterschriften der nepalischen Forstbeamten unter die Verträge mit den Nutzergruppen gelangt? Wieso nimmt unser Ministerium nicht diesen Teil der Forstverwaltung zum Maßstab, sondern den bremsenden? Wieso baut es nicht auf die nachrückenden, in sozialer Forstwirtschaft ausgebildeten jungen Forstbeamten und damit auf die Zukunft? Wieso wird der Partnerbegriff des deutschen Ministeriums so eng ausgelegt und umfasst hier nur den staatlichen Träger und nicht auch die vielen Nutzergruppen und ihre Verbände? Wieso unterstützt es nicht weiter die in der ganzen Welt gepriesene nepalische Forstgesetzgebung und verhilft ihr zu breiter Umsetzung im Churia- und Teraigebiet? Mit Ungeduld, Kurzatmigkeit und gar mit Feindbildern im Kopf kann man nichts aufbauen.

Das Ministerium argumentierte auch, man wolle Schwerpunkte in der Entwicklungszusammenarbeit mit Nepal setzen, man werde die Zivilgesellschaft zur Stärkung der demokratischen Entwicklung, das Gesundheitswesen und den Energiesektor fördern und nannte zu letzterem Kleinkraftwerke, Biogasanlagen

---

[118] Schumacher, Small is beautiful, 39 und 89.
[119] Gesellschaft für Technische Zusammenarbeit, Akzente: Code zum grünen Tresor, in: Akzente. Aus der Arbeit der GTZ, 1/2006, Eschborn, 36.

und Solartechnologie. Wir fragten uns: Gehört denn Brennholzproduktion nicht zum Energiesektor? Und wir fragten uns: Warum beklagt man, dass in der nepalischen Administration Stetigkeit bei Entwicklungsprogrammen fehle, da mit den häufigen Ministerwechseln personelle Umgruppicrungen vorgenommen werden und so mühsam erworbenes Wissen verloren geht, und lässt selbst Stetigkeit vermissen? Ein nepalischer Kritiker schreibt dazu: „Die destabilisierte Exekutive hat kaum eine Chance, Kontinuität zu wahren und die damit verbundene Möglichkeit zu nutzen, mit den Gebern zu verhandeln. Mandat und Prioritäten der Geber in Nepal scheinen sich ständig zu ändern, unabhängig von Nepals Bedürfnissen und Prioritäten."[120] Wird mit neuen *approaches*, *systems*, *set-ups*, *frameworks* experimentiert, als wäre Nepal ein Versuchslabor? Hat ein Berater der nepalischen Regierung nicht recht, der 1992 schrieb: „Anstatt die Entfaltung autochthoner Managementsysteme zuzulassen, planen Experten der ganzen Welt die ‚Entwicklung' Nepals"[121]?

Vielen Projektmitarbeitern standen Tränen bei der Abschieds-„Feier" in den Augen, Tränen in großen, braunen, ungläubig blickenden Augen … Bis zuletzt war das Personal zusammengeblieben in der Hoffnung, es würde vielleicht doch noch weitergehen. Ich dachte an die Gespräche mit dem verzweifelten Richard im Teashop von Tumlingtar vor über zwanzig Jahren (s. Kap. „Im Teashop") – große Konferenzen, große Konzepte, Versuche, die „Rahmenbedingungen" zu verbessern, alles gut und schön, doch wo bleiben „Erdung", „Bodenhaftung", Stetigkeit und das Ernstnehmen lokaler Bedürfnisse und gewachsener Managementsysteme?

Dieses Kapitel hatte ich im Jahr 2008 geschrieben. Am 4.9.2010 berichtete die Himalayan Times von großen Strömen geschmuggelten Holzes aus den Distrikten Udayapur und Siraha in lokale Sägereien, nach Kathmandu und andere Städte. Die Zeitung zitierte den Vorsitzenden der Lalpur-Nutzergruppe: „Die Abholzung erfolgte, nachdem das GTZ-Projekt beendet war" – ein deutlicher Beweis, dass die Beratungs- und Überzeugungsarbeit des Projekts noch nicht tief genug verankert war und Kontrollmechanismen und -instanzen noch nicht im erforderlichen Maße funktionierten.

Am 15.3.2014 berichtete die nepalische Nachrichtenagentur über akute Wasserknappheit wegen „Wüstenbildung" (*desertification*) im nördlichen Teil des Siraha-Landkreises. Am stärksten betroffen sei das Gemeindegebiet von

---

[120] Chapagain Devendra P., Land and Agriculture. Status Review and Dialogue, Kathmandu 2004, 6-7.
[121] Somlai Ivan Gyozo, Fancy Footwork: Entrapment in and coping with the Nepali Management Model, 2. Aufl., Kathmandu 1993, 14, 19.

Lalpur. Natürliche Quellen, 100 Handpumpen und vier artesische Brunnen gäben kein Wasser mehr, sodass eine teure Brunnenbohrung bis in die ungewöhnliche Tiefe von 33 Metern niedergebracht werden musste, um den gesunkenen Grundwasserspiegel zu erreichen.

Im Herbst 2011 gab die Gesellschaft für Internationale Zusammenarbeit (GIZ, zu der jetzt die frühere GTZ gehört) eine „ex post-Kurzevaluierung" des Projekts in Auftrag. Die Gutachterin schreibt: „Die Kritik der (interviewten) CFUGs (*community forestry user groups*) bezüglich des ChFDP und der GTZ war äußerst positiv. Der einzige Kritikpunkt der CFUGs war, dass sie sich zum Zeitpunkt des Projektendes noch nicht in der Lage sahen, bereits Verantwortung für eine selbständige und nachhaltige Waldbewirtschaftung zu übernehmen."[122] Der Projektleiter, welcher das ChFDP vorzeitig beenden musste und danach in anderer Funktion wieder im Forstsektor in Nepal tätig war, kommentierte: „Späte Einsichten (auf deutscher Seite) … aber immerhin. Taten werden wohl nicht folgen … Insgesamt weht hier, auch im Forest Department ein frischer Wind … mit einigen jüngeren, sehr fähigen Förstern, die mit Community Forestry groß geworden sind … Das hat die alten Fronten aufgeweicht."[123] Ja, hätte man nur längeren Atem gehabt! „Nach wie vor denke ich (der ehemalige Projektleiter), dass wir zu früh das Feld geräumt haben. Wir hatten die CFUGs darin unterstützt, ihre Wälder zu schützen. Hätten wir auch noch Gelegenheit bekommen, sie gemeinsam mit den Gruppen erfolgreich zu nutzen, hätte dies enorme Signalwirkung gehabt."[124] Eine große Gelegenheit, die Armut im Projektgebiet und in den benachbarten Landkreisen mit den Kräften der Betroffenen zu lindern, war vertan. Der Aufbruch zu neuer Balance war gelungen, ihre dauerhafte Sicherung aber nicht.

Neun Jahre nach der vorzeitigen Beendigung des Projektes war unter nepalnews.com vom 5.1.2015 zu lesen: „Im Juni/Juli 2014 wurde ein staatliches Churia Schutz- und Entwicklungskomitee gegründet. Am 4.1.2015 trafen sich 90 Parlamentarier aus der Churia-Region mit Offiziellen des Forstministeriums und forderten detaillierte Feldstudien, Maßnahmen zum Schutz der Churiawälder und konkrete, strukturelle, direkte Partizipation der Bevölkerung." – Wie oft muss das Rad neu erfunden werden …?

---

[122] Loran Christin, Kurzevaluierung des Churia Forest Development Project, Nepal, Manus., 2011, 9.
[123] Statz Jochen, e-mail 17.11.2011.
[124] Statz Jochen, e-mail 30.4.2012.

Hoffnung

Es stritten in mir die Enttäuschung mit der Zuversicht, dass sich die Nutzer-gruppen ihre Rechte nicht mehr nehmen lassen würden, ferner dass sich die Projekterfolge herumsprechen und die Menschen in den anderen Regionen des Churia-Rückens anspornen würden, ihr gesetzlich verbrieftes Recht auf Wald-nutzung und -pflege einzufordern, auch ohne ausländische Hilfe. Ohne Ver-mittlung und Ausbildung, wie das Projekt sie geleistet hatte, wird das aber län-ger dauern, die entwaldeten Flächen werden länger nackt bleiben, viele Arme werden länger leiden und ungeduldigen, gewaltbereiten radikalen Erneuerern werden Gründe für ihr Vorgehen geliefert.

Millionen Arme leben östlich und westlich des Projektgebietes. Auch sie hängen ab von den zerstörerischen und Leben spendenden Siwaliks, dem Berg-rücken des Gottes Shiva. Es ist zu wünschen, dass auch ihnen der Aufbruch zu neuer Balance gelingen und sie von Dauer sein möge.

Der übertroffene Alptraum

(1979, 1980, 2006, 2007)

„ Wir Nepali folgen diesem Weg noch in der umgekehrten Richtung. "

Kedar Mathema

Vielfalt in Schönheit

Gäbe es eine Liste der schönsten Regionen dieser Erde, das Annapurna-Gebiet gehörte wohl zu den „Top 100". Im Jahre 2007 erlebte ich zum vierten Mal dieses Wunder der Natur und sah staunend wieder den kulturellen Reichtum und die wirtschaftlichen Methoden und Techniken, welche die dort lebenden Menschen im Laufe der Jahrhunderte entwickelt haben. Man muss das sehen, hören, riechen, Kälte, Hitze, Wind, Schnee und Regen spüren, die Tage und Nächte in Gemeinschaft mit Menschen, Tieren, Pflanzen, Feldern, Wäldern, Gletschern und Bergen erfahren und vor allem, man muss es sich erwandern. Nur ein Dichtergenie kann dieser Schönheit und Vielfalt beschreibend gerecht werden. Mir bleibt nur eine nüchterne Aufzählung:
- Die ungebändigten Flüsse und Bäche, die dunklen Schluchten und weiten Talböden, die Vegetation, welche von Süden nach Norden, von den tieferen zu den höheren Regionen sich wandelnd die Täler in reicher Vielfalt schmückt.
- Der zurückgekehrte Wald auf den weiten Flächen zwischen Ghorapani und der Kaligandaki und im geräumigen oberen Tal der Marsyangdi, der zeigt, was gute Gesetzgebung ermöglicht, welche die Bedürfnisse der Menschen berücksichtigt und ihre Bereitschaft, selbstverantwortlich zu handeln, ernst nimmt: Das an Kleingruppen und Dorfgemeinschaften erteilte Recht, die umliegenden Wälder zu bewirtschaften, hat die Natur zurückgebracht und die Bodenerosion deutlich verringert.
- Der vom Poon Hill oberhalb von Ghorapani fast gewalttätig wirkende Rie-

senklotz des Dhaulagiri, der aber liebevoll seine mächtigen Arme, den Churen- und den Tukuche-Himal, ausbreitet, die tausende Meter tiefer liegenden Dörfer und Felder schützend umfängt und mit nie versiegendem Gletscherwasser versorgt. Im Norden die Annapurna mit „ihren Kindern", den Sechs- und Siebentausendern, alle im blendend weißen Gewand – eine fast überirdisch wirkende Kulisse oberhalb der lichtdurchfluteten Landschaft.

- Inmitten von alledem die Menschen unterschiedlicher Stämme und Kasten. Sie haben verschiedene Hausformen für die jeweiligen Klimazonen entwickelt und für die Aufgaben, denen ihre Häuser dienen müssen: der Unterkunft, auch für Reisende, und dem Lagern von Gütern aus landwirtschaftlichem Erwerb und Handel. Man trifft Hirten mit ihren Büffeln, Schafen und Ziegen, man sieht Männer, die Futterbäume schneiteln, Bewässerungskanäle graben und instand setzen, die pflügen und säen, Frauen, die Trinkwasser, Brennholz, Laub und Stroh tragen und auf den Feldern pflanzen, jäten und ernten, Familien, die mit Ochsen und Flegeln dreschen, im Winde worfeln und das Getreide auf Bambusmatten zum Trocknen auslegen. Und man wird Zeuge, wie die Menschen Entspannung und Muße finden und Feste feiern, wie sie an Quellen, Flussufern, Bäumen, in Hainen, an Götterstatuen und in Tempeln opfern und beten und wie sie Riten verrichten bei Geburt, Hochzeit, Krankheit und Tod.

- Auf Schritt und Tritt begegnet man Mulikarawanen, die an „alte Zeiten" erinnern, als das Tal der Kaligandaki eine der Hauptverbindungen für den Handel zwischen Tibet und Indien war, bis China 1959 die Grenze schloss und nur noch einen kleinen Grenzverkehr zuließ. Bis heute versorgen die Karawanen mit tausenden von Tieren zuverlässig die Orte des Kaligandaki- und Marsyangdi-Tals mit allem Lebensnotwendigen und sichern vielen Besitzern und Treibern ihre Arbeitsplätze.

- Und dann Marpha, der wohl liebenswürdigste Ort auf der Westseite der Annapurna, mit seinen sorgfältig gemauerten Häusern, die eng beieinander stehen und sich schützen gegen den Staub treibenden Wind, der täglich mittags von Süden herauf bläst. Weiß getüncht sind die meisten und erinnern an Orte auf griechischen Inseln. Die Begleitumstände fortschreitender Zeit haben dem Städtchen nicht viel anhaben können, was den konservativen und gleichzeitig in die Zukunft blickenden Bewohnern zu verdanken ist: Sie haben den Charakter der Handels- und Bauernstadt bewahrt, aber sich auf die neue Zeit nach der Grenzschließung eingestellt. Die Gebäude mit Arbeitsbereichen in den geschützten Innenhöfen und auf den Flachdächern dienen nicht mehr nur den Erfordernissen von Handel und Landwirtschaft sondern auch denen des Tourismus. Der Ort verfügt über Läden, Teestuben, Restaurants, kleine Hotels mit blumengeschmückten Gärten, wo es der Platz zulässt, und über ein Postamt – neuer Wein in alten Schläuchen.

- Und schließlich Muktinath, dieser Ort, den jährlich tausende Nepali und Inder besuchen und von dem Millionen voller Sehnsucht träumen. Von alters her ist er einer der wichtigsten Pilgerstätten auf dem Subkontinent.

„Die Sonne ist im Osten aufgegangen,
Die Wärme spendende Sonne scheint.
Die Sonnenstrahlen ruhen auf diesem heiligen Ort.
Hier auf der Lotus-Blüte liegt der große heilige Platz
Der einhundertundacht Quellen.
Wenn du hier Opfergaben darbringst,
Wirst du im nächsten Leben nicht in niedrigen Wesen wiedergeboren.
Wenn du hier heiliges Wasser opferst,
Dann wirst du sicher in der nächsten Welt reisen. "[125]

Mit diesem Gesang wird der heilige Platz verehrt. Muktinath heißt „Herr der Befreiung", denn hier empfangen die meditierenden Pilger, nachdem sie sich im Wasser der 108 Quellen gewaschen haben, vom Priester des Tempels den Segen Vishnus, des Befreiers, Retters und Erhalters. Der Tempel mit seinen drei Dächern wirkt exotisch, so als wäre er aus dem Kathmandutal durch magische Kräfte in diese Gegend geflogen, in der doch die Flachdacharchitektur vorherrscht. Im Innern wird Vishnu durch einen schwarzen Ammoniten symbolisiert. Das Fossil mit der spiralen Prägung ähnelt der heiligen Wurfscheibe (*chakra*), einer der Waffen Vishnus, mit denen er das Böse besiegt. In einiger Entfernung steht ein einfaches Gebäude. Für Buddhisten ist es das wichtigste in Muktinath. Aus einem Spalt im Boden leuchtet der Schein einer Flamme und man hört das Plätschern von Wasser – Erde, Wasser, Feuer, Luft – die vier Elemente in Eintracht. Die Hindus verehren den Platz als Manifestation der Schöpferkraft Brahmas. Außerdem beten sie in Muktinath zu Lakshmi, der Glücksgöttin, und zu Saraswati, der Göttin der Kunst und Gelehrsamkeit. Buddhisten verehren Vishnu als Bodhisattva Avalokitesvara, den Herrn der Liebe und Weisheit, und die Fußspuren Padmasambhavas, der den Buddhismus in Tibet verbreitete.
- Dann der 5400 Meter hohe Übergang ins Marsyangdital, der Thorong La, eingebettet zwischen zwei Sechstausendern. Etwas südlich davon die einsamen Mesokantopässe über dem Tilichosee, in dem die Gletscher des Nilgiri und der Grand Barriere zur Ruhe kommen und vergehen.

---

[125] Ramble Charles, Dasain at Muktinath, in: Shangri-La. Royal Nepal Airlines Inflight Magazine, Vol. 4, No. 4, 1993, 17. Es ist eine Kurzfassung des Originaltextes. Vgl. Snellgrove David, Places of Pilgrimage in Thag (Thakkhola), in: Kailash. A Journal of Himalayan Studies, Vol. 7, No. 2, 1979, Kathmandu, 106-111.

- An den Südhängen der Chulu- und Pisangberge Manang, Ngawal, Gyaru, Pisang und die anderen Orte, im Frühling umgeben vom Schmuck vielfarbiger Blumenwiesen, im Sommer in frischem Grün und rosa blühenden Buchweizenfeldern ruhend und im Herbst und Winter überflutet vom Licht des vergletscherten Prachtwalls der Annapurnagipfel gegenüber.
- Im Osten dann die wilde Schlucht, welche die Marsyangdi im Lauf der Jahrtausende gegraben hat. Durch sie tosen die Schmelzwasser der Annapurna-, Chulu- und Manaslu-Gletscher, selbst im Herbst und Winter mit Urgewalt. Im Sommer wagen sich nur wenige Touristen in diesen gefährlichen Spalt des Himalaya. Marsyangdi, die „Grantige", tobt dann so unbändig, dass man das Rollen großer Felsbrocken im Flussbett deutlich hört und das Zittern der Seitenwände spürt, die das wilde Geschehen aufnehmen.
- *Mani*-Mauern, *chörten* an Ein- und Ausgängen der Siedlungen und *mantras* (s. „Glossar"), in besonders schöne Felsen gemeißelt, zeugen von der Demut der Bewohner und ihrem Schutzbedürfnis. Sie wissen es: Wer in den Bergen lebt, muss einen Pakt mit ihnen schließen. Der Mensch hat ihren Kräften nur wenig entgegenzusetzen.
- Die in die Landschaft eingefügte kleine Infrastruktur von Pfaden, Sommer- und Winterwegen, Auf- und Abstiegen, Treppen, Holz- und Stahlseilbrücken. Sie folgt den geologischen Gegebenheiten und unterwirft sich diese nicht, wie das beim Bau von großen Straßen und Autobrücken meist geschieht.
- Die vielen Pilger und Touristen, die trotz der Anstrengungen die große Fußreise unternehmen. Sie wandern mit glücklichem Gesicht, weil sie in ursprünglicher Landschaft eine ursprüngliche Tätigkeit, das Gehen, für einige Wochen ausüben. Der Fußweg fördert Sammlung, Nachdenken und Meditation.

Der weit gereiste Forscher und Schriftsteller Herbert Tichy nannte die Gegend nördlich der Annapurna „die vielleicht schönste Landschaft der Welt"[126].

Die Harpune

Friedlich dahin schwimmende Wale im funkelnden Wasser, die tauchen und sich unterhalten, an die Oberfläche kommen, prustend ihre Lungen entleeren und wieder füllen; spielende Kälber, die voller Lebensfreude höher springen als es zum Luftholen nötig wäre und mit den Flossen übermütig auf die Wasseroberfläche klatschen; die Mütter, sich um die eigene Längsachse drehend und immer wieder ihre Kälber anstupsend; die ganze Gruppe ihr Zusammensein genießend – und da plötzlich: Der Stahl einer Harpune bohrt sich in eines

---

[126] Tichy, Land der namenlosen Berge, 76.

der Tiere und damit ist alles verändert. Die Gruppe stiebt in Panik auseinander, die Freude an einem Sonnentag weicht dem Entsetzen und Leben endet in einer riesigen Blutlache.

Dieses Bild kam mir in den Sinn, als ich im Herbst 2006 und im Frühsommer 2007 sah, wie Straßenbau auf beiden Seiten der Annapurnarunde in das seit Jahrhunderten gewachsene Gefüge von Wohnen, Wirtschaften und Handeltreiben stößt. Ein System wird harpuniert. Es ist vorherzusehen, dass die Mehrheit der Thakali, Panchgaunle und Baragaunle im Gandakital und der Manangba[127] auf der Marsyangdiseite wieder einmal schwierigen Zeiten entgegengehen wird. Man muss keine hellseherische Begabung haben, um vorauszusagen, dass die Straße ihnen mehr Schaden als Nutzen bringen wird.

Systeme des Überlebens

Die Menschen in den beiden großen Tälern waren klug genug, ihre Existenz nicht nur von einer Einkommensquelle abhängig zu machen. Landwirtschaft war und ist die Grundlage ihrer Selbstversorgung. Da aber trotz angepasster Bewirtschaftung und aufwendiger Bewässerungssysteme die Böden in dieser semiariden Zone nicht genügend hervorbringen, stellte die Bevölkerung ihr wirtschaftliches Tun auf ein zweites Bein, den Handel.

Trotz seiner gewaltigen Ausmaße bildete der Himalaya keine trennende Barriere zwischen Tibet und dem nepalischen Mittelland bzw. Indien. Hohe Pässe wie der Nangpa La westlich des Everest und der Gya La nördlich des Manaslu oder Flussläufe wie der Arun östlich des Makalu und die Kaligandaki sind wie Brücken zwischen Tibet und Nepal. Im Tal der Kaligandaki verläuft eine verhältnismäßig leicht zu begehende Route, und so kam es, dass sie vor allem von den dort ansässigen Thakali als Handelsweg genutzt wurde. Sie brachten Salz, Wolle, Schafe und Ziegen aus Tibet in den Süden und von dort vor allem Weizen, Gerste und Reis, aber auch Zucker, Tee, Gewürze, Baumwollbekleidung, Tabak, Zigaretten, Papier, Rasierklingen und Batterien nach Tibet. Tausende von Mulis und Pferden dienten als Packtiere. Mitte des letzten Jahrhunderts gab es kaum einen Thakali-Haushalt, der nicht am Salzhandel teilhatte, und so war das Einkommen weit gestreut.[128] Doch das änderte sich, nachdem eine Straße aus dem Süden Nepals bis nach Pokhara im nepalischen Mittelland fertig gestellt

---

[127] Die verbreitete Bezeichnung „Manangba" ist eigentlich falsch. Die Leute im oberen Marsyangdital nennen sich Nyeshangba. Dazu Snellgrove David, Himalayan Pilgrimage, A Study of Tibetan Religion, Boulder 1981, 204 ff. und Bista, People of Nepal, 189 ff.

[128] Dazu Fürer-Haimendorf Christoph, Himalayan Traders. Life in Highland Nepal, London 1975, 132-222.

worden war und billigeres indisches Salz in großen Mengen auf die Märkte gelangte. Der Handel mit Tibet kam fast völlig zum Erliegen, als die Chinesen 1959 nach der Besetzung Tibets die Grenze zu Nepal schlossen. Toni Hagen schrieb 1960: „Katastrophal sind die Folgen für die Salzhändler in den nördlichsten Tälern, für die Sherpa, die Thakali und die Bhotiya von Mustang … sie sehen sich nun mit einem Male Schwierigkeiten und Problemen gegenüber, die … ihr Leben bis in die tiefsten Tiefen erschüttern."[129]

Auch für die Manangba nördlich der Annapurnakette war der Handel lebensnotwendige Ergänzung zur Landwirtschaft. Von ihr allein konnten sie nicht leben. Das Schwemmland entlang des oberen Marsyangditals ist nicht besonders fruchtbar, und die Regenfälle hinter der Annapurnamauer sind unergiebig. In kultureller Hinsicht sind die Manangba stark nach Tibet orientiert. Im 13. und 14. Jahrhundert gehörten sie wahrscheinlich auch politisch zu Tibet. Wohl um sie an den nepalischen Staat zu binden, erhielten sie von der Regierung Handelsprivilegien, die immer wieder erneuert wurden.[130] Dafür musste eine Pauschalsumme entrichtet werden als Symbol der Loyalität zur Krone. Die Privilegien umfassten zunächst das Recht auf freien Handel innerhalb des nepalischen Staatsgebietes und seit 1905 auf zollfreie Importe nach Nepal. Zunächst nutzten die Händler die Winterszeit, während der es in der Landwirtschaft weniger zu tun gab, und besuchten die großen indischen Märkte in der Gangesebene. Über Calcutta weiteten sie ihre Beziehungen nach Assam und Burma aus. Nicht wenige erhielten indische und burmesische Pässe und wurden in Indien und Burma wohnhaft. Schließlich wandten sich so manche Handeltreibende sogar den großen Metropolen Bangkok, Singapur, Kuala Lumpur, Phnom-Penh, Vientiane und Hongkong zu und führten eine große Anzahl von Gütern, besonders Uhren, Kameras, Radioapparate, Elektroartikel, Kosmetika, Porzellanwaren und Kleidung in Nepal ein.

Über die offene Grenze fanden viele Artikel ihren Weg nach Indien. Kathmandu wurde „das zweite Hongkong" genannt. Eine Minderheit wurde reich durch Schmuggel von Gold, Opium, Rhinocerushörnern und Bauchspeicheldrüsen von Bären. Als die Regierung 1976 und 1978 den Manangba ihre Handelsprivilegien entzog, traf das weniger diejenigen, welche ihr Kapital bereits in Immobilien, vor allem in Kathmandu, investiert hatten, sondern besonders jene, die ihr landwirtschaftliches Einkommen durch Handel ergänzen mussten.

---

[129] Hagen, Nepal. Königreich im Himalaya, 128.
[130] Dazu Spengen Wim van, The Nyeshangba of Manang: Geographical Perspectives on the Rise of a Nepalese Trading Community, in: Kailash. A Journal of Himalayan Studies, Vol. 13, No. 3-4, 1987, Kathmandu; Gurung Nareshwar Jang, An Introduction to the socio-economic Structure of Manang District, in: Kailash. A Journal of Himalayan Studies, Vol. 4, No. 3, 1976, Kathmandu; Gurung Harka Bahadur, Vignettes of Nepal, Kathmandu 1980.

Für sie war der Verlust an Handelsprivilegien ein ähnlicher Schlag wie Chinas Grenzschließung für die Salzhändler auf der Kaligandakiseite (s. auch Kap. „Dolpo – Leben im Grenzbereich"). Erschwerend kam für die Manangba hinzu, dass sich seit 1960 viele ihrer Landsleute in Kathmandu und Pokhara ansiedelten, von wo sie ihre Geschäfte betrieben. Deshalb fehlten zuhause Arbeitskräfte, um die traditionellen Gemeinschaftsaufgaben wahrzunehmen, wie das allgemeine Weidemanagement und die Pflege der Bewässerungssysteme, der Wege und Brücken. Die landwirtschaftlichen Erträge gingen zurück, und somit war auch diese Säule weniger tragfähig geworden.

Als 1977 die nepalische Regierung den Manangdistrikt für den Trekkingtourismus öffnete und sich somit die Möglichkeit ergab, die Marsyangdi- und Kaligandakiroute zu verbinden, kamen Touristen in jährlich wachsender Anzahl in die beiden Täler. Der Trek entwickelte sich zum beliebtesten in ganz Nepal. In manchen Jahren unternahmen ihn über 60.000 Touristen. Die Einheimischen nutzten die neue wirtschaftliche Chance und stellten Infrastruktur und Dienstleistungen zur Verfügung: kleine Hotels, Teashops, Läden, gepflegte Pfade, Träger, Mulis, Pferde und Grundnahrungsmittel bis hin zu allen Getränken. Nach den Einbrüchen im Handel und dem Niedergang der Landwirtschaft entwickelte sich innerhalb von 20 Jahren eine neue Balance. Der Trekking- und Bergtourismus ergänzte das Einkommen aus Landwirtschaft und Handel. Für viele Menschen erübrigte sich die saisonale oder dauerhafte Abwanderung.

Neben den Touristen halten sich jährlich Tausende von Pilgern in dem Gebiet auf, besonders auf der Kaligandakiseite. Ziel ihrer Reise ist Muktinath. Der Ort galt schon vor über 2000 Jahren als heilige Stätte und ist erwähnt im Mahabharata Epos (300 v. Chr.) und in den Puranas (300-1000 n. Chr.). Er ist einer der bedeutendsten Pilgerorte der Region, von gleichem Rang wie Kedarnath, Badrinath, Amarnath, der Berg Kailash und der Manasarowar-See. Zu Muktinath im weiteren Sinn gehören auch die Schreine entlang des Wegs, den die meisten Pilger nehmen, wie. z.B. Deoghat, Ridi, Galeshwar und Kagbeni. Diese Schreine haben ihre eigene spirituelle Energie, gehören aber zum großen Kraftzentrum Muktinath. An solchen Plätzen, die meist am Zusammenfluss von Bächen mit der Kaligandaki liegen, unterbrechen die Pilger ihre Wanderung, um Verehrung darzubringen. „Jeder Halt wird empfunden als Verbindung ... zwischen Erde und Himmel, Mensch und Gott, dem Weltlichen und dem Heiligen, als Zurücklassen des Profanen und Hinstreben zur heiligen Welt Muktinath. Jeder Halt ist eine Schwelle, die der Pilger überschreiten muss, um zum Höhepunkt der Verehrung zu gelangen."[131]

---

[131] Messerschmidt Donald, The Hindu Pilgrimage to Muktinath. Nepal, in: Mountain Research and Development, Vol. 9, No. 2, 1989, Kathmandu, 90.

Die Schwierigkeiten des Weges werden als Buße hingenommen und als Gelegenheit, sich in Geduld zu üben. Ein Pilger sagte: „Auf dem Weg nach Muktinath werden wir den feuchten Wald, den Sturm und die wilden Bäche erdulden. Leute, die so weit vorankommen und dies ertragen, sind glücklich zu nennen, denn nur sie werden all die Schönheit sehen können. Gott Krishna und Gott Rama lebten im Wald, wo sie Ruhe und Zufriedenheit fanden. Sie und andere Heilige, die Zeit im Wald verbrachten, haben uns den Weg zu Frieden und Gelassenheit gezeigt. Sie haben uns gezeigt, wie man Reinheit erreichen kann, indem man all die Beschwernisse des Weges auf sich nimmt. Was ist unser Auftrag als Menschen? Wenn du auf diese Art und Weise reist, dann werden deine Seele lauter, dein Körper rein, dein Geist ruhig, deine Worte aufrichtig und dein Urteilsvermögen klar werden."[132]

Im Oktober 2006 erlebte das Kaligandakital eine besondere Respektlosigkeit: Die Organisation „Bikers Nepal" organisierte ein „Off Road Adventure" und ließ das Ereignis von „Royal Graphic Printers" finanzieren. Auf kurzen fertig gestellten Straßenstücken, meist aber auf den uralten Pfaden, die Pilgern dienen und Dörfer verbinden, wurde mit Motorrädern das ganze Gandaki-Tal hinauf bis Muktinath und zurück gefahren, gesprungen, gelärmt und gestunken. Als ich das erfuhr, kam mir der dumm-arrogante Spruch eines bayerischen Sportreporters in den Sinn, der die Afrika-Rallyes wegen des „edelmetallenen Klangs des Marketing" so toll fand, trotz der aufgeschreckten Dorfbewohner und der jährlich niedergefahrenen Menschen und Tiere.

Zerreißendes Sicherheitsnetz

Wenn die Straße von Kusma über Baglung und Beni bis hinauf nach Muktinath fertig gestellt sein wird, werden dann die Busse und Jeeps an den alten Schreinen und Tempeln am Weg anhalten und jedem die Zeit, die er zur Verehrung benötigt, gewähren? Wie wird es möglich sein, den „feuchten Wald, den Sturm und die wilden Bäche" zu erleben vor dem grandiosen Rahmen der Sieben- und Achttausender? Werden im Lärm der Fahrzeuge, im Gestank des Kraftstoffs und im Staub der Straße Meditation, Selbstreflexion und besinnliches Wandern ebenso möglich sein wie bisher?

Die Straße wird für die meisten Bewohner auch wirtschaftliche Nachteile bringen. Der neue Tourismus mit Bussen, Jeeps und Lastkraftwagen wird eini-

---

[132] Ebd., 106. Zur Bedeutung des oberen Gandakitales als „sacred landscape" s. Ehrhard Franz-Karl, Pilgrims in Search of Sacred Lands, in: Gutschow Niels u.a., Sacred Landscape of the Himalaya, Wien 2003, 95-110.

ge wenige Zentren entstehen lassen mit größeren Hotels und Geschäften in Beni, Jomosom, Muktinath, Besisahar, Chame und Manang. Dort wird das Geld dann ausgegeben und nicht mehr durch die wandernden Pilger und Touristen in den vielen Teestuben, kleinen Lodges, Hotels und Geschäften am Weg und in den Dörfern. Der nepalische Tourismusexperte Sudarshan Pradhan gibt zu bedenken, dass in der gesamten Region ca. 5000 Beschäftigte in rund 1000 Lodges und kleinen Hotels betroffen sind. Sie, die Karawanenführer, Träger, Pferde- und Mulibesitzer, welche die Bewohner, Touristen und Pilger in beiden Tälern bisher vorbildlich versorgten mit dem, was nicht vor Ort produziert werden kann, werden ihre Arbeit verlieren.[133] Die Einnahmen der Bauern, die Gras und Heu verkaufen und Übernachtungsplätze für Packpferde und Muli vermieten, werden wegfallen. Der wertvolle Dung der Tiere wird für die Felder fehlen. Viele „Transportarbeiter" werden ihr Einkommen verlieren und anderswo Arbeit suchen müssen. Es ist zu befürchten, dass damit die Zahl verlassener Frauen und Kinder ansteigen wird.

Die Bewohner beider Täler haben sich über Jahrhunderte hinweg Sicherheitsnetze gewoben – zunächst Landwirtschaft und Handel, dann Landwirtschaft in Verbindung mit Tourismus –, die das Überleben ermöglichten. Wenn nun der Trekkingtourismus stark zurückgeht und die Pilger sich nur noch auf einige wenige Orte konzentrieren, wird es dann der breiten Bevölkerung gelingen, ein drittes Mal eine Ergänzung zur Landwirtschaft zu finden, welche allein die Menschen nicht ernähren kann? Haben sich die Verantwortlichen für den Straßenbau darüber Gedanken gemacht?

Versagen

Was den Straßenbau betrifft, haben viele versagt:

- Die lokalen Komitees, die mit der Planung und Durchführung von Maßnahmen im Naturschutzgebiet betraut sind. Ihr Selbstbewusstsein scheint noch nicht so stark entwickelt zu sein, um sich einer im mächtigen Kathmandu getroffenen Entscheidung zu widersetzen. Oder befürworten sie gar selbst den Straßenbau in der Erwartung, dass dadurch „alles besser wird"?
- Das Annapurna Conservation Area Project (ACAP). Es soll die natürlichen Ressourcen schützen, die soziale und wirtschaftliche Entwicklung der Bevölke-

---

[133] Dhakal Rup Narayan, Straßenbau behindert Trekking am Annapurna, in: Nepal Information, Nr. 100, 1/2008, 55-56, Bonn. Die Versorgung ohne Straße klappte bisher problemlos auch im Khumbugebiet zu Füßen des Everest.

rung fördern und Tourismus mit möglichst geringen negativen Auswirkungen auf die natürliche, kulturelle und wirtschaftliche Umwelt entwickeln. Die Folgen des Straßenbaus werden es ACAP sehr schwer machen, diese Ziele zu erreichen; ACAP wird vermutlich sich als Reparaturbetrieb um die schlimmsten Auswirkungen kümmern müssen. Hat ACAP gegen diesen monströsen Eingriff Widerstand geleistet?

- Der King Mahendra Trust for Nature Conservation (KMTNC). Er wurde von der nepalischen Regierung 1982 ins Leben gerufen und unterstützt und beaufsichtigt die Maßnahmen von ACAP. Es ist Aufgabe des KMTNC, nachhaltigen Umgang mit den natürlichen Ressourcen zu fördern, um dadurch die Lebensverhältnisse der Bevölkerung zu verbessern. Wieso hat der KMTNC den Straßenbau im Gandaki- und Managgebiet dann hingenommen? Diese mächtige Organisation hätte sich dafür einsetzen können, dass der Flugplatz Humde auf der Manangseite ausgebaut und Jomosom im Kaligandakital öfter angeflogen würde. Das wäre auch wesentlich ökonomischer gewesen als der Bau und Erhalt von Straßen in diesem äußerst schwierigen Gelände.

- Das Department of National Parks and Wildlife Conservation unter dem Forstministerium. Es hat die Aufgabe, Nepals Nationalparks, Conservation Areas, Wildlife Sanctuaries und Hunting Reserves zu verwalten. Grundlage für die Arbeit ist die Gesetzgebung von 1973 und 1974. Demgemäß soll in einer Conservation Area die Natur in ihrem Reichtum bewahrt werden. Der Straßenbau steht im Widerspruch zu Buchstaben und Geist der Gesetzgebung.

- Das Ministry of Culture, Tourism and Aviation. Wieso widersetzte es sich nicht, als es um die Zerstörung des Pilgerpfades nach Muktinath ging?

- Das Kabinett. Nach der Entmachtung des Königs im Jahr 2008 hätten Kabinett und Primeminister genug Selbstbewusstsein und Mut haben können, um sich einem Eingriff mit solchen Auswirkungen zu widersetzen. Doch es fehlte wohl auch an Einsicht. Das viele Geld für Bau und Wartung der durch teils extrem schwieriges Gelände führenden Straßen wäre sicher besser angelegt für den Ausbau des miserablen Schulsystems und die Verbesserung der Gesundheitsversorgung im Land.

- Als vor einiger Zeit in Pakistan hinauf zur Märchenwiese am Fuß des Nanga Parbat eine bequeme Straße gebaut werden sollte, bewirkten weltweite Proteste die Einstellung des Vorhabens, so wie später nepalische und internationale Opposition den Bau der Wasserkraftwerke am Arun verhinderte (s. Kap. „Arun"). Solch solidarischer Widerstand mit Trägern und Besitzern von Tragtieren, mit Trekkingagenturen und Lodgebetreibern wurde nicht organisiert.

Oder ist es so, dass sich Nepal internationalen Interessen und Entscheidungen zu fügen hatte? China hat von Norden bis ins nepalische Lo Manthang am Oberlauf der Kaligandaki ebenfalls eine Straße gebaut. Solche Nord-Südstraßen haben für China den Vorteil, seine Truppen in Tibet aus dem nahe gelegenen Nepal versorgen zu können. Außerdem kann China Indien gegenüber demonstrieren, dass chinesischer Einfluss nicht an der Grenze mit Nepal aufhört.[134]

Und Indien? „Es liegt im Interesse indischer Industrieller ..., in Nepals Märkte einzudringen ... und gleichzeitig durch Handelsverträge sicherzustellen, dass nepalische Konkurrenz minimal bleibt."[135] Um sich eigene Vorteile zu sichern, kommt dem die nepalische Aristokratie mit ihren starken Verbindungen nach Indien immer wieder nach.

Falls „große Politik" hinter dem Straßenprojekt steckt, können Behörden und Nichtregierungsorganisationen argumentieren wie sie wollen, sie sind chancenlos angesichts der nach wie vor zentralistisch funktionierenden Politik. Es wird „oben" entschieden, alle Institutionen haben abzunicken, und die Letzten in der Befehlskette, in diesem Fall Einheiten der Armee, haben den Bau auszuführen (s. auch Kap. „Blutbefleckte Zeigefinger – Zentralismus").

So werden nun Lastkraftwagen Träger und Tragtiere ersetzen; Einkommen wird sich in den Taschen von Großhändlern, LKW- und Großhotelbesitzern konzentrieren; lokale Handwerksprodukte werden nicht mehr konkurrenzfähig gegenüber den billigen indischen und chinesischen Massenwaren sein, die über die Straßen nach Nepal gelangen, und einheimische Handwerkskultur und die damit verbundenen sozialen Beziehungen werden weiter geschwächt werden. Aus Pilgern und Trekkern werden Jeep- und Bustouristen, die im Schnellverfahren die Tour absolvieren, eingepfercht und geschüttelt in den Allradfahrzeugen und betäubt von der indischen Filmmusik aus den Buslautsprechern.

Als ich im Jahre 2007 nach einer Tour durchs nördliche Dolpo wiederum ins Kaligandakital kam, besuchte ich das schöne Museum des Annapurna Area Conservation Project in Jomosom. Die Aufsicht führende Dame bat mich, Eindrücke und Anregungen in das Besucherbuch einzutragen. In sehr verkürzter Form schrieb ich meine Kritik am Straßenbau nieder und füllte eine Seite des Buches. Dabei war es mir zunächst nicht wohl. Hatte ich als Bürger Europas, wo in jedes Alpental eine Straße führt, das Recht dazu? Ich zögerte mit der Niederschrift. Doch dann erinnerte ich mich an unseren Gast während einer der Vollversammlungen des Deutschen Entwicklungsdienstes in Kathmandu. Der Nepali hatte uns Nichtnepali zu konstruktiver Kritik ermuntert (s. Kapitel „Im Teashop") und gesagt: „Im Westen habt ihr einen Punkt erreicht, von dem ihr versucht zurückzukommen. Ihr wendet euch gegen die Verschlechterung der

---

[134] Dazu Bauer Kenneth M., High Frontiers. Dolpo and the changing World of Himalayan Pastoralists, New York 2003, 90.

[135] Blaikie Piers / Cameron John / Seddon David, Nepal in Crisis. Growth and Stagnation at the Periphery, Delhi 1980, 76.

Wohn- und Lebensbedingungen, kurz, gegen die in allen Bereichen stattfindende Dehumanisierung. Ihr versucht, die Straße zurückzugehen, nachdem ihr dort euer Ziel erreicht hattet. Wir Nepali folgen diesem Weg noch in der umgekehrten Richtung, und auf halber Strecke treffen wir auf euch und ihr könnt uns sagen, dass wir dieser Straße nicht bis zum Ende folgen sollen, weil wir dort schreckliche Dinge sehen würden. Ihr fordert uns also auf, schon jetzt mit euch den Rückweg anzutreten. Und wir haben ja tatsächlich viele Quellen, aus denen wir schöpfen können."

Der übertroffene Alptraum

Vom Straßenbau auf beiden Seiten der Annapurna hatte ich vor unserer Wanderung im Jahre 2006 durch einen in Nepal arbeitenden Bekannten erfahren. Auf meinen erstaunt-bestürzten Blick hin und wissend um mein Hobby, das Bergsteigen, meinte er: „Aber die Berge sind ja noch da." Seine Antwort ärgerte mich, denn es ging mir um mehr als nur um die Bewahrung intakter Natur vor technischer Erschließung.

„Aber die Berge sind ja noch da" – die Erinnerung brachte mir einen Alptraum zurück, der mich vor unserer Expedition zum Makalu geplagt hatte: Mir war in diesem Traum die Besteigung des Achttausenders Dhaulagiri gelungen. Als ich am Gipfel ankam, befand ich mich in einem Dorf. Es war unbewohnt, denn wegen der Höhe kann sich hier niemand lange aufhalten. Ich lief durch die Dorfstraße, um auf den allerhöchsten Punkt zu gelangen. Auf ihm befand sich ein großer Holzturm. Ich betrat ihn durch eine Türe und stieg eine lange Treppe hinauf zu einer Plattform. Dort traf ich viele Menschen. Sie waren bequem über die Rückseite des Berges heraufgekommen und zwar durch eine Seilbahn! Vom Schmerz der Empörung erwachte ich.

Eine Seilbahn auf einen der unzähligen hohen Berge des Himalaya, Karakorum oder Hindukush wäre sicher ein schwerer Eingriff, ja gewissermaßen eine Entwürdigung des Berges, dessen in Millionen Jahren gewachsene Spitze mit technischer Hilfe nun ohne eigene Anstrengung erreichbar wäre. Doch die Öffnung einer ganzen Region für motorisierten Verkehr, die Zerschlagung von bewährten Systemen, das Zerreißen von Sicherheitsnetzen, ohne zu wissen, wie sie durch bessere zu ersetzen wären – das übertrifft den Alptraum und ist leider nicht Traum, sondern Wirklichkeit. Lodgebesitzer Bhuwan Gauchan aus Bhurung sagte: „Wir wollen Alternativen. Wenn wir diese nicht bekommen, geht unser Geschäft zugrunde."[136] Über Alternativen hat Kathmandus entwur-

---

[136] Dhakal, Straßenbau, 56.

zelte „Avantgarde" offensichtlich nachgedacht. Was kam dabei heraus? Es wird diskutiert, entlang der beiden Straßen Luxushotels, Golfplätze und Vergnügungsparks anzulegen und Heliskiing, Bungee-Springen und andere Sportarten einzuführen, die allerdings kaum etwas zur Verbesserung der Lebensverhältnisse vor Ort beitragen werden. Warum dann nicht gleich eine Seilbahn, die Kabinen mit Sauerstoffflaschen bestückt, auf den Dhaulagiri oder den Everest? ACAP befürchtet zu Recht, dass diese Art von Tourismus hauptsächlich einzelnen Touranbietern und Luxushotels und nicht der gesamten Region zugute kommen wird: „Für die Mehrheit der Einheimischen werden diese Aktivitäten wenig dazu beitragen, um die Armut einzudämmen."[137] Das stört die Hohenpriester der Entwicklung und des Fortschritts in Kathmandu nicht. Solche Straßen sollen „globalen Tourismus" anziehen, der von „Weltklasseplanern" vorzubereiten ist und der das „ganze Gesicht Nepals" verändern wird. So ein Staatssekretär des Bauministeriums.[138]

Wird das der Würde und den Bedürfnissen der lokalen Bevölkerung gerecht? Ist das die Alternative zu ihrer bisherigen Lebensweise? Kehrt nach all den Konferenzen, Seminaren, Workshops, Vorträgen und Publikationen über sozial- und umweltverträglichen Tourismus das alte Gespenst zurück, der Tourismusentwicklungsplan von 1972? Dort wurde formuliert, dass „alle Maßnahmen nach dem ‚Oberziel Devisengewinnung' und dem ‚Nebenziel Regionale Entwicklung' bewertet werden müssen". Als solche werden genannt „Verkehrserschließung wichtiger Himalayaattraktionen, so dass für den touristischen Konsum nicht zu viel Zeit auf langen Anmarschwegen aufgewendet werden muss" und Ausfuhrerleichterung für alte Kultobjekte; außerdem müsse „aus dem Brauchtumsvorrat eine ständige Attraktion der Tourismusindustrie gemacht werden" einschließlich des Angebots von „exotischem Nightlife Abenteuer"; „Komfort zwischen romantisierter Armut" ist bereitzustellen und deshalb „hat die Tourismusindustrie die Landschaft für die Touristen zu zähmen".[139]

„Die Geschichte winkt jedem zu, aus Fehlern zu lernen."[140] Warum wurde kein Blick über den Zaun geworfen? Von Bhutans sozial- und umweltverträglichem Tourismus hätte man lernen und von der Situation in Himachal Pradesh sich abschrecken lassen können. Dort zeitigte der Straßenbau nach Shimla, Kulu, Manali und Dharamsala „destabilisierende Wirkung" – in kultureller Hinsicht durch Massenansturm von Pilgern und Touristen (Luxushotels, Fast-

---

[137] Zit. nach SPIEGELONLINE 18.08.2008.
[138] Sharma Barati, Surkhet-Jumla Road opens new Vista for Potentials, in: Peoples Review, 26.4.2007, Kathmandu.
[139] Deutsches Wirtschaftswissenschaftliches Institut, Tourismusentwicklungsplan für das Königreich Nepal. Tourismuspolitik Bedeutung und Zielsetzung, München 1972, 32-90.
[140] Panday, Nepal's failed Development, 404.

food Corners, Drive-in-Restaurants usw.) und in ökologischer durch Ausbeutung der Wälder und durch Bergbau.[141]

Was die beiden Täler rund um die Annapurna betrifft, hätte eine souveräne, am Gemeinwohl und nicht an Eigeninteressen orientierte Politik anders ausgesehen. Das Einkommen für breite örtliche Bevölkerungsschichten aus Landwirtschaft, Kleinhandel und Transportdiensten, ergänzt durch einen arbeitsintensiven Pilger- und Trekkingtourismus, wäre weiterhin gesichert gewesen. Der soziokulturelle Reichtum und eine der schönsten Naturschätze der Erde wären wohl auf lange Sicht erhalten geblieben. Motto und Strategie der Weltbank „Entwicklung folgt Straßen" mögen anderswo für andere Gegebenheiten richtig sein, für Mensch und Natur im Gandaki- und Marsyangdital sind sie fatal. Ein Erbe der Menschheit verliert sein Gesicht. Der Autor von „Blutende Berge Nepals"[142] müsste seinem Buch ein weiteres Kapitel hinzufügen. Oftmals ist zu hören, der Straßenbau käme der besseren Gesundheitsversorgung zugute, denn die Kranken erreichten so leichter die Distrikthospitäler. Doch mit einem Bruchteil des Geldes, das der äußerst schwierige Straßenbau und die aufwendige Unterhaltung in dieser Region benötigen, könnten Hospitäler und Healthposts nahe bei den Menschen eingerichtet und ausgestattet werden. Öffentliche Dienste sollten zu den Menschen kommen statt umgekehrt.

P.S. (2014): Der Trekkingtourismus ist deutlich zurückgegangen. Im Internet wird wegen der Straße vor der ehemals so beliebten Rundtour gewarnt. Eine Reihe von Reiseveranstaltern hat das Gebiet aus dem Angebot genommen. Lodgebesitzer kämpfen ums Überleben. ACAP wurde tatsächlich zum Reparaturbetrieb: Auf der Gandakiseite in einiger Entfernung von der Straße wurden neue Trekkingpfade angelegt, die das ästhetische Bedürfnis der Touristen stillen mögen, zur Einkommensstreuung aus dem Trekkingtourismus aber kaum beitragen können.

„Explorationsteams" von Kartenzeichnern und Filmern wurden von Kathmandu ausgesandt, um neue Routen in den Distrikten Dolpo, Humla, Mugu, und in den Regionen um den Manaslu und Kangchendzönga zu erkunden, um den Niedergang des Trekkingtourismus rund um die Annapurna auszugleichen. Das erinnert an einen der Mitarbeiter des Tourismusentwicklungsplans von 1972, der auf einer Fachtagung meinte: „Wenn die Münchner Stadt kaputt ist, dann ziehe ich halt nach Fürstenfeldbruck."

---

[141] Singh Chetan, Road to Riches – Road to Doom, in: Himal, Vol. 5, No. 5, 1992, Kathmandu, 14-15.
[142] Shrestha, Aditya Man – Bleeding Mountains of Nepal. A Story of Corruption, Greed, Misuse of Power and Resources, 2. Aufl., Kathmandu 2000.

Im Entwicklungsplan für den Mustang-Distrikt weisen die Autoren auf die negativen Folgen der Straße durch das Kaligandakital hin: Vermüllung und Lärmbelästigung, Gefährdung der Biodiversität und des kulturellen Erbes.[143] Doch der Entwicklungsplan wurde erst nach dem begonnenen Straßenbau erstellt. Davor schon wurde die Harpune abgefeuert.

---

[143] Bajracharya / Siddharta B., Sustainable Development Plan Mustang (2008-2013), Lalitpur 2008.

Dolpo – Leben im Grenzbereich

(2007, 2009, 2014)

„Außerdem ist es immer gut, nach Shey zu gehen."
Eine Frau aus Dolpo

„Lasst sie ihr eigenes Leben führen,
denn das ist es, was sie am meisten wünschen."
Charles Bell, Tibet Past and Present

Flucht

Dreißig Jahre nach unserer Besteigung des Lhotse 1977 waren einige Expeditionsteilnehmer von damals wieder am Fuß des vierthöchsten Berges der Welt versammelt. Wir hatten uns auch zum Grab von Max Lutz begeben, der im Abstieg vom Gipfel ums Leben gekommen war. An einem Ausläufer des Kala Pattar fand Max seine letzte Ruhe. Ein kleiner *chörten* war über dem Grab errichtet worden. Der Wind trieb feuchten, kalten Nebel vor sich her, der sich in immer länger werdenden Eisnadeln an den Ecken und Kanten ansetzte. Gelegentlich erlaubten die Nebelschwaden den Blick auf die nassen Geröllhalden ringsum und hinunter auf das schmutzige Eis des Khumbu-Gletschers. Die Trostlosigkeit war nicht mehr zu steigern. Nicht nur wegen der Erinnerung an das damalige Unglück hatte mich mein sechster Besuch des Khumbugebietes traurig gestimmt. Der Weg hier herauf hatte vieles von seinem früheren Charme verloren. Dank des Sagarmatha Nationalparks war die Natur zwar intakter als in den Jahrzehnten davor, aber die Orte! So manche ausufernd und hässlich und auch die *gomba* Tengboche war betroffen: Chinesischer Kitsch-Zierrat schmückt nun den Eingangsbereich, und Lodges verstellen den vormals freien Blick auf das Gebäude in seiner einmaligen Lage auf grünem Hügel, umgeben vom Kranz der Himalayaberge. Die Pfade wiesen an vielen Stellen Straßenbreite auf, verursacht durch die unzähligen Tritte von tausenden Touristen und Tragtieren. Die nepalische Regierung hatte ja alle Zügelung des Massenandrangs zu den Bergen aufgegeben.

Nach dieser Tour und der Annapurna-Runde im Jahre 2006 (s. Kap. „Der übertroffene Alptraum") hatte ich genug von der Zeltstadt zu Füßen des Everest, Lhotse und Pumori mit über vierzig Expeditionen und allem Komfort. Ich hatte genug von blauen, grünen und roten Blechdächern, von den Plastikblumen auf Plastiktischdecken auf Plastiktischen vieler Lodges, von kitschigen Fotomontagen, die Schweizer Landschaften darstellen sollten, von Motorrädern auf Dorfpfaden, von den Traktoren mit ihren scheppernden Blechanhängern auf ehemaligen Fußwegen, von Tuborg-, San Miguel- und Everest-Bierreklame und von der Zigarettenwerbung mit einem gnadenlos dumm zum Strommasten hinaufblickenden Ingenieur: Klar, sein Werk hatte nur mit Hilfe dieser Zigarettenmarke gelingen können.

Ich wollte weg von all dem und in das nördliche Dolpo, eine Gegend, die sich alljährlich von sommerlicher Hochlandsteppe in eine winterliche arktische Wüste wandelt, in ein Gebiet, das nur von Mai bis Oktober von Menschen mit normalen körperlichen Fähigkeiten besucht werden kann, da sonst die Zugänge fast nicht zu bewältigen sind. Die über 5000 Meter hohen Pässe, hinter denen das Innere Dolpo liegt, sind dann tief verschneit, und die Lawinengefahr ist enorm. Ich wollte Dolpo, den einsamsten, höchstgelegenen, sehr dünn besiedelten und am wenigsten von modernistischer Lebensart betroffenen Landkreis Nepals besuchen. Es muss ja noch andere Lebensformen geben als die weltweit sich ausbreitende westliche mit ihren gigantischen technischen Verkehrssystemen und versiegelter Landschaft, mit Dörfern und Städten überschwemmt von Autos, mit der vorrangig industriellen Produktionsweise und ihren riesigen Planungs-, Ingenieurs- und Verwaltungskomplexen und mit einer unendlich aufgeblähten Bürokratie. Mehrere Aktenordner stehen in unserem Zweipersonenhaushalt gefüllt mit Kranken-, Arbeitslosen-, Lebens-, Renten-, Auto-, Autoanhänger-, Haftpflicht-, Brand- und Hausratsversicherungen und ihren Regelwerken. Dazu Ordner gefüllt mit Rechnungen, Umsatzsteuererklärungen (monatlich, vierteljährlich, jährlich), Einkommenssteuererklärungen, Kontoauszügen, PKW-Fahrtenbüchern (beruflich – privat), PKW-Steuer, PKW-Anhängersteuer, Grundstückssteuer usw. Und da sind dann noch die Gebührenordner für Wasser, Abwasser, Strom, Müll usw. Das Ordnerregal – Symbol westlicher Lebensweise und Beweis, dass nur so der Mensch überleben kann?

Wenigstens für ein paar Wochen wollte ich all dem entfliehen. Als Harald, verheiratet mit Ang Chhopals Tochter Dolma, von meinem Plan hörte, schloss er sich an. Der Zeitpunkt kurz vor einem Arbeitsplatzwechsel erschien ihm günstig. Mir war es auch recht, denn ich verstehe mich mit Harald sehr gut. Außerdem ist er Physiotherapeut. Einen solchen Begleiter in einer Gruppe zu haben, die sich auf einen der anstrengendsten Treks in Nepal begibt, ist gewiss von Vorteil. Das staatliche Gesundheitssystem hat vor Dolpo haltgemacht. Viele Staatsdiener verlassen im Herbst ihre Posten, um dem harten Winter zu entkommen.

In Nepalgunj an der indischen Grenze waren wir von Kathmandu kommend in ein kleineres Flugzeug nach Juphal umgestiegen. Ruhig glitt es über das Terai und die Mittelgebirge. Wir waren elf Passagiere. Vor, neben und auf den übrigen Sitzen im vorderen Bereich lag eine Menge Gepäck, fast bis zur Decke der Maschine gestapelt. Auch unsere Seesäcke waren dabei und zwei große mit Gemüse gefüllte Bambuskörbe. Wir, Mingma Sherpa, Harald und ich, hatten es auf dem Markt in Nepalgunj gekauft. Unsere neun anderen Begleiter waren von Beni aus bereits seit über einer Woche zu Fuß unterwegs mit all der Ausrüstung, die man für die Dolpo-Region benötigt: Campingsachen, eine komplette Wanderküche, drei Kocher, drei Kanister Brennstoff und vor allem mehrere Lasten Verpflegung. In Dunai wollten wir zusammentreffen, um dort die Wanderung in das einsame nördliche Dolpo zu beginnen. Plötzlich wurden wir von Windstößen geschüttelt. Durch einen Einschnitt in der Dhaulagiri-Kette steuerten die beiden Piloten die kleine Maschine – ein Moskito zwischen Siebentausendern. An den Bergflanken klebten kleine Orte mit würfelförmigen Häusern umgeben von bewässerten Feldern. Ihr Grün wirkte aufreizend in den braunen Schutt- und Felshängen, welche die Dörfer und Felder umschlossen. Einige Nadelbäume standen da wie in der Landschaft einer Spielzeugeisenbahn. Da neigte sich die Maschine zur Seite und wir sahen das, was ein Flugplatz sein sollte: Auf der halbrunden Ausbuchtung eines Berges lag ein schräges Schotterfeld. An dessen Beginn und Ende Abgrund. Auf den ersten Metern berührten wir den Boden, da erfasste uns von vorne ein Windstoß. Wir hoben ab wie von einer Sprungschanze und machten einen riesigen Satz. Das Gepäck vor uns sprang an die Decke, an uns zerrten die Sitzgurte, und dann krachten wir auf die Landebahn. Wie das Fahrwerk einen solchen Stoß aushalten konnte, ist mir ein Rätsel geblieben. Staub und Steine flogen herum. Vollbremsung. Die zu diesem Flug passende Stewardess – Bubengesicht, die feste Statur in Bluejeans und Lederjacke (Nepals zarte Flugbegleiterinnen sind ansonsten in feine *saris* oder *bokhus* gehüllt) – öffnete die Tür. „Ist der Flug hierher immer so?", fragte ich. „Manchmal", war die ganze Antwort. Cool.

Von Juphal nach Ringmo

Der Staub hatte sich gesetzt, und da sahen wir unsere Begleiter: den *sirdar* Tendi Sherpa, unseren Koch Nyima, seine beiden Helfer Pemba Wangchuk und Nyima Kaji, die Träger Sonam Tshering, Maila Tshering, Karma und Kasang. Sahilo Chhetri war unten in Dunai beim Gepäck geblieben, das sie von Beni über den 4500 Meter hohen Jangla Pass nach Dunai getragen hatten. Nach neun Tagen waren sie gestern dort angekommen. Obwohl wir Neuankömmlinge nur drei Lasten hatten, waren acht unserer Begleiter den weiten Weg herauf zum Flugplatz Juphal gestiegen, um uns zu empfangen, wohl auch aus Neugier, mit wem sie es in den nächsten Wochen zu tun haben würden.

Ich sog die würzige, trockene, nach Nadelholz duftende Luft ein und blickte voller Freude und Erwartung in die wilde Natur ringsum: verschneite Gipfel, riesige Felsbollwerke und Schutthalden, lichte Bedeckung der Flanken mit Sträuchern und Bäumen und weit unten im V-Tal die dunklen Wasser der Bheri. An ihrer Seite der kleine Pfad nach Dunai. Welch ein Gegensatz zum hektischen Kathmandu und heißen Nepalgunj! Ganz bewusst genoss ich diese ersten Momente am Beginn unserer großen Reise, als alle Abenteuer und Begegnungen noch vor uns lagen.

Die Hochstimmung verflog etwas, als wir die Talsohle erreichten und an einem stark befestigten Armeecamp vorbeikamen. Im Herbst 2000 hatten Maoisten im nahen Dunai das Polizeihauptquartier angegriffen, 14 Polizisten getötet und 41 verwundet. Die Rebellen hatten das Gefängnis gesprengt, die Wachen entführt, die Gefangenen befreit und aus der einzigen Bank des Distrikts über 50 Millionen Rupien gestohlen.[144] Eine heile Welt gibt es wohl nirgendwo, auch nicht hier hinter der 7000 bis 8000 Meter hohen Riesenmauer, welche die Kette der Dhaulagiri-Berge bildet. (S. Kap. „Krieg").

Dunai ist die Hauptstadt des Landkreises Dolpo. Eigentlich ist der Ort ein größeres Reihendorf, ein Marktflecken am Ufer der Bheri. Der gepflasterte Hauptweg wird von Läden und Wohnhäusern flankiert. Die Gebäude der staatlichen Institutionen befinden sich am Ortsrand. Dunai ist eine der wenigen Distrikthauptstädte Nepals, die noch nicht mit dem Auto erreichbar sind. Wir jedenfalls schätzten das sehr. Von hier wird staatliche Kontrolle über den flächenmäßig größten Landkreis Nepals ausgeübt, in dem aber nur etwa 30.000 Menschen leben. Das höher gelegene Gebiet Dolpos ist von etwa 5000 Tibetischstämmigen, den Dolpo-pa (Leute von Dolpo), besiedelt.

Sie waren zwischen dem sechsten und achten Jahrhundert aus Westtibet eingewandert, vermutlich um den Abgaben an ihre Feudalherren zu entkom-

---

[144] Bauer, High Frontiers, 198.

men. Später gerieten die Dolpo-pa des Nordens unter die Herrschaft des Fürstentums Lo Mustang und mussten dort Dienste leisten, nämlich *thangkas* und relgiöse Bilder malen, *Mani*-Steine meißeln sowie *Mani*-Mauern und *gombas* bauen. Die Dolpo-pa des Westens und Südens waren dem König von Jumla tributpflichtig.

Das raue nördliche Dolpo, wo die Menschen in 3500 bis 4200 Metern Höhe leben, blieb weitgehend unberührt von den Streitereien der lokalen Größen, die in der Umgebung die Handelsrouten kontrollierten. Die karge, stille Gegend wurde *beyul*, verborgenes Land, genannt (siehe Kapitel „Beyul – Kraft im Verborgenen") und wirkte wie ein Magnet auf Lamas, Eremiten und Pilger. Auch der König von Mustang besuchte jährlich (zusammen mit Steuerbeamten) die wichtigsten Lamas, um sich segnen zu lassen. Zwischen 1500 und 1700 wurden die berühmten Klöster Shey, Margom und Yang-tsher gegründet. Ende des 18. Jahrhunderts besetzte König Prithvi Narayan Shah Lo Mustang und damit wurde auch Dolpo in das entstehende Nepal einverleibt. Doch der Einfluss der Zentralregierung blieb gering. Der zuständige Gouverneur residierte weit im Süden in Baglung, und kein Abgesandter besuchte je das Gebiet. Bis in die sechziger Jahre des zwanzigsten Jahrhunderts wurde eine geringfügige Landsteuer über einen Thakali aus Tukuche im Kaligandakital an die Zentralregierung abgeführt. Dieser wurde gelegentlich auch zur Schlichtung von Streitfällen angerufen.[145]

Auch in den folgenden Jahrzehnten blieb Dolpo, vor allem der nördliche Teil, von der Zentralgewalt in Kathmandu und von westlichen Einflüssen weitgehend unberührt. Vielen Beamten, besonders solchen aus Hindu-Familien, sind die Lebensbedingungen dort zu schwierig, sodass sie vor Einbruch des Winters ihre Dienststellen verlassen. Von den Hindus werden die Tibetischstämmigen in Nepals Norden *bhote* genannt. Das Wort kommt vom tibetischen Namen *bod* und meint Tibeter. Da sie sich verständlicherweise im Winter nicht so oft waschen, Fleisch von männlichen Rindern essen und Alkohol trinken, blicken viele Hindus auf sie herab. Im 1854 eingeführten Kastensystem wurde den *bhote* ein unterer Rang zugewiesen.[146]

Touristen dürfen seit 1989 in den südlichen und seit 1992 auch in den nördlichen Teil der Region. Sie wurde bis 1974 von tibetischen Widerstandskämpfern gegen die chinesische Besetzung als Rückzugsgebiet genutzt. Wegen der schwierigen Routen, der notwendigerweise großen Begleitmannschaft und der

---

[145] Dazu Bauer, High Frontiers, 72; Fürer-Haimendorff, Himalayan Traders, 147.
[146] Dazu Ramble Charles, The Name Bhotey, in: Himal, Vol. 6, No. 5, 1993, Kathmandu, 16; Hermanns Matthias, Mythen und Mysterien. Magie und Religion der Tibeter, Stuttgart 1955, 122, 403.

hohen Gebühr für die Erlaubnis, das nördliche Dolpo zu betreten, sind die Besucherzahlen im Vergleich zu anderen Gebieten in Nepal recht gering.

Wir, die „ZehnplusZwei", wandten uns nach Norden und folgten der Suligad (Sulighat)[147], die dem Phoksumdosee entspringt. Der Weg führte uns mal links, mal rechts des Flusses, Auslegerbrücken erleichterten sicheres Überqueren. Ihre Konstruktion ist einfach und stabil: An beiden Ufern wird aus Steinen ein Trockenmauerwerk errichtet. In ihm werden drei bis vier übereinander liegende Schichten von Baumstämmen eingeschlossen, die aus der Wand herausragen, wobei die höhere Schicht der Stämme immer etwas weiter und in steilerem Winkel auf die Flussmitte hin gerichtet ist als die untere. Auf die Enden der obersten Stämme werden dann die Mittelbalken gelegt und mit Seilen oder Eisenklammern verbunden. So wird schließlich die Lücke geschlossen.

Wir kamen an einigen leer stehenden Häusern vorbei. Sie dienten, wie Tendi erklärte, den höher gelegenen Dorfgemeinschaften als Winterquartier. Sie würden im Herbst herunterkommen, und ihre Tiere fänden hier Futter, wenn das Gras oben völlig vertrocknet sein wird.

Bisher waren wir durch ein ausgedörrtes Tal gewandert, in dem nur wenige Büsche und Bäume standen. Doch der Bewuchs nahm zu. Als wir auf eine Lichtung traten, schlug uns plötzlich sehr kühle Luft entgegen. Durch eine von Felsen und eingeklemmten Baumstämmen verblockte Schlucht stürzte in wilden Sprüngen der Khairo Khola herunter. Auf seinem kurzen Lauf von den Gletschern des über 6000 Meter hohen Norbu Kang hatte er sich kaum erwärmt. Feiner Wasserstaub schwebte über dem Bach und je nach Wind auch über der Lichtung und hatte die ganze Umgebung ergrünen lassen. Nadelbäume und dichtes Buschwerk umschlossen eine fast ebene Wiese, die an einen englischen Rasen erinnerte. Am oberen Ende des ovalen Platzes stand ein grasgedecktes Haus, dessen Rückwand ein etwa zehn Meter langer und fünf Meter hoher Felsklotz bildete. Aus dem Häuschen gegenüber traten eine Frau

---

[147] Man kann sich für die Korrektheit der Namen von Flüssen und Pässen nicht verbürgen. Bei einem Kartenvergleich wird man feststellen, dass viele Namen nicht übereinstimmen. Das hat auch damit zu tun, dass die Grundlage der meisten Karten der Survey of India ist. Tibetische Namen von Orten und Flüssen wurden so ins Sanskrit übernommen, wie die Surveyors meinten, sie akustisch verstanden zu haben (s. Snellgrove David, Himalayan Pilgrimage. A Study of Tibetan Religion by a Traveller through Western Nepal, Boulder 1981, 275-284 und Snellgrove David, Four Lamas of Dolpo, Tibetan Biographies, 2. Aufl., Kathmandu 1992, 2). Willig wurden dann solche sanskritisierten Namen von der nepalischen Politik als offizielle geführt, denn durch die allgemeine Hinduisierung sollten die Macht der Rana- und Shahherrscher gefestigt und das Land geeinigt werden. Sprachliche Vereinheitlichung (one language policy) war eines der Instrumente dafür (s. Kap. „Blutbefleckte Zeigefinger – Ausgrenzung").

und ein Mann und begrüßten uns. Gegen eine kleine Gebühr boten sie uns ihren „englischen Rasen" zum Zelten und das große Gebäude zum Kochen und als Schlafstätte für unsere Begleiter an. Der von Büschen und Bäumen umgebene Platz und die hinter dem Haus aufragende Felswand verstärkten das Gefühl, wie in einem Nest geschützt zu sein. Der Ort heißt Shyanta. Vielleicht kommt der Name aus dem nepalischen Wort *shanti*, was Frieden bedeutet. Uns war wohl, nur dem Mingma nicht. Er hatte sich zu nahe an die Bienenkästen gewagt, die an der Südseite des Hauses befestigt waren, und wurde mit einem Stich ins Augenlid bestraft. Wir konnten zwar sofort den Stachel entfernen, doch während der nächsten Tage musste Mingma die Landschaft mit einem Boxerauge bewundern.

Das Tal verengte sich zu einer Schlucht. Wie die Stützpfeiler einer gotischen Kirche festigten mächtige Felsrippen die Seitenwände, was eine direkte Wegführung unmöglich machte. Mal waren wir ganz unten am Fluss, dann mussten wir hoch hinauf auf einen dieser Felsvorsprünge, um danach wieder weit abzusteigen. Der Pfad war manchmal aus dem Fels herausgeschlagen, so dass man wie unter einem Dach lief. Schwierigkeiten gab es aber nur, wenn auch andere den romantischen Steig nutzten. Und das taten viele. Wir überholten ständig größere Gruppen und wurden überholt. Männer und Frauen mit Kindern und Babies, Hunderte waren unterwegs. Ihre Pferde waren beladen mit Zelten, Decken, Plastikplanen, Reissäcken, Kochgeschirr und allem, was man zum Leben in freier Natur benötigt.

„Tendi *bhai*, wo wollen denn die alle hin?"
Tendi lächelte etwas verlegen und stockte mit der Antwort. „Sie suchen oben *yartsa gumbu*."
„Was ist das?"
Wieder ließ er sich Zeit und meinte dann: „Daraus macht man Medizin, welche hilft, wenn, hm, hm, wenn Mann und Frau zusammenkommen. Und sie hilft gegen Krankheiten, auch gegen Krebs."
„Lohnt sich denn der Aufwand? Die Leute sind ja wochenlang unterwegs."
„Ja, gewiss. Wenn man viel *yartsa gumbu* gesammelt hat, ist man reich. Für ein Kilo gibt es etwa 250.000 Rupien (ungefähr 3400 Euro). Aber der *kiro* wiegt fast nichts und ist schwer zu finden."
„*Kiro?* Wurm?"
„Die Pflanze hat eine Wurzel, die aus einem ehemaligen Wurm besteht. *Yartsa gumbu* ist im Winter ein Wurm und im Sommer ein Grashalm."
Ich konnte mir das nicht richtig vorstellen. Erst einige Tage später, nachdem wir den Kang La überschritten hatten, verstand ich mehr. Während der Mittagsrast erlagen auch unsere Träger dem „Goldfieber", krochen auf allen

Vieren herum, blickten in das trockene Gras, bis die Augen schmerzten und zu tränen begannen und fanden tatsächlich fünf Exemplare.

„Die bringen mehr Geld als einen ganzen Tag Lasten schleppen", meinte Sonam und zeigte mir einen Fund von etwa zehn Zentimetern Länge: ein brauner Halm mit einer dunkelbraunen Pfahlwurzel.[148] Wir freuten uns mit Sonam, aber mehr noch darüber, dass uns die Träger treu blieben.

Inmitten einer duftenden Pfefferminzwiese errichteten wir unser zweites Lager. Von Osten ergoss sich der Marwa Khola in die Suligad. Folgt man dem Marwa Khola, gelangt man über die hohen Pässe Baga und Numa nach Dho Tarap. Von Westen fließt der Pugma Khola zu. An ihm entlang führt ein Pfad über den Kagmara Pass nach Jumla. Die Glücksritter waren in die Seitentäler abgebogen und unterwegs zu den Pilzplätzen. Wir ahnten nicht, dass einige dieser fröhlich in die Hochlagen ziehenden Gruppen einer Tragödie entgegengingen.

Wir folgten dem Tal nach Norden, aber nicht dem Fluss entlang. Sein Rauschen verlor sich mehr und mehr in der Tiefe, je höher wir einen nach Südosten gerichteten Berghang hinaufstiegen. Nach einer Weile der Stille, die nur unsere Fußtritte und Atemstöße störten, wurde das Rauschen wieder lauter, und als wir über eine Kante auf ein kleines Plateau stiegen, stand sie vor uns: eine gewaltige von der Natur geschaffene Staumauer. Hinter ihr musste der Phoksumdo-See liegen. Aus ihrem unteren Drittel stürzte der Fluss mit Urgewalt hervor und fiel etwa 150 Meter in die Tiefe, wo das Wasser sich dann beruhigte und als schimmerndes Band hinter einem Bergrücken verschwand. Im oberen Drittel der Mauer, in einer senkrechten, dreieckigen Felswand, gähnte ein rundes Loch, dessen Durchmesser wohl fünfzehn bis zwanzig Meter betrug. Es sah aus als hätten Ingenieure einen Auslass für den Stausee geschaffen. Aber hier waren keine Menschen am Werk gewesen sondern Götter, die bei ihren Auseinandersetzungen auch vor Anstößigem nicht zurückschreckten.

---

[148] *Yartsa gumbu* (cordyceps sinensis) ist ein tibetisches Wort und heißt „Winter-Wurm, Sommer-Gras". Es handelt sich um einen Pilz in 4000-5000 Metern Höhe, dessen Sporen die Puppe einer Mottenraupe (hepialus fabricius) in der Erde befallen. Nach der Schneeschmelze wächst aus ihr der Pilz, der aussieht wie ein Grashalm. *Yartsa gumbu* kommt auch in den Hochlagen anderer Himalaya-Länder vor. Bis 2001 beschränkte die nepalische Regierung die Erntemengen und Export war verboten. Doch als die Maoisten die Kontrolle über das Gebiet übernahmen (s. Kap. „Krieg"), warben sie viele Sammler an und kassierten von ihnen und den Zwischenhändlern Steuern. Während der Erntezeit sind schätzungsweise 30.000 Menschen – die meisten aus dem Süden – im Oberen Dolpo auf der Suche. Exportiert wird der Pilz vor allem nach China, Japan, Singapur, Japan, Korea und in die USA. Trotz Vervielfachung des Preises auf dem internationalen Markt ist die Nachfrage sehr hoch. Der Pilz ist reich an Vitaminen und Mineralien. Ökologen blicken mit Sorge auf den „Goldrausch", der bereits zu Erosionsschäden führt.

Die Geschichte lautet so: Nicht weit von hier befinden sich die Dörfer Pungmo und Ringmo. Pungmo wird von dem mächtigen Gott Lhabtsan Gyalwo geschützt, Ringmo vom Berggott Kangchen Ralwa.[149] Lhabtsan Gyalwos Tochter, die einer Lokalgottheit von Pungmo versprochen war, wurde von Kangchen Ralwas Sohn aus Ringmo begehrt, der mit seinen Gefährten in einer dunklen Nacht die Schöne entführte. Sie wurden von den Lokalgottheiten aus Pungmo bis zum Fuß der steilen Wand verfolgt, wo ein langer Kampf tobte, den schließlich die Götter aus Ringmo gewannen. Daraufhin steckte die schöne Tochter ihren nackten Po den Göttern von Pungmo entgegen. Doch sie wurde zurückerobert. Da sie die Ehre Pungmos und die Heiratsregeln verletzt hatte, wurde ihr die Nase abgeschnitten. Jeder hier kennt diese Geschichte und wird an sie erinnert, wenn er die obszöne Öffnung in dem Riesenwall sieht.

Die Geschichte wiederholt sich in milder und versöhnlicher Form bis heute: Mitten in der Nacht wird die Braut entführt, und nur eine weiße Schleife über der Tür erklärt den Grund des Verschwindens. Die Männer der Familie machen sich auf, um die Tochter zu „retten". Wenn sie auf den Entführungstrupp treffen, wird mit Scheinwaffen, Worten und Gesängen gekämpft. Schlussendlich, nachdem die Vorzüglichkeit der Braut und des Bräutigams von beiden Parteien bestätigt wurde, werden die Mitglieder der Brautfamilie zum Festmahl eingeladen, und die Auseinandersetzung weicht einem Bündnis. Nach einer langen Nacht mit viel Bier, Gesang und Tanz wird die Tochter in die Obhut der neuen Familie übergeben und den Schutzgottheiten von Ringmo und Pungmo anempfohlen.[150]

Wir hatten den höchsten Punkt des Damms erklommen und betraten ein Paradies. Ich ließ die anderen ziehen und setzte mich, um ganz allein den Anblick und die Stille auszukosten. Unter einem hohen, lichten Himmel, in dem einige Federbetten schwebten, begrenzten braune Felswände auf drei Seiten den Phoksumdosee, der friedlich auf dem Boden des riesigen Amphitheaters lag. Vor mir eine fast ebene, leicht gewellte Landschaft, durch die ein bequemer Weg wie in einem Garten führte. Pinien- und Wacholderwäldchen wechselten sich ab mit trockenen Grasflächen. Der Pfad war auf beiden Seiten von gelb

---

[149] „Jedes Dorf und jedes Kloster verehrt seine eigene Gottheit … Sie lebt herrschaftlich in Palästen innerhalb des Berges, ist in feine weiße Gewänder gehüllt und trägt einen Turban aus farbiger Seide. Ohne Zustimmung darf ihr Bereich nicht verschmutzt oder durch Baumaßnahmen gestört werden." Snellgrove, Four Lamas of Dolpo, 15; s. auch Karmay, The Arrow and the Spindle. Studies in History, Myths, Rituals and Beliefs in Tibet, Vol. I, Kathmandu 1998, 432-447.
[150] Nach Kind Marietta, Die Entführung der Berggöttin. Beseelte Landschaft, Heirat und Identität in Phoksumdo, in: Nepal Information, Nr. 91, 2003, Köln, 33-36.

blühenden Büschen und hochstieligen, in Bündeln aus dem Sand wachsenden Blumen gesäumt. So ein Strauß bestand aus über zwanzig Blumen und jede Blume aus mindestens zwölf roten und weißen Blüten. Kein Ort, kein Haus, keine Hütte, kein Strommast, keine Menschen. Natur im Urzustand. „… in solchen Augenblicken kann der Geist vor Anker gehen und Frieden und Erquickung trinken, uferlos."[151]

Da kam ein kleiner schwarzer Ochse des Weges, guckte mich kurz an und trottete in seinem gleichmäßigen Gang weiter gen Norden, nach Ringmo, das verborgen hinter einem Rücken liegen musste. Ich saß zufrieden in diesem großen, stillen Raum und blickte dem Öchslein nach, welches mich daran erinnerte, dass mir diese Welt nicht allein gehörte …

Am Dorfeingang von Ringmo genossen drei angebundene Packpferde den Feierabend. Sie hatten dem winzigen Dorfladen Nachschub gebracht und waren soeben von ihren Lasten befreit worden. Harald saß vor dem Laden mit einer Coca Cola-Flasche in der Hand. „Das ist zwar teuer hier, aber es hilft", meinte er. Ihm war ein Essen in Kathmandu oder Nepalgunj nicht bekommen. Er litt unter Durchfall, der jede körperliche Anstrengung zur Plage machte. Der eingeplante Ruhetag am See würde Harald gut tun.

Die meisten Häuser von Ringmo schienen unbewohnt zu sein. Die Leute waren wohl ebenfalls unterwegs, um den wundersamen Pilz zu finden. Jedes Haus glich einer aus Bruchsteinen errichteten Festung, so gebaut als Schutz gegen den Wind. Die kleinen Fensteröffnungen wirkten wie Schießscharten und Brennholzstapel auf den Flachdächern wie Burgwehren. Über ihnen flatterten Gebetsfahnen in verschiedenen die fünf Elemente symbolisierenden Farben und sandten dabei dieses weiche Geräusch aus, das so angenehm die Stille im Himalaya ergänzt. Einige Türen der zweigeschossigen Gebäude standen offen, und man konnte in die Stallungen im Erdgeschoß blicken, von wo eine Holztreppe in den Wohnbereich hinaufführte. Kleine, noch unbepflanzte und durch Steinmauern geschützte Gärten umgaben die meisten Häuser.

Vom Phoksumdosee über den Kang La

Wir stiegen hinter dem Dorf auf eine Anhöhe, und da lag er in seiner Größe und Schönheit vor uns, der Phoksumdosee, umschlossen von ihn nährenden

---

[151] Pemba Tsewang, Tibet im Jahr des Drachen. Der Untergang einer alten Kultur, München 1968, 252. Im Jahre 2014 war ich wieder hier. Als er diese Landschaft sah, meinte mein Begleiter Nyima Sherpa: „Das ist ein Platz Gottes." Und Kami Sherpa rief aus: „Ach, ist Nepal schön!"

und schützenden Bergen, deren rostbraune Flanken zum Teil senkrecht in die Tiefen des Wassers stürzen. Ein Gürtel junger Pinien umschloss den See auf der südöstlichen Seite. Ihr helles Grün, die blaue Oberfläche des Sees und das Braun der Berge bildeten eine Farbenkombination, wie ich sie noch nirgends gesehen hatte. Das Schöne zeichnete sich durch Einfachheit aus.

Wir fanden einen Lagerplatz in einer Waldlichtung gleich neben dem See. Ein Zaunkönig hüpfte im Geäst herum, zwei Wildtauben flogen zwischen den Bäumen hin und her. Es gab Tee. Schweigend saßen Harald und ich am Ufer, ganz dem Staunen hingegeben. Da hörten wir Schritte. Eine kleine magere Frau kam auf uns zu. Ihr schwarzer Rock war zerschlissen. Auf dem Rücken trug sie ein großes Bündel Brennholz. Sie zeigte uns ihre Wunden an den Unterschenkeln: Alte verschorfte Eiterherde, doch einige nässten noch. Harald suchte in seinem Rucksack nach unserer Apotheke, während ich zum Küchenzelt ging und Kasang bat, uns beim Gespräch zu helfen. Wenn auch Sherpa, Tamang, Gurung und die anderen Bergstämme ihre eigenen Sprachen haben, so können doch viele ein einfaches Tibetisch verstehen.

Nachdem Harald die Wunden mit Pennicillinpuder und Pflastern versorgt und Kasang der Frau aus Ringmo erklärt hatte, wie sie den Restpuder anwenden sollte, lächelte sie dankbar und setzte sich ins Gras. Wir erkundigten uns über den See.

„Kann man im Winter über ihn laufen?"

„Nein, er ist nie ganz zugefroren. Nur am Rand gibt es festes Eis."

„Sind Fische im See?"

„Nein. Dort lebt überhaupt nichts. Schaut selbst. Ihr werdet nichts finden. Und wenn es Fische gäbe, würden wir sie nicht fangen."

„Warum nicht?"

„Früher war dort, wo der See ist, einmal ein Dorf. Als Padmasambhava hierher kam, um die Dämonen zu unterwerfen, versteckte sich eine böse Dämonin in einem Haus und gab den Dorfbewohnern einen Türkis, damit diese sie nicht verrieten. Doch Padmasambhava verwandelte den Türkis in einen Haufen Dung. Die Leute fühlten sich von der Dämonin betrogen und gaben ihr Versteck preis. In ihrer Wut schickte sie eine große Flut, in der das Dorf versank. Padmasambhava verfolgte die Böse nach Süden und tötete sie. Wir lassen den See in Ruhe."[152] Die Frau bedankte sich nochmals für unsere Hilfe, nahm ihren Korb auf und lief nach Ringmo.

Ist es nicht schön, dass nüchterne physikalische Ereignisse auch anders beschrieben werden können? Der knapp einen Kilometer breite und etwa fünf Ki-

---

[152] Diese Geschichte wurde dokumentiert von David Snellgrove (Himalayan Pilgrimage, 63) und Marietta Kind (Die Entführung der Berggöttin, 33).

lometer lange See war einst durch einen riesigen Erdrutsch entstanden, welcher südlich des jetzigen Sees das ganze Tal abgesperrt hatte, so dass es überflutet wurde. Die steil abfallenden Seitenwände lassen auf eine große Tiefe des Sees schließen. Es ist die Rede von 650 Metern. Vielleicht ist das Wasser schwefelhaltig und es gibt deshalb kein oder nur wenig Leben im See. Vielleicht wird er auch von unterirdischen warmen Quellen genährt und friert nicht zu trotz der bitterkalten Winter hier auf 3600 Metern Höhe. Unerklärlich blieb uns auch die Färbung des Wassers. Je nach Tageszeit, je nach Bewölkung, je nach Standort präsentierte es sich in Tintenblau, Schwarz, Marineblau, Lapislazuli und sogar in hellem Türkis, das an Karibikstrände erinnerte. Ist es nicht schön, dass die Natur noch Geheimnisse birgt?

Die Frau hatte noch auf eine zweite geschichtliche Tatsache hingewiesen. Padmasambhava verstärkte im 8. Jahrhundert n. Chr. den buddhistischen Einfluss in Tibet, wo die animistische *Bön*-Religion vorherrschte. Er verstand es, die Vorstellung der Menschen von einer Natur, die von Göttern, Geistern und Dämonen beseelt ist, mit der Lehre Buddhas zu verbinden; er machte viele *Bön*-Gottheiten zu Verbündeten gegen böse Mächte, die sich der buddhistischen Lehre widersetzen.

Oberhalb unseres Zeltplatzes führte ein ebener Pfad durch den Wald zur *gomba* von Ringmo. Die Stille, die Sonne, die würzige Luft, der lichte Pinien- und Birkenwald und die Durchblicke auf den türkisfarbenen See zur Linken machten den Weg zur „Mediationsmeile", ohne dass man sich zur Besinnung zwingen musste. Still näherten wir uns dem Kloster. An der *Mani*-Mauer im Eingangsbereich erkannten wir das linksherum drehende Sonnenrad, was uns auf ein Kloster hinwies, in dem das *Bön*-Denken stark verwurzelt ist. Wie die *Pipal*-Bäume und *chautaras* im Süden sind diese *Mani*-Mauern im Norden eine Kostbarkeit Nepals. „Sie schmücken die Landschaft, segnen den Pfad und schenken den Umwandelnden karmischen Verdienst."[153]

Auf einem Felsvorsprung, der sich wohl 20 Meter fast senkrecht aus dem See erhob, standen zwei *gombas,* umgeben von einigen Häusern. Dahinter stiegen wir etwas den Berghang hinauf und genossen das Bild der Harmonie von menschlichem Tun mit der Natur: die schlichten Gebäude aus Stein, Lehm und Holz, der nun dunkelblaue See, seine felsige Begrenzung im Westen und darüber der mächtige, 6600 Meter hohe schneebedeckte Kangchen Ralwa, dessen Gipfel eine Wolke umspielte, ihn einmal freigab und dann wieder verhüllte.

„Tashi Deleg! Dort oben wohnt Kangchen Ralwa, der Berggott, ein furchterregender schwarzer Reiter, der Unheil bringt, wenn er nicht mit Gaben besänftigt

---

[153] Bauer, High Frontiers, 62.

wird." Ein Mönch mittleren Alters war unbemerkt an uns herangetreten.
„Können wir die *gomba* besuchen?"
„Ja, gerne."
„Wie viele Mönche leben hier?"
„Sieben."
„Man sieht aber niemanden."
„Die sind alle in Kathmandu, in Boudhanath, um die heiligen Stätten zu besuchen und bei großen Meistern zu lernen. Im Winter bleibe nur ich hier, um nach den *gombas* zu schauen. Ich wohne in dieser Zeit im Dorf. In einer Woche werden die anderen zurückkehren. Sie sind schon auf dem Weg."
„Wie alt ist die *gomba*?"
„Es sind zwei. Eine ist ganz alt. Damals trieben Jäger ihre Beute auf diesen Felsen, der ins Wasser fällt und die Tiere konnten nicht entkommen. Der Lama Treton Tshewang Tshultrim gründete die *gomba*, damit das Töten aufhöre."[154]

Der Mönch öffnete die schwere Türe der *gomba* zur Rechten. In der Mitte des Raumes saß auf einer holzgeschnitzten Lotosblüte Buddha in einer seiner Erscheinungsformen, eine Bronzefigur, die vermutlich aus dem Kathmandutal stammte. Die Wände waren mit frischen, hellen Farben bemalt. Die Bilder stellten Begebenheiten aus der *Bön*-Götterwelt dar. Dann führte uns der Mönch in die *gomba* gleich nebenan. Es war die ältere der beiden und schon ziemlich verfallen. Auf einem truheartigen Tisch bildete eine vielarmige Gottheit den Mittelpunkt. Vor ihr ein aus Ton gefertigter Hirschkopf[155] mit geöffnetem Maul und einige Holzmasken. In den Nischen zur Seite standen kleine verstaubte Figuren. Die Malereien an den Wänden waren fast völlig abgebröckelt.

Ich stellte mir vor, wie es wohl wäre, lebte ich in diesem Erdenwinkel für ein, zwei Jahre, mit Schlafsack, warmer Kleidung, einer Bücherkiste und als luxuriöser Dreingabe einem mit Sonnenenergie arbeitenden Computer, um dieses Buch zu schreiben. Es würde hier wohl vieles von einem abfallen, und man könnte sich völlig dem Schauen, Hören, Denken und Schreiben hingeben. Doch vermutlich würde sich bald der alte Adam zurückmelden und nach reinen Bettlaken, nach Wasserklosett und Dusche, nach Wein und Bier und anderen Annehmlichkeiten rufen.

Unser Weg entlang der gegenüberliegenden Seite des Sees war abenteuerlich. Zehn bis zwanzig Meter über dem Wasserspiegel war ein schmaler Pfad aus

---

[154] Dazu Kind Marietta, Kloster Ringmo, www.tapriza.org/d/projekte/s_ring_01.htm.
[155] Als die *Bön*-Religion vorherrschte, gab es Tieropfer, um Krankheiten zu heilen. Die buddhistischen Lamas ersetzten zu opfernde Tiere durch deren Darstellungen. Vgl. Hermanns Matthias, Das Nationalepos der Tibeter. Gling König Gesar, Regensburg 1965, 343.

den Felsen gehauen, der an manchen Stellen nur Platz für einen Pferdehuf oder Menschenfuß bot. Aufgeregt, doch mit größter Konzentration lief ich auf diesem waagrechten Band in der Senkrechten, die sich nach oben in den Himmel und nach unten ins Wasser verlor. Ich machte mir Sorge um unsere schwer bepackten Träger, zumal ausgebrochene Stellen des Weges mit Baumstämmen überbrückt waren, deren Festigkeit wegen der darüber gelegten Steinplatten nicht zu erkennen war. Doch an einer Verbreiterung des Pfades überholten mich die Träger, einer nach dem anderen. Sie liefen leichtfüßig und plaudernd dahin, als hätten sie eine ebene Wiese zu queren. Plötzlich zwang uns eine Felsnase zu einem über vierhundert Meter hohen, sehr steilen Aufstieg. Auf dem Scheitel hatte der starke Wind die Gebetsfahnen aus ihrer Verankerung gerissen. Mit einiger Mühe befestigte ich sie wieder, und als ich mich umsah, wurde ich wie zum Dank mit einem herrlichen Blick belohnt. Das dunkelblaue Juwel des Phoksumdosees ruhte tief unter mir, eingefasst von den braunen, ins Wasser stürzenden Felsen, von der Klosteranlage, dem zu unserem Zeltplatz herunterreichenden Waldrücken, dem Damm der Dämonin und der eben durchstiegenen Felswand. Er war umgeben von einem zweiten Ring dahinter, den über 6000 Meter aufragenden, eisbedeckten Gipfeln des Norbu Kang und ihren Ausläufern. Ich entbot dem so geschmückten See mein Adieu. Der scharfe Wind trug es hinunter.

Etwas sanfter führte uns der Weg auf der anderen Seite abwärts bis zu einem der Zuflüsse des Sees. Wir folgten dem Wildbach, der sich völlig ungezähmt durch Wiesen und Büsche bewegte. Sein Wasser erhielt er vor allem von den Nordostflanken des Kangchen Ralwa. Riesige Hängegletscher und Eisbalkone klebten an den düsteren Wänden, die sich nach oben in dichten Wolken verloren. Wir schritten über weite Flächen, auf denen alle Bäume umgerissen oder nieder gebogen lagen und über Strecken, deren platt gedrücktes Gras von Holzsplittern und Felsbrocken übersät war: das Werk von Lawinen. Gut, dass wir nicht nach Neuschneefällen durch dieses Tal wandern mussten. Hatte nicht der Mönch in Ringmo von Kangchen Ralwa, dem furchterregenden, schwarzen Reiter gesprochen? Obwohl es Weiden, Wasser und Brennholz im Überfluss gab, konnte hier niemand leben. Das lange Tal war unbesiedelt.

Plötzlich machte der Weg eine scharfe Biegung. Eine enge Schlucht durchschnitt die Felswand zur Rechten.

„Das soll der Hauptweg nach Shey sein?"

Tendi nickte und meinte: „Ja. Heute ist er leicht."

Unser *sirdar* musste es wissen, war er doch jetzt das siebente Mal auf dieser Route mit Touristen unterwegs – ein richtiger Fachmann in Sachen wildes Dolpo.

Der Weg war das Bachbett, eingezwängt zwischen zum Teil überhängenden

Felswänden. Immer wieder verschwand das Wasser unter alten Lawinenablagerungen. Im Winter ist die Schlucht unpassierbar, ebenso nach schweren Regenfällen, wenn die Wassermassen die Klamm füllen. Dann gehört sie ihnen allein. Endlich wurde es wieder heller um uns herum. Die Schlucht weitete sich, und wir liefen auf festem Altschnee bequem in ein Hochtal. Doch für Sahilo Chhetri war der Weg eine Tortur. Er trug einen der beiden Petroleumkanister, war weit hinter uns geblieben und hatte immer wieder seine Last abgestellt. Wir warteten. Eine Aura des Gestanks aus einer fernen Welt ging dem Armen voraus, als er zu uns aufschloss. Der Verschluss des Kanisters war nicht dicht, und das Petroleum hatte Sahilos Kleidung durchtränkt. Noch ehe wir den Fehler beheben konnten, war sein Rücken bereits rot, und es würden sich bald viele juckende Bläschen bilden.

Wir betraten eine Arena aus Fels, Geröll und Sand. Der Sturzbach war nur noch ein Bächlein. An seinem Rand errichteten wir das Lager. Die Höhenmesser zeigten über 4500 Meter an. Graupelschauer und Nebelschwaden verdichteten das Gefühl, Einsamkeit und Wildnis in Vollendung zu erleben, was in mir nicht Furcht auslöste, sondern eine Art von Hochstimmung, in der ich an viele Mitmenschen dachte, viel intensiver als sonst, und wünschte, die Kraft dieser Wildnis könnte zu ihnen gelangen. Vielleicht durch das Windpferd? Peter Matthiesen war es ähnlich ergangen. „Wie immer in den Schneebergen habe ich das Gefühl, offen, klar und wieder wie ein Kind zu sein. Empfindungen überwältigen mich ..."[156]

Der Einschnitt am oberen Rande der Arena der Einsamkeit war noch nicht die Passhöhe. Ein langer Schutthang führte zu ihr hinauf. Er war konvex gebogen, so dass sein Ende verborgen blieb. Der Blick zurück entschädigte aber reichlich für diese leichte Enttäuschung: Weit unten erkannten wir unseren letzten Lagerplatz und konnten endlich eine ungehinderte Sicht auf den Riesenwall des Kangchen Ralwa genießen. Seine mächtige Nordostwand, unter der wir besorgt mehrere Lawinenstriche überquert hatten, warf das Licht der Morgensonne wie ein Spiegel auf uns. Der schwarze Reiter war uns wohl gesonnen.

Geduldig und gleichmütig rangen wir dem Schutthang Meter um Meter ab. Ich war weit zurück und konnte die gegen den Horizont sich abhebenden Gestalten unserer Begleiter sehen, wenn ich aufblickte. Wie winzige Ameisen waren sie über die Fläche verstreut, jeder in der Hoffnung, bald die Gebetsfahnen auf dem Kang La zu erreichen, welche Buddhisten auf jedem bedeutenden Übergang anbringen.

Die Passhöhe empfing mich mit dumpfem Brausen und eisigem Wind aus wolkenlosem Himmel. Das nördliche Dolpo lag wie in einem gigantischen Hufeisen vor mir: eine weite, braune, zerfurchte Fels- und Geröllandschaft ohne ir-

---

[156] Matthiesen Peter, Auf der Spur des Schneeleoparden, 2. Aufl., München 2004, 170.

gendeinen grünen Fleck, umschlossen vom Bogen der Sechstausender Sisne, Kanjiroba, Kangchen Ralwa, Norbu Kang und den Grenzbergen mit Tibet, die ein hoher dreieckiger Gipfel überragte. Ich saß auf einem Wechtensaum, den wir hinabklettern mussten. Er mündete in eine breite Schuttrampe, die wiederum von flachen Schneefeldern abgelöst wurde, auf denen die Spur unserer Träger zu erkennen war. Sie selbst hatte die große Landschaft verschluckt.

Weit unterhalb der Schneegrenze traf ich unsere Begleiter. Sie boten einen eigenartigen Anblick, denn es schien, als wäre einigen die Fähigkeit des aufrechten Gangs abhanden gekommen, so dass sie jetzt auf Händen und Knien langsam herumkrabbeln mussten, während die anderen auf dem Bauch lagen und bewegungslos ins braune Gras starrten. *Yartsa gumbu*, Viagra des Himalaya!

Auf dem einfachen Weg in einem schuttbedeckten Talgrund, durch den sich ein mäandernder Bach seinen Weg suchte, begegnete uns eine junge Frau mit ihrem Baby auf dem Rücken. An langem Seil führte sie einen bepackten Schimmel.

„Sind Sie allein?"

„Nein. Mein Mann kommt auch gleich mit den Pferden."

„Wohin geht's denn?"

„Hinauf, *yartsa gumbu* suchen."

Von Shey nach Tsän-khang

An einer Krümmung des Tales erblickten wir Shey, das Herz von Dolpo: eine ockerfarbene *gomba* auf grüner Wiese und einige wenige Häuser unterhalb. Wie einsam und verborgen lag dieser Ort vor uns! Er ist abgeschlossen durch hohe Gebirgszüge mit nur wenigen Durchlässen, dem Kang La (ca. 5200 Meter) im Süden, über den wir gekommen waren, und dem Se La (ca. 5100 Meter) im Nordosten, den wir nach einem Ruhetag überschreiten wollten. Im Nordwesten frisst sich der Namlung Khola (Langu Khola, Namjang Khola), ein Zufluss der Karnali, durch eine tiefe Felsschlucht, die über den 4650 Meter hohen Jongpa La erreicht werden kann. Für Leute, die weder Hochwasser noch Lawinen und Steinschlag fürchten, gibt es dort einen Steig nach Dalphu und weiter der Karnali entlang nach Mugu und Gumgarhi.[157] Weniger riskant ist wahrscheinlich der längere Weg nördlich davon entlang der Grenze zu Tibet. Er führt tagelang durch

---

[157] Sie ist in umgekehrter Richtung beschrieben von John Tyson (Return to Kanjiroba, 1969, in: The Himalayan Journal, Vol. XXIX, 1970, 96-104). Text und Fotos unterstreichen den ersten Satz des Berichts: „Es kann nur wenige Plätze auf Erden geben, die wilder und abschreckender sind als die Schlucht des Langu Khola." Überquerungen des Flusses müssen bewältigt werden, indem man Bäume fällt und Brücken baut oder am gespannten Bergseil durch das reißende Wasser watet.

menschenleeres Gelände in 4000 bis 5500 Metern Höhe ebenfalls nach Mugu. Ganz im Norden ist Shey durch einen zweiten Wall abgeschlossen, dessen Durchlässe nach Tibet alle über 5000 Meter hoch sind. Wie muss es im Winter hier sein, wenn für Wochen und Monate diese Zugänge unter dem Schnee begraben sind, wenn der eisige Wind über die Flächen braust und sich dröhnend in den Felsen verfängt? Peter Matthiesen, der 1973 zusammen mit dem Zoologen Georg Schaller die Monate November und Dezember in diesem Gebiet verbrachte, hat das eindrücklich beschrieben.

Bevor ich die kleine Anhöhe zur *gomba* hinaufstieg, rastete ich an der Brücke über dem Bachlauf. Da kam ein Mann auf mich zu und bat um Medizin. Er hustete und spuckte Blut auf den sandigen Boden, zerrieb mit dem Fuß den Fleck und wiederholte das immer wieder. Mir war klar, da waren Rucksackapotheke und Laienheilkunst überfordert. Ich bat den Mann, zum Zeltplatz mitzukommen, um mit Tendi zu reden. Wieder Husten und Blutspucken. Tendi bot dem Kranken an, mit uns nach Saldang zu gehen. Gemäß Karte gäbe es dort eine Gesundheitsstation. Doch der Kranke schüttelte den Kopf und ging hinunter zum Haus seiner Familie. War er zu schwach und scheute die zweitägige Reise zu Fuß oder auf dem Pferderücken? Hatte er kein Zutrauen zur Gesundheitsstation in Saldang? Oder nahm er seine Krankheit nicht ernst? Wir erfuhren es nicht.

Während die Zelte aufgebaut wurden und unsere Feldküche sich einrichtete, saß ich im Gras und blickte zurück auf unseren heutigen Weg. Der Grat, den der Kang La durchschneidet, war sichtbar, 1000 Meter höher als Shey. Doch die einzelnen Abschnitte des Weges nachzuverfolgen wollte mir nicht recht gelingen, zu stark beschäftigte mich das soeben Erlebte. Dolpo bedeutet Leben im Grenzbereich. Bei Krankheit und Unfällen wird das am schnellsten deutlich. Ich erinnerte mich an eine Stelle im Buch von Eric Valli und Diane Summers. Dort beschreiben sie die Behandlung eines Patienten, der vom Pferd gestürzt war und unerträgliche Rückenschmerzen hatte. Er ging zum *amchi*, zum tibetischen Arzt und Schamanen. Dieser untersuchte Puls, Augen und Zunge und ließ die Würfel dreimal fallen. Dann hieß er den Schmied kommen, welcher eine Eisenstange ins Feuer legte. Inzwischen tastete der *amchi* die Wirbelsäule des Patienten ab und markierte neun Punkte an Rücken und Brust. Er warf Wacholder in die Glut und betete. Entschlossen fasste er die Eisenstange und drückte die glühende Spitze auf die markierten Punkte, um heilende Kräfte anzuregen. Die Punkte wölbten sich zischend zu roten Pusteln auf. Der von zwei Männern gehaltene Patient stöhnte, bedankte sich und ging.[158] Mit inter-

---

[158] Valli Eric / Summers Diane, Aufbruch am Ende der Welt. Die abenteuerliche Reise der Salz-Krawanen im Himalaya, 2. Aufl., Hamburg 1994, 50-57.

nationaler Unterstützung wurden mehrere *Amchi*-Kliniken aufgebaut, wo auch das Wissen über Heilpflanzen weitergegeben wird und Studenten in der Heilkunst ausgebildet werden.[159]

Shey Gomba, das „Kristall-Kloster" (*shel* = Kristall) – es ist benannt nach dem „Kristall-Berg" (*shelri drug dra*), der den Kang-Pass und Shey überragt –, war umgeben von acht sich nach oben verjüngenden *chörten*, diesen Symbolen der Ganzheit, welche den Kosmos mit seinen fünf Elementen abbilden: Der quadratische Sockel bedeutet das Element Erde. Der Aufbau darüber versinnbildlicht Wasser und Feuer und die nächste Stufe die Luft und den Wind. Der überspannende Baldachin symbolisiert den Äther und die Weite des Himmels. Ganz oben ruht in einer Mondsichel die Sonnenscheibe, über welcher eine Flamme, der Erlösungsruf, züngelt. Reliquien vorbildlicher Menschen oder buddhistische Schriften und Kultgegenstände sind im *chörten* eingeschlossen. So stellt er sinnbildlich die vereinten Kräfte dar, die das Leben tragen. *Chörten* werden an Stellen von religiöser Bedeutung gebaut oder zu Ehren einer bestimmten Gottheit, um den Ort von bösen Einflüssen freizuhalten. Oftmals werden sie auch zur Erinnerung an Verstorbene errichtet.[160]

Entlang der Nordseite der *gomba* erstreckte sich eine *Mani*-Mauer. Westlich war ein großes, fast quadratisches Feld vorgelagert, das aus hoch aufgeschichteten *Mani*-Steinen bestand. Es waren Tausende. So viele hatte ich noch nirgendwo gesehen. In ihre Oberflächen waren Inschriften und Bilder gemeißelt, die man oftmals kaum noch erkennen konnte. Vermutlich ist Shey Gomba sehr alt und war ursprünglich ein *Bön*-Ort. Auch Gebetsmauern werden wie *chörten* zum Schutz vor Bösem errichtet. Sie senden stille Gebete aus und wirken segnend auf die Vorbeikommenden.

Da erschienen plaudernd und kichernd vier Mädchen. Schick sahen sie aus in ihren langen, dunklen, bis zu den Fußknöcheln reichenden *bokhus* aus festem Stoff und mit den roten Schals als Kopfbedeckung. Ohne Umschweife forderten sie Harald auf, sie zu fotografieren, und posierten ganz professionell vor den *Mani*-Steinen, den *chörten* und dem verschneiten Bergrücken in der Ferne. Bunte Gebetsfahnen schwebten über dem Bild und lenkten den Blick auf die Spitze des *chörten* unter dem hohen Himmel.

Den Eintritt in den Klosterhof schien uns eine Herde putziger schwarzer Miniziegen verwehren zu wollen. Einige waren nicht größer als eine stattliche Katze, die anderen erreichten allenfalls die Höhe eines mittelgroßen Hundes.

---

[159] Rinpoche Namgyal, Dolpo. The Hidden Land, 2. Aufl., Kathmandu, n.d., 25, 59.

[160] Dazu Hermanns, Das Nationalepos der Tibeter, 179, 101; Waddell, Buddhism and Lamaism of Tibet, 263 f.; Herdick, Kirtipur, 69 ff.; Jefferies Margaret, The Story of the Mount Everest National Park, Auckland 1986, 125; Olschak, Mystik und Kunst Alttibets, 18 f.; Rinpoche, Dolpo. The Hidden Land, 35.

Übermütig tollten sie vor uns, sprangen auf die Mauer und wieder herunter vor unsere Füße, wenn wir uns zum Eingang bewegen wollten. Vermutlich lechzten die kleinen Kobolde nach Salz und rochen es in unserer Kleidung, in der genug getrockneter Schweiß saß.

Schließlich wurde uns doch das Benützen des Weges gewährt. Mingma klopfte an der Tür eines Nebengebäudes. Eine Frau erschien im Fenster. Sie hatte den Schlüssel zur *gomba*.

„Sind Sie allein hier?", fragte er.

„Ja, mit meinen beiden Kindern."

„Wo sind die Lamas?"

„Einige sind mit den Yaks in Tibet, einige sind nach Saldang gegangen."

„Und der oberste Lama?"

„Der ist oben in Tsän-khang. Aber ihr werdet ihn dort nicht treffen. Er sucht *yartsa gumbu*."

„Können wir die *gomba* besuchen."

„Ja, natürlich. Ich komme gleich."

Am meisten beeindruckte mich eine schöne Bronzestatue des weiblichen *bodhisattva* Drolma (Tara). Sie saß auf einer Lotosblüte, den rechten Fuß auf eine Blume gestützt, die rechte Hand in der Gewährungshaltung nach unten geöffnet und die linke in der Ermutigungsgeste nach oben weisend. Blumen schmückten beide Arme. Das ebenmäßige Gesicht strahlte Ruhe und Güte aus. Sie war die Verkörperung der Worte Buddhas:

Wie eine Mutter ihren Sohn,
Ihren einzigen Sohn mit dem eigenen Leben schützt,
So möge man allen Wesen gegenüber
Ein Herz unbegrenzter Liebe entfalten.[161]

Drolma wird als Beschützerin vor allen Gefahren verehrt und ist die Patronin Tibets. Sie kann in 21 verschiedenen Gestalten auftreten. Deshalb gilt diese Zahl als heilig. Ich erinnerte mich an eine Begebenheit in Bhutan. Prüfungen an einem College standen bevor, und viele Studierende besuchten den Lama einer *gomba* nördlich von Timphu. Sie spendeten ein paar Geldscheine und erhielten einen Becher mit einigen Würfeln. Der Lama interpretierte die gewürfelte Gesamtzahl und segnete die Bittsteller. Ich wusste draußen nichts von diesem Vorgang, wollte eigentlich nur die *gomba* besichtigen und befand mich plötzlich im Strom der Hilfesuchenden. So würfelte auch ich und zwar die 21.

---

[161] Nach Lama Anagarika, Der Weg der weissen Wolken, 89 und Schumann, Buddhistische Bilderwelt, 153.

Die Augen des Lama leuchteten und er meinte, das wäre eine besonders gute Zahl. Doch ich glaubte, er wollte mir nur etwas Gutes antun, so wie damals der großzügige und undogmatische Lama in Pangkongma, der Ang Chhopal und mir bestätigte, wir würden aufs beste zusammenpassen, obwohl die Reittiere der astrologischen Götter, Schwein und Schlange, und die Elemente Eisen und Feuer, die unsere Geburtsjahre charakterisieren, völlig gegensätzlich zueinander stehen (s. Kap. „Unterwegs mit Ang Chhopal – Eisen-Pferd, Feuer-Schwein und Eisen-Schlange"). Dann war ich aber doch neugierig und fragte einen der Studenten, was denn die Zahl 21 bedeuten würde und erhielt die Bestätigung, unter dem besonderen Schutz von Drolma zu stehen.

Die *gomba* von Shey schien mir irgendwie ohne Leben zu sein. Doch ich wusste, sie ist den Menschen wichtig. Shey ist nicht nur der Sitz eines hohen, wiedergeborenen Lama, sondern Ausgangs- und Endpunkt einer Pilgerreise (*kora*) um den Kristallberg. Sie ist von gleicher karmischer Bedeutung wie diejenige um den Berg Kailash. Führt man die *kora* im Jahr des Drachen durch, das alle zwölf Jahre wiederkehrt, dann sind die Verdienste besonders hoch. Dann versammeln sich im Sommer Tausende von Pilgern mit ihren Yaks und Pferden in Shey zu einem mehrtägigen Fest, um sich auf die Reise um den Kristallberg vorzubereiten oder sich von ihr zu erholen. Es werden Trommeln geschlagen und Gebete gesprochen. Es wird geopfert und getanzt. Da gibt es Wettbewerbe im Bogenschießen und Pferderennen. Ärzte präsentieren Heilkräuter sowie aus ihnen gewonnene Arzneien und geben gesundheitliche Ratschläge. Dazu das Leben in den Zeltstädten neben und unterhalb der *gomba*. Laut pocht in diesen Tagen das Herz von Dolpo im sonst so stillen Shey.

Es heißt, die Flanken des Kristallberges seien von klaren Adern durchzogen. Vielleicht hat er aber den Namen wegen der pyramidenartigen Spitze erhalten, die auf seinem massigen Körper ruht, oder vom Glanz des reflektierenden Schnees an sonnigen Wintertagen. Daran erfreuen sich die Pilger. Wichtiger ist ihnen aber Spirituelles.

Vor etwa tausend Jahren besuchte der buddhistische Asket Drutob Senge Yeshe die Gegend und fand, dass der höchste Gott, den die Leute verehrten, ein böser Dämon war. Drutob meditierte in einer Höhle bei Shey, bis er Erleuchtung erlangte. Dann versuchte er den Dämon zu überwinden, indem er einen fliegenden Schneelöwen, den Gefährten des Schneeleoparden, als Reitpferd nutzte. Der Dämon wehrte sich aber und sandte Horden von Schlangen aus. Doch der Schneelöwe vervielfältigte sich selbst. Mithilfe von nun 108 Schneelöwen besiegte Drutob den Dämon, verwandelte ihn in den Kristallberg und machte ihn zum Beschützer des *dharma*, der buddhistischen Lehre. Dann sang er:

„Ich flog durch den Himmel auf einem Schneelöwen
Und inmitten der Wolken verbrachte ich Wunder.
Doch nicht einmal die größte himmlische Heldentat
Ist vergleichbar mit der Umrundung des Kristallbergs zu Fuß. "[162]

Die *kora* beträgt ungefähr sechzehn Kilometer und führt zu einem kleinen See, wo die Schneelöwen ihren Sieg feierten und die Pilger sich an den Händen fassen, um zum Klang der Flöte im Kreise zu tanzen. Die Umrundung endet mit Gebeten an der Höhle, in der Drupthop Senge Yeshe meditierte und zur Erleuchtung gelangte. Um ganz nahe an einem Kristallisationspunkt der buddhistischen Lehre zu sein, kommen die Menschen immer wieder nach Shey und begeben sich in den Schutz dieses Ortes, auch außerhalb des Zwölfjahresrhythmus. „Es ist immer gut, nach Shey zu gehen", hatte eine Frau gesagt, der wir einige Tage später auf ihrem Weg von Saldang hierher begegneten.

Den Ruhetag in Shey nutzte jeder, wie es ihm passend schien. Die Träger erholten sich von den Strapazen des Weges von Ringmo über den Kang-Pass und Harald überwand endgültig seine Magen- und Darmbeschwerden. Ich wanderte am frühen Nachmittag hinauf nach Tsän-khang. Eine Urlandschaft tat sich auf. Zur Linken der wuchtige Kristall-Berg, vor mir ein bequemer Pfad, der geschickt angelegt war und nach oben führte, ohne durch die zu querenden Runsen an Höhe zu verlieren. Zur Rechten die unglaublich tief eingeschnittene Schlucht des Sibu Khola (Tarten Khola) und darüber wild zerrissene, nackte Felsberge. Und irgendwo, unsichtbar noch, Tsän-khang. Ich rastete an einem *chörten*, der die Pilger warnend an einer Wegbiegung errichtet worden war, neben welcher ein senkrechter Fall Unachtsamen drohte.

Stille. Staunen über die strenge, karge Pracht. Ich fragte mich, ob menschliche Aufnahmefähigkeit, ob dieses Gefäß groß und geeignet genug sei, solche Augenblicke zu verkraften und zu verarbeiten. Die Stille blieb Stille trotz des Windstoßes, der sich in meinen Ohren verfing, trotz der zwischen den niedrigen Büschen herumfliegenden Hummel – jeder Busch ein Inselchen im Sand – und trotz der fernen Rufe von Raben und Schneehühnern. „Allein und zufrieden sein mit den Bäumen, den Blumen, dem Gras, vielleicht Vogelstimmen und dem Himmel. Das ist wenig, aber zugleich viel. Im Grunde alles."[163] Der

---

[162] Zit. nach Schaller George B., Stones of Silence. Journeys in the Himalaya, New Delhi 1980, 248 f. Begleitet von Freunden und einem Lama aus Shey unternahm ich im Herbst 2014 die *kora*. Die „Heldentat" besteht in der Bewältigung des anstrengenden Anstiegs auf einen ca. 5200 m hohen Pass, des Abstiegs über ein geröllbedecktese Bachbett und entlang schuttiger Hänge zurück nach Shey.
[163] Stölb Wilhelm, Waldästhetik. Über Forstwirtschaft, Naturschutz und die Menschenseele, 2. Aufl., Altdorf-Landshut, 2012, 492.

Himmel schien sich nach wochenlanger Trockenheit der Erde erbarmen zu wollen und stieg herab, zu den Bergspitzen zuerst, dann zu den Graten und Geröllhalden, bis hinunter ins Tal. Zarte Nebelschleier entrückten die Landschaft wie hinter einen Seidenvorhang. Ich saß lange da, „geborgen in der Stille der Erde, aufgeregt und erwartungsvoll wie ein Kind"[164].

Das erwartungsvolle Kind blieb am nächsten *chörten*, der wiederum wie ein Verkehrsschild vor dem Abgrund warnte, unvermittelt stehen, denn da klebten in einigen hundert Metern Entfernung mehrere Gebäude an rostbrauner Wand! Tsän-khang, die Einsiedelei des Lama von Shey. Den Erbauern musste es größte Mühen gekostet haben, die Leiste im Fels so zu verbreitern, dass die Bauwerke Platz finden konnten. Und dann mussten die Steine zusammengetragen und bearbeitet werden, um *chörten*, die Brunnenstube, das Wohnhaus und die *gomba* zu errichten.

Voller Neugier und Spannung näherte ich mich. Ein kurzer steiler Aufstieg brachte mich zur Quellfassung. Von dort führte der ebene Weg zum weißgetünchten Wohnhaus des Lama und durch einen kleinen Gang darunter zur *gomba*. Die Rückseiten der Gebäude waren an die wohl dreißig Meter hohen und teils überhängenden Felsen geschmiegt. Von der Krone des Walls vernahm ich ein stoßartiges Brausen. Doch hier an der *gomba* war es windstill und warm. Felsen und Steine verströmten großzügig die aufgenommene Wärme der Vormittagssonne.

Alle Türen und Fenster waren verriegelt. Doch ich war nicht enttäuscht. Die Einsiedelei gehörte mir jetzt ganz allein. Da saß ich auf der Türschwelle der *gomba*, hörte das stärker werdende Brausen des Windes und blickte hinaus in eine Welt, die sich hinter Nebel- und Regenvorhängen zurückzog, mich allein ließ und zum „Kurzzeiteremiten" machte. Ich dachte an die *tulkus*, die hier gelebt hatten, die Reinkarnationen ihrer Vorgänger, „nicht aus demselben Fleisch und Blut, sondern so, als würde mit der Lebensflamme eine neue Kerze entzündet"[165]. An einen dachte ich besonders, an Lama Karma Tupjuk. Er war an Polio erkrankt oder litt unter Arthritis und konnte sich in seinen letzten Jahren nur noch mit verdrehten Füßen unter großen Schmerzen auf Krücken fortbewegen. Peter Matthiesen hatte sich vorsichtig nach seinem Befinden in dieser Einsamkeit erkundigt und erhielt vom Tulku die Antwort: „Natürlich bin ich hier glücklich! Es ist wunderbar! Besonders, da ich keine andere Wahl habe!"[166] – Uneingeschränkte Bejahung dessen, was nicht zu ändern ist.

Den Geldschein, den ich vor die Wasserschälchen in der *gomba* legen woll-

---

[164] Matthiesen, Auf der Spur des Schneeleoparden, 208.
[165] Ebd., 228.
[166] Ebd., 239. Im Buch von George Schaller, Stones of Silence, 117, ist der Lama abgebildet.

te, befestigte ich am Schloss der Türe, lief unter den nun steif im Wind stehenden Gebetsfahnen zur Quelle zurück und begab mich im dichten Schneefall hinunter nach Shey. Einen kleinen Teil der *kora* um den Kristallberg hatte ich bewältigt.

Es schneite die ganze Nacht hindurch bis zum Mittag des nächsten Tages. Dennoch waren wir guter Dinge. Unsere Begleiter hatten sich erholt, Harald war wieder im Besitz seiner Kräfte und in mir schwang meine kurze Pilgerreise nach. Uns ging es gut. Wir ahnten nicht, dass in diesen Stunden in benachbarten Tälern 28 *Yartsa gumbu*-Sucher erfroren oder durch Lawinen ums Leben kamen. Davon erfuhren wir erst Wochen später in Jomosom.

Der Schneefall hatte uns einen zweiten Ruhetag beschert. Nachmittags stieg ich den Südhang hinter Shey hinauf. Der Rundblick war atemberaubend: Im Westen der Kanjiroba hoch über der Schlucht des Sibu Khola (Tarten Khola), im Süden der Kang La und der Wildbach, dem wir gefolgt waren, als wir hinunter nach Shey liefen, in der Mitte des Panoramas das Schwalbennest Tsänkhang und darüber der Kristallberg, den der Wettersturz in ein festliches weißes Gewand gehüllt hatte.

Wie ich genoss eine Gruppe Murmeltiere Aussicht und Wärme im abtauenden Schnee. Der sehr hoch über uns kreisende Geier störte die putzigen Gesellen nicht und den tiefer fliegenden Sperber ignorierten sie ebenfalls. Ich stieß auf eine Fährte: kreisförmige Abdrücke und zwischen dem linken und rechten Paar eine Schleifspur. War der Schneeleopard hier gewesen? Murmeltiere stehen auf seinem Speiseplan. Die Spur endete auf einem flachen Busch und führte von dort nirgendwohin. Genauso wie bei Matthiesen beschrieben, dachte ich. Die Katze kann bis zu 15 Meter weit springen und somit leicht den nächsten Busch erreichen, ohne Abdrücke im Schnee zu hinterlassen. Doch dann sah ich mehrere Yaks in einer schneefreien Mulde grasen. Die ausgeschmolzene Fährte hatte wohl eines von ihnen hinterlassen. Doch seltsam, sie verschwand ja im Busch. Warum sollte das geheimnisvolle Tier nicht hier gewesen sein? Es ist eine sichere Gegend, denn die Lamas von Shey haben die Jagd verboten.

Ich sah keinen Schneeleoparden, bin aber sicher, dass er uns irgendwo auf unserer Reise beobachtet hatte. Vermutlich ruhte er auf einem Felsvorsprung, die Vorderpfoten übereinander gekreuzt und blickte auf die komischen Wesen hinab, die da vorbeizogen. Doch bald wohl verlor er das Interesse an ihnen, und sein voller Magen machte ihn schläfrig. Der große runde Kopf sank auf das Kissen seiner breiten, weichen Pfoten. Die Katze legte ihren langen, dicken Schwanz über die Augen. Ein wenig schnurrend schlief sie ein. So wird es gewesen sein, vielleicht einmal, vielleicht mehrmals.

Die ockerfarbene *gomba* von Shey auf frühlingsgrüner Wiese, die Steinhäuser am Bach zu ihren Füßen, die *chörten* und *Mani*-Steine, die einsame Lama-Klause, umstanden von schroffen Felsen, der Kristallberg darüber, die gleißenden Schneegipfel ringsum, die geheimnisvolle Katze, unsichtbar doch anwesend, das Blau des hohen Himmels, in dem sich bunte Gebetsfahnen im leichten Bergwind wiegten – gibt es einen besseren Platz für Rast und Erholung? Waren vor langer Zeit die Pilger in Novalis' Roman „Heinrich von Ofterdingen" auf ihrer Suche nach Frieden, nach „der Zufluchtsstätte der Bedrängten und Ruhebedürftigen" auch hier gewesen? Der Dichter schrieb: „Auf einer Anhöhe erblickten sie ein romantisches Land, das mit Städten und Burgen, mit Tempeln und Begräbnissen übersät war und alle Anmut bewohnter Ebenen mit den furchtbaren Reizen der Einöde und schroffer Felsgegenden vereinigte. Die schönsten Farben waren in den glücklichsten Mischungen. Die Bergspitzen glänzten wie Lustfeuer in ihren Eis- und Schneehüllen. Die Ebene lachte im frischesten Grün. Die Ferne schmückte sich mit allen Veränderungen von Blau … Die buntfarbigen, hellen, seltsamen Züge und Bilder auf den alten Steinplatten … Man sinnt und sinnt, einzelne Bedeutungen ahnet man und wird umso begieriger, den tiefsinnigen Zusammenhang dieser uralten Schrift zu erraten. Der unbekannte Geist derselben erregt ein ungewöhnliches Nachdenken, und wenn man auch ohne den gewünschten Fund von dannen geht, so hat man doch tausend merkwürdige Entdeckungen in sich selbst gemacht, die dem Leben einen neuen Glanz und dem Gemüt eine lange, belohnende Beschäftigung geben."[167] Man sinnt und sinnt … Nach welchem Entwurf war es mir zugewiesen, hier sein zu können, gesund und zufrieden, ja glücklich, während zur gleichen Zeit unten an den Häusern der Tbc-Kranke sich zu Tode hustete und in den Höhen 28 *Yartsa gumbu*-Glücksritter durch den heftigen Schneefall ums Leben kamen, deren überlebende Begleiter jetzt nicht nur ihre Ausbeute, sondern auch unermessliches Leid hinunter in ihre Dörfer trugen?

Zusammen mit Peter Matthiesen hatte der Zoologe Georg Schaller 1973 Shey besucht. Er beendet sein Buch „Stones of Silence" mit den Worten: „Ich weiß, dass alles in der Natur vergänglich ist, dass Arten und Gebirge verschwinden. Dennoch hoffe ich, dass sich in Shey nichts ändern möge, dass der Lama von Reinkarnation zu Reinkarnation die ockerfarbene Einsiedelei bewohne, dass die mittelalterliche Stille weiterhin nur durch die zusammenprallenden Hörner kämpfender Blauschafe unterbrochen werde und dass Drutob Senge Yeshe für immer auf seinem magischen Schneelöwen um den Kristallberg fliegen möge."[168]

---

[167] Novalis, Heinrich von Ofterdingen, Ausgabe Hoffmann und Campe, Hamburg 1959, 233, 173.
[168] Schaller, Stones of Silence, 277.

Besser konnte ich meine Gefühle und Wünsche beim Verlassen von Shey nicht ausdrücken. Ich hatte nur den Zusatzwunsch, dass die Menschen hier und in ganz Dolpo Zugang zu einem guten Gesundheitssystem hätten. *Amchis* verfügen über großes Wissen. Sie kennen die Ursachen vieler Krankheiten, sie kennen medizinische Heilpflanzen[169] und deren Wirkung, und sie haben bei ihrer Therapie den ganzen Menschen im Auge. Deshalb zielen sie auf ein ausgewogenes Verhältnis zwischen Körper, Geist, Seele und Umwelt des Patienten. Gesundheit ist wiederhergestellte Balance. Ein guter *amchi* hat eine mindestens zwanzigjährige Ausbildung durchlaufen und ist danach sozusagen Arzt, Psychiater und Priester in einer Person. Naturgemäß gibt es aber nur wenige *amchis* mit solchen umfassenden Kenntnissen. Außerdem stößt tibetische Heilkunst an ihre Grenzen, wenn chirurgische Eingriffe notwendig werden. Nur im äußersten Notfall wird operiert, denn das wird als gewaltsame Herangehensweise an eine Krankheit erachtet.[170]

Über den Se La nach Khoma

Wir freuten uns auf den bequemen, gleichmäßig ansteigenden Weg zum 5100 Meter hohen Se La, dem Übergang nach Namgung und Saldang. Bis weit hinauf war der südwestseitige Pfad frei von Schnee. Dennoch plagten wir uns. Den von unendlich vielen Tier- und Menschenfüßen fein gemahlenen Staub auf dem Weg hatte der Schnee durchnässt und dann die Kälte der Nacht gefroren. Die jetzt aufgetaute Schmiere haftete sich Schicht für Schicht an die Schuhe, bis Klebkraft gegen Schwerkraft verlor und die Dreckbatzen von den Sohlen fielen. So patschten wir bergan und waren froh, als wir die weiten Schneeflächen erreichten, die zum Pass hinaufführten. Eine wundervolle Welt tat sich dort oben auf: Im Süden der Kangchen Ralwa, von dessen Spitze ein langer weißer Wolkenschal flatterte, im Westen, über dem Kristallberg, der nahezu 7000 Meter hohe Kanjiroba, der mir fast leid tat, weil er so entrückt schien, und im Norden eine unendlich oft gefaltete Welt, die noch wüstenhafter war als die Landschaften, die wir bisher durchquert hatten. Der Boden bestand weithin aus einem Gittermuster, gebildet aus Sand- und Schneerippen mit ihren der Sonne zu- und abgewandten Seiten. Wir gönnten uns keine Rast, um die strenge Pracht länger zu genießen, denn der eisige Wind und unsere nass geschwitz-

---

[169] Kenneth Bauer (High Frontiers, 34) und Namgyal Rinpoche (Dolpo, 21) sprechen von über 400 Arten in Dolpo.
[170] Dazu Pasqualoni Bonnie, The Art of Healing. A Tibetan Buddhist Perspective: www.dharma-haven.org/tibetan/tibetan-art-of-healing.htm; Rinpoche, Dolpo, 24.

ten Rücken passten nicht zusammen. Die Träger sprachen ein Gebet, wir fotografierten. Dann stiegen wir im Windschatten die Nordseite des Passes hinunter nach Namgung.

Der Ort war von Weitem kaum zu erkennen. Die wenigen Gebäude verschmolzen mit der wüstenartigen Landschaft. Sie waren aus ihrem Material errichtet worden. Namgung, „Wohnung des großen Glücks"[171], liegt auf einem Schuttkegel am unteren Ende einer Schlucht, durch welche die hohe, ostwärts gerichtete Bergflanke über dem Ort entwässert wird. Die Stille war fast beklemmend, bis das Gemecker von Ziegen uns klar machte, dass doch jemand hier sein musste. Als wir um die Ecke des Pferches bogen, begegneten wir dem kleinsten Bewohner. Im windgeschützten Hof der *gomba* saß ein Baby in einem Korb. Vater oder Mutter hatten ein perfektes Nest gebaut: Untergelegte Steine bewahrten den Korb vor dem Umfallen, innen war er durch mehrere Decken gepolstert und drei gegeneinander gelehnte Holzstangen trugen eine weitere, jetzt zusammengefaltete Decke, einen Baldachin sozusagen, so dass der Bub vor Sonne und Regen geschützt werden konnte. Der Kleine blickte uns an, nicht ängstlich, nicht übermütig, nicht neugierig, nicht uninteressiert. Er schien ganz zufrieden mit dieser Welt zu sein und in sich selbst zu ruhen. Seine Züge erinnerten an diejenigen vieler Buddha-Darstellungen, deren Künstler es verstanden hatten, das innere erleuchtete Wissen auf dem Gesicht der Statue widerzuspiegeln.

Unterhalb des Ortes sahen wir eine Frau, wohl die Mutter des Kindes. Sie arbeitete auf dem Feld und lockerte mit einer Hacke den harten Ackerboden.

„Tashi Deleg."

„Tashi Deleg. Können wir die *gomba* besuchen?"

„Ja, der Alte kann Ihnen öffnen."

„Wo ist er?"

„Er muss bei Ihnen in der Nähe sein."

Da knarrte hinter uns die grobe Holztüre des Ziegenpferches. Ein etwa fünfzigjähriger Mann begrüßte uns und führte uns sichtlich erfreut in die *gomba*. Die Balken waren schief gedrückt. Sie trugen schwer an der Last der Decke und des Lehmdaches. Das Innere des Gebetsraumes war gepflegt und gar nicht „vernachlässigt", wie Peter Matthiesen 1973 die *gomba* vorgefunden hatte. In frischen Farben umrahmten Blumenbilder die Nischen, in denen drei kunstvoll gearbeitete Bronzestatuen standen: in der Mitte eine jugendliche Darstellung des sitzenden Buddha mit nach unten gerichteter rechten Hand – eine Geste, die ihn als Wahrheitskünder charakterisiert –, zu seiner Rechten Padmasambhava mit dem Dreizack, der die Überwindung der Gründe für alles

---

[171] Snellgrove, Four Lamas of Dolpo, Plate 10.

Leid, nämlich Hass, Gier und Verblendung symbolisiert, und zur Linken der Gründer der *gomba*. Allen Dreien waren *khattas* um die Schultern gehängt. Bemalte Regale trugen eine große Zahl von Büchern.

Ich dachte an den „kleinen Buddha" draußen im Hof. Die nächste öffentliche Schule ist in Saldang, drei bis vier Stunden von hier entfernt. Und dort wird vermutlich nach einem Lehrplan unterrichtet, der im weit entfernten Kathmandu entwickelt wurde und mit Dolpo fast nichts zu tun hat. Nach dem fürchterlichen Krieg (s. Kap. „Krieg") zwischen den aufständischen Maoisten und Nepals Polizei und Armee werden nun den verschiedenen Ethnien mehr kulturelle Rechte eingeräumt; es darf nun auch in ihrer Sprache unterrichtet werden, sodass der Lehrstoff wenigstens teilweise auf die jeweilige Tradition, Kultur und Lebensumstände Bezug nehmen kann. Schon vorher wurden mehrere Privatschulen in Dolpo von ausländischen Organisationen gegründet, die Wert darauf legen, dass neben Nepali, Englisch und Rechnen auch das Lesen und Schreiben der tibetischen Sprache gelernt wird.[172] Doch diese Schulen sind für den Kleinen zu weit entfernt. Ich hoffte, er würde wie viele andere Kinder von seinen Eltern und einem weisen Lama das nötige Rüstzeug bekommen, um selbstsicher durchs Leben zu gehen.

Auf dem Scheitel des gut 4500 Meter hohen Saldang Passes begegneten wir zwei Familien mit Packpferden und einigen Kühen. Eine Frau saß mit ihrem Kind auf einem Schimmel.

„Wohin gehen Sie?"

„Hinüber nach Shey. Dort gibt es schon besseres Gras. Bei uns ist noch alles vertrocknet. Außerdem ist es immer gut, nach Shey zu gehen." Lachend zogen sie weiter und fragten uns nicht einmal, wie es nach den Schneefällen auf dem Se La aussähe, den sie zu überqueren hatten.

Kurz danach kamen uns zwei Männer entgegen. Sie trugen eine Art Uniform, und es stellte sich heraus, dass sie Wächter des Nationalparks waren, in dem wir uns seit dem Aufstieg vom Phoksumdosee befanden. Bereitwillig verglichen sie die Höhenangabe auf ihrem mit derjenigen auf unserem GPS. Ansonsten ergab sich kein Gespräch, was in Nepal sehr ungewöhnlich ist. Offensichtlich wälzten die beiden ein Problem, das sie momentan ganz in Anspruch nahm. Vielleicht waren sie Wilderern auf der Spur? Gesetzlich geschützt sind Schneeleopard, Blauschaf, Antilope, Wildziege, Ziegenantilope, Wolf, Schakal, Schwarzbär, Wiesel, Pfeifhase, Marder, Langur- und Rhesus-Affe und die große Vielfalt von Vögeln. Buddhisten dürfen eigentlich nicht töten. Streng

---

[172] Z.B. durch die Organisationen Drokpa (USA), Tapriza (Schweiz), Freunde Nepals (Deutschland). Mehr dazu in Bauer, High Frontiers, 229 und Rinpoche, Dolpo, 53, 59.

verboten hat es der Lama in der Umgebung von Shey. So blieben die Bestände im Inneren Dolpo wohl gut erhalten.

Gefährdet ist allerdings der Schneeleopard. Bauern betrachten ihn als Feind, der ihre Schafe, Ziegen, Kühe und Pferde tötet. Außerdem ist das Fell der Katze in Ostasien und Nordamerika sehr begehrt und Chinesen meinen, Leber, Herz, Nieren und Knochen stärkten die sexuellen Kräfte. So ist die Versuchung groß, schnelles Geld zu verdienen trotz drohender sehr hoher Strafen. Doch die Gefahr erwischt zu werden, ist eher gering. Der Nationalpark Phoksumdo wurde 1984 eingerichtet. Er ist mit über 3500 Quadratkilometern der größte Nepals und liegt dazu noch in sehr wilder und verschachtelter Landschaft. Wie sollen da die wenigen Wächter den Überblick behalten und Kontrolle ausüben können?

An einem Bergrücken, von dem aus der Weg nach Saldang abfiel, trafen wir auf einen Mann. Er saß da umgeben von den Lasten, die er seinem Pferd abgenommen hatte, um es am spärlichen Gras rupfen zu lassen, und blickte versonnen in das Land. Wir setzten uns zu ihm und ließen uns die geplante weitere Route erklären. Jeden Bergrücken, jeden Bachlauf, jede Wegbiegung und die Lage der in den vielen Tälern verborgenen Orte kannte er. Und er liebte seine Heimat. Das spürte man, wenn man ihn betrachtete, wie er unter seinem breitkrempigen Lederhut hervorblickend stolz die Details der Landschaft zeigte, wie er auf der Erde Dolpos saß und es ihm bequemer als auf einem Sofa war und wie er sich wohl fühlte in den warmen, dicken Sachen, die aus hiesiger Schafswolle und auf hiesigem Webstuhl hergestellt worden waren. Er schien zu wissen, dass seine Bekleidung wertvoller war als synthetische von außerhalb, denn seine erinnerte ihn, woher sie kam, wie der Rohstoff gewonnen, verfeinert und verarbeitet worden war und wohl auch, wer diese Arbeiten mit welchen Hilfsmitteln ausgeführt hatte. Er trug Heimat am Körper und wirkte gewappnet zu sein mit jener „Widerstandsfähigkeit und Gelassenheit von Menschen, die ihr ganzes Leben lang Wind und Hagel ausgesetzt sind"[173].

Die Trostlosigkeit, nein, die herbe Schönheit der Sand- und Schutthänge, über die wir nach Saldang abstiegen, wurde noch gesteigert durch die vereinzelten Grasbüschel und geduckten, gelb blühenden Dornensträucher. Sie erinnerten, wie Leben sein könnte. Viel Land war erodiert. Im Rhythmus von Kälte und Wärme werden die Sand- und Staubschichten immer wieder nachts gefroren und tags aufgewölbt, getrocknet, zerbröckelt und vom Wind dann weggetragen. Das Wasser der Schneeschmelze gräbt schließlich tiefe Furchen in das weiche Material, und die scharfen Hufe der Ziegen und Schafe vollenden die Zerstörung.

---

[173] Chorlton, Felsbewohner des Himalaya, 15.

Einzelne Felder von Saldang im geräumigen Tal des Namgung Khola trugen bereits einen grünen Schimmer, andere warteten noch auf das Wasser, das
ihnen über ein feines System von Kanälen aus Quellen zugeführt werden muss,
um zu ergrünen. Hier, hinter der Barriere des Himalaya, fällt nur wenig Regen.
Saldang wird auch Tschu Mändang, „Reich an Land, arm an Wasser" genannt.[174] In Gemeinschaftsarbeit werden die Kanäle von der Fassung bis zu
den Feldern gebaut und instand gehalten. Um Streitereien bei der Verteilung
des Wassers zu vermeiden, haben überall bäuerliche Gemeinschaften, die von
künstlicher Bewässerung abhängig sind, Systeme der Zuteilung und Bewirtschaftung entwickelt. So auch die Dolpo-Bewohner. Sie lassen die Götter entscheiden. Das Dorfoberhaupt versammelt die Bauern. Dann wird gewürfelt und
das Ergebnis aufgeschrieben. So werden Zeitpunkt und Menge der Wasserzu-
teilung an die einzelnen Familien bestimmt. Benachteiligte vertrauen darauf,
dass sich die Götter im nächsten Jahr gnädig erweisen werden. Erfahrungsge-
mäß gleichen sich frühe und spätere, sowie größere und geringere Wasserzutei-
lung über die Jahre hin aus, und Streit wird vermieden.

Staunend sahen wir in Saldang, später dann in Nishal, Shimen, Khoma und
Tinje, wie die wenigen geeigneten Ackerflächen mit äußerster Sorgfalt bewirtschaftet wurden. Kein Gemüsegarten könnte feiner vorbereitet sein. Die Äcker
waren in verschieden große Felder eingeteilt, zwischen denen sich das herange-
führte Wasser in Gräben und Rinnen verzweigte, um die Beete von allen Seiten
zu berühren. Die Erde war so fein aufbereitet, dass man keinen Klumpen größer als eine halbe Faust finden konnte. Steinmauern verhinderten, dass der
Wind den Humus wegträgt und sich Kühe, Yaks, Pferde, Schafe und Ziegen an
Kartoffeln, Kohl, Weizen, Gerste, Buchweizen und Rettichen gütlich tun. Trotz
allen Bemühens reicht aber die jährliche Ernte durchschnittlich nur für fünf bis
sechs Monate, um eine Familie zu ernähren. Andere Einkommensquellen müssen deshalb genutzt werden.

Wir verließen das Hochtal, in dem Saldang liegt und stiegen hinunter zum
Namgung Khola. Unten angekommen schien es mir, als schritten wir durch das
Wadi einer Wüste. Der Pfad klammerte sich an die steilen braunen Felsen mit
ihren vielen schwarzen Einschlüssen. Immer enger rückten die Wände zusammen und verdüsterten die Klamm. Die zwei abgestürzten Kühe, die wir auf einer Kiesbank vorfanden, passten zu diesem unheimlichen Weg. Das Unglück
musste erst vor kurzem geschehen sein, denn die Kadaver stanken noch nicht.

Wir überquerten eine feste Brücke und erreichten das ebene Dreieck zwischen dem Namgung Khola und Panjyang Fluss, *do-ra-sum-do*, „der von Fel-

---

[174] Valli / Summers, Aufbruch am Ende der Welt, 43-46. Gemäß Namgyal Rinpoche
(Dolpo, 20) heißt *sa* Land und *dang* angehoben.

sen umgebene Platz, an dem sich drei Wasserläufe treffen". „Tibeter zählen den Zusammenfluss von zwei Bächen als dritten Bach."[175] Die drei verwitterten *chörten* verbreiteten eine heimelige Atmosphäre. Der Platz lud zum Lagern ein. Doch uns erwarteten heute noch zwei Stunden Aufstieg zum nördlichsten Punkt unserer Reise, zu einem Plateau hoch über dem Panjyang Fluss. Dort liegt Nishal. Der Ort schien menschenleer zu sein. So lehnten unsere Träger die Lasten an eine Feldmauer und schwärmten aus, um jemanden zu finden, der uns einen Platz zum Lagern zeigen würde, denn alle Felder in der Umgebung waren bereits bepflanzt. Harald und ich saßen beim Gepäck, mitten im Ort, ganz allein in einer fremden Welt, die uns jedoch so lieb geworden war, ruhten und schauten und vernahmen kein Geräusch. Auch der sonst allgegenwärtige Wind war an diesem Spätnachmittag eingeschlafen. Plötzlich knarrte etwas. Ein Ziegenbock hatte die Hoftüre des Hauses hinter uns aufgestoßen und blickte erstaunt und neugierig auf die komischen Neuankömmlinge. Und dann bog um die Ecke des Hauses ein kleines Mädchen. Es hielt sich scheu und verlegen nahe an der Wand aus gestampftem Lehm und betrachtete uns aus sicherer Entfernung. Weiteres Leben erschien: Zwei Hunde tobten sich auf der Mitte des Dorfplatzes aus und wirbelten bei ihren Sprüngen, Sprints, Salti und Bremsmanövern reichlich Staub und Steine auf. Und schließlich kamen unsere Freunde in Begleitung eines Mannes, der uns zu seinem Haus führte und den Hof für unsere Zelte anbot. Kurz darauf kehrten Frauen und Kinder mit Hacken und Körben von den Feldern zurück.

Nicht weit von Nishal entfernt liegt am Südhang der Grenzberge zu Tibet Yang-tsher Gomba, „Richtiger Platz/Insel des Lichts/Insel der Erleuchtung". Die Anlage – fünf *gombas*, mindestens zwölf *chörten*, *Mani*-Mauern, eine Mönchsküche und mehrere Wohnhäuser der Lamas – ist wohl die schönste und eine der ältesten und bedeutendsten in Dolpo. Die weißgetünchten Wände der Mauern und die ockerfarbenen Hauben der *chörten* wurden von vielen Gebetsfahnen auf den Gebäuden überragt. Die Farben der Bauten wiederholten die Farben der Natur: das Braun der steinigen Umgebung und das Weiß der verschneiten Bergspitzen. Und wie eine schützende Haube verband das Blau des Himmels Natur und Kultur.

Alljährlich versammeln sich in Yang-tsher Gomba die wichtigsten Lamas aus ganz Dolpo und führen eine Beschwörung durch, zu der viele Pilger kommen. Dabei wird durch Opfer, Gebete, Gesänge und das Schlagen von Zimbeln und Trommeln das Böse vertrieben. Es wird symbolisch auf einem Papier dargestellt und schließlich verbrannt. „Die Dämonen des Unglücks, der Krankheiten, der Insekten und der Trockenheit werden besänftigt. Vom Kloster Yangjer

---

[175] Snellgrove, Four Lamas of Dolpo, 2.

breiten sich diese Segnungen über das ganze Land aus."[176]
Wurden beim letzten Mal wirklich alle Dämonen besänftigt? Jedenfalls verbrachten wir hier die schlechteste Nacht der Tour, denn die beiden Hunde vom Dorfplatz ließen sich ganz nahe bei unseren Zelten nieder und bellten fast ununterbrochen, was heftigste Reaktionen aller Hunde von nah und fern auslöste. Doch wir hielten den beiden zugute, dass sie um unseren Schutz besorgt waren.

Steil ging es hinunter zum Fluss. Die Bauern waren schon wieder bei der Feldarbeit. Einer führte ein Pferd, der andere den Pflug. Vier Frauen zerkleinerten mit ihren Hacken die Schollen. Wir seien auf dem richtigen Weg, riefen sie, unten gäbe es eine Brücke. Ihre Tiere gingen da nicht hinüber, aber für uns sei sie gut. Na, wie beruhigend! Die Tiere sind offensichtlich schlauer. Etwa die Hälfte des Abstiegs hatten wir bewältigt, als der kaum erkennbare Pfad waagerecht den felsigen Hang querte. Weit unten überspannte das Brücklein die Schlucht. Die beiden durchgebogenen Stämme lagerten auf Trockenmauerwerk, das hoch über dem Fluss an einer Engstelle auf schräg abfallendem Felsen geschichtet worden war. Die Mauern wirkten wie angepappte Bienenwaben. Hoffentlich hielt der Klebstoff! Beim Näherkommen erhöhte sich der Puls noch einmal, denn ein sehr steiler Klettersteig führte hinunter zur Brücke. Wo es ging, hatten die Erbauer kleine Absätze aus dem Fels gehauen und Steine als Treppenstufen aufgeschichtet. Bergauf kann man sich gut festhalten, doch bergab und der Blick hinunter … Zum Glück waren wir alle schwindelfrei. Mingma und Tendi halfen den Trägern, und dann überquerte einer nach dem anderen die Brücke ohne Geländer auf etwa sechzig Zentimeter breitem Steg, wohl dreißig Meter über dem Bach.

„Mir brennt der Hintern!", rief Kaji drüben angekommen und setzte seinen Korb ab.

„Mir auch", erwiderte ich, „wir hätten gesichert mit dem Bergseil gehen sollen". Doch nein, Kaji zeigte auf den zweiten Kanister, von dem nun das Petroleum tropfte und Kajis Haut attackierte.

Es erforderte einige Kletterkünste, um aus der Schlucht zu steigen. Eigentlich war es Harald und mir nicht klar, warum wir sie verließen und den Abstecher hinauf nach Khoma machten, von wo wir übermorgen – auf anderem Weg – wieder in sie hinabsteigen würden, um nach Tinje und zum Mo La zu gelangen. Tendi sagte nur, das stünde so im Programm. Er glich einem GPS-Gerät, wusste genau, wo er war und hatte die nächste Wegstrecke exakt im Kopf gespeichert, konnte oder wollte aber sie uns gegenüber nicht darstellen und schon gar nicht

---

[176] Valli / Summers, Aufbruch am Ende der Welt, 29.

erklären, warum wir zum nächsten Ziel gingen und was es dort zu sehen und erfahren gäbe. Sein Orientierungssinn war phänomenal, doch seine pädagogischen Fähigkeiten bedurften der Weiterentwicklung.

Wir erreichten ein trockenes Bachbett und folgten ihm. Auswaschungen der Felsen über uns und die großen Sandablagerungen machten deutlich, dass bei Schneeschmelze und nach Regenfällen Wassermassen mit rasender Geschwindigkeit durch diesen Schlund zum Panjyang Fluss hinabjagten. Wir stiegen zwischen bis zu fünfzehn Meter hohen, zusammengepressten, senkrechten Lehm- und Sandwänden bergauf und mussten uns immer wieder durch Engstellen zwängen und den Trägern helfen, mit ihren Lasten sich durchzuwinden, so sehr rückten die Wände zusammen bzw. verkleinerten Überhänge die Spanne, die ein laufender Erwachsener benötigt. Die Knochen von Yakbeinen auf dem Weg zeugten von Tragödien. Ich empfand das alles schaurig-schön, wenn auch gefährlich und wollte nirgends rasten. Mingma, der immer wieder zur Stelle war, wenn sich ein Trägerkorb oder ein Seesack verklemmte, meinte nur: „Wenn es einem bestimmt ist, dann kann man sowieso nichts machen. Also gehen wir ohne Furcht!"

Die Klamm verlor an Tiefe, wurde zum Graben und verschwand schließlich in der Weite eines mit niedrigem Buschwerk bestandenen Berghangs. Es war Mittag und unsere Kehlen waren ausgetrocknet von Hitze und Staub. Weit und breit kein Wasser, auf das wir gehofft hatten, um ein Essen zu kochen. Gewöhnlich lagen zwischen Aufbruch und Mittagsrast drei bis vier Stunden. So trug niemand außer Harald Tee oder Wasser mit sich. Harald verteilte seinen Liter Flüssiges an unsere Begleiter. An einem Ziegenpferch aus groben Feldsteinen gab es dann ein kaltes Essen aus Brot, Dosenfleisch und Käse. Saft aus Ananas- und Pfirsich-Konserven ersetzte Tee und Kaffee. Das Quellwasser, das wir Stunden später am Fuß eines Passübergangs fanden, schmeckte lau und salzig.

Auf dem Pass wurde uns klar, warum „GPS-Tendi" auf den Abstecher nach Khoma bestanden hatte. In einem Oval von wohl fünfzehn mal fünf Kilometern lag der Ort in der Nachmittagssonne, umgeben von grünen Feldern, braunen Grasflächen und beschneiten Fünftausendern. Unsere an technische Zivilisation gewöhnten Augen sahen keine Straßen, keine Eisenbahnlinien, keine Stromleitungen, keine Fahrzeuge, keine Fabrikschlote, sondern ein Dorf wie auf einem anderen Planeten, ruhend in Licht, Weite und Frieden. Mit Vorfreude begaben wir uns auf den leicht fallenden, so bequem scheinenden Abstieg.

Doch der Mensch ist kein Vogel, der ohne große Mühe über alle Unebenheiten und geradewegs zum Ziel fliegen kann. Wir mussten viele kleine Rinnen und Runsen queren, die, je näher wir dem Dorf kamen, zu Gräben und Schluchten wuchsen, welche eine nach der anderen zu überwinden waren. Der Boden war nun gänzlich frei von Gras und Büschen, und viele Spuren führten über steiles Gelände, das einer Ansammlung von Kohlehalden glich. Tendi hatte das Labyrinth bereits überwunden, dirigierte von Weitem und half uns, den richtigen Pfad hinunter zu finden. Am tiefsten Punkt schlängelte sich ein Bächlein durch das Schwarz und hatte wohl beschlossen, die Düsternis etwas aufzuhellen, denn es lagerte an beiden Ufern einen weißen Streifen ab – aus tieferen Schichten gelöstes Salz. Hier im Grund des geologischen Wirrwarrs gab es nur Schwarz und Weiß und keinerlei Farben.

Auf einer ebenen Wiese zwischen dem Dorf und der etwas abseits stehenden *gomba* bauten wir das Lager auf. Es war Abend des bisher anstrengendsten Tages unserer Wanderung. Einige Träger lagen wie im Koma auf der Wiese von Khoma, doch sie lächelten und halfen nach kurzer Erholungspause, das Küchenzelt aufzubauen. Dort bekamen wir auch gleich Besuch. Zwei kleine Buben schoben die Eingangsplane etwas zur Seite. Der größere trug sein Brüderchen oder Schwesterchen auf dem Rücken. In diesem Alter sind hier die Frisuren alle gleich: die Haare auf allen Seiten gerade herunterfallend und kreisrund abgeschnitten. Die Kinder waren weder scheu noch aufdringlich. Sie sagten nichts, wenn man sie ansprach. Ihre großen, ruhig beobachtenden Augen waren auf das gerichtet, was hier war und geschah. Was wohl in diesen Köpfen vor sich ging? Welchen Lebensweg, welche Zukunft haben die Kinder vor sich? Wie werden sie sich mit all den Änderungen, die rings um Dolpo stattfinden und das Leben auch hier mehr und mehr beeinflussen, zurechtfinden?

Kurz darauf kehrten zwei Frauen von der Feldarbeit zurück und baten um Medizin. Harald versorgte sie. Sie bedankten sich und luden uns ein, morgen vor unserem Aufbruch in ihr Haus zu kommen. Eine ausgetretene Holztreppe führte vom leeren Yakstall im Erdgeschoß nach oben in einen großen quadratischen Raum. Er war fensterlos, sodass die ewig blasenden Winde und Stürme abgehalten wurden. Licht kam durch eine Luke im Flachdach, wodurch auch das Ofenrohr geführt war. Doch das meiste Licht spendete eine Glühbirne, die von einem kleinen Sonnenkollektor auf dem Dach gespeist wurde. Der Eisenherd in der Mitte des Raumes strahlte eine angenehme Wärme aus. Reisigzweige und Yakdung nährten das Feuer. Auf groben Teppichen saßen zwei Kinder und die beiden Frauen. Sie boten uns Buttertee an, den erfahrene Himalayagänger niemals verschmähen. Die heiße Flüssigkeit, das Salz und das Fett sind genau das, was der Körper vor und nach großen Anstrengungen braucht. Ich rührte noch das angebotene *tsampa*[177] in den Tee, Harald und Tendi kauten einen harten Yakkäse. Wir fragten nach den Männern, man sah ja im ganzen

---

[177] *Tsampa*, geröstete und dann gemahlene Gerste, ist ein Hauptnahrungsmittel im Himalaya, das viel Vitamin B enthält. *Tsampa* wird nur langsam verdaut und hält auf diese Weise lange vor.

Dorf keine, und ahnten schon die Antwort.

„Sie sind unterwegs."

„Aber wohin?"

Tendi übersetzte. „Einige werden in den nächsten Tagen von Kathmandu und aus Indien zurückkommen, wo sie während des Winters Waren verkauften und arbeiteten, wie jedes Jahr."

„Und die anderen?"

„Sie sind in zwei Gruppen mit unseren Yaks fortgezogen", sagten die Frauen. „Eine Gruppe ist jetzt in Tibet. Sie werden bald zurückkommen, die Reisen sind viel kürzer als früher, denn die Chinesen geben unseren Leuten nur noch wenige Tage Zeit, um mit den *drog-pa* zu tauschen. Die *drog-pa* sind Viehzüchter. Sie bringen jetzt das Salz von den Seen[178] bis an die Grenze, wo sie unsere Männer treffen, die aus dem Süden Getreide hinaufgebracht haben. Das Geschäft wird dann abgeschlossen unter Aufsicht der Chinesen, die Mengen, Preis und Partner bestimmen und auch noch Steuern erheben. Früher war Vertrauen die Grundlage des Handels, und unsere Karawanenführer hielten sich länger bei den *drog-pa* auf. Das war viel besser. Die andere Gruppe war heuer schon einmal in Tibet und bringt das Salz hinunter zum *netsang,* dem Handelspartner. Jede Familie hat in den Tälern jenseits des Kagmara Passes eine Partnerfamilie, mit der sie Getreide gegen Salz tauscht. Es dauert mehrere Tage, bis sie sich einig sind. Aber es hat immer funktioniert. Es ist ein ehrliches Verhältnis. Beide haben Nutzen davon und teilen die Risiken. Unsere Leute wohnen beim *netsang* und helfen bei der Arbeit. Manchmal bleiben sie während des ganzen Winters und dürfen die Yaks dort weiden lassen. Ihr Dung ist gut für die Felder. Früher grasten unsere Yaks im Winter in Tibet. Das ist jetzt nicht mehr möglich. Und wegen der chinesischen Vorschriften können wir nicht mehr soviel Salz nach Süden bringen, wie dort gebraucht wird, und erhalten deshalb auch weniger Getreide und Mais von unseren *netsang.* Die Leute kaufen jetzt indisches Salz, das billiger ist, weil es über die Straßen kommt. Manchmal schickt die Regierung in Kathmandu auch Helikopter in die Gebiete, wo schlechte Ernten waren und Hunger droht. Dann gibt es Reis und Salz billiger als sonst.[179] Der Kurs für das tibetische Salz wird immer schlechter, aber es ist für Menschen und Tiere besser. Vom indischen Salz

---

[178] Es handelt sich um Überreste des Meeres Tethys, das durch den Druck des indischen Subkontinents auf das asiatische Festland hochgehoben wurde und dann vertrocknete.

[179] Kenneth Bauer (High Frontiers, 125) schreibt: „Dezentrale Netzwerke von Dörfern, die sich gemäß jahreszeitlichem Rhythmus beeinflussten, werden durch regionale Verteilungs- und Produktionszentren verdrängt. Anonyme Märkte und Großhändler ersetzen Partnerschaften zwischen Familien. Es gibt immer weniger Raum für Dolpos traditionelle Art von Austausch und Handel." Seit dem Jahr 2000 beliefert die nepalische Regierung kritische Gebiete im Norden des Landes mit Nahrungsmitteln über die Straßen in Tibet.

juckt die Haut. Wir leben vom Handel mit den *netsang* und *drog-pa*, von unseren 16 Yaks und den paar Feldern. Wir Frauen weben Teppiche und Stoffe, die in Ringmo, Tichurong und Tibrikot verkauft werden."

„Ist es nicht zu heiß für die Yaks in den Tälern?"

„Doch. Deshalb gehen wir mit ihnen eigentlich nicht unter 3000 Meter. Weiter unten sind Blutegel im Wasser, welche die Yaks von innen zerfressen. Das Salz wird von Schaf- und Ziegenherden weiter nach Jumla und südwärts getragen. Das wird jetzt aber vorbei sein, denn die Regierung hat eine Straße bis Jumla gebaut. Früher haben wir unsere Yaks im Winter in Tibet weiden lassen und das Salz nur bis in unsere Dörfer gebracht. Die Leute aus Rimi und Hurikhot und den anderen Orten im Süden kamen mit ihren Schafen und Ziegen zu uns herauf und trugen das Salz hinunter. Bei uns wurde getauscht. Aber wegen der Chinesen müssen wir Weideland für die Yaks im Süden suchen und transportieren das Salz auch deshalb selbst dorthin. Aber es wird immer weniger gebraucht. Irgendwie ist alles anders geworden."[180]

Die Butterteetassen wurden zum dritten Mal gefüllt. Tendi mahnte zum Aufbruch.

„Wie weit wollt ihr heute gehen?", fragte eine der Frauen.

„Bis Tinje."

„Das ist ein weiter Weg. Ja, ihr müsst euch aufmachen. Ihr werdet dort aber nichts Neues sehen. In Shimen, Phalwa und Tinje leben die Leute so wie wir."

Von einer Passhöhe zwischen dem Oval, in dem Khoma liegt, und der Schlucht des Panjyang Flusses blickten wir zurück auf das Dorf. Harald meinte: „Wenn ich in Dolpo leben müsste und hätte die Auswahl, mir würde es am besten in Khoma gefallen."

Von Shimen zum Ort der Tragödie

Sanft ging es über weite Flächen auf der Nordseite des Passes wieder hinunter zum Panjyang Khola, den wir bis Tinje folgen wollten. In einem Busch hatte sich die flaumige Feder eines Schneehuhns verfangen. Ich steckte sie an meinen Hut und nahm so die Erinnerung an diesen Vormittag mit, an dem wir vol-

---

[180] Diese Veränderungen sind beschrieben von Fürer-Haimendorf, Himalayan Traders, 176; Snellgrove, Four Lamas of Dolpo, 48-49; Rai Navin / Thapa Man, Indigenous Pasture Management in High Altitude Nepal: A Review, Research Report Series, No. 22, HMG Ministry of Agriculture / Winrock International, Kathmandu 1993; Valli / Summers, Aufbruch am Ende der Welt, 73, 173-192 und Bauer, High Frontiers, 99, wo es heißt: „Die Willkürlichkeit der politischen Grenzziehung traf die Dolpo-pa empfindlich, deren Handelsbeziehungen auf Verwandtschaft, Sprache, Kultur und Lebensraum beruhten."

ler Zufriedenheit dahinwanderten. Der Kopf war frei geworden in der weiten, urtümlichen Welt, die fast nur aus Bergen, Tälern, Sand, vereinzelten Grasbüscheln, etwas Buschwerk und dem hohen Schirm des Himmels bestand. Sie erinnerte mich an die Vorplätze großer Moscheen in Pakistan und Indien, die durch ihre Weite, Klarheit und Einfachheit der Form helfen, alles hinter sich zu lassen, um für das Wesentliche im Inneren der Moschee bereit zu werden. Unsere Körper waren an die Höhe bestens angepasst und an den Rhythmus von Laufen und Rasten gewöhnt. Es bleibt mir allerdings rätselhaft, wieso Harald und ich, die wir ja höchstens acht, neun Kilo im Rucksack hatten, kaum mit unseren Trägern mithalten konnten, die alle etwa dreißig Kilo trugen. Sie waren stark in jeder Hinsicht, körperlich, mental und charakterlich. Es gab während der ganzen Reise mit ihnen nicht den Hauch einer Verstimmung.

Sie rasteten an einer Geländekante und blickten hinunter zum Fluss. Auf der Gegenseite lag Shimen an den Südhängen der Grenzberge zu Tibet. Wie aus der Vogelperspektive schauten wir auf den Ort und seine Umgebung. Alles war geordnet bis ins Detail. Wo das schräg zum Fluss abfallende Plateau an die steilen Bergflanken stieß, führte ein Kanal Wasser aus den Bergen ins Dorf und auf die Felder. Er war gesäumt von Büschen und einigen Pappeln und Weidenbäumen. Die Häuser standen in Gruppen zusammen, verbunden durch Wege, beidseitig von Feldsteinmauern flankiert. Die Felder waren aufs Sorgfältigste vorbereitet. So wie das Gelände es vorgab, hatte jedes seine eigene Form. Und wie Dachziegel lag das eine unterhalb des anderen, sodass alle das Wasser des Kanals empfangen konnten. Wir blickten auf einen kleinen Kosmos.

Wie ist er eingerichtet? „Es gab hier niemals Herrscher, die aus befestigten Anlagen über weite Gebiete Hoheit ausübten, sondern die Dörfer selbst – oft gerade wegen ihrer großen Entfernung voneinander – blieben verantwortlich für ihre Angelegenheiten. Autorität wird von einem Dorfoberhaupt ausgeübt. Er ist in der Regel ein älteres Mitglied einer respektierten Familie."[181] Der Wissenschaftler Kenneth Bauer[182] lebte mehrere Monate bei einer Familie im Panjyangtal und gewann Innenansichten. Während seines „Familienpraktikums" säuberte er die *gomba*, war bei den Gebeten und Zeremonien der Lamas zugegen, trug Wasser ins Haus, kämmte Wolle, schälte Unmengen Kartoffeln, trank Buttertee und aß *tsampa* mit der Familie, die sich jeden Abend um den Herd versammelte. Er hütete Schafe und begleitete Karawanen in den Südwesten und zurück. Das fand er heraus:

---

[181] Snellgrove, Four Lamas of Dolpo, 14.
[182] Bauer, High Frontiers; s. auch Jest Corneille, Die Dolpo-pa, in: Brauen, Martin (Hsg.), Nepal. Leben und Überleben, Zürich 1984, 182.

Nur die Felder rings um die Dörfer sind in Privatbesitz. Um ihn durch Erbteilung nicht so weit zu zerstückeln, dass davon eine Familie nicht mehr ernährt werden kann, ist Polyandrie üblich, bei der eine Frau mit zwei Ehemännern lebt. Die Felder werden zusammengelegt und gemeinsam bewirtschaftet.

Verkauf von Land bedarf der Genehmigung der Dorfräte und des Dorfoberhaupts, deren Autorität von der Gemeinschaft und ihren Lamas anerkannt sein muss. Wiesen, Buschland und Gewässer werden gemeinschaftlich genutzt. Das muss organisiert und verwaltet werden. Der Dorfrat achtet darauf, dass die Herden gleichzeitig auf die Weiden in verschiedenen Höhenlagen gelangen, wo die Besitzer nach einem Lotteriesystem, das viermal im Sommer durchgeführt wird, ihre Flächen zugeteilt erhalten, und der Dorfrat setzt das Datum fest, wann die Karawanen nach Tibet ziehen und zu welchem Preis das Getreide zu verkaufen ist. So sollen Übervorteilung, Neid und Missgunst vermieden werden. Zur fairen Energieversorgung wurde ein ähnliches System entwickelt: Einmal im Monat entsendet jeder Haushalt Söhne oder Töchter für drei Tage, um Zweige und Dung zu sammeln. Das Brennmaterial wird dann gleichmäßig auf die Haushalte verteilt. Auch viele andere Arbeiten werden gemeinschaftlich ausgeführt: Bau von Pfaden, Brücken, Bewässerungskanälen, Mähen, Dreschen, Häckseln, Bewachen der Herden und die Begleitung der Handelskarawanen. Gemeinschaftsarbeit ist eine Versicherung gegen individuelle Überforderung, gegen Schwäche und Krankheit und trägt stärker dazu bei, gemeinschaftliche Bande zu festigen als schnell vollzogener finanzieller Ausgleich von Dienstleistungen.

Das Dorfoberhaupt vermittelt bei Konflikten und setzt Strafen fest, wenn allgemeine Vereinbarungen über die Nutzung von Wasser, Weideland und Buschwerk missachtet werden. Er hat einen Sekretär zu Seite, der lesen und schreiben kann, Katasterdokumente aufbewahrt und Korrespondenz führt, wenn notwendig. Die Sekretäre sind wohl die einzigen im nördlichen Dolpo, die über Aktenordner verfügen. Die Dorfvorsteher genießen hohen Respekt, da angenommen wird, dass der Geist ihrer Ahnen weiterhin am Wohlbefinden des Ortes interessiert ist und auf die Dorfvorsteher blickt. Und auch die lokale Berggottheit beaufsichtigt das Geschehen.[183] Auf diese Weise mit Ahnen und Berggottheiten verbunden soll die soziale Ordnung aufrechterhalten bleiben.

Doch die Mechanismen der Gegenseitigkeit ohne Geldtransfer nehmen auch im Dolpodistrikt ab, und moderne staatliche Verwaltung hält Einzug. Da und dort beginnt die Integrität der Dorfvorsteher Schaden zu nehmen, die

---

[183] Samten Karmay (The Arrow and the Spindle, Bd. I, 447) schreibt: „Die Verehrung von Berggottheiten symbolisiert nicht nur die tibetische kulturelle Identität …, sondern hat auch den Effekt, das Nationalbewusstsein zu reanimieren gegen die Sinifizierung durch China" und, man kann hinzufügen, auch gegen die Hinduisierung in Nepal (s. Kap. „Blutbefleckte Zeigefinger – Ausgrenzung").

mehrmals im Jahr nach Dunai müssen, um Steuern zu überbringen und staatliche finanzielle Zuwendungen für ihre Gemeinde abzuholen. Nicht alles Geld kommt dort an, wo es ankommen sollte.[184]

Die Bauern beobachten die Regenmengen im Frühsommer und den Pflanzenwuchs in den verschiedenen Höhenlagen und lassen dementsprechend die Tiere grasen. Bei günstigen Bedingungen kaufen sie in Tibet Tiere hinzu, bei ungünstigen verkaufen sie im Süden. Wie bei den Gemeinschaftsflächen, so wird auch bei den privaten Feldern darauf geachtet, dass sie nicht übernutzt werden. Gewisse Felder liegen in manchen Jahren brach, auf den anderen wird auf jährlichen Fruchtwechsel geachtet. Sie werden regelmäßig gedüngt mit Küchenabfällen, Asche, Schaf- und Ziegenmist.

Kenneth Bauers Beobachtungen widerlegen, dass gemeinschaftliche Nutzung natürlicher Ressourcen zu Raubbau führt. Das mag in manchen Fällen stimmen, jedoch man darf nicht verallgemeinern. Seit über tausend Jahren leben die Dolpo-pa hier, und ihr Land ernährt sie, ihre Herden und viele Wildtiere immer noch. Die Leute scheinen das Märchen vom dummen Töpfer zu kennen:

„Einstmals war ein Töpfer, der, wenn er den Lehm für seine Töpfe holte, ihn immer an demselben Ort wegnahm. So hatte er eine große Grube in die Bergwand hineingegraben. Da stieg eines Tages, als er den Lehm holte, außer der Zeit eine Wolke auf, es fiel ein gewaltiger Regen, das Wasser breitete sich aus und machte die Wand der Grube einstürzen. Dadurch wurde ihm der Kopf zerschmettert. Klagend sprach er den Vers:

, Was der Pflanze Wurzel hält,
Tiere trägt und Menschenwelt,
Hat den Schädel mir zerschellt.
Schutz ward zur Gefahr.'"[185]

Strukturen, Aufgaben, ja das ganze System der Gemeinschaft sind auf ihr Überleben ausgerichtet, und dafür sind Friede, Gerechtigkeit, Zusammenarbeit und Balancehalten zwischen den vorhandenen Ressourcen und den Bedürfnissen notwendig. Respekt vor der beseelten Natur und das Einwerben übermenschlicher Hilfe durchdringen die meisten Handlungen. Sie sind eingebettet in sozialen Beziehungen (Heirat, Blutsverwandtschaft, wechselseitige Verpflichtung, Gemeinschaftsregeln) und in religiösen Bindungen. So wird die Autonomie der Menschen eingeschränkt und ausuferndes Anhäufen von Reich-

---

[184] Dazu Jest, Die Dolpo-pa, 187.
[185] Lüders Else, Buddhistische Märchen aus dem alten Indien, Köln 1985, 65.

tum zulasten von Gemeinschaft und der natürlichen Ressourcen zu vermeiden versucht.[186] Und es gibt Mechanismen, die verhindern, dass Reiche zu reich werden. Es ist z.b. Sitte, dass Wohlhabende überdurchschnittlich große Ausgaben für die Zeremonien bei Geburt, Heirat und Tod und für den Bau von *gombas*, Brücken und Wegabschnitten leisten.[187] Die Mechanismen des Ausgleichs scheinen wohl noch in einem vernünftigen Verhältnis zu denen des Wettbewerbs zu stehen. Das gesamte System ist sicherlich komplex, aber es ist klar, jedermann einsichtig und verständlich und wird von Generation zu Generation mündlich weitergegeben und fortentwickelt.

Gerade in den letzten Jahrzehnten haben die Dolpo-pa bewiesen, dass sie die Kraft zur Weiterentwicklung haben, ganz im Sinne von Arnold Toynbee, dessen Analysen zum Wachstum und Verfall von Zivilisationsgesellschaften in der Einleitung erwähnt wurden. Die Dolpo-pa entsprechen weitgehend Toynbees Kriterien, die den Erhalt ihrer Gemeinschaft bedingen: Es scheint genügend geistig-moralische Substanz vorhanden zu sein, welche verhindert, materiellen Besitz als das höchste Gut zu definieren und welche für die Gemeinschaftsmitglieder einen einigermaßen gerechten Zugang zu materiellen Gütern ermöglicht. Und offen-

---

[186] Dazu Fisher R.J. / Gilmour D.A., Anthropology and biophysical Sciences in Natural Resource Management: Is Symbiosis possible? In: Chhetri Ram B. / Gurung Om P., Anthropology and Sociology of Nepal. Cultures, Societies, Ecology and Development, Kathmandu 1999, 179. R. Fisher / D. Gilmour sprechen von „the embedded nature of common property". Ein schönes Beispiel aus Bhutan für dieses Eingefügtsein in religiöse Bindungen und die positiven Folgen nennen Christian Schicklgruber / Francoise Pommaret (Bhutan. Festung der Götter, London 1997, 169): „Die Berge bestimmen auch den Rhythmus der Jahreszeiten und setzen die Raum- und Zeitkoordinaten zur Bearbeitung und Nutzung des Landes ... Ein Teil der Bewohner ... zieht das ganze Jahr über mit den Herden ... auf die Hochalmen und ... zurück. Sie folgen damit ihrem *yulha* (der auf dem oder im Berg wohnenden Schutzgottheit), der sich ebenfalls je nach Jahreszeit an verschiedenen Orten niederläßt. Jedem Ortswechsel muß ein ... reinigendes Weihrauchopfer ... vorausgehen. Von diesem Tag an gibt es eine Trennlinie zwischen dem Ort des Rituals und dem Aufenthaltsort des *yulha* und somit des halbnomadischen Teils der Dorfbevölkerung. Das Überschreiten der Grenze nach diesem Zeitpunkt würde den *yulha* verärgern und Krankheiten unter dem Vieh verursachen. Die Grenze bleibt geschlossen, niemand geht auf die Hochweiden, bevor die Weiden nach der Schneeschmelze die Herden tragen können; umgekehrt wird auch gewährleistet, daß die Herden nicht vor der Ernte die Felder gefährden. Streit wird vermieden, die gesellschaftliche Harmonie bleibt bestehen, die Natur wird sehr behutsam als Wirtschaftsgrundlage genutzt."
[187] James F. Fisher (Transhimalayan Traders. Economy, Society and Culture in Northwest Nepal, Delhi 1987, 133-155) analysiert Beispiele aus dem südlichen Dolpo, die im Großen und Ganzen auch auf das nördliche Dolpo übertragen werden können. Ähnliche Mechanismen gibt/gab es bei den anderen Volksgruppen Nepals, z.B. bei den Rai (s. McDougal Charles, The Kulunge Rai. A Study in Kinship and Marriage Exchange, Kathmandu 1979), den Sherpa (s. Fürer-Haimendorf, The Sherpas of Nepal) und den Gurung (s. Kap. „Lebensinseln in den Wolken").

sichtlich antworten die Dolpo-pa auch auf die äußeren Herausforderungen in kreativer Art und Weise: Die massiven Einschränkungen im traditionellen Handel mit ihren tibetischen Partnern und die Benachteiligungen durch die Einfuhr des billigeren indischen Salzes über das näher rückende Straßennetz, haben die Dolpo-pa teils dadurch ausgeglichen, dass viele, meistens Männer, während des Winters im Gebiet um Dunai, in Kathmandu und Indien arbeiten oder Handel treiben, und dabei auch noch den Nahrungsmittelvorrat in Dolpo schonen. Sie haben es verstanden, eine gewisse Anzahl ihrer Yaks im Winter bei ihren südlichen Partnern anstatt in Tibet weiden zu lassen.

Nachdem in den frühen sechziger Jahren viele Tiere erkrankten und verhungerten, weil das vorhandene Grasland nicht auch noch die Yaks der tibetischen Flüchtlinge ernähren konnte und der extreme Winter 1961/62 die Lage noch zusätzlich verschlimmerte, haben die Dolpo-pa die Qualität ihrer Yakherden wieder verbessert. Karawanenführer bringen jetzt statt Getreide das begehrte *yartsa gumbu* nach Tibet, verdienen Geld, kaufen chinesische Produkte wie Kleidung, Stoffe, Schuhe, Thermosflaschen, Uhren und transportieren die Waren hinunter bis ins nepalische Mittelland.

Die Dolpo-pa sind offen für Neuerungen, kreativ und flexibel, um auf Herausforderungen zu reagieren. Und so bleibt zu hoffen, dass sie auch mit einer neuen Gefahr fertig werden: Christliche Fundamentalisten der USA rufen dazu auf, durch Gebet und Zeugnisablegen die Dolpa-pa, „die für Änderungen nicht bereit sind, die dämonische Geister verehren und die seit vielen Jahrhunderten unter der Knechtschaft und Kontrolle des Satans leben", zu bekehren.[188]

---

[188] http://www.joshuaproject.net/overview.php
Dazu eine Stimme aus Nepal. Susil Tamang (Let the Pope not come to Nepal, in: Himal, Vol. 7, No. 1, 1994, Kathmandu, 1) schreibt: „Die Leute im Himalaya sind ... tief religiös ... (Nepal ist ein Land) von so reicher religiöser Vielfalt, und da möchten die Missionare, dass die Nepali, die Tibeter, die Lepchas, die Bhutaner und die Ladakhis einen Gott aus Jerusalem und seinen höchsten Priester in Rom verehren? Ich lebe mit meinen Kindern, Eltern und Großeltern in einem Haus in Nepal. Wir haben weder Sozialversicherungsdokumente noch eine Krankenversicherung. Worte wie Neurose und Psychose sind uns fremd. Wir teilen unsere Probleme mit unseren Freunden, Verwandten und mit unseren dhami, jhakri, bijuwa, lama, shashtri und amchis. Sie sind da für unsere seelischen und medizinischen Bedürfnisse. Wir sind gastfreundlich zu Fremden und die kommen zurück und sagen, unsere Himalaya-Seelen müssten gerettet werden? Warum sollte ein westlicher Missionar oder ein zum Christentum bekehrter Nepali in mein Dorf kommen, um meine Seele zu retten? ... Im Gegensatz zum Christentum haben wir Dezentralisierung in unserem Götterhimmel ... Wenn das Christentum religiöse Toleranz predigt, warum toleriert dann der christliche Gott keine anderen Götter neben ihm? ... Fundamentale Menschenrechte werden verletzt, wenn man seine Religion friedlichen und freundlichen Berglandbewohnern aufdrängt, indem man ihnen Stipendien, Schulen, Apotheken, Missionskrankenhäuser, moderne Infrastruktur ... verspricht."

Über steile „Kohlehalden" erreichten wir den Fluss und betraten eine noch trockenere Gegend. Hier wuchs auf weiten Strecken wirklich gar nichts mehr. Der Graben, in dem der Panjyang fließt, erschien mir trostlos und schön zugleich. Mir war als wollten die alten, verwitterten *chörten* am Weg uns immer wieder Trost spenden und sagen: Wenn wir es hier seit vielen Jahren bei Tag und Nacht, in Hitze und Kälte, bei Sturm, Regen und Schnee, umgeben von all diesen toten Felstürmen und Geröllhalden, aushalten, dann werdet ihr es auch schaffen, die ihr ja nur kurz diese Verlassenheit zu durchschreiten habt.

Da holten wir eine kleine ältere Frau ein, welche in einem Plastiksack etwas Schweres trug.

„Wohin geht's denn?", fragte Nyima.

„Nach Tinje."

„Ganz alleine?"

„Ja."

„Ist es weit bis Tinje?"

„Ja, aber bis zum Abend ist man dort."

„Was ist denn in dem schweren Sack?"

„Nur ein paar Rettiche."

„Kann ich einen abkaufen?"

Während Rettich gegen Rupien wechselte, konnte ich mit der Frau nur ein Lächeln tauschen. Leichtfüßig begleitete uns die gebrechlich wirkende Gestalt mit der schweren Last auf dem Rücken.

Mittagsrast – die schönste Unterbrechung im Ablauf eines Trekkingtages. Es ist warm, man kann sich entspannen, ein Bad nehmen (hier allerdings in eiskaltem Wasser), den Köchen zuschauen, dem Summen der Öfen und Pfeifen des Dampfdrucktopfes lauschen, sich auf das Essen freuen, Tagebuch schreiben oder einfach dasitzen und seinen Gedanken nachgehen. Der zweitschönste Moment war für mich immer das „Good morning, *baje*" (badse, Großvater), entboten mit

---

Mit Fundamentalisten hatten die Nepali schon mehrmals schlechte Erfahrungen gemacht. 1349 plünderten und zerstörten muslimische Glaubenseiferer des Sultans von Bengalen bei ihrer kurzen Invasion des Tals von Kathmandu eine Reihe hinduistischer und buddhistischer Kultstätten. Von 1715-1769 lebten Kapuzinermönche im Tal von Kathmandu. Sie wurden durch König Prithvi Narayan Shah ausgewiesen. Der italienische Pater Josef berichtete von seiner Vernichtung von 3000 alten nepalischen Handschriften während seines 12-jährigen Aufenthalts. Siehe Regmi D.R., Medieval Nepal, Vol. I, Calcutta 1965, 312-318 und ders., Vol. II, Calcutta 1966, 635-637.
Diese Ereignisse waren wohl der Anlass dafür, dass spätere Verfassungen das Verbot von Missionierung und Konversion enthielten. Dabei stand aber sicherlich nicht die Sorge um den Erhalt von Schriften und Kultstätten im Vordergrund, sondern die Festigung von Herrschaft mithilfe der eingeführten Kastenordnung. Siehe auch Shah Saubhagya, The Gospel comes to the Kingdom, in: Himal, Vol. 6, No. 5, 1993, Kathmandu, 35-40.

lächelndem Gesicht von Kaji oder Wangchuk. So wurde dem schlaftrunkenen, warm im Schlafsack verpackten Gast zwanzigmal in den neuen Tag geholfen und dabei Tee und Gebäck gereicht. Das erlebt man so in keinem Hotel der Welt.

Wo die von ausgetrockneten Gießbächen durchzogenen Schutthänge der Grenzberge zu Tibet ihre Steilheit verlieren und sich mit den behäbig in der Sonne liegenden, fast ebenen Äckern treffen, lag Tinje. Eng schmiegten sich die Häuser aneinander und im Zentrum überragte ein mächtiger *chörten* den Ort. Steinmauern schützten die bestellten Felder. Das Zusammenspiel ihres frischen Grüns mit dem Schwarz-Grau der Geröllhalden, über welche die noch dunkleren Schatten der Wolken wanderten, war für die Augen wieder ein neues Erlebnis, wie vor zwei Wochen die Kombination der Farben am Phoksumdosee.

Wir fanden keinen freien Platz für unsere Zelte. So wurde uns der Hinterhof eines Bauernhauses am Dorfrand angeboten. Würde es wieder eine unruhige Nacht wie in Nishal geben? Eine niedere Mauer aus Feldsteinen trennte den Hof vom Dorfweg. Ein junges Mädchen führte ein Pferd und begrüßte mich. Sie war vielleicht fünfzehn Jahre alt, gerötete Wangen, hellwache Augen voller Lebenslust.

„Guten Abend." Sie sprach gut verständliches Englisch und war sichtlich stolz, es anzuwenden.

„Guten Abend."

„Woher kommen Sie?"

„Von Khoma."

„Oh, das ist ganz schön weit. Ich gehe morgen mit meinem Vater nach Tibet. Mein Vater ist *amchi*."

„Wie lange werdet ihr unterwegs sein?"

„Mit den Pferden schafft man es über den Pass bis morgen Abend. In drei Tagen sind wir zurück."

„Und was macht ihr dort?"

„Wir bringen *yartsa gumbu* hinauf und werden mit dem Geld einkaufen."

„Welche Waren?"

„Wir kaufen in der Handelsstation Stoffe, Schuhe, Thermosflaschen, Uhren, Tassen und Getränke."

„Welche Getränke?"

„Alle möglichen."

Sie bückte sich und hob eine Aluminiumdose auf. Da sah ich, dass viele Blechdosen am Fuß der Mauer herumlagen, alle in kitschigen Farben und mit chinesischen Aufschriften. „In den einen ist Alkohol, in den anderen sind Fruchtsäfte."

„Und was macht ihr mit den Waren?"

„Wir bringen sie hinüber nach Dho Tharap zusammen mit unseren eigenen Produkten, gewebten Decken, Säcken, Schals und Gürteln. Einen Teil davon behalten die Leute dort für sich selbst, das andere verkaufen sie weiter unten."
Sie schnalzte mit der Zunge, schwang die kurze Peitsche und ging mit dem Pferd ins Dorf.
„Auf Wiedersehen und gute Reise."
„Euch auch. Auf Wiedersehen." Diese Person war offensichtlich zufrieden mit sich und der Welt. Und das Wundermittel „Sommergras-Winterinsekt" hat den Menschen eine neue Einkommensquelle beschert.
Hunde störten uns während dieser Nacht in Tinje nicht. Aus dem Tiefschlaf wurden wir gerissen, als die Träger im großen Küchenzelt Mäuse verscheuchten, die unsere Essenvorräte entdeckt hatten. Dann, etwas später: Ein Donnerschlag zerriss die Stille! Eine Katze hatte wohl den Mäusen nachgespürt und dann das Fleisch des Ziegenbocks gerochen, das Nyima gekauft und an den Dachfirst des Zeltes aufgehängt hatte, verlockend, doch unerreichbar für die Katze, die nach erfolglosem Sprung mitten in den Kochtöpfen und Blechschüsseln landete.

Südlich von Tinje betraten wir eine weite, ebene Grasfläche. Ich scherzte mit Harald und meinte, das wäre wohl ein geeigneter Flugplatz, gewiss viel besser als der in Juphal, da entdeckten wir in den Boden eingelassene, weiß getünchte Markierungssteine. Wie ich später erfuhr, wurde hier in den Sechziger Jahren von einem Schweizer Ingenieur, wohl im Auftrag der CIA, tatsächlich ein Flugplatz gebaut. Er sollte dem Nachschub für die tibetischen Widerstandskämpfer dienen, die bis 1974 von hier sowie von Mustang und Manang aus ihre Attacken gegen die chinesischen Besatzer vorbereiteten. Benützt wurde er aber nie.[189]
Vor uns lagen nun drei Wandertage bis Charkabhot ohne auf eine einzige Siedlung zu treffen. Doch unbewohnt ist die Gegend nicht. Auf den weiten Flächen weiden bis auf über 5000 Meter Höhe große Yakherden. Sie werden beaufsichtigt durch Hirten in mobilen Zeltlagern. Auch viele Wildtiere gibt es hier wie Wölfe, Schakale, Schwarzbären, und Schneeleoparden. Trittsicher tollten Blauschafe im steilen, felsendurchsetzten Geröllhang jenseits des Baches und ästen unbesorgt auf einer Wiese, nicht weit entfernt von unserem Weg. Wussten sie um das Schicksal ihres ärgsten Feindes, des Herrschers über dieses Gebiet, und waren deshalb so entspannt?
Wir näherten uns einem schwarzen Zelt aus Yakwolle. Zwei Kinder kamen uns entgegen und hinter ihnen der verstört wirkende Vater. Nicht weit von den Zelten lag ein Pferdekadaver.

---

[189] Bauer, High Frontiers, 104.

„Was ist geschehen?", fragte Tendi.

„Der Schneeleopard hat vor fünf Tagen das Pferd getötet", antwortete der Mann.

Die Kinder zeigten auf ein niedriges Gebüsch. Dort lag das getrocknete Fell der Katze. Die Tatzen fehlten und der Kopf war nicht mehr richtig zu erkennen. Vom Kopf bis zur Schwanzspitze maß das Fell über zwei Meter.

„Er hat mein Pferd getötet. Es war ein sehr gutes Pferd und hatte einen Wert von 50.000 Rupien", sagte der Mann.

„Wie haben Sie ihn erwischt?", fragte Pemba.

„Der Schneeleopard kommt immer wieder zu seiner Beute zurück. Ich habe Schlingen gelegt und ihn dann mit Steinen erschlagen." Es war keinerlei Triumphgebaren eines erfolgreichen Jägers zu spüren, und die Unterhaltung endete rasch, was verständlich war angesichts der Situation. Der Mann hatte ein schlechtes Gewissen: Als Buddhist sollte er nicht töten, und außerdem war ihm klar, würde der Fall den Behörden bekannt, hätte er mit einer hohen Strafe zu rechnen.

Flussaufwärts, ein halbe Stunde entfernt vom Ort der Tragödie, richteten wir uns für die Nacht ein. Zum ersten und einzigen Mal lag eine gedrückte Stimmung über dem Lager. Wir alle hatten die Bilder vom blutigen Pferdegerippe, der geschädigten, sich schuldig fühlenden Familie und dem wundervollen Schneeleoparden im Kopf. Es war eine dreifache Tragödie. Vermutlich hätte der Bauer die Katze nicht getötet, hätte er von der Regierung eine angemessene Entschädigung für das gerissene Pferd erwarten können. Aber hier oben, noch dazu außerhalb des Nationalparks, gab es keinerlei staatliche Institutionen, bis hierher reichte kein Arm der Regierung.

Vom „Yakland" nach Dagarjun

Rasch verdrängte der nächste Tag das düstere Erlebnis. In viereinhalbtausend Metern Höhe liefen wir wie durch einen Park. Wir wanderten über sanft geneigte Grasflächen, die umschlossen waren von niedrigem, kniehohem Buschwerk. Der Panjyang Khola mäanderte wie ihm beliebte. Über allem wölbte sich ein hoher, von keinem Dunstschleier getrübter Himmel, den vergnügt ein paar Wolken durchzogen. Natur im Urzustand. Der einzige menschliche Eingriff bestand im Weidenlassen von Yaks. Vermutlich hatten deren Vorfahren, die noch viel größeren wilden Yaks, hier ebenso gegrast, als der Raum von Menschen noch nicht betreten war.

Mir schien es, als befänden wir uns mitten in einem Yakparadies. Hunderte gaben sich friedlich dem Fressen unter der Sonne des Frühsommers hin. Das ganze grüne Land ringsum war gefleckt von schwarzen, schwarzweißen und braunen Tieren. Ihre markigen Grunzlaute zeugten von größtem Wohlbehagen. Immer wieder sprangen Kälber gänzlich ohne ersichtlichen Grund mit allen Vieren plötzlich in die Höhe, drehten sich, umkreisten in ungelenkem Galopp eine Gruppe der Erwachsenen und drängten sich dann wieder an ihre Müttcr als wollten sie sagen: Schaut, was wir schon alles können! Die Bullen grasten etwas abseits, hatten jedoch alles im Blick und senkten mit warnendem Grunzen sofort die Köpfe, wollte einer von uns der Gruppe zu nahe kommen. Auch die noch höheren Flanken zu beiden Seiten des 5025 Meter hohen Mo-Passes waren weit hinauf besetzt mit Yaks.

Es sind faszinierende Geschöpfe, die auch noch in 6000 Metern Höhe Lasten von bis zu 80 Kilogramm über vergletscherte Pässe tragen, ohne die Orientierung zu verlieren und ohne in Spalten zu stürzen. Sie sind an die Widrigkeiten im Himalaya bestens angepasst: Ihr dichtes Fell und der buschige Schwanz schützen sie vor Kälte, und ihre großen Lungen lassen sie die Höhen mit vermindertem Luftdruck meistern. Yaks haben einen ausgeprägten Gleichgewichtssinn, und ihre großen Hufe mit breitem Spalt befähigen sie zum sicheren Klettern. Finden sie kein Wasser, dann können sie mit ihrer Zunge, rau wie eine Raspel, den Tau von Flechten, Gräsern und Sträuchern ablecken. In der Höhe fühlen sie sich wohl, unterhalb von 3000 Metern nicht mehr.

Für die höchsten Bewohner des Himalaya sind die Yaks ideale Partner und geradezu überlebenswichtig. Die Tiere dienen nicht nur zum Lastentragen und Pflügen, sondern liefern auch fettreiche Milch, Wolle, Leder und Fleisch. Aus ihren Hörnern werden Behälter geschnitzt, und der Dung ist in den baumlosen Hochlagen ein wertvolles Brennmaterial. Aus der Wolle werden Kleidungsstücke, Teppiche und Zeltbahnen gefertigt. Diese sind wasserdicht, da der Stoff aufquillt, wenn er nass wird.[190]

„Die Yaks sind unsere Verwandten, ohne sie könnten wir hier nicht überleben. Selbst bei einer Herde von zweitausend Yaks hat jedes Tier einen Namen'", berichtet Eric Valli von einem Gespräch mit Tinle, einem Dorfoberhaupt von Saldang.[191] So werden sie gepflegt, geachtet und verehrt. Das Leittier wird geschmückt mit Glöckchen, Quasten und Troddeln, und es wird ihm

---

[190] Dazu Sakya Karna, Dolpo. The World behind the Himalayas, Kathmandu, 1978, 67; Bauer, High Frontiers, 26, 38, 40, 139; Valli / Summers, Aufbruch am Ende der Welt, 73-75; Rohrbach Carmen, Das Yak, der „dickfellige Expeditionskamerad", in: Alpinismus, Nr. 8, 1978, München, 40-41; Jefferies, The Story of the Mount Everest National Park, 77; Kolisch Christine, The Yak. Not just another hairy Beast, in: Nepal Traveller, Vol. 9, No. 5, 1992, Kathmandu, 38-41; Chorlton, Felsbewohner des Himalaya, 160.
[191] Valli / Summers, Aufbruch am Ende der Welt.

ein Banner mit Gebetstext zur Abwehr böser Geister in die Mähne geflochten. Weiße Yaks gelten als heilig, ihr Fleisch wird nicht gegessen und ihr Fell nicht genutzt. Unreine Lasten wie Stiefel oder Kleidungsstücke werden ihnen nicht aufgebürdet. Diesen Yaks zu Ehren wird sogar einmal im Jahr eine Zeremonie abgehalten. Wenn sie alt sind, lässt man sie ziehen, wohin sie wollen. „Yaks sind unsere Haustiere, die dem Himmel am Nächsten sind", sagen die Dolpo-pa.

Wir waren dem Rat der Leute von Charkabhot gefolgt, nicht über den niedrigeren der beiden Charka-Pässe in den Mustang-Distrikt hinüber zu laufen, denn jenseits dieses Übergangs müsse man der Schlucht eines Baches folgen, teils im Wasser laufend, teils gebückt unterhalb überhängender Felsen. So stiegen wir unschwierig, aber anstrengend auf den höheren Pass. Jenseits gelangt man zum Tal des Chalung (Kyalunpa) Khola und in zwei langen Tagesmärschen nach Jomosom.

Der Endpunkt unserer Reise durch den Dolpo-Distrikt war mit 5530 Metern zugleich die höchste Erhebung, die wir zu meistern hatten. Auf dem Pass setzten wir uns neben einigen hart gefrorenen Schneeresten in den Sand. Wir mussten uns nicht nur von der Anstrengung des Aufstiegs erholen, sondern auch die Wucht des Rundblicks verarbeiten. Im Osten, tief unter uns, die Schlucht des Chalung, der sich so sehr in das sandige Gestein eingegraben hatte, dass man nirgends seine Sohle erkennen konnte, im Südosten, uns direkt gegenüber, die Gruppe des Sadachhe Himal, Sechstausender, deren Flanken über dreitausend Meter aus dem Bett des Chalung in den Himmel wachsen, im Süden die Spitzen des Tukuche und der Dhaulagiris. Wir sprachen nichts und gaben uns ganz dem Schauen hin. Wohl wir alle dachten und empfanden wie der japanische Mönch Kawaguschi, der 1890 durch Dolpo wanderte und schrieb: „Ich darf nicht vergessen, dieser grandiosen Natur meinen Tribut zu entrichten. Die Gipfel mit dem ewigen Schnee, die gigantischen Anhäufungen zerklüfteter Felsen, die Stille, alles flößt Furcht ein und erhebt die Seele."[192]

Harald und ich stiegen auf eine fünfzig Meter höhere Aussichtskanzel. Vor uns lag die weite gras- und moosbedeckte Hochebene, die wir durchschritten hatten – sie gehörte vermutlich den Wölfen und Schakalen. Nach Nordwesten hin war sie abgeschlossen durch eine Kette von Fünftausendern – gewiss das Reich von Blauschaf und Schneeleopard –, hinter denen die Menschen von Charkabhot, Tinje, Shimen, Nishal, Saldang, Namgung, Shey und Ringmo lebten. Und im Norden endete die sichtbare Welt am Wall der weißen Grenzberge zu Tibet.

„Es gibt Orte, wo die Zeit ein übler Dieb ist."[193] Wie gerne wäre ich hier

---

[192] Valli / Summers, Aufbruch am Ende der Welt, 13.
[193] Suyin Han, Wo die Berge jung sind, Stuttgart o.J., 427.

noch ein, zwei Stunden geblieben, um den Abschied von Dolpo und seinen Menschen mit allen Sinnen länger zu genießen. Ich empfand wie Windsor Chorlton, der sich für einige Wochen bei den Tibetern der Dörfer Nar, Chaku, Kyang und Phu, einige Kilometer östlich von Dolpo, aufgehalten hatte, wo die Menschen ebenfalls ein Leben im Grenzbereich führen: „Das Bild, das ich mit nach Hause nahm, war das eines entschlossenen und auf sich selbst vertrauenden Volkes, das sich mit seiner furchteinflößenden Umwelt arrangiert hatte und, mit einigen Einschränkungen, unbeirrt der barmherzigen Lehre Buddhas folgte."[194]. „Dolpo, adieu!" Ich versäumte es, den Hut zu ziehen, da tat es ein anderer für mich. Ein harter Stoß, der uns zu Boden drückte und niedersetzen ließ. Hut und Schneehuhnfeder segelten, wohin dem Wind es beliebte.

Vom Pass hinunter zum Lagerplatz hatten wir 1600 Höhenmeter zu bewältigen. Es war ein wilder Abstieg auf abschüssigen Leisten, über rutschende Sandhalden und Geröllfelder und vorbei an hohen Türmen, die irgendwann einmal aus Sand und Schotter zusammengepresst worden waren und die nur noch standen, weil Felsbrocken auf ihren Spitzen sie vor Regen schützten. Am Chalung Khola angekommen bemerkte ich, dass er von vielen, jetzt ausgetrockneten Sturzbächen gespeist wird, die unseren Lagerplatz aufgeschüttet hatten. Ein kalter Wind pfiff durch die Schlucht und Klüfte ringsum. Am Himmel hatten sich Schleierwolken gebildet.

„Sind wir hier sicher, wenn es zu regnen beginnt?" Ich zeigte auf die Zuläufe des Chalung. „Über sie wird das Wasser kommen."

„Wir haben gebetet", antwortete Nyima, „es wird uns nichts geschehen".

Der vorletzte Tag wurde zum längsten der Reise. An der verfallenen Schule im Dörfchen Sangdak hielten wir Mittagsrast. Dann ging es entlang der Flanken des Sadachhe Himal, wobei wir alle seine Runsen, Rinnen und Buchten, die durch das abfließende Schmelzwasser gebildet worden waren, auslaufen mussten – ein gigantischer Faltenmantel, den wir querten. Als es dann Zeit zum Lagern wurde, war von unserem Küchenpersonal nichts zu sehen. Wir liefen und liefen und kamen endlich im letzten Tageslicht im Dorf Dagarjun an, ja es wäre eigentlich schon dunkel gewesen, hätte nicht die Kette der Siebentausender Tilicho, Nilgiri I, Nilgiri II und Nilgiri III, das empfangene Abendlicht weitergegeben und es wie einen leuchtenden Schleier des Friedens über das Dorf gebreitet, aus dessen Häusern Rauch aufstieg. Der Grund für diesen Gewaltmarsch war uns schon längst klar geworden. Wir waren seit Stunden auf kein Wasser mehr gestoßen, und so lief „unsere Küche" Pema, Kaji und Nyima immer weiter, weit über die Distanz eines normalen Trekkingtages hinaus.

---

[194] Chorlton, Felsbewohner des Himalaya, 165.

In einem Haus fanden wir Quartier. Nach dem Abendessen folgt in Nepal gewöhnlich bald die Bettruhe. Doch oftmals haben Übermüdete nicht das sofortige Verlangen nach Schlaf. So kamen wir ins Gespräch, nachdem der Hausherr vom abendlichen Gebet für die Familie von der kleinen *gomba* im Nebenraum zurückgekehrt war. Seine Frau brachte *chhang* und stellte die chinesischen Porzellantassen vor uns auf den Lehmboden. Unsere Gastgeber erkundigten sich nach den Stationen unserer langen Reise. Sie meinten, bis Charkabhot wären sie schon einige Male gegangen, um Getreide zu verkaufen, aber darüber hinaus noch nie, es wäre sicher verdienstvoll, einmal Shey Gomba und den Segen bringenden Kristallberg zu besuchen, doch für sie läge Muktinath viel näher, eigentlich nur einen Tag von hier entfernt (s. Kap. „Der übertroffene Alptraum"). Von Ringmo und dem Phoksumdosee wüssten sie, denn ihr Nachbar hätte eine große Antenne auf dem Dach, und vor seinem Fernsehgerät wäre das ganze Dorf mehrere Male gesessen, um sich den Film „Die Salzkarawane" anzuschauen, der ja in Nepals Filmtheatern sehr oft gezeigt worden sei.

Rückkehr

Es waren nur noch drei Stunden bis in die „Zivilisation" nach Jomosom zu bewältigen. Da werden robuste Hochlandnepali schon mal verlegen. Falls möglich, nehmen sie in einem Bach ein Vollbad, kämmen sich sorgfältig und ziehen frische Kleidung an, um – als hätten sie nicht eine riesige Anstrengung hinter sich – ganz locker, gepflegt und frisch aussehend anzukommen. Doch hier war keine geeignete Badestelle. Wir schauten uns an und brachen in Lachen aus. Hosen und Jacken waren zerknittert. Vornehmes Grau des Dolpo-Staubs überdeckte die jeweilige Grundfarbe des Stoffs. Harald und ich waren bärtig, den Trägern hatte es die struppige Frisur an der Stelle, an welcher der Traggurt über den Kopf läuft, eingedrückt und eine Art Dauerwelle entstehen lassen. Die Schuhe waren schief gelatscht und ringsum abgewetzt. Was waren wir für eine Truppe! „Hier steht das dreckige Dutzend", rief ich zu Harald. Doch ich hatte mich verzählt und getäuscht. Der Zwölfte, Pema, kam mit dem Küchenkorb ins Freie und stellte ihn ab. Pema trug ein schwarzes frisches T-Shirt mit der Aufschrift „I am a hot deal!" Auch sonst war er adrett von oben bis unten. Er hatte sich eine frische Hose aufgehoben und trug nun saubere Sandalen. Mit dem übrig gebliebenen Wasser in der Küche hatte er alle Dolpo-Spuren abgewaschen.

Da standen unsere Begleiter vor der letzten Etappe nach Jomosom voller Freude und Stolz. Natürlich waren sie wegen des Verdienstes mit uns durch

Dolpo gezogen. Doch es war deutlich zu spüren, dass es ihnen nicht allein darum gegangen war. Sie wollten wie wir, Neues, Unbekanntes erfahren und ungewohnte Situationen erleben und bewältigen. Ihre gute Laune, ihr Humor, ihre Scherze und ihre Offenheit begleiteten uns mit den Lasten, die sie schleppten.

Solange wir von unseren Beinen abhängig gewesen waren, hatten wir alle Wege ohne Probleme bewältigt und waren pünktlich in Jomosom angekommen. Am nächsten Morgen kehrten außer Tendi unsere Begleiter zu Fuß und mit Jeep und Bus nach Pokhara, Kathmandu und in ihre Dörfer zurück. Es gab ja mittlerweile die im Bau befindliche Straße durch das Kaligandaki-Tal (s. Kap. „Der übertroffene Alptraum".) Einige Strecken waren befahrbar. Harald und ich gerieten gleich mal in die Fänge absurder Bürokratie: Da wir uns jetzt in Jomosom rechtlich innerhalb der Grenzen der Annapurna Conservation Area befanden, musste jeder von uns viertausend Rupien entrichten, wie jeder Nichtnepali (außer indische Staatsbürger), der sich für den gleichen Betrag wochenlang im wirklichen Naturschutzgebiet aufhalten kann. Falls wir die Zahlung verweigerten, könnte Rinchens Trekking-Agentur, die für uns die Dolporeise organisiert hatte, die Lizenz verlieren, drohte der diensteifrige Angestellte.

Für Tendi, Harald und mich war ein Flug nach Kathmandu gebucht. Doch die Maschine kam nicht. Wir wurden ständig auf später vertröstet. Am nächsten Tag war das Wetter schlecht. Kein Flug. Ebenso am dritten Tag. So fuhren auch wir auf einem überladenen Jeep über erweiterte Fußpfade, durch Bäche und über wacklige, provisorische Holzbohlenbrücken und legten Strecken zu Fuß zurück, wo noch nicht an der Straße gebaut wurde, um dann wieder eine Fahrgelegenheit wahrzunehmen. Wir waren erst eine Stunde unterwegs, da wurde das Wetter besser, und bald danach sahen wir hoch über uns das Flugzeug von Pokhara kommend nach Jomosom fliegen. Doch wir ärgerten uns mehr über die Verwüstungen, die der Straßenbau in dieser alten, gewachsenen Kulturlandschaft anrichtete: Kaputte Pfade, zerstörte Steintreppen, abgebrochene Häuser, abrutschende Hänge, von Abraum bedeckte Felder, Gestank der Dieselaggregate, Lärmen der Bohrhämmer, die in teilweise senkrechten Fels Sprenglöcher trieben, um Platz zu schaffen für die Trasse.

Die Armee, die diese Straße baut, war auch anderswo nicht zimperlich, was Rücksichtnahme auf soziale, kulturelle und ökologische Belange betrifft. An mehreren Stellen mussten wir große Umwege auf provisorischen, ungesicherten Pfaden über steiles Gelände nehmen. Viele Frauen aus Indien kamen uns entgegen. Sie waren auf Pilgerreise nach Muktinath. So mancher älteren Dame halfen wir über die gefährlichsten Abschnitte. Wir dachten an die vorhersehbaren Folgen des plötzlichen Eingriffs in das wirtschaftliche, soziale und kulturelle Gefüge. In der Dhaulagiri Lodge von Tatopani hing noch das Werbeplakat für die Motorradralley Kathmandu – Muktinath – Kathmandu … Auch die ehemals so schmucke Kreishauptstädte Beni und Baglung hatten durch die Straße gänzlich ihr Gesicht verloren und präsentierten sich nun als riesige, ideenlose Ansammlungen von Gebäuden aus rohen Ziegelmauern zwischen nackten Betonstelzen.

In Pokhara erfrischten wir uns an einem Gemüsestand mit Gurken, die mit Salz und Chili bestreut waren, und warteten auf Rinchen. Er wollte uns mit seinem PKW bequem nach Kathmandu bringen. Plötzlich brüllte mich jemand an, wie ich es in all den Jahren in Nepal nicht erlebt hatte: „Namaste!!!" Ich wandte mich um: Da stand die perfekte Mischung aus Möchtegern-Cowboy und Großstadt-Gigolo, ein etwa dreißig Jahre alter Kerl mit Catchertuch auf dem Kopf, Angebersonnenbrille, Kettchen an der Brust unter dem weit geöffneten Hemd, Catcherschleife am Knie, Cowboystiefeln. Da ich den Gruß nicht beantwortete, brüllte er wieder und wieder und jeweils in gesteigerter Lautstärke. Ich antwortete nicht. Er hieß mich in nepalischer Sprache einen Idioten und stelzte fort.

Ruhig lenkte Rinchen sein Auto. Wir saßen bequem wie auf heimatlichem Sofa. In Kairenitar geschah es. Plötzlich querte ein Motorradfahrer die Straße! Vollbremsung! Ein Schlag gegen das Auto! Der Mann flog in hohem Bogen in den Hof eines Hauses an der Straße und das Motorrad in den Graben. Ehe wir aussteigen konnten, war der Verunglückte von vielen Menschen umringt. Mir war klar, das konnte er nicht überlebt haben. Doch es stellte sich heraus, dass er sich zum Glück nur eine tiefe Fleischwunde am Unterschenkel zugezogen hatte. Riesenerleichterung! Rinchen brachte den Verletzten ins nahe Krankenhaus. Die Polizei vernahm uns und ließ sich unsere Aussagen auch von anderen Zeugen bestätigen. Rinchen war unschuldig, doch er musste der Formalitäten wegen die Nacht über bei der Polizeistation bleiben.

Zuvor hatte er noch ein Ersatzauto für uns besorgt, denn wir mussten Kathmandu erreichen, da für den nächsten Tag unser Rückflug nach Deutschland gebucht war. Kurz vor Mitternacht kamen wir an, nicht ohne vorher wieder einmal erlebt zu haben, wie der starke LKW-Verkehr, vor allem der am Aufstieg zum Kathmandutal, Lawinen von Ruß, Staub und Lärm über die Dörfer und Felder unterhalb der Straße schüttete, pausenlos, vierundzwanzig Stunden lang, täglich. Und die so praktische und Mensch und Umwelt schonende Lastenseilbahn aus dem Süden in das Kathmandutal ließ man verrotten – das Ergebnis erfolgreicher Lobbyarbeit der LKW-Unternehmer!

Ja, wir waren innerhalb von zwei Tagen von Jomosom bis nach Kathmandu gelangt. Doch bedeuten Tempo und Bequemlichkeit Zugewinn an Lebensqualität? Was hatten wir alles während dieser kurzen Zeit erlebt: die stumpfsinnige Bürokratie in Jomosom, unzuverlässige Flugverbindung, die Zerstörungen des Straßenbaus im Gandakital, der Angeber in Pokhara, der Unfall, die Dörfer unter Lärm-, Ruß- und Staubgewittern, all das, dem ich entkommen wollte, als ich mich zur Dolporeise entschlossen hatte. Halte ich das Leben in Dolpo dagegen, so befinde ich mich zwischen zwei Welten, der einen zugehörig, die andere bestaunend. Das Bestaunen ist begründet, denn man kann von der Lebensform der Dolpo-pa lernen. Die Verbindung Selbstversorgungswirtschaft-Gegenseitigkeit-Buddhismus, wie ich sie in Dolpo und ähnlich auch anderswo erlebt hatte, könnte zur Heilung so mancher Krankheiten unserer westlichen Zivilisation beitragen. Dazu bedürfte es nicht nur Offenheit, Aufnahmebereitschaft und Interesse für diese Lebensform sondern auch vermehrte wissenschaftliche Forschung und Verbreitung der Einsichten.

Anstatt zum eigenen Vorteil von den Dolpo-pa zu lernen und zu deren Nutzen nur dort zu helfen, wo es von ihnen gewünscht wird, bedroht man die Menschen durch ungefragte Belehrung in Form des staatlichen Schulsystems, uniformer Verwaltungsvorschriften/-institutionen und durch fundamentalistische Missionare. Und auch politische Entscheidungen nördlich und südlich des Lebensraumes der Dolpo-pa wurden und werden durch die Regierungen von China und Nepal gefällt, ohne Rücksicht auf die Lebensumstände der Menschen zu nehmen. Sir Charles Bell diente während der ersten beiden Dekaden des letzten Jahrhunderts als hoher Kolonialbeamter der britischen Krone in Südasien. Er entwickelte eine große Sympathie zum tibetischen Volk und schrieb: „Lasst uns den Tibetern helfen, so gut wir können. Aber vor allem, lasst sie ihr eigenes Leben führen, denn das ist es, was sie am meisten wünschen. Wir müssen jedes Bestreben nach Hinduisierung oder Anglisierung vermeiden. Lasst das Land sich ruhig nach eigenen Vorstellungen entwickeln, indem es von außerhalb das übernimmt, was solcher Entwicklung förderlich ist."[195]

---

[195] Bell, Tibet Past and Present, Delhi 1998, 64, 236.

Teil 3

Krieg

(1996 – 2006)

„Die Menschen in Humla verhungerten, die Maoisten tanzten in den Hinterhöfen und die Mädchen flohen über die Grenze, um ihre Körper gegen Brot zu tauschen."

Aditya M. Shrestha, Bleeding Mountains of Nepal

„Ich tanzte und sang den ganzen Tag, um alle Trauer und Klagen hinter mir zu lassen."

Menaka Shrestha

„Wären da keine Probleme in der Gesellschaft, dann gäbe es keine Marxisten oder Maoisten im Land."

Devendra R. Panday, Nepal's failed Development

Krankenhaus

Ein stechender Schmerz über den Nieren riss mich aus dem Schlaf. Zwei Uhr morgens. Ich wälzte mich hin und her, doch es gab keine Erleichterung. Dazu überfiel mich schreckliche Übelkeit. Schweißnass lief ich in den Garten und übergab mich. Die Schmerzen wurden noch stärker. Ich wusste um das Kreiskrankenhaus von Lahan nicht weit von hier. Doch ich brauchte Begleitung. So weckte ich Ganesh Magar, der in einem der benachbarten Häuser wohnte. Er verwaltete den Gästetrakt und kochte für die Besucher des Churia Forest Development Project, für das ich als Gutachter arbeitete. Ohne Umstände kam er mit. Unterwegs musste ich noch mal erbrechen. Dunkelbraune Masse. Was nur war mir widerfahren? Ich hatte doch tagelang nur Reis mit Gemüse und Linsen gegessen. Das Scherengitter des Krankenhauseingangs stand weit offen. Auf dem Betonboden des Vorraums schliefen Patienten. Zwischen ihnen tummelten sich Ratten, schnupperten an den Körpern und huschten weiter. Zwei schläfrige, von Mücken und Faltern umschwärmte Glühbirnen sollten für Licht sorgen und drei sich müde drehende Deckenventilatoren für Abkühlung. Ein Krankenpfleger hatte Nachtdienst, als einziger wie er sagte. Er hörte mich an, lächelte und zeigte auf einen jungen Mann, der auf einer lederbezogenen Pritsche schlief.

„Der kam mit denselben Beschwerden. Da hilft nur eine Schmerz stillende Spritze."

„Nein, kein Spritze! Gibt es keine Tabletten?"

Er reichte mir einige und meinte, sie würden nicht viel bewirken.

„Wann kommt denn der Arzt?"

„Nicht vor fünf Uhr."

Wieder Übelkeit. Wieder dieser Brechreiz. Der Pfleger wies auf das Waschbecken im Raum. Ich sah, dass es keinen Abfluss hatte und zögerte. „Nur zu!", wurde ich ermuntert. Ich wollte hinaus, doch der Magen duldete keinen Aufschub, er musste sich jetzt entleeren. Also ins Waschbecken ohne Abfluss. Ich schämte mich. Dann saß ich lange auf der zweiten Pritsche, Ganesh besorgt neben mir. Der Schmerz ließ nicht nach.

„Würden Sie bitte den Arzt rufen? Ich bin bereit, für alle Kosten aufzukommen."

„Das hat keinen Sinn. Er wird nicht kommen."

„Warum denn nicht?"

„Ausgangssperre wegen der Maoisten."

„Aber sie gilt doch nicht für Ärzte und Rettungspersonal."

„Nein, aber er wird trotzdem nicht kommen. Er hat Angst."

Brechreiz. Diesmal schaffte ich es bis zum Klo. Es war voll. Die Spülung funktionierte nicht. Egal. Ich packte zu all dem Übel mein Elend obendrauf. Wut stieg in mir auf über dieses unsägliche staatliche Gesundheitssystem, den Arzt, die gewalttätigen Maoisten, die Reaktion der staatlichen Kräfte, über den Krieg, der seit 1996 im Land tobte. Ich hatte Mitleid mit den im Vorraum Liegenden, Mitleid mit allen Nepali, die sich die viel besseren Privatbehandlungen nicht leisten können und Mitleid mit mir selbst: Ich bat um die Spritze. Sie wird schon sauber sein. Im Morgengrauen zurück in mein Zimmer. Der Schmerz war weg.

Meine Beschwerden waren unbedeutend. Was müssen ernsthaft Erkrankte in diesem Land dagegen erdulden! Wieso hat das staatliche Gesundheits- und Schulsystem nicht oberste Priorität? Wo ist die Fürsorgepflicht des Staates gegenüber seinen Bürgern? Sind nur die Kranken krank, nicht auch und viel mehr die Politik, die staatlichen Institutionen und diejenigen, die für ihr Funktionieren zuständig sind? Kranke krank, Dienstleister krank, Gesellschaft, Teile der Gesellschaft krank? Nepal – ein Krankenhaus?

Ein bekannter nepalischer Journalist schrieb 1999: „Es gibt Grenzen des Ertragens. Die Geduld der Menschen ist nahezu erschöpft. Die Anzeichen aufwallenden Ärgers werden mit jedem Tag deutlicher. Offensichtlich stehen wir kurz vor einer Katastrophe. Es steht außer Frage, dass sich Nepal auf einen Abgrund hin bewegt. Das Unausweichliche wird kommen, nicht weil die Armen arm geboren sind und deshalb arm bleiben sollten sondern weil die Armen immer ärmer gemacht wurden durch schiere Habgier, durch Torheit und Inkompetenz derjenigen, die mit der Verantwortung betraut sind, das Land zu gestalten und zu führen."[196]

Gewaltausbrüche

Das Ergebnis des Krieges in Nepal von 1996 bis 2005 ist schrecklich: Über 15.000 Tote, dazu unzählige Schwerverletzte, Verstümmelte, Gefolterte, Vergewaltigte, in den Gefängnissen Verschwundene, nicht auffindbare Leichen – eine fürchterliche Situation für die Hinterbliebenen –, Tausende, die in die Städte und nach Indien flohen, Massenentführungen von Schülern und Lehrern zum Zweck der „Umerziehung", Traumatisierte (vor allem Kinder), Ausnahmezustand und Ausgehverbote, zerstörte Infrastruktur, Minenfelder, daniederliegende öffentliche Dienste, rapider Niedergang der Wirtschaft, Fehlen gewählter politischer Repräsentanten auf kommunaler und nationaler Ebene seit 2002, grundlegende Verfassungsbestimmungen außer Kraft ...

Gewaltausbrüche gab es in der Geschichte Nepals schon mehrmals, allerdings in weit geringerem Umfang.[197] Nach dem blutigen Rana-Putsch gegen

---

[196] Shrestha Aditya Man, Bleeding Mountains of Nepal, 277.

[197] Hierzu und zum innernepalischen Krieg 1996-2006 s. Amnesty International, Nepal: A Summary of Human Rights Concerns, London 1992; Aryal Kundan / Poudel Upendra Kumar, Jana Andolan II. A Witness Account, Kathmandu 2006; Baral Lok Raj, Oppositional Politics in Nepal, New Delhi 1977; Baral Lok Raj, Nepal 1979. Political System in Crisis, in: Asian Survey, No. 20, 1980, Berkeley; Benedikter Thomas, Krieg im Himalaya. Hintergründe des Maoistenaufstandes in Nepal. Eine politische Landeskunde, Münster 2003; Bonk Thomas, Nepal. Struggle for Democracy, Bangkok 1991; Brown Louise T., The Challenge to Democracy in Nepal. A Political History, London 1996; Chatterji Bhola, A Study of recent Nepalese Politics, Calcutta 1967; Chitrakar Gopal, People Power, Kathmandu 1992; Gupta Anirudha, Politics in Nepal. A Study of Post-Rana political Developments and Party Politics, Bombay 1964; Hoftun Martin / Raeper William / Whelpton John, People, Politics and Ideology. Democracy and social Change in Nepal, Kathmandu 1999;

die Shah-Dynastie 1846 durchlebte Nepal bis zur Mitte des 20. Jahrhunderts innenpolitisch eine verhältnismäßig friedliche Zeit. Doch das war trügerisch, denn die meisten Ranas nutzten ihre gefestigte Herrschaft zur eigenen Bereicherung und kümmerten sich kaum um den Wohlstand der Gesellschaft. Man würde diese Art der Machtausübung heute „strukturelle Gewalt" nennen. Die Regierenden hatten keinerlei Legitimation durch die Bürger erhalten. Die Herrschaft war gekennzeichnet durch straffen Zentralismus, autokratisches Aufrechterhalten staatlicher Ordnung und Eintreiben von hohen Steuern. Letzteres überlastete besonders die breite Bevölkerung. Eine gewisse Ausnahme bildeten die Regierungszeiten von Chandra Shamsher Rana (1901-1929) und Padma Shamsher Rana (1945-1948).

Die Rebellion, die den Sturz der Rana-Oligarchie 1951 herbeiführte, wurde auch mit militärischen Mitteln geführt. Die Kämpfe zwischen der Befreiungsarmee der Nepali Congress Party und den staatlichen Sicherheitskräften kosteten vielen Menschen das Leben, besonders in Ostnepal und im Terai zwischen Biratnagar und Birgunj. Auch unmittelbar nach dem Fall der Ranas gab es noch bewaffnete Auseinandersetzungen zwischen dem radikaleren Flügel der

---

Joshi B.L. / Rose L.E., Democratic Innovations in Nepal. A Case Study of political Acculturation, Berkeley-Los Angeles 1966; Kaisher Bahadur K.C., Nepal after the Revolution of 1950, Kathmandu 1976; Karki Arjun / Seddon David, The People's War in Nepal. Left Perspectives, New Delhi 2003; Kondos Vivienne, Jana-Sakti (People Power) and the 1990 Revolution in Nepal: Some theoretical Considerations, in: Allen Michael, Anthropology of Nepal. Peoples, Problems and Processes, Kathmandu 1994; Krämer Karl-Heinz, Nepal. Lagebericht, Bern 2005; Krämer Karl-Heinz, Wahlen zu einer verfassunggebenden Versammlung. Versuch einer ersten Evaluierung, in: Nepal Information, Nr. 101, 2/2008, Köln; Kumar D.P., Nepal. Year of Decision, New Delhi 1980; Lawoti Mahendra, Transforming ethnic Politics, transforming the Nepali Polity. From peaceful nationalist Mobilization to the Rise of armed separatist Groups, in: Lawoti Mahendra / Hangen Susan (ed.), Nationalism and Ethnic Conflict. Identities and Mobilization after 1990, London-New York 2013; Lawoti Mahendra, Towards a democratic Nepal. Inclusive Political Institutions for a multicultural Society, New Delhi 2005; Lecomte-Tiouine Marie (ed.), Revolution in Nepal. An Anthropological and Historical Approach to the People's War, New Delhi 2013; Misra Neelesh, End of the Line. The Story of the Killing of the Royals in Nepal, New Delhi 2001; Ogura Kiyoko, Kathmandu Spring. The People's Movement of 1990, Lalitpur 2004; Raeper William / Hoftun Martin, Spring Awakening. An Account of the 1990 Revolution of Nepal, New Delhi 1992; Raj Prakash A., Maoists in the Land of Buddha. An analytical Study of the Maoist Insurgency in Nepal, Delhi 2004; Raj Prakash A., „Kay Gardeko?" The royal Massacre in Nepal, New Delhi 2001; Raj Prakash A., The dancing Democracy. The Power of the Third Eye, New Delhi 2006; Shrestha Aditya Man, The dreadful Night. Carnage at Nepalese Royal Palace, Kathmandu 2001; Thapa Deepak, The Maobadi of Nepal, in: Dixit Kanak Mani / Ramachandaran Shastri (ed.), State of Nepal, Lalitpur 2005; die laufende Kommentierung der Ereignisse in Nepal in den Zeitschriften „Himal", Kathmandu, „Südasien", Bonn und auf den Internetseiten www.nepalnews.com und www.nepalresearch.com.

Nepali Congress Party und der Armee entlang der Südgrenze mit Indien. Als durch die Monarchie am 15.12.1960 der erste Demokratieversuch Nepals beendet wurde, kamen gemäß einer Verlautbarung des Innenministeriums bei darauf folgenden Kämpfen zwischen den Kräften der Congress Party und denjenigen von Armee und Polizei 130 Menschen ums Leben. Die von König Mahendra am 16.12.1962 eingeführte *Panchayat*-Herrschaft (eine Kombination aus Rätesystem und absoluter Monarchie) funktionierte zu keiner Zeit so, dass sie den Staatszweck, nämlich das gute Leben der Bürger, zu erfüllen vermochte. Eine von Studenten angeführte Protestbewegung im April und Mai 1979 kostete mindestens 35 Menschen das Leben.

In den Landkreisen Rautahat und Bara wurden im Herbst 1971 bei Auseinandersetzungen zwischen Hindus und Muslimen 51 Menschen getötet. Die Gründe für den blutigen Konflikt sind nicht eindeutig geklärt. Die Rede ist von Verletzung des Verbots, Kühe zu schlachten, durch Muslime, von politischen Rivalitäten im Wahlkampf und Einschüchterung von Pächtern durch Landbesitzer.

Im Mai 1985 rief eine Koalition linker Parteien zu öffentlichem Protest dagegen auf, dass das Wirken der Parteien im *Panchayat*-System immer noch verboten war. Amnesty International berichtete 1992, dass mindestens acht Personen in Gefangenschaft „verschwunden" waren. Die Bewegung gewaltlosen zivilen Ungehorsams (*satyagraha*) brach zusammen, als im Juni 1985 eine Serie von Bombenexplosionen das Land erschütterte. Sieben Menschen wurden getötet und viele verletzt. Solcher Terror, dem wahllos Menschen zum Opfer fallen, war eine neue Erfahrung für die Gesellschaft. „So etwas hatte es noch niemals zuvor in Nepal gegeben. Jeder war zutiefst erschüttert."[198] Ramraja Prasad Singh, Gründer der radikalen linken Partei The People's Front, bekannte sich zu der Tat. Die Partei wollte die Monarchie stürzen und Privatbesitz abschaffen. Ob er tatsächlich der Täter war, wurde nicht endgültig geklärt. Da er sich in Indien aufhielt, wurde er 1987 *in absentia* zum Tod verurteilt. Nach seiner Rückkehr wurde er nicht belangt und konnte ungehindert in Nepal seine politischen Ziele verfolgen.

Die siebenwöchigen Demonstrationen (*jana andolan*) zur Wiedereinführung demokratischer Verhältnisse wurden 1990 blutig durch die Staatsmacht beantwortet. Das Innenministerium sprach von insgesamt 63 Getöteten, der Gründer der Human Rights Organization of Nepal (HURON), Rishikesh Shaha, von mindestens 104.[199] Viele von ihnen verloren am 6.4.1990 in

---

[198] Hoftun u.a., People, Politics and Ideology, 103.

[199] Brown, The Challenge to Democracy in Nepal, 148; Shaha Rishikesh, Politics in Nepal 1980-1991: Referendum, Stalemate and Triumph of People Power, 3. Aufl., New Delhi 1992, 191-224.

Kathmandu ihr Leben, als „die Regierung der Polizei befahl, auf die Menschen zu schießen und Panzer und Militär gegen Unbewaffnete einsetzte, die ihre Meinung äußern wollten. Dadurch wurden die zivilen Beziehungen zwischen Regierung und Bürgern in ein Kriegsfeld gewandelt. Das war ein Verrat am üblichem Staat-Bürger-Verhältnis."[200] Die Aufständischen haben den Tod von neun Polizisten zu verantworten. Die genaue Gesamtzahl der Opfer ist nicht bekannt.

In keinem der genannten Fälle gibt es gesicherte Angaben zur Anzahl der Toten. An Aufklärung war offensichtlich keine der Konfliktparteien interessiert. Kann das Verschweigen als ein indirektes Schuldeingeständnis von unangebrachter Gewaltausübung gewertet werden? Oder wollten die Akteure – König, Feudalschicht, Polizei, Militär, Regierungs- und Oppositionsparteien – aus der jeweils nicht aufgearbeiteten Lage taktische Vorteile für künftige Machtallianzen ziehen und deshalb einander nicht wehtun? Diese Begründung für die Kartelle des Schweigens ist wahrscheinlicher.

Ein weiteres Beispiel dafür, dass die Hemmschwellen zur Gewaltanwendung niedriger wurden, ist das Massaker, das am 1.6.2001 im Königspalast stattfand und dem zehn Personen der königlichen Familie einschließlich des Königs und der Königin zum Opfer fielen. Wahrscheinlich war es die Tat des frustrierten, gelangweilten und verwöhnten Kronprinzen Dipendra, der im Drogen-/Alkoholrausch handelte und dabei selbst umkam. Aber auch hier gibt es nicht letzte Gewissheit.

Die aufgelisteten Gewaltausbrüche wurden in unglaublichem Maße übertroffen durch den Krieg zwischen Maoisten und der Staatsgewalt von 1996-2005. Nepalische Zeitzeugen schrieben: „In den Konfliktregionen müssen hunderttausende von Nepalis mit einem Ausmaß von Gewalt fertig werden, mit dem sie vorher nie konfrontiert waren ... Nachdem jedoch Töten und Folter jeden Tag in den Nachrichten erwähnt werden, scheinen viele Nepalis wie in einem Schock gelähmt zu sein."[201] „Das tägliche Zählen der Toten stumpfte ab und wurde so zur Routine, dass der Terror den Fernsehbetrachter oder Radiohörer nicht mehr berührte."[202] „Gewalt wird schrittweise zu einer Kultur."[203] Es ist offensichtlich, dass die Geduld, strittige Fragen in friedlicher Weise zu lösen, in der Gesellschaft abnimmt. Auf welchem Weg befindet sich Nepal da?

---

[200] Kondos, Jana-Sakti (People Power) and the 1990 Revolution in Nepal, 273.
[201] Newar Naresh, A traumatised Nation, in: Nepali Times 13.8.2004. Nepalische Printmedien sind nicht zimperlich, wenn es um die bildliche Darstellung von Gräueltaten geht. Von manchen Bildern kann man sich kaum mehr erholen.
[202] Thapa Deepak, Erosion of the Nepali World, in: Himal, Vol. 15, No. 4, 2002, Kathmandu, 35.
[203] Yogi Bhagirath, Kerzen für den Frieden, in: Nepal Information, Nr. 94, 2005, Köln, 41.

Wir hatten uns nicht mit Illusionen in Nepal aufgehalten und durch eine Rosabrille auf das „Traumland" oder das „Shangri La" geblickt. Doch niemand von uns und auch nicht die Nepali, mit denen wir in Kontakt stehen, hätten jemals geglaubt, dass es in dieser Gesellschaft zu einer derartigen Eruption kommen könnte. Vermutlich war diese Phase die entscheidendste in der Geschichte Nepals und das Jahrzehnt des radikalsten Umbruchs.

Wie ist es dazu gekommen in dieser „Zone of Peace", zu der König Birendra Nepal 1973 und 1975 erklärt hatte, und in diesem Land, das weltweit so große Sympathien genießt?

Entstehung der Maoistenbewegung

Die heutigen Maoisten hatten Vorläufer. Am 15.9.1949 wurde in Calcutta die Nepal Communist Party (CPN) gegründet. Am 25.1.1952 wurde sie durch König Tribhuvan von Nepal verboten, da sie kurz zuvor an einem gewaltsamen, aber erfolglosen Aufstand gegen die Regierung teilgenommen hatte. Doch die CPN gewann Anhänger und war in der Bauernschaft populär, vor allem in den Landkreisen Jhapa, Rautahat und Bara des östlichen Terai und in den Brandherden des späteren Maoistenaufstandes, den Distrikten Pyuthan, Rolpa und Rukum in Westnepal. Laut CPN zählte 1954 die ihr nahestehende Bauernorganisation Akil Nepal Kisam Sangh bereits 14.300 Mitglieder in 103 Dorfgemeinden. Auf ihrem ersten, heimlich durchgeführten Parteikongress von 1954 rief die CPN zur Beendigung der Feudalherrschaft und zum Sturz der Monarchie auf, die durch eine republikanische Verfassung ersetzt werden sollte. Als die Partei dann nicht mehr den Sturz des Königs sondern eine konstitutionelle Monarchie als erstrebenswertes Ziel ausrief, wurde sie 1956 wieder zugelassen. Bei den allgemeinen Wahlen 1959 schnitt sie schwach ab. Die vier Jahre im Untergrund hatten es ihr unmöglich gemacht, eine landesweite Organisationsstruktur aufzubauen. Dazu kamen innerparteiliche Differenzen und die radikale Abgrenzung von anderen Parteien, welche ebenfalls gegen die unumschränkte königliche Machtausübung kämpften. „Die Geschichte der CPN seit 1956 ist die Geschichte der Uneinigkeit ihrer verschiedenen doktrinären Gruppen, die in ihrem Eifer, dem Diktat der weltweiten kommunistischen Bewegung zu folgen, die konkrete Wirklichkeit ignorierten."[204]

Während der *Panchayat*-Zeit von 1962 bis1990 war es Parteien verboten, das öffentliche Leben zu gestalten. Die CPN konnte wie die anderen Parteien nur im Untergrund arbeiten. Viele ihrer Führer saßen bis Ende der 60er Jahre

---

[204] Gupta, Politics in Nepal, 208.

im Gefängnis, einige noch länger.

Nach verschiedenen Abspaltungen und Zusammenschlüssen nannte sich 1995 der radikalere Flügel der CPN „CPN (Maoist)". Er boykottierte 1994 unter seinem Vorsitzenden, dem späteren Primeminister Pushpa Kamal Dahal, die vorgezogenen Neuwahlen, da er dem Parlamentarismus nichts abgewinnen konnte und es im Rahmen der Verfassung von 1990 nicht möglich war, eine „Volksdemokratie" nach maoistischem Vorbild zu errichten. 1995 entschieden sich die Maoisten für den bewaffneten Kampf und verabschiedeten den Plan für einen „Volkskrieg" zum Umsturz der „reaktionären Staatsmacht", woraufhin sie von künftigen Wahlen ausgeschlossen wurden. Es kam zu Zusammenstößen zwischen Maoisten und gegnerischen Parteien. Die Polizei reagierte mit Verhaftungen und Folterungen von Maoisten und Verdächtigen in den Distrikten Rukum und Rolpa (*Operation Romeo*; R für Rolpa) und förderte dadurch das Anwachsen der maoistischen „Volksbefreiungsarmee". Sie gewann auch Zulauf aus den Städten, vor allem durch Jugendliche mit Schul- oder Universitätsabschluss, die keine Hoffnung auf eine spätere Beschäftigung hatten. Am 4.2.1996 übermittelten die Maoisten der Regierung einen 40 Punkte umfassenden Forderungskatalog.

Forderungen der Maoisten

„Forderungen bezüglich Nationalismus:

1. Alle ungerechten Abkommen und Vereinbarungen einschließlich des indisch-nepalischen Freundschaftsabkommens von 1950 müssen gekündigt werden.
2. Das am 29.1.1996 mit Indien geschlossene Mahakali-Wassernutzungsabkommen ist in besonderer Weise antinational und auf lange Frist gefährlich. Es muss sofort annulliert werden, da es ein indisches imperialistisches Monopol über nepalische Wasserressourcen ermöglicht.
3. Die offene Grenze zwischen Nepal und Indien muss kontrolliert und überwacht werden. Fahrzeuge mit indischem Kennzeichen, die in Nepal verkehren, müssen sofort verboten werden.
4. Die Gurkha-Rekrutierungszentren müssen geschlossen werden. Es müssen innerhalb des Landes angemessene Arbeitsplätze für die nepalischen Bürger geschaffen werden.
5. Nepalischen Arbeitern muss in den verschiedenen Sektoren des Arbeitsmarktes Vorrang eingeräumt werden. Sollten ausländische Arbeitskräfte für besondere Aufgaben benötigt werden, sind Arbeitsgenehmigungen auszustellen.
6. Die Dominanz ausländischen Kapitals in Nepals Industrie, Handel und

Wirtschaft muss beendet werden.

7. Zur Förderung einer eigenständigen Volkswirtschaft muss eine sinnvolle Zollpolitik entwickelt und umgesetzt werden.

8. Imperialistische und expansionistische kulturelle Verschmutzung und Intervention müssen beendet werden. Der Import von qualitätslosen indischen Filmen, Zeitungen und Magazinen ist sofort zu unterbinden.

9. Imperialistische und kolonialistische Interventionen unter dem Deckmantel von NROs und internationalen Nicht-Regierungsorganisationen müssen beendet werden.

Forderungen bezüglich der Interessen des Volkes:

10. Vom Volk gewählte Vertreter sollen eine neue Verfassung ausarbeiten.

11. Alle Vorrechte des Königs und der Königsfamilie müssen abgeschafft werden.

12. Armee, Polizei und Verwaltung müssen unter die Kontrolle des Volkes gestellt werden.

13. Das Gesetz für öffentliche Sicherheit und alle anderen unterdrückenden Gesetze sind abzuschaffen.

14. Alle Gefangenen aus Rukum, Rolpa, Jajarkot, Gorkha, Kavre, Sindhupalchowk, Sindhuli, Dahnusha, Ramechhap und den anderen Distrikten, die aus Gründen politischer Vergeltung mit falschen Anklagen belastet worden sind, müssen unverzüglich freigelassen und die falschen Anschuldigungen zurückgenommen werden.

15. Die Operationen der bewaffneten Polizei, die Repression und der Staatsterror, der in verschiedenen Distrikten in Gange ist, sind sofort zu beenden.

16. Es muss eine unparteiische gerichtliche Untersuchung eingeleitet werden zum Verbleib von Dilip Chaudhary, Bhuwan Thapa Magar, Pravakar Subedi und anderen, die in Polizeihaft verschwunden sind. Die Verantwortlichen müssen bestraft und den Familien der Opfer muss eine Entschädigung gezahlt werden.

17. Diejenigen, die während der Volksbewegung zu Tode gekommen sind, sollen zu Märtyrern erklärt werden. Ihre Familien und die Verwundeten und Behinderten müssen entschädigt und die Mörder streng bestraft werden.

18. Nepal soll zu einem säkularen Staat erklärt werden.

19. Die patriarchalische Ausbeutung und Diskriminierung von Frauen muss beendet werden. Töchtern und Söhnen ist dasselbe Erbrecht am Eigentum der Eltern zu gewähren.

20. Jede Art der Unterdrückung aufgrund von Rasse- und Kastenzugehörigkeit muss aufhören. Wo ethnische Gruppen in großer Mehrheit siedeln, muss ihnen Autonomie gegeben werden.

21. Die Diskriminierung der Dalits muss beendet werden. Die Praxis der ‚Unberührbarkeit' ist abzuschaffen.

22. Allen Sprachen des Landes müssen gleiches Recht zur Entfaltung zuerkannt werden. Muttersprachlicher Unterricht bis in die höchsten Schulstufen muss garantiert sein.

23. Meinungs- und Pressefreiheit müssen gewährleistet sein. Medien müssen gänzlich unabhängig sein.

24. Es muss akademische Freiheit für Intellektuelle, Literaten, Künstler und Kulturschaffende geben.

25. Die regionale Diskriminierung zwischen den Berggebieten und dem Flachland muss beendet werden. Rückständigen Gebieten muss geholfen werden. Gleichgewicht muss gewahrt werden zwischen Dörfern und Städten.

26. Die lokalen Körperschaften sind mit Macht und Ressourcen auszustatten.

Forderungen bezüglich der Existenzgrundlagen:

27. Das Land muss jenen gehören, die es bearbeiten. Der feudale Landbesitz soll enteignet und an die Landlosen verteilt werden.

28. Das Eigentum der Finanzmakler soll beschlagnahmt und verstaatlicht und das Kapital zur Industrialisierung des Landes eingesetzt werden.

29. Arbeitsplätze sollen für alle garantiert werden. Arbeitslose sollen Arbeitslosengeld erhalten.

30. Der Mindestlohn für Arbeitnehmer in Landwirtschaft, Industrie und anderen Sektoren muss gesetzlich festgelegt und ausbezahlt werden.

31. Es müssen geeignete Lösungen für landlose Siedler gefunden werden. Sofern keine Alternative angeboten wird, muss ihre Umsiedlung von ihrem jetzigen Wohnort gestoppt werden.

32. Armen Bauern sollen ihre Schulden erlassen werden. Die Rückzahlung der Kredite, die Kleinbauern von der Landwirtschaftlichen Entwicklungsbank aufgenommen haben, soll erlassen werden.

33. Saatgut und Düngemittel sollen leicht erhältlich und billig sein. Den Bauern muss ein fairer Marktpreis für ihre Produkte geboten werden.

34. Es muss für Hilfsprogramme in den Überschwemmungs- und Dürregebieten gesorgt werden.

35. Alle müssen Zugang zu wissenschaftlicher Gesundheitsfürsorge und kostenloser Bildung haben.

36. Inflation muss kontrolliert werden. Löhne und Gehälter sind der Inflationsentwicklung anzupassen. Die Güter des täglichen Gebrauchs müssen billig und erschwinglich für jedermann sein.

37. Jedes Dorf muss Zugang zu sauberem Trinkwasser, befahrbaren Straßen

und elektrischem Strom haben.

38. Die Kleinindustrie und das Handwerk müssen geschützt und gefördert werden.

39. Korruption, Schwarzmarkt, Schmuggel und Praktiken von Vermittlern müssen beendet werden.

40. Waisen, Behinderte, Alte und Kinder müssen geachtet und beschützt werden."

Ein nepalischer Journalist kommentierte den Katalog so: „Die Liste enthielt ernstzunehmende und alberne, rhetorische und sehr ins Detail gehende Forderungen. Nichts in der Liste konnte nicht durch friedliche politische Verhandlungen verfolgt werden … Gewaltanwendung unterminiert die Sache, derer sich die Maoisten nach ihren Worten annehmen. Ein Land im Schmutz eines Bürgerkrieges kann sich nicht ernsthaft mit Reformen befassen."[205]

Neun Jahre und sieben Monate Blutvergießen

Die Maoisten gaben der Regierung eine Frist von 14 Tagen, also bis zum 17.2.1996, um den Forderungskatalog anzunehmen. In der Vermutung, dass sie dazu nicht bereit sein würde, warteten sie die Frist nicht ab, erklärten am 13.2.1996 den „Volkskrieg" und schlugen an verschiedenen Orten des Landes los. Massive, überaus harte Polizeiaktionen in 18 Distrikten (Operation *Kilo Sierra 2*)[206] führten den Maoisten tausende von neuen Kämpfern zu. Auch die Maoisten verübten Gräueltaten. „Im Jahr 2000 wurden mehr Personen (meistens Polizisten) durch Maoisten getötet als durch die Polizei Maoisten und ihre Unterstützer."[207] Die Eskalation von Gewaltanwendung war auf einem vorläufigen Höhepunkt angelangt.

Im Juli 2001 wurde ein Waffenstillstand vereinbart, den die Maoisten jedoch im November 2001 aufkündigten. Sie brachen die Verhandlungen mit der Regierung ab, proklamierten die Verfassung einer nationalen „Volksregierung" und führten in vielen Distrikten Gewaltaktionen durch, vor allem gegen Polizeistationen. Daraufhin verkündete König Gyanendra den Ausnahmezustand (er wurde im August 2002 aufgehoben), beschnitt die Grundrechte, erklärte die Maoisten zu einer terroristischen Organisation und setzte die Armee gegen sie ein.

---

[205] Lal C.K, Nepal's Maobadi, in: Himal, Vol. 14, No. 11, 2001, Kathmandu, 39.

[206] Deepak Thapa (Day of the Maoist, in: Himal, Vol. 14, No. 5, 2001, Kathmandu, 13) schreibt: „Kilo Sierra 2 = KS2, ist vermutlich das Ergebnis einer Buchstabenversetzung des Radio-Codes S2K = Search to [to = two = 2] Kill."

[207] Thapa Deepak, Day of the Maoist, 14

Am 22.5.2002 wurde das Parlament aufgelöst. Dabei berief sich der König auf die juristisch umstrittenen Artikel 127 und 128 der Verfassung. Am 4.10.2002 entließ der König den gewählten Prime Minister Sher Bahadur Deuba, übernahm legislative und exekutive Gewalt und setzte die folgenden Regierungen nach seinen Vorstellungen ein. Die Mitglieder rekrutierte er aus verschiedenen Parteien. Das Volk war seiner Souveränität beraubt, die es 1990 so hart erkämpft hatte.

In dieser Situation forderten die Maoisten einen „Runden Tisch" mit Regierung, König und den Sicherheitskräften, ferner eine zu bildende Allparteien-Interimsregierung und allgemeine Wahlen für eine Verfassunggebende Versammlung. Nach drei Gesprächsrunden hielten die Maoisten nur noch ihre dritte Forderung aufrecht, die aber von der Regierung abgelehnt wurde. Daraufhin brachen die Maoisten am 27.8.2003 den Dialog ab und führten den Krieg fort.

Durch den Terrorist and Disruptive Activities Act vom 10.4.2002 wurde die Armee der Rechenschaftspflicht für ihr Handeln enthoben. Die Zahl der Opfer schnellte in die Höhe und die Situation war nun zeitweise völlig verworren. Es kämpften Maoisten mit der regulären Polizei, mit der im Januar 2001 aufgebauten Armed Police Force, mit der Armee und in manchen Gegenden mit bewaffneten Bürgerwehren. Die Beteiligten kämpften zum Teil mit und ohne Uniform. Dazu gab es noch viele Trittbrettfahrer. Die Bevölkerung befand sich zwischen allen Fronten: „Nachts kommen die Maoisten in die Dörfer und erpressen die Bewohner. Sie verlangen Geld, Nahrungsmittel und Unterkunft und nehmen ,passende' Menschen zwangsweise ... mit oder töten die, die sich wehren. Am Tag kommt die Armee, bezichtigt die Dörfler der Unterstützung und bringt viele ebenso willkürlich um."[208] „Maoisten und Monarchie verfolgten ihre Ziele ohne Rücksichtnahme auf die zivile Bevölkerung."[209]

Am 1.2.2005 verordnete der König erneut den Ausnahmezustand (er wurde im April 2005 aufgehoben). Alle Telephon- und Internetverbindungen wurden unterbrochen. König Gyanendra entließ die von ihm eingesetzte Regierung. In die neue berief er Personen, welche die Mehrparteiendemokratie eindeutig ablehnten. Der betagte Kirtinidhi Bista wurde nicht zum Prime Minister sondern zum „Zweiten Vorsitzenden des Ministerrates" ernannt. Der König war Staatsoberhaupt, Oberbefehlshaber der Armee und jetzt auch „Erster Vorsitzender des Ministerrates" und bestimmte somit ganz direkt die Politik des Landes. Die Armee erhielt den Auftrag, alle Aktivitäten der Parteien zu unterbinden. Viele Mitglieder wurden verhaftet oder unter Hausarrest gestellt, ebenso Oppositio-

---

[208] Tüting Ludmilla, Maoisten in Nepal. Wie sicher sind Reisen im Nepal Königreich?, in: TourismWatch. Informationsdienst Dritte Welt Tourismus, Nr. 36, 2004, Bonn.
[209] Krämer, Nepal. Lagebericht, Bern 2005, 1.

nelle, Journalisten, Studenten, Gewerkschaftsfunktionäre und Menschenrechts-aktivisten, die den königlichen Putsch nicht hinnehmen wollten. Viele ver-schwanden spurlos. Den Journalisten von Funk, Fernsehen und Presse wurde ein Maulkorb angelegt. Im Juli 2005 ernannte der König entgegen den Verfas-sungsbestimmungen persönlich den Vorsitzenden des Obersten Gerichtshofes. Dennoch schienen die Gerichte im Allgemeinen noch wirklich Recht zu spre-chen. „Doch für die betroffenen Menschen müssen diese raschen und positiven Gerichtsentscheidungen nicht unbedingt bedeuten, dass ihre Probleme gelöst sind. Es ist nämlich gängige Praxis, dass sich die Sicherheitskräfte über die Ge-richtsentscheidungen hinwegsetzen und die freigelassenen Personen gleich vor dem Gerichtsgebäude wieder verhaften."[210]

Mit Hilfe der Kämpfer der Magar, einer großen im Westen Nepals ansässi-gen Volksgruppe, wurden die Distrikte Rukum, Rolpa, Jajarkot und Salyan zu „Festungen" der Maoisten. Andere ethnische Gruppen sympathisierten mit ih-nen. Und wieder andere versuchten ihre Situation durch Dialog mit der Regie-rung zu verbessern.

Mindestens 13 % der Bevölkerung Nepals gehören zu den „Unberührba-ren", den *dalits*. Sie wurden durch die Gesetzgebung von 1854 als solche klas-sifiziert und ausgegrenzt (mehr dazu im Kap. „Blutbefleckte Zeigefinger – Ausgrenzung"). Die Gesetzesrevision von 1963 hatte an ihrer tatsächlichen Si-tuation kaum etwas geändert. Sie sind in jeder Beziehung die am meisten be-nachteiligte Bevölkerungsgruppe Nepals. Ihre Lebenserwartung beträgt 50,8 Jahre gegenüber dem Landesdurchschnitt von 59,5 Jahren. Die Maoisten grün-deten die „*Dalit*-Befreiungsbewegung". Daraufhin wurden von den staatlichen Sicherheitskräften *Dalit*-Dörfer in den Landkreisen Kalikot, Bajura und Dang in Brand gesteckt. In Kämpfen kamen über 500 *dalits* ums Leben.

Der nepalische Staat verfügte ab dem Jahr 2001 nicht mehr über das allei-nige Gewaltmonopol, sondern musste es mit den Maoisten teilen. Dabei wurde zwischen maoistischer *dominance* und *control* unterschieden. In vielen Distrik-ten konnte die Regierung nicht mehr ihre Funktionen ungehindert und in vol-lem Umfang ausüben (*dominance* der Maoisten). In über einem Drittel Nepals beherrschte die maoistische Gegenregierung die Distrikte (*control*) und hatte staatliche Verwaltungs- und Gemeinwohlfunktionen übernommen, z.B. das Betreiben von Schulen, Krankenhäusern, Gesundheitsstationen und das Aus-üben der Gerichtsbarkeit durch „Volksgerichte". Opposition wurde nicht ge-duldet. Vermutlich um nicht antiquiert zu wirken, hatte die maoistische Gegen-regierung auch begonnen, im Westen Straßen zu bauen. Bezahlt wurden solche Dienstleistungen von Steuern, die sie von den Bürgern unter ihrer Herrschaft

---

[210] Krämer, Nepal. Lagebericht, 15.

erhoben und erpressten und aus den beschlagnahmten Vermögen von Banken, Geldverleihern und Großgrundbesitzern. Nepal wurde zu einem Land mit geteiltem Gewaltmonopol und zwei politischen Herrschaftssystemen. Die Waffen der Maoisten stammten vor allem von Überfällen auf Armee und Polizei. Nepals Maoisten wurden von ihren Kolleginnen und Kollegen in Indien logistisch (Ausbildungslager, Verstecke für die Anführer) und vermutlich auch finanziell unterstützt. Diese und Gruppen in Bangladesch und Sri Lanka bildeten am 21.7.2001 auf die Initiative der Maoisten Nepals hin das Netzwerk „Coordination Committee of Maoist Parties and Organizations of South Asia" (CCOMPOSA). Waffen besorgten sich Nepals Maoisten auch auf dem indischen Schwarzmarkt. CCOMPOSA will eine „kompakte revolutionäre Zone", einen „roten Korridor" einrichten, der von Andra Pradesh bis nach Nepal reicht. Mao Tse Tung diente in strategischer Hinsicht als Vorbild: Wie er waren Nepals Maoisten überzeugt, durch eine Bauernrevolution die beklagten Zustände ändern zu können und zwar durch Guerillataktik, Einkreisen der Städte und Errichten von Basisgebieten mit autonomer Herrschaft. Aber von China oder Pakistan erfuhren die Maoisten keine Unterstützung. „Nepals Maoisten sind ein in Nepal entstandenes Phänomen als Reaktion auf schlechte Regierungsführung und Hoffnungslosigkeit."[211]

Die staatlichen Sicherheitskräfte bestanden aus der regulären Polizei, der paramilitärischen Armed Police Force und der Armee. Sie erfuhren staatliche Unterstützung aus den USA, Großbritannien, Belgien, Israel und Indien in Form von Waffenlieferungen und Ausbildungsmaßnahmen.

Nach über 15.000 Toten des Krieges[212], unzähligen Verletzten und Flüchtlingen, riesigen Sachschäden und mehreren gescheiterten Verhandlungen erklärten die Maoisten am 3.9. 2005 einen Waffenstillstand und einigten sich am 19.11.2005 mit den führenden sieben politischen Parteien, die direkte Herrschaft von König Gyanendra zu beenden. Andere wesentliche Punkte des „12-Punkte Abkommens" waren: Demokratisierung der Gesellschaft, Ausarbeitung einer neuen Verfassung, Respektierung der Menschenrechte und Medienfreiheit, freie Wahlen, Kontrolle der Armee und der Rebellenarmee durch die UNO und Herbeiführen von Frieden und sozialem Wohlstand. Die Enttäuschung über die verlorene, 1990 erkämpfte Demokratie war nicht in Fatalismus gemündet sondern in Agitation und Protest gegen die überkommenen Zustände

---

[211] Sharma Sudheer, Deep red in the Heartland, in: Himal, Vol. 15, No. 1, 2002, Kathmandu, 36.

[212] Es heißt, etwa 6000 hätten die Maoisten zu verantworten und 9000 die staatlichen Sicherheitskräfte. Neuere Berichte sprechen von ca. 17.000 Toten. Auch nach dem Waffenstillstand gab es noch viele Opfer, denn beide Konfliktparteien hatten Landminen und Sprengfallen verlegt.

und gegen die Monarchie.

Nach mehrtägigem Generalstreik und massiven Protesten hunderttausender Demonstranten gab der König am 24.4.2006 seine direkte Macht ab und setzte das im Mai 2002 aufgelöste Parlament wieder ein. Dieses verabschiedete am 18.5.2006 eine Resolution, die als „Magna Charta des 21. Jahrhunderts" bezeichnet wurde. Ihr gemäß war *the only Hindu Kingdom* beendet, der Hinduismus nicht mehr Staatsreligion und Nepal ein säkularer Staat. Außerdem wurde dem König der Oberbefehl über die Armee entzogen und ihm nur noch eine zeremonielle Rolle zugebilligt.

Die Maoisten einigten sich am 8.9.2006 mit der Sieben-Parteien-Allianz auf den weiteren Weg zu allgemeinen Wahlen für eine Verfassunggebende Versammlung. Am 22.11.2006 unterzeichneten der Prime Minister und der Führer der Maoisten ein Friedensabkommen und erklärten den Krieg für beendet. Eine Übergangsverfassung wurde am 15.1.2007 durch das Parlament verabschiedet. Am 4.11.2007 beschloss das Parlament die Abschaffung der Monarchie unter der Maßgabe, dass die Verfassunggebende Versammlung darüber abstimmen solle.

Sie wurde am 10.4.2008 gewählt und fungierte danach auch als Parlament. Die Maoisten erhielten 229 der 601 Sitze und bildeten die stärkste Fraktion. Am 28.5.2008 setzte die Verfassunggebende Versammlung mit großer Mehrheit den König ab. Die 238-jährige Monarchie wurde damit beendet und das letzte Hindu-Königreich war Geschichte. Nepal wurde Republik. Am 11.6.2008 verließ der König seinen Palast. Am 15.8.2008 wurde der Maoistenführer Pushpa Kamal Dahal zum Prime Minister gewählt. Die neue Verfassung der Republik Nepal sollte spätestens im Jahr 2010 vorliegen. Doch Streitpunkte wie die künftige föderale Struktur Nepals und die Integration der Rebellenstreitkräfte in die reguläre Armee führten immer wieder zur Verschiebung des Termins, vor allem aber unsäglicher Parteienegoismus in der jungen Demokratie.

Was die Vorstellungen der Maoisten über künftige Politik betrifft, muss wohl zwischen kurz- und langfristigen Zielen unterschieden werden. Kurzfristig ging es ihnen darum, die Monarchie abzuschaffen, dann ein demokratisches Regierungssystem durchzusetzen, um über den parlamentarischen Weg langfristig zum „Sozialismus", zu „reifer Demokratie", „Massendemokratie", „neuer revolutionärer Demokratie" zu gelangen. Die Konturen der langfristigen Ziele wirken merkwürdig unscharf. Das kann an diffusen Zielvorstellungen innerhalb der maoistischen Führung liegen, aber es kann auch taktische Gründe haben, um die Gegner absichtlich im Unklaren zu lassen. Die Frage, ob den Maoisten der „neue Mensch" à la Marx, Lenin oder Mao als Vision vorschwebt, kann ebenfalls nicht eindeutig beantwortet werden. Ihre Lieder, Schulcurricula und Festtage waren auf revolutionäre Bewusstseinsbildung ausgerichtet. Auf eine totalitäre Umformung der Person scheinen die Maoisten aber nicht hinzuarbeiten. Sie hatten zwar die höchsten Feiertage *Dashain* und *Tihar* in den von ihnen beherrschten Gebieten formal zu revolutionären Festen umgewandelt, sich aber nicht offen gegen Hinduismus und Buddhismus gewandt, vermutlich auch aus der Sorge, durch einen solchen Schritt Rückhalt in der Bevölkerung zu verlieren. In der Erklärung von CCOMPOSA vom August 2002 heißt es: „Unser gemeinsames Ziel ist der weltweite Sozialismus und Kommunismus unter der Diktatur des Proletariats." Und in der Resolution der vierten Konferenz im August 2006 ist zu lesen: „CCOMPOSA wird die demokratischen Revolutionen in verschiedenen Staaten Südasiens vertiefen und vorantreiben zu einem Flächenbrand revolutionärer Inbrunst und den Imperialismus (insbesondere den der USA), den Expansionismus Indiens und alles Reaktionäre in der Region zu Asche verbrennen." In einem Interview der BBC im Jahre 2006 mit dem Maoistenführer und späteren Premierminister Nepals sagte dieser: „In fünf Jahren werden die Millionen von Nepali schon vorwärts schreiten mit der Mission, eine herrliche Zukunft zu gestalten und Nepal wird gewiss beginnen, ein Himmel auf Erden zu werden."

Schon innerhalb kurzer Zeit stellte sich heraus, dass die Notwendigkeiten und Schwierigkeiten der täglichen Sachpolitik zu Nüchternheit zwingen und solche Wortblasen der Lächerlichkeit aussetzen. Der Geschäftsführer des größten nepalischen Dachverbandes der nationalen Nichtregierungsorganisationen sagte in einem Interview: „Ich habe 1999/2000 … hunderte Kämpfer der maoistischen People's Liberation Army interviewt. 90 Prozent von ihnen hatten überhaupt keine Vorstellungen von Marxismus. Sie waren offensichtlich nicht ideologisch motiviert. Vielmehr ging es ihnen … um sozialökonomische Fragen und Anliegen."[213]

Die Maoisten gingen zwar als stärkste Partei aus den Wahlen zur Verfassunggebenden Versammlung hervor, verfügten aber nicht über die absolute Mehrheit im Parlament. So mussten sie schon von Beginn ihrer Regierungszeit an zum Kompromiss bereit sein und sich zu diesem Qualitätsmerkmal von Demokratie bekennen.

Auswirkungen

Der Krieg in Nepal hatte viele Auswirkungen. Manche sind schlecht fassbar, weil sie sich im Innern der Menschen ergeben, die traumatisiert ob des Leids sind und darüber geschockt, dass blutige Gewaltanwendung zum Mittel für die Durchsetzung von Zielen offensichtlich alltäglich und normal geworden ist.

„Prem Giri war gerade sechs Jahre alt, als er den verstümmelten Körper

---

[213] Karki Arjun, Demokratie als Ziel und als Weg, in: Südasien, Nr. 2, 2008, Köln, 63.

seines Vaters sah, der von den Maoisten in Dhangadhi getötet worden war. Sein Geisteszustand verschlimmerte sich zusehends. War er vorher ein fröhlicher Junge, wurde er jetzt ruhig, kapselte sich ab und weigerte sich sogar, mit seiner Mutter zu sprechen. Er hatte keinen Appetit mehr und wurde von Alpträumen heimgesucht. Nachts geisterte er im Haus umher, weil er nicht schlafen konnte.

Seine Mutter begann, sich Sorge um ihn zu machen, ihr Sohn sei dabei, verrückt zu werden. Sie dachte, sein Zustand würde sich bessern, wenn sie ihn aus dem Dorf wegschicken würde. Voller Bedenken schickte sie ihr jüngstes Kind mit der Hilfe eines lokalen Sozialarbeiters nach Kathmandu. Heute ist Prem acht Jahre alt und leidet immer noch an Alpträumen. Unterstützt von Beratern in einem Heim in der Hauptstadt hat der Junge angefangen, wieder zu sprechen, aber er hat immer noch Probleme, mit anderen Kindern zusammen zu sein. Er bekommt plötzliche Wutanfälle und es endet damit, dass er die Kinder schlägt, die seine Freunde sein möchten."[214]

Folgt der Traumatisierung und dem Schock Abgestumpftheit gegenüber Gewaltanwendung, dann besteht die Gefahr – besonders, wenn Verbrechen nicht aufgeklärt und gesühnt werden –, dass gewalttätige Vergeltung geübt und das zwischenmenschliche Klima in Teilen der Gesellschaft auf lange Zeit vergiftet wird. Im Dokumentarfilm *The Killing Terraces* wird ein 10-12jähriger Junge gezeigt, der zum Waisen wurde. Er kocht vor Wut und sagt, er möchte den Polizisten, die seine Eltern getötet hatten, das Herz herausreißen. „Hass hat sich offensichtlich tief eingewurzelt. Nach dem sog. Volkskrieg wird Heilung ein beschwerlicher Prozess für alle seine Opfer sein. Gewalt brutalisiert den, der sie ausübt und den, der sie erleidet."[215] Leider sind die an den Verbrechen beteiligten Konfliktparteien nicht interessiert, die schweren Menschenrechtsverletzungen aufzuklären und die Schuldigen vor Gericht zu stellen. Man arbeitet auf eine Generalamnestie hin, welche die Opfer nochmals zu Opfern macht. Im September 2012 erließ die Regierung eine entsprechende Verordnung. Gegen diese „Komplizenschaft der Straflosigkeit"[216] wehren sich verschiedene nepalische Menschrechtsorganisationen mit internationaler Unterstützung.

---

[214] Newar, Eine traumatisierte Nation, 39.
[215] Lal, Nepal's Maobadi, 39.
[216] Döhne Thomas, Komplizenschaft der Straflosigkeit, in: Südasien, Nr. 3-4, 2012, Bonn, 43-45. Der Menschenrechtsjournalist Ali Al-Nasani (Zu viele Baustellen. Gewalt geht immer noch vor Recht – Menschenrechte in Nepal, in: Südasien, Nr. 4, 2013, Bonn, 71) schreibt dazu: „Ohne Wahrheitsfindung und Gerechtigkeit wird es auch in Zukunft keine Versöhnung geben, und die Gefahr des Wiederaufflammens des Konflikts wird latent bleiben ... Solange die Straflosigkeit andauert, ist es unmöglich, die Traumatisierung des Krieges zu überwinden."

Wegen des Konflikts konnten die anstehenden Kommunalwahlen im Jahr 2002 nicht abgehalten werden. So gab es keine demokratisch legitimierten Vertretungen des Volkes auf Distrikt- und Gemeindeebene. Die gesetzlich vorgeschriebene Umsetzung von Dezentralisierungsmaßnahmen kam zum Erliegen. Durch die königliche Machtübernahme vom Oktober 2002 fehlte bis zum April 2006 auch eine demokratisch legitimierte Vertretung des Volkes auf nationaler Ebene. Das führte im ganzen Land zu allgemeinem Stillstand. Staatliche Dienstleistungen wurden nur auf minimalem Niveau geleistet.

Großer Schaden wurde an Nepals Infrastruktur angerichtet. Die Maoisten hatten über 1000 Regierungsgebäude (u.a. Gemeindeämter, Polizeistationen und Funktürme) zerstört, Flugplätze und Industrieanlagen beschädigt, Banken geplündert und so der Bevölkerung den Zugang zu öffentlichen Diensten verwehrt.

Der wirtschaftliche Schaden war immens. Hunderttausende Nepali lebten in Angst und Schrecken, Felder lagen brach, Transportwege waren abgeschnitten und die Unterernährung nahm zu. Viele Männer waren in die Städte und Wälder oder ins Ausland geflohen aus Angst vor Polizei, Armee und Maoisten. Die Frauen trugen noch größere Arbeitslast in Haushalt und Landwirtschaft als zuvor. Viele wurden Witwen. Von den Daheimgebliebenen bereicherten zehntausende Jugendliche das Heer der Arbeitslosen und damit das Reservoir, aus dem die Maoisten schöpfen konnten.

Der Tourismus ist einer der wichtigsten Wirtschaftszweige mit vielen Beschäftigten in Administrations- und Logistikpositionen, in Hotels, Restaurants, Lodges und Läden, als Träger und Köche, als Boots- und Wildlifeführer, als Produzenten und Lieferanten von Ausrüstungsmaterial, Nahrungsmitteln und Kunstgegenständen. Er litt stark unter dem Konflikt. Trotz intensiver Werbemaßnahmen von Regierung und Reiseagenturen hatte dieser Wirtschaftszweig im Jahr 2003 nur noch 47 % des Volumens von 1999. Auf den Trekkingrouten verlangten die Maoisten eine „Revolutionsgebühr", die schriftlich quittiert wurde. Körperliches Leid war keinem Touristen zugefügt worden, wohl mussten aber einige ihre Kameras abliefern. Im Dezember 2002 empfahl Chefideologe Baburam Bhattarai den Touristen, „die großen Hotels und die so genannten Nationalparks, die zumeist von den Shah- und Ranafamilien kontrolliert werden", zu meiden.

Neben den staatlichen Dienstleistungen waren besonders auch nationale und internationale Entwicklungsmaßnahmen sehr beeinträchtigt. In vielen Distrikten waren aus Sicherheitsgründen Datenerhebung, Situationsanalysen, Planung, Ausführung und Wirkungsbeobachtung von Entwicklungsmaßnahmen kaum noch möglich, schon gar nicht in partizipativer Weise. Personal ging nicht ins Feld, bzw. war von den Arbeitsplätzen geflüchtet und Nutzergruppen konnten nicht gebildet werden, was zur Folge hatte, dass vorgesehene Mittel für die verschiedenen Programme nicht ausgezahlt werden konnten. Das Personal der Entwicklungshilfeorganisationen versammelte sich mehr und mehr in Kathmandu und versuchte, von dort aus die Projekte im Land zu unterstützen. So manche Geber hegten Zweifel, ob es richtig wäre, über den nepalischen Staat Entwicklungsmaßnahmen zu fördern und damit den Konflikt evtl. noch zu verschärfen. Manche Länder machten ihre weitere Unterstützung von Nepals Rückkehr zu demokratischen Verhältnissen abhängig. Das Nepal Development Forum, das wichtigste internationale Gremium für die Vereinbarung staatlicher Unterstützung für Nepal, machte während seines Treffens im Mai 2004 praktisch keine finanziellen Neuzusagen.

Eingeklemmt zwischen Indien und China war Nepal immer schon nur bedingt unabhängig. Durch den Konflikt mit den Maoisten wurde die ausländische Einflussnahme noch einmal verstärkt: Die USA, Großbritannien und Indien pumpten Waffen ins Land und es kamen immer mehr amerikanische Militärberater. Erst nach dem königlichen Putsch im Februar 2005 stellten diese Staaten ihre Militärhilfe ein, blieben aber nicht konsequent bei ihrer Linie, wogegen die Länder der Europäischen Union (außer Großbritannien) jede Art von militärischer Unterstützung der königlichen Armee verweigerten.

Das Schlimmste, dessen sich die Konfliktparteien schuldig gemacht hatten, waren die Verletzungen der Menschenrechte. Amnesty International listete sie schonungslos in den Jahresberichten auf: Mord, Verstümmelung, Folter, Erpressung, Verschleppung, Vertreibung, Aufhebung der Meinungs-, Rede-, Versammlungs-, Bewegungs-, Niederlassungs-, Presse- und Publikationsfreiheit, des Verbots der Vorbeugehaft, des Rechts auf Information, des Eigentums- und Besitzrechts, des Rechts auf Privatsphäre und auf Verfassungsklage.

Militärisch war der Konflikt nicht zu lösen. Beide Parteien mussten einsehen, dass sie schwere Fehler gemacht hatten: Der Staat war in vielerlei Hinsicht und über Jahrhunderte seiner Fürsorgepflicht den Bürgern gegenüber nicht nachgekommen (s. nachfolgendes Kapitel) und hatte auf die ersten Gewaltanwendungen der Maoisten unverhältnismäßig reagiert. Die Maoisten auf der anderen Seite hatten ihre Forderungen zunächst mit friedlichen Mitteln durchzusetzen versucht, dann aber das staatliche Gewaltmonopol für sich beansprucht und in vielen Gebieten ausgeübt. Das war ihr eigentlicher Fehler. „Der maoistische Gewaltausbruch ist ein Versuch, mit falschen Mitteln ein System zu reinigen, das niemals zuvor gereinigt wurde ... Statt die Massen zu mobilisieren, dominierten bei den Maoisten Militarismus, Gelderpressungen und Hinrichtungen."[217] Ihren Anspruch als Sozialreformer zu wirken, hatten sie nachdrücklich beschädigt und

---

[217] Gyawali, Reflecting on contemporary Nepali Angst, in: Himal, Vol. 15, No. 4, 2002, Kathmandu, 38-39.

viele Punkte ihres Katalogs der 40 Forderungen verraten. Geduldiges und gewaltfreies Verfolgen ihrer Ziele hätte den Maoisten sicherlich Sympathie auf internationaler Ebene eingebracht, denn viele ihrer Forderungen entsprachen der Verfassung und den Gesetzen Nepals und den Bestrebungen der in Nepal tätigen Organisationen der Entwicklungszusammenarbeit.

Mit dem Friedensabkommen vom November 2006 zwischen der Regierung und den Maoisten wurde der Krieg beendet. Doch das Kriegstrauma sitzt tief, so dass ein nepalischer Analytiker des Konflikts schrieb: „Nepal braucht eine Pause und eine Streicheleinheit Glück."[218]

Warum wollten oder konnten die Maoisten ihre Forderungen nicht mit friedlichen Mitteln verfolgen, mit Zähigkeit und Geduld, mit diesen oft gerühmten Tugenden der nepalischen Gesellschaft? Warum orientierten sie sich nicht an Mahatma Gandhi? War er als Vorbild „too big for us", wie ein Pakistani einmal meinte, als ich ihn auf die häufigen gewaltsamen politischen Auseinandersetzungen in seinem Land ansprach? Waren die angeprangerten Übel so groß, dass alle Selbstbeherrschung nur zur Verlängerung der Missstände geführt hätte? Wieso haben Regierung und Sicherheitskräfte auf die maoistische Herausforderung so maßlos reagiert? Welche Auswirkungen auf das Funktionieren des Gemeinwesens haben die Verletzungen des zivilen Miteinanders? Wird das Bewusstsein in der Gesellschaft wachsen, dass eine Regierung etwas Notwendiges ist und dass ihre Machtbefugnisse und Funktionen von der Zustimmung der Bürger abhängen und durch Wahlen übertragen werden? Oder werden die tausendfach erlebten Gräuel die Menschen, und vor allem diejenigen, die vollkommen unschuldig zwischen die Fronten geraten waren, zu Resignation und Rückzug in die Privatsphäre führen? Wird dadurch jener unmündige Zustand wieder gefördert, den Nepals Gesellschaft über Jahrhunderte zu ertragen hatte und den sie mit dem Sturz der Rana-Oligarchie 1951 und der Revolution von 1990 zu überwinden begann?

Letzteres ist nicht anzunehmen. Die Gesellschaft ist jetzt so „politisiert" wie sie es in ihrer ganzen Geschichte nicht war. Durch den Aufstand von 1990 und die Beendigung der Monarchie 2008 hat sie sich die politische Souveränität erkämpft. Es ist nicht anzunehmen, dass sie diese wieder an einen absoluten Herrscher abgeben wird, der sich unantastbar zu machen versucht, indem er sich mit göttlichen Weihen umgibt (s. nachfolgendes Kapitel). Unterdrückte Kastenangehörige und benachteiligte Ethnien sind sich der Chancen bewusst geworden, die sich aus der Verfassung von 1990 und den abgeleiteten Gesetzen für die Verbesserung ihrer Lage ergeben. Sie trauen sich mehr denn je, ihre Bedürfnisse zu äußern und sich zu organisieren. Die Selbstherrlichkeit der

---

[218] Lal, Nepal's Maobadi, 47.

„Eliten" wird nicht übernacht verschwinden. Ihr Machtgefüge ist noch nicht gebrochen, aber es ist rissig geworden. Sie müssen gewärtig sein, dass Nepotismus, Ämterzuschanzung, Vertuschen und Verschweigen illegaler Praktiken durch die Wachsamkeit und den Mut der Zivilgesellschaft aufgedeckt und öffentlich gemacht werden können. Das alte System, gekennzeichnet durch das Zusammenwirken von Kastenhierarchie, Feudalherrschaft und politischem Zentralismus ist noch nicht abgeschafft, aber es hat einen Gegner erhalten: das gestiegene Selbstbewusstsein der Bevölkerung. „Wenn (bisherige) Unterwürfigkeit das Gesicht von Furcht ist, dann ist Zuversicht das Gesicht von Kraft."[219]

---

[219] Kondos, Jana-Sakti (People Power) and the 1990 Revolution in Nepal, 277.

Blutbefleckte Zeigefinger

„Jeder Schrei aus der Vergangenheit hat eine Bedeutung für uns heute. Wir müssen ihn nur hören und verstehen.“

Ludwig F. Stiller, The Silent Cry

„Ich möchte mein Haus nicht von allen Seiten mit Wänden umgeben und die Fenster verstopfen. Ich möchte, dass die Luft aller Kulturen so frei wie möglich um mein Haus weht. Aber ich möchte nicht von anderen umgeweht werden.“

Mahatma Gandhi, Sarvodaya

Die flehentlichsten Schreie aus der Vergangenheit sind auch heute noch zu hören. Sie betreffen die Leiden, welche großen Teilen der Gesellschaft durch die Kastenordnung, den politischen Zentralismus und die ungerechte Landverteilung entstehen. Außerdem haben sich die Nepali in neuerer Zeit mit dem Wirbelsturm der Globalisierung auseinanderzusetzen. So manche seiner Böen wirken zerstörerischer als diejenigen, die über den Himalaya jagen. Doch einige sind auch befreiend.

Gravuren

Es war im Distrikt Siraha im Südosten Nepals nahe an der Grenze mit Indien. Frau Shanta Katwal, Förster Damber Tembe – beide vom Churia Forstprojekt – und ich waren unterwegs, um Leute zu treffen, die vom staatlichen Forstamt ein kleines Waldstück inmitten der weiten Landschaft aus Reisfeldern erhalten wollten, um es gemeinschaftlich zu bewirtschaften. Wir kamen an einer in der

Sonne glühenden Versammlungshalle vorbei, die wohl nie genutzt wurde, denn die Leute hielten ihre kleinen und großen Zusammenkünfte wie eh und je auf der grasbedeckten Veranda eines größeren Hauses oder unter einem Schatten spendenden Baum ab. Hinter dem Zeugnis verschwendeten Geldes stand eine kleine Hütte aus Stangen und blattbesetzten Ästen. Ein Schwein versuchte in dem ausgedörrten, hartgebackenen Boden des Hofes Fressbares zu erwühlen. Da trat eine junge Frau, vermutlich 18, 19 Jahre alt, aus der Hütte. Sie trug ein Baby auf dem Arm und grüßte uns scheu. Die Frau hatte ein sehr schönes Gesicht und eine Figur, um die sie Models und Filmschauspielerinnen beneidet hätten. Doch beim Nähertreten sah man deutliche Zeichen, dass die „Blüte" jetzt schon zu „welken" begann. Die vielen Fältchen auf Gesicht, Hals und Schultern erzählten Geschichten von Entbehrungen und Enttäuschungen dieses jungen Lebens. Jeder Schmerz schien eine Falte eingraviert zu haben.

„Namaste, *bahini*."

„Namaste."

„Wie geht es?"

„So, so."

„Das klingt nicht so gut."

„Nein, es geht schon. Woher kommen Sie?"

„Aus Lahan, vom Churia Forest Development Project. Sind Sie alleine?"

„Drinnen schläft mein kleiner Sohn. Er hat Fieber und Durchfall."

„Wie alt ist das Baby?"

„Das Mädchen ist acht Monate."

„Ist Ihr Ehemann auch da?"

„Nein, der ist in Indien, in der Fabrik."

„Was arbeitet er dort?"

„Das ist eine Fabrik, in der die Arbeiter Saatgut behandeln, mit Gift. Wenn er zurückkommt, hat er immer große Flecken an Händen und Unterarmen. Manchmal bringt er Salbe mit, aber die Flecken kommen immer wieder. Und für die gefährliche Arbeit wird er nicht gut bezahlt. Er braucht fast allen Lohn, um selbst zu überleben, obwohl er nicht trinkt und sich auch sonst nichts leistet."

„Wovon leben Sie dann, eine Familie von vier Personen?"

„Unser ganzer Besitz ist das Schwein. Wir lassen es auf dem *Ailani*-Land fressen, auf dem auch diese Hütte steht. Wenn es groß ist, verkaufen wir es und beginnen, ein neues Schwein groß zu ziehen."

„*Ailani*-Land gehört der Gemeinde. Hat sie die Erlaubnis erteilt?"

„Nein. Wir könnten in jedem Moment vertrieben werden. Auch sonst ist hier nichts. Unsere Toilette ist der Graben dort drüben. Wir sind *chamar* (Abdecker, Lederverarbeiter, Trommler, Unberührbare). Die Anderen lassen uns deshalb nicht an den Brunnen. Meist holen wir das Wasser heimlich nachts.

Manchmal sind wir gezwungen, aus dem Teich da drüben zu schöpfen, in dem die Büffel baden."

„Würden Sie in einer Waldnutzergruppe mitmachen?"

„Ich weiß nicht, mein Mann ist nicht hier. Wir sind von den anderen nie gefragt worden und falls wir teilnehmen möchten, würden die das wahrscheinlich nicht erlauben."

Diese Begegnung bedrückte mich sehr. Ich sprach darüber mit dem Projektdirektor und fragte ihn nach seiner Meinung: Könnten wir nicht etwas Geld zusammenlegen, um dieser Familie zu helfen? Um ihr wenigsten Zugang zu gutem Grundwasser zu ermöglichen, schlug ich die Beschaffung einer Handpumpe vor. Auch etwas Gemüse könnte die Frau dann anbauen.

„Nein, Hermann. Erstens handelt es sich um *Ailani*-Land. Zweitens ist nicht sicher, ob man bei einer Bohrung auf Wasser stoßen würde und drittens haben wir in unserem großen Projektgebiet tausende solcher Familien. Wir können nicht einer ein Geschenk bereiten und alle anderen gehen leer aus. Wir müssen diesen Menschen helfen, ein dauerhaftes Einkommen zu erzielen. Ich denke da an die Kernaufgabe des Projekts, an Waldbewirtschaftung durch lokale Nutzergruppen."

„Das haben wir mit der Frau auch besprochen. Sie meinte, sie würde wegen ihrer Kaste in eine solche Gruppe nicht aufgenommen werden."

„Ich trage mich schon lange mit dem Gedanken", antwortete der Direktor, „die *dalits* so zu unterstützen, dass sie sich in eigenen Gruppen organisieren und Nutzungsrechte in den Churia-Wäldern beantragen. Doch die Forstverwaltung steht der Idee ablehnend gegenüber. Sie befürchtet, dass diese Gruppen den Wald nicht schützen können, da sie zu weit entfernt leben."

Einige Jahre später gelang es – hartnäckiges Dickbrettbohren ist eine Kardinaltugend in der Entwicklungszusammenarbeit –, an *Dalit*-Gruppen ganz formell mehrere Hektar Staatswald im Churia-Gebiet zur Nutzung zu übertragen. Entfernung spielte überhaupt keine Rolle. Sie bauten sich einfache Unterstände im zugewiesenen Wald und hielten abwechselnd Wache. Ihr Umgang mit dem Wald entsprach in vollem Umfang den Bestimmungen des Bewirtschaftungsplans, der von der Regierung vorgegeben wird.

Die Situation der Familie, die von einem Schwein, verschmutztem Wasser und einem gefährlichen Arbeitsplatz leben muss und dabei noch von Teilen der Gemeinschaft gemieden wird, gibt es in ähnlicher Form tausendfach in Nepal, besonders im südlichen Teil des Landes. Solche Zustände vor allem bildeten den Nährboden für die Revolte der Maoisten und verschafften den Aufständischen Sympathie und Zulauf.

Der Krieg in Nepal hob deutlicher als je zuvor gesellschaftliche Missstände ins Bewusstsein. Im 40-Punkte-Katalog der Maoisten vom Februar 1996 (s. Kap.

„Krieg") sind viele genannt. Punkte 1-9 beinhalten Forderungen zum Schutz der Souveränität und Integrität des Landes, vor allem gegen als ungerecht empfundene Maßnahmen Indiens, wie z.b. den Handelsvertrag und die Verteilung des Wassers nach Staudammbauten. In den Punkten 10-26 fordern die Maoisten staatsrechtliche und innenpolitische Änderungen, wie die Ausarbeitung einer neuen Verfassung durch eine vom Volk gewählte Versammlung, die Abschaffung der königlichen Vorrechte, die Umwandlung Nepals in einen säkularen Staat, ein gleiches Erbrecht für Söhne und Töchter, die Beendigung ethnisch- und kastenbedingter Diskriminierung, die Ausstattung der lokalen Körperschaften mit Autorität und Ressourcen (Dezentralisierung). Die Punkte 27-40 betreffen Landreform, Mindestlöhne, Rehabilitierung landloser Siedler auf Regierungsland, Verbesserung des Bildungs- und Gesundheitssystems, Zugang zu sauberem Trinkwasser, elektrischem Strom und Straßen, Bekämpfung von Korruption, Schmuggel und Schwarzmärkten.

Mit den Punkten 10-40 legten die Maoisten die Finger in große Wunden, die Nepal selbst heilen kann. Nur leider waren es blutbefleckte Finger ...

Ausgrenzung

„Jede Art von Unterdrückung aufgrund von Rasse- und Kastenzugehörigkeit muss enden." „Die Diskriminierung der Dalits muss beendet werden." „Die Praxis der 'Unberührbarkeit' ist abzuschaffen."

So lauteten die Forderungen Nr. 20 und 21 der Maoisten.

Ursprünglich gab es kein Kastensystem in Nepal. Im damals dicht bewaldeten, flachen Terai lebten nur wenige Menschen, neben Koche, Dhimal, Satar, Danuwar und Dhangar vorwiegend Tharus, und in den so genannten, dem Himalaya vorgelagerten „Hills" die Volksgruppen der Limbu, Rai, Newar, Tamang, Gurung, Thakali, Magar usw. mit ihren vom Hinduismus noch unbeeinflussten Gesellschaftsstrukturen.[220] Aus wirtschaftlichen Gründen und um

---

[220] Zum Folgenden siehe auch Acharya Meena, The Maithili Women of Sirsia. The Status of Women in Nepal, Vol. II: Field Studies, Part 1, Kathmandu 1981; Bennet Lynn, Dangerous Wifes and sacred Sisters. Social and symbolic Roles of High-Caste Women in Nepal, New York 1983; Bista, People of Nepal; Bista, Fatalism and Development; Czarnecka Joanna, Das hinduistische Kastenwesen im nepalischen Hügelgebiet, in: Brauen Martin (Hsg.), Nepal: Leben und Überleben, Zürich 1984; Höfer András, The Caste Hierarchy and the State in Nepal. A Study of the Muluki Ain of 1854, Innsbruck 1981; Kisan Yam Bahadur, The Nepali Dalit Social Movement, Lalitpur 2005; Regmi Mahesh, Thatched Huts and Stucco Palaces. Peasants and Landlords in 19th century Nepal, New Delhi 1978; Regmi Mahesh, Landownership in Nepal; Stiller Ludwig, The Rise of the House of Gorkha. A Study in the Unification of Nepal 1768-1816, Kathmandu 1973; Stiller Ludwig, The Silent

kriegerischen Auseinandersetzungen im indischen Subkontinent zu entkommen, wanderten einzelne hinduistische Großfamilien und Clans ins Tal von Kathmandu ein und beherrschten es und seine nähere Umgebung, so die Licchavi 350-630 n. Chr. und die Malla 1200-1768 n. Chr. Auch entwickelten im westlichen Himalaya ansässige hinduisierte Khas Kleinstaaten. Es gab eine Vielzahl von Herrschaften auf autonomen Gebieten. Im 18. Jahrhundert waren es mindestens 60 auf der heutigen Fläche Nepals.

Mit den Einwanderungen aus Indien wurde nach und nach das hierarchische Kastenwesen in Nepal eingeführt, doch es nahm im Allgemeinen nicht die rigiden Formen seines Herkunftslandes an sondern wurde durch den Animismus der Berglandbewohner, den Buddhismus der Newar im Kathmandutal und durch die eher als egalitär zu bezeichnenden ursprünglichen Gesellschaftsstrukturen gemildert. Es fanden Ergänzungen, Durchdringungen und Anpassungen statt.

Von den Malla-Königen wurde die Bevölkerung des Tals von Kathmandu in Kasten eingeteilt. Träger hoher Funktionen am Hof und im Militär wurden zu Hochkastigen erklärt, die erfolgreichen Händler und geschickten Handwerker erhielten mittleren und die große Masse der Bauern niederen Rang. Doch in der gewünschten Eile konnte die neue hierarchische Ordnung, die jedem den vom Herrscher gewollten Platz zuwies, nicht verinnerlicht werden. Die Festigung der Herrschaft forderte eine stärkere Begründung für Gehorsam und Akzeptanz. Brahmanen aus Indien wurden eingeladen, um behilflich zu sein, die Herrschaft religiös zu unterbauen und die Rechtmäßigkeit ihrer Ausübung zu verkünden.[221] Für ihre Dienste erhielten sie Ländereien. Das erklärt, warum bis heute die großen Landbesitzer oftmals Brahmanen sind. Um den Gehorsam der Stammesoberen zu gewinnen, wurde ihnen ihr Landbesitz garantiert und Privilegien zur Erhebung von Steuern erteilt.

König Prithvi Narayan Shah (1743-1775) und seine Nachfolger einten mithilfe einer stetig wachsenden Armee die vielen Kleinstaaten zum nepalischen Nationalstaat, manchmal durch Diplomatie, doch meist gewaltsam. Dabei wurde die Ausbeutung der Landbevölkerung fortgeführt gemäß dem Wort von Prithvi Narayan Shah „die Soldaten und Bauern sind das Rückgrat des Königs, die Bauern sind sein Warenhaus"[222]. Die Staatsdoktrin war einfach: Ein Souverän, der herrschte, Militär und Adel, die den Thron stützten und das Landvolk, das für alle und alles bezahlte durch Zwangsarbeit und Steuern: Die Hälfte der

Cry. The People of Nepal: 1816-39, Kathmandu 1976; Stiller Ludwig, Nepal. Growth of a Nation, Kathmandu 1993; Stiller Ludwig / Yadav Ram Prasad, Planning for People. A Study on Nepal's Planning Experience, Kathmandu 1979.

[221] Dazu Petech L., Mediaeval History of Nepal, Rome 1958, 173-174.

[222] Stiller, The Rise of the House of Gorkha, 255; Regmi Mahesh C., Thatched Huts and Stucco Palaces, 154.

Ernte musste an den Staat abgeliefert werden, später ein festgesetzter Betrag unabhängig davon, wie die Ernte ausfiel. Für Rebellierende von über zwölf Jahren war Enthauptung als Strafe vorgesehen, auf schwere Vergehen von Soldaten und Staatsbediensteten standen Todesstrafe oder Versklavung.[223]

Allerdings wurde versucht, das königliche „Rückgrat" nicht über das notwendig scheinende Maß zu belasten. Die Kleinstaaten behielten eine gewisse Autonomie. Um der einfacheren Regierungsführung und des Friedens willen wurden das lokale, bis in einzelne Familien hinein verschieden ausgelegte traditionelle Gewohnheitsrecht der Ethnien und ihre Rechtsprechung weitgehend toleriert. Das war für die Herrschenden hinnehmbar, denn das Hindugesetz hatte in sich Stärken, die im Sinne der Oberschicht teils wie von selbst wirkten: Im Gegensatz zum mündlich weitergegebenen Gewohnheitsrecht der verschiedenen Volksgruppen lag es schriftlich vor und diente deswegen bei Streitigkeiten als festere allgemeine Grundlage für Entscheidungen; neue Fälle und Situationen konnten mithilfe der hinduistischen Grundsätze leichter interpretiert und behandelt werden. Und schließlich ging das Hindugesetz einher mit dem starken Appell zur Selbstvervollkommnung, was eine bessere Wiedergeburt versprach. Insofern übten diese Stärken einen einigenden Einfluss auf das Land aus, auch ohne dass das Hindugesetz der ausdrücklichen Verbreitung durch die Staatsverwaltung bedurfte. Traditionelle Praktiken der Ethnien, die gegen hinduistische Grundsätze verstießen, wurden zwar oftmals mit Geldstrafen und Einordnung in eine niedrigere Kaste geahndet aber zugleich auch toleriert, um die Herrschaft zu festigen und ihre Finanzierung zu erleichtern. Die zentrale Sammlung einer riesigen Anzahl von Fällen, die durch Kompromisse, Anpassungen und Dialog gelöst wurden, war eine wichtige Grundlage für die spätere umfassende Gesetzgebung der Rana-Herrscher für das geeinte Nepal mit seinen vielen Stämmen und Kasten. „Der Dialog bereitete den Weg zu einer einheitlichen Gesetzgebung, doch auch den Weg zu einer Gesetzgebung, die die Gleichheit aller Bürger vor dem Gesetz nicht anerkannte."[224]

Durch den verlorenen Krieg 1814-1816 gegen die britische East India Company büßte Nepal ein Drittel seiner Fläche ein, darunter auch einen Teil des fruchtbaren Terai. Doch die Armee blieb in gleicher Stärke bestehen und musste nun von der Bevölkerung des verbliebenen Staatsgebietes erhalten wer-

---

[223] Die Duldung der neuen Herrschaft wurde erleichtert durch die Tatsache, dass es nun weniger Fehden innerhalb der Kleinstaaten und zwischen ihnen gab, Überfälle und Plünderungen von außerhalb nachließen und dadurch, dass Dienste in Militär und Verwaltung mit Nutzungsrechten von staatlichem Land belohnt wurden (Stiller, The Rise of the House of Gorkha, 274, 277-294). Die Sklaverei wurde erst 1922 durch Primeminister Chandra Shamsher Rana gesetzlich abgeschafft.
[224] Stiller, The Silent Cry, 182.

den. Zugleich verhinderten erbitterte Machtkämpfe des Shah-Clans mit den Primeministern und innerhalb der Shah-Sippe, dass Politik und Verwaltung ihr Augenmerk auf die Probleme der Bevölkerung richteten. Der „stille Aufschrei" gegen das ausbeuterische System, das oft zu Verarmung, Landflucht, Schuldknechtschaft und Versklavung führte, wurde nicht gehört.

Nach dem *Kot*-Massaker (*kot* = königlicher Hof) vom 14./15.9.1846 übernahm der Clan der Ranas alle Macht im Staat. Jung Bahadur Rana war Hindu durch und durch und setzte 1854 ein umfassendes Landesgesetz (*muluki ain*) in Kraft.[225] Damit wurden das Kastensystem und die ihm zugeordneten Verhaltensnormen auf der Basis der *dharmashastras*, der autoritativen Hindu-Gesetzestexte, gesetzlich festgeschrieben. Nicht-Hindus wurden in die hierarchische Kastenordnung eingegliedert. Kriterien waren Ess- und Trinkgewohnheiten, Beruf, Hautfarbe und Geburtsort. Es war beabsichtigt, dadurch eine über allen stehende Gesetzgebung einheitlich anzuwenden und bei Verstößen nicht mehr von Fall zu Fall und mit dem Risiko unterschiedlicher Urteile zu entscheiden, wie während der Herrschaft der Shahs. Das Gesetzbuch sollte die Einheit des entstehenden Nationalstaats befördern, aber es säte auch die Saat für Ungleichheiten, Ausgrenzungen und Risse in der nepalischen Gesellschaft.

Für Verstöße waren strenge Strafen vorgesehen. Niedrigkastige durften nicht in den Vierteln der oberen Kasten wohnen und die dortigen Tempel und Trinkwasserstellen aufsuchen. Entdeckter Geschlechtsverkehr Nie-drigkastiger mit Höherkastigen konnte für Erstere mit dem Tode oder mit Verbannung bestraft werden und für Letztere hatte es Degradierung zu einer niedrigeren Kaste zur Folge. Spezielle Beamte waren befasst mit Untersuchungen, Niederschriften, Ausstellen von Zeugnissen, mit Rehabilitierung und Bestrafung. Die Kastenzugehörigkeit spielte eine Rolle „bei Heirat, Erbangelegenheiten, beruflicher Tätigkeit, im Verhältnis des Bediensteten zum Herrn, des Patienten zum Heiler, des Individuums zum Staat"[226].

Mithilfe der Kastenbestimmungen übten die Ranas sogar Kontrolle über tausende nepalische Soldaten aus, die in Diensten der Briten in Übersee eingesetzt waren. Die Rana-Primeminister konnten die Reinigungsriten, die notwendig waren, wenn man über die „Schwarzen Wasser" nach Nepal zurückkehrte, akzeptieren oder nicht. Nichtanerkennung führte zu sozialer Ächtung und zum Verlust gewisser Rechte, was jeder vermeiden wollte.

Verstärkt wurde die Hinduisierung Nepals durch die massenhafte Einwanderung indischer Bauern ins Terai im 19. und 20. Jahrhundert. Die Ureinwoh-

---

[225] Eine ausführliche Studie dazu liegt vor von Höfer András, The Caste Hierarchy and the State in Nepal. A Study of the Muluki Ain of 1854, Innsbruck 1981.
[226] Höfer, The Caste Hierarchy and the State in Nepal, 211.

ner wurden zur Minderheit (s. Kap. „Aufbruch zu neuer Balance"). Natürlich brachten die Immigranten ihre Kultur mit und die war stark durch die Kastenordnung geprägt. An der Spitze standen Brahmanen, Thakuri und Chhetri. So manche Familien und Sippen der vormals eher egalitär lebenden buddhistischen und animistischen mongoliden Volksgruppen gaben sich absichtlich der Hinduisierung hin, da sie sich davon höheren Status und Vorteile erhofften. „Ein Mehrheit der Magar, viele Gurung, beinahe alle Sunwar und viele Rai, Limbu, Tharu und Danuwar haben von den Brahmanen soziale Werte, Kastenverhalten, Heiratszeremonien und ähnliches übernommen."[227]

Auch nach dem Sturz des Rana-Regimes 1951 wurde die Hindu-Religion zur Konsolidierung der Herrschaft und zum *nation building* benutzt. Zwar versprach der Shah-König Tribhuvan in seinem *Social Manifesto* allen Bürgern das Ende von Diskriminierung wegen Rasse, Kaste, Religion und Geschlecht, zwar stellte er eine konstitutionelle Monarchie als Staatsform in Aussicht, doch schon 1954 rückte er davon ab und proklamierte: „Die rechtmäßige Souveränität des Monarchen und seine besonderen Vorrechte als Staatsoberhaupt über die Exekutive, Legislative und Judikative wurden uns übergeben durch Tradition und Gewohnheitsrecht des Landes … Wir verfügen über die höchste Autorität in allen Angelegenheiten."[228] Was das Kastenwesen betrifft, blieb alles beim Alten.

Tribhuvans Sohn, König Mahendra, setzte zwar die Verfassung von 1962 in Kraft, in der Gleichheit vor dem Gesetz (Art. 10, 2) und Religionsfreiheit garantiert wurden (Art. 14), doch gleichzeitig findet sich da der Artikel 3, wonach „Nepal ein monarchischer Hindustaat" ist mit dem König, der „alle legislative, judikative und exekutive Macht ausübt" (Art. 20, 2). Auch die Religionsfreiheit wird im Artikel 14 eingeschränkt. Danach ist Bekehrungsarbeit zu anderen Religionen verboten. Zum Zweck des *nation building* betrieb Mahendra die Hinduisierung der gesamten Gesellschaft mit aller Macht. Ab 1965 gab es die Radiosendungen nur noch in nepalischer Sprache. Einheitliche hinduistische Schul- und Universitätslehrpläne wurden erlassen und hinduistische Lehrer auch in Gegenden mit nichthinduistischer Bevölkerung, z.B. in den nördlichen, kulturell nach Tibet orientierten Grenzregionen Nepals, eingesetzt (s. Kap. „Dolpo – Leben im Grenzbereich"). Im Gegensatz zum tibetisch-buddhistisch geprägten kulturellen Umfeld war nun der *hindu way of life* zu lehren. Die Schulen wurden typischerweise dem Zonal Commissioner (ernannt vom König und ihm verantwortlich) und Chief District Officer, nicht dem District Educa-

---

[227] Bista, People of Nepal, 195.
[228] Zit. nach Baral, Oppositional Politics in Nepal, 28.

tion Officer der Regierungsadministration unterstellt.[229]

Nach der Revolution von 1990 – Historiker werden sie vermutlich als eine der größten politischen Leistungen der nepalischen Gesellschaft in ihrer Geschichte würdigen – brachte die Verfassung von 1990 fast-demokratische Verhältnisse und machte Untertanen rechtlich zu freien Bürgern. Doch selbst nach dieser neuen Verfassung war „Nepal ein Hindu- und konstitutionelles Königreich" (Art. 4). Auch das Verbot der religiösen Bekehrung anderer blieb bestehen (Art. 19). Es wird deutlich, dass Rhetorik und Realität nicht übereinstimmten. Es ist ein Paradox, das Kastenwesen als staatliches Ordnungsprinzip durch die Gesetze von 1959 und 1963 zu verneinen und gleichzeitig den Hinduismus als Staatsdoktrin beibehalten zu wollen.

Gemäß den Verfassungen von 1962 und 1990 war Nepal ein Hindu-Königreich mit dem König als „Anhänger der arischen Kultur und Hindu-Religion und als Symbol der nepalischen Nationalität und Einheit" (1962, Art. 20, 1; 1990, Art. 27, 2). Er wurde traditionell als Inkarnation des Hindu-Gottes Vishnu (der Retter, Erhalter) betrachtet und vereinte in sich höchste politische und religiöse Autorität. Ihre Rechte ließen sich die Herrscher alljährlich durch die „lebende Gottheit" Kumari feierlich bestätigen, einem Newar-Mädchen, in dem Taleju wohnt, die Schutzgöttin Nepals und der königlichen Familie. Für das Verständnis des Kumarikults und seiner politischen Instrumentalisierung ist ein geschichtlicher Rückblick hilfreich.[230] Die Hindu-Muttergottheit Kumari wird auf dem indischen Subkontinent seit Urzeiten verehrt. Kumari symbolisiert die Göttin Taleju Bhavani, welche eine der mächtigen, Dämonen und Feinde vernichtenden Formen von Durga ist. Bhavani heißt übersetzt „Geberin des Daseins". Es war wohl der Hindu-Herrscher Laksmikamadeva (frühes 11. Jahrhundert), der den Kumarikult in Patan einführte, um die Legitimität seiner Herrschaft über die buddhistischen Untertanen zu festigen und die Ausbreitung des Hinduismus zu fördern. Die Malla-Könige (1200-1768) von Kathmandu, Patan und Bhaktapur setzten die Tradition fort. Im jeweiligen Palastbezirk wurde eine lebende Göttin Kumari untergebracht und als Taleju verehrt. Taleju/Kumari war die Hauptquelle königlicher Macht und Weisheit. Als Prithvi Narayan Shah 1768 das Königreich Kathmandu erobert hatte, nahm er sogleich am soeben stattfindenden Kumarifest teil, um die Übertragung der Legitimität seiner Herrschaft von den Mallakönigen öffentlich zu demonstrieren. 1846 entmachtete Jung Bahadur Rana die Shah-Dynastie. Die Könige wurden aber nicht abgesetzt: „So sehr war der nepalische Staat bereits mit der

---

[229] Lama Tshewang, Who cares for Humla?, in: Himal, Vol. 6, No. 5, 1993, Kathmandu, 17.
[230] Dazu Anderson, The Festivals of Nepal, 127 ff.; Allen Michael, The Cult of Kumari. Virgin Worship in Nepal, Kathmandu 1975.

Idee des hinduistischen Königtums verbunden, … dass die Rana es vorziehen mussten, durch wiederholte Heiraten mit den Shah etwas von deren Charisma auf sich zu übertragen, anstatt sie zu beseitigen."[231] 1951 übernahm die Shah-Dynastie in Person von König Tribhuvan wieder die Macht und behielt sie bis 2006/2008. Alljährlich, am letzten Tag des Indra Jatra-Fests, ließen sich die Könige ihre Herrschaft durch die lebende Kumari in einer Zeremonie bestätigen (*prasad, tika*). Symbolisch gab dann der Monarch seine göttliche Energie an die Untertanen innerhalb und außerhalb des Palasts weiter und zwar, indem er das *Tika*-Emblem aus Zinnoberrot, Reis und Quark auf den Stirnen der zu Segnenden anbrachte. Der Symbolik entsprachen Realpolitik und Organisation des Staatswesens: Dem König unterstand das mächtige Palastsekretariat, diesem die Minister mit ihrem Verwaltungsapparat und diesen das Volk.

Zusätzlich, um ihre uneingeschränkte Machtausübung zu rechtfertigen, nutzten die Shah-Herrscher auch den Beinamen „höchst bekräftigt durch Lord Pashupati". Pashupati ist eine Form von Shiva, dem Ursprung und Herrn des Seins, dem Allwissenden von Vergangenheit, Gegenwart und Zukunft. In vielen Inschriften wird er als Oberherr Nepals angeredet. Regelmäßig besuchten die Monarchen den Shiva-Schrein in Pashupatinath und jede offizielle Rede des Königs endete mit dem Satz: „Möge Lord Pashupati uns beschützen."[232]

Es sollte eine Nation geschaffen werden, die durch Hinduismus als Staatsdoktrin und den König als oberstem Sachwalter mit göttlichem Mandat geeint und zusammengehalten wird. Solches Herrschaftsverständnis erinnert an das altorientalische Sakralkönigtum, das frühmittelalterliche Gottesgnadentum und den englischen und französischen Absolutismus. Das Ordnungsgefüge wurde so tief in der nepalischen Gesellschaft verankert, dass sie sich den weltlichen Autoritäten unterwarf und ungerechte wirtschaftliche und soziale Strukturen lange Zeit ertrug. Erst mit der Revolution von 1990 wurde das System ernsthaft gefährdet. Durch die Interimsverfassung von 2007 und mit der Abdankung des Königs Gyanendra 2008 wurde es schließlich beendet.

Obwohl schon in Nepals Verfassungen von 1959 (Art. 4, 2) und 1962 (Art. 10,2) die Gleichheit aller Staatsbürger vor dem Gesetz festgeschrieben worden war – ungleiche gesetzliche Behandlung aufgrund von Kastenzugehörigkeit war damit untersagt, das Kastensystem selbst aber nicht abgeschafft[233] –, hatte

---

[231] Pfaff-Czarnecka Joanna, Macht und rituelle Reinheit. Hinduistisches Kastenwesen und ethnische Beziehungen im Entwicklungsprozess Nepals, Grüsch 1989, 90.

[232] Dazu Wiesner Ulrich, Nepal. Königreich im Himalaya. Geschichte, Kunst und Kultur im Kathmandu-Tal, Köln 1977, 206-213; Vergati Anne, Gods, Men and Territory. Society and Culture in Kathmandu Valley, New Delhi, 1995, 106-109; Anderson, The Festivals of Nepal, 242-249.

[233] Das Palastsekretariat verkündete vier Monate nach der Veröffentlichung des Gesetzes

die Hinduisierung auch weiterhin viele Auswirkungen auf das Leben der altansässigen Ethnien, auf ihre Sprache, Kultur, ihre Selbsthilfeformen und Konfliktlösungstechniken. Diese Volksgruppen sind im Bildungswesen benachteiligt und vor allem im öffentlichen Leben unterrepräsentiert. Brahmanen und Chhetri besetzen überproportional stark die höheren Stellen. Staatliche Dienste werden somit besonders von Leuten geleistet, die im Allgemeinen im hierarchischen Kastendenken aufgewachsen sind und oft von Leuten, die lieber unterrichten als zuhören, lieber gewähren als berechtigte Ansprüche erfüllen, lieber mit Ihresgleichen kommunizieren als mit den alteingesessenen Volksgruppen.

Schlimmer steht es um die Niedrigkastigen und Unberührbaren, die *dalits,* und hier besonders um die Untergruppe, von der ein Hochkastiger nicht nur kein Wasser annehmen darf sondern sich rituell reinigen muss, falls er von einem ihrer Mitglieder berührt worden ist. Mindestens 13 % der nepalischen Bevölkerung gehören zu den *dalits.*[234] Sie haben durchschnittlich am wenigsten Landbesitz, verfügen über das geringste Pro-Kopf-Einkommen, sind am höchsten verschuldet und meist fehlernährt. Die Einschulungsrate ihrer Kinder ist geringer als die aller anderen Gruppen. Nur wenige *dalits* bekleiden Ämter in Politik und Verwaltung. Die Diskriminierung ist für sie umso schmerzhafter, da sie ja wissen, wie wichtig ihre Dienste für die Gesellschaft sind. Sie bestreiten ihr Einkommen durch Lohnarbeit, hauptsächlich in der Landwirtschaft, und üben handwerkliche Berufe aus. Sie sind Schmiede, Schuster, Schneider, Friseure, Töpfer, Müllsammler, Metzger, Abdecker, Straßen- und Gebäudereiniger, Sänger und Hersteller von Musikinstrumenten. Auf ihre Arbeiten kann die Gemeinschaft nicht verzichten. Deshalb werden auch die Dienstleistungsbeziehungen jährlich am *Dashain*-Fest erneuert, indem die Handwerker für ihre Arbeiten Salz, Reis und Gemüse erhalten. Dennoch bleibt ihre gesellschaftliche Stigmatisierung bestehen und das schmerzt. Die Arbeit wird geschätzt, weniger die Person.

Viele *dalits* arbeiten in anderen als in ihren traditionellen Berufen, die ihre Kastenzugehörigkeit bestimmen und sind auf indischen Baustellen und in Fabriken beschäftigt, wo in Massen Sandalen und Schuhe, Werkzeuge und Blechgeschirr, Stoffe und Kleidung hergestellt werden. Dadurch verschwimmen allmählich die Grenzen zwischen den berufsbedingten Abgrenzungen der Kasten. Und die alternativen Beschäftigungsmöglichkeiten in Indien lockern zuhause die Abhängigkeiten von hochkastigen, reichen Landbesitzern, in deren Dienste viele *dalits* stehen. Allerdings verlieren viele Handwerker in Nepal Arbeit und Ein-

---

von 1963, dass „das Kastensystem selbst nicht aufgehoben wurde. Das neue Gesetz, so wurde erklärt, beabsichtige nur Gleichbehandlung vor dem Gesetz'." Joshi / Rose, Democratic Innovations in Nepal, 474; Höfer, The Caste Hierarchy and the State in Nepal, 204.

[234] His Majesty's Government, Population Census 2001, Kathmandu; s. auch Kisan, The Nepali Dalit Social Movement.

kommen durch die billige, auf den nepalischen Markt drängende Massenware aus Indien.

Vermutlich verletzen soziale und politische Diskriminierungen die Seele des Menschen stärker als materielle und wirtschaftliche Benachteiligungen. „Dalits leiden unter den psychologischen Auswirkungen kastenbedingter Unberührbarkeit, wie Minderwertigkeitsgefühl, Mangel an Selbstachtung und Selbstvertrauen. Und das führt zur schicksalhaften Hinnahme der Situation anstatt zu Protest."[235] Soziale Bewegungen und Selbstorganisationen der *dalits* (unterstützt von Nichtregierungsorganisationen, NROs, welche die Anliegen der *dalits* thematisieren), gibt es zwar – besonders seit 1990 wuchsen sie an Zahl und Stärke –, doch durchgreifende Erfolge blieben bisher aus. Das liegt u.a. am Widerstand feudalistischer Hochkastiger, aber auch an den geographischen Distanzen zwischen den *Dalit*-Gruppen, an ihren organisatorischen Schwächen, ungenügender Koordination mit den NROs, internen Rivalitäten und eigenem Kastenverhalten gegenüber tiefer stehenden *Dalit*-Subkasten. Und es liegt besonders auch am „Inferioritätskomplex" vieler *dalits* gegenüber den sog. Höherkastigen. „Dalits führen ein stigmatisiertes soziokulturelles Leben, ein ärmliches ökonomisches Leben, ein politisches Leben ‚klassenbedingten Gehorsams' und ein Leben mit handwerklichem Geschick, aber ohne Schulbildung."[236]

Das Kastenwesen schafft Einschränkungen bei der Berufswahl, Chancenungleichheit, Reibungen, Verletzungen und Entwürdigung. Darunter leiden vor allem die *dalits*. Aber auch im oberen Bereich der Hierarchie, bei den Brahmanen, gibt es Zurücksetzungen: „Die Hindu *dharmashastras* fordern, dass eine Frau bis zur Heirat unter der strikten Obhut ihres Vaters, nach der Heirat unter Aufsicht ihres Ehemannes und nach seinem Tod unter der Kontrolle des Sohnes stehen solle … Wenn orthodoxe Hindus das Gesicht einer Witwe ohne männliche Begleitung oder das einer alten unverheirateten Frau sehen, empfinden sie das als Unglück bringend. Für eine Brahmanin ist es unschicklich – außer für eine dringende Arbeit –, das Haus für einen Spaziergang, einen Besuch oder eine andere Angelegenheit zu verlassen … Dies gilt vor allem für Frauen des wirtschaftlichen Mittelstandes. Die Oberklasse ignoriert solche Vorschriften … und die ärmeren Leute können es sich nicht leisten, viele solcher Regeln zu beachten …"[237]

In Nepals Terai, das stark von indischer Lebensweise geprägt ist, sind Brah-

---

[235] Uprety Laya Prasad u.a., Rights-Based Advocacy Campaign against Caste-Based Discrimination in Nepal. A Case Study of the Grassroots Anti-Carcass Throwing Campaign of Saraswoti Community Development Forum, Kathmandu 2005, Working Paper 5, actionaid.org/473/assessing_advocacy.html, 6.

[236] B. N. Koirala in Kisan, The Nepali Dalit Social Movement, (II).

[237] Bista, Fatalism and Development, 63.

manenfrauen im allgemeinen mehr benachteiligt als ihre Kolleginnen im Bergland. Terai-Brahmaninnen haben weniger Möglichkeiten, außerhalb ihrer Großfamilie und Kaste gesellschaftliche Kontakte zu knüpfen, außerhalb des Hauses durch Erwerbstätigkeit eigenes Einkommen zu erzielen oder gar öffentliche Ämter wahrzunehmen. Volle Mündigkeit wird nicht zugestanden. Eine etwas zurückliegende Feldstudie im Landkreis Dhanusha zeigte, dass im Terai Maithili-Frauen der Brahmanenkaste das geringste politische Bewusstsein entwickelt hatten, bzw. es nicht artikulierten und an lokalen Wahlen nicht teilnahmen. Solche, die es dennoch taten, wurden von der „Dorfelite", welche die sozialen Normen bestimmt, lächerlich gemacht. Frauen konnten nur Leitungsfunktionen innerhalb der jeweiligen Kastenversammlung ausüben, die sich aber nicht mit politischen Fragen befasst, sondern mit solchen, die die Kastenzugehörigkeit betreffen (Essensvorschriften, Heirat, Kastenstatus Einzelner, Ausschluss von der Kaste, Riten und Zeremonien).[238]

Es ist anzunehmen, dass der seit Jahrzehnten geführte Kampf für demokratische Verhältnisse diese Ausgrenzungen und Zurücksetzungen etwas gelindert hat. „Die Verfassung von 1962 garantiert die Gleichheit der Bürger, weshalb das Kastensystem als Ordnungsprinzip für staatliches Recht nicht mehr existent ist. Entsprechend wurden die diffizilen Regelungen resp. Strafen, die den Umgang zwischen den Kasten betrafen, 1963 aus dem Gesetzbuch … entfernt. In der Alltagspraxis wirken die Kastenregeln weiterhin fort, wenn auch in Äußerlichkeiten eine leichte Tendenz zur Lockerung bemerkbar ist …"[239]

Im Jahr 2008 wurde durch den Druck der Bevölkerung die Hindu-Monarchie beendet und durch Parlamentsbeschluss Nepal zur Republik und zum säkularen Staat erklärt. Damit war ein großer Schritt auf dem Weg zu einer Gesellschaft von gleichen Bürgern vor dem Gesetz gemacht. Doch in der alltäglichen Praxis erweisen sich die geschichtlichen Hypotheken als zählebig und werden nur langsam abgetragen. Solche tiefen Gravuren lassen sich nicht schnell beseitigen.

Kathmandu! Kathmandu!

Terai. Nepalgunj. Flugplatz. Warten, Warten … Mit irgendetwas muss sich der Mensch beschäftigen. Schließlich setzte ich mich hinter den Ticketschalter und schrieb: „Dreieinhalb Tage nach Aufbruch von Jumla war ich zufuß in Surkhet angekommen. Flugplatz. Kein Flug nach Kathmandu, der nächste erst in vier

---

[238] Acharya Meena, The Maithili Women of Sirsia, 189-200.
[239] Warth Dietlinde, Didi – Bahini. Ältere Schwester – Jüngere Schwester. Frauen in Nepal, Bad Honnef 1990, 8.

Tagen! Also versuchen, nach Nepalgunj zu fliegen. Zum Chief District Officer. Bitte um Brief für den Airport, damit ich einen der beiden für Regierungsbeamte freigehaltenen Sitze bekomme. Das klappt. Sechs Stunden Warten auf das Flugzeug. Es musste erst noch woanders hin, haben die in Kathmandu entschieden … Dann kurzer Flug nach Nepalgunj … Im Sperrholzverschlag des überfüllten Bheri-Hotels geschlafen … Im Nebel zum Buchungsbüro in der Stadt. Sehr freundlicher Beamter: Drei Flüge gibt's heute nach Kathmandu! Ich solle zum Airport, dort gäb's die Flugscheine … Kalt und unbequem auf der Pferde-Tonga zum Airport … Alle Türen zu allen Büros sind offen. Man kann überall hineingehen. Das Flugzeug ist da, mit dem ich von Surkhet gekommen war, die Piloten sind da, der Nebel ist da, bleibt da … Alle Flüge werden von Kathmandu abgesagt … Zurück in die Stadt … Wenn das Wetter gut ist, wird morgens schon um 7 Uhr geflogen, hatte man uns gesagt … Um 5 Uhr aufstehen … Mit einem Rikshafahrer zum Airport … Der Nebel klebt überall an Kleidung und Rucksack … Eine Krähe ruht auf dem Propeller unserer Kathmandu-Maschine … Nach 10 Uhr verdünnt sich der graue Kleister ein wenig. Kurz danach gibt der Verantwortliche die neuesten Ergebnisse des Funkkontaktes mit Kathmandu bekannt. Die Maschine mit der Krähe muss zunächst die und die Linien in West-Nepal fliegen, ehe es dann um 14.25 Uhr nach Kathmandu geht … Um 11 Uhr steht die Maschine noch immer. Krähen nun auf beiden Propellern. Wahrscheinlich haben die in Kathmandu sich etwas anderes ausgedacht … Um 11.30 Uhr wird der Flug nach Baitadi aufgerufen … Die Maschine startet und kommt nach einer Stunde zurück … 'Kathmandu! Kathmandu!' Wir werden zum Einsteigen aufgefordert. Das Geduldsspiel ist zu Ende …"[240]

Wie oft habe ich diese vollständige Abhängigkeit von Entscheidungen in Kathmandu erlebt! Wie oft ist mir dieses Warten, ohne richtig informiert zu werden, auf den Flugplätzen von Biratnagar, Janakpur, in Tumlingtar, Simla und in Birgunj widerfahren, damals als es nur die eine, staatliche Fluggesellschaft gab! Und wie oft ging es ebenso den Entwicklungshelfern, die wegen Kleinigkeiten nach Kathmandu mussten, vor allem diejenigen, die im Bau von dörflichen Trinkwasseranlagen tätig waren. Sie mussten bei den zentralen Behörden Entscheidungen herbeiführen, z.B. über die Zuweisung von Zement oder die Lieferung von Rohren. So etwas wurde in der Hauptstadt entschieden! Die Geduldigeren blieben ruhig und verfuhren nach dem Motto „Sehen, verstehen, Geduld", die anderen schimpften über das „stinkende Zentrum der Macht", wo nahezu alle Entscheidungsbefugnis konzentriert war und es in manchen Stadtteilen stank wegen des herumliegenden Abfalls und der schlechten Luft, die nur Wind und Gewitter aus dem Talkessel vertreiben konnten.

---

[240] Verkürzt entnommen aus Warth, Tiefe Überall, 168-176.

Zentralismus

„Die regionale Diskriminierung zwischen den Berggebieten und dem Flachland muss beendet werden. Rückständigen Gebieten muss regionale Autonomie gewährt werden. Gleichgewicht muss gewahrt werden zwischen Dörfern und Städten. Die lokalen Körperschaften sind mit Macht und Ressourcen auszustatten."

So lauteten die Forderungen Nr. 25 und 26 der Maoisten.

Die Formulierungen klingen unpräzise. Aber sie weisen auf den wichtigen Tatbestand der zentralisierten Organisation des Staatswesens hin. Auch hier haben Handlungen in der Vergangenheit zu Wirkungen bis in die Gegenwart geführt. Militärische Gewalt, angehäufter Reichtum, erworbene Gefolgschaftstreue durch Landvergabe und den Trick, sich als Inkarnationen des Gottes Vishnu zu verstehen, um von daher Herrscher-, Vater-, Erhalter- und Retterfunktionen abzuleiten – diese geschickten Kombinationen hatten die politische und religiöse Macht der Herrscher in Kathmandu derart gefestigt, dass der Ausdruck „Regierung" und „Ihre Majestät" bedeutungsgleich wurden. Auch *raja* gleich König und *rajya* gleich Staat wurden zur Einheit verschmolzen. Seit der Eroberung der Städte des Kathmandutales durch Prithvi Narayan Shah war Kathmandu Dienstsitz der Herrscher und somit Zentrum der Macht. Das ursprünglich überwiegend von Newar besiedelte Tal von Kathmandu nannten die vormals in Kleinstaaten Lebenden „Nepal". „Kathmandu war Nepal und Nepal war Kathmandu."[241] Noch heute ist für viele Nepali Nepal gleichbedeutend mit Kathmandu, denn dort ist alle politische Macht versammelt, dort werden die großen Entwicklungspläne geschmiedet, dort trifft sich die *international society* und dort wird über Wohl und Wehe der restlichen Bevölkerung entschieden. Sie lebte und lebt in paternalistischer Abhängigkeit von diesem Zentrum.

Unter anderem diente das *Chakari*-Konzept dem Erhalt der Macht des Herrschers. *Chakari* im religiösen Sinn bedeutet Aufwarten, Dienen, die Gottheit durch Opfer und Gebet gnädig stimmen. „Während der Ranazeit wurde Chakari ins profane Leben eingeführt und zwar hauptsächlich als Form der Kontrolle, um mögliche Gegner von bedrohlichen Aktivitäten fernzuhalten … Sie mussten sich täglich, gewöhnlich am Nachmittag, persönlich beim Herrscher einfinden, so dass er sich vergewissern konnte, dass sie nicht irgendwo Probleme schufen." [242] Die höchsten Ränge der Oligarchie waren deshalb in

---

[241] Panday, Nepal's failed Development, 44.

[242] Bista, Fatalism and Development, 89. In seiner pointierten Art definiert der nepalische Journalist Kunda Dixit (Funny Sides up. A Collection of gentle Laxatives for the Mind, Kathmandu 1984, 49) *chakari* so: „Du gehst zum Gebieter. Du wartest, du wartest, du wartest. Dann endlich siehst du ihn. Du verneigst dich hündisch und folgst ihm überallhin, schwanzwedelnd."

Kathmandu versammelt. Die *Chakari*-Institution brachte es auch mit sich, dass durch die ständige Kriecherei und Schmeichelei unqualifizierte Personen in hohe Ämter gelangten und ihre Aufgaben gemäß den Launen und Wünschen des Vorgesetzten erfüllten, ohne sich dem Gemeinwohl verpflichtet zu fühlen. Ein noch wirksameres Mittel, um etwaige Rivalen zu kontrollieren und Loyalität zu gewinnen bzw. zu festigen, war *panjani*, die jährliche Beurteilung von Militärpersonal und Beamten, ihre Wiederernennung, Beförderung, Versetzung oder Entlassung durch den Herrscher und seine Helfer. *Panjani* wurde oftmals mit Landzuteilung an hohe Funktionsträger (*jagir*) verbunden. Ein verloren gegangener Posten erforderte die Rückgabe des Landes an den Staat. Erst nach dem Sturz des Ranaregimes wurde diese 200-jährige Praxis aufgegeben und durch den Civil Service Act von 1956 und die Vorschriften der Public Service Commission ersetzt (keine willkürlichen Entlassungen, Beförderungen nach Entscheidungen durch ein Komitee, Urlaubsrichtlinien, Pensionsregeln, einheitliche Gehaltsstrukturen u.a.).

Die disziplinierende Wirkung von *panjani* und *chakari* ist offensichtlich: Zeitlich und örtlich waren dadurch Militär und Administration an den Herrscher in Kathmandu gebunden und bedingungslose Loyalität war Voraussetzung für den eigenen Wohlstand. Auch so eine Hypothek wirkt weiter und ist nicht in wenigen Jahrzehnten abzutragen.

Auch nach der Beendigung der Ranaherrschaft 1950/51 blieb Kathmandu das Zentrum von politischer Macht mit vergleichsweise guten öffentlichen Institutionen und einem gewissen Wohlstand – zulasten der Bevölkerung auf dem Land: Nicht nur dass unverhältnismäßig viele Kathmandu-Bürger die höheren Posten in der Exekutive und Judikative besetzten und damit Vorteile für die Stadt erzielten, die Sogwirkung der Stadt veranlasste auch viele Graduierte auf dem Land, in Kathmandu einen Posten im öffentlichen Dienst anzutreten. Sie fehlten dann im Dienstleistungssektor der Landkreise. Über mehrere Jahrzehnte hinweg wurden außerdem Mittel für Entwicklungsmaßnahmen vorrangig in Kathmandu und Umgebung investiert, in geringerem Umfang außerhalb und am wenigsten in der „Peripherie der Peripherie", im Westen des Landes. Eine Aristokratie aus königstreuen hohen Militärs, Großgrundbesitzern und reichen Unternehmern kontrollierte mithilfe des Staatsapparats von Kathmandu aus das Land.

Der Krieg zwischen den aufständischen Maoisten und den staatlichen Sicherheitskräften führte schließlich zu weiterer Kopflastigkeit: Viele Menschen verließen aus Angst die ländlichen Gebiete, suchten im verhältnismäßig sicheren Tal von Kathmandu Schutz und blieben. Das Kathmandutal, das noch bis in die 80er Jahre zum größten Teil aus sehr fruchtbaren Böden bestand, ist jetzt weithin bedeckt von einem wild gewachsenen Häuserdschungel. „In der Wahrnehmung derer, die sich in der Peripherie blockiert fühlen, besteht die Anziehung

Kathmandus in einem mystischen Prestige und in empfundener Sicherheit als Zentrum von allem, was geschieht und wo es geschieht."[243] Das „mystische Prestige" gründet sich auf dem gewissen Wohlstand des Kathmandutals, welcher ursprünglich vom Handel zwischen Tibet und Indien herrührte – Kathmandu lag an einer der großen Routen –, auf der Bedeutung und Pracht der Orte und Kultstätten und eben auf der konzentrierten politischen Entscheidungsgewalt.

An der mächtigen Position Kathmandus hatte auch das von König Mahendra 1962 eingeführte Rätesystem *(panchayat)* nichts geändert. Es wurde weiterhin in Kathmandu geplant, entschieden und gewährt oder nicht gewährt. Formal waren dezentrale politische und administrative Strukturen in den Entwicklungsregionen, Zonen, Landkreisen und Gemeinden vorhanden, diese wurden aber nicht mit Machtbefugnissen, Funktionen und Finanzmitteln versehen. Kathmandu blieb nach wie vor Zentrum und zwar mit einer doppelten Regierung, denn im Palast bestanden parallel zu den einzelnen Ministerien Sekretariate, an deren Vorgaben und Entscheidungen sich die Ministerien zu halten hatten. Die königliche Durchgriffsmöglichkeit war gewährleistet über die ernannten Gouverneure in Nepals Zonen, die ernannten Bevollmächtigten in den Landkreisen und über die ernannten Sekretäre in den Gemeinden. Der König blieb dem gewählten Primeminister übergeordnet. König Birendra besuchte regelmäßig für mehrere Wochen gewisse Gegenden des Landes, was die Bevölkerung angesichts seiner spontanen Zusagen von Verbesserungen und Projekten erfreute, den Primeminister und sein Kabinett allerdings weniger. Ihnen und der ganzen Nation wurde so gezeigt, dass sie nachgeordnet sind. Die Regierung musste mit ihren bereits anderweitig eingeplanten finanziellen und personellen Ressourcen den unvorhergesehenen Entscheidungen des Monarchen irgendwie nachkommen. Außerdem konnte der Palast durch dieses duale Regierungssystem die Verantwortung für unpopuläre Maßnahmen, für Missstände und Misserfolge bequem auf das Kabinett abschieben.

Das *Panchayat*-System untersagte nicht nur politischen Parteien öffentliches Wirken sondern auch NROs, die nicht konform schienen bzw. waren. Und es verschloss sich ebenso jeglichem Wunsch der ethnischen Gruppen, gewisse Rechte auf politische Selbstverwaltung zu erhalten. Somit gab es keine vertikale Dezentralisierung, also keine nennenswerte Teilung von gesamtstaatlicher Autorität mit Zonen, Landkreisen und Gemeinden und ebenso wenig eine horizontale Dezentralisierung, d.h. Pluralismus von staatlichen und nichtstaatlichen Institutionen. Das große Selbsthilfepotential, sichtbar in den vielen traditionellen Organisationen der Gesellschaft, wurde nicht im möglichen Umfang ausgeschöpft, um Entwicklungsarbeit durch Staat und Zivilgesellschaft gemeinsam

---

[243] Panday, Nepal's failed Development, 19.

zu leisten. Nur solche Organisationen, die im Sinne des *Panchayat*-Systems arbeiteten, wurden von staatlicher Seite anerkannt und gefördert. Bezeichnenderweise unterstand der dafür zuständige Social Services National Coordination Council der Königin. Erst nach der Beendigung des *Panachayat*-Systems durch die Revolution von 1990 konnten sich auf der Grundlage der neuen Verfassung NROs breit entfalten. Als selbständige Gruppierungen sozial und politisch engagierter Bürger tragen sie nun ganz erheblich zu einer offenen Gesellschaft bei.

Auch internationale Unterstützung in den frühen siebziger Jahren war dem Zentralismus förderlich: „Die Finanzhilfe der vier größeren Geber (Indien, China, USA und UdSSR) war rhetorisch vom Wandel begleitet. Doch diese Hilfe hat die Monarchie in einer Art und Weise unterstützt, dass sie sich eine besser ausgerüstete und ausgebildete Armee schaffen konnte ... Es stimmt, dass Hilfsorganisationen verschiedener Staaten den König zu Reformen gedrängt haben, doch Hilfsprogramme wurden weitergeführt trotz ausbleibender nennenswerter Reformen, denn für diese Staaten hatte Wandel eine geringere Priorität als die Aufrechterhaltung des status quo, was für sie alle aus verschiedenen Gründen vorteilhafter schien. So ... hat internationale Hilfe die Überlebenschancen der Monarchie gefördert und den Aufbau von Druck für grundlegenden Wandel verhindert."[244] Und der indische Journalist Bhola Chatterji, Zeitzeuge der 60er und 70er Jahre, schrieb: Wegen Chinas wachsendem Einfluss in Nepal schloss sich Indien „notgedrungen dem Rattenwettrennen an, das die globalen Mächte begonnen hatten, um große Politik zu machen ... Obwohl Indien selbst Empfänger von Hilfe war, lenkte die Regierung einige ihrer knappen Ressourcen über das feuchte Marschland des Terai hinweg in der Hoffnung, einen reichen König und seine verarmten Untertanen bei guter Laune zu halten."[245]

In Kathmandu ist nicht nur die politische Macht konzentriert. Die Stadt profitiert in erheblichem Maße von internationaler Hilfe. Alle staatlichen Hilfsangebote wurden und werden vom Verwaltungsapparat der nationalen Regierung entgegengenommen und verarbeitet, im Allgemeinen nach von Kathmandu bestimmten Kriterien. Diese sind von offizieller und nichtoffizieller Art. „Internationale Hilfe verstärkte dramatisch die Bedeutung Kathmandus, so dass es zu einer erzparasitären Stadt wurde, die durch die Monopolisierung der Hilfe aufblühte."[246] In Kathmandu gibt es jetzt die vergleichsweise besten öffentlichen Dienstleistungen, wie etwa im Bereich des Bildungs- und Gesundheitswesens, den bes-

---

[244] Gaige F., Regionalism and national Unity in Nepal, Berkeley 1975, 200.
[245] Chatterji, A Study of recent Nepalese Politics, 162.
[246] Brown, The Challenge to Democracy in Nepal, 69.

ten Zugang zu Informationen, die besten Jobmöglichkeiten, die höchste Kaufkraft und die höchsten Umsätze. Das alles verstärkt die mächtige Position der Stadt. Die Kehrseite allerdings ist, dass die Menschen hohen Belastungen durch Abgase aus Verkehr und Industrie, Lärm und durch verunreinigtes Trinkwasser ausgesetzt sind. Auch die Hektik dieser Großstadt ist nicht jedermann zuträglich.

Kathmandus dominante Stellung hat vielseitige Auswirkungen auf das Leben der Menschen auf dem Land. Sie haben ziemlich entmündigt entgegenzunehmen, was „von oben" gewährt wird und „kommt". In Kathmandu wurde und wird über große Wasserkraftwerksbauten und Bewässerungskanäle entschieden, über Strom- und Straßentrassen, über technische Kommunikationseinrichtungen, über Fernseh- und Radioprogramme, über Lehrpläne für alle Bildungseinrichtungen, über Nationalparks und Gebiete, die für den Tourismus geöffnet werden, über die Berge, die bestiegen werden dürfen und über die Anzahl der Expeditionen zu ihnen usw. Kathmandu bestimmt, nicht das Volk auf dem Land mit seinen ethnischen, beruflichen und kastenbedingten Gliederungen und speziellen Bedürfnissen. Der Wind weht von Kathmandu her wie der Shamane Bal Bahadur vom Stamm der Magar sagte: „‚Das Feuer ... ist die Glut von uns allen, so zu leben, wie die Ahnen es uns aufgetragen haben. Kommt der Wind, kann auch das Feuer ausgehen'. ‚Was für ein Wind?', fragte ich. ‚Der Wind', sagte er, ‚kommt von dort', und sein Finger wies über die Züge der Mittelgebirge hinweg, in Richtung der Hauptstadt."[247]

Geschichte wiederholt sich nicht im Detail. Aber man kann aus ihr lernen, z.B. dass man die Kräfte von Millionen Individuen einer Gesellschaft nicht endlos unterdrücken kann. Entweder wird eine solche Gesellschaft nach und nach von anderen überlagert wie die altrömische, weil die geistig-moralischen Kräfte zu schwach waren, um die Größe des Imperiums und den materiellen Reichtum zu verwalten oder sie ist ihrer „imperialen Überdehnung" nicht mehr gewachsen wie diejenige der UdSSR, deren Machthaber „sich praktisch in ihren Stellungen eingegraben hatten"[248], also in ihrer Erstarrung nicht mehr die Kraft aufbrachten, Handlungsfreiheiten, freien Informationsfluss, Dezentralisierung usw. zuzulassen, oder die Gesellschaft wird mit Gewalt zur Räson gebracht wie diejenige des nationalsozialistischen Dritten Reichs oder sie öffnet sich. „Offene Gesellschaften sind", um nochmals Henri Bergson zu zitieren, „in Bewegung, lebendig, schöpferisch und erfinderisch im Überwinden von Schwierigkeiten."

[247] Oppitz Michael, Frau für Fron. Die Dreierallianz bei den Magar West-Nepals, Frankfurt am Main 1988, 109.
[248] Kennedy Paul, Aufstieg und Fall der großen Mächte. Ökonomischer Wandel und militärischer Konflikt von 1500 bis 2000, Frankfurt 2000, 735, 759.

Die nepalische Gesellschaft hat gegen massiven Widerstand derer, die am feudalistischen Erbe hartnäckig festhalten, den Weg der Öffnung und zum Freisetzen der kreativen Kräfte gewählt. Sie erzwang 1990 demokratische Verhältnisse. Im Jahr 2006, unterstützt von sieben Parteien und den Maoisten, protestierten Hunderttausende gegen das alte System und führten das Ende der Monarchie herbei. Es war nicht anders als vor über 2300 Jahren. Nach seiner Analyse verschiedener politischer Gesellschaftsformen stellte damals Aristoteles fest: „Immer sind es die Schwächeren, die Gleichheit und Gerechtigkeit erstreben; die Stärkeren kümmern sich nicht darum."[249] Es scheint so, dass diese Schwächeren sich zusehends mit Geduld, Zähigkeit und Mut dem „Wind aus Kathmandu" widersetzen und über ihr „Feuer" und ihre „Glut" selbst bestimmen, um nochmals das Bild des Schamanen zu gebrauchen.

Der Menschenrechtsaktivist, ehemalige Staatssekretär und Finanzminister Devendra Raj Panday schrieb: „Menschen, unabhängig von Kastenzugehörigkeit, Glauben und Geschlecht erfahren größere Erfüllung und mehr Freude am Leben und an ihrer Arbeit, wenn sie teilhaben und ihren Beitrag zur Entwicklung der Gemeinschaft feststellen können … Dezentralisierung im Sinne von Übertragung von Macht und partizipatorischer Entwicklung stärken Demokratie und helfen, das oligarchische System zu ersetzen durch ein System der ‚Selbstherrschaft des Volkes', besonders, wenn diese über die gewählten Lokalregierungen hinaus auch Gemeinschaftsorganisationen an der Basis umfasst. Gleichzeitig fördert Dezentralisierung die Entwicklung, da sie automatisch die Früchte von Entwicklung breiter streut. Das Problem besteht darin, dass genau aus diesen Gründen die zentralen Machthaber, die an ihrer Macht und Kontrolle über öffentliche Ressourcen und am Profit aus deren Nutzung festhalten wollen, zögern zu dezentralisieren."[250] Das ist deutlich. Doch „zögern zu dezentralisieren" – ist eine allzu nachsichtige Formulierung, denn es fand zum Teil ein bewusster, glatter Bruch von Gesetzen statt.

Es erfordert Zähigkeit, die nachfolgenden Seiten zu lesen. Unendlich mehr Energie mussten und müssen die Reformer aufbringen, die bis heute leidenschaftlich und hartnäckig ihre Ziele verfolgen.

Dezentralisierungsversuche gab es seit 1950.[251] Damals wurde der „Village

---

[249] Aristoteles, Politik, 1318b4.

[250] Panday, Nepal's failed Development, 117 f.

[251] Zum Folgenden s. Shrestha Tulsi Narayan, The Implementation of Decentralization Scheme in Nepal. An Assessment and Lessons for Future, Kathmandu 1999; Shrestha Tulsi Narayan, The Concepts of Local Government and Decentralization, Kathmandu 1996; Shrestha Bihari Krishna, Good Governance in Nepal. Perspectives from Panchathar and Kanchanpur Districts, Kathmandu 2000; Thapa Ganga B., Local Self-Government in Nepal, Kathmandu 1998; Martinussen John, Democracy, Competition and Choice. Emerging local Self-government in Nepal, New Delhi 1995.

Panchayat Act" erlassen. Die Verfassung von 1962 forderte „gradual decentralisation" (§ 19, 2). 1965 wurde der „Decentralisation Plan" eingeführt. Ihm folgten 1971 der „Local Administration Act", der „District Administration Plan" von 1975, das „Integrated Panchayat Development Design" von 1978, die Errichtung des „Ministry of Local Development" 1980 und der „Decentralisation Act" von 1982. Er wurde 1991 durch den „District Development Committee Act", den „Village Development Committee Act" und den „Municipality Act" ersetzt und diese wiederum durch den „Local Self-Governance Act" von 1999.

Doch die „Frontkämpfer" für Übertragung von Zuständigkeiten, Aufgaben und Finanzmitteln an die Lokalregierungen rannten sich regelmäßig die Hörner ein. Der nepalische Politologe Tulsi Narayan Shrestha nennt den „Decentralisation Plan" von 1965 eine „wirkungslose Übung", da im Gegensatz zu den von der Zentralregierung ernannten „Chief District Officers" (CDO) die Lokalregierungen nicht ausgebildet und befähigt wurden, ihre Aufgaben sachgerecht auszuüben und da sie finanziell an der kurzen Leine gehalten wurden.[252]

Durch den „Local Administration Act" von 1971 wurden alle wichtigeren Funktionen den gewählten Lokalregierungen wieder entzogen, auch die der lokalen Entwicklung, und dem CDO als Spitze der Verwaltung übertragen.

Der „District Administration Plan" von 1975 wollte ein ganzheitliches und umfassendes Planungs- und Verwaltungssystem unter der Leitung des CDO einführen, das die Erarbeitung von integrierten Distrikt-Entwicklungsplänen und deren Umsetzung vorsah. In ihnen sollten die Planungen der Gemeinden (von unten nach oben) mit den regionalen und nationalen Plänen (von oben nach unten) zusammengefasst werden. Der Ansatz scheiterte an der ungenügenden technischen und finanziellen Unterstützung durch die Zentralregierung und an der mangelnden Koordination zwischen den Ministerien.

Das „Integrated Panchayat Development Design" von 1978 ereilte aus denselben Gründen das gleiche Schicksal und wurde 1979 aufgegeben noch ehe man seine Umsetzung versuchte.

Ein ernsthafterer Anlauf wurde mit dem „Decentralisation Act" von 1982 unternommen. Die Planungen und Aktivitäten der Behörden der Zentralregierung in den Distrikten sollten mit den Lokalregierungen abgestimmt und von ihnen überwacht werden. Doch die Zentralisten erklärten die Mehrzahl der Projekte zu *central projects* und entzogen sie somit lokaler Zuständigkeit. Dabei handelte es sich um ressourcen-relevante Bereiche, wie Landreform, Land- und Forstwirtschaft, Industrie und Tourismus. Hinsichtlich der übrigen Bereiche kam immerhin allmählich ein Planungsprozess zwischen Zentrum und Distrikten in Gang.

---

[252] Shrestha, The Implementation of Decentralization Scheme in Nepal, 6 ff.

Die Gesetzgebung von 1991 bedeutete einen Rückschritt – und das nach der Revolution von 1990, so stark waren die zentralistischen Kräfte immer noch –, denn sie übertrug den Lokalregierungen keine weiter reichenden Vollmachten, sondern enthielt Bestimmungen, nach denen die Zentralregierung die völlige Kontrolle über die Lokalregierungen bis hin zu ihrer Auflösung hatte. Es waren auch keine Kriterien für Mittelzuweisungen enthalten, was die unumschränkte Macht der Zentralregierung nur noch stärkte.

Auch der „Local Self-Governance Act, 1999" sichert zentralistische Durchgriffsmöglichkeiten in einer Art und Weise, dass man von „zentralisierter Dezentralisierung" sprechen muss. Die Zentralregierung bestimmt, was auf lokaler Ebene „notwendig" und „erforderlich" ist (Präambel und § 3). Sie nutzt die Situation, dass die Distrikte und Gemeinden nur über sehr geringe eigene Finanzmittel verfügen und begleitet die jährlichen Mittelzuweisungen mit einer Fülle von Bestimmungen. Und sie rechtfertigt das mit dem Hinweis, dass die Administration der Lokalregierungen zu schwach sei, um die Programme und Projekte durchzuführen, unternimmt aber kaum etwas, das Personal zu befähigen trotz der verpflichtenden Bestimmungen des Gesetzes (§ 243, 3). Die Gesetzgebung hat die Lokalregierungen ermächtigt, eine Vielzahl von Funktionen und Pflichten wahrzunehmen. Das förderte Zuversicht, Aufbruchsstimmung, ja eine gewisse Euphorie in der Wählerschaft, denn nun konnten die Lokalpolitiker daran gemessen werden, wie sie mit dem Mandat und den übertragenen Aufgaben umgingen. Doch das blieb Theorie, denn die eigentliche Autorität und die Mittel zur Erfüllung der Aufgaben waren nach wie vor in den Händen der Distriktbehörden, die ihren Ministerien in Kathmandu und nicht den gewählten Lokalregierungen gegenüber verantwortlich sind,

Im Zuge der Auseinandersetzungen mit den Maoisten wurden die lokalen Körperschaften im Jahre 2002 aufgelöst. Neuwahlen gab es bis zur Drucklegung dieses Buches nicht. So scheiterte auch der Local Self-Governance Act von 1999.

Es fehlten nach wie vor Einsicht und Wille, Macht abzugeben und deshalb wurden die „gesetzlichen Bestimmungen mehr gebrochen als befolgt"[253]. Geradezu prophetisch schrieb Tulsi Narayan Shrestha 1990: „Der Erfolg von dezentralisierter Entwicklung … hängt von einer mentalen Revolution ab, einer

---

[253] Shrestha Bihari Krishna, Good Governance in Nepal, 42. Im Jahr 2002 war ich selbst Zeuge, wie gesetzliche Bestimmungen und eine Direktive des Primeministers missachtet wurden, als ich zusammen mit einem nepalischen Gutachter im Auftrag der GTZ an der Konzeption von Dezentralisierung von Waldmanagement arbeitete und die Ergebnisse dem Staatssekretär des Forstministeriums vorstellte. Er lehnte jegliche Abgabe von Funktionen an die Landkreise Siraha, Saptari und Udayapur ab und selbst den Dialog mit ihnen über die Bestimmungen des Local Self-Governance Act, 1999.

Revolution, welche die machtorientierte Haltung der Zentralisten ändert … und eine Vision entwickelt, die das politische Desaster voraussieht, das eintreten kann, falls die Machtkonzentration gewisser Gruppen anhält und damit die große Mehrheit der Bevölkerung von politischen, administrativen und Entwicklung fördernden Prozessen ausschließt."[254] Das vorhergesehene „politische Desaster" in Form des fast zehnjährigen Krieges war eingetreten.

Spät reifte die Einsicht, dass den vielen theoretischen Anläufen endlich Taten und Resultate folgen müssen. Die Übergangsverfassung von 2007 sieht einen föderalen Staatsaufbau vor. Nach welchen Kriterien er erfolgen könnte und wie die Grenzen zwischen den regionalen Körperschaften gezogen werden sollten, war Gegenstand erbitterten Streits und einer der wichtigsten Gründe dafür, dass die Verabschiedung der neuen Verfassung immer wieder verschoben wurde. Im November 2013 wurde eine neue Verfassunggebende Versammlung gewählt, die zugleich als nationales Parlament fungiert. Es bleibt abzuwarten, ob ihm und der Exekutive der Durchbruch gelingt und die Gebietskörperschaften nun endlich so ausgestattet werden, dass ihre weitestgehende Selbstverwaltung möglich wird.

Was die horizontale Dezentralisierung betrifft, war die nepalische Gesellschaft erfolgreicher. Sie hatte sich von jeher in unzähligen Selbsthilfegruppen organisiert, die zum großen Teil auch während der Panchayatzeit noch funktionierten, obwohl sie von der Regierung als unwichtig erachtet wurden. Es war auch die Einsicht gewachsen, dass man ein Land wie Nepal mit seinen verschiedenen Klimazonen, Ressourcen, Anbaumethoden, Ethnien, Kulturen, Kasten, Bedürfnissen, Herangehensweisen an Lösungen usw. nicht erfolgreich zentralistisch und nur durch staatliche Maßnahmen voranbringen kann. Seit der Revolution von 1990 „organisieren sich die Menschen mithilfe von Nichtregierungsorganisationen und selbst durch Regierungsmaßnahmen in nie da gewesener Weise, um ihre eigenen Angelegenheiten zu regeln. In vielen Gegenden bemühen sie sich um Reformen überholter Bräuche, um die Einführung von Verhaltensmaßnahmen zur Stärkung der Gemeinschaft, Durchführung kleiner Spar- und Kreditprogramme und um die Verwaltung ihrer gemeinsamen Güter wie Wald und Trinkwasseranlagen … Auf der Makroebene richten sich die Interessen auf die Verteidigung rechtlicher Ansprüche (*advocacy*) und die Überwachung der Pflichterfüllung staatlicher Institutionen."[255] Letzteres ist besonders wichtig, denn mit dem Übertragen von staatlichen Befugnissen, Aufgaben und Finanzmitteln an die Landkreise und Gemeinden ist es nicht getan. Oftmals ist auch auf diesen Ebenen eine Machtkonzentration in Personen vorzufinden, die ihr Tun

---

[254] Shrestha Tulsi Narayan, The Concepts of Local Government and Decentralization, 118.
[255] Panday, Nepal's failed Development, 129.

und Lassen am Wohlwollen ihrer Partner in Kathmandu orientieren statt sich vor der lokalen Öffentlichkeit zu verantworten. NROs können mit ihren Ortskenntnissen Interessenkoalitionen beobachten und publik machen und sind deshalb eine wichtige Ergänzung zu den Kontrollmechanismen eines demokratischen Regierungssystems.

Zwar lässt bei so manchen NROs die Qualität der Arbeit zu wünschen übrig, doch die besseren werden sich im friedlichen Wettbewerb durchsetzen. Wichtig war vor allem, dass Bewegung und frische Luft in das stagnierende Gemeinwesen kamen und sich die Kräfte der Gesellschaft freier denn je zuvor entfalten konnten. Seit der Verfassung von 1990 beansprucht die Regierung nicht mehr das Monopol auf Entwicklung. Wie sich das auswirken kann, wurde am Beispiel der geplanten Wasserkraftwerke am Arun deutlich (s. Kap. „Arun"). Ohne die Arbeit und den Mut der nepalischen NROs wäre es nicht gelungen, das Projekt zu verhindern. Besonders erwähnenswert ist dabei die „Alliance for Energy", welche die technischen und ökonomischen Nachteile detailliert erarbeitete und veröffentlichte und das „International Institute for Human Rights, Environment and Development", welches auf die von der Verfassung garantierten Normen demokratischer Entscheidungsfindung achtete und sich nicht scheute, beim höchsten Gericht gegen die eigene Regierung vorzugehen. Erfolg war beiden NROs beschieden. Sie trugen, später unterstützt von internationalen NROs, ihre Argumente bis zur Weltbank nach Washington in einer Art und Weise vor, dass die Gegner anerkennen mussten: „Die Aktivisten erhielten auch am Capitol Unterstützung. Die Weltbank war völlig eingekreist und nicht in der Lage, sich gegen mächtige Medien und Propaganda zu verteidigen."[256]

NROs, Presse und Justiz waren die größten Gewinner der 1990 erkämpften Demokratie. Arbeiten sie zum Wohl des Gemeinwesens und überträgt die staatliche Machtzentrale in Kathmandu Befugnisse und Finanzmittel an die Gemeinden, dann werden sich die vielen Versuche, kleinen Schritte und zähen Bemühungen um mehr Teilhabe, Transparenz und staatliche Verantwortlichkeit für die nepalische Gesellschaft endlich auszahlen. Die Angst des Schamanen Bal Bahadur vor dem zerstörerischen „Wind aus Kathmandu" dürfte abnehmen und der Zuversicht weichen, das eigene Herdfeuer bewahren zu können.

---

[256] Poudel Kehsab, The Decade after Arun Debacle. Hurting the Poor, in: Spotlight, 18-17 October 2004, Kathmandu, 19.

Mächtige Grundherren

Mit Tamsing Gurung wanderten Dietlinde und ich im weiten unteren Marsyangdi-Tal. Unser Ziel war der Ort Manang auf der Nordseite der Annapurnakette. Tamsing trug einen Teil unseres Gepäcks. Es war Monsunzeit. Wir trotteten auf den sumpfigen Pfaden zwischen weiten Reisfeldern, als Tamsing plötzlich stehen blieb und nach oben zeigte.

„Sehen Sie dort unterhalb der Wolken die Häuser? Das ist mein Dorf. Sehen Sie die Felder darunter? Die gehören unserer Familie. Sie sind teilweise zerstört. Immer wieder diese Erdrutsche, in jedem Monsun! Jedes Jahr verlieren wir Land. Ich muss hinaufsteigen und helfen, die Terrassen zu erneuern."

Zwei gierige, lehmig-braune Zungen hatten sich von einer Abrisskante unterhalb des Bergwaldes über die Felder gelegt und alles Grün verschlungen.

„Hat Ihre Familie noch anderswo Land, zum Beispiel hier unten?", fragten wir.

„Nein. Fast alle diese Reisfelder gehören einem Landlord. Sie werden von Pächtern und Lohnarbeitern bewirtschaftet. Vor langer Zeit, so hat mir mein Vater erzählt, sind Bauern aus Indien in dieses Tal gekommen. Sie waren Reisbauern und wussten, wie man pflügt, Terrassen anlegt und bewässert. Dieses Tal war bewaldet. Ursprünglich wohnten unsere Vorfahren oberhalb des Dschungels. Sie lebten vor allem von Viehzucht. Die Tiere waren teils im Wald und teils auf den Weiden oberhalb. Und unsere Vorfahren nutzten den Wald, entnahmen Brenn- und Bauholz, sammelten Heilkräuter und gingen auf die Jagd. Doch der Dschungel wurde von den Einwanderern gerodet und in Reisland umgewandelt. Das wurde von der Regierung in Kathmandu unterstützt, um Erntesteuern zu erhalten. Wir mussten weiter hinauf ziehen, dort wo die Hänge immer steiler werden. Auch wir legten Terrassen an, können aber nur Mais, Hirse und Kartoffeln anpflanzen, weil das Klima da oben kühler ist. Und die Arbeit in den Bergen ist viel schwerer. Das meiste Reisland hier unten gehört einem einzigen Besitzer und seiner Familie. Dem geht es gut, seinen Pächtern und Arbeitern gar nicht."

Traurig blickte Tamsing hinauf zu den hässlichen braunen Wunden. „Ein Teil unserer Ernte ist verloren", sagte er, bat um Entschuldigung, dass er uns nicht weiter begleiten könne und verabschiedete sich.

Landbesitz

„Das Land muss jenen gehören, die es bearbeiten. Der feudale Landbesitz soll enteignet und an die Landlosen verteilt werden."

So lautete die Forderung Nr. 27 der Maoisten.

Die meisten Nepali erzielen ihr Einkommen in der Landwirtschaft. Die Menschen sind Großgrundbesitzer, Eigentümer sehr kleiner Flächen, von denen eine Familie nicht leben kann, Pächter und Arbeiter auf den Feldern anderer. Die Anzahl der Großgrundbesitzer ist gering, die der anderen geht in die Millionen. Und darin liegt das Problem. Auch hier behindern historische Hypotheken ein besseres Leben vieler Bürger.

Wie der nepalische Historiker Mahesh Chandra Regmi darlegt, wurden mindestens seit 1356 Landschenkungen an Untertanen geleistet, um die Autorität der Herrscher zu festigen, sodass sich diese ihren Interessen an Politik, Kriegsführung oder Religion hingeben konnten. In alten Sanskrittexten werden Landschenkungen an gelehrte Brahmanen, Lehrer und Priester nachdrücklich gefordert. In einer Urkunde eines Königs von Westnepal aus dem Jahr 1356 ist zu lesen, „dass jede Person, die Land an Brahmanen vermacht, für 60.000 Jahre im Himmel wohnen wird, während jeder, der sich solcher Schenkung entzieht, als Wurm wiedergeboren wird, der im menschlichen Kot für die gleiche lange Zeit leben muss".[257] Im Kapitel „Arun" wurde beschrieben, wie Land in Gemeinschaftsbesitz (*kipat*), Schritt für Schritt in Privat- und Staatsbesitz umgewandelt wurde. Im Kapitel „Blutbefleckte Zeigefinger – Ausgrenzung" wurde dargestellt, wie die Malla-Könige Brahmanen zur religiösen Legitimierung der Herrschaft einsetzten und ihre Dienste mit Landschenkungen vergalten und wie die Shah- und Rana-Herrscher Loyalität von hohem Militär und Adel mit in der Regel vererbbarem und steuerfreiem Landbesitz belohnten (*birta*, 1959 abgeschafft). Hohe Staatsangestellte und Militärs erhielten für die Zeit ihres Dienstes anstelle von Gehaltszahlung ebenfalls Land, wofür Grundsteuer zu entrichten war (*jagir*, 1952 abgeschafft), die sie über Pachtzins, Gebühren für Waldnutzung, gerichtlich verhängte Strafen, Marktzölle, Abgaben auf Handwerksprodukte usw. hereinholten. „Bei den Birta- und Jagir-Formen von Landbesitz erhielt ein Landbesitzer seine Rechte durch königliche Schenkung oder Zuweisung, was ihn zum Herrn über das Land und seine Bewohner machte."[258] Auf *Birta*- und *Jagir*-Land verrichteten Pächter und Lohnarbeiter die landwirtschaftlichen Tätigkeiten. Die Besitzer waren meist abwesend.

Die Abschaffung des *Birta*-Systems bedeutete, dass das einst übertragene Land an den Staat zurückzugeben war. Die ehemaligen *Birta*-Landbesitzer konnten ihr Land aber behalten, sofern sie nun Steuern zahlten und ebenso die

---

[257] Regmi Mahesh, Landownership in Nepal, 23. Dieses 1976 erschienene Buch ist ein Standardwerk zu Fragen von Landbesitz und Landreform in Nepal einschließlich des geschichtlichen Hintergrunds. Die Lektüre ist unverzichtbar, will man sich in die „Landbesitzverfassung Nepals, die zu den kompliziertesten gehört, die ein Staat je hervorgebracht hat" (Donner, Lebensraum Nepal, 292), einarbeiten.

[258] Regmi Mahesh, Landownership in Nepal, 104.

Jagir-Besitzer, indem sie weiterhin ihre Steuern bezahlten, jetzt zu den aktuellen Ansätzen. Die Landkonzentration in den Händen Weniger blieb bestehen, am Leben als Pächter mit ungesicherten und ungerechten Pachtverträgen änderte sich nichts, und ausbeuterische Lohnarbeit und sogar Schuldknechtschaft (*bonded labor*) gab es weiterhin.

Verlässliche statistische Daten über die Landbesitzverteilung zu erhalten, ist schwierig. Erhebungen sind veraltet, die Stichprobenbasis war oftmals zu schmal. Zu den wirklichen Landgrößen wurden häufig falsche Angaben gemacht. Die verschiedenen nationalen Erhebungen stimmen in ihren Ergebnissen oftmals nicht überein. In der jüngsten umfassenden Analyse der Landbesitzverteilung kommen die Autoren zu dem Schluss: „Jedenfalls ist die Landbesitzverteilung sehr ungleich: 7,5 % der Bauern besitzen fast ein Drittel der landwirtschaftlichen Fläche, 47,7 % nur unter 0,5 Hektar, was nicht für den Lebensunterhalt einer Familie ausreicht, und mindestens 10 % der ländlichen Haushalte besitzen überhaupt kein Land."[259] Das heißt, dass fast 60 % der in der Landwirtschaft Tätigen ihren Lebensunterhalt nicht aus eigenem Landbesitz erwirtschaften können.

Seit dem Sturz der Ranaherrschaft gab es immer wieder Anläufe, um das Verhältnis Grundherr zu Pächter zu ändern.[260] 1951/52 wurden Delegationen ins Terai entsandt. Sie sollten Empfehlungen erarbeiten, um Konflikte zwischen Landbesitzern und Pächtern zu lösen. Die Vorschläge sahen vor, dass Pächter nicht ohne triftigen Grund vom Land vertrieben werden dürfen, ferner dass Pachtverträge schriftlich zu formulieren sind, dass nicht mehr als 50 % der Ernte an den Landbesitzer abgeführt werden und dass die Pächter Quittungen über ihre entrichteten Beiträge erhalten sollen. Die Empfehlungen wurden aber nicht befolgt.

Auch das Reformprogramm, das König Mahendra 1955 verkündete, scheiterte am Widerstand der Rana-Landbesitzer und der durch Heirat oder Geschäftsbeziehungen mit ihnen Verbundenen. Sie hatten Schlüsselpositionen in

---

[259] Wily Liz Alden / Chapagain Devendra / Sharma Shiva, Land Reform in Nepal. Where is it coming from and where is it going, Kathmandu 2009.

[260] Einen guten Überblick bis 1975 geben Regmi Mahesh (Landownership in Nepal, 197-223) und Gupta (Politics in Nepal), bis 1994 Donner (Lebensraum Nepal, 290-309) und bis 2008 Wily (Land Reform in Nepal, 81-178). Siehe auch Lumsalee Rishi Raj, Land Issues in Nepal. Paper to be presented at the Regional Workshop on Land Issues in Asia, Phnom Penh, June 4-6, 2002; Uprety, People-Centred Advocacy for Land Tenancy Rights in Nepal. A Case Study of the Community Self-Reliance Centre's Grassroots Campaign, Working Paper 6, Kathmandu 2005, actionaid.org/473/assessing_advocacy.html; Uprety, Rights-Based Advocacy Campaign against Caste-Based Discrimination in Nepal; Chapagain, Land and Agriculture; Shrestha Bharat, The Land Development Boom in Kathmandu Valley, International Land Coalition, Rome 2011.

Politik und Verwaltung inne. Die königliche Entschlossenheit, das Programm umzusetzen, dürfte sich in Grenzen gehalten haben, denn „durch einen andauernden Prozess von Vermischung und Heirat zwischen den Shah- und Ranafamilien haben erstere ihre unterscheidende Stellung verloren. Im Großen und Ganzen ist die königliche Familie heute ein Teil des Landadels und einige der engsten Verwandten des Königs gehören zu den größten Landbesitzern und reichsten Personen Nepals."[261]

In der Gesetzgebung von 1957 waren die Empfehlungen der Delegation von 1951/52 enthalten, doch wurden dann auf lokaler Ebene keine Strukturen geschaffen, um sie umzusetzen.

Gegen die Reformmaßnahmen der ersten demokratisch legitimierten Regierung Nepals (1959-1960) wehrten sich *landlords* im Westen Nepals und begannen mit willkürlicher Ausbeutung und Vertreibung von Pächtern, was zu einzelnen gewaltsamen Auseinandersetzungen führte. Das war für König Mahendra einer der Anlässe, am 15.12.1960 die Regierung zu entlassen und die Regierungsgewalt zu übernehmen.

Durch das Landreformgesetz von 1964 wurden Höchstgrenzen von Landbesitz und Pachtland festgesetzt (spezifiziert für das Terai/Innere Terai, das Bergland und das Tal von Kathmandu) und Pächtern, die das Land bewirtschafteten, wurden ihre Pachtrechte schriftlich bestätigt. Personen, die nachweisen konnten, mindestens ein Jahr lang ein Stück Land bewirtschaftet zu haben, bekamen das Recht, diese Fläche zu pachten und verloren es nur – und zwar nach Gerichtsbeschluss –, wenn sie den Pachtzins nicht zahlten, die Produktivität des Landes minderten oder es über ein Jahr lang nicht bestellten. Die Pachthöhe wurde auf maximal 50 % der Jahresernte begrenzt (im Tal von Kathmandu betrug sie etwa ein Drittel der Jahresernte). Durch eine Ergänzung des Gesetzes wurde 1968 der Pachtzins auf maximal 50 % der jährlichen Haupternte verringert. Nachlass musste gewährt werden, wenn der Pächter aus triftigem Grund das Land nicht im möglichen Maße bewirtschaften konnte oder wenn die Ernte aus naturbedingten Gründen schlecht ausfiel. Die Pächter haben die Produktionskosten zu tragen, während die Landbesitzer die Pacht erhalten ohne irgendeine Verpflichtung zu Investitionen in die Produktion. Landlords und Pächter mussten einem Sparprogramm beitreten, um Kapital für nichtlandwirtschaftliche Maßnahmen zu mobilisieren und um die Vormachtstellung der Kredite gebenden Dorfwucherer zu brechen. Landbesitz über den Höchstgrenzen sollte gegen Entschädigungszahlung von der Regierung übernommen werden. Bis 1978 wurden 50.580 Hektar, etwa drei Prozent der kultivierten Fläche Nepals, zu Land erklärt, das über den Höchstgrenzen lag. Nur 34.705 ha wurden aber

---

[261] Gupta, Politics in Nepal, 225.

tatsächlich eingezogen und davon wiederum nur 21.050 ha an Pächter und Landlose verteilt[262], was allerdings auch daran lag, dass die Landvermessung damals noch längst nicht in allen Gegenden die genauen Besitzgrenzen bestätigt hatte. Außerdem waren auch manche Flächen in Privatbesitz für landwirtschaftliche Produktion unbrauchbar.

Das Landreformgesetz von 1964 zeitigte auch deshalb kaum Erfolge, weil nur wenig in die Verbreitung der Gesetzesbestimmungen investiert wurde und somit viele Pächter von ihren neuen Möglichkeiten nichts wussten. Und viele konnten schriftlich nicht nachweisen, dass sie das Pachtland bereits seit über einem Jahr bestellt hatten. *Landlords* überschrieben ihr Land *pro forma* auf Mitglieder ihrer Großfamilie und auf Freunde und hielten somit offiziell die Höchstgrenzen ein. Weil Kataster und Grundbuch häufig fehlten, konnten falsche Angaben über den tatsächlichen Grundbesitz gemacht werden. Und auch die gesetzlichen Verbesserungen für Pächter wurden oftmals unterlaufen, indem Grundherren ihre Pächter entließen, noch ehe das Gesetz verkündet bzw. wirksam wurde. Es sollte nämlich in Phasen umgesetzt werden: 16 Distrikte 1964, 25 Distrikte 1965, die restlichen 34 Distrikte 1966. „So hat zum Beispiel die Proklamation der Landreform in der Narayani-Zone (zentrales Terai) dazu geführt, dass rund 30 % aller Pächter durch ihre Grundherren vertrieben und damit um die Früchte der Reform geprellt wurden."[263] Viele Grundherren stellten Lohnarbeiter ein, forderten von ihnen noch höhere Abgaben als von Pächtern und entließen die Arbeiter noch bevor sie Pachtansprüche geltend machten. Zunehmende landwirtschaftliche Mechanisierung im Terai machte das Nichtverpachten und die Anstellung von Lohnarbeitern attraktiv und profitabel und ebenso die Umwandlung von Reisland in Plantagen, auf denen der wertvolle *Sissoo*-Baum[264] gepflanzt wurde, für dessen Pflege saisonale Lohnarbeit ausreichend ist.

Oftmals fordern die Grundherren mehr Pachtzins als erlaubt und stellen keine Quittungen über erfolgte Abgaben aus. Beschwerdeführende sehen sich dann meist einer Allianz von Grundherrn und zuständigen Regierungsbeamten gegenüber. Pächter können ihr Anliegen außerdem nicht zweifelsfrei vortragen, da ihnen schriftliche Unterlagen fehlen, und riskieren sogar Vertreibung

---

[262] Ghimire, Forest or Farm, 40.

[263] Högger Rudolf, Die Schweiz in Nepal. Erfahrungen und Fragen aus der schweizerischen Entwicklungszusammenarbeit mit Nepal, Bern 1975, 60; Wily, Land Reform in Nepal, 59.

[264] *Dalbergia sissoo*, „einer der wichtigsten Nutzbäume in Asien; er findet Verwendung für Furniere, die Anfertigung von Möbeln, Karren, Wägen, Rädern und generell wo Härte und Elastizität erforderlich sind. Leider liefert er auch gutes Brennholz. Blätter und Zweige werden als Futter geschnitten. Sie und die Wurzeln werden für die Zubereitung verschiedener Medizinen genutzt." Storrs, Discovering Trees, 92.

wegen Nichterfüllung ihrer Pflichten, wenn sie nicht schriftlich beweisen können, dass sie den Pachtzins entrichtet haben.

Alles in allem wurde also in der Frage von Landrecht und Landbesitzverteilung am *status quo* festgehalten trotz einiger Verbesserungen für die Pächter. Eine grundlegende Reform war nicht gelungen und auch nicht gewollt. Auch das wohlgemeinte, für Grundherren und Pächter obligatorische Sparprogramm scheiterte. Viele Subsistenzbauern konnten ihre Beiträge nur in Form von Naturaleinlagen entrichten, die oftmals durch Ratten- und Insektenfraß verkamen. „Vielfach wurden keine Kredite abgerufen und mithin keine Zinseinnahmen erzielt, die Komitees der Dörfler, die das ganze System … selbst verwalten sollten, waren hoffnungslos überfordert, und im Grunde misstrauten die Bauern diesem Zwangssparen, weil ihnen das Ganze nach einer neuen Steuer aussah … Etwa dreiviertel des Kredits kommen nach wie vor von den traditionellen Quellen, d.h. von Grundherren, Dorfwucherern, Händlern, Freunden oder Verwandten, die hohe Zinsen verlangen."[265]

Es scheiterte auch der Versuch von 1972, Pächtern, die unter 3,38 ha im Terai, bzw. 0,76 ha im Tal von Kathmandu bewirtschafteten, den Kauf von Land mit Hilfe von Staatskrediten zu ermöglichen. Die Landbesitzer bestimmten den Preis. Nur wenige kreditwürdige Pächter konnten ihn bezahlen.

1995 wurde eine hochrangige Kommission gebildet, um die Landreform voranzubringen. Doch dem Bericht folgte keine Umsetzung.

1997 wurde das Landreformgesetz von 1964 überarbeitet. Registrierte Pächter bekamen das Recht auf Besitz von 50 % des Landes, das sie bearbeiteten. Ansprüche konnten aber nur innerhalb von sechs Monaten nach Erlass der Gesetzesergänzung erhoben werden. Außerdem waren viele Pächter noch nicht offiziell registriert und konnten von der gesetzlichen Bestimmung deshalb keinen Gebrauch machen. Auch ließen so manche Grundherren ihr Land lieber brach liegen aus Sorge, bearbeitende Pächter könnten Besitzansprüche geltend machen.

Das Landreformgesetz erfuhr 2001 eine weitere Neufassung. Die 1964 festgelegten Höchstgrenzen von Landbesitz wurden verringert. Doch die Bestim-

---

[265] Donner, Lebensraum Nepal, 307, 309. Das Gesetz sah auch „eine *interception of loans* (Auffangen) vor, was bedeutete, dass der Staat die Schulden übernahm und sie mit dem gesetzlichen Zins dem Gläubiger … zurückzahlte, während der Bauer nunmehr dem Staat gegenüber zu den gesetzlichen Bedingungen verschuldet war. Diese an sich einmalige Idee funktionierte letztlich nicht, weil der Bauer dem System misstraute und sich durch Verärgerung des Geldverleihers nicht künftige Kreditquellen verstopfen wollte … Ähnlich erfolglos war der Versuch, die Bauern durch Zwangssparen am Aufbau eines eigenen Kreditsystems zu beteiligen." Der Ansatz scheiterte, weil die Ausbeutung der Bauern über zwei Jahrhunderte hinweg zu begründetem Misstrauen gegenüber staatlichen Maßnahmen geführt hatte. Siehe auch Donner, Ackerland in Bauernhand: Probleme der nepalischen Landreform, in: Nepal Information, Nr. 75, 1995, Köln, 4.

mungen wurden nicht umgesetzt.

Im Friedensabkommen vom November 2006 verpflichteten sich die Parteien zur Verwirklichung der Landreform. Es heißt unter dem Punkt 3.6: „Wissenschaftliche Landreform soll durchgeführt und die feudalen Beziehungen sollen beendet werden." Dieser Satz wurde in die Übergangsverfassung von 2007 übernommen. Was in der endgültigen Verfassung stehen wird, ist ungewiss. Sie wird nicht vor dem Jahr 2015 verabschiedet werden, und wie dann die Landreform umgesetzt wird, bleibt abzuwarten.

Im Jahr 2008 wurde wiederum eine hochrangige Kommission eingesetzt. Zu ihrem Arbeitsbeginn im März 2009 sagte der Primeminister Pushpa Kamal Dahal: „Die Regierung hat sich verpflichtet, den Feudalbesitz von landwirtschaftlich nutzbarem Land zu beenden … Wir werden in Kürze mit einer wissenschaftlichen Landreform beginnen, wodurch die armen Bauern zu Landbesitzern werden."

Die Verhärtung reicher Landbesitzer trotzte bis heute den verschiedenen staatlichen Reformversuchen. Sie wurden allerdings immer rechtzeitig angekündigt, so dass die Landherren gesetzliche Schlupflöcher vorab ermitteln und Vorkehrungen treffen konnten, um ihren Besitz zu erhalten. „Rückblickend kann man sagen, der Staat erlaubte das, um die Interessen des Landadels zu schützen und gleichzeitig ein populäres Bild einer Regierung zu vermitteln, die um das Wohlbefinden der großen armen Massen besorgt ist."[266] Auf der anderen Seite scheint eine gewisse Scheu zu bestehen, die gesetzlichen Vorgaben einzufordern. „Die nepalische Kultur ruht auf den Säulen Respekt, Rang und Ansehen … Der Landgeber wird als väterliche Figur gesehen. Seine Autorität sollte man nicht schwächen oder hintergehen, und die Leute sind deshalb zurückhaltend, den Besitz anderer zu beanspruchen."[267] Und schließlich ist es in der Praxis nicht leicht, die gegenseitige Abhängigkeit zu lösen: Der Pächter arbeitet für das unbeschwerte Leben des Landbesitzers und der Landbesitzer ermöglicht dafür das Überleben des Pächters. Es ist nur ein Überleben, mehr nicht, aber es bindet den Armen an den Reichen.

Wie positiv sich die Verwirklichung des Landreformgesetzes von 1964 in Verbindung mit der Ergänzung von 1997 auswirken kann, zeigen zwei Beispiele aus dem Landkreis Sindhupalanchowk.[268] Ein Bauer sagte:

„Nie im Traum hätte ich daran gedacht, mein eigenes Stück Land zu besitzen. Dadurch habe ich irgendwie Würde erhalten. Nach zweijährigem Kampf um meine Rechte als Pächter erhielt ich 0,3 ha. Ich nutzte sie als Sicherheit für

---

[266] Chapagain, Land and Agriculture, 22.
[267] Uprety, People-Centred Advocacy for Land Tenancy Rights in Nepal, 17.
[268] Ebd.

die örtliche Landwirtschaftsbank und erhielt ein Darlehen von 18.500 Rupien, um einen Büffel zu kaufen. Ich habe begonnen, täglich sechs Liter Milch an die Sammelstelle zu verkaufen und verdiene so 3200 Rupien im Monat. Nachdem ich für die Büffelhaltung etwas Geld investieren muss, möchte ich mit dem restlichen Einkommen die Schuld innerhalb eines Jahres begleichen. Der Büffel gehört nach einem Jahr mir und ich werde mehr Geld aus dem Milchverkauf erzielen. Mit einem Teil des Geldes bestreite ich auch meine Ausgaben für den Haushalt. Der Besitz des Landes hat mich veranlasst, die Produktivität des Landes zu steigern und mehr Getreide anzubauen, um die Bedürfnisse meiner Familie zu befriedigen."

Und ein anderer Bauer berichtete:

„Ich besitze 0,4 ha, ererbt von meinem Vater. Nach langem Kampf erhielt ich 0,38 ha auf der Basis meiner Rechte als Pächter. Das war *Bari*-Land für den Anbau von Mais und Hirse. Ich habe es in *Khet*-Land umgewandelt, das für den bewässerten Reisanbau geeignet ist. Die Ernte von meinem ererbten Land reicht aus, um meine sechsköpfige Familie zu ernähren. Die Ernte von dem neuen Land verkaufe ich und erhalte dafür jährlich ungefähr 10.000 Rupien. Vor dem Erhalt des neuen Landes konnte ich mir niemals vorstellen, soviel Geld zu verdienen. Mit dem jetzigen Extraeinkommen aus dem zusätzlichen Land kann ich drei meiner Kinder in die Schule schicken. Mir geht es wirtschaftlich wirklich besser. Das neue Einkommen hat mein Leben viel leichter gemacht."

Die Pächter erheben nicht Anspruch auf Reichtum und Luxus sondern auf wirksame und mögliche Verbesserungen: etwas Zusatzland, einen Kleinkredit, einen Büffel, etwas mehr Haushaltsgeld, die Möglichkeit, die Kinder zur Schule zu schicken, ein etwas leichteres Leben. Und doch müssen diese Verbesserungen hart erkämpft werden, was nicht ohne die Arbeit vieler Nichtregierungsorganisationen zum Erfolg führt. Im Falle Sindhupalanchowk hatte die NRO „Community Self-Reliance Centre" mit Unterstützung aus Großbritannien vielen Bauern zur Durchsetzung ihrer gesetzlich zustehenden Ansprüche verholfen. Unzählige bäuerliche Familien in ganz Nepal hatten nicht dieses Glück sondern leiden an den Folgen der nur halbherzig verfolgten Landreform. Das Einkommen aus dem geringen Pachtland ist meist ungenügend, um die Familie zwölf Monate lang zu ernähren. Es reicht nicht aus, um im notwendigen Umfang Dünger und Pflanzenschutzmittel zu kaufen und schon gar nicht, um ohne Risiko mit neuen Anbaumethoden zu experimentieren. Und es ist für die Pächter schwierig, von Banken Kredite zu erhalten.

Für Lohnarbeiter ist die Situation noch einmal schwieriger. Sie sind dem Grundbesitzer fast völlig ausgeliefert und ohne Mittel und Anreiz, in das Land zu investieren, das sie bearbeiten.

Die geschilderten Zustände haben zur Folge, dass die Produktivität der landwirtschaftlichen Flächen nicht in möglichem Umfang genutzt wird. Nepal konnte bis ca. 1970 Nahrungsgetreide ausführen. Im Jahr 2006 stellte die Weltbank fest: „Diejenigen, die Land besitzen, wissen nicht, wie man es am effektivsten nutzt, und diejenigen, die es wissen, haben es nicht. Folglich ist die landwirtschaftliche Produktivität Nepals viel niedriger als diejenige anderer Länder der Region."[269] Reis muss in großen Mengen eingeführt werden, was allerdings auch an der enorm gewachsenen Bevölkerungszahl liegt.

Etwa 10 % der Dorfhaushalte sind absolut landlos *(sukumbasi)* und fast 50 % besitzen nur weniger als 0,5 Hektar. Gründe dafür sind die Landbesitzkonzentration aber auch Landverluste durch Erbteilung, Verschuldung, Erdrutsche und Überschwemmungen. So versuchen die Menschen, an steilsten Hängen Land zu gewinnen oder auf staatlichem Forstland Felder anzulegen. Sie kommen damit in Konflikt mit den Kräften der Natur, welche die „hängenden" Äcker nicht lange dulden, oder mit den Forstbehörden und hoffen, dass eines Tages das in Besitz genommene Stück Forstland ihnen offiziell überschrieben wird. Oder sie versuchen, Beschäftigung außerhalb der Landwirtschaft zu finden, wobei es meist nur Gelegenheitsarbeit gibt. Viele arbeiten in indischen Fabriken unter schwierigsten Bedingungen.

Eine besonders traurige Folge der halbherzig umgesetzten Landreformgesetzgebung ist die Schuldknechtschaft (*kamaiya*), die speziell im zentralen und westlichen Terai noch und wieder anzutreffen ist.[270] *Kamaiya* heißt im Englischen *bonded labour, serfdom*, im Deutschen Leibeigenschaft, Schuldknechtschaft. Es gibt sie auch in Ziegeleien, Teppichwebereien und in der Bekleidungsindustrie. Am schlimmsten und am meisten verbreitet ist sie jedoch im Landwirtschaftssektor. Schuldknechtschaft wird dort in den Formen von *kamaiya* und *haliya/haruwa* unterschieden.

In *kamaiya* leben geschätzt über 30.000 Haushalte. Es sind vor allem solche der indigenen Tharu in den Distrikten Banke, Dang, Bardiya, Kailali und Kanchanpur im zentralen und westlichen Terai. Seit eineinhalb Jahrhunderten wurde Land der Tharu, für das sie keine schriftlichen Besitztitel nachweisen konnten,

---

[269] Weltbank, 2006, zit. nach Adhikari Chandra / Chatfield Paul, The Role of Land Reform in reducing Poverty across Nepal, Reading 2008, 5.

[270] Wily, Land Reform in Nepal, 63-64, 94-97, 124-129; Anonymus, The Kamaiya System of Bonded Labour in Nepal, n. d.; Ghimire, Forest or Farm; Chaudhary Buddhi Ram / Maharjan Keshav Lall, Von der Schuldknechtschaft in die Armut. Die Situation der Mukta Kamaiya zehn Jahre nach ihrer „Befreiung", in: Südasien, Nr. 3-4, 2012, Bonn, 94-97. Letztere Autoren schreiben: „Seinen Ursprung hatte das *Kamaiya*-System bei den *Tharu* selbst. Historisch hatte es den Zweck der gegenseitigen Hilfe in Zeiten von Arbeitskräftemangel. *Kamaiya* bedeutet eigentlich ‚Schwerstarbeiter' und hatte vormals eine positive Bedeutung." (94)

nach und nach kolonisiert, das heißt als *Birta-* und *Jagir*-Land an Adel, hohe Beamte und Militärs vergeben. Die Enteigneten mussten nun an die Grundherren Pachtzins entrichten. Nach 1950, mit zunehmender Beseitigung der Malaria, wurde die Landnahme von Siedlern aus dem Bergland fortgesetzt, teils willkürlich, teils im Rahmen offizieller Regierungsprogramme. Um zu überleben, mussten die Enteigneten sich bei den neuen Landbesitzern als schlecht bezahlte Arbeiter verdingen und Kredite aufnehmen, die sie niemals zurückzahlen konnten. Die meisten *kamaiya* sind bei ihrem Grundherrn verschuldet, der so hohe Zinsen verlangt, dass die Haushalte nahezu für immer für ihn arbeiten müssen. Sie erhalten von ihm zu wenig – meist nur Nahrung –, um ihre Grundbedürfnisse zu decken und müssen immer wieder einen neuen Kredit aufnehmen. Die anwachsende Gesamtschuld vererbt sich auf Kinder und Enkel. Auch konnten *kamaiya* gegen Übernahme oder Abgabe ihrer Schuld gekauft und verkauft werden. Sie müssen zu jeder Arbeit, gelegentlich auch zu sexuellen Diensten, bereit sein. Oftmals gehören ihnen nicht einmal ihre einfachen Häuser.

Haliya (im Terai) und *haruwa* (im Bergland) sind bei ihren Grundherren verschuldete Landarbeiter oder Kleinstbauern, die saisonal zum Pflügen und anderen schweren Arbeiten von den Landbesitzern gerufen werden. Die Anzahl der *haliya* und *haruwa* wird auf über 50.000 Haushalte geschätzt. Meistens sind es *Dalit*-Familien, die wegen ihres Kastenstatus nicht einmal das Haus des Landbesitzers betreten dürfen, um z.B., wie die *kamaiya*, Nahrung zu erhalten. Ihre Dienste werden als Zinszahlung für die Kredite betrachtet, die ihre Vorfahren von den Vorfahren des Grundbesitzers genommen hatten.

In der Landreformgesetzgebung vor 1990 gab es keine Bestimmungen, die die *kamaiya* und *haliya* betreffen, und deshalb kümmerten sich die Regierungen nicht um sie. Gegen dieses Erbe aus der Feudalzeit versuchten die *kamaiya* vorzugehen. Die verschiedenen lokalen Aufstände wurden aber regelmäßig von Polizei und Forstpersonal gewaltsam niedergeschlagen (1951, 1980, 1985, 1988, 1993, 1998, 2000). Dabei gab es Tote und Verletzte auf Seiten der *kamaiya*. Frauen wurden vergewaltigt und Häuser niedergebrannt oder mithilfe von Elefanten zerstört. Dennoch wurde durch den wachsenden Druck der *Kamaiya*-Bewegung, unterstützt von linksgerichteten Parteien und nationalen und internationalen NROs, die Regierung im Januar 2000 veranlasst, Mindestlöhne für Landarbeiter festzusetzen – ein kleiner Schritt in Richtung Unabhängigkeit. Außerdem erklärte das Regierungskabinett im Juli 2000 das System der Schuldknechtschaft (*kamaiya* und *haliya*) als illegal. Grundlage hierfür bot die Verfassung von 1990[271]. Es wurde im Jahr 2002 auch gesetzlich abge-

---

[271] Verfassung 1990, Artikel 20: „Der Handel mit Menschen, Sklaverei, Leibeigenschaft oder Zwangsarbeit in jeder Form sind verboten. Jede Zuwiderhandlung ist strafbar."

schafft. Dem Gesetz gemäß sollen die Schulden der registrierten *kamaiya* aus der Staatskasse beglichen werden. In der Folge vertrieben so manche Landbesitzer die *kamaiya*, woraufhin sich diese auf Staatsland wie Slumbewohner niederlassen mussten. Die Befreiten stürzten ins Bodenlose. Schließlich erhielten die Haushalte Anspruch auf je maximal 0,17 ha Staatsland. Aber oftmals handelte es sich um schlechte oder durch Fluten bedrohte Böden, von denen man eine Familie nicht ernähren kann, sodass der Prozess der Verschuldung bis hin zum Verlust des kleinen Besitzes wieder einsetzte. Ungenügende oder gar gänzlich fehlende Rehabilitierungsmaßnahmen (schulische, handwerkliche Ausbildung, Arbeitsvermittlung, Bereitstellung von Bauland und Material für den Hausbau) führten dazu, dass es so manchen Befreiten dann schlechter ging als zuvor. Aus gesetzlich Freien wurden *de facto* wieder Unfreie. Ein ehemaliger *kamaiya* sagte: „Echte Freiheit ist ein Zustand, wenn wir frei von Armut sind, wenn unsere Kinder freien Zugang zu Ausbildung bekommen, wenn wir sauberes Trinkwasser haben und produktives Land."[272]

Kritiker nennen diese Art von Landzuweisung durch die Regierung „neoliberales ‚Wenig Land für kleine Leute-Syndrom'"[273]. Es zeigt, dass die Übertragung von Landbesitz an diejenigen, die ihn bearbeiten, politisch nicht gewollt ist. Anstatt die Bestimmungen der Landreformgesetzgebung anzuwenden, werden gönnerhaft minderwertige Landparzellen an diese „kleinen Leute" verteilt. Das führt auch dazu, dass sich viele *kamaiya* erst gar nicht als solche registrieren lassen.

Im September 2008 ordnete die nepalische Regierung die Befreiung der *haliyas* an, woraufhin die Gläubiger ihnen kein Geld mehr liehen. Da die meisten *haliya* Unberührbare im Sinne der Kastenordnung sind, ist es für sie schwer, Arbeitsplätze außerhalb ihres jetzigen Beschäftigungsverhältnisses und Akzeptanz in neuen Gemeinschaften zu finden. Sie machen deshalb von den gesetzlichen Möglichkeiten keinen Gebrauch.

Besonders traurig ist die Situation der *kamalari,* übersetzt „hart arbeitende Frau". Die skandalöse Praxis wurde hervorragend dokumentiert durch eine ehemalige *kamalari*, Urmila Chaudhary.[274] Es handelt sich um Mädchen zwischen sechs und 18 Jahren, die von ihren Eltern – meist sind es Landlose – aus einer Notsituation heraus in die Familien von Reichen verkauft werden. Im neuen Haushalt, oftmals weit entfernt vom Heimatort, werden viele *kamalari*

---

[272] Anon., The Kamaiya System of Bonded Labour in Nepal, 27. Allein im Distrikt Kailali warten – 14 Jahre nach dem Regierungserlass – immer noch 1600 Familien auf Landzuweisung (nepalnews.com 19.7.2014).
[273] Wily, Land Reform in Nepal, 127.
[274] Chaudhary Urmila, Sklavenkind. Verkauft, verschleppt, vergessen – Mein Kampf für Nepals Töchter, München 2011; s. auch http://world.time.com/2013/12/12.

wie Sklavinnen gehalten. Sie arbeiten von früh bis spät, sind völlig den Befehlen ihrer „Halter/innen" ausgesetzt und können nicht zur Schule gehen. Urmila Chaudhary schreibt: „Ich fühlte mich unendlich allein. Allein in diesem Haus, in dieser Stadt, auf diesem Planeten … Kamalari haben Tage, Monate, Jahre härtester körperlicher Arbeit hinter sich – und was noch viel schlimmer ist: andauernde seelische Demütigungen. Viele von ihnen sind geschlagen und misshandelt worden, und einige haben sogar sexuelle Übergriffe erleben müssen."[275] Der Regierung und den Hilfsorganisationen sind viele Mädchen bekannt, die als *kamalari* arbeiten. Die Dunkelziffer ist aber hoch. Seit dem Jahr 2000 ist die *Kamalari*-Praxis gesetzlich verboten. Um dem Druck von Regierung, nationalen und internationalen Hilfsorganisationen auszuweichen, werden jetzt von den Mittelsmännern vermehrt Jungen angeworben, da diese noch keine Lobby haben. Durch die Arbeit des Kamalari-Forum Nepal, der Nepal Youth Foundation, Plan International und anderer konnten tausende Mädchen befreit werden. Von den NROs werden ihnen Ausbildungsmaßnahmen angeboten, um sie nach all den traurigen Jahren für ihr neues Leben zu fördern.

Es besteht wenig Aussicht, dass die Situation der in Schuldknechtschaft Lebenden durch die Regierung rasch und durchgreifend geändert wird. Hoffnung auf wirkliche Verbesserung ruht auf den nationalen NROs. Sie beraten die Betroffenen, bilden sie aus in Lesen und Schreiben, machen ihnen ihre Rechte klar und helfen, sie einzufordern; sie üben Druck auf die Regierung aus, koordinieren öffentliche Aktionen, bilden Netzwerke zwischen den wichtigsten Akteuren und vermitteln Kleinkredite, damit Familien nicht mehr ihre Kinder verkaufen, um an Geld zu kommen. Hoffnung ruht auch auf den internationalen NROs, dass sie weiterhin ihre nepalischen Partnerorganisationen unterstützen. Und Hoffnung beruht auf der Kraft der Unterdrückten selbst, die sich in immer stärker werdenden Verbänden zusammenschließen und ihre Anliegen artikulieren. Den „stillen Schrei" der Kleinbauern, Pächter, Landarbeiter, *kamaiya, haliya* und *kamalari,* unerhört in zwei Jahrhunderten, gibt es nicht mehr. Er ist vernehmbar geworden, deutlicher als jemals zuvor. Der Druck von unten wächst.[276]

Die Maoisten haben den Finger in die offenen Wunden der Gesellschaft gelegt, die Kastenordnung, den Zentralismus und die Landbesitzkonzentration. Ist jede Wunde für sich schon schlimm genug, so erst recht ihre Kombination. Durch sie sollte die Gesellschaft als Nation zusammengehalten und Herrschaft gesi-

---

[275] Chaudhary, Sklavenkind, 101, 250.
[276] Im November 2014 reichten Landlose 841.000 Anträge auf Landzuweisungen bei der Regierung in Kathmandu ein und tausende Landlose bedrängten ebenso in 72 Distrikten die Büros, die im August 2014 dort eingerichtet worden waren. (nepalnews.com, 1.12.2014)

chert werden. Doch das Gegenteil wurde bewirkt: Das Kastenwesen hat manche Bevölkerungsschichten sozial, kulturell und ökonomisch ausgegrenzt, der Zentralismus macht politische Selbstverwaltung außerhalb Kathmandus unmöglich und provoziert Misstrauen und Distanz gegenüber der Nationalregierung. Das zähe Festhalten an der Landbesitzkonzentration schuf große wirtschaftliche Ungleichheiten und ein revolutionäres Potential, das die Maoisten nutzten. Oftmals häuft sich das Unheil, wenn z.B. *dalits,* als ausgebeutete Pächter, Lohnarbeiter oder *kamaiyas* am meisten öffentlicher Hilfe bedürftig, auf staatliche Institutionen im Landkreis treffen, die ihre Aufgaben nicht wahrnehmen können, da sie von Kathmandu nicht im geforderten Umfang mit Zuständigkeit, ausgebildetem Personal und Budget ausgestattet sind. Und die Sicherung von Herrschaft wurde schließlich auch nicht erreicht, wie die kommenden und gehenden Herrschaftsmodelle und die unzähligen Regierungen seit 1950/51 sowie die politischen Umbrüche seit 1990 bezeugen.

Die drei Grundübel gleichen synchron arbeitenden Schiffsschrauben, die einen riesigen Strudel erzeugen, in den viele Menschen hinab gezogen werden. Sie versinken im Schlund der Armut und versuchen sich zu wehren durch riskante Kreditaufnahmen, durch Arbeiten weit unter Mindestlöhnen und Sicherheitsstandards, durch Kinderarbeit statt Schulbesuch, durch Verkauf von Kindern und Jugendlichen in Bordelle und durch Militärdienst in ausländischen Armeen. Die Ausmaße kultureller Erniedrigung, individueller Vereinsamung und psychischen Leids kennt niemand.

Auf diese Missstände wiesen die Maoisten zu Recht hin. Doch ihre Zeigefinger waren blutbefleckt. Die Aufständischen hatten durch ihr verantwortungsloses, gewaltsames Vorgehen große neue Wunden geschlagen, die es nun zu heilen gilt.

Soziale Ausgrenzung durch das Kastenwesen, politische Entmündigung durch den Zentralismus und wirtschaftlichen Benachteiligung durch die Konzentration des Landbesitzes sind nicht die einzigen Gründe für Nepals schwierige Situation, aber es sind diejenigen, welche die Gesellschaft aus eigener Kraft überwinden kann und muss. Die einzuschlagende Richtung ist längst erkannt. Es gibt genügend scharfsichtige Analytiker in Nepal, die um die Misere wissen. Manche ergehen sich in Zynismus und pflegen ihr Privatleben, manche schreiben kluge Bücher und Artikel, manche wollen mehr und gründen eine Partei, deren Anfangselan in der politischen Alltagspraxis jedoch schnell wieder verpufft, andere gründen eine NRO und unterstützen Organisationen, die zusammen mit den Leidenden die Übel zu bekämpfen versuchen und manche schließlich haben den Mut, vor den Gerichten die korrekte Anwendung von Gesetzen zu erstreiten. NROs, Basisorganisationen und Kläger nutzen dabei die Breitenwirksamkeit der nun freien Presse. Doch ein großes Schiff ändert nicht rasch seine Richtung. Von dem Gemeinsinn stiftenden Bewusstsein, unter einer Verfassung zu stehen, die alle Bürger zu Gleichen vor dem Gesetz macht, sind Teile der nepalischen Gesellschaft noch weit entfernt. Es ist kein Wunder, dass das Wort *inclusive* seit 1990 zum Modewort reformerischer Kräfte in Nepal wurde.

Es gibt keinen Mangel an guten Gesetzen, keinen Mangel an gutem Willen und an Tatkraft der Bevölkerung und keinen Mangel an internationaler Unterstützung. Es liegt vor allem am Willen der „Eliten", endlich praktische Umsetzung zuzulassen und energisch zu fördern. Ansonsten bleibt *inclusive* nichts als ein Schlagwort.

Doch es gibt auch Umstände, auf die weniger bzw. fast gar kein Einfluss genommen werden kann: häufige Erdbeben, unendlich oft gefaltete Oberfläche des Landes mit teils sehr steilen und unstabilen Hängen, natürliche Bodenabtragung durch heftige Monsunregen, durch Wind und Frost, oftmals zu starke Niederschläge im Osten und zu geringe im Westen des Landes, geringe Vorkommen von Bodenschätzen, zu wenige landwirtschaftliche Flächen für die wachsende Bevölkerung. Außerdem: Das Land hat keinen direkten Zugang zum Meer und ist in seinen Handelsbeziehungen sehr von Indien und China abhängig. 1815 verlor Nepal im Frieden von Segauli große Gebiete im Westen an die britische East India Company. 1904 erzwang diese mit militärischer Gewalt eine Handelsroute nach Tibet, die das souveräne Nepal östlich umging. Von da an flossen die Handelsströme nicht mehr durch nord/südgerichtete Täler im nepalischen Himalaya sondern hauptsächlich über die neuen Wege. Nepal wurde dadurch handelspolitisch isoliert. Seine Rolle als Transitland war beendet. Nun kontrollieren Indien und China Nepals Handel.[277] Beide Länder erzwingen auf diese Weise politisches Wohlverhalten.

Nepal konnte trotz geschickter Außenpolitik an den Abhängigkeiten „zwischen Drachen und Tiger" kaum etwas ändern.[278] Und auch die Einflüsse der Globalisierung, vor allem das Tempo des Vorgangs, sind schwer zu beherrschen und stellen die Gesellschaft vor zusätzliche Aufgaben.

---

[277] Dazu Sanwal B.D., Nepal and the East India Company, Bombay 1965; Bell Charles, Tibet Past and Present; Stiller, The Rise of the House of Gorkha; Donner, Lebensraum Nepal.

[278] Ausführlich hierzu Malla Shashi B.P., Die Außenpolitik des Königreichs Nepal und ihre innerstaatlichen Voraussetzungen. Eine Analyse hinsichtlich der historischen Entwicklung und der Himalaya-Mächtekonstellation der Gegenwart, Augsburg 1973. S. auch die aktuelle Darstellung und Interpretation von Lok Raj Baral, Nepal. Nation-state in the Wilderness. Managing State, Democracy and Geopolitics, New Delhi 2012.

Garuda, der Himmelsvogel

Wieder einmal war ich in Pokhara mit dem Flugzeug gelandet und hatte mir so die anstrengende Reise von Kathmandu im harten Landrover erspart. Die Rollbahn war nach wie vor Wiese, doch nicht zu vergleichen mit den vielen kurzen, schiefen, geröllbedeckten und von steilen Abhängen umgebenen Landebahnen an anderen Orten Nepals. Diese hier war lang, breit und ganz eben. Während ich auf mein Gepäck wartete, stellte ich mir vor, wie es gewesen sein muss, als das erste Flugzeug hier ankam. Ein Bürger Pokharas war damals Zeuge und beschrieb das Ereignis so: „Es kam eine alte DC 3. Als einige Leute von Pokhara den donnernden Krach hörten, verursachte das eine ungeheure Aufregung. Ich erinnere mich lebhaft, wie ich mit meinen Freunden zur Wiese hinunter rannte, auf der die Maschine gelandet war. Erschreckt vom Lärm des Flugzeugs und seiner merkwürdigen Gestalt rannten die grasenden Kühe und Büffel in alle Richtungen. Die ländliche Ruhe Pokharas war durch die laute Maschine plötzlich unterbrochen. Als sie landete, brach ein Durcheinander aus. Wir hatten das unbedingte Verlangen, sie zu berühren als wäre sie ein göttliches Geschöpf, das uns von Gott geschickt worden war. Einige wunderten sich, wie so etwas Großes fliegen konnte, während andere in der Hinduüberlieferung nach einer Gottheit suchten, die diesem Flugzeug glich. Sie waren sicher, eine gefunden zu haben und zwar Garuda, den adlerähnlichen mythischen Vogel, das himmlische Gefährt Vishnus, welcher in der Hindu-Dreifaltigkeit von Brahma, Vishnu und Shiva, der universelle Gott des Schutzes, der Erretter ist … Dann kam ein gebrauchter Jeep, eingeflogen vom technischen Garuda. Der Jeep kam in Teilen und mit einem ausländischen Mechaniker, der sie zusammensetzte. Später kamen Fahrräder und Ochsenkarren. So war die Reihenfolge … auch in vielen Teilen Nepals: eine verkehrte Reihenfolge. Das war symptomatisch und symbolisch für den ganzen Entwicklungsprozess in Nepal – alles verkehrt herum. Was wir erfuhren, war importierte Entwicklung, nicht echte Entwicklung von innerhalb."[279]

---

[279] Shrestha, In the Name of Development, 53. Umberto Eco (Im Krebsgang voran. Heiße Kriege und medialer Populismus, München 2011, 112 f.) nennt dieses quasi-religiöse Phänomen „Cargo-Kult": Die von den Kolonisatoren Entdeckten Ozeaniens sahen an ihren Küsten landende Schiffe, aus denen „Nahrungsmittel und andere wunderbare Waren an Land kamen. Es bildete sich die messianische Erwartung erst eines Schiffes, dann eines Cargo-Flugzeugs, das kommen würde, um auch den Eingeborenen diese schönen Dinge zu bringen."

Im Wirbelsturm

Der permanente „stille Schrei" gegen die Missstände und ihre Verursacher ist heute zwar besser vernehmbar als in der Zeit vor 1990, aber man muss gut hinhören, denn er wird überlagert vom betäubenden Krach der Bulldozer, Presslufthämmer und von Sprengungen, um Straßen in das Gebirge zu treiben, vom Dröhnen der Motoren – Kathmandu ist täglich durch Autos und Motorräder verstopft, andere Orte folgen –, vom Lautsprecherlärm der Streikenden und Demonstrierenden, von lauten Fernsehapparaten, welche ständig laufen, auch während sich die Familien unterhalten und von den Parolen der Regierung und so mancher Organisationen, die gesellschaftlichen Wohlstand versprechen, wenn westlichen Entwicklungsmodellen gefolgt würde. Die Aufzählung verrät es: Die nepalische Gesellschaft ist mit einem weiteren Problembereich konfrontiert, mit den Phänomenen der Globalisierung.

Auch diese Problematik sprachen die Maoisten an, wenn auch reichlich übertrieben und in ihrer Sprache. Die Forderungen Nr. 6-9 lauteten:

„Die Hegemonie der Ausländer in Nepals Industrie, Handel und Wirtschaft im allgemeinen muss beendet werden ... Die imperialistische und expansionistische kulturelle Verschmutzung und Intervention muss beendet werden. Der Import von qualitätslosen indischen Filmen, Zeitungen und Magazinen muss sofort unterbunden werden. Die Intervention von Imperialisten und expansionistischen Kräften unter dem Deckmantel von NROs und internationalen Nicht-Regierungsorganisationen muss beendet werden."

Nach dem Sturz des Ranaregimes 1950/51 beendete Nepal seine Politik der Abkapselung und öffnete sich der ganzen Welt gegenüber. Seither ist das Land von den Auswirkungen der Strategien und Konditionen der Weltbank und des Internationalen Währungsfonds (besonders seit Mitte der 80er Jahre), ausländischer Entwicklungshilfe, des Tourismus und internationaler Demokratisierung betroffen.

Ganz im Sinne der Dependenztheorie bilden die „Eliten" Kathmandus den Brückenkopf, zu dem der Bogen geschlagen wurde, über welchen die Phänomene und Attribute der Globalisierung eindringen. Aus Kathmandu dann, aus dem „Zentrum" und von „oben" also, breiteten sie sich nach 1951 innerhalb weniger Dekaden über das Land aus. Nicht die Begegnung mit Neuem ist das Problem, sondern ihre Geschwindigkeit, die den Menschen kaum Zeit lässt, sich mit den Neuerungen auseinanderzusetzen, zu vergleichen und dann abzuwägen, was übernommen werden soll und was nicht. Im Tempo des Transfers steckt die Gefahr: Es drohen Besserwisserei und Überheblichkeit auf der einen

Seite, nicht hinterfragende Gläubigkeit und Erwartungshaltung auf der anderen, und Ungeduld bei allen. Die „Eliten" – viele von ihnen an westlichen Universitäten ausgebildet und mit geringem Kontakt zum Leben auf dem Land – bezeichnen in ihrer Ungeduld die Mitbürger außerhalb Kathmandus als rückständig und erfreuen sich an Patronatsverhalten, das gnädig „Entwicklung" spendet. Die Empfänger blicken in Ehrfurcht nach *mathi* (oben) und erwarten ungeduldig die Gaben oder verharren in Resignation und Verachtung, wenn sie ausbleiben. Die Enttäuschten nennen dann spöttisch und verächtlich die „dort oben" *tauko* („Schwollköpfe"). Beider Verhalten ist weder förderlich für einen partnerschaftlichen Dialog zwischen Regierung und Gesellschaft noch für selbst definierte und auf eigenen Potentialen aufbauende Entwicklung, welche natürlich Unterstützung von außen verdient, wenn die Kräfte zur Selbsthilfe an Grenzen stoßen.

Ein Beispiel, das für viele steht: Vor den allgemeinen Wahlen 1991 versprachen lokale Parteipolitiker des Mustangdistrikts den Wählern des Ortes Lo Manthang eine Anlage zur Elektrizitätsgewinnung. Das schon war ein Fehler, denn die Gemeinde besaß bereits ein kleines, noch nicht fertig gestelltes Wasserkraftwerk. Ein Teil der Bürger befürwortete seinen Weiterbau, wünschte aber günstigere Konditionen von der Asian Development Bank für den erhaltenen Kredit, der über die monatlichen Stromabrechnungen zurückzuzahlen war. Doch der größere Teil der Bürgerschaft sprach sich gegen die Fortführung aus, lehnte jegliche Eigenverantwortung für das Projekt ab und verlangte, dass die Regierung es fertig stellen, warten und reparieren sollte. Der nepalische Energieexperte Bikash Pandey berichtete von diesem Fall und nannte das den Weg der „mühelosen Entwicklung" (*painless development*).[280] Bestärkt wurden die Befürworter des mühelosen Weges durch Beispiele in der südlichen Nachbarschaft, wo in Eigenverantwortung errichtete Kleinkraftwerke nicht recht funktionierten. Sie funktionierten nicht, weil die Ingenieurfirma zwar fachmännisch die *hardware* verbaut, sich aber nicht um die *software* gekümmert hatte, d.h. die Anlagen wurden erstellt, doch die Firma hatte sich nicht um die Vermittlung von technischen Fachkenntnissen gekümmert, um die Kraftwerke zu betreiben. Ebenso wenig hatte sie den Leuten bewusst gemacht, dass es kollektiver Disziplin bedarf, um die monatlichen Rechnungen zu bezahlen und damit die Wartung des Projekts sicherzustellen. Das vor Augen entschieden sich die Leute von Lo Manthang, lieber zu warten, bis die Regierung ein großes Wasserkraftwerk gemäß den Wahlversprechen errichten und betreiben würde anstatt die Dinge selbst in die Hand zu nehmen, d.h. die *Software*-Komponenten

---

[280] Pandey Bikash, Is Lo Manthang ready for Electricity?, in: Himal, Vo. 5, No. 5, 1992, Kathmandu, 23-25.

selbst zu organisieren, um das eigene kleine Projekt fertig zu stellen und in Eigenverantwortung zu betreiben. Das wäre „Entwicklung von innerhalb" und nicht „implantierte Entwickung" (*implanted development*) von außen gewesen.

„Wenn eine tibetische alte Thangka achtsam restauriert wird, ist das Ergebnis schön und bietet einen erfreulichen Anblick. Macht man es gewalttätig, z.B. wenn ein unerfahrener und zu enthusiastischer Künstler eine neue Farbe aufträgt oder, schlimmer noch, wenn er die Thangka in eine Waschmaschine legt, um sie von Jahrzehnte altem Schmutz zu reinigen, dann geht die Harmonie zwischen den Strukturelementen verloren, die Schönheit ist zerstört und Entwürdigung – eine Art von Unterentwicklung – ist das Ergebnis. Einige Veränderungen im Himalaya können sehr wohl mit dem Waschmaschinenvorgang verglichen werden ... Philosophen sagen, dass Veränderung unausweichlich und unerbittlich sei und alte neuen Ordnungen Raum gäben ... Der Vorgang, der diesen Wirbelsturm von Veränderungen geschaffen hat, ist die Angelegenheit beider, derer, die unter den Konsequenzen leiden und derer, die ihn durch ihre Entwicklungspraxis heraufbeschworen haben."[281] Die Ungeduld von „Gebern" und „Nehmern" führt dazu, dass schnell Messbares und Vorzeigbares als „neue Farbe" aufgetragen wird, wie gebaute Straßenkilometer, installierte Kilowatts, errichtete Gebäude usw. Das rangiert oftmals vor der langwierigen Ausbildung von Fähigkeiten.

Und so ergeben sich verkehrte Schwerpunktsetzungen und Reihenfolgen: Auf die technischen Probleme einer neuen Straße wird mehr Augenmerk gerichtet als auf die Diskussion mit den Menschen, deren Leben von der Neuerung betroffen ist, die Chancen eröffnet und Risiken in sich birgt. Selbstkritisch bemerkte ein hochrangiger Ingenieur der obersten Straßenbaubehörde: „Unter uns Ingenieuren bestand eine starke Neigung, uns lieber auf technische Details zu konzentrieren als mit den Menschen entlang der Trassenführung zu sprechen."[282] Es wird mehr Wert gelegt auf Lieferung von Material und Verbauung als auf Training in Management und Pflege eines Trinkwassersystems zum Beispiel. Der Bau von über 1000 Gesundheitsstationen wird lautstark verkündet, doch das Personal wird schlecht ausgebildet und bezahlt, ist deshalb nur gering motiviert und oftmals abwesend. Jeder Distrikt hat sein staatliches Hospital, doch die meisten Krankenhäuser sind so schlecht ausgerüstet, dass Ärzte dort nicht arbeiten wollen und vorzugsweise im Kathmandutal praktizieren. Ähnlich ist es im staatlichen Schulsystem: Ausbildung und Gehalt der Lehrkräfte sind ungenügend, didaktisches Lehrmaterial ist so gut wie nicht

---

[281] Gyawali Dipak, Stress, Strain and Insults, in: Himal, Vol. 5, No. 5, 1992, Kathmandu, 9.
[282] Sharma Barati, Surkhet-Jumla Road opens new Vista for Potentials, in: Peoples Review 26.4.2007, Kathmandu.

vorhanden. Für den Bau und Unterhalt von Straßen wird weit mehr Geld ausgegeben als für Gesundheitsstationen, Hospitäler und Schulen, so als wäre für den Körper nicht das Wichtigste die Gesundheit und für den Geist die Bildung. Viele Kilometer von Bewässerungskanälen werden gebaut, doch nur wenig wird in ein effektives landwirtschaftliches Beratungssystem investiert. Allen Ernstes wird ein Großflughafen mit „*Airport City*" auf 80 Quadratkilometern Fläche südlich der über 2500 Meter hohen Mahabharat-Bergkette geplant mit einer unter- oder überirdischen Autobahnverbindung zur Hauptstadt.[283] Das in einer Gegend, wo die meisten Menschen nicht lesen und schreiben können und die Tamang an den steilen Hängen der Mahabharatberge nebenan in bitterer Armut leben. Auf der Projektfläche würden Höfe und Felder von vier Dörfern unter Asphalt und Beton verschwinden, um für die technischen Garudas Platz zu schaffen. 3,5 Millionen US Dollar hat das Kabinett an eine koreanische Firma für die Durchführbarkeitsstudie überwiesen – ganz offensichtlich, weil allein schon die Planung, nicht zu reden vom Bau des Flughafens, die derzeitigen eigenen nepalischen Möglichkeiten übersteigt. Als „Meilenstein nepalischer Infrastrukturentwicklung" wird das Vorhaben gepriesen, dessen Verwirklichung auf mehrere Milliarden US Dollar geschätzt wird.

„Das war symptomatisch und symbolisch für den ganzen Entwicklungsprozess in Nepal – alles verkehrt herum. Was wir erfuhren, war importierte Entwicklung, nicht echte Entwicklung von innerhalb." So fasste der oben zitierte Nanda R. Shrestha sein Flugplatzerlebnis in Pokhara in den fünfziger Jahren zusammen. Hat sich das geändert? Großprojekte, an denen ausländische Firmen und Nepals „Eliten" Interesse haben und verdienen, werden mit größerem Nachdruck vorangetrieben als kleine, welche einheimische Ingenieure beherrschen und an denen sie mit ihren Fähigkeiten wachsen können (s. die Auseinandersetzung über die geplanten großen Wasserkraftwerke im Kapitel „Arun"). „Implantierte" Entwicklung ist das und nicht solche, die auf eigenen Potentialen (*homegrown, context-based development*) aufbaut. Entwicklung von außen erscheint den Menschen als ein herrliches Geschenk des Himmels. Die nachfolgenden Kosten technischer Großprojekte wie Umsiedlungen, Kompensation für Landverluste, Erhöhung von Steuern und Tarifen, um die Kredite zu bedienen, werden gewöhnlich heruntergespielt oder verschwiegen. Und so ist es verständlich, dass die Leute den technischen Garuda willkommen heißen, nach „Entwicklung" von oben und außen fragen und den Weg der „mühelosen Entwicklung" einschlagen möchten wie die Bürger von Lo Manthang. Das Erwachen kommt später. Und dann hat der Volksmund das in ganz Nepal bekannte Wortpaar *bikas-binas* = „Entwicklung-Zerstörung" parat, um resignie-

---

283 www.nepalnews.com, 2011

rend – bis zum nächsten Projekt – die Enttäuschung auszudrücken.

„Nepal befindet sich zurzeit im drastischsten sozialen, kulturellen und ökologischen Wandel seiner Geschichte … Nachdem ausländische 'Experten' immer wieder von der 'Unterentwicklung' des Landes sprachen, haben offensichtlich viele Nepali diese Behauptung schließlich angenommen. So haben sie ihren Stolz auf ihre Tradition, auf ihre eigene kulturelle Identität verloren und sind allzu sehr fasziniert vom verführerischen Glanz einer fremden Zivilisation, wobei sie nichts wissen von den dunklen Schatten hinter den glänzenden Fassaden des Wohlstands und von den Gefahren, zwangsläufig im Materialismus gefangen zu sein. Ihre Götter werden ersetzt durch andere Objekte der Verehrung wie Videos und Autos – und natürlich Geld."[284] Entwicklung in Nepal wird oftmals begriffen als das, was andere Länder haben. *„West is best"* oder *„bidesh ma esto hunchha* („im Ausland ist das so"), heißt es. Unkritisch wird übernommen. Eigene Entwicklungsoptionen (*homegrown, context-based development*) werden außerachtgelassen und ersetzt. Es gibt genügend Analytiker in Nepal, die diese „ersetzende Herangehensweise an Entwicklung (*replacement approach)"*[285] beklagen, doch ihre Stimmen sind zu schwach, um im Brausen des Wirbelsturms gehört zu werden.

Der von „Eliten" und „Experten" entfachte Wirbelsturm brachte nicht nur Gesundheitsstationen, Straßen, große Bewässerungskanäle und Wasserkraftwerke sondern auch entwicklungspolitische Reihenfolgen und Schwerpunktsetzungen, die der Bewahrung und Förderung der kulturellen Identität abträglich waren. Zusätzlich wurde Nepals Gesellschaft konfrontiert mit Massentourismus, Drogenkonsum, niveaulosem Fernsehen und der Macht des World Wide Web. Wie kann sich eine Gesellschaft in kurzer Zeit für die Auseinandersetzung mit einem solchen Ansturm wappnen? Viele Touristen tragen ihren Wohlstand durch Ausrüstung, Paternalismus und unkritisches Geldausgeben ungeniert zur Schau. Wie sollen da hart arbeitende Subsistenzbauern nicht meinen, westliche Zivilisation komme einem irdischen Paradies gleich und die Lehren der *sahibs* würden dahin führen, befolgte man sie? Das libertäre Verhalten der Hippies in den 60er und 70er hinterließ als Vermächtnis tausende von nepalischen Drogenabhängigen. Das Fernsehprogramm ist voll von Werbung, die Wohlstand vorgaukelt, wenn man nur … Es werden wenige Lerninhalte am Bildschirm vermittelt, die mit der Wirklichkeit Nepals zu tun haben. Und das Internet war plötzlich da, wie vom Himmel gekommen, und muss deshalb für viele

---

[284] Dixit Kunda / Tüting Ludmilla, Bikas-Binas? Development-Destruction?, München 1986, 10.

[285] Katwal Samrat, Homegrown Development, The Kathmandu Post 21.9.2013, Kathmandu; s. auch Bhattachan Krishna, Globalization and its Impact on Nepalese Society and Culture, in: Dahal Madan (ed.), Impact of Globalization in Nepal, Kathmandu 2005, 80-102.

etwas ganz und gar Gutes sein. Teile der nepalischen Gesellschaft haben sich angesteckt lassen vom westlichen calvinistischen Eifer des Geldanhäufens. Tüchtigkeit hierin hat Vorrang vor Tugend und beginnt sie zu ersetzen.

Viele Nepali sind in eine Zwischenwelt geraten; sie sind in ihrer Welt – so gut oder schlecht sie gewesen sein mag – nicht mehr und mit der neuen noch nicht vertraut. „Wandel, der im fernen Kathmandu organisiert wird, kann den weit entfernten Bauern wie ein KO-Schlag treffen. Seine traditionelle Welt fällt auseinander und er wird zum Fremden im eigenen Haus ... Wenn Änderungen in einer Art und Weise eingeführt werden, dass Mitglieder einer Gesellschaft fühlen, durch fremde Kräfte herumgestoßen zu werden, wenn sie nicht verstehen, was um sie herum geschieht und glauben, dass sie kaum die Abläufe kontrollieren können, dann 'unterentwickeln' sie sich ...“[286] Sie geraten in einen Zustand der Unsicherheit und Orientierungslosigkeit. Die einen verharren fatalistisch in ihm (*ke garne?* = was kann man schon machen?, in achselzuckendem Rückzug in die Privatsphäre und in Resignation und Zynismus), andere versuchen einen mühsamen neuen Aufbruch und wieder andere begeben sich auf den einfacheren Weg von Fundamentalismus und militanter Aggression, wie das Beispiel der nepalischen Maoisten zeigte.

Die Nepalin Manjushree Thapa arbeitete in der oberen Mustang-Region im Rahmen des Annapurna Conservation Area Project. 1992 wurde das Gebiet für den Tourismus geöffnet. Sie stellte fest: „Die ersten Touristen und ihr Begleitpersonal kamen an, danach folgte ein Strom von Fremden ... Jeder Tourist war (in den Augen der Einheimischen, HW) eine bedeutende Person: ein Chirurg, ein Ingenieur der Biochemie, ein Schriftsteller, ein Diplomat, ein Geber. Einige versprachen Geld für Schulen, einige eröffneten Zahnarztpraxen, einige boten kostenfreie Expertendienste an ... Der Wandel ist eher etwas, mit dem die Gemeinschaft konfrontiert wurde, nicht etwas, das sie gewählt hat ... Alles geschieht so schnell, so dass die Gemeinschaft kaum andere Wahlmöglichkeiten hat als zu reagieren und zu reagieren und zu reagieren.“[287] Selbstbestimmte Entwicklung ist das nicht.

Die nepalische Gesellschaft befindet sich zwischen eigen- und fremdbestimmter Entwicklung, zwischen Subsistenz- und Marktwirtschaft, zwischen Sozialbindung in Großfamilie, Clan, Ethnie und Individualismus, zwischen Regeln der Gegenseitigkeit und denen der Konkurrenz und zwischen Lebensbewältigung in ganzheitlicher Weltsicht und ideologischer Illusion. Ob Nepal dem Leitbild des westlichen *homo oeconomicus* und *homo faber* nacheifern oder die aus verschiedenen Quellen gespeiste eigene Identität (s. Kap. „Soziale

---

[286] Gyawali, Stress, Strain and Insults, 9, 13.
[287] Thapa Manjushree, Tourism's Predicament, in: Himal, Vol. 6, No. 5, 1993, Kathmandu, 20.

Energie") pflegen wird, ist nicht vorherzusagen. Es ist zu wünschen, dass der nepalische Politiker und Schriftsteller Tank Vilas Varya Recht behalte, wenn er schreibt: „Nepal war schon immer Objekt kultureller Angriffe von außen, aber niemals Sklave irgendeiner Kultur. Vielmehr hat Nepal alle möglichen Strömungen aufgenommen und sie in die eigene Kultur integriert."[288] Doch Zweifel bleiben bestehen.

Hat die Begegnung mit den Kräften der Globalisierung die Gesellschaft Nepals eher in Abhängigkeit geführt oder nicht da und dort auch zur Befreiung von Zentralismus, Kastenwesen, ungerechter Landverteilung und anderen Übeln angeregt, zu neuem Aufbruch also? Tatsächlich kamen die Impulse zu politischer Emanzipation eher von außen durch die Auslandsaufenthalte vieler Nepali als Söldner, Händler und Stipendiaten, durch Radio und Fernsehen und durch Kontakte mit Touristen und Personal von Organisationen der Entwicklungszusammenarbeit. Es war wie damals, als Indiens Befreiungsbewegung gegen den britischen Kolonialismus Kräfte in Nepal weckte, welche 1950/51 erfolgreich gegen die autoritäre und marode Ranaherrschaft rebellierten. Doch um Vorbilder aufzunehmen, um zu erfahren, was ringsum geschieht, es zu bedenken und mit der eigenen Situation zu vergleichen, dafür müssen auch Antennen und Rezeptoren vorhanden sein. Ein nepalisches Sprichwort sagt: *ghati heri haddi nilnu* – „Überprüfe die Größe deiner Speiseröhre bevor du einen Knochen schluckst!" Was geschieht, hält man sich nicht daran? Man bekommt Hustenreiz, Halsschmerzen und Atembeschwerden, man erbricht oder erstickt. Nimmt man nichts zu sich, verhungert oder verdurstet man. „Jede Kultur assimiliert Elemente der benachbarten oder fernen Kulturen, aber dann charakterisiert sie sich durch die Art und Weise, wie sie sich diese Elemente zu eigen macht." [289] Sind viele Nepali einerseits ziemlich leichtfertig im Überprüfen, was die Annahme von Entwicklungsgeschenken, das Setzen von Prioritäten und die Übernahme mancher Phänomene der Globalisierung betrifft, so haben sie sich andererseits in ihrer jüngeren Geschichte sehr wohl geprüft und „Maß genommen", als sie das Ranaregime beendeten, 1990 ein demokratisches Regierungssystem erzwangen und im Jahr 2006 durch große, gewaltfreie Demonstrationen das Ende der über zweihundertjährigen Monarchie einleiteten.

Durch die Revolution von 1990 wurde das starre und kraftlose *Panchayat*-System überwunden und die Voraussetzungen für politischen Pluralismus und Parlamentarismus geschaffen. Die neue Verfassung sah vor, den politischen Zentralismus einzuschränken, indem den Landkreisen und Gemeinden mehr Be-

---

[288] Nepal, the Seat of cultural Heritage, Kathmandu n.d., 87.
[289] Eco, Im Krebsgang voran, 242.

fugnisse übertragen werden sollten. Sie ermöglichte vor allem, dass sich die Kräfte der Gesellschaft endlich auch im öffentlichen Raum entfalten konnten. Es entstanden viele lokale und nationale Nichtregierungsorganisationen, Gewerkschaften, Verbände, Vereine, Bürgerinitiativen und soziale Bewegungen, die „sich um Gemeinwohlfragen, Gerechtigkeit, Machtkontrolle, Transparenz, Rechenschaftslegung und entwicklungspolitische Anliegen kümmern ... Zivilgesellschaft agiert als ‚Gegenmacht', Mahnerin, Kritikerin und Impulsgeberin gegenüber den verfassten Institutionen von Regierung und Verwaltung, also als Wachhund und Ansprechpartner ..."[290] Und es gab endlich Pressefreiheit. So wurde es möglich, Verletzungen von Menschenrechten in den Medien anzuprangern, in der Gesellschaft offen zu diskutieren und vor die Gerichte zu bringen.

Es ist auch offensichtlich, dass sich in den größeren Städten die Jugend zusehends den Kastenbeschränkungen entzieht. Akademische Institutionen, Literatur in Bibliotheken und Buchläden, Reisemöglichkeiten, Zugang zu neuen Ideen mithilfe der Medien, Kontakte zu Ausländern – all das hat lindernde, ja auf lange Sicht wohl auch auflösende Wirkungen, was die Kastenhierarchie betrifft. Und dazu tragen auch die Erfahrungen der zurückgekehrten Gurkha-Soldaten bei. Über 100.000 Nepali waren bisher zu Friedensmissionen unter dem Schirm der Vereinten Nationen eingesetzt und noch mehr, die in fremden Armeen als Söldner dienten. Sie lebten jahrelang in Gesellschaften, die das Kastensystem des indischen Subkontinents nicht kennen.

Hartnäckigster Widerstand aber wird nach wie vor gegen die Landreform geleistet. Mit allen Mitteln wurden und werden die verschiedenen Bemühungen und Ansätze unterlaufen. Die Gründe des Leids – Gier, Hass, falsche Erkenntnis – sind jedem Hindu und Buddhisten bekannt. Shivas Dreizack und das buddhistische Lebensrad sind auf unendlich vielen figürlichen und bildlichen Darstellungen präsent. Deren Botschaft zeitigt bei der nepalischen Landaristokratie aber keinerlei Wirkung, so als ob sie sich unschuldig fühlte, da Gier eines ihrer naturgegebenen Gene wäre.

Die Dekaden seit 1950 bis heute sind ein revolutionärer Abschnitt in Nepals Geschichte. Die Gesellschaft scheint das Herumgestoßenwerden durch die so genannten Eliten nicht mehr tatenlos zu ertragen sondern die politische Entwicklung selbst in die Hand zu nehmen. Es scheint ein Bewusstsein entstanden zu sein, dass von den politischen Repräsentanten und der Administration Rechenschaft eingefordert werden kann, dass man sie nicht aus der Verantwortung für die Entwicklung des Landes entlässt und es ihnen nicht mehr gestattet, die berechtigten Erwartungen der Bürger auf die „Geberländer", umzulenken

---

[290] Beerfritz Hans-Jürgen, Ansprechpartner und Wachhunde, in: Entwicklung und Zusammenarbeit, Nr. 2, 2011, Frankfurt am Main, 74.

und abzuwälzen.

„Entwicklung fasst einen politischen Prozess ins Auge, an dem die Menschen aktiv teilnehmen (*participate*), für ihre Rechte kämpfen (*compete for their rights*), für öffentliche Rechenschaftslegung sorgen (*ensure public accountability*) und ihre Bürgerpflichten wahrnehmen (*exercise their duties*) ... Die Beamten dienen ihren Vorgesetzten, den Bürgern. Politiker und Unternehmer kooperieren, nicht um die Bürger zu betrügen, sondern um für die Zukunft der Unternehmen, der Wirtschaft und des Landes zu ringen ... Die Bürger bezahlen ihre Steuern und sind als Steuerzahler bestrebt, ihr Recht auf Information wahrzunehmen (*right to seek information*) und öffentliche Dienstleistungen einzufordern (*demand services*). Die Bürger achten darauf, dass Unternehmer und Produzierende entlohnt und Diebe, Korrupte und Schmarotzer bestraft werden. In einer Gesellschaft, die Entwicklung schätzt, zeigen die Bürger ein leidenschaftliches Gespür dafür, was fair und unfair in den Beziehungen zum Staat und zwischen ihnen selbst ist (*fair and unfair reciprocal relations*)“.[291]

Das schrieb 1999 Devendra Raj Panday, ein Nepali, der die meiste Zeit seines Lebens unter autoritären Regierungen verbracht hatte. Viele Jahre arbeitete er auf hohen Posten im Finanzministerium, nach der Revolution von 1990 war er Finanzminister. Wegen seines Kampfes gegen Korruption, für Transparenz und demokratische Verhältnisse wurde er im Jahr 2006 über drei Monate lang inhaftiert. Seine Definition von Entwicklung und dem guten Zustand einer Gesellschaft zeigt, dass das gute Leben der Bürger nicht etwas statisch Gegebenes ist, sondern von Bedingungen abhängt. Es ist als trügen die vier Beine des Windpferdes deren Namen: „Teilhabe“ an der politischen Willensbildung, „Offenheit“, „Kontrolle“, „Gegenseitigkeit“. Sind diese Voraussetzungen gegeben, dann können „öffentliche Dienstleistungen“ vom Steuern und Abgaben zahlenden Bürger und „Gerechtigkeit“ in der Gesellschaft angestrebt und verwirklicht werden – Aufgabe und Ziel guter Politik. Die Möglichkeit hierfür haben sich die Bürger seit 1950 schrittweise erkämpft.

Man wird also der nepalischen Gesellschaft nicht gerecht, spricht man nur von der hartnäckigen Erbschaft des Feudalismus, von Armut, Korruption, politischer Repression, Menschenrechtsverletzungen, Unfähigkeit der Regierung, *ke garne*-Mentalität, Erwartungshaltung auf „von außen“ und „oben“ kommender Entwicklung, von Materialismus und Identitätsverfall, ohne auch die Kräfte der Gesellschaft zu benennen, die für die Überwindung der Krisenphänomene vorhanden und wirksam sind. Welche sind sie? Kann man die soziale Energie (*jana shakti*) der Gesellschaft wie in einem Psychogramm darstellen?

---

[291] Panday, Nepal's failed Development, 36.

Soziale Energie – Versuch einer Annäherung

„Denn wenn die Welt auch verderbt war, so war sie letztlich doch – musste es sein – im Innersten heilig."

Manjushree Thapa, Geheime Wahlen

„Sie sind von einem geduldigen Realismus erfüllt."

Andreas Lommel, Fortschritt ins Nichts

Feigenbaum

Kann man *die* nepalische Gesellschaft beschreiben und ihre Charakteristika benennen? Ist es möglich, von ihr eine Art Psychogramm zu erstellen? Müsste man nicht von den „meisten", von „vielen", oder gar von „einigen" und „wenigen" Nepali sprechen? Auf einer Reise von Süden nach Norden und Osten nach Westen durch das Land, trifft man da nicht auf ganz verschiedene Ethnien, Kasten, Religionen, Lebensumstände und -formen, geschichtliche Hintergründe und Aktivitäten? Müsste man nicht unterscheiden zwischen Land- und Stadtbevölkerung, zwischen den Leuten mit monetären und nicht-monetären Austauschformen? Solche Exaktheit würde die Arbeit vieler Wissenschaftler verschiedener Disziplinen erfordern. Hier kann es nur um einen vorsichtigen und ganz unvollständigen Versuch einer Annäherung an das Ethos der nepalischen Gesellschaft handeln: Gibt es trotz aller Verschiedenheit gewisse Gemeinsamkeiten? Was wären ihre Charakteristika? In den vorherigen Kapiteln sind einige angesprochen worden. Sie treffen sicherlich nicht auf jedes einzelne Mitglied der nepalischen Gesellschaft zu. Vielleicht ist es aber erlaubt, mit Lama Govinda von einer „Gesamtsumme" oder mit Henry David Thoreau von einem „Durchschnittsgesetz" oder mit Platon von der vorherrschenden „Verfasstheit" (*politeia*) zu sprechen.

Lama Anagarika Govinda nähert sich dem Thema „Charakteristik", „geistig/ethische Ausstattung", „Unterbau", „Ethos" einer Gesellschaft vom Buddhismus her und schreibt: „Entsprechend karmischer Gesetzmäßigkeit geht keine unserer Handlungen und keiner unserer Gedanken verloren. Jeder hinterlässt einen Eindruck in unserem Charakter, und die Gesamtsumme der so geschaffenen Eindrücke oder psychischen Tendenzen unseres Lebens bildet die Basis für das nächste."[292]

Henry David Thoreau gebraucht das Bild eines Teiches. Er besteht aus Grund und Oberfläche, aus Tiefe und Weite, aus Zuflüssen und Buchten mit begrenzenden Ufern. Thoreau fährt dann fort: „Was ich über den Teich bemerkte, ist in der Ethik nicht weniger wahr. Es ist ein Durchschnittsgesetz. Diese Regel von den zwei Durchmessern führt uns nicht nur zur Sonne in dem System und zu den Herzen im Menschen, sondern zieht Linien durch die Länge und Breite, die Gesamtheit des individuellen täglichen Lebens … und dort, wo sie sich schneiden, wird man die größte Höhe und Tiefe des Charakters des Menschen finden"[293], denn dort werden äußere Einwirkungen und die Gesamtsumme menschlichen Handelns und Unterlassens deutlich.

Für Platon ergibt sich die Verfassung einer Gesellschaft daraus, welche Kräfte der Individuen vorherrschend sind: Vernunft und Verstand oder Wille und Ehrgeiz oder die Begierden und Leidenschaften. Alle haben ihre spezifischen Funktionen. Ihre durch Vernunft und Verstand kontrollierte Balance ermöglicht Gerechtigkeit im Menschen und in der Gesellschaft, die dann in Harmonie mit sich selbst sind. Da aber die Gesamtsumme menschlicher Handlungen keineswegs überall zu Balance, Ausgleich, Harmonie, und Gerechtigkeit führt, verändern sich die Verfassungen der Gesellschaft zum Schlechteren solange, bis ihre Mitglieder mehrheitlich wieder aufbrechen, der Gerechtigkeit zur Vorherrschaft zu verhelfen.[294]

Auch der Feigenbaum mag als Symbol hilfreich sein. Unter dem *pipal (ficus religiosa,* Pappelfeige*)*, so sagt die Überlieferung, erlebte Gautama Buddha nach langer Meditation das Erwachen *(bodhi)* und wurde zum Erwachten *(buddha)*. Tausendfach breiten Feigenbäume in Südasien ihre Schirme über Teiche, Dorfplätze, Teashops, Tempel, Schreine und *chautaras*, diese so praktischen und beliebten Rastplätze an den Pfaden zwischen den Dörfern. Im Schatten der weit ausladenden Kronen rasten die Träger. Gerne versammeln

---

[292] Der Weg der weissen Wolken, 184.
[293] Thoreau, Walden oder Leben in den Wäldern, 284.
[294] Platon, Politeia, VIII, IX; Nomoi, I-IV.

sich da die Menschen zur Erholung, zum Plaudern und auch um Streit zu schlichten. Die Bedeutung der Bäume verbietet das Lügen. Wie Thoreaus Teich hat der Feigenbaum räumliche Dimensionen, Tiefe, Höhe und Weite und ist äußeren Einflüssen ausgesetzt, der Sonne, dem Wind, dem Regen und dem nährenden Erdreich. Er ist ein Gesamtgebilde in Balance, eine Harmonie aus Wurzeln, Stamm, Ästen, Zweigen, Blättern und Früchten.

Früchte

Die Energie der nepalischen Gesellschaft brachte Früchte hervor. Einige, wohl die wichtigsten, seien aufgezählt: Die Nepali erkämpften sich ein demokratisches Regierungssystem. Die Meilensteine an diesem Weg tragen die Zahlen 1950/51, 1989/90 und 2008 und stehen für den Sturz der Rana-Oligarchie, das Erstreiten der parlamentarischen Demokratie und die Beendigung der Monarchie, welche über Jahrhunderte Nutzen aus den genannten Übeln gezogen hatte statt sie energisch zu bekämpfen (s. Kap. „Krieg" und „Blutbefleckte Zeigefinger"). Am 28.5.2008 erklärte das Parlament Nepal zur Republik. Dass diese Frucht einmal geerntet werden könnte, war jahrhundertelang undenkbar.

Mit der Verfassung von 1990 endete das staatliche Monopol, das Land zu entwickeln. Es entstand eine nicht mehr überschaubare Zahl von nationalen und lokalen NROs, viele von ihnen mit Verbindung zu internationalen Gebern. NROs versuchen nun das nachzuholen, was staatlicherseits zum Teil vernachlässigt wurde: Sie kümmern sich um Alphabetisierung, um Vermittlung beruflicher Fertigkeiten, um Ausbildung in Gesundheitspflege und um Förderung von Wissen über Bürgerrechte und Landrechtsfragen. Sie leisten juristischen Beistand, ermutigen beim Gang zu Behörden und ermuntern zu Zusammenschlüssen, so dass Anliegen mit größerem Gewicht vorgetragen und verfolgt werden können. Sie vermitteln Kleinkredite und helfen Spar- und Kreditgruppen, sich zu organisieren, um so von den hohe Zinsen fordernden Banken und erst recht von traditionellen Geldverleihern unabhängig zu werden. Damit befinden sich so manche lokale NROs in der Nachfolge der vielen traditionellen Selbsthilfeorganisationen, deren Potential während der Panchayatzeit (1962-90) durch den Staat nur ungenügend für Entwicklungsmaßhamen genutzt wurde.

Trotz der innerstaatlichen Auseinandersetzungen von 1996 bis 2006 – den schlimmsten in der Geschichte Nepals –, trotz der schrecklichen Verbrechen von Maoisten und staatlichen Sicherheitskräften und trotz der unüberbrückbar scheinenden Gräben fanden die Konfliktparteien die Kraft zum Friedensschluss im November 2006. Sie sahen ein, dass mit Gewaltanwendung die Probleme nicht gelöst werden können. (Leider war diese Einsicht nicht überall vorhanden: In den Jahren 2007 und 2008 kamen im Terai durch politisch motivierte Gewalt wohl über 100 Menschen ums Leben; genaue Zahlen gibt es nicht.[295]) Es wurde seither zwar keines der beschriebenen Probleme bewältigt, es gibt endlosen, erbitterten Parteienstreit, Parteienspaltungen, Neuformierungen, Koalitionen und im Gefolge unstabile Regierungen, dennoch wird zäh an der neuen Verfassung gearbeitet.

Nepals viel gescholtene Regierungen haben es verstanden, die Souveränität des Landes zu bewahren. Es verlor zwar im 19. Jahrhundert Gebiete im Westen an Indiens englische Kolonialherren, wurde selbst aber nie Kolonie. Und das kleine Land bewahrte bis heute seine Eigenständigkeit und politische Neutralität zwischen den beiden volkreichsten Staaten der Welt mit ihren strategischen und wirtschaftlichen Interessen. Das war nur möglich durch außenpolitische Feinstarbeit. Man kann sie vergleichen mit derjenigen eines Uhrmachermeisters, der sorgfältig Federn, Zahnrädchen und Schräubchen einbaut und justiert und so das Uhrwerk am zuverlässigen Laufen hält. Dabei wurden allerdings manchmal Kompromisse eingegangen, die eines souveränen Landes eigentlich unwürdig sind. Um nur zwei Beispiele zu nennen: Flüchtlingen aus Tibet wurden und werden international verbriefte Rechte vorenthalten aus Rücksicht auf China. Aus Rücksicht auf Indien wurde chinesische Unterstützung zum Bau der Ost-West-Straße im Terai abgelehnt, da die indische Regierung die Anwesenheit chinesischer Fachkräfte nahe der Grenze als Provokation empfand.

Parlamente – auch solche während der Panchayatzeit – haben eine insgesamt gesehen gute Gesetzgebung im Forstbereich verabschiedet, von der tausende Nutzergruppen Gebrauch machen. Der von vielen vorhergesagte ökologische Zusammenbruch und die Wüstenbildung im Mittelland wurden abgewendet. Regierung und Bevölkerung verstanden es, die Instrumente ausländischer finanzieller und personeller Unterstützung (vor allem aus Australien, Großbritannien, der Schweiz und Deutschland) für Walderhalt und Waldbau sinnvoll einzusetzen.

Das Wissen, der Fleiß und der Zusammenhalt der Bauern haben die Millionen von Terrassen mit ausgeklügelten Systemen der Wasserzuführung entstehen lassen – ein Wunderwerk der Ingenieurskunst. Bis heute werden diese landwirtschaftlichen Produktionsflächen mit einfachsten Mitteln unterhalten und genutzt: durch Handarbeit beim Terrassenbau, beim Pflanzen, Jäten und Ernten und durch den Einsatz von Pflugochsen zur Vorbereitung der meist kleinen Flächen. Auf den Terrassen wachsen Reis, Mais, Hirse, Gerste, Weizen und Kartoffeln. Sie

---

[295] International Crisis Group, Nepal's troubled Tarai Region. Asia Report No. 136 - 9 July 2007; s. auch die betreffenden Kapitel in Lawoti/Hangen, Nationalism and ethnic Conflict in Nepal.

bilden die Grundversorgung für die Bevölkerung. Ohne die extrem schwere Arbeit der nepalischen Bauern müssten noch mehr Nahrungsmittel importiert werden und die Abhängigkeit vom Ausland würde noch verstärkt. Die treppenartig abgestuften Hänge verhindern den raschen Abfluss der Niederschläge und vermindern so die Bodenerosion an den oft sehr steilen Bergflanken.

Die Handwerker und Bauern Nepals haben im Lauf der Jahrhunderte eine große Anzahl technischer, hoch effizienter Lösungen entwickelt, um die täglichen Arbeiten zu erleichtern. Dem Reichtum an angepassten Technologien und Methoden begegnet man auf Schritt und Tritt. Er umfasst ein breites Spektrum: Metallbearbeitung und Metallprodukte, Werkzeuge aus Holz, Bambus und Metall, Baumaterialien und -techniken, Wolle- und Textilproduktion, Färben und Bemalen, Papierherstellung, Verarbeitung von Waldprodukten und Felderträgen, Fermentierungs- und Gärungstechniken, Anlage von Pfaden, Brücken und Bewässerungssystemen, wassergetriebene Getreidemühlen usw. usw.[296] Es sind Werkzeuge, Techniken und Methoden, die dem jeweiligen natürlichen, kulturellen und ökonomischen Umfeld der Menschen angepasst sind. Und es sind solche, die nicht einfach von außen gekauft oder übernommen wurden – den meisten Bauern fehlt sowieso das Geld dazu –, sondern sind das Ergebnis eigener Erfahrung, eigenen Nachdenkens, eigener Kreativität, eigenen Fleißes und eigener Geschicklichkeit.

Tausende von Nepals Künstlern der Malerei, Metallurgie, Bildhauerei in Stein und Holz verleihen den in der Gesellschaft steckenden kulturellen Kräften immer wieder sichtbaren Ausdruck. Viele Werke entstehen in Gemeinschaftsarbeit, Diskussion, Meditation und Rückbesinnung auf die Quellen. Manches Kunstwerk bedarf jahrelanger Arbeit und ist dann oft mehr als ein Produkt, das zum Verkauf angeboten wird. Es ist Wiedergabe der Erfahrung des Künstlers von Liebe und Leid, von Geburt und Tod, von Sinnsuche und Sehnsucht. Oftmals sind es Werke, von denen sich der Künstler ohne Not nicht trennen möchte: Er hat sie in mühsamem Prozess erarbeitet und sieht sich in ihnen wie in einem Spiegel. Solches Kulturschaffen gleicht nicht einem Schlag Sahne auf dem Kuchen, sondern der Hefe im Teig des Kuchens. Besonders die newarischen Künstler verstehen es, Holz, Stein, Metall „zu lebendiger Schönheit zu wecken"[297].

Die kleine Aufzählung zeigt, dass die nepalische Gesellschaft in ihrer Geschichte immer wieder Krisen bewältigen konnte, Lösungen für viele Probleme erarbeitete und in der Kunst den Grundfragen menschlicher Existenz zu bildhaftem Ausdruck verholfen hat. Aus welchem Fundus schöpft sie? Worin besteht

---

[296] Dazu Gajurel C.L. / Vaidya K.K., Traditional Arts and Crafts of Nepal, New Delhi 1984.
[297] Schick Jürgen, Die Götter verlassen das Land. Kunstraub in Nepal, Graz 1989, 16.

ihre *social energy*, ihre *jana shakti*? Wie beschaffen sind ihre das öffentliche Leben tragenden und prägenden Charakterzüge? Ist die Energie der Gesellschaft stark genug, um auch die beschriebenen Krisenphänomene zu bewältigen?

Zweige und Blätter: Vielfalt und Toleranz

Als Hermann Hesse 1946 den Nobelpreis erhielt, dankte er mit den Worten: „Es lebe die Mannigfaltigkeit, die Differenzierung und Stufung auf unserer lieben Erde! Herrlich ist es, dass es so viele Rassen und Völker gibt, viele Sprachen, viele Spielarten der Mentalität und Weltanschauungen." Und der nepalische Wissenschaftler Harka Bahadur Gurung schrieb: „Die Geographie des Landes zeigt uns, dass Nepal die Heimat verschiedener Menschen von reicher kultureller Vielfalt ist. Die Geschichte erinnert uns, dass kultureller Austausch und Vermischung *(syncretism)* unsere Stärke und unser Charakter sind. Und unsere Zeit und Probleme machen uns klar, dass unsere Zukunft in gegenseitigem Verständnis und Respekt liegt."[298]

Reich wie die Krone der mächtigen Feigenbäume an Zweigen und Blättern, so ist die nepalische Gesellschaft reich an Ethnien und Lebensformen. Wie vielfältig und voneinander verschieden sind doch die Lebensumstände, Wirtschaftsmethoden und Arbeitstechniken der tibetischstämmigen Bewohner oben in den Bergen, der Alteingesessenen und Zugewanderten im hügeligen Mittelland und im flachen Terai! Natürlich gibt es Eifersucht und Spannungen innerhalb dieser Vielfalt, sonst bestünde sie nicht aus Menschen. Doch die Ursachen, die zum maoistischen Aufstand führten, waren vor allem wirtschaftlicher und struktureller Natur, nämlich das Wohlstandsgefälle innerhalb der Gesamtgesellschaft, die stagnierende Landreform, der Zentralismus und das schlechte Angebot an öffentlichen Dienstleistungen auf dem Land. Diese Missstände waren der Auslöser für die gewaltsamen Auseinandersetzungen 1996-2006. Sie wurden zwischen Revoltierenden aus verschiedenen Gesellschaftsschichten auf der einen und den staatlichen Sicherheitskräften auf der anderen Seite ausgetragen.

Erst die Vielfalt ermöglicht einen kritischen Blick auf die eigenen Sitten, Gebräuche und Techniken und regt zu vergleichendem Lernen an: Wie löst der Nachbar seine Probleme, was kann ich übernehmen, was nicht, welche Fertigkeiten hat er, die mir helfen? Durch welche eigenen Fähigkeiten kann ich seine Dienste vergelten? Wie muss ich mich verhalten, um mit ihm in Kontakt zu treten und diesen weiterzupflegen? Prinzipien der Gegenseitigkeit entwickeln sich wie von selbst aus der Vielfalt der Lebensformen. Und daraus können Zu-

---

[298] Zit. nach Somlai, Fancy Footwork, 68.

neigung und Freundschaft entstehen, die über ein bloßes Verhältnis zu beiderseitigem Nutzen hinausgehen: Häufig entwickeln sich tiefe *Netsang*- und *Mit*-Beziehungen, das heißt enge menschliche Verbindungen. Die Vielfalt trägt zur nepalischen Identität bei, ist geradezu Nepals „Markenzeichen".

Das große Dach des Feigenbaums ist nicht so dicht, dass die Blätter einander zu viel Licht wegnähmen. Sitzt man im Schatten, kann man das Spiel der unzähligen kleinen Sonnenlichtpunkte am Boden beobachten, welches der Abstand der Blätter zueinander ermöglicht. Es mag befremdlich klingen, angesichts des menschenunwürdigen Kastenwesens von einem gewissen Maß an Toleranz in der nepalischen Gesellschaft zu sprechen. Dennoch ist es vorhanden, wenn man dem Begriff ein breites Bedeutungsspektrum zuordnet, das von Duldung und Akzeptanz bis zu Respekt, Wertschätzung und freundschaftlicher Zusammenarbeit zu gegenseitigem Nutzen reicht. Toleranz im Sinne von Duldung und Akzeptanz anderer Lebensweisen und -wege ist noch nicht Respekt und Wertschätzung. Respekt und Wertschätzung bedeuten noch nicht konkretes Tun für das gute Leben der Bürger, wodurch erst eine politische Gesellschaft langfristig gefestigt wird.

Meist ist in der nepalischen Gesellschaft Toleranz im Sinne von Duldung vorzufinden, Duldung der anderen Sippe, Ethnie, Kaste bei gleichzeitigem Abstandhalten. Es handelt sich um eine nüchterne Koexistenz wie sie im Blätterdach des *pipal* herrscht. Doch aus Duldung können Respekt, Wertschätzung und Zusammenarbeit entstehen, die das oft beklagte *Afno manche*-Syndrom überwinden. *Afno manche* („die eigenen Leute") meint im negativen Sinn Gruppenegoismus und das Nutzen von Verbindungen zu ökonomischen und politischen Eliten; im positiven Sinn meint es die Mitgliedschaft in einer Gruppe, die sich durch verschiedene Formen der Gegenseitigkeit und durch Selbsthilfe in gemeinschaftlicher freiwilliger Arbeit (*sramadan*) um ihr eigenes Wohl bemüht. Als Beispiel solcher Zusammenarbeit sei die erwähnte funktionierende Waldnutzergruppe in Khoipur im Landkreis Saptari genannt, die aus 34 unberührbaren *Dalit*-, 31 indigenen Tharufamilien und sieben weiteren Familien aus anderen Ethnien und Kasten besteht. Ähnlich ist es bei der Nutzergruppe in Badaharamal im Landkreis Siraha, wo der Vorsitzende des Komitees, ein Magar, sagte: „Wir leben zusammen mit Tamang, Musahar, Tatna, Teli, Sudi, Haluwal, Kami, Chhetri und Newar ... unter uns haben wir keine größeren Probleme." (S. Kap. „Aufbruch zu neuer Balance"). Viele nepalische Bauernfamilien bearbeiten bewässerbares Land (*khet*). Oftmals bestehen die Dorfgemeinschaften aus unterschiedlichen Kasten und Ethnien. Wollen sie überleben, sind sie zu Toleranz geradezu gezwungen. Sie müssen sich einigen über den Bau des Hauptkanals und seiner Verzweigungen, über den Zeitpunkt und die Menge der Wasserzufuhr zu den einzelnen Flächen, über das Errichten von Mauern und Zäunen gegen hungriges Vieh, über den Zeitpunkt von Ernte und Neuanpflanzung und über die Pflege des gesamten Systems.

Toleranz in ihrer Bedeutungsbreite von Duldung bis Kooperation trägt dazu bei, als horizontales Korrektiv sozusagen, die Strenge der vertikalen Gesellschaftsordnung zu mildern, wie sie sich durch das Kastenwesen, die Landbesitzkonzentration und den politischen Zentralismus ausgeprägt hatte.

Zum Verständnis nepalischer Toleranz ist ein geschichtlicher Rückblick hilfreich. Vom Animismus der Bergstämme und Buddhismus der Newari war bereits die Rede. Die Stärke der traditionellen Kultur verhinderte, dass sich die Kastenhierarchie der Einwanderer aus Indien so starr und flächendeckend entwickelte wie in ihrem Ursprungsland. Verordnungen der ersten Shah-Könige seit 1769 und die Verfassung von 1854 gaben jedem das Recht, seine Religion zu praktizieren. Das galt auch für Muslime und Europäer. Für Störungen der Religionsausübung waren Strafen vorgesehen. Allerdings war das Verlassen des Hindu-*dharma* zugunsten einer anderen Religion verboten. Trotz der gesetzlichen Einordnung aller Mitglieder der Gesellschaft in Kasten wurden viele lokale Traditionen toleriert und zwar ebenfalls durch Gesetz oder Verordnung. „Der jedem gewährte gesetzliche Schutz, den Traditionen seiner Vorfahren zu folgen und die Anerkennung dieser Traditionen … stehen im Einklang mit der Vorschrift der Dharmasastra, wonach der König die Traditionen seiner Untertanen nicht nur achten sondern auch erhalten solle."[299] Es wurden also Kompromisse zwischen der hinduistischen Orthodoxie und der vorgefundenen kulturellen Vielfalt der Ethnien, der Newar und der Muslime gemacht, allerdings nicht aus Wertschätzung dieser Kulturen, sondern um des Friedens, der Ordnung, der reibungslosen Steuereinziehung und der angestrebten Einigung Nepals willen. Nicht in Frage gestellt werden durften allerdings die eingeführte Kastenhierarchie und das Verbot, eine Kuh zu töten. Ist das Kastensystem als solches menschenunwürdig, trug es in der kodifizierten Form doch ein Element der Duldung in sich. Insofern waren die Verordnungen der ersten Shah-Könige und die Verfassung von 1854 von Primeminister Jang Bahadur Rana der Vorgehensweise von König Mahendra (1955-1972) voraus, der mit aller Macht die Einheit Nepals durch kulturelle Vereinheitlichung herstellen wollte (s. Kap. „Blutbefleckte Zeigefinger – Zentralismus").

Toleranz ist gefordert und wird gefördert durch die schiere Abhängigkeit voneinander, z.B. der Ladenbesitzer von Trägern, der Bauern von Schmieden, der größeren Landbesitzer von Pächtern und Arbeitern und der Hausbauer von Handwerkern. Alle müssen Kompromisse schließen, um miteinander auszu-

---

[299] Höfer, The Caste Hierarchy and the State in Nepal, 168; Stiller, The Silent Cry, 167-178, 175-181, 299 f.

kommen. So sind trotz des entwürdigenden Kastensystems, trotz wirtschaftlicher Unterschiede und trotz Spannungen zwischen Familien und Clans alle wie in Symbiose in einem Beziehungsnetz verbunden, in das zu investieren es sich lohnt, wie gesagt aus Notwendigkeit und nicht unbedingt aus Wertschätzung. Koexistenz und geschäftsmäßige Beziehungen machen den kleinen Kosmos, Dorf und Stadt, überlebensfähig.

Und schließlich zwingen auch die natürlichen Bedingungen in Nepal zu Toleranz und Respekt, ja sie lehren das jedem Bauern jeden Tag. Sie sind so übermächtig und nicht im Geringsten zu kontrollieren: Die Monsunregen, die reißenden Bäche und Flüsse, die großen Erdrutsche, die Sommerhitze im Süden und die Winterkälte im Norden des Landes, die Trockenperioden, die Steilheit der Hänge, an denen auf kleinen und kleinsten Flächen gepflügt, gepflanzt, gejätet und geerntet werden muss. Die Natur zeigt den Menschen immer wieder, dass sie nicht autonom sind.

Die meisten Nepali leben in Dörfern. Sie sind zwar voneinander getrennt durch unzählige Höhenzüge, Schluchten, Bäche und Flüsse, aber doch verbunden durch ein Netz von uralten Pfaden. Diese Situation ermöglicht es, einen gewissen Abstand zu halten und Reibereien aus dem Wege zu gehen, andererseits aber auch Verbindungen zum gegenseitigen Vorteil zu pflegen. Der Mikrokosmos scheint den Makrokosmos zu spiegeln mit seiner Vielfalt der beachteten und verehrten Geister, Dämonen und Gottheiten, die trotz ihrer verschiedenen Kräfte und Charakterzüge nebeneinander existieren, teils in harmonischen, teils in gegensätzlichen Beziehungen. „Wir haben Dezentralisierung in unserem Götterhimmel"[300], wo es verschiedene Zuständigkeiten gibt und die Gottheiten in bestimmten Wechselbeziehungen zueinander stehen. Die Nepali beanspruchen nicht, im alleinigen Besitz des richtigen Zugangs zu sein und tolerieren deshalb die Wege der anderen. Der Theologe Hans Küng schreibt dazu: Es handelt sich um „ein System lebendiger Einheit in erstaunlicher Vielfalt von Anschauungen, Formen, Riten. Und dies alles … nicht nur ohne Kirche, sondern auch ohne allgemein verbindliche Lehre, und doch von ungebrochener Kontinuität und anscheinend unzerstörbarer Lebenskraft."[301] Es gibt keine Glaubensdogmatik und keine Amtskirche mit Unfehlbarkeitsanspruch. Jeder muss seinen Weg zum Heil selbst finden und beschreiten und ist dabei frei, sich seine Vorbilder im Pantheon auszuwählen und mit ihnen in Verbindung zu treten. In der Bhagavadgita (IX, 23) heißt es:

---

[300] Tamang, Let the Pope not come to Nepal, 1.
[301] Küng Hans / Stietencron H., Christentum und Weltreligionen – Hinduismus, München 1995, 54; Voegelin, Order and History, Vol. I, Baton Rouge 1956, 7 ff.

„Der, welcher andern Göttern dient,
Der dient in höher'm Sinn mir auch,
Wenn er's ganz von Herzen tut,
Weicht er auch ab vom richt'gen Brauch. "

„Charakteristisch für die großen Hindureligionen ist, dass sie niemals von einer unversöhnlichen Opposition zweier Wahrheitspostulate ausgehen. Ein *Absolutheitsanspruch* ist ihnen fremd. Sie sehen darin nichts anderes als eine Einengung des Bewusstseinshorizontes … Es ist die Balance von Kräften, die einander ausgleichen oder ergänzen, aber in dem Moment zerstörerisch wirken, wo eine von ihnen die Oberhand gewinnt und allein regiert. Die kosmische Ordnung ist nicht auf Diktatoren eingerichtet, auch nicht auf einen göttlichen Diktator."[302]

Ähnliches gilt für die Buddhisten. Der Kernbestand der Lehre ist jedem von ihnen geläufig. Sie wird aber von keiner Instanz kanonisiert und bewacht, die vorschreibt, was und wie zu befolgen wäre und die mit Strafen ahndet. Buddhistische Toleranz umfasst auch Toleranz im Umgang mit der Lehre selbst. In der Ausrichtung seines Glaubens ist ein Buddhist immer frei, außer er hat sich einem bestimmten Lehrer oder einer bestimmten Gemeinschaft angeschlossen. Er kann von sich aus seine Denkweisen überprüfen, beibehalten und verändern ohne gesetzlichen Verboten folgen oder gar Verurteilungen durch äußere Instanzen befürchten zu müssen. Über die Sherpa schreibt Peter Matthiesen: „Ihr Glaube an das Karma – das Prinzip von Ursache und Wirkung –, das Buddhismus und Hinduismus gemeinsam ist …, verleiht ihnen Toleranz und Vorurteilslosigkeit, denn sie wissen, dass böse Taten auch ohne Vergeltung seitens des Opfers ihre Strafe erlangen."[303] Über das *Karma*-Gesetz weiß jeder Bescheid und verantwortet selbständig sein Tun. So ist die oftmals erstaunliche nepalische Nachsichtigkeit bei nicht allzu groben Verfehlungen zu erklären.

Buddhistische Toleranz betrifft auch den Umgang mit anderen Religionen. Die Buddhisten Nepals verhalten sich, wie der Dalai Lama einmal sagte: „Wenn wir Anhänger anderer Religionen treffen, so sollten wir nicht mit ihnen streiten. Wir sollten sie vielmehr ermutigen, ihren eigenen Glaubensüberzeugungen so ernsthaft wie möglich zu folgen … Wenn ich Anhänger anderer Religionen treffe, so spreche ich ihnen meinen Respekt aus, denn das genügt; es reicht aus, wenn sie den moralischen Lehren folgen, die in jeder Religion be-

---

[302] Stietencron in: Küng / Stietencron, Christentum und Weltreligionen, 35, 86.
[303] Matthiesen, Auf der Spur des Schneeleoparden, 38; Meier Erhard, Kleine Einführung in den Buddhismus, Freiburg 1984, 140-145.

tont werden. Es genügt, wenn sie versuchen, bessere Menschen zu werden."[304]

Offensichtlich speist sich die nepalische Toleranz aus der Vielfalt der sozialen und wirtschaftlichen Abhängigkeiten innerhalb der Gemeinschaften, aus den Erfahrungen mit der übermächtigen Natur und aus dem verinnerlichten karmischen Gesetz, wonach letztendlich jeder aus eigener Einsicht sein Verhalten bestimmen und dann die Folgen zu verantworten hat.

Das Ergebnis, Lama Govindas „Gesamtsumme", ist wie ein Regenbogen, in dem die verschiedenen Farbbögen strukturiert miteinander verbunden sind.

Äste: Flexibilität, Offenheit und Mut

Die Äste des *pipal* erreichen häufig eine Stärke, welche der Stammesdicke anderer Baumarten gleichkommt oder sie sogar übertrifft. Dennoch sind diese Träger der schweren Krone nicht starr und unnachgiebig. Mit ihrer Kraft und Elastizität federn sie die harten Sturmböen von Gewittern ab und trotzen dem ungestümen sommerlichen Aufwind, der von den Südhängen herauf bläst. Die Äste geben nach und widerstehen und sind gleichzeitig mit ihren ausgebreiteten Armen offen für Sonne, Luft und Regen.

Nepali neigen nicht zu Dogmatismus. Sie beweisen immer wieder ihre Fähigkeit, flexibel auf Situationen zu reagieren. Dafür steht das viel gebrauchte Wort *milaune*. Es bedeutet soviel wie sich arrangieren, mit anderen auskommen, etwas passend machen und so gut es geht bewältigen, eine Sache nicht stur verfolgen, wenn es momentan nicht sinnvoll ist, sondern einen günstigeren Zeitpunkt abwarten usw.

Auch hier hat die Natur prägend gewirkt. Von den Millionen Terrassen im Bergland ist kaum eine wie die andere. Die Formen ergeben sich aus den Geländevorgaben. Der Bauer geht nicht mit Vermessungsgeräten zu Werke, um rechtwinklige Flächen anzulegen, sondern passt seine Terrassen den Formen des Geländes an. Er sprengt nicht Tunnel in den Berg, um Wasser auf seine Felder zu leiten, sondern führt die Gräben um Felsnasen herum und überbrückt kleine Schluchten mit Holzrinnen und Bambusrohren. Er fügt sein Tun in den großen Organismus Natur ein und passt sich ihren Gesetzen an wie der Bauer in der vorindustriellen Zeit Europas, der seine Arbeit „als organisierende und unterstützende Tätigkeit" begriff und dem bewusst war, dass „letztlich, nachdem alles so gut wie möglich ‚zubereitet' wurde, der Erfolg seiner Bemühungen der ‚Natur' anheimgestellt bleibt – einer Sequenz von Austausch- und

---

[304] Der Tibetische Buddhismus und der Westen. Die Bodhgaya-Gespräche, Grafing 2002, 30 f.

Stoffwechselvorgängen, die über Befruchtung, Keimung und Wachstum entscheiden und sich einer weiteren menschlichen Einflussnahme entziehen"[305].

Handeltreibende Sherpa reagierten flexibel auf die chinesische Grenzschließung, indem sie sich dem Tourismus zuwandten, der heute einen beträchtlichen Teil ihres Einkommens ausmacht. Die Dolpo-pa tauschen kaum noch Getreide gegen Salz, sondern beliefern den chinesischen Markt mit *yartsa gumbu* und bringen dafür Zivilisationswaren ins nepalische Mittelland.

Das in der Einleitung erwähnte Kriterium der Offenheit, welches für das Leben einer Gesellschaft so wichtig ist, erfüllen die Nepali in hohem Maße. Trotz ihrer starken Bindung an Familie und Boden sind sie keineswegs introvertiert oder gar eigenbrötlerisch. Ganz im Gegenteil. Sie sind hellwach, an allem in ihrer Umgebung interessiert, wissbegierig und Neuem gegenüber aufgeschlossen – leider auch oftmals unkritisch. Und viele sind bereit, sich ganz neuen Situationen auszusetzen und für längere Zeit von ihren Familien und Heimatorten getrennt zu leben. Von den Manangba war die Rede. So manche sind über Wochen und Monate auf Handelsreisen in Indien und Südostasien unterwegs. Tausende Nepali verdienen sich ihren Lebensunterhalt als Söldner in verschiedenen Ländern. Hunderttausende arbeiten in Indien, Japan, Südostasien, Südkorea, in den Golfstaaten und in Großbritannien. Auch auf Berghütten in den Alpen sind sie während der Hauptsaison anzutreffen.[306] Sie haben Vertrauen in ihre Fähigkeiten. Auch das ist keine neue Entwicklung. Charles Bell, Administrator und Diplomat im Dienste der britischen Krone in Südasien während der ersten beiden Dekaden des 20. Jahrhunderts, schrieb: „Fleißig und unternehmenslustig wie sie sind, strömten viele Nepali nach Darjeeling und siedelten in Assam und in Manipur an der Grenze zwischen Assam und Burma. Zwanzigtausend Nepali füllen die Gurkhabataillone der indischen Armee ... Nepal ist zu klein für seine Bewohner. Sie müssen Auslässe finden für Auswanderung und Handel."[307]

Rasch werden neue Technologien beherrscht. Nepals Piloten navigieren mit großem Geschick im wilden Himalaya und auf internationalen Strecken,

---

[305] Beck, Unterfinning, 96.

[306] Bei Kampfeinsätzen allein in britischen Diensten kamen mindestens 60.000 nepalische Söldner („Gurkha"-Soldaten) ums Leben (Döhne Thomas, Monument zu Ehren von 60.000 getöteten Gurkha-Soldaten, in: Südasien, Nr. 3-4, 2012, Bonn, 33). Gemäß nepalnews.com vom 16.1.2013 und 1.8.2014 suchen jedes Jahr über 500.000 junge Menschen Arbeit im Ausland. Dazu kommen ungefähr 800.000, die jährlich nach Indien ziehen, um Arbeit zu finden. Manche Beschäftigungsverhältnisse sind kurz, manche langfristig. So arbeiten laut The Alpine-Himalayan Mailrunner 1/2012 etwa drei Millionen Nepali im Ausland. Siehe auch Willjes Annemarie, Migration in Nepal. In den Fängen der Vermittler und Behörden, in: Südasien, Nr. 3-4, 2012, Bonn, 53-58.

[307] Bell, Tibet Past and Present, 211 f.

Kathmandus Motorradfahrer ebenso in den engen Gassen der Altstadt. Wer Zugang zu den neuen Kommunikationsmedien hat, weiß sehr schnell, sie zu nutzen. Wissbegierde und Geschicklichkeit gehen eine glückliche Verbindung ein. Ganz im Toynbee'schen Sinne sind die Menschen bereit, Herausforderungen anzunehmen und entsprechen Bergsons Beobachtung von offenen Gesellschaften, die in Bewegung sind sowie schöpferisch und erfinderisch im Überwinden von Schwierigkeiten.

Offenheit ist gepaart mit Mut. Den zeigten viele Bürgerinnen und Bürger, als sie 1990 die Rückkehr zu demokratischen Verhältnissen und 18 Jahre später die Abdankung des Königs erzwangen. Viele wirkten an den Gesetzen zur Dezentralisierung von politischer Macht mit und begannen, sie in Gemeinden und Landkreisen umzusetzen. Sie taten dies in einem unfreundlichen Umfeld, in welchem die Zentralisten die Oberhand und Mittel für Sanktionen hatten.

Zu nennen sind auch die Mitglieder so mancher nepalischer Nichtregierungsorganisationen und Verbände, die unter persönlichen Opfern an der Basis arbeiten und dort nicht nur soziale Dienstleistungen bereitstellen und lokale Ressourcen für Entwicklung mobilisieren, sondern auch die Menschen befähigen, Einfluss auf Staat und Gesellschaft zu nehmen. Mehrere Menschenrechtsorganisationen leisten juristische Aufklärung bei benachteiligten Gruppen und bieten rechtlichen Beistand an. Es gibt starke Bewegungen zur Verbesserung der Lebensbedingungen von Frauen und *dalits*. Die Ethnien artikulieren selbstbewusster ihre Belange. Autorität und Autoritäten werden heute mehr hinterfragt als jemals zuvor.

Und da ist schließlich die Presse, die seit 1990 immer furchtloser berichtet. Sie tat das auch während des Krieges zwischen Maoisten und Regierungskräften, als „im Jahre 2003 so viele Journalisten in Nepal verhaftet wurden wie in keinem anderen Land der Welt" (BBC vom 3.5.2004).

Es scheint, dass sich Offenheit und Mut der Gesellschaft und das Drängen nach freier Entfaltung immer stärker den Kräften des Beharrens entgegenstellen. Der „stille Schrei" der Unterdrückten und Entmündigten ist nicht mehr „still": Die Forderungen nach menschenwürdigem Leben, nach politische Teilhabe und nach Zugang zu wirtschaftlichen Ressourcen werden deutlich in der Öffentlichkeit vorgetragen, hörbarer denn jemals zuvor in der nepalischen Geschichte.

Stamm: Gegenseitigkeit und Subsistenzwissen

Im Bast des Baumes werden Nährstoffe nach oben transportiert. Die Kanülen des Splintholzes leiten das Wasser von den Wurzeln in die Krone und führen Stoffwechselprodukte, die in den Blättern gebildet werden, zu den Wurzeln.

Aus Splintholz wird im Lauf der Jahre Kernholz, das den Baum trägt. Er existiert, weil seine Teile zusammenwirken.

Die Praxis der Gegenseitigkeit ist in großen Teilen der nepalischen Gesellschaft noch vorhanden und besonders auf dem Land weit verbreitet. Sie ist geradezu Grundlage der Subsistenzwirtschaft und Bedingung für ihr Funktionieren. Beispiele wurden vor allem in den Kapiteln „Lebensinseln in den Wolken" und „Dolpo – Leben im Grenzbereich" angeführt. Jedes „Objekt" befindet sich mit dem anderen in Wechselbeziehung und gegenseitiger Abhängigkeit. Das betrifft die natürliche Umwelt, den wirtschaftlich-sozialen Bereich und das Übernatürliche. Viele „Bauern sind sich noch ganz und gar des Grundsatzes bewusst, dass der Boden, den sie *dharti mata* (Mutter Erde) nennen, sie nicht mehr ernähren wird, wenn sie ihn nicht pflegen und ihm mehr entnehmen als er verträgt. Das Land ist eine Leben gebende und Leben erhaltende Macht, weniger eine Marktware, um Profit zu machen."[308]

Da ihr Land die meisten Bauernfamilien nicht ganzjährig ernähren kann, kommt ihnen eine Vermarktung der Erträge in größerem Umfang nicht in den Sinn; die Ernte wird für den Eigenbrauch benötigt. Es gibt aber auch genügend Beispiele, die zeigen, dass besser gestellte Bauern, deren Nahrungsproduktion für zwölf Monate zum Unterhalt der Familie ausreicht, dennoch nicht mehr produzieren als sie zum Leben brauchen: Im Landkreis Kavre-Palanchowk war eine Entwicklungshelferin des Deutschen Entwicklungsdienstes mit einem Bauern auf seinem Maisfeld im Gespräch. Sie empfahl, mehr Saatgut in etwas engeren Abständen einzubringen, damit die Ernte reicher ausfalle. Der gute Boden würde engeren Pflanzenstand vertragen. Der Bauer meinte, das könnte schon funktionieren, er sei aber ein wenig faul und möchte es bei seiner Methode belassen. Seine sehnige Gestalt und groben Hände zeugten aber von einem arbeitsreichen Alltag. Er war nicht faul, sondern genügsam, denn im weiteren Gespräch stellte sich heraus, dass er seine Familie mit den vorhandenen Anbauflächen gut versorgen konnte. An vermarktbarer Überproduktion war er nicht interessiert. Ein wenig müsse er aber schon auf dem *hatbazar* verkaufen, meinte er dann, um sich Lampenöl, Salz und Medizin zu besorgen. Ein ähnlicher Fall: Ein Subsistenzbauer folgte dem Vorschlag eines landwirtschaftlichen Beraters und erntete daraufhin die doppelte Menge Kartoffeln im Vergleich zu früher. Im darauf folgenden Jahr fand der Berater das Feld unbestellt vor. Der Bauer erklärte: „Da ich letztes Jahr doppelt geerntet habe, habe ich das Feld heuer nicht bestellt und so Zeit gewonnen, mich mehr als sonst um meine Großfamilie zu kümmern" – Strategie der wirtschaftlichen Bescheidenheit, die den natürlichen Ressourcen und dem sozialen Umfeld zugute kommt.

---

[308] Shrestha N., In the Name of Development, 78.

Millionen Terrassen zeugen vom Fleiß und der Umsicht des Bauern im Umgang mit Land. Sie haben seine ständige Aufmerksamkeit und werden sorgfältig gepflegt. Ein Verletzen der Balance zwischen Geben und Nehmen käme Ausbeutung gleich, und Ausbeutung würde auf lange Sicht zum Ruin der Existenz führen. Dieses Bewusstsein findet symbolischen Ausdruck an gewissen Festtagen, wenn z.B. am newarischen *Janipurnima* Frösche gefüttert und am hinduistischen *Tihar* Krähen, Hunde und Rinder verwöhnt werden. Von der buddhistischen Praxis, bei gewissen Anlässen Schatzvasen zu vergraben, war bereits die Rede (s. Kap. „Beyul – Kraft im Verborgenen"). Damit anerkennen die Bauern ihre Abhängigkeit von der Natur, entbieten ihren Dank und bitten um Vergebung für den Tieren zugefügtes Leid, bzw. für der Erde Entnommenes.

Subsistenzbauern verstehen sich als Teil und Partner der Natur, ebenso als Teil und Partner der Gemeinschaft, in der sie leben. Sie befinden sich, was Güter und Dienstleistungen betrifft, in gegenseitiger Abhängigkeit. Es ist auch hier ein Geben und Nehmen. Austausch und Wechselseitigkeit zeigen sich in gegenseitiger Hilfe bei Hausbau, beim Pflanzen, Jäten und Ernten, in der *Netsang*- und *Mit*-Praxis und im nicht-monetären Ausgleich für Handwerkerdienste, vor allem von Schmieden, Schneidern und Lederarbeitern. Diese Partnerschaften zwischen einzelnen Personen und Familien werden häufig ergänzt durch solche in größeren Selbsthilfeorganisationen, in denen sich Sippen, Kasten oder auch ganze Dorfgemeinschaften zusammenfinden, um Probleme zu lösen wie z.B. in gemeinschaftlicher Waldbewirtschaftung. Das erfordert gemeinsames Entscheiden und einigermaßen gerechtes Zuweisen von Arbeitsaufträgen an die Einzelnen, z.B. für Pfade- und Brückenbau, Waldschutz und Waldbewirtschaftung, Bewässerungsmanagement und Weidelandnutzung. Zusätzlich gab und gibt es Traditionen des Teilens, wo Reiche Armen in Krisenzeiten Nahrungsmittel schenken und die Hauptlast bei religiösen Festen tragen. Damit wird – wenn auch nicht entscheidend – kurzzeitig das Wohlstandsgefälle etwas ausgeglichen. Viele Orte unterhalten noch einen sog. *kosh*, einen Fonds, in den die Gemeinschaft freiwillig einzahlt und der genutzt wird, wenn Angehörige von Schwerkranken nicht über die Mittel zur Behandlung verfügen oder die Familie eines Verstorbenen die Kosten der Verbrennung/Bestattung nicht tragen kann. Sich am *kosh* zu beteiligen geschieht nicht unbedingt aus Nächstenliebe, sondern auch aus der Einsicht, dass man ihn vielleicht selbst einmal brauchen könnte oder auch aus dem Wunsch, das eigene „*Karma*-Konto" zu verbessern.

Wahrscheinlich werden diese Mechanismen durch die zunehmende Monetarisierung an Kraft verlieren und gegenseitige Dienste zusehends durch Bezahlung beglichen. Ökonomisches Fortschrittsdenken und Individualismus werden mit herkömmlichen Bindungen und Rücksichtnahmen innerhalb der

Gemeinschaft brechen. Im Kathmandutal ist das längst schon der Fall wie eine Studie aus dem Jahr 2011 feststellte. Sie handelt von der Umwandlung landwirtschaftlicher Produktionsflächen in Bauland: „... zunehmender Wohlstand aus steigenden Baulandpreisen führte dazu, dass viele sich nicht mehr verpflichtet fühlen, etwas für die Gemeinschaft oder die Nachbarn zu tun. Landbesitzer wurden autonom, da sie leichten Zugang zu Dienstleistungen gegen Bezahlung haben zur Erfüllung ihrer Bedürfnisse. Dadurch werden die gemeinschaftlichen Bande von Gegenseitigkeit und Nachbarschaftshilfe unterminiert."[309] Aus Bauern werden Geschäftsleute, die sich Taxen, Lastwagen, Restaurants, Läden, Handwerksbetriebe und Fabriken zulegen, wo die Mechanismen der Gegenseitigkeit denen der Konkurrenz weichen. Gefährlich für den gesellschaftlichen Zusammenhalt wird solcher Wandel, wenn er ungebändigt alle Lebensbereiche der Kommerzialisierung unterwirft, wenn Balancen verloren gehen, d.h. wenn Fairness und Gerechtigkeit in den zwischenmenschlichen Beziehungen dem individuellen Vorteil geopfert werden.

Ganzheitliches Subsistenzverhalten und Gegenseitigkeit beziehen sich nicht nur auf Natur und soziale Umgebung. Fromme Hindus verehren täglich zuhause oder im Tempel ihre Gottheit. Sie wird vom Gastgeber als Gast empfangen: „Der Gott wird gerufen ... Aber er kommt nicht nur als Helfer oder Retter, sondern zunächst und vor allem als Gast. Man begrüßt Ihn, bewirtet Ihn, beschenkt Ihn, preist Ihn. Der Mensch tritt als Gebender auf, der Gott als Nehmender ... Der Opfernde gibt eine kleine und erbittet eine große Gabe. Gewiss, warum auch nicht. Man gibt ja immer nur so viel, wie man eben geben kann und Gott kann mehr geben."[310] Ähnlich bei den Buddhisten: „Nichts geschieht zufällig. Es gibt Gründe für alles, ist man nur fähig genug sie zu erkennen ... ein stark ausgeprägter Nützlichkeitssinn ist verbunden mit der Überzeugung, dass man niemals etwas umsonst erwarten sollte ... Feilschen spielt im religiösen Leben eine ebenso bedeutende Rolle wie im Handel. Göttliche Wohltaten werden durch Opfergaben erkauft. Angehäufte Schuld wird durch angesammelte Verdienste ausgeglichen. Manchmal ist religiöses Feilschen schon fast wie Erpressung."[311]

Die Lebensweise vieler Subsistenzbauern könnte als mahnendes Beispiel dienen und zur Milderung der krassen Gegensätze im politisch-ökonomischen Gefüge Nepals beitragen. Statt dass sich die „Eliten" des Landes die Vorteile und Vorzüge von Selbstversorgungswirtschaft vor ihrer Haustüre – Gegenseitigkeit, Ganzheitlichkeit, Schonung der natürlichen Resourcen – klarmachten,

[309] Shrestha Bharat, The Land Development Boom in Kathmandu Valley, Rome 2011, 13.
[310] Stietencron in Küng, Christentum und Weltreligionen, 166.
[311] Snellgrove, Four Lamas of Dolpo, 15.

orientieren sie sich lieber am Vorbild des entfesselten Kapitalismus. Auch die Entwicklungszusammenarbeit hätte sich so manche schmerzlichen Erfahrungen, Misserfolge, und Umwege ersparen können, hätte man das ganzheitliche Selbstversorgungswissen der Bauern erforscht. Stattdessen setzte man häufig auf einseitige Maßnahmen und Eingriffe. Sie trugen plakative englische Namen wie *development follows roads, big push strategy, trickle down effect, structural adjustment* und waren gekennzeichnet durch nicht-ganzheitliche, sektorale Herangehensweisen. Sie waren oft von rein technisch-materiell-monetärer Natur und trugen zur Marginalisierung der Bevölkerung im Bergland bei, wo Austausch zwischen und Bindung zu den vielfältigen wirtschaftlichen, sozialen, kulturellen und ökologischen Gegebenheiten von grundlegender Bedeutung sind. Das ganzheitliche Subsistenzleben der Bauernfamilien ist für sie wie ein Schutzschirm, unter dem sie ihre sozialen Systeme bewahren und wirtschaftliche Notlagen mithilfe von Austausch und Gegenseitigkeit bewältigen oder wenigstens lindern können.[312]

Viele der sektoralen Herangehensweisen von Regierung und nationalen wie internationalen Entwicklungsplanern scheiterten. Erst später gab es *integrated projects*, die das ganze *farming system* berücksichtigen und *Inclusive*-Ansätze, welche alle Beteiligten einer Gemeinschaft und ihre umfassenden Bedürfnisse ins Blickfeld nehmen.

Wurzeln: Akzeptanz und Vertrauen in die „Welt"

Die Wurzeln spenden dem Baum Wasser und Nahrung und verankern ihn im Erdreich. Ohne sie könnte der Baum sich nicht entfalten, sein eigenes Gewicht nicht halten und dem Wind nicht widerstehen.

„Denn wenn die Welt auch verderbt war, so war sie letztlich doch – musste es sein – im Innersten heilig." Diesen Satz schrieb die Nepalin Manjushree Thapa am Ende ihres Buches, nachdem sie eine schonungslose Analyse gesellschaftlicher Missstände in ihrem Land vorgenommen hatte.[313] So manche fallen dem Betrachter rasch auf. Doch oftmals verdecken sie, was eben auch da ist, was der Gesellschaft Halt gibt wie die Wurzeln des Baumes: das noch vor-

---

[312] 1989 blockierte die indische Regierung für Wochen die Grenze zu Nepal, was fast zum Kollaps der kapitalistischen Marktwirtschaft in Kathmandu und anderen Städten führte, während in den ländlichen Gebieten die Schließung kaum Auswirkungen hatte. Siehe dazu die Ausführungen von Dipak Gyawali, A Fate other than Marginality, in: Himal, Vol. 7, No. 3, Kathmandu 1994, 11-21.

[313] Thapa Manjushree, Geheime Wahlen. Ein Roman aus Nepal, Bergisch Gladbach-Kathmandu 2007, 441.

handene Vertrauen in die „Welt", welche als Gesamtheit von sichtbaren und unsichtbaren Kräften verstanden wird. Vor allem die Menschen auf dem Land sind ganz unmittelbar den Mächten der Natur ausgesetzt, der Sonne, die Leben ermöglicht, aber auch Dürre und Verdursten bringen kann und dem Monsunregen, der Äcker und Felder ergrünen lässt, aber auch wertvolles Land überschwemmt, fruchtbare Boden wegwäscht und Erdrutsche auslöst. „Sie erleben die Welt als vom Menschen nicht beherrscht und erfahren in ihr die Präsenz einer Vielheit von Mächten, die ordnend und erhaltend oder auch störend und zerstörerisch wirken und unser Leben dadurch beeinflussen können ... Beide Gruppen stehen in Opposition zueinander, und die Menschen leben und handeln im Spannungsfeld dieser Opposition ... Nur wer die Intensität der natürlichen Umwelteinflüsse erlebt hat ..., wird auch verstehen, warum sich ... keine krasse Polarität von Gut und Böse entwickelt hat ... Gutes und Böses, Angenehmes und Leidvolles können aus der gleichen Quelle hervorgehen ... Der Mensch macht in diesem Klima die Erfahrung, dass Leben spenden und Leben vernichten unmittelbar beieinander liegen, dass sie zwei Seiten der gleichen Münze sind."[314] Diese Gegebenheiten hinzunehmen, fällt vielen Menschen im westlichen Kulturkreis schwer, vor allem auch vor dem Hintergrund der quälenden Frage, wie das Böse und das Leid in die Welt kamen und in ihr wirken können, wenn es im Schöpfungsbericht doch heißt: „Gott sah alles, was er gemacht hatte, und fürwahr, es war sehr gut" (Genesis 1,31). Das Akzeptieren der Wirklichkeit ist nicht leicht und die Versuchung, sie zu ändern und zu beherrschen liegt nahe. Doch „wird die Sonne um Mitternacht aufgehen, nur weil der Wäscher es eilig hat mit seiner Arbeit?", heißt es in Nepal. Man begegnet dort noch einem bodenständigen Realismus und so etwas wie vertrauender Vernunft oder vernünftigem Vertrauen in die Wirklichkeit der „Welt". Die Spannungen in ihr werden hingenommen. Gleichwohl wird versucht, sie im Rahmen des Möglichen zu lindern.

Die Erfahrung von der Übermacht der „Welt", in welcher der Mensch nicht ihr Herrscher, sondern einer ihrer Teile ist, wird in den vielen Mythen deutlich, die sich die Menschen immer wieder erzählen und deren Inhalt sie singend und tanzend lebendig werden lassen. Vom Ursprungsmythos der Rai war die Rede (s. Kap. „Unterwegs mit Ang Chhopal Sherpa"). Demnach sind Tiere, Pflanzen und Menschen als Brüder und Schwestern miteinander verbunden und verwandt mit Erde, Felsen, Blitz, Donner, Wind, Samen, Gottheiten und Schutz-

---

[314] Stietencron in Küng, Christentum und Weltreligionen, 84-86. Hierzu auch Dalai Lama / Howard C. Cutler, Die Regeln des Glücks, Bergisch Gladbach 2001 und mehrere Auflagen danach. Darin geht es um dem Umgang mit Leid und die erste Voraussetzung, es zu verarbeiten und zu lindern: die Hinnahme seiner Existenz.

geistern. In dieser Einheit fühlt sich der Mensch geborgen.

Das jährliche Ghantu-Fest der Gurung (s. Kap. „Lebensinseln in den Wolken") bringt das Pendeln zwischen Geburt und Tod und die ständigen Verwandlungen durch Leben und Vergehen zum Ausdruck. Die Teilhabe der Einzelnen und der Gemeinschaft an der materiellen und nichtmateriellen Welt wird in Rezitation, Gesang und Tanz alljährlich anerkannt und erneuert. Die Menschen fühlen sich als „Partner in der Gemeinschaft des Seins"[315] und wollen sich im Ritus diese Partnerschaft sichern. Die jährlich erneuerte Akzeptanz vermittelt Ruhe, Sicherheit und eine gewisse Gelassenheit im Umgang mit der Welt.

In der Kosmogonie der Sherpa heißt es: „Die Ursache unserer Existenz ist das gemeinsame Verdienst unzähliger Lebewesen …" Und dann wird ganz realistisch die Menschheit beschrieben, die aus tugendhaften und weniger tugendhaften Individuen besteht mit den Folgen für „Glück und Frohsinn" auf der einen Seite und „vielen Arten des Leidens" auf der anderen.[316] Auch hier pragmatische Hinnahme dessen, was ist.

Hindus begreifen die Welt als Entfaltung des universellen Bewusstseins (*brahman*). Brahman ist „der Andere, aber nicht der ganz Andere. Die Identität von universellem und individuellem Bewusstsein (*atman*) ist nur verborgen, verdunkelt durch Unwissenheit und verstellt durch menschliche Begierden … Es gilt, diese Einheit zu erkennen, zu begreifen, dass jedes Einzelwesen Teil des Absoluten ist, aus ihm seine Lebenskraft bezieht."[317] Diese so klare wie einfache Erfahrung des Zusammenhangs lässt den Hindu ganz unsentimental die menschliche Existenz mit ihren Schwächen, Stärken und Chancen hinnehmen und er weiß, was zu tun ist. In der Bhagavadgita (XVIII, 45, 65) spricht Krishna zu Arjuna: „Wer Freude hat an seiner Pflicht, der Mensch erlangt Vollkommenheit … du bist mir teuer, überaus, darum verkünd' ich dir das Heil."

Nepals Buddhisten – die meisten Anhänger des „Großen Fahrzeugs", das vom *samsara* zum *nirwana* führt – sind überzeugt, dass in ihm unzählige Wesen Platz haben. Es wird von zwei Motoren angetrieben, von „aktiver Ethik", d.h. von dem Bemühen, „durch unablässige Betätigung der Nächstenliebe anderen Gutes zu tun und sie zur Erlösung zu führen", und vom Glauben, „dass auch die Buddhas in dieser oder jener Weise von überirdischen Himmeln aus den Frommen Wohltaten erweisen können". In „vertrauensvoller Hingabe" werden sie als „Heilsbringer" und „gnädige Nothelfer" (*bodhisattvas*) verehrt.[318]

---

[315] Voegelin Eric, Anamnesis. Zur Theorie der Geschichte und Politik, München 1966, 80.
[316] Oppitz, Geschichte und Sozialordnung der Sherpa, 28-31.
[317] Stietencron in Küng, Christentum und Weltreligionen, 92.
[318] Glasenapp, Die fünf Weltreligionen, Düsseldorf 1963, 81 f.

Allgemeines und persönliches Wohlbefinden hängen also ab von eigenem ethischen Tun und werden aber auch „von außen" gefördert. Das Vertrauen in das zuverlässige Wirken dieser beiden Motoren verleihen Gelassenheit und Zuversicht, welche so viele Buddhisten und Hindus ausstrahlen.

Viele nepalische Feste handeln vom Vertrauen des Menschen in die Welt, von der Hinnahme ihrer leidvollen und Freude bringenden Seiten, von den Spannungen in ihr und dem Bestreben, diese zu lindern. Am *Gai Jatra*-Fest gedenken die Familien vormittags ihrer Verstorbenen. Nachdem die Hinterbliebenen annehmen können, dass die Seelen unter Leitung einer heiligen Kuh sicher zum richtenden Totengott Yama gelangt sind, kehrt nachmittags geradezu überbordend das Leben zurück. Trauer und Gedenken weichen einer Art von Karneval. Die Straßen sind voll von Menschen, von Zuschauern, Maskierten und Verkleideten, die über Politiker, Regierungsinstitutionen, die Armee und selbst über Götter spotten. *Chhang* und *rakshi* lösen die Zungen und erleichtern es, die gewählten Rollen zu spielen. Die besonders lebensfrohen Newari nennen das „hinausgehen, um Scherz und Humor zu ernten".

An *Dashain*, dem Hauptfest des Jahres, „artikuliert sich der uralte Mutterkult von Mutter Erde und Mutter Natur durch die Verehrung der Lebenskraft, verkörpert in der Göttin Durga in allen ihren Manifestationen – Durga, mitleidsvoll, verzeihend und beschützend, wenn zufrieden gestellt, aber schreckliche Krankheiten, Übel und Unglücke bringend, wenn erzürnt und vernachlässigt".[319] Die Symbolik ist klar: Mutter Erde ist an sich gut, für die Störung und Zerstörung der Lebenskraft hat der Mensch die Folgen zu tragen gemäß dem karmischen Gesetz von Ursache und Wirkung. Geduldiger Realismus.

Lebensrad und Windpferd – diese beiden Erfahrungsbereiche bestimmen das spirituelle Leben: Auf der einen Seite das Lebensrad, d.h. die zuverlässige Wiederkehr der natürlichen Phänomene Tag und Nacht, Wärme und Kälte, Trockenheit und Regen sowie das ebenso gewisse Verbleiben im Kreislauf der Wiedergeburten, solange der Mensch kein tugendhaftes Leben führt. Auf der anderen Seite das Windpferd, d.h. das in jedem steckende Streben nach Glück und nach Verlassen des leidvollen Kreises. Es sind Gewissheiten, welche die meisten Nepali akzeptieren und in Balance zueinander halten. Die Hinnahme der Grundtatsachen des Lebens, das Verinnerlichen der Abläufe in der Natur, die Nähe zum Ursprünglichen, die sich daraus ergebende Gelassenheit und Freundlichkeit und dieser vertrauende, praktische Verstand – das ist es wohl, was Nepal für Besucher aus anderen Kulturkreisen so attraktiv macht.

---

[319] Anderson, The Festivals of Nepal, 144-145; Varya Tank Vilas, Nepal, 198-204, 232-234.

Zuversicht

Leben in bereichender Vielfalt – Flexibilität, Offenheit und Mut –, Selbstversorgungswissen – Vertrauen in die „Welt": diese Gesamtsumme gesellschaftlicher Kräfte ist nun konfrontiert mit den beschriebenen Missständen und mit dem Wirbelsturm der Neuerungen, die von außen auf die Menschen einstürmen. Wird die soziale Energie ausreichen, um einerseits die Missstände zu bekämpfen und andererseits die Neuerungen in den Lebenszusammenhang der Menschen sinnvoll einzufügen oder ist „eine ganze Generation so zwischen zwei Zeiten, zwischen zwei Lebensstile hineingeraten, dass ihr jede Selbstverständlichkeit, jede Sitte, jede Geborgenheit und Unschuld verloren geht"?[320] Wird der Wirbelsturm Schaden anrichten? Wird er einige Äste der Pappelfeige abbrechen oder gar den ganzen Baum entwurzeln?

Soziale Kräfte und Gegenkräfte zu messen ist so unmöglich wie in die Zukunft zu blicken. Man kann aber annehmen, dass, wie die alten Übel nicht über Nacht abgeschafft werden können, so auch das gesellschaftliche Ethos nicht alle Kraft verlieren wird. Und man kann sich bestätigt fühlen, blickt man nochmals auf die Früchte. Sie konnten geerntet werden, obwohl der Wind der Globalisierung seit 1951 heftig am Feigenbaum rüttelt. Seine Krone ist sicherlich zerzaust, doch das Zusammenwirken von Wurzelwerk, Stamm, Ästen und Blättern hat ihn überleben lassen.

Es ist häufig zu beobachten, dass Leute, die besonders an Nepal hängen, mit großem Pessimismus den Zustand des Landes beschreiben. Der Anblick von Missständen tut ihnen weh. Als Leidender an den Leiden Nepals hatte ein stellvertretender deutscher Botschafter in Nepal (1967-1971) einen „Nekrolog auf eine Hochkultur" geschrieben. Sie ginge zugrunde, weil hemmungslos westliche Lebensformen nachgeahmt würden. Er spricht vom „sterbenden Reich" des Monarchen, vom „Tod, der unsichtbar über den Festen schwebt", vom „Sturz der alten Kultur" und prognostiziert: „Das lebendige Museum einer mittelalterlich-asiatischen Hochkultur wird in wenigen Jahren seine Pforten schließen."[321] Nun, vier Jahrzehnte später, ist das alles eingetreten? Vieles ja, doch alles? Nein. An manchen Orten schon, an den meisten aber immer noch

---

[320] Hesse Hermann, Der Steppenwolf, Gesammelte Werke, Bd. 7, Frankfurt am Main 1987, 203-204. Werden sich die Menschen der „Karnevalisierung des Lebens" (Eco, Im Krebsgang voran), der „Fast-Food-Kultur", dem „Standardgeschmack", dem „Unterhaltungsimperialismus", der „Profanisierung der Erde" (Ramadan Taric, Radikale Reform. Die Botschaft des Islam für die moderne Gesellschaft, München 2009) hingeben und „Lebenssinn durch Lebensstandard ersetzen" (Küng, Christentum und Weltreligionen, 161)?
[321] Seemann Heinrich, Das Ende des Mittelalters. Nepal – Nekrolog auf eine Hochkultur, Frankfurter Allgemeine Zeitung 11.2.1973.

nicht. Und hat der Vorsitzende der österreichischen Organisation EcoHimal recht, wenn er zur aktuellen Situation des Landes schreibt: „Nepal hat sich auf eine Reise gemacht, von der heute wirklich niemand weiß, wohin sie gehen wird. Eine Kakophonie von interessensbestimmten Ideen, Vorschlägen, Initiativen, Gesetzesentwürfen und Plänen schwirrt mit Gerüchten und Beschuldigungen garniert durch das Land, kontaminiert nicht nur das Tal von Kathmandu. Aber es fehlt die positive Energie, der Gleichklang, die Einigkeit in der Ausrichtung, die das Land nehmen soll. Parteien und Protestgruppen sind sich nach wie vor uneinig über den Weg. Der Entwurf zu einer neuen Verfassung steht noch immer aus, weil ethnischer Partikularismus, ideologischer Fundamentalismus und politisches Vorteilsdenken die Arbeit blockieren. Gibt es keine Übereinstimmung, entsteht nichts als Durcheinander. Wenn keiner den Weg kennt, kann zwar jeder führen, aber es kommen alle nicht von Fleck."[322]? Pessimismus und Ungeduld aus Sympathie sprechen aus diesen Zeilen. Das ist verständlich. Doch auch anderswo hat es lange gedauert bis sich ein demokratisch verfasstes Gemeinwesen stabilisierte. In Nepal gibt es erst seit der Revolution von 1990 einigermaßen demokratische Verhältnisse. Das zarte Pflänzchen ist mit den riesigen, über Jahrhunderte aufgehäuften Problemen konfrontiert und dem immer stärker blasenden Wirbelwind der Globalisierung ausgesetzt. Da sind alle die Reibereien, Zwiste, Interessenskollisionen und Rückschläge zwar zu bedauern, aber es muss doch auch verstanden werden, dass es Zeit braucht, bis annehmbare Balancen erreicht werden können.

Pessimismus aus Sympathie ist etwas anderes als Pessimismus aus Unkenntnis. Solche offenbaren die Autoren des Global Competitiveness Report 2012-13 des Weltwirtschaftsforums, wenn sie für die niedrige Wettbewerbsfähigkeit von Unternehmen in Nepal allgemein schlechte Arbeitsmoral (*poor work ethic in national labor force*) als einen der Gründe nennen. Diese Aussage ist geradezu grotesk. Genau das Gegenteil ist richtig. Genügend Beispiele für die hohe Arbeitsmoral sind in den Kapiteln dieses Buches enthalten, und nepalische Arbeitskräfte würden nicht in so vielen Ländern gesucht, wäre die *work ethic* schlecht.

Ernster zu nehmen ist die Washingtoner Organisation Fund for Peace, die in ihrem Bericht „Failed States Index 2012" von einem erhöhten Risiko spricht, dass Nepal vor allem wegen schlechter Regierungsführung in einen gescheiterten Staat (*failed state*) und in politischen Bankrott abgleite. Die Gefahr war umso mehr gegeben, als am 28.5.2012 die Verfassunggebende Versammlung, die auch als Parlament fungierte, durch den Obersten Gerichtshofes aufgelöst wurde. Sie hatte ihren Auftrag nicht erfüllt. Ein „Legitimationsvakuum" war entstanden.

---

[322] The Alpine-Himalayan Mailrunner, 1/2012, Salzburg.

Erst am 19.11.2013 wurde eine neue Verfassunggebende Versammlung gewählt, die wiederum auch als Parlament fungiert. Die Wahlbeteiligung betrug 77,5 %. Wie lange nun das Parlament an der neuen Verfassung arbeiten wird, ist nicht abzusehen. Jedenfalls wird es ohne neue Verfassung wohl keine Wahlen auf Landkreis-, Stadt- und Dorfebene geben, und Kommissare werden weiterhin dort die Vorgaben der Zentralregierung umsetzen – ein lähmender Zustand im Hinblick auf selbstbestimmte Politik zur Lösung lokaler Probleme.

Ist also Pessimismus aus Sympathie doch gerechtfertigt? Wie es unangemessen ist, beim Begleiten des Demokratisierungswegs Nepals die Geduld zu verlieren, so ist es falsch, sich Verallgemeinerungen hinzugeben. Trotz aller Kritik am Machtzentrum Kathmandu nahm manches Positive von dort seinen Ausgang. Der Sturz der Ranaoligarchie 1951, die Revolution von 1990, die Beendigung der Monarchie 2008, der Erhalt der Souveränität zwischen den Machtblöcken Indien und China, das Aufblühen der Zivilgesellschaft, die Gesetzgebung für politische Dezentralisierung und soziale Waldwirtschaft (trotz aller Gegenwehr von Zentralisten) – die Hauptstadt hat maßgeblichen Anteil an diesen Errungenschaften.

Und darf man das kritikwürdige Tun und Lassen eines großen Teils der in Kathmandu konzentrierten „Eliten" auf das ganze Land übertragen? Begegnet der Besucher da „draußen" nicht immer wieder der Freundlichkeit und Höflichkeit, Offenheit und Kreativität der Menschen? Sind nicht ihre Ursprünglichkeit und Gelassenheit, ihre Kultur, ihr handwerkliches Geschick, ihre Kunstfertigkeit im Terrassenbau und -management und ihre optimistische Grundhaltung trotz Unglück, Not und Elend zu bewundern? Trifft der Besucher nicht immer wieder auf diese ehrlichen Menschen, die nichts mit der Korruption in so manchen politischen und wirtschaftlichen Machtzirkeln zu tun haben? Die Beziehungen der Subsistenzbauern zueinander sind verhältnismäßig einfach durch sie selbst zu kontrollieren. Es ist dort wenig Geld im Umlauf, und wirtschaftliches Handeln erfolgt gewöhnlich in geographisch begrenztem Raum sowie häufig durch Austausch von Waren und Dienstleistungen. Doch die Monetarisierung der Wirtschaft nimmt zu, und damit mag sich der Charakter der Verbindungen zwischen Einzelnen und Gruppen ändern, wie tief greifend und rasch, das ist nicht vorherzusagen.

Die meisten Nepali halten es mit Rabindranath Tagore: „Der Pessimismus ist eine bloße Pose – sei es nun eine Pose des Intellekts oder des Gefühls. Doch das Leben ist optimistisch, es will vorwärts. Der Pessimismus ist eine Art geistiger Trunksucht."[323]. Diesem Luxus haben sich die Nepali noch nie hingegeben. Ein Beispiel, das für Millionen steht: Hätten nicht die Steine klopfenden

---

[323] Zit. nach Lanczkowski Günter, Geschichte der Religionen, Frankfurt 1972, 120.

Frauen, Männer und Kinder allen Grund zu Pessimismus und Resignation? Sie sitzen oft wochen- und monatelang in glühender Sonne und verrichten eine schwere, monotone, für Augen, Hände und Gelenke gefährliche Arbeit, indem sie mit unendlich vielen Hammerschlägen Steine zu Schotter für den Straßenbau zerkleinern. In der Kathmandu Post vom 15.10.2004 war zu lesen: „Eine nicht unbeträchtliche Anzahl von Steinschlägern in Jhapa, die weder Land noch ein bescheidenes Zuhause besitzen, schicken ihre Kinder auf teure private Internatsschulen. Diese Menschen, die ihren Lebensunterhalt verdienen, indem sie größere Steine aus dem Kankai Fluss zu Schotter zerschlagen, berichten, dass es möglich ist, ihre Kinder in gute Schulen zu schicken, obwohl sie in bitterer Armut leben. Sie sagen, sie würden auf eine Mahlzeit am Tag verzichten, um ihren Kindern einmal einen besseren Beruf zu ermöglichen. Ihnen steht klar vor Augen, dass Bildung die Voraussetzung für ein lebenswertes Leben ist." Keine Spur von Resignation!

Soweit der Versuch, das Ethos der nepalischen Gesellschaft zu beschreiben. Er ist unvollkommen. Die Zweifel, ob das Gesagte richtig ist, bleiben bestehen und werden verstärkt, denkt man an die Gewaltausbrüche zwischen 1996 und 2005. Sie passen nicht zum gezeichneten Portrait, bleiben letztlich rätselhaft. Die soziale Energie hatte versagt. Doch warum? Man rührt am Geheimnis des Unvollkommenen, des Bösen. Wie es unmöglich ist, den tiefsten Grund des Menschen zu finden, so ist es auch unmöglich, den Grund einer Gesellschaft zu erreichen. Jedes gesellschaftliche Psychogramm bleibt letztendlich eine Annäherung. Man muss sich mit der Einsicht des griechischen Philosophen Heraklit trösten, der vor zweieinhalbtausend Jahren sagte: „Der Seele Grenzen kannst du nicht erreichen, auch wenn du jeden Weg abschrittest, so tief ist ihr Grund."[324]
Es ist zu hoffen, dass die Erfahrungen des Versagens als Herausforderungen im Toynbee'schen Sinn verstanden werden, an denen die Gesellschaft wächst. Die Voraussetzung dafür, Bergsons Offenheit für Einsicht und Korrektur, ist in der nepalischen Gesellschaft vorhanden. Es ist zu wünschen, dass der buddhistische Segensspruch beim Anbringen von Gebetsfahnen in Erfüllung gehe „Glück soll sich vermehren schnell wie ein galoppierendes Pferd und Wohlstand sich ausbreiten wie überkochende Milch!" und ebenso die Bitte der Hindus „Möge all das, was da abscheulich, grausam und sündig ist, zur Ruhe komme; möge alles gut und friedvoll für uns werden."
Und es ist zu hoffen, dass die soziale Energie der nepalischen Gesellschaft stark genug sein möge, die Botschaft der Parabel vom Baum und den vier Freunden umzusetzen. So wie Wurzeln, Stamm und Blätter eines Baumes zu-

---

[324] Diels-Kranz, Die Fragmente der Vorsokratiker, Herakleitos B 45.

sammenwirken und Früchte hervorbringen, so können die Mitglieder einer Gesellschaft zu ihrem Wohl beitragen. Das Gleichnis ist im ganzen südasiatischen Kulturkreis bekannt: Ein Vogel sah einen trockenen Platz nahe am Fluss, brachte den Samen eines schönen Baumes und ließ ihn fallen. Da kam ein Hase vorbei und beschützte den Keimling, bis er groß war und von den Brüdern und Schwestern des Hasen nicht abgefressen werden konnte. Danach bewachte ein Affe das Pflänzchen und gab ihm Wasser, bis es zu einem großen Baum heranwuchs. Schließlich achtete ein Elefant darauf, dass ihn niemand fällen würde. Eines Tages kamen alle vier Tiere zu dem Baum und jedes behauptete, er gehöre ihm. Nach lautem Streit wurden sie sich ihrer Zusammenarbeit beim Aufwachsen des Baumes wieder bewusst: Jetzt könnte er allen Schutz und Nahrung geben, wenn sie sich weiterhin um ihn kümmern würden. Der Vogel würde die Früchte pflücken und sie an die anderen Tiere weitergeben. So beschlossen sie also, unter dem Baum als vier enge Freunde zu leben.

Schluss

Die Kraft der Sonne hatte das milchige Grau des Himmels durchstoßen und die moosdurchsetzte Wiese erwärmt. Ich lag in einer Mulde auf einem Ausläufer des Teboche in 5000 Metern Höhe und döste. Die Gedanken waren in dieser Höhe leichter und verstärkten die Wohligkeit der Rast, die nach dem Aufstieg dem Körper nun gegönnt war. Sie purzelten durcheinander und verweilten bei so vielen Erlebnissen in diesem Land. Kurze, in ungeordneter Folge ablaufende Filmsequenzen zeigten mir Begegnungen mit Trägern und Lastwagenfahrern, Schulkindern und für Gebet und Opfer geschmückten Frauen, mit Beamten in ihren Büros und Bauern hinter ihren Pflugochsen. Ich sah Reis- und Maisfelder, Steinmauern, Kartoffeläcker, Weiden, Büsche, Salwälder und Termitenbauten im Terai, Rhododendren und Himalayatannen hoch oben in den Bergen. Ich wanderte in Schluchten, über Brücken, durch Bäche, auf den schmalen Begrenzungen von Reisterrassen, auf geröllbedeckten Pfaden und auf solchen mit unendlich vielen Steinstufen und begegnete glotzenden Büffeln, Karawanen schwer bepackter Mulis, Kühen, Hunden mit buschigen Schwänzen, Yaks, Schafen und Ziegen. Mir war, als fühlte ich die Hitze eines in der prallen Sonne liegenden Südhangs, den ich querte, als stapfte ich stundenlang durch monotonen Monsunregen auf verschlammten Pfaden und als wehrte ich mich gegen den nassen Schnee, den mir der scharfe Wind auf Gesicht und Kleidung klebte. Ich sah mich schlafen auf Betonveranden und Flachdächern in Orten des Terai, im Stroh über Büffelställen, auf Lehmböden in Teashops und im Zelt auf Geröll, Gletschern, stoppelbestandenen Reisterrassen und im tropfenden Urwald. Mir begegnete am Fluss Seti der kleine Bauer wieder: Ich war auf dem Weg ausgeglitten, doch gleich wieder auf den Beinen. Er rief mitfühlende Worte aus und schenkte mir die kleine Mango, die er trug. Das Bild mischte sich mit der Begebenheit, als ich von einer Magar-Frau mehrere Becher Buttermilch erbat, um nach langem Fußmarsch im heißen Sun Koshi-Tal meinen Durst zu löschen. Ich wollte bezahlen. Doch sie wehrte heftig ab mit den Worten: „Lassen Sie mich doch etwas Gutes tun!" Dann sah ich den Brahmanen, der in über 3600 Metern Höhe auf einem Ausläufer des Kangchendzönga wohnte und dessen Gast wir gewesen waren. Er war mit dem Bau eines Tempels beschäftigt, nachdem er weiter unten schon zwei errichtet hatte. Einen vierten oberhalb des Dorfes würde er nicht mehr bauen, da es Zeit sei zu gehen, „*akash tira*", dem Himmel zu, hatte er gesagt. Da erschien das Restaurant „*Akash*" in Lahan, in dem ich so manchen *dalbhat* nach der Gutachtertätigkeit des Tages für das Churia-Projekt genossen hatte. Doch am stärksten drängte sich immer wieder eine *chautara* auf meine Kinoleinwand. Da saß ich auf den kühlen Steinplatten im Schatten eines weit ausladenden Feigenbaums, durch dessen Blätterdach der heiße, nach Kräutern duftende Sommerwind strich, betrachtete die Lichtkringel am Boden, plauderte mit vorbeikommenden Einheimischen, rauchte eine *bidi* mit ihnen und schaute hinaus ins Hügelland, dankbar für den bewältigten und neugierig auf den vor mir liegenden Weg.

Ein Windstoß beendete die Filmvorführung. Sie war schön. Hässliche und traurig machende Bilder fehlten. Ich öffnete die Augen. Der Nebel war verschwunden. Ich sah hunderte von kleinen weißen Wolken über mir, die wie Kinderfederbettchen im tiefblauen Himmel schwebten. Wie würde es dort ausschauen, wo das Blau endete? Wie weit doch konnten die Gedanken in den Weltraum dringen ohne an ein Ende zu stoßen! Kein technisches Fahrzeug tut es ihnen gleich.

Nur ein wenig senkte ich den Blick und da strahlten die frisch verschneiten Gipfel des Lhotse und Everest als leuchtende Kronen über einem Wolkenband, das sie wie ein schützender Schal umgab. Hermann, dort oben durftest du 1977 und 1979 stehen! Du hattest das Privileg, Nepal von Ost nach West, von der Teraiebene bis dorthinauf zu erleben und bist dabei so vielen sympathischen Menschen begegnet! Wie gut ist es dir doch all die Jahre gegangen in diesem Land! Ich empfand große Dankbarkeit. Doch dann mischte sich eine Art Schuldgefühl in meine Gedanken, denn, fragte ich mich, wieso ist mir so viel Positives begegnet, warum nicht den vielen Leidenden in diesem Land? Welchen Weg wird es beschreiten, dieses kleine Nepal zwischen China und Indien, welchen zwischen der eigenen Kultur und den Einflüssen der Globalisierung, welchen zwischen den Hypotheken der Geschichte und den Bedürfnissen der heutigen Menschen? Wird sich die Gesellschaft herumstoßen lassen oder sich gemäß dem bekannten nepalischen Sprichwort verhalten: „Ziehe dir ein paar gute Schuhe an und gehe deinen eigenen Weg"?

Die Gedanken richteten sich wieder auf mich selbst. Wie wird es weitergehen? Wie viele Jahre noch? Was danach? Nichts? Wiedergeburten? Wie viele Radumdrehungen bis zur Ruhe, zum Stillstand, zum vollkommenen Glück? Das Bild des in den Himmel fahrenden Pferdegespanns aus Franz von Kobells

Kurzgeschichte „Der Brandner Kaspar schaut ins Paradies" kam mir in den Sinn. Dort wird dem Brandner Gnade zuteil trotz seines nicht besonders tugendhaften Lebenswandels. Und an ein zweites Bild erinnerte ich mich (s. Rückseite des Buches). Es war von einem Behinderten gemalt worden und zeigt ein Pferd, das der Sonne zustrebt. Es schleppt, wie mir scheint, Ballast mit hinauf. Eigentlich wäre dieser, das noch immer nicht Los- und Zurückgelassene, das Leidverursachende, Grund für eine weitere Wiedergeburt. Dennoch – auch mit etwas Ballast – scheint das Ziel erreichbar zu sein. In der Bhagavadgita heißt es (XVIII, 62): „Durch seine (Krishnas) Gnad' erlangst du höchsten Frieden dann" und im Mahayana-Buddhismus symbolisiert Buddha als *bodhisattva* heilende und erlösende Hinwendung zu den Fehlenden.

Irgendwie tröstlich.

Bildteil

Ngawang Tenzing unterwegs

Ngawang Tenzing. Er war unterwegs in Tibet, seiner Heimat nördlich des Mount Everest, und in Nepal bis in größte Höhen. Er war unterwegs mit und zu seinen Mitmenschen. Sein vorbildliches Leben fand ein gewaltsames Ende.

Ang Chhopal wuchs als Bauernsohn auf. Später wurde er ein hoch angesehener Sirdar. Er hatte sich bei vielen Trekkingtouren und Besteigungen von Himalayagipfeln bewährt.

Er stammte aus einer frommen Familie. Seine Eltern hatten die Initiative ergriffen, oberhalb des Dorfes Kharikhola eine Gomba zu bauen. Ang Chhopals älterer Bruder wurde ihr Lama.

Mit Ang Chhopal war ich in einer Art zeremonieller Blutsbrüderschaft verbunden, „Miteri". Sie ist stärker als jede andere und hat auch im Devachen Bestand. Sie bewährte sich im normalen Leben und in Extremsituationen wie in der Nordwand des Kangchendzönga.

Ang Chhopal war stolz auf seine Heimat, auf ihre Berge und Flüsse, Wälder und Felder, Dörfer und Menschen mit ihrer Kultur. In einem Wintermonat führte er mich nach Kharikhola und seine Umgebung, auf Pfaden abseits aller Hauptwege.

Die meisten Sherpa haben es zu einem gewissen Wohlstand gebracht. In ihrem südlichen Siedlungsgebiet (Solu) beruht er nach wie vor auf Ackerbau und Viehzucht; im nördlichen vor allem auf den Einnahmen aus dem Expeditions- und Trekkingtourismus.

Auf dem Pike (4100 m) und dem Makalu (8475 m) sprach Ang Chhopal das buddhistische Gebet:
„Die Freunde, die mit uns suchen (sangha), der Weg, der deutlich vor uns liegt (dharma), und das Ziel, das es zu erreichen gilt (buddha): Mögen uns die drei Kostbarkeiten Glück bringen!"

Der Lama von Pangkongma oberhalb von Kharikhola auf dem Weg zu „seiner" Gomba: Vom irdischen Wirrwarr im Vordergrund zum Meditationsraum und zur Klarheit des Äthers darüber. Für Buddhisten symbolisiert der Äther Reinheit, Loslassen, Leere, alles vollendende Weisheit.

Beyul – Kraft im Verborgenen

Das Gebiet zu Füßen des Siebentausenders Chamlang und Achttausenders Makalu gehört zu den einsamsten in Nepal. Es ist für die Einheimischen von großer spiritueller Bedeutung, denn, so heißt es, Guru Rinpoche habe hier buddhistische Texte und Symbole versteckt, so dass sie in Zeiten von Not und Katastrophen den dort Zuflucht Suchenden Kraft und Richtung verleihen würden.

Wir trafen auf den *shiruwa dhunga*, „Zwischendurchlaufen-Stein", zwei mächtige Felsblöcke, die Guru Rinpoche so aneinandergelehnt habe, dass sie ein Tor über dem Weg bildeten und auf den *dendi dhunga*, „Rastplatz-Stein", einen rechteckigen Quader, auf dem sich der Guru während seiner Reise ins Verborgene Tal ausgeruht habe. So steht es im aufgefundenen Text.

Wir fanden die Höhle der Zuflucht. Der Dorflama führte uns.

Wie weit waren wir doch weg von
jeglicher Zivilisation hier in der
Wildnis des Himalaya, im dunklen
Bauch eines von Urwald bedeckten Berges, im einsamen Khembalung! Ferner von allen äußeren
Anforderungen kann man kaum
sein. Wir waren ganz auf uns
selbst konzentriert: Beyul.

Welch ein Segen sind Teashops und Chautaras (Rastplätze unter großen Laub-bäumen) in Nepal! Es sind Orte der Kommunikation und Meditation, Ruhe-punkte in einer Zeit, die auch in Nepal immer hektischer wird. Derzeit werden viele Pfade ersetzt durch Straßen. Die traditionellen Raststätten verlieren ihre Funktion und weichen dem Durchgangsverkehr. Die „Teashop-Ama" (Mutter) entlang der Pfade wird es bald nicht mehr geben.

Lebensinseln in den Wolken

Ein Teil der Gurung von Nord-Gorkha lebt hoch über der Buri-gandaki-Schlucht – bei Regen und Schneefall „in den Wolken", wie sie sagen, der andere am Oberlauf im geräumigen Talgrund. Sie haben eine starke Selbstversorgungswirtschaft und -kultur entwickelt.

Ihre Lebensweise ist ganzheitlich organisiert. Probleme, welche vom Einzelnen nicht gelöst werden können und die Gemeinschaft fordern, werden regelmäßig besprochen. Dafür legten die Gurung in ihren Dörfern Versammlungsplätze an. Die ganzheitliche Strategie richtet sich auf die natürlichen Ressourcen (Wald, Grasland, Äcker, Wasser), die traditionellen und staatlichen Institutionen, auf wirtschaftlichen Austausch sowie auf den Kontakt mit den Vorfahren und übersinnlichen Mächten.

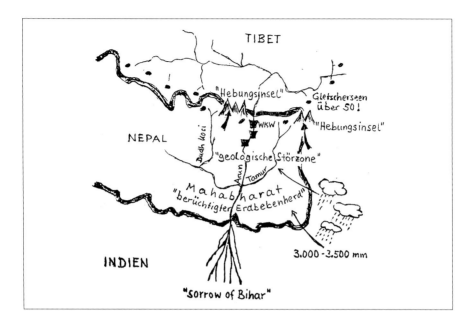

Wissenschaftlich begründete Hinweise auf geologische/hydrologische Risiken im Zusammenhang mit den geplanten Arun-Wasserkraftwerken

Ein internationales zivilgesellschaftliches Netzwerk warnte vor dem geplanten riesigen Komplex von Wasserkraftwerken am Arun-Fluss. Es wurden geologische, ökologische, wirtschaftliche, soziale, kulturelle und innenpolitische (Überforderung der jungen Demokratie) Bedenken vorgetragen.

Das Netzwerk unterstützte die opponierenden Organisationen in Nepal, die sich selbst nicht genug Gehör verschaffen konnten und deshalb um ausländische Hilfe baten.

Unter dem Druck der Argumente zogen die Weltbank, die Asian Development Bank und die deutsche Regierung ihre finanziellen Zusagen für das Projekt zurück. Ein Teil des Geldes wurde dann für den Bau dezentraler, kleinerer Wasserkraftwerke bereitgestellt und verwendet.

„Vorher" (oben) und „nachher" (unten). Eine Waldnutzergruppe erhielt 1993 einige Hektar Staatswald zur Bewirtschaftung gemäß dem Management Plan der Forstverwaltung übertragen. Neun Jahre später war die Natur „zurück" mit positiven Folgen für Biodiversität, Bodenstabilisierung und den Wasserhaushalt.

Durch soziale Waldwirtschaft kann eine Nutzergruppe beträchtliche Einnahmen erzielen. Es verbessert sich das Verhältnis zwischen der lokalen Bevölkerung und staatlichen Institutionen (oben: eine Nutzergruppe im Gespräch mit Forstbeamten). Gruppendiskussionen über Waldpflege, Einkommensverteilung und Investitionen fördern den Abbau von Hierarchien und stärken Zusammenhalt und Selbstwertgefühl, besonders wenn es sich um Nutzergruppen handelt, die aus Frauen bestehen. Frauen verrichten traditionell die meisten Arbeiten im Wald. Soziale Waldwirtschaft ist „Entwicklung von innerhalb" und auf vertrautem Terrain im physikalischen und fachlichen Sinn.

Der übertroffene Alptraum

Die Menschen im oberen Kaligandaki-Tal lebten von der Landwirtschaft und bis 1959 vom Handel mit Tibet; die Bewohner auf der Marsyangdi-Seite der Annapurna (Bild) von Landwirtschaft und weltweitem Handel, begünstigt bis 1976 von speziellen Privilegien seitens der Regierung. Nachdem der Handel stark eingeschränkt worden war (Grenzschließung durch China, Entzug der Privilegien durch die nepalische Regierung), ergänzten Einnahmen aus dem Trekkingtourismus diejenigen aus der Landwirtschaft. Etwa 60.000 ausländische Besucher pro Jahr wurden gezählt, die indischen Pilger nach Muktinath nicht eingerechnet. Der kulturelle Reichtum und die überwältigende Schönheit machten die „Annapurna-Runde" zur beliebtesten Trekkingroute Nepals. Das Überlebenssystem war wieder stabilisiert.

Der übertroffene Alptraum

War es vernünftig, das bewährte System des Überlebens in beiden Tälern erneut zu erschüttern? Durch den Straßenbau hat die „Annapurna-Runde" an Attraktivität eingebüßt. Die Einnahmen aus dem arbeitsintensiven und Einkommen streuenden Trekkingtourismus sind deutlich zurückgegangen. Der motorisierte Durchgangsverkehr lässt die Funktionen vieler Orte verkümmern. Sie boten verschiedene Dienstleistungen an, u.a. Einkaufs- und Übernachtungsmöglichkeiten, Vermietung von Zeltplätzen, Material- und Warentransport durch Ziegen, Pferde, Mulis, Yaks, und Futterverkauf für Tragtiere, deren Dung den Feldern zugute kam.

Unterwegssein in Dolpo ist nicht leicht. Der nördliche Teil des Landkreises liegt hinter Pässen, die über 5000 Meter hoch sind. So mancher Weg erfordert Mut und äußerste Konzentration. Wie im Koma lagen auf der Dorfwiese von Khoma einige unserer erschöpften Träger nach einem sehr langen Tag, an dem wir kein Trinkwasser gefunden hatten.

Dolpo

In nördlichen Dolpo zu leben, ist noch schwieriger. Das Land wandelt sich jedes Jahr von einer sommerlichen Hochlandsteppe in eine winterliche arktische Wüste. Starker Wind ist dann ständiger Gast. Während die Männer im Tiefland oder in Indien Arbeit suchen, bleiben Frauen und Kinder hier und kümmern sich um das Vieh. Die meisten öffentlichen Institutionen sind im Winter geschlossen. Ihr Personal, das meist aus tieferen Regionen stammt, zieht sich dorthin zurück.

Die Leute leben von Ackerbau (Gerste, Buchweizen, Kartoffeln, Gemüse) und Viehzucht (Ziegen, Schafe, Kühe, Pferde, Yaks). Yaks sind für sie unverzichtbar. Sie liefern Milch, Fleisch, Leder, Wolle und brennbaren Dung. Sie ziehen den Pflug und sind ideale Tragtiere für den Transport von Handelsgütern von und nach Tibet. Bescheidener, von den Chinesen kontrollierter Grenzhandel ist wieder möglich.

Wichtigstes Handelsgut wurde der „Wunderpilz" yartsa gumbu. Er ist reich an Vitaminen und Mineralien. Die internationale Nachfrage ist groß, auch weil angenommen wird, dass er die sexuelle Leistungsfähigkeit fördert.

Um das System des Über- lebens zu sichern, ver- sammeln sich alljährlich Pilger und die wichtigs- ten Lama aus ganz Dolpo in Yang-tsher Gomba. Sie führen mit Opfern, Gebe- ten und Gesängen eine Beschwörung durch, um alles Widrige und Böse zu vertreiben.

Die blutbefleckten Ziegefinger der aufständischen Maoisten (1996-2006) zeigten auf Missstände und Ergebnisse dürftiger Regierungsführung:

Die Gesundheitsversorgung auf dem Land ist zum Teil immer noch miserabel, so dass auch heute noch, nach über 60 Jahren „development", Touristen als Nothelfer einspringen müssen.

Große Teile der Bevölkerung leben unter der Armutsgrenze. Viele Kinder der Armen gehen nicht zur Schule, weil sie als Arbeitskräfte gebraucht werden.

Die staatlichen Schulen sind im Allgemeinen schlecht ausgerüstet und die Lehrpläne dem kulturellen Umfeld nicht angepasst.

Es entstehen immer mehr Slums in größeren Orten (Kathmandu).

Landflucht und Urbanisierung nehmen zu (die ausufernde Hauptstadt Kathmandu).

Wertvolles Bauernland wird unter Beton und Asphalt begraben (äußerst fruchtbare Böden in Kathmandu, 1980, die jetzt vollständig überbaut sind).

Viele Bauern sind Pächter und bewirtschaften zu ungünstigen und unsicheren Bedingungen das Land von Großgrundbesitzern. Die Landreform stockt. Landarbeitern geht es meistens noch schlechter, da die gesetzlichen Bestimmungen oftmals nicht eingehalten werden und die Betroffenen zu schwach sind, ihre Rechte vor Gericht einzufordern.

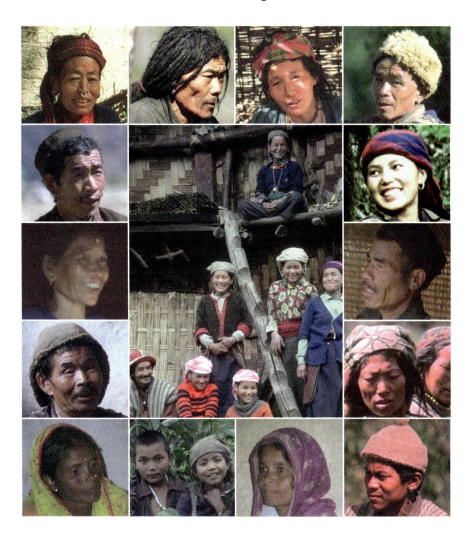

Aus verschiedenen Gründen haben viele Nepali keine Schule besucht. Sind sie deshalb rückständig und ungebildet? Sie würden nicht überleben ohne ihr reiches ganzheitliches Subsistenzwissen, das so manche Hochschul-Gelehrsamkeit übertrifft.

Soziale Energie

Der Feigenbaum als Symbol für das Zusammenwirken verschiedener Kräfte: ein Gebilde in Balance.

Die Parabel vom Baum und den vier Freunden als ein Symbol für soziale Energie:

Ein Vogel sah einen trockenen Platz nahe am Fluss, brachte den Samen eines schönen Baumes und ließ ihn fallen. Da kam ein Hase vorbei und beschützte den Keimling, bis er groß war und von den Brüdern und Schwestern des Hasen nicht abgefressen werden konnte. Danach bewachte ein Affe das Pflänzchen und gab ihm Wasser, bis es zu einem großen Baum heranwuchs. Schließlich achtete ein Elefant darauf, dass ihn niemand fällen würde. Eines Tages kamen alle vier Tiere zu dem Baum und jedes behauptete, er gehöre ihm. Nach lautem Streit wurden sie sich ihrer Zusammenarbeit beim Aufwachsen des Baumes wieder bewusst: Jetzt könnte er allen Schutz und Nahrung geben, wenn sie sich weiterhin um ihn kümmern würden. Der Vogel würde die Früchte pflücken und sie an die anderen Tiere weitergeben. So beschlossen sie also, unter dem Baum als vier enge Freunde zu leben.

Segenswunsch beim Anbringen von Gebetsfahnen:
„Und Glück verbreite sich wie überkochende Milch!"

Glossar

Achar – (ausgesprochen: Azar). Gut gewürzte Paste aus Gemüse- und Obstsorten als Beilage zum >Dalbhat.

Ailani – Staatsland, das meistens an Flussufern liegt und von Schafen, Ziegen und Rindern genutzt wird. Es wird von den Dorfgemeinden verwaltet.

Amchi – Arzt der traditionellen tibetischen Medizin, die einen ganzheitlichen Ansatz bei der Suche nach den Ursachen und bei der Behandlung von Krankheiten verfolgt. Ein Amchi durchläuft eine lange Ausbildung und fungiert dann nicht nur als Arzt sondern soz. auch als Psychotherapeut und Priester.

Amitabha – Buddha „von unermesslichem Glanz", Herr eines Zwischenparadieses, das erreicht werden kann, wenn man sich der Gnade Amitabhas anvertraut. Dort können Gier, Hass und Unwissenheit überwunden werden, um ins >Nirvana einzugehen.

Atman – Das Selbst des Menschen. Es ist dem göttlichen Selbst (Advaita) wesensgleich, bzw. wesensähnlich.

Avalokitesvara = Pawa Chenrezi – „Der Herr, der herabgesehen hat". Buddha als >Bodhisattva, der sich aus Mitleid für alle fühlenden Wesen einsetzt.

Ayurveda – „Lebenswissen". System der traditionellen indischen Medizin, die einen ganzheitlichen Ansatz bei der Suche nach den Ursachen und bei der Behandlung von Krankheiten verfolgt. Durch Änderung der Nahrung, des Denkens und Verhaltens soll beim Patienten die richtige Balance wiederhergestellt werden. Die Medikamente werden vor allem aus Pflanzen gewonnen.

Bahini – Schwester. Freundliche Anrede für ein jüngeres Mädchen / eine jüngere Frau.

Bardo – Zustand Verstorbener vor einer Wiedergeburt. Durch Anteilnahme können die Angehörigen zu einer guten Wiedergeburt verhelfen.

Beyul – „Verborgenes Land". >Padmasambhava/Guru Rinpoche hatte den Buddhismus im achten Jahrhundert n. Chr. nach Tibet gebracht und an vielen Orten, in „Verborgenen Tälern", zeremonielle Gegenstände und Buddhas Lehren versteckt, so dass sie in Zeiten großer Not den dorthin Flüchtenden wieder Richtung weisen und Kraft verleihen würden. Beyul meint auch jedermanns Innerstes, das man aufsuchen muss, um Kraft zu schöpfen.

Bhai – Bruder. Freundliche Anrede für einen jüngeren Jungen oder jüngeren Mann.

Bhote / Bhotiya – Bhot ist der von den indischen und nepalischen Hindugesellschaften benützte Name für Tibet. Aus Gründen von Sanskritisierung und „nation building" werden die in Nepal ansässigen Tibetstämmigen nicht Tibeter, sondern Bhote genannt. Fälschlicherweise werden auch andere im Norden lebende Volksgruppen oftmals als Bhote bezeichnet.

Birta – Ehemalige Landbesitzform. Bedeutende Dienste von Priestern, Heerführern, Adeligen und Mitgliedern des Königshauses für den Staat wurden mit Landschenkungen (Forst, Agrarland, Brachland) vergolten. Das Land war in der Regel von Steuern befreit und konnte vererbt werden. Der Staat behielt sich das Recht vor, es zurückzufordern. 1957 und 1959 wurde Birta gesetzlich abgeschafft. Die ehemaligen Birta-Landbesitzer konnten ihr Land aber behalten (offiziell bis zu den Höchstgrenzen, die das Landreformgesetz von 1964 vorsah), sofern sie nun Steuern zahlten.

Bodhi – Erlösende Erleuchtung.

Bodhisattva – Erwachtes empfindendes Wesen. Ein Bodhisattva ist ein/e Erleuchtete/r, ein künftiger >Buddha, der aber aus Mitleid mit den leidenden Wesen nicht ins >Nirvana eingeht, ehe nicht die Gründe des Leids überwunden sind.

Bön – In Tibet vorherrschende Religion vor der Verbreitung des Buddhismus. Himmel, Luft und Erde sind beseelt und bewohnt von Göttern, Geistern und Dämonen. Schamanen setz(t)en sich in Trancezuständen, herbeigeführt durch Narkotika, Musik und Tänze, mit ihnen auseinander und mithilfe blutiger Tieropfer (früher auch Menschenopfer). Heutige >Lamas und Bön-Klöster in Tibet und Nepal sind stark vom Buddhismus beeinflusst.

Brahma – Der Schöpfer von allem. Der höchste Geist, aus dem alles entspringt und zu dem alles zurückkehrt. Er ist von derart überragender Größe, dass nepalische Künstler kaum Zugang zu bildlicher oder figürlicher Darstellung finden und das Volk ihn nicht in dem Maße verehrt wie etwa >Shiva und >Vishnu.

Brahmane, Bahun / Bahuni – Die höchste Kategorie im >Kastenwesen. Ein/e B. hat die Aufgabe, die vedischen Texte zu studieren, zu rezitieren und ihren Lehrgehalt weiterzugeben. Ein/e B. soll die Lehre, das >Dharma, in Wort und Tat verwirklichen. Die meisten B. arbeiten als Bauern und in Regierungsdiensten.

Buddha – 1. Jemand, der vollständig zum wahren Wesen der Wirklichkeit erwacht ist. 2. Der historische Buddha Siddharta Gautama (560-480 v. Chr.).

Chakari – Im religiösen Sinn bedeutet Chakari Aufwarten, Dienen, die Gottheit durch Opfer und Gebet gnädig stimmen. Im profanen Leben bedeutet es Antichambrieren, sich unterwürfig um jemandes Gunst bemühen.

Chhang – Alkoholisches Getränk aus mit Wasser übergossenem vergorenem Getreide (Reis, Hirse, Gerste, Mais), säuerlich schmeckend und gewöhnlich von dicker Konsistenz.

Chautara – Rastplatz an Wegen. Er ist meist so angelegt, dass Traglasten bequem auf gestuftem Mauerwerk abgestellt werden können. Eine Chautara wird gewöhnlich von einem oder zwei Schatten spendenden Feigenbäumen (>Pipal) überragt. Da >Buddha unter einem Pipal zur Erleuchtung gelangte, wird eine Chautara auch zum Schlichten von Streit aufgesucht. Unter einem Pipal lügt man nicht. Chautaras werden meist von Personen errichtet, die vor ihrem Tod etwas Gutes für die Gemeinschaft tun möchten und dadurch ihr >Karma-Konto aufbessern.

Chhetri – Zweithöchster Rang im >Kastensystem. Ursprünglich Krieger, Könige, hohe staatliche Funktionäre. Chhetri bilden eine große Gruppe in der nepalischen Bevölkerung. Meist beschäftigt als Bauern und in Regierungsdiensten. Shahs und Ranas, die über Jahrhunderte die politische Macht in Nepal ausübten, sind Chhetri.

Chörten = Stupa – „Haufen". Steingebäude mit spiritueller Bedeutung. Es ist ein Symbol der Ganzheit und bildet den Kosmos mit seinen fünf Elementen ab: Der quadratische Sockel bedeutet das Element Erde, der Aufbau darüber versinnbildlicht Wasser und Feuer und die nächste Stufe die Luft und den Wind. Der überspannende Baldachin symbolisiert den Äther und die Weite des Himmels. Ganz oben ruht in einer Mondsichel die Sonnenscheibe, über welcher eine Flamme, der Erlösungsruf, züngelt. Reliquien vorbildlicher Menschen oder buddhistische Schriften und Symbole sind oftmals in einem Chörten eingeschlossen. Er stellt die vereinten Kräfte dar, die das Leben tragen. Chörten werden an besonders prägnanten Stellen (Dorfeingänge, Pässe) errichtet, um die Orte vor bösen Einflüssen zu schützen.

Churia = Siwaliks – Churia bedeutet Kamm, Haube, Mähne, Schopf. Der erste Bergrücken nördlich der Gangesebene wird so bezeichnet, der sich von Ost nach West erstreckt und Höhen von bis zu 1800 Metern erreicht. Er wird auch „Siwaliks" genannt, von „Shivalekh", dem Rücken des Gottes >Shiva. Shiva ist der Zerstörer und Erneuerer in einer Person. Das poröse Gestein wird bei starkem Regen leicht weggeschwemmt und verheert tiefer liegende Felder. Andererseits nimmt es das Regenwasser auf und gibt es an unterirdische Lehmschichten weiter, auf denen es nach Süden und Norden fließt. Das >Terai wurde zur Kornkammer Nepals. Es gibt deshalb das bekannte Sprichwort, welches die Churia-Berge als Mutter und das Terai als ihr Kind bezeichnet.

Dai – Bruder. Freundliche / respektvolle Anrede für eine ältere männliche Person.

Dalbhat – Dal = Linsen, Bhat = gekochter Reis. Beliebte Essenszusammenstellung, die meist noch ergänzt wird durch saisonal vorhandenes gekochtes Gemüse (Tarkari).

Dalit – Sammelbegriff für die niedrigsten Kastenränge. Gemäß Census von 2001 gehören etwa 13 % der nepalischen Bevölkerung zu den Dalits. Andere Quellen sprechen von 20 %. Dalits haben durchschnittlich am wenigsten Landbesitz, verfügen über das geringste Pro-Kopf-Einkommen, sind am höchsten verschuldet und oft fehlernährt. Die Einschulungsrate ist geringer als die aller anderen Gruppen. Nur wenige Dalits bekleiden Ämter in Politik und Verwaltung. Die Diskriminierung ist umso schmerzhafter, da sie ja wissen, wie wichtig ihre Dienste für die Gesellschaft sind. Sie bestreiten ihr Einkommen durch Lohnarbeit, hauptsächlich in der Landwirtschaft, und üben handwerkliche Berufe aus als Schmiede, Schuster, Schneider, Friseure, Töpfer, Müllsammler, Metzger, Abdecker, Straßen- und Gebäudereiniger, Sänger und Hersteller von Musikinstrumenten.

Dashain – An Dashain, dem Hauptfest des Jahres, „artikuliert sich der uralte Mutterkult von Mutter Erde und Mutter Natur durch die Verehrung der Lebenskraft verkörpert in der Göttin >Durga in allen ihren Manifestationen – Durga, mitleidsvoll, verzeihend und beschützend, wenn zufrieden gestellt, aber schreckliche Krankheiten, Übel und Unglücke bringend, wenn erzürnt und vernachlässigt" (Anderson, The Festivals of Nepal, 144-145).

Dhame – Shamane, der über eine aus dem kulturellen Kontext hervorgehende Interpretation der jeweiligen Krankheit verfügt, im Trance-Zustand zum Medium zwischen Göttern, Menschen und Ahnen wird und zur Heilung aufgesucht wird.

Dharma – Pflicht, Rechtschaffenheit, Wahrhaftigkeit, der rechte Weg, Zuflucht, geordnetes Ganzes, Weltgesetz, Lehre.

Dhigur – Traditioneller Umlauffond, der besonders von >Thakali und >Gurung praktiziert wird. Teilnehmer zahlen jährlich in eine gemeinsame Kasse, aus der einem der Mitglieder Geld für ein Jahr geliehen wird, das es investieren kann und innerhalb eines Jahres zurückzahlen muss, sodass der/die Nächste leihen kann.

Didi – Schwester. Freundliche / respektvolle Anrede für eine ältere weibliche Person.

Durga – Sie ist eine Form von Parvati, der Gattin >Shivas, und symbolisiert seine Kraft, >Shakti. Durga wird als Mutter des Universums verehrt und meist vielarmig dargestellt. Sie hat auch eine schreckliche Seite, die besonders an Durga Puja (>Dashain) mit Tieropfern besänftigt wird.

Ghot – Hochalm mit einfacher temporärer Unterkunft.

Gomba, Gompa – „Einsamer Wohnsitz". Buddhistischer Tempel, buddhistisches Kloster.

Gurkha – Nepalische Soldaten in ausländischen Diensten. Einen Volksstamm dieses Namens gibt es nicht.

Guru – Ein spiritueller Meister, Lehrer.

Guru Rinpoche = Padnasambhava – s. Padmasambhava.

Gurung – Mongolide Ethnie mit tibeto-birmanischer Muttersprache. Gurung siedelten vor allem an den Berghängen südlich der Achttausender Annapurna und Manaslu. Viele Gurung zogen später nach Süden in die Rapti-Zone und ins >Innere Terai, um eine neue Existenz aufzubauen.

Hatbazar – Lokaler, meist wöchentlicher Markttag auf dem Land.

Hinayana – „Kleines Fahrzeug". Buddhistische Vorstellung, dass Erlösung aus dem Geburtenkreislauf durch Beschreiten des achtgliedrigen Tugendpfades möglich ist, was in Wirklichkeit aber nur Wenigen gelingt. >Mahayana.

Indra – Indra ist der höchste der >vedischen Götter, obgleich nicht ungeschaffen. Er regiert über die Atmosphäre und über das Wetter und befindet sich in ständigem Kampf mit Vritra, einem Dämon, der Dürre, Sturm und Überschwemmungen über die Menschen bringt. Doch Indra ist nicht vollkommen. Er liebt den Alkohol und stellt Frauen nach. Es gelingt ihm nicht, seine Leidenschaften unter Kontrolle zu halten. Im Lauf der Jahrhunderte wurde Indras Verehrung überlagert durch diejenige >Vishnus und >Shivas.

Inneres Terai = Dun – Flache, breite Flusstäler innerhalb der >Churia-Berge und zwischen ihnen und dem >Mahabharat.

Jagir – Ehemalige Landbesitzform. Anstelle von Gehältern erhielten Angestellte und hohe Funktionsträger der Regierung staatliches Land. Dafür war Grundsteuer zu entrichten, die sie über Pachtzins, Gebühren für Waldnutzung, gerichtlich verhängte Strafen, Marktzölle, Abgaben auf Handwerksprodukte usw. von der Bevölkerung wieder hereinholten. Jagir-Landbesitz wurde 1952 gesetzlich abgeschafft. Regierungsdienste werden seither mit Gehältern entgolten. Die Besitzer von Jagir-Land konnten aber dieses behalten (offiziell bis zu den Höchstgrenzen, die durch die Landreformgesetzgebung von 1964 festgesetzt wurden), wenn sie weiterhin die Steuern bezahlten, jetzt zu den aktuellen Ansätzen; hoheitliche Abgaben können sie aber nicht mehr einfordern.

Jana Andolan – „Volksaufstand".

Kalender – s. Zeitrechnung.

Kalpa – Zeitraum der Entstehung, Entwicklung, des Verfalls und der Zerstörung.

Kamaiya – Leibeigenschaft, Schuldknechtschaft. Sie ist speziell im mittleren und westlichen Terai anzutreffen. Es gibt sie in Ziegeleien, Teppichwebereien, in der Textilindustrie und vor allem im Landwirtschaftssektor. In Kamaiya leben geschätzt über 30.000 Haushalte. Am meisten betroffen sind die indigenen >Tharu. Seit eineinhalb Jahrhunderten wurde ihr Land, für das sie keine schriftlichen Besitztitel nachweisen konnten, nach und nach kolonisiert, das heißt als >Birta- und >Jagir-Land an Adel, hohe Beamte und Militärs vergeben. Die Enteigneten mussten nun an die Grundherren Pachtzins entrichten. Nach 1950, mit zunehmender Beseitigung der Malaria, wurde die Landnahme von Siedlern aus dem Bergland fortgesetzt, teils willkürlich, teils im Rahmen offizieller Regierungsprogramme. Um zu überleben, mussten die Enteigneten sich bei den neuen Landbesitzern als schlecht bezahlte Arbeiter verdingen und Kredite aufnehmen, die sie niemals zurückzahlen konnten und können. Die anwachsende Gesamtschuld vererbt sich.

Kamalari – „Hart arbeitende Frau". Es handelt sich um Mädchen zwischen sechs und 18 Jahren, die von ihren Eltern – meist sind es Landlose – aus einer Notsituation heraus in die Familien von Reichen verkauft werden. Im neuen Haushalt werden viele Kamalari wie Sklavinnen gehalten. Sie arbeiten von früh bis spät, sind völlig den Befehlen ihrer „Halter/innen" ausgesetzt und können im Allgemeinen nicht zur Schule gehen. Um dem Druck von Regierung, nationalen und internationalen Hilfsorganisationen auszuweichen, werden jetzt von den Mittelsmännern vermehrt Jungen angeworben, da diese noch keine Lobby haben.

Karkha – Weideareal im Bergland.

Karma – Karma ist für Buddhisten und Hindus Dreh- und Angelpunkt der Existenz. Es meint absichtsvolles Handeln in guten oder schlechten Gedanken, Worten und Taten und die Wirkungen, die daraus entstehen Die Überwindung von Gier, Hass und Verblendung bringt den karmischen Verlauf zu Ende, das Leid zum Erlöschen und den Zustand des >Nirvana.

Karuna – Karuna wird im Allgemeinen mit „Mitleid" übersetzt. Der Dalai Lama empfiehlt „heilende Hinwendung", was aktives Tun und nicht nur passives Mitleiden bedeutet.

Kasten – Sie wurden von den um 1000 v. Chr. in den Subkontinent eingewanderten Ariern gebildet, um ihre Vorrangstellung über die unterworfene indigene Bevölkerung zu wahren. Als >Shudras wurde ihr der niedrigste Rang zugewiesen; über ihnen standen die arischen Bauern (>Vaishyas), Krieger (>Kshatriya = Chhetri) und Priester (>Brahmanen). Jeder dieser Stände zerfällt in Unterabteilungen. Aus Indien einwandernde Sippen hatten das Kastenwesen nach Nepal gebracht, wo es weniger hart ausgebildet, doch für die untersten Kasten (>Dalits) sehr verletzend und mit vielen Nachteilen verbunden ist.

Kathmandu – Hauptstadt von Nepal. Der Legende nach von König Gunakamadeva im 8. oder 9. Jahrhundert n. Chr. am Zusammenfluss von Vishnumati und Bagmati gegründet. Dort wurde das Bildnis des Gottes Kanteshvara verehrt. Die Stadt hieß damals „Kantipur". Der heutige Name kommt wohl von dem Gebäude Kasthamandapa („Haus aus Holz"), ursprünglich eine Versammlungshalle aus dem 11. Jahrhundert, heute ein Tempel für Gott Goraknath im Zentrum der Altstadt.

Khair, Khayer – *Acacia catechu*. Wegen seiner vielfältigen Verwendungsmöglichkeiten ein auch in Indien sehr beliebter Laubbaum, wohin er häufig geschmuggelt wird und wo er hohe Preise erzielt. Aus seinem Holz werden landwirtschaftliche Geräte und Balken für den Hausbau hergestellt. Das Holz eignet sich zur Produktion von Holzkohle. Die Schoten sind sehr proteinhaltig und als

Tierfutter beliebt. Aus dem Holz werden zusammen mit Betel-Blättern auch der indische Cutch, Kautabak, und Flüssigkeiten zum Färben und Gerben hergestellt. Der Baum liefert auch Substanzen für verschiedene Arzneien.

Khatta – Glück bringender Schal. Es ist buddhistischer Brauch, Gästen und Freunden bei der Verabschiedung eine Khatta aus leichtem Stoff um die Schulter zu legen.

Khenbalung – „Grasiges Tal".

Khola – „Bach", „kleiner Fluss".

Khukuri – Großes Allzweckmesser in verschiedenen Längen, u.a. zum Bambus- und Ästeschneiden und zum Schlachten.

Kipat – Ehemaliger gemeinschaftlicher Landbesitz bei den >Limbu, >Rai und anderen Ethnien in den Bergregionen. Kipat war darüber hinaus auch Lebensform. Sie beinhaltete Selbstverwaltung, Autonomie, Selbstorganisation, Selbsthilfe, Regeln des Zusammenhalts. Seit dem 18. Jahrhundert wurde Kipat nach und nach in individuellen und staatlichen Landbesitz umgewandelt. 1968 wurde Kipat als Form von Landbesitz gänzlich abgeschafft.

Kora – „Umrundung", Pilgerfahrt.

Kot – „Rüstkammer", Zeughaus, Burg.

Krishna – Die achte Inkarnation >Vishnus bzw. eine Manifestation Vishnus, des Erhalters und Retters. Krishna ist der am meisten verehrte Held der indischen Mythologie und neben Ganesh der populärste der hinduistischen Götter.

Kumari – „Lebende Gottheit". Ein Newar-Mädchen, in dem Taleju wohnt, die Schutzgöttin Nepals und der königlichen Familie. Die uralte allgemeine Verehrung der Hindu-Muttergottheit Kumari auf dem indischen Subkontinent wurde durch einwandernde Dynastien ins vormals buddhistische Tal von Kathmandu gebracht. Kumari wurde zum Instrument göttlicher Machtübertragung auf den Monarchen, um unumschränkte Herrschaft zu legitimieren.

Lama, weiblich Lamini – Buddhistische/r Priester/in oder Mönch/Nonne. „La" = hoch, „ma" = Negativum mit der Bedeutung, dass es nichts Höheres gibt. Gemeint ist jemand, der in der Fürsorge für andere sehr weit fortgeschritten ist.

Lekh – Hoher, prägnanter Bergrücken.

Limbu – Mongolide Ethnie mit tibeto-birmanischer Muttersprache. Das Hauptsiedlungsgebiet liegt zwischen dem Fluss Arun und der östlichen Grenze Nepals.

Lung ta – s. Rlung-rta.

Magar – Mongolide Ethnie mit tibeto-birmanischer Muttersprache. Magar siedeln vor allem in den Bergregionen Zentral- und Westnepals. Sie stellten zusammen mit den >Gurung große Militär-Kontingente für Prithvi Narayan Shah während seiner Eroberungszüge im 18. Jahrhundert, die zur Einigung des Landes unter seiner Herrschaft führten.

Mahabharat – Gebirgszug im Süden Nepals. Er erstreckt sich von Ost nach West und erreicht Höhen von bis zu 2800 Metern.

Mahayana – „Großes Fahrzeug". Buddhistische Vorstellung, dass in nahezu unendlichen Zeiträumen mithilfe von >Bodhisattvas alle Wesen das Rad des Leidens und der Wiedergeburt verlassen. Das „Große Fahrzeug" wird von zwei Motoren angetrieben, von „aktiver Ethik", d.h. von dem individuellen Bemühen, „durch unablässige Betätigung der Nächstenliebe anderen Gutes zu tun und sie zur Erlösung zu führen", und vom Glauben, „dass auch die Buddhas in dieser oder jener Weise … den Frommen Wohltaten erweisen können". In „vertrauensvoller Hingabe" werden die >Bodhisattvas als „Heilsbringer" und „gnädige Nothelfer" verehrt. (Glasenapp, Die fünf Weltreligionen, 81 f.). >Hinayana.

Mahr, Mara, Marana – „Mörder", „Tod". Buddhistische Gestalt des Versuchers. Er hält das Lebensrad, >Samsara, in seinen Krallen.

Maithili – Sprache und Kultur der Menschen, welche zwischen den Distrikten Rautahat und Morang in Nepals >Terai und in mehreren benachbarten Distrikten in Bihar und West-Bengal Indiens siedeln.

Manangba – Sie werden so bezeichnet nach dem Ort Manang im oberen Tal der Marsyangdi. Die dortigen Bewohner nennen sich Nyeshangba. Manche von ihnen gehören zu den tüchtigsten Kaufleuten Nepals mit internationalen Handelsbeziehungen. Der Sammelbegriff „Manangba" umfasst auch die Menschen rings um Thonje und diejenigen im Nar-Tal. Alle drei Gruppen gehören zu den mongoliden Ethnien.

Mandala – „Kreis", Zentrum, Achse, um die sich alles bewegt. Die meditierende Person erfährt den Weg zur Erlösung, wenn sie sich von den Randbereichen auf das Zentrum hin orientiert.

Manimauer – Entlang von Wegen kunstvoll geschichtete Steinplatten, auf denen das >„Om Mani Padme Hum" und Buddhadarstellungen eingemeißelt sind. Bewusstes Vorbeigehen bringt Glück.

Mantra – „Spruch", „Gebet", magische Formel. Durch oftmalige Wiederholung soll sich der Geist auf das Wesentliche konzentrieren und Bitten für Schutz und Wohlstand sollen sich erfüllen.

Mit / Miteri – Miteri ist die höchste Stufe der Freundschaft, absolutes Vertrauen zueinander, Zusammenstehen, auch wenn man hunderte und tausende von Kilometern getrennt ist. Diese „Verwandtschaft", verbreitet in Nepal, Sikkim, Bhutan und Tibet, ist unauflöslich wie die zwischen Blutsbrüdern, ja geht noch darüber hinaus: Sie wird auch Bestand haben im Jenseits, im Devachen. Die jeweiligen Kinder der beiden können nicht untereinander heiraten. Nur Personen gleichen Geschlechts können Mit-Bindungen eingehen. Es gibt solche auch unter Frauen. Die Mit-Bindung ist stärker als jede andere. Sie wird in einem Ritual geschlossen, das im Hause eines der beiden Partner stattfindet.

Muluki Ain – Umfassendes Landesgesetz, Verfassung.

Nepal – Über die Herkunft und Bedeutung des Wortes „Nepal" gibt es verschiedene Versionen:

- Nach Hagen, Nepal, 104, taucht der Name zum ersten Mal im Jahr 879 n. Chr. (>Zeitrechnung) auf und bedeutet den Beginn einer neuen Ära.
- Nach Jha, The sacred Complex of Kathmandu, 1, stammt der Name von einem Schutzheiligen, der in dieser Region lebte. Er hieß „Ne". Das Sanskrit-Wort für Beschützung ist „pala".
- Nach Oppitz, Sherpa, 50, ist der Name tibetischen Ursprungs: „Nä" = Platz, „bal" = Wolle.
- Nach Donner, „Nepal", in: Nepal-Information, Nr. 67, 1991, 51, kann der Ausdruck aus der newarischen Sprache kommen, in der „Ne" Zwischenraum und „Pa" Land heißt und Nepal „Land zwischen den Bergen" oder „mittleres Land" bedeutet.
- Nach Bista, Fatalism, 40, stammt das Wort von „Newar". Die >Newari sind die Urbevölkerung des Tals von Kathmandu.

Newar – Mongolide Ethnie mit stark vom Sanskrit beeinflusster tibeto-birmanischer Sprache. Urbevölkerung des Tals von Kathmandu. Die Mehrheit ist dort konzentriert. Newari leben aber auch in größeren Orten auf dem Land. Viele Newari sind Händler, Ladenbetreiber, Handwerker, Kunstschaffende (Holzschnitzer, Erzgießer, Steinmetze). Sie haben den Pagodenstil geschaffen.

Nirvana – „Verlöschen". Ende des Leids, friedvoller überirdischer Zustand nach Überwindung des Geburtenkreislaufs (>Samsara).

Nyingma – „Alte Schule" des Buddhismus. Als ihr Begründer wird >Padmasambhava / Guru Rinpoche verehrt. Sie hat Elemente und Praktiken der ursprünglich in Tibet vorherrschenden >Bön-Religion aufgenommen. Die Nyingma-Schule auferlegt ihren >Lamas – sie tragen rote Kopfbedeckungen – weder Zölibat noch materielle Abstinenz und kennt auch keine organisierte Hierarchie und zentralisierte Leitung.

Om Mani Padme Hum – „Om", „hum" = Universum in all seinen Erscheinungsformen. „Mani" = Juwel (Buddha). „Padme" = Lotos (das eigene Innere, in dem Buddha gegenwärtig ist). Unendlich oft wiederholte Formel, um den Kreislauf der Wiedergeburten zu beenden.

Padmasambhava = Guru Rinpoche – Gelehrter indischer Mönch. Er propagierte im 8. Jahrhundert n. Chr. den Buddhismus in Tibet und verstand es, die dort vorherrschende Bön-Religion in den Buddhismus weitgehend zu integrieren. P. wird als Begründer der buddhistischen >Nyingma-Schule verehrt.

Panchayat – Traditionelles gewähltes Gremium zu Schlichtungszwecken. Regierungsform (parteienlose Räteherrschaft) in Nepal, 1962 von König Mahendra eingeführt. Die Panchayats auf Dorf-, Stadt- und Nationalebene wurden direkt gewählt. Die Panchayats auf Landkreisebene wurden von den Dorf- und Stadtpanchas gewählt. In dem demokratisch erscheinenden System gab es keine institutionalisierte Opposition, und es unterlag der absoluten Kontrolle durch die Monarchie. Es wurde durch die Revolution von 1990 beendet und durch eine konstitutionelle Monarchie mit Parteienparlament ersetzt. Im Jahre 2008 wurde die konstitutionelle Monarchie beendet und Nepal Republik.

Panjani – Panjani bedeutete die traditionelle jährliche Beurteilung von Militärpersonal und Beamten, ihre Wiederernennung, Beförderung, Versetzung oder Entlassung durch den Herrscher und seine Helfer – oftmals mit Landzuteilung, bzw. Entzug verbunden. Es war ein wirksames Mittel, um etwaige Rivalen zu kontrollieren und Loyalität zu gewinnen bzw. zu festigen. Panjani wurde durch den Civil Service Act von 1956 abgeschafft und durch die Bestimmungen der Public Service Commission ersetzt.

Pawa Chenrezi = Avalokitesvara – s. Avalokitesvara / Pawa Chenrezi.

Pipal – Feigenbaum der Arten *ficus religiosa* und *ficus benghalensis*. Er wird von Buddhisten und Hindus verehrt. Gott >Shiva wurde unter einem Feigenbaum geboren und >Buddha gelangte unter einem Pipal zur Erleuchtung. An einem Pipal lügt man nicht. Deshalb wird unter ihm oftmals Streit geschlichtet.

Rai – Mongolide Ethnie mit tibeto-birmanischer Muttersprache. Das Hauptsiedlungsgebiet der Rai liegt entlang der Flüsse Dudh Koshi und Arun in Ostnepal.

Raikar – Staatsland, das in Erbpacht von Nutzern bewirtschaftet wird und wofür Steuern zu entrichten sind.

Rakshi – Privat gebrauter Schnaps.

Ratnasambhava – „Der mit dem Edelstein Geborene". Er trägt auf Abbildungen ein Juwel in der linken Hand = >Buddha als Personifikation der Freigebigkeit, wunscherfüllender Buddha, Herr eines Zwischenparadieses, das erreicht werden kann, wenn man sich Ratnasambhava anvertraut.

Rlung-rta – „Windpferd". Symbol für Glück und Wohlbefinden. Oft auf Gebetsfahnen dargestellt.

Sal – *Shorea robusta*. Der Laubbaum ist weit verbreitet im >Terai und in tief gelegenen Flusstälern. Sein Holz ist hart und sehr haltbar. Es ist für die Herstellung von landwirtschaftlichen Geräten und von Balken und Brettern geeignet. Die Blätter werden zu Tellern für große Feste geformt, die in beträchtlichem Umfang auch nach Indien verkauft werden. Die ölreichen Samen werden zur Produktion von Seife, Lampenöl und Kosmetika genutzt.

Samsara = Bhavachakra – „Zyklische Existenz", Lebensrad, bedeutungsgleich mit Rad des Werdens, leidvoller Kreislauf der Wiedergeburt. Samsara steht für das Verharren in Verblendung, Gier und Hass. Das Verharren hält den Menschen wie in einem Laufrad gefangen.

Sangha – Gemeinschaft der Buddhisten, die sich zu >Dharma bekennen.

Shakti – „Kraft", symbolisiert in Muttergottheiten, besonders in >Durga als Mutter des Universums mit ihrer Energie und Fruchtbarkeit.

Shambhala – „Quelle des Glücks", „Quelle der Freude".

Shangrila – Shangrila ist eine Verballhornung von >Shambhala.

Sherpa – Ethnie tibetischen Ursprungs mit eigener, dem Tibetischen verwandter Sprache. „Sherpa" kommt von „sharva" und bedeutet „die Leute, die im Osten leben". Sie sind im 16. Jahrhundert aus Osttibet in das Gebiet südlich des Mount Everest eingewandert. Sherpa sind weltbekannt geworden durch herausragende Leistungen bei bergsteigerischen Unternehmungen im Himalaya und Karakorum.

Shiva – Der große Zerstörer, der alles überwindet. Er ist auch der Gott der Wiedererzeugung. Er ist Mitglied der höchsten hinduistischen Dreifaltigkeit (>Brahma, Shiva, >Vishnu).

Simal – *Bombax seiba*. Mächtiger Laubbaum, der eine Höhe von 40 Metern erreichen kann. Sein Holz wird zur Produktion von Zündhölzern, Kisten, Booten und Spielzeug genutzt. Aus den Blüten werden >Achar, aus der weichen, wolligen Substanz der geöffneten Knospen Füllmaterial für Bettzeug und aus Wurzeln, Knospen und Blüten verschiedene Arzneien hergestellt.

Sirdar – Ein Sirdar war zur Zeit der militärischen Einigung Nepals durch Prithvi Narayan Shah im 18. Jahrhundert ein hoher, der vierthöchste Amtsinhaber im politischen System: Staatssekretär und Kommandeur kleinerer Armeeeinheiten. Später wurden Personen so genannt, die befähigt sind, kleinere und größere Gruppen von Einheimischen zu führen, welche als Träger, Köche und Küchenhelfer für Trekker und Bergsteiger arbeiten.

Sissoo – *Dalbergia sissoo*. Der schnell wachsende Laubbaum ist von großem ökonomischem Wert. Er hat sehr belastbares und elastisches Stammholz, die Zweige und Blätter sind nahrhaftes Tierfutter und Grundlage für die Herstellung verschiedener Arzneien.

Siwaliks = Churia – s. Churia / Siwaliks.

Stupa = Chörten – s. Chörten.

Sukumbasi – Bauer/Bäuerin ohne Landbesitz. Sukumbasi werden auch Leute genannt, die illegal auf Staatsland siedeln.

Tamang – Mongolide Ethnie mit tibeto-birmanischer Muttersprache. Tamang siedeln vor allem in der Bergregion Zentralnepals südlich des Ganesh-Himal.

Tara = Drolma – „Retterin". Weibliche Manifestation von >Avalokitesvara.

Terai – Als Terai wird das Land zwischen dem Südfuß der >Churia-Berge und der Grenze mit Indien bezeichnet. Es gehört zur Ganges-Ebene und liegt durchschnittlich nur 200 Meter über dem Meeresspiegel. Es ist flach und zum Teil sumpfig und hat den größten Teil seiner ehemaligen Waldbedeckung verloren. Die fruchtbaren Böden machen es zur Kornkammer Nepals.

Terma, Gterma – „Verborgene Schätze". >Beyul.

Thakali – Mongolide Ethnie mit tibeto-birmanischer Muttersprache. Hauptsiedlungsgebiet ist das obere Tal der Kaligandaki zwischen den Achttausendern

Annapurna und Dhaulagiri. Durch Salzhandel mit Tibet sind die Thakali zu Wohlstand gelangt.

Thangka – Buddhistisches Rollbild. Es fungiert unterstützend bei Meditationsübungen und Zeremonien. Gute Thangkas werden mit mineralischen und/oder pflanzlichen Farben auf Stoff gemalt. Es gibt auch gestickte und gedruckte Thangkas.

Tharu – Tharu leben hauptsächlich im mittleren und westlichen >Terai. Früher siedelten sie besonders auf Waldlichtungen. Die Sprache der Tharu ist noch nicht erforscht. Sie ist von Bengali, >Maithili, Bhojpuri, Hindi und Urdu beeinflusst.

Tika – Segenszeichen auf der Stirne, meist in roter Farbe. Symbol für Kraft und Sieg.

Tongba – Beliebtes Getränk, besonders in Ostnepal. Es besteht aus warmem Hirsebier, das mithilfe eines Bambusröhrchens aus einem Holzgefäß geschlürft wird. Es schmeckt säuerlich und ist harntreibend.

Tsampa – Geröstetes Gerstenmehl, das mit Tee, Milch, Honig, Butter usw. gemischt ein beliebtes Grundnahrungsmittel der Hochlandbewohner ist. Es enthält reichlich Vitamin B. Tsampa gemischt mit Butter dient zum Formen von Figuren (Torma), die zu verschiedenen Anlässen als Opfergabe dargebracht werden.

Vaishya – Ackerbauern und Händler. Dritthöchste Hindukaste. >Kasten.

Veden – „Göttliches Wissen". Die Veden begründen den Hinduismus. Es sind Gottheiten verehrende Hymnen der um 1000 v. Chr. ins heutige Indien eingewanderten Arier. Das Hauptwerk ist die Rigveda.

Village Development Committee (VDC) – Dorfentwicklungskomitee, gewählte Gemeindevertretung, Gemeindegebiet.

Vishnu – Der Bewahrer, Erhalter von allem, was >Brahma geschaffen hat. Vishnu ist Mitglied der höchsten hinduistischen Dreifaltigkeit (>Brahma, >Shiva, Vishnu).

Yak – *Bos grunniens*. Rinderart. Yaks fühlen sich nur in über 3000 Metern Höhe wohl. Sie können Lasten von bis zu 80 Kilogramm tragen. Auf Gletschern verlieren sie weder die Orientierung noch stürzen sie in Spalten. Das dichte Fell und der buschige Schwanz schützen die Tiere vor Kälte und ihre großen Lungen lassen sie die Höhen mit vermindertem Luftdruck meistern. Yaks haben einen ausgeprägten Gleichgewichtssinn. Ihre großen Hufe mit breitem Spalt befähigen sie zum sicheren Klettern. Finden sie kein Wasser, dann können sie mit ihrer rauen Zunge den Tau von Flechten, Gräsern und Sträuchern ablecken. Für die höchsten Bewohner des Himalaya sind die Yaks ideale Partner und geradezu überlebenswichtig. Die Tiere dienen nicht nur zum Lastentragen und Pflügen, sondern liefern auch fettreiche Milch, Wolle, Leder und Fleisch. Aus ihren Hörnern werden Behälter geschnitzt und der Dung ist in den baumlosen Hochlagen ein wertvolles Brennmaterial. Aus der Wolle werden Kleidungsstücke, Teppiche und Zeltbahnen gefertigt. Diese sind wasserdicht, da der Stoff aufquillt, wenn er nass wird.

Yartsa gumbu – *Cordyceps sinensis*. „Winter-Wurm, Sommer-Gras". Es handelt sich um einen Pilz in 4000-5000 Metern Höhe, dessen Sporen die Puppe einer Mottenraupe *(hepialus fabricius)* in der Erde befallen. Nach der Schneeschmelze wächst aus ihr der Pilz, der aussieht wie ein Grashalm. Yartsa gumbu kommt auch in den Hochlagen anderer Himalaya-Länder vor. Während der Erntezeit sind schätzungsweise 30.000 Menschen – die meisten aus dem Süden – besonders im Dolpo-Gebiet auf der Suche. Exportiert wird der Pilz vor allem nach China, Japan, Singapur, Japan, Korea und die USA. Trotz Vervielfachung des Preises auf dem internationalen Markt ist die Nachfrage sehr hoch. Der Pilz ist reich an Vitaminen und Mineralien. Er wird auch als Aphrodisiakum nachgefragt. Ökologen blicken mit Sorge auf den „Goldrausch", der bereits zu Erosionsschäden führt.

Yidam – „Schützende, begleitende Gottheit", Erlösungshelfer, erwachte/erleuchtete Wesen (Buddhas), die über ideale Qualitäten wie Weisheit, Mitleid und heilende Hinwendung verfügen. Indem sich der Schüler mit dem Yidam identifiziert, erkennt er den Weg, der zur Befreiung aus dem Wiedergeburtenkreislauf führt.

Yüllha – Aus der >Bön-Religion übernommene Vorstellung, dass auf oder in manchen Bergen Schutzgottheiten wohnen, die dem Individuum oder dem Dorf Hilfe in Not bringen, Tiere vor Krankheiten bewahren und Felder vor Unfruchtbarkeit schützen. In wiederkehrenden Riten werden dem/der Yüllha unblutige Opfergaben dargebracht.

Zeitrechnung – Neujahr kann in Nepal oft gefeiert werden, je nachdem, bei welcher Gesellschaftsgruppe man sich befindet. Die drei wichtigsten Kalender:

– Vikram Samvat ist der offizielle Kalender und ist indischen Ursprungs. Der Name geht auf den König Vikramaditya Samvat zurück (57 v. Chr.). Der Kalender ist dem christlichen Kalender um fast 57 Jahre voraus. Das neue Jahr beginnt im April.

– Nepal Samvat ist der Kalender der Newar. Er beginnt 879 n. Chr., als der reiche Kaufmann Sankhdar Sakhwa alle Schulden der Newar in Kathmandu und Bhaktapur beglich, nachdem sein im Vishnumati gesammelter Sand sich in Gold verwandelt hatte. Das neue Jahr beginnt im November.

– Bot Gyalo (Losar) ist der Kalender der Sherpa und Tibeter. Er beginnt 1026 n. Chr., als aus dem alttibetischen Zwölf-Tiere-Zyklus ein Sechzig-Jahre-Zyklus wurde, indem die 12 Tiere mit fünf Elementen kombiniert wurden. Das neue Jahr beginnt im Februar/März. Das Jahr 2014/2015 christlicher Zeitrechnung ist das Holz-Pferd-Jahr.

Literatur

Abram, David – The wild Ethics of Reciprocity, in: Forests, Trees and People, Newsletter No. 46, 2002, Uppsala

Acharya, Meena – The Maitili Women of Sirsia. The Status of Women in Nepal, Vol. II: Field Studies, Part 1, Kathmandu 1981

Adhikari, Chandra / Chatfield, Paul – The Role of Land Reform in reducing Poverty across Nepal, Reading 2008

Allen, Michael – The Cult of Kumari. Virgin Worship in Nepal, Kathmandu 1975

Allen, Michael – Anthropology of Nepal. Peoples, Problems and Processes, Kathmandu 1994

Al-Nasani, Ali – Zu viele Baustellen. Gewalt geht immer noch vor Recht – Menschenrechte in Nepal, in: Südasien, Nr. 4, 2013, Bonn

Amnesty International – Nepal: A Summary of Human Rights Concerns, London 1992

Anderson, Mary M. – The Festivals of Nepal, 2. Aufl., Calcutta 1977

Anonymus – The Kamaiya System of Bonded Labour in Nepal, n.d.

Aristoteles – Politik (Übers. Franz Susemihl), Hamburg 1965

Aristoteles – Die Nikomachische Ethik (Übers. Olof Gigon), Zürich 1951

Aryal, Kundan / Poudel, Upendra Kumar – Jana Andolan II. A Witness Account, Kathmandu 2006

Assheuer, Thomas – Martin Heidegger: „Er spricht vom Rasseprinzip", in: Die Zeit, Nr. 1, 2014, Hamburg

Aziz, Barbara Nimri – Shakti Yogamaya: A Tradition of Dissent in Nepal, in: Ramble Charles / Brauen Martin, Anthropology of Tibet and the Himalaya, Zürich 1993

Aziz, Barbara Nimri – Durga Devi: A Woman's Tale from the Arun River Valley, in: Allen Michael, Anthropology of Nepal. Peoples, Problems and Processes, Kathmandu 1994

Bajracharya / Siddharta B. – Sustainable Development Plan Mustang (2008-2013), Lalitpur 2008

Baker, Ian – Das Herz der Welt. Eine Reise zum letzten verborgenen Ort, München 2006

Baral, Lok Raj – Nepal, Nation-State in the Wilderness. Managing State, Democracy and Geopolitics, New Delhi 2012

Baral, Lok Raj – Nepal 1979: Political System in Crisis, in: Asian Survey, No. 20, 1980, Berkeley

Baral, Lok Raj – Oppositional Politics in Nepal, New Delhi 1977

Bauer, Kenneth M. – High Frontiers. Dolpo and the changing World of Himalayan Pastoralists, New York 2003

Bayerisches Staatsministerium für Landesentwicklung und Umweltfragen – Bayern Agenda 21, München 1997

Beck, Rainer – Unterfinning. Ländliche Welt vor Anbruch der Moderne, München 1989

Beer, Robert – The Handbook of Tibetan Buddhist Symbols, Chicago-London 2003

Beerfritz, Hans-Jürgen – Ansprechpartner und Wachhunde, in: Entwicklung und Zusammenarbeit, Nr. 2, 2011, Frankfurt am Main

Bell, Charles – Tibet Past and Present, Reprint, Delhi 1998

Benedikter, Thomas – Krieg im Himalaya. Hintergründe des Maoistenaufstandes in Nepal. Eine politische Landeskunde, Münster 2003

Bennet, Lynn – Dangerous Wifes and sacred Sisters. Social and symbolic Roles of High-Caste Women in Nepal, New York 1983

Bergson, Henri – Les deux Sources de la Morale et de la Religion, Paris 1932

Bernbaum, Edwin – Der Weg nach Shambhala. Auf der Suche nach dem sagenhaften Königreich im Himalaya, Hamburg 1980

Bhattachan, Krishna – Globalization and its Impact on Nepalese Society and Culture, in: Dahal, Madan (ed.), Impact of Globalization in Nepal, Kathmandu 2005

Bista, Dor Bahadur – People of Nepal, 4. Aufl., Kathmandu 1980

Bista, Dor Bahadur – Fatalism and Development. Nepals Struggle for Modernization, Hyderabad 1991

Blaikie, Piers / Cameron, John / Seddon, David – Nepal in Crisis. Growth and Stagnation at the Periphery, Delhi 1980

Bonk, Thomas – Nepal. Struggle for Democracy, Bangkok 1991

Brauen, Martin – Nepal. Leben und Überleben, Zürich 1984

Brown, Louise T. – The Challenge to Democracy in Nepal. A Political History, London 1996

Büchner, Georg – Der Hessische Landbote (1834), Sämtliche Werke, Die Tempel-Klassiker, Wiesbaden o.J.

Carson, B. – Erosion and Sedimentation Processes in the Nepalese Himalaya, ICIMOD Occasional Paper No. 1, 1985, Kathmandu

Chapagain, Devendra P. – Land and Agriculture. Status Review and Dialogue, World

Conservation Union (IUCN) Nepal, March 2004, www.nssd.net/country/nepal/nep02.htm

Chargaff, Erwin – „Die wollen ewiges Leben, die wollen den Tod besiegen – das ist teuflisch", Interview, in: STERN 15.11.2001, Hamburg

Chatterji, Bhola – A Study of recent Nepalese Politics, Calcutta 1967

Chaudhary, Buddhi Ram / Maharjan, Keshav Lall – Von der Schuldknechtschaft in die Armut. Die Situation der Mukta Kamaiya zehn Jahre nach ihrer „Befreiung", in: Südasien, Nr. 3-4, 2012, Bonn

Chaudhary, Urmila – Sklavenkind. Verkauft, verschleppt, vergessen – Mein Kampf für Nepals Töchter, München 2011

Chitrakar, Gopal – People Power, Kathmandu 1992

Chorlton, Windsor – Felsbewohner des Himalaya. Die Bhotia, Amsterdam 1982

Comte, Auguste – Système Politique Positive, 1851-54

Condorcet, Marie Jean – Esquisse d'un Tableau Historique des Progrès de l'Esprit Humain, 1795

Cronin, Edward W. – The Arun. A Natural History of the World's deepest Valley, Boston 1979

Czarnecka, Joanna – Das hinduistische Kastenwesen im nepalesischen Hügelgebiet, in: Brauen, Martin (Hsg.), Nepal: Leben und Überleben, Zürich 1984

Dahal, Madan K. (ed.) – Impact of Globalization in Nepal, Kathmandu 2005

Dalai Lama – Logik der Liebe. Aus den Lehren des Tibetischen Buddhismus für den Westen, 3. Aufl., München 1993

Dalai Lama – Der Tibetische Buddhismus und der Westen. Die Bodhgaya-Gespräche, Grafing 2002

Dalai Lama – Das Buch der Freiheit. Die Autobiographie des Friedensnobelpreisträgers, 14. Aufl., Mönchengladbach 2004

Dalai Lama / Howard C. Cutler – Die Regeln des Glücks, Bergisch Gladbach 2001

Daniggelis, Ephrosine – Hidden Wealth. The Survival Strategy of foraging Farmers in the Upper Arun Valley, Eastern Nepal, Kathmandu 1997

Dante, Alighieri – Die göttliche Komödie (Übers. Konrad Falke), Zürich 1947

David-Neel, Alexandra – Arjopa, in: Kirch, Joelle, Himalaya. Trekking-Erzählungen aus Tibet, Nepal und Ladakh, München 1986

Deutsches Wirtschaftswissenschaftliches Institut – Tourismusentwicklungsplan für das Königreich Nepal. Tourismuspolitik Bedeutung und Zielsetzung, München 1972

Dhakal, Rup Narayan – Straßenbau behindert Trekking am Annapurna, in: Nepal Information, Nr. 100, 1/2008, Bonn

Diels, Hermann / Kranz Walther – Die Fragmente der Vorsokratiker, 5. Aufl., Berlin 1934-38

Diemberger, Hildegard – Gangla Tshechu, Beyul Khenbalung. Pilgrimage to hidden Valleys, sacred Mountains and Springs of Live Water in Southern Tibet and Eastern Nepal, in: Ramble Charles / Brauen Martin, Anthropology of Tibet and the Himalaya, Zürich 1993

Diemberger, Kurt – Der siebte Sinn, Zürich 2004

Diemberger, Kurt – Gipfel und Gefährten. Zwischen Null und Achttausend, München 2001

Diemberger, Kurt – Gipfel und Geheimnisse. Nur die Geister der Luft wissen, was mir begegnet, hinter den Bergen ..., München 1991

Diemberger, Kurt – Gipfel und Gefährten. Zwischen Null und Achttausend, München 1990

Dixit, Kanak Mani / Ramachandaran, Shastri – State of Nepal, Lalitpur 2005

Dixit, Kunda – Funny Sides Up. A Collection of gentle Laxatives for the Mind, Kathmandu 1984

Dixit, Kunda / Tüting, Ludmilla – Bikas-Binas? Development-Destruction? München 1986

Döhne, Thomas – Komplizenschaft der Straflosigkeit. Generalamnestie in Nepal, in: Südasien, Nr. 3-4, 2012, Bonn

Döhne, Thomas – Monument zu Ehren von 60.000 getöteten Gurkha-Soldaten, in: Südasien, Nr. 3-4, 2012, Bonn

Donner, Wolf – „Nepal" – was heißt das eigentlich?, in: Nepal-Information, Nr. 67, 1991, Köln

Donner, Wolf – Lebensraum Nepal – Eine Entwicklungsgeographie, Hamburg 1994

Donner, Wolf – Ackerland in Bauernhand: Probleme der nepalischen Landreform, in: Nepal Information, Nr. 75, 1995, Köln

Dowman, Keith – Der heilige Narr. Das liederliche Leben und die lästerlichen Gesänge des tantrischen Meisters Drugpa Künleg, München 1980

Downs, Hugh R. – Rhythms of a Himalayan Village, San Francisco 1980

Eco, Umberto – Im Krebsgang voran. Heiße Kriege und medialer Populismus, München 2011

EcoHimal – The Alpine-Himalayan Mailrunner, 1, 2012, Salzburg

Ehrhard, Franz-Karl – Pilgrims in Search of Sacred Lands, in: Gutschow, Niels u.a., Sacred Landscape of the Himalaya, Wien 2003

Fisher, James F. – Trans-Himalayan Traders. Economy, Society and Culture in Northwest Nepal, Delhi 1987

Fisher, R.J. / Gilmour, D.A. – Anthropology and biophysical Sciences in Natural Resource Management: Is Symbiosis possible? In: Chhetri, Ram B. / Gurung, Om P., Anthropology and Sociology of Nepal. Cultures, Societies, Ecology and Development, Kathmandu 1999

Fremantle, Francesca / Trungpa, Chögyam – Das Totenbuch der Tibeter, 9. Aufl., 1987, Köln

Funke, Friedrich W. – Religiöses Leben der Sherpa. Khumbu Himal 9, Innsbruck/München 1969

Fürer-Haimendorf, Christoph – Himalayan Traders. Life in Highland Nepal, London 1975

Fürer-Haimendorf, Christoph – The Sherpas of Nepal. Buddhist Highlanders, 3. Aufl., New Delhi 1979

Fürer-Haimendorf, Christoph – The Sherpas transformed. Social Change in a Buddhist Society of Nepal, New Delhi 1984

Gaenzle, Martin – Origins and Migrations. Kinship, Mythology and ethnic Identity among the Mewahang Rai of East Nepal, Kathmandu 2000

Gaige, F. – Regionalism and national Unity in Nepal, Berkeley 1975

Gajurel, C.L. / Vaidya, K.K. – Traditional Arts and Crafts of Nepal, New Delhi 1984

Gandhi, Mahatma – Sarvodaya. Wohlfahrt für alle, Bellnhausen 1963

Gautam, Rajesh / Thapa-Magar Asoke, K. – Tribal Ethnography of Nepal, Vols. I und II, Delhi 1994

Gesellschaft für Technische Zusammenarbeit (GTZ) – Focus on the Poor, in: Akzente. Working with GTZ and KfW, Sonderheft, Eschborn September 1996

Gesellschaft für Technische Zusammenarbeit (GTZ) – Code zum grünen Tresor, in: Akzente. Aus der Arbeit der GTZ, 1/2006, Eschborn

Ghimire Krishna – Die Opfer der Entwicklung, in: Entwicklung und Zusammenarbeit, Nr. 3, 1991, Bonn

Ghimire Krishna – Forest or Farm? The Politics of Poverty and Land Hunger in Nepal, Delhi 1992

Gilmour, D.A. / Fisher, R.J. – Villagers, Forests and Foresters. The Philosophy, Process and Practice of Community Forestry in Nepal, Kathmandu 1991

Glasenapp, Helmuth – Die fünf Weltreligionen, Düsseldorf 1963

Goethe, Johann Wolfgang – Faust II, 1832

Guardini, Romano – Der Tod des Sokrates. Eine Interpretation der Platonischen Schriften Euthyphron, Apologie, Kriton und Phaidon, 8. Aufl., Hamburg 1964

Gupta, Anirudha – Politics in Nepal. A Study of Post-Rana political Developments and Party Politics, Bombay 1964

Gurung, Harka Bahadur – Vignettes of Nepal, Kathmandu 1980

Gurung, Nareshwar Jang – An Introduction to the socio-economic Structure of Manang District, in: Kailash. A Journal of Himalayan Studies, Vol. 4, No. 3, 1976, Kathmandu

Gutschow, Niels u.a. – Sacred Landscape of the Himalaya, Wien 2003

Gyawali, Dipak – Stress, Strain and Insults, in: Himal, Vol. 5, No. 5, 1992, Kathmandu

Gyawali, Dipak – A Fate other than Marginality, in: Himal, Vol. 7, No. 3, 1994, Kathmandu

Gyawali, Dipak – Institutions under Stress: Multiple Identities and the Pressure of Change in Everyday Life, Paper presented to the International Seminar on „Newer Sources of Insecurity in South Asia", organized by the Regional Centre for Strategic Sudies Colombo, held in Paro/Bhutan on 7-11 November 1996

Gyawali, Dipak – Reflecting on contemporary Nepali Angst, in: Himal, Vol. 15, No. 4, 2002, Kathmandu

Hagen, Toni – Nepal. Königreich am Himalaya, 3. Aufl., Bern 1972

Hagen, Toni / Dyrenfurth, Günter Oskar / Fürer-Haimendorf, Christoph / Schneider, Erwin – Mount Everest. Aufbau, Erforschung und Bevölkerung des Everest-Gebietes, Zürich 1959

Harvard, Andrew / Thompson, Todd – Mountain of Storms. The American Expeditions to Dhaulagiri, New York 1974

Hegel, Georg Friedrich Wilhelm – Die Phänomenologie des Geistes, 1807

Heidegger, Martin – Gesamtausgabe, Bände 95-96: Schwarze Hefte 1931-1941, Frankfurt am Main 2014

Heidegger, Martin – Einführung in die Metaphysik, 1953

Heidegger, Martin – Sein und Zeit, 1927

Herdick, Reinhard – Kirtipur. Stadtgestalt, Prinzipien der Raumordnung und gesellschaftliche Funktionen einer Newar-Stadt, Köln 1988

Hermanns, Matthias – Mythen und Mysterien. Magie und Religion der Tibeter, Stuttgart 1955

Hermanns, Matthias – Das Nationalepos der Tibeter. Gling König Gesar, Regensburg 1965

Herodot – Forschungen (Übers. Eberhard Richtsteig), Limburg/Lahn o.J.

Hesse, Hermann – Peter Camenzind, Gesammelte Werke, Bd. 1, Frankfurt am Main 1987

Hesse, Hermann – Die Morgenlandfahrt, Gesammelte Werke, Bd. 8, Frankfurt am Main 1987

Hesse, Hermann – Der Steppenwolf. Gesammelte Werke, Bd. 7, Frankfurt am Main 1987

Hillary, Edmund – Festlichkeiten, in: Kirch, Joelle, Himalaya. Trekking-Erzählungen aus Tibet, Nepal und Ladakh, München 1986

Hilton, James – Der verlorene Horizont. Ein utopisches Abenteuer irgendwo in Tibet, Frankfurt 1988

His Majesty's Government – National Education Plan 1971, Kathmandu

His Majesty's Government – Population Census 2001, Kathmandu

His Majesty's Government / ICIMOD – Erosion and Sedimentation in the Nepal Himalaya. An Assessment of River Processes, Kathmandu 1987

Höfer, András – The Caste Hierarchy and the State in Nepal. A Study of the Muluki Ain of 1854, Innsbruck 1981

Hoftun, Martin / Raeper, William / Whelpton, John – People, Politics and Ideology. Democracy and social Change in Nepal, Kathmandu 1999

Högger, Rudolf – Die Schweiz in Nepal. Erfahrungen und Fragen aus der schweizerischen Entwicklungszusammenarbeit mit Nepal, Bern 1975

Högger, Rudolf – Wasserschlange und Sonnenvogel. Die andere Seite der Entwicklungshilfe, Frauenfeld 1993

Horkheimer, Max – Die Sehnsucht nach dem ganz Anderen. Ein Interview mit Kommentar von Helmut Gumnior, Hamburg 1971

Horkheimer, Max / Adorno, Theodor W. – Dialektik der Aufklärung. Philosophische Fragmente, 17. Aufl., Frankfurt 2008

International Crisis Group – Nepal's troubled Tarai Region. Asia Report No. 136, 9 July 2007

Ives, Jack / Messerli, Bruno – The Himalayan Dilemma. Reconciling Development and Conservation, London 1988

Jefferies, Margaret – The Story of the Mount Everest National Park, Auckland 1986

Jest, Corneille – Die Dolpo-pa, in: Brauen, Martin (Hsg.), Nepal. Leben und Überleben, Zürich 1984

Jha, Makan – The sacred Complex of Kathmandu Nepal. Religion of the Himalayan Kingdom, New Delhi 1995

Joshi, B.L. / Rose, L.E. – Democratic Innovations in Nepal. A Case Study of political Acculturation, Berkeley-Los Angeles 1966

Kaisher, Bahadur K.C. – Nepal after the Revolution of 1950, Kathmandu 1976

Kandinsky, Wassily – Über das Geistige in der Kunst. Insbesondere in der Malerei, Bern 2004

Karki, Arjun – Demokratie als Ziel und als Weg, in: Südasien, Nr. 2, 2008, Bonn

Karki, Arjun / Seddon, David – The People's War in Nepal. Left Perspectives, New Delhi 2003

Karmay, Samten G. – The Arrow and the Spindle. Studies in History, Myths, Rituals and Beliefs in Tibet, Vol. I, Kathmandu 1998

Karmay, Samten G. – The Arrow and the Spindle. Studies in History, Myths, Rituals and Beliefs in Tibet, Vol. II, Kathmandu 2005

Katwal, Samrat – Homegrown Development, The Kathmandu Post 21.9.2013

Kayastha, Baban Prasad – Silvics of the Trees of Nepal, Kathmandu 1985

Kennedy, Paul – Aufstieg und Fall der großen Mächte. Ökonomischer Wandel und militärischer Konflikt von 1500 bis 2000, Frankfurt 2000

Kind, Marietta – Die Entführung der Berggöttin. Beseelte Landschaft, Heirat und Identität in Phoksumdo, in: Nepal Information, Nr. 91, 2003, Köln

Kind, Marietta – Kloster Ringmo, www.tapriza.org/d/projekte/s_ring_01.htm

Kirch, Joelle – Himalaya. Trekking-Erzählungen aus Tibet, Nepal und Ladakh, München 1986

Kisan, Yam Bahadur – The Nepali Dalit Social Movement, Lalitpur 2005

Kolisch, Christine – The Yak. Not just another hairy Beast, in: Nepal Traveller, Vol. 9, No. 5, 1992, Kathmandu

Kondos, Vivienne – Jana-Sakti (People Power) and the 1990 Revolution in Nepal: Some theoretical Considerations, in: Allen, Michael, Anthropology of Nepal. Peoples, Problems and Processes, Kathmandu 1994

Krämer, Karl-Heinz – Nepal. Lagebericht, Bern 2005

Krämer, Karl-Heinz – Wahlen zu einer verfassunggebenden Versammlung. Versuch einer ersten Evaluierung, in: Nepal Information, Nr. 101, 2/2008, Köln

Küng, Hans / Stietencron, H. – Christentum und Weltreligionen – Hinduismus, München 1995

Kumar, D.P. – Nepal. Year of Decision, New Delhi 1980

Lal, C.K. – Nepal's Maobadi, in: Himal, Vol. 14, No. 11, 2001, Kathmandu

Lama Anagarika Govinda – Der Weg der weissen Wolken. Erlebnisse eines buddhistischen Pilgers in Tibet, 9. Aufl., Bern-München-Wien 1985

Lama, Tshewang – Who cares for Humla?, in: Himal, Vol. 6, No. 5, 1993, Kathmandu

Lanczkowski, Günter – Geschichte der Religionen, Frankfurt 1972

Laubmeier, Peter / Warth, Hermann / Poudyal, Badri – Restoring Balances. Milestones of the Churia Forest Development Project in Eastern Nepal, Kathmandu 2004

Lawoti, Mahendra / Hangen, Susan (ed.) – Nationalism and Ethnic Conflict. Identities and Mobilization after 1990, London/New York 2013

Lawoti, Mahendra – Transforming ethnic Politics, transforming the Nepali Polity. From peaceful nationalist Mobilization to the Rise of armed separatist Groups, in: Lawoti, Mahendra/Hangen, Susan (ed.), Nationalism and Ethnic Conflict. Identities and Mobilization after 1990, London 2013

Lawoti, Mahendra – Towards a democratic Nepal. Inclusive Political Institutions for a multicultural Society, New Delhi 2005

Lecomte-Tilouine, Marie (ed.) – Revolution in Nepal. An Anthropological and Historical Approach to the People's War, New Delhi 2013

Lommel, Andreas – Fortschritt ins Nichts. Die Modernisierung der Primitiven, Frankfurt 1981

Loran, Christin – Kurzevaluierung des Churia Forest Development Project (ChFDP), Nepal, November 2011, GIZ, Manus.

Lüders, Else – Buddhistische Märchen aus dem alten Indien, Köln 1985

Lueger, Kurt – Editorial, in: The Alpine-Himalayan Mailrunner, 1/2012, Salzburg

Lumsalee, Rishi Raj – Land Issues in Nepal. Paper to be presented at the Regional Workshop on Land Issues in Asia, Phnom Penh, June 4-6, 2002

Machiavelli, Niccolo – Discorsi, 1531

Malla, Shashi P.B. – Die Außenpolitik des Königreichs Nepal und ihre innerstaatlichen Voraussetzungen. Eine Analyse hinsichtlich der historischen Entwicklung und der Himalaya-Mächtekonstellation der Gegenwart, Augsburg 1973

Martinussen, John – Democracy, Competition and Choice. Emerging local Self-government in Nepal, New-Delhi 1995

Marx, Karl – Die Deutsche Ideologie, 1846

Marx, Karl – Manifest der kommunistischen Partei, 1848

Matthiesen, Peter – Auf der Spur des Schneeleoparden, 2. Aufl., München 2004

McDougal, Charles – The Kulunge Rai. A Study in Kinship and Marriage Exchange, Kathmandu 1979

Maul, Stefan – Das Gilgamesch-Epos, 5. Aufl., München 2012

Meier, Erhard – Kleine Einführung in den Buddhismus, Freiburg 1984

Messerschmidt, Donald – Miteri in Nepal: Fictive Ties that bind, in: Kailash. A Journal of Himalayan Studies, Vol. 9, No. 1, 1982, Kathmandu

Messerschmidt, Donald – The Hindu Pilgrimage to Muktinath. Nepal, in: Mountain Research and Development, Vol. 9, No. 2, 1989, Kathmandu

Misra, Neelesh – End of the Line. The Story of the Killing of the Royals in Nepal, New Delhi 2001

Newar, Naresh – A traumatised Nation, in: Nepali Times 13.8.2004

Nietzsche, Friedrich W. – Die fröhliche Wissenschaft, 1882

Nietzsche, Friedrich W. – Also sprach Zaratustra, 1883-1885

Nietzsche, Friedrich W. – Ecce homo, 1888

Novalis – Heinrich von Ofterdingen (Ausgabe Hoffmann und Campe), Hamburg 1959

Nyanatiloka – Das Wort des Buddha. Eine systematische Übersicht der Lehre des Buddha in seinen eigenen Worten, 3. Aufl., Konstanz 1978

Ogura, Kiyoko – Kathmandu Spring. The People's Movement of 1990, Lalitpur 2004

Olschak, B.C. / Geshé Thupten Wangyal – Mystik und Kunst Alttibets, 2. Aufl., Bern-Stuttgart 1977

Oppitz, Michael – Geschichte und Sozialordnung der Sherpa, Innsbruck-München 1968

Oppitz, Michael – Frau für Fron. Die Dreierallianz bei den Magar West-Nepals, Frankfurt am Main, 1988

Ortner, Sherry B. – Sherpas through their Rituals, New Delhi 1979

Ortner, Sherry B. – High Religion. A cultural and political History of Sherpa Buddhism, Delhi 1992

Panday, Devendra Raj – Nepal's failed Development. Reflections on the Mission and the Maladies, Kathmandu 1999

Pandey, Bikash – Is Lo Manthang ready for Electricity? in: Himal. Vol. 5, No. 5, 1992, Kathmandu

Panjiar Tej Narayan – Faceless in History, in: Himal, 1993, Kathmandu

Pasqualoni, Bonnie – The Art of Healing: A Tibetan Buddhist Perspective, www.dharma-haven.org/tibetan/tibetan-art-of-healing.htm

Paul, Robert – The Sherpas of Nepal in the Tibetan Cultural Context. The Tibetan symbolic World: A psychoanalytic Exploration, Delhi 1989

Pemba, Tsewang   Tibet im Jahr des Drachen. Der Untergang einer alten Kultur, München 1968

Petech, L. – Mediaeval History of Nepal, Rome 1958

Pfaff-Czarnecka, Joanna – Macht und rituelle Reinheit. Hinduistisches Kastenwesen und ethnische Beziehungen im Entwicklungsprozess Nepals, Grüsch 1989

Pignède, Bernard – The Gurungs. A Himalayan Population of Nepal, Kathmandu 1993

Platon – Politeia (Übers. Friedrich Schleiermacher), Hamburg 1964

Platon – Nomoi (Übers. Hieronymus Müller), Hamburg 1964

Polybios – Geschichte (Übers. Hans Drexler), Zürich 1961

Poudel, Keshab – A Decade after Arun Debacle. Hurting the Poor, in: Spotlight, 8.17.10.2004, Kathmandu

Powers, John – A concise Encyclopedia of Buddhism, Oxford 2000

Radhakrishnan, S. – Die Bhagavadgita. Sanskrittext mit Einleitung und Kommentar, Wiesbaden 1958

Raeper, William / Hoftun, Martin – Spring Awakening. An Account of the 1990 Revolution of Nepal, New Delhi 1992

Rai, Navin / Thapa, Man Bahadur – Indigenous Pasture Management Systems in High-Altitude Nepal: A Review, Research Report Series, No. 22, Ministry of Agriculture / Winrock International, Kathmandu 1993

Raj, Prakash A. – „Kay Gardeko?" The Royal Massacre in Nepal, New Delhi 2001

Raj, Prakash A. – Maoists in the Land of Buddha. An analytical Study of the Maoist Insurgency in Nepal, Delhi 2004

Raj, Prakash A. – The dancing Democracy. The Power of the Third Eye, New Delhi, 2006

Rakesh, Ram Dayal – Cultural Heritage of Nepal Terai, Jaipur 1994

Ramadan, Tariq – Radikale Reform. Die Botschaft des Islam für die moderne Gesellschaft, München 2009

Ramble, Charles – Dasain at Muktinath, in: Shangri-La. Royal Nepal Airlines Inflight Magazine, Vol. 4, No. 4, 1993, Kathmandu

Ramble, Charles – The Name Bhotey, in: Himal, Vol. 6, No. 5, 1993, Kathmandu

Ramble, Charles / Brauen, Martin – Anthropology of Tibet and the Himalaya, Zürich 1993

Regmi, D.R. – Medieval Nepal, 2 Vols., Calcutta 1965, 1966

Regmi, Mahesh C. – Landownership in Nepal, Berkeley-Los Angeles 1976

Regmi, Mahesh C. – Thatched Huts and Stucco Palaces. Peasants and Landlords in 19th century Nepal, New Delhi 1978

Reinhard, Johan – Khembalung: The Hidden Valley, in: Kailash: A Journal of Himalayan Studies, Vol. 6, No. 1, 1978, Kathmandu

Rinpoche, Namgyal – Dolpo. The Hidden Land, 2. Aufl., Kathmandu, n.d.

Rinpoche, Thondup – Hidden Teachings of Tibet. An Explanation of the Terma Tradition of the Nyingma School of Buddhism, London 1986

Rohrbach, Carmen – Das Yak, der „dickfellige Expeditionskamerad", in: Alpinismus, Nr. 8, 1978, München

Rytcheu, Juri – Der letzte Schamane. Die Tschuktschen-Saga, Zürich 2000

Sakya, Karna – Dolpo. The World behind the Himalayas, Kathmandu 1978

Sanwal, B.D. – Nepal and the East India Company, Bombay 1965

Schaller, George B. – Stones of Silence. Journeys in the Himalaya, New Delhi 1980

Schick, Jürgen – Die Götter verlassen das Land. Kunstraub in Nepal, Graz 1989

Schicklgruber, Christian / Pommaret, Francoise – Bhutan. Festung der Götter, London 1997

Schroeder, Leopold von (Hsg.) – Bhagavadgita. Des Erhabenen Gesang, Köln 1965

Schumacher, Ernst Friedrich – Small is beautiful. A Study of Economics as if People mattered, London 1993

Schumann, Hans Wolfgang – Buddhistische Bilderwelt. Ein ikonographisches Handbuch des Mahayana- und Tantrayana-Buddhismus, Köln 1986

Seddon, D. / Blaikie, P. / Cameron, J. – Peasants and Workers in Nepal, New Delhi 1981

Seeland, Klaus – Ein nicht zu entwickelndes Tal. Traditionelle Bambustechnologie und Subsistenzwirtschaft in Ost-Nepal, Diessenhofen 1980

Seemann, Heinrich – Das Ende des Mittelalters. Nepal – Nekrolog auf eine Hochkultur, Frankfurter Allgemeine Zeitung 11.2.1973

Shah, Saubhagya – The Gospel comes to the Kingdom, in: Himal, Vol. 6, No. 5, 1993, Kathmandu

Shaha, Rishikesh – Politics in Nepal 1980-1991: Referendum, Stalemate and Triumph of People Power, 3. Aufl., New Delhi 1992

Sharma, Barati – Surkhet-Jumla Road opens new Vista for Potentials, in: Peoples Review 26.4.2007, Kathmandu

Sharma, Chandra K. – River Systems of Nepal, Calcutta 1977

Sharma, Sudheer – Deep red in the Heartland, in: Himal, Vol. 15, No. 1, 2002, Kathmandu

Shiva, Vandana – Das Geschlecht des Lebens. Frauen, Ökologie und Dritte Welt, Berlin 1989

Shrestha, Aditya Man – The dreadful Night. Carnage at Nepalese Royal Palace, Kathmandu 2001

Shrestha, Aditya Man – Bleeding Mountains of Nepal. A Story of Corruption, Greed, Misuse of Power and Resources, 2. Aufl., Kathmandu 2000

Shrestha, Bharat – The Land Development Boom in Kathmandu Valley, International Land Coalition, Rome 2011

Shrestha, Bihari Krishna – Good Governance in Nepal. Perspectives from Panchathar and Kanchanpur Districts, Kathmandu 2000

Shrestha, Born Prasad – Forest Plants of Nepal, Kathmandu 1989

Shrestha, Nanda R. – In the Name of Development. A Reflection on Nepal, Lanham-New York-Oxford 1997

Shrestha, Tirtha Bahadur – Development Ecology of the Arun River Basin in Nepal, Kathmandu 1989

Shrestha, Tulsi Narayan – The Concepts of Local Government and Dezentralization, Kathmandu 1996

Shrestha, Tulsi Narayan – The Implementation of Dezentralization Scheme in Nepal. An Assessment and Lessons for Future, Kathmandu 1999

Singh, Chetan – Road to Riches, Road to Doom, in: Himal, Vol. 5, No. 5, 1992, Kathmandu

Snellgrove, David – Places of Pilgrimage in Thag (Thakkhola), in: Kailash. A Journal of Himalayan Studies, Vol. 7, No. 2, 1979, Kathmandu

Snellgrove, David – Himalayan Pilgrimage. A Study of Tibetan Religion by a Traveller through Western Nepal, Boulder 1981

Snellgrove, David – Four Lamas of Dolpo. Tibetan Biographies, 2. Aufl., Kathmandu 1992

Somlai, Ivan Gyozo – Fancy Footwork: Entrapment in and coping with the Nepali Management Model, 2. Aufl., Kathmandu 1993

Spengen, Wim van – The Nyishangba of Manang: Geographical Perspectives on the Rise of a Nepalese Trading Community, in: Kailash. A Journal of Himalayan Studies, Vol. 13, No. 3-4, 1987, Kathmandu

Stiller, Ludwig – The Rise of the House of Gorkha. A Study in the Unification of Nepal 1768-1816, Kathmandu 1973

Stiller, Ludwig – The Silent Cry. The People of Nepal: 1816-39, Kathmandu 1976

Stiller, Ludwig – Nepal. Growth of a Nation, Kathmandu 1993

Stiller, Ludwig / Yadav, Ram Prasad – Planning for People. A Study of Nepal's Planning Experience, Kathmandu 1979

Stölb, Wilhelm – Waldästhetik. Über Forstwirtschaft, Naturschutz und die Menschenseele, 2. Aufl., Altdorf/Landshut 2012

Storrs, Adrian and Jimmie – Discovering Trees, Kathmandu 1984

Suyin, Han – Wo die Berge jung sind, Stuttgart o.J.

Tamang, Susil – Let the Pope not come to Nepal, in: Himal, Vol. 7, No. 1, 1994, Kathmandu

Terzani, Tiziano – Das Ende ist mein Anfang. Ein Vater, ein Sohn und die große Reise des Lebens, 5. Aufl., München 2008

Thapa, Deepak – Day of the Maoist, in: Himal, Vol. 14, No. 5, 2001, Kathmandu

Thapa, Deepak – Erosion of the Nepali World, in: Himal, Vol. 15, No. 4, 2002, Kathmandu

Thapa, Deepak – The Maobadi of Nepal, in: Dixit, Kanak Mani / Ramachandaran, Shastri (ed.), State of Nepal, Lalitpur 2005

Thapa, Ganga B. – Local Self-Government in Nepal, Kathmandu 1998

Thapa, Manjushree – Tourism's Predicament, in: Himal, Vol. 6, No. 5, 1993, Kathmandu

Thapa, Manjushree – Geheime Wahlen. Ein Roman aus Nepal, Bergisch Gladbach-Kathmandu 2007

Thieme, Paul (Hsg.) – Upanishaden. Ausgewählte Texte, Stuttgart 1971

Thoreau, Henry David – Walden oder Leben in den Wäldern, Zürich 1971

Tichy, Herbert – Land der namenlosen Berge. Erste Durchquerung Westnepals, 2. Aufl., Wien 2009

Toynbee, Arnold – A Study of History, Oxford 1948

Toynbee, Arnold – Mankind and Mother Earth, Oxford 1976 (Menschheit und Mutter Erde. Die Geschichte der großen Zivilisationen, Düsseldorf 1979)

Tsewang, Pemba – Tibet im Jahr des Drachen. Der Untergang einer alten Kultur, Freiburg 1968

Tshering, Gyonpo – An astrological Guidebook for everyday Life, Thimphu 1996

Tüting, Ludmilla – Maoisten in Nepal. Wie sicher sind Reisen im Himalaya-Königreich?, in: TourismWatch. Informationsdienst Dritte Welt-Tourismus, Nr. 36, Okt. 2004, Bonn

Tyson, John – Return to Kanjiroba, 1969, in: The Himalayan Journal, Vol. XXIX, 1969, London

Uprety, Laya Prasad / Rai, Indra / Sedhain, Him Prasad – People-Centred Advocacy for Land Tenancy Rights in Nepal. A Case Study of the Community Self-Reliance Centre's Grassroots Campaign, Working Paper 6, Kathmandu 2005, www.actionaid.org/473/assessing_advocacy.html

Uprety, Laya Prasad / Rai, Indra / Sedhain, Him Prasad – Rights-Based Advocacy Campaign against Caste-Based Discrimination in Nepal. A Case Study of the Grassroots Anti-Carcass Throwing Campaign of Saraswoti Community Development Forum, Working Paper 5, Kathmandu 2005, www.actionaid.org/473/assessing_advocacy.html

Valli, Eric / Summers, Diane – Aufbruch am Ende der Welt. Die abenteuerliche Reise der Salz-Krawanen im Himalaya, 2. Aufl., Hamburg 1994

Varya, Tank Vilas – Nepal, the Seat of cultural Heritage, Kathmandu n.d.

Vergati, Anne – Gods, Men and Territory. Society and Culture in Kathmandu Valley, New Delhi 1995

Voegelin, Eric – Order and History, Vols. I - V, Baton Rouge 1956-1974; Vol. V, Columbia-London 2000

Voegelin, Eric – Anamnesis. Zur Theorie der Geschichte und Politik, München 1966

Voegelin, Eric – From Enlightenment to Revolution, Durham 1975

Waddell, L. Austine – Buddhism and Lamaism of Tibet. With its mystic Cults, Symbolism and Mythology, and its Relation to Indian Buddhism, 2. Aufl., Kathmandu 1985

Warth, Dietlinde – Der lange Abschied. 2000 Kilometer zu Fuß durch Nepal, Rosenheim 1987

Warth, Dietlinde – Didi – Bahini. Ältere Schwester – Jüngere Schwester. Frauen in Nepal, Bad Honnef 1990

Warth, Hermann – Tiefe Überall. Menschen, Schluchten und Achttausender, Rosenheim 1986

Warth, Hermann – Wer hat dich, du armer Wald …? Die Krise in Nepal, Bad Honnef 1987

Warth, Hermann und Dietlinde – Makalu. Expedition in die Stille, 2. Aufl., St. Ottilien 1980

Weber, Max – Die protestantische Ethik. Eine Aufsatzsammlung, Hamburg 1973

Wiesner, Ulrich – Nepal. Königreich im Himalaya. Geschichte, Kunst und Kultur im Kathmandu-Tal, Köln 1977

Willjes, Annemarie – Migration in Nepal. In den Fängen der Vermittler und Behörden, in: Südasien, Nr. 3-4, 2012, Bonn

Wily, Liz Alden / Chapagain, Devendra / Sharma, Shiva – Land Reform in Nepal. Where is it coming from and where is it going, Kathmandu 2009

Yogi, Bhagirath – Kerzen für den Frieden, in: Nepal Information, Nr. 94, 2005, Köln

Kurzbiographie Hermann Warth

1940	geboren in Berlin
1960	Abitur am Humanistischen Gymnasium St. Ottilien, Bayern
1964	1. Prüfung für das Lehramt an Volksschulen in Augsburg
1972	Promotion: Dr. phil. in Politischer Wissenschaft, Philosophie, Pädagogik in München
1970-74	Arbeit in der Erwachsenenbildung in politischen Stiftungen und als Wissenschaftlicher Assistent an der Universität München
1975-78	Landesbeauftragter des Deutschen Entwicklungsdienstes in Nepal
1978-79	Wissenschaftlicher Assistent an der Universität München
1980-84	Landesbeauftragter des Deutschen Entwicklungsdienstes in Nepal
1985-87	Entwicklungspolitischer Gutachter für verschiedene Organisationen (Einsätze in Pakistan und Nepal)
1987-91	Leiter des Kalam Integrated Development Project in Nord-Pakistan
1991-2012	Entwicklungspolitischer Gutachter für verschiedene Organisationen (Einsätze in Nepal, Bhutan, Pakistan, Tadschikistan, Indien, Bangladesh, Sri Lanka, Malediven, China, Philippinen, Jordanien, Türkei, Tansania, South Africa, Belize, Ecuador)

Gipfelbesteigung von vier Achttausendern in Nepal und Pakistan, Erstbesteigung von zwei Siebentausendern in Nepal

Buchpublikationen

Epoche und Repräsentation. Zum Verfall mythologischer und philosophischer Erfahrungen im Oikumenismus Alexanders des Großen, Akademische Verlagsgesellschaft, Frankfurt am Main 1974

Hsg.: Konstanten und Abweichungen im Weltkommunismus, Eichholz Verlag, Bonn 1975

Zusammen mit Dietlinde Warth: Makalu. Expedition in die Stille, EOS Verlag, St. Ottilien, 1979, 2. Aufl. 1981

Tiefe Überall. Menschen, Schluchten und Achttausender, Rosenheimer Verlagshaus, Rosenheim 1986

Wer hat dich, du armer Wald…? Die Krise in Nepal, Deutsche Stiftung für internationale Entwicklung, Bad Honnef 1987

Zusammen mit Dorothea Mezger und Gert Urban: Die Instrumente der Personellen Zusammenarbeit und ihre Eignung für die Beschäftigung einheimischer Fachkräfte, Weltforum Verlag, Köln 1994

Zusammen mit Peter Laubmeier und Badri Paudyal: Restoring Balances. Milestones of the Churia Forest Development Project in Eastern Nepal, Deutsche Gesellschaft für Technische Zusammenarbeit, Eschborn/Kathmandu 2004

Zusammen mit Dietlinde Warth: Makalu. In Simple Harmony, Pilgrims Publishing, Varanasi 2008

Ein Verlag für Südasien. Draupadi Verlag

Das Verlagsprogramm hat **zwei Schwerpunkte**.

Zum einen veröffentlichen wir **Romane, Erzählungen und Gedichte** aus Indien und anderen südasiatischen Ländern in deutscher Übersetzung.

Zum anderen verlegen wir **Sachbücher über Südasien**. Das Themenspektrum ist breit gefächert. Bücher zur aktuellen politischen Situation und Geschichte stehen neben Veröffentlichungen über Kultur, Kunst und Religion.

Der Draupadi Verlag wurde 2003 von Christian Weiß in Heidelberg gegründet.

Draupadi
Der Name des Verlags nimmt Bezug auf die Heldin des altindischen Epos „Mahabharata". In Indien ist Draupadi als eine Frau bekannt, die sich gegen Ungerechtigkeit und Willkür wehrt. In diesem Sinne greift etwa die indische Schriftstellerin Mahasweta Devi in der 1978 erstmals erschienenen Erzählung „Draupadi" das Thema auf. Draupadi wird hier eine junge Frau genannt, die für eine Gesellschaft kämpft, in der niemand mehr unterdrückt wird.

Alle Titel sind in jeder guten Buchhandlung erhältlich oder **direkt beim**

Draupadi Verlag
Dossenheimer Landstr. 103
69121 Heidelberg

Telefon 06221 / 412 990   info@draupadi-verlag.de
Telefax 0322 2372 2343   **www.draupadi-verlag.de**

Fordern Sie unseren Verlagsprospekt an!